Nicholas Davies

QUEEN ELIZABETH II.

Nicholas Davies

QUEEN ELIZABETH II.

DIE INSIDER-BIOGRAPHIE

aus dem Amerikanischen von Manuela Freudenfeld

Bechtermünz Verlag

Titel der amerikanischen Originalausgabe:
QUEEN ELIZABETH II. – A WOMAN WHO IS NOT AMUSED
Birth Lane Press Book
Published by Carrol Publishing Group, New York

Genehmigte Lizenzausgabe für
Bechtermünz Verlag im
Weltbild Verlag GmbH, Augsburg 1997

Umschlaggestaltung: Zero Graphik und Design GmbH, München
Umschlagfoto: Fresh-Foto-Design, München
Titelfoto: dpa
Gesamtherstellung: Franz Spiegel Buch GmbH, Ulm
Printed in Germany
ISBN 3-86047-887-7

Inhalt

Vorbemerkung

Dies ist keine offizielle oder autorisierte Biographie. Es gibt Leute im Buckingham Palast, denen es lieber gewesen wäre, wenn ein Historiker dieses Buch geschrieben hätte. Es gibt viele Biographien über Elizabeth II., und viele sind mit dem Segen und durch die Anregung von Mitgliedern der königlichen Familie und der königlichen Hofhaltung entstanden.

Diese Biographie wurde mit Hilfe von ehemaligen ranghohen Mitgliedern der königlichen Hofhaltungen geschrieben, die die Zeit für gekommen hielten, offen und ehrlich Rechenschaft über Königin Elizabeth und insbesondere über ihr Verhältnis zu Prinz Philip, ihren vier Kindern und anderen Mitgliedern der königlichen Familie abzulegen.

Als professioneller Journalist kann ich für mich in Anspruch nehmen, mich bemüht zu haben, auf einem Gebiet sorgfältig zu recherchieren, auf dem dies extrem schwierig ist. Ich habe strenge journalistische Praktiken angewendet, um Material zu sammeln und zu überprüfen.

Viele Männer und Frauen, die mir bei den Recherchen zu diesem Buch geholfen haben, brachten mir Vertrauen entgegen und sprachen mit mir unter der Bedingung, daß ihre Anonymität gewahrt bleibt. Die meisten wollten ihre Beziehung zur königlichen Familie oder zu Mitgliedern der königlichen Hofhaltung nicht gefährden. Deshalb bleiben ihre Namen ungenannt.

Ich bin oft gefragt worden: „Haben Sie die Königin für Ihr Buch interviewt?" Die Antwort ist nein. Die Königin gibt niemals Interviews.

Teil I:

Die Windsors in arger Bedrängnis

1. Kapitel: Eine Familie stürzt ins Chaos

Elizabeth verließ die Kirche der Gemeinde Crathie, gefolgt von ihrem Ehemann Prinz Philip. Eine kleine Ansammlung wohlwollender Freunde, meistens Frauen, sah ihr zu, wie sie den Weg entlang schritt. Elizabeth, mit Hut, schwarzer Handtasche und in einen dunklen Mantel gekleidet, lächelte ihnen zu und beugte leicht den Kopf zum Gruß. Ihr Chauffeur hielt ihr die Wagentür auf und legte ihr ein Schottenplaid über die Knie. Als der Wagen anfuhr, drehte sie sich um, lächelte noch einmal und winkte der Gruppe zu, doch niemand erwiderte ihren Gruß.

Prinz Philip saß neben ihr, und Elizabeth lehnte sich für die nur wenige Minuten dauernde Fahrt nach Balmoral, ihrem schottischen Schloß, in ihrem Sitz zurück. Das Lächeln war verschwunden. Ihr Gesicht wirkte jetzt starr, ernst und finster, während sie aus dem Wagenfenster sah, die dunklen Wolken betrachtete und die herbstlichen Bäume, die ihre Blätter verloren.

Elizabeth hatte Balmoral immer geliebt. Es war ein Ort voll glücklicher Erinnerungen: an ihre Kindheit in den dreißiger Jahren und an ihr frühes Eheleben. Noch vor weniger als einem Jahr hatten ihre glücklichen Enkelkinder hier gespielt, geschrien, getobt und das alte Schloß mit Lärm und geschäftiger Aktivität erfüllt. Als sie nun die kalte und etwas unordentliche Halle betrat, in der ein Mädchen ihr Hut und Mantel abnahm, herrschten Ruhe und Frieden.

Elizabeth fröstelte leicht in der herbstlichen Kühle und ging weiter in den Salon, um die Sonntagszeitungen vor dem Kaminfeuer zu lesen. Philip folgte ihr. Sie sprachen nicht miteinander, denn sie kannten einander in- und auswendig durch das jahrelange, streng geregelte Leben und die Ordnung jedes einzelnen Tages.

Elizabeth's ehrwürdige königliche Familie, die jahrzehntelang das perfekte Abbild einer vereinten, glücklichen Familie gewesen war, hatte sich als so zerbrechlich erwiesen wie jede andere. Selbst die beliebten Familientreffen zur Ferienzeit fanden nicht mehr statt, denn ihre Kinder weigerten sich daran teilzunehmen.

Im September 1993, als Elizabeth allein mit Philip in ihrem geliebten Schottland Ferien machte, vergnügte sich Charles mit seinen Söhnen Wills und Harry im sonnigen Spanien am Strand, während Diana in London versuchte, ihr neues Leben als alleinstehende Mutter zu genießen. Andrew war bei der Marine und seine Frau Sarah, die praktisch von der königlichen Familie verstoßen worden war, weilte mit ihren Kindern Bea und Eugenie in London. Elizabeth's einzige Tochter Anne verbrachte die Ferien in ihrem Haus in Gloucestershire mit ihrem neuen Ehemann Kommandeur Tim Lawrence. Nur Prinz Edward, ihr jüngstes Kind, blieb diesen Herbst in Balmoral. Doch leider auch nicht für lange.

Elizabeth liebt ihre Enkelkinder. Es ist eine ihrer größten Freuden, sie um sich zu haben, wenn sie sich nicht gerade im Buckingham Palast aufhält. Sie hatte sich immer auf die zehn Wochen Ferien gefreut, die sie jedes Jahr in Balmoral verbrachte - umgeben von ihrer Familie und vor allem von ihren Enkelkindern. Jetzt sieht sie sie kaum noch.

Die Sonntagszeitungen richteten ihre Geschütze gnädigerweise diesmal nicht auf die königliche Familie, sondern auf andere Themen. Es ging um den Bürgerkrieg in Bosnien, die sich konstant verschlechternde Lage in Somalia, Präsident Clintons Gesundheitsreformen und Präsident Jelzins Kampf um sein politisches Überleben.

Die gesamte Presse hatte der königlichen Familie über Monate das Leben schwer gemacht, einige Medien sogar über Jahre. Dabei schien es noch gar nicht so lange her zu sein, daß Elizabeth als unantastbar galt, und ihre Familie die Bewunderung und den Respekt der ganzen Nation genoß. Sie hatte sich in dem sensationellen weltweiten Erfolg der Hochzeit von Charles und Diana 1981, der Hochzeit von Andrew und Sarah 1985 und der Aufregung um die Geburt der königlichen Babys in den achtziger Jahren gesonnt.

Doch plötzlich ging alles schief. Die Ehekatastrophen ihrer Kinder und das sture Benehmen ihrer Schwiegertöchter hatten die Situation über Nacht drastisch verändert. Völlig grundlos war die Monarchie über Nacht an den Pranger gestellt worden, und das Haus Windsor versank in eine immer tiefere Krise. Elizabeth stand nun ebenfalls im Mittelpunkt des Interesses, und die Leute begannen, Fragen zu stellen, die die britische Monarchie an ihrem empfindlichsten Nerv trafen.

Durch die Jahrhunderte wurde stets ein erkennbarer Unterschied zwischen dem herrschenden Monarchen und den weniger bedeutenden Mitgliedern des Königshauses gemacht, den Thronfolger inbegriffen. Solange sich der Monarch wie ein Monarch verhielt, konnten die anderen tun und lassen, was sie wollten, bis jeweils der eine oder andere auf den Thron folgte.

Während der sechziger Jahre kam es jedoch in Mode, den Monarchen mit der königlichen Familie gleichzusetzen, weil das Verlangen wuchs, das Haus Windsor zu modernisieren. Man wollte ein bißchen Licht in diese Familie bringen, sie menschlicher und populärer machen, um sie damit dem Volk näherzubringen. Das Interesse richtete sich damals auf die jüngeren Mitglieder des Königshauses, auf den 'Tatmenschen' Charles, den 'Kriegshelden' Andrew, die 'Sozialarbeiterin' Anne. Die königlichen Ratgeber genossen das Scheinwerferlicht, das auf Elizabeth's Kinder fiel, denn es wirkte sich positiv auf die ganze Familie und damit auch auf die Herrscherin selbst aus.

Als jedoch die Ehen der königlichen Kinder scheiterten, rochen die Medien Blut. Sie richteten das Rampenlicht auf die Nachkommenschaft, und der Star der ganzen Show, Königin Elizabeth, die vierzig Jahre den Thron innehatte, interessierte plötzlich niemanden mehr.

Diana, Prinzessin von Wales, wurde zur Hauptattraktion. Sie war die einzige Angehörige des Königshauses, für die die Medien sich vorbehaltlos interessierten, und zwar für jede Minute und jedes Detail ihres Lebens. Ihre gescheiterte Ehe war lediglich eine zusätzliche Sensation für diejenigen, die darauf brannten, einen Blick hinter die Kulissen zu werfen. Nicht nur in Großbritannien. Innerhalb weniger Jahre war Diana zum Megastar für jeden geworden, der sich noch an die Fernsehübertragung erinnerte, in der die schüchterne Di an ihrem Hochzeitstag zur Trauung schritt. Überall in der Welt waren an diesem Tag Tränen der Rührung vergossen worden.

Jeder wollte diese besondere Ehe gern blühen sehen. Eine schöne, junge und unbekannte Erzieherin, die so unschuldig und verletzbar wirkte, hatte das Herz des englischen Thronfolgers erobert. Das war der Stoff, aus dem die Märchen sind und die Jugendträume eines jeden Mädchens. Die Menschen rund um den Globus waren gerührt, und die Welt verfolgte die Höhen und Tiefen dieser Ehe. Als sie auseinanderfiel, spürte jeder Bedauern. Wenige Monate zuvor war eine andere königliche Ehe in die Brüche gegangen, als nämlich Prinz Andrew und Sarah, die seit sieben Jahren verheiratet waren, sich außerstande sahen, weiter zusammenzuleben.

Skandale kamen auf. Die liebenswürdige Diana, die unglücklich und einsam in ihrem Palast saß, hatte sich Liebhaber genommen; Fergies skandalöses Sexualleben wurde durch anklagende Fotos offenbart. Dennoch schien niemand außer Diana Anstoß daran zu nehmen, daß Prinz Charles sich eine Geliebte genommen hatte, mit der er die meiste Zeit verbrachte. Es gab auch niemanden, der Prinz Andrew die Schuld gegeben hätte, als seine Ehe auch aufgrund seiner Arroganz und seiner Schwäche zerbrach.

Die königlichen Kommentatoren schüttelten wissend den Kopf, und alle waren sich einig: „Natürlich leistet die Königin nach wie vor gute Arbeit. Doch was für eine Tragödie, wenn all' ihre Bemühungen zunichte gemacht werden durch die erschrekkenden Indiskretionen der Prinzessin von Wales und der Herzogin von York."

Der königlichen Familie wurde übertriebene Aufmerksamkeit geschenkt, ganz besonders den Frauen der königlichen Prinzen, so daß jedermann zu dem Schluß kam, wenn schon die jüngeren Mitglieder des Königshauses in Mißkredit gefallen waren, dann auch die Herrscherin. Einige meinten sogar, die ganze Institution der Monarchie wäre gefährdet. Plötzlich sah sich auch Elizabeth attackiert. Ihre ganze Familie wurde einer Prüfung unterzogen, und die Nation diskutierte offen die Verdienste der Monarchie im Angesicht des sich nähernden zweiten Jahrtausends.

Die Monarchisten wollten die Welt glauben machen, daß der Ruf und das Handeln Elizabeth's, ihr Mut und ihre Charakterstärke, ihr Leben ohne Schuld und Fehltritte sowie ihre vorbildliche Führung um so heller erstrahlten, weil sie in so vorteilhaftem Widerspruch standen zu den unerwünschten Mitgliedern des Königshauses, von denen sie umgeben war.

Doch es gibt noch eine andere Auslegung, deren Anhänger glauben, daß ein Teil der Schuld für den lädierten Ruf der britischen königlichen Familie bei Elizabeth selbst liegt. Es scheint, als hätte sie nie Zeit gehabt, sich um ihre wachsende Familie zu kümmern und sich über deren Bedürfnisse und Mängel Gedanken zu machen. Schon in jungen Jahren hatte sie einen starken Sinn für ihre eigene Bedeutung entwickelt, den sie nie wieder verlieren sollte. Von Kindheit an hatte man ihr beigebracht, daß ihre Rolle als Königin weit wichtiger sei als das Bestreben, eine liebevolle Umgebung für eine Familie zu schaffen. Ihr Vater hatte ihr ein starkes Pflichtbewußtsein mitgegeben - gegenüber dem britischen Volk, der Monarchie und dem Hause Windsor. Das sollte für immer ihr starres Leitprinzip bleiben.

Heute sieht Elizabeth überall in ihrer Umgebung die Ergebnisse ihrer Entscheidung, sich selbst ganz der Monarchie, dem guten Namen des Hauses Windsor und der Nation zu widmen, anstatt sich ihrer Familie zuzuwenden.

Gegen Ende des Jahres 1993 wurde Elizabeth der traurige Zustand ihrer Familie schmerzlich bewußt: Charles und Andrew lebten von ihren Ehefrauen getrennt, Anne war geschieden und hatte wieder geheiratet. Ihr jüngster Sohn Edward war mittlerweile dreißig Jahre alt und wollte lieber Junggeselle bleiben.

Elizabeth zog sich für die Dauer der Herbstferien 1993 in die Abgeschiedenheit von Balmoral zurück, um die größte Krise, die sie während ihrer vierzigjährigen Herrschaft erlebt hatte, zu überdenken und um zu einer Entscheidung zu kommen. Ihr wurde klar, daß sie etwas unternehmen mußte, um den Glauben in die Monarchie und den Ruf des Hauses Windsor wiederherzustellen und wenn möglich die Herzen der Briten zurückzugewinnen, die Umfragen zufolge ihre Zuneigung zur Krone immer mehr verloren.

Die bei weitem wichtigste Person für Elizabeth ist ihr Sohn und Thronfolger Prinz Charles. Er wird die Last des Königreiches auf sich nehmen und den Status quo der britischen Verfassung im nächsten Jahrhundert erhalten müssen. Elizabeth und Charles sind sich beide darüber im klaren, daß sein eigenes Verhalten entscheidend dafür sein wird, ob die Monarchie überlebt und in der nächsten Generation wieder zu Ruhm und Ehren gelangt.

Elizabeth hofft, daß sich Dianas Entschluß, die Trennung von Charles zu forcieren, auf längere Zeit als für die Monarchie günstig herausstellen wird. Diana war Mittelpunkt des Interesses geworden. Sie war die einzige Person innerhalb der königlichen Familie, die ein gewisser Glamour umgab, die einzige Person, für die die Medien sich interessierten, die fotografiert, gefilmt und über die geschrieben wurde. Zwölf Jahre nach ihrer Verlobung mit Charles erscheint Diana noch immer auf den Titelseiten der Magazine in der ganzen Welt.

Das dramatischste Stück im königlichen Theater seit der Trennung führte Diana im Dezember 1993 auf, als sie ankündigte, sich fortan aus dem öffentlichen Leben zurückzuziehen und sich dem Blick der Massen zu entziehen.

Sie hätte diese Erklärung diskret abgeben können - ganz privat vom Kensington Palast aus. Aber nein, Diana entschied sich für die Bühne und gab im Rampenlicht mit zitternder Stimme vor einem anteilnehmenden Publikum aus Journalisten, Fotografen und Fernsehteams im Londoner Hilton Hotel eine Erklärung ab.

Gekleidet in ein dunkelgrünes Kostüm, erklärte Diana mit angespanntem Gesicht: „Als ich mein öffentliches Leben vor zwölf Jahren begann, hatte ich noch Verständnis dafür, daß sich die Medien für mich interessieren. Damals war mir klar, diese Aufmerksamkeit würde sich sowohl auf unser öffentliches als auch auf unser privates Leben konzentrieren.

Doch ich habe nicht gewußt, wie überwältigend dieses Interesse sein würde, und ich habe das Ausmaß unterschätzt, das es bei meinen öffentlichen Pflichten und in meinem Privatleben annehmen würde.

Am Ende dieses Jahres, wenn ich allen meinen offiziellen Verpflichtungen nachgekommen bin, werde ich mein Auftreten in der Öffentlichkeit reduzieren. In den nächsten Monaten werde ich einen Weg suchen, um meine wichtige öffentliche Rolle mit einem hoffentlich mehr privaten Leben verbinden zu können." Als sie sich setzte, wirkte sie den Tränen nahe. Tatsächlich verkündete Diana der Welt, sie wolle sich aus dem Scheinwerferlicht ins Privatleben zurückziehen. Sie wollte mehr Zeit mit ihren beiden Söhnen verbringen, obwohl sie die meiste Zeit ihres Lebens im Internat sind. Am Tag nach ihrer Rede empfingen alle 118 Organisationen und Wohlfahrtseinrichtungen, deren Schirmherrin sie ist, einen offiziellen Brief, in dem die Prinzessin von Wales erklärte, daß sie ihre Funktion "in absehbarer Zukunft" nicht mehr würde ausüben können.

In Wahrheit war Diana in der Öffentlichkeit vereinsamt. Ob sie nun in ihrer Funktion als Schirmherrin unterwegs war oder in Übersee auf Reisen, sie hatte sich immer allein und verletzlich gefühlt. Ihre Berühmtheit als Cover Girl, die sie einst so herbeigesehnt hatte, war schal geworden. Sie fühlte sich unfähig, eine enge

Bindung mit jemandem einzugehen, aus Furcht davor, die Medien könnten sich einmischen.

Der Palast reagierte entsetzt auf Dianas Entschlossenheit, eine öffentliche Erklärung abzugeben, denn man fürchtete die explosive Wirkung und weiteren Schaden für die Krone. Man riet ihr, die Erklärung vom Kensington Palast aus abzugeben. Diana hörte nicht darauf. Noch einmal würde sie die Hierarchie des Palastes herausfordern.

Charles war verblüfft über die Entscheidung seiner Frau. Ein Jahr zuvor waren sie übereingekommen, weiter zu arbeiten und sich nur selten in der Öffentlichkeit zu treffen. Sie hatte dieses Arrangement gern akzeptiert. Jetzt wollte sie diese Übereinkunft ändern.

Elizabeth, Prinz Philip und auch Charles fragten sie, was sie mit der ganzen freien Zeit anfangen wolle, die sie nun für sich haben werde. Diana antwortete nur: „Das weiß ich nicht. Ich habe noch nichts entschieden. Doch Sie müssen mich gehen lassen. Ich kann das alles nicht mehr ertragen."

Besonders Elizabeth sieht Dianas Entscheidung, sich aus dem öffentlichen Leben zurückzuziehen, mit Besorgnis. Sie fürchtet, Dianas Bitte um mehr Privatleben könnte Teil eines sich entwickelnden Dramas sein, von dem Diana selbst nicht weiß, wie es endet. Ohne ihre Wohltätigkeitsarbeit und ohne ihre königlichen Auftritte würde Diana noch mehr vereinsamen und noch unruhiger werden, weil ihr kaum noch etwas zu tun bliebe.

Jetzt, da Diana sich selbst ins Abseits gestellt hat, glaubt Elizabeth an die Möglichkeit, daß die Monarchie ernster genommen wird und daß Charles seine Beziehung zum britischen Volk wiederherstellen kann, die so spürbar unter dem Drama der zerbrochenen Ehe gelitten hatte.

Eigentlich machte es Elizabeth nichts aus, daß Charles ein Leben an der Seite seiner Frau nicht mehr möglich war und er Glück und Zufriedenheit bei einer anderen gefunden hatte. Es war auch nicht wichtig, daß Charles und seine Geliebte Camilla offensichtlich wie Eheleute zusammenlebten. Elizabeth ging es nur um das Schicksal der Monarchie und das Ansehen des Hauses Windsor.

Elizabeth ermutigte Charles, ein neues Leben zu beginnen, nachdem seine Ehe zerbrochen war. Auch Charles selbst wollte sein Leben wieder mehr in die Öffentlichkeit stellen. Die Medien könnten berichten, daß er der Nation Nutzen bringt. Sie würden nicht mehr nur den kalten, gleichgültigen Prinzen sehen, der seiner schönen jungen Frau den Rücken zuwandte und ihr nichts als Leid und Seelenqual brachte. Als die Trennung 1992 offenbar wurde, fühlte sich Charles gefangen im Sumpf seiner kaputten Ehe und war zur Zielscheibe für Trivialität und Spekulation seitens der Boulevardpresse avanciert. Damals meinte er: „Das war ein absolut fürchterliches Jahr."

Durch die offizielle Trennung von Diana fühlte er sich wie neugeboren. Mit Hilfe seines Privatsekretärs, Kommandeur Richard Aylard, einem aufgeschlossenen ehemaligen Marineoffizier, brachte er die Vielzahl seiner Verpflichtungen in eine kohärentere Struktur. Er engagierte neue, erfahrene Mitarbeiter und stellte den Vizesekretär Stephen Lamport aus dem Außenministerium und zwei ausgewählte Assistenzsekretäre ein: Matthew Butler und Belinda Harvey, die ihn in Gesundheits- und Erbschaftsfragen berät. Außerdem engagierte er zwei Presseoffiziere, Allan Percival und Sandy Henny, beide mit professionellem Regierungshintergrund. Charles hoffte, damit ein schlagkräftiges Team zu haben. Er ließ neue Computer installieren und sein Büro im St. James Palast neu streichen.

Er stellte auch eine inoffizielle Gesellschaftssekretärin ein, Tiggy Legge-Bourke, die noch eine andere wichtige Aufgabe übernahm. Sie arbeitete als eine Art Teilzeithelferin und Vertraute von William, elf, und Harry, neun Jahre alt. Wenn Charles mit seinen Söhnen reiste, kam auch Tiggy mit.

Charles begann nun damit, seine wichtigsten Wohltätigkeitsorganisationen in eigenen Stiftungen zusammenzufassen. Diese haben sich zu einem beachtlichen Netzwerk entwickelt mit einem jährlichen Gesamteinkommen von 50 Millionen Pfund, 470 bezahlten Angestellten und fast 9.000 freiwilligen Mitarbeitern. Jede hat ihre eigenen Ziele, die aber alle auf eines hinauslaufen: nämlich das Großbritannien zu schaffen, dessen König Charles einst sein möchte.

Die Direktoren seiner Wohlfahrtseinrichtungen spüren nun einen rauhen Wind, verursacht durch die Aufmerksamkeit des Prinzen. Charles wendet sich fast wöchentlich an sie mit Ideen, Vorschlägen, Anfragen, mit Zwischenberichten und Details von neuen Projekten.

Seitdem er 1976 die Königliche Marine mit 28 Jahren verlassen hatte, war er auf der Suche nach einer neuen Rolle, die mehr beinhaltet als die Anwesenheit bei den immer gleichen königlichen Auftritten. Doch die achtziger Jahre waren für Charles, der im Grunde seines Herzens ein sehr ernster Mann ist, der Tiefpunkt. Viele Male hat er in diesem Jahrzehnt eigene Positionen zu verschiedenen Themen bezogen: zur Umwelt, zur Architektur, zur Stadterneuerung und zum Bildungssystem. Doch seine Stellungnahmen waren schon nach einigen Monaten vergessen. Er mußte entdecken, daß die verantwortlichen Minister der Regierung seine Einmischungen nicht gerade überschwenglich begrüßten.

Im November 1983 fand Charles eine neue Aufgabe, indem er Großbritanniens Interessen in Übersee als eine Art "Kultur- und Handelsbotschafter" vertrat. Er hat den Rückhalt von Premierminister John Major, der den Prinzen für einen wertvollen Reisebotschafter hält. Viele britische Exporteure unterstützten Charles' Anliegen, einen solchen Posten zu bekleiden, denn sie versprachen sich Unterstützung bei der Erschließung von Märkten in Übersee.

Während Charles seine neue hochkarätige Rolle plante, von der er und seine Mutter glaubten, daß sie seine Integrität als Thronfolger wiederherstellen würde, kamen neue Angriffe an die Öffentlichkeit. Führende Geistliche äußerten ernste Zweifel an Charles' moralischer Eignung als König, und sie beharrten darauf, das Privatleben des Prinzen würde sein Auftreten in der Öffentlichkeit beeinträchtigen.

Sie behaupteten, Charles wäre als König gänzlich ungeeignet, weil er seinen Eheschwur gebrochen hatte, indem er Ehebruch mit Camilla Parker Bowles beging. Einige Bischöfe der Kirche von England argumentierten, daß der Bruch des Eheschwurs auch seinen Schwur, den er während der Krönung vor Gott abgeben wird, fraglich macht.

Seit der Abdankung von König Edward VIII. hatte die königliche Familie keine solche Herausforderung mehr erlebt. Elizabeth war wütend, weil die Kirche, deren Oberhaupt sie ist, einen solch unpassenden Moment gewählt hatte, um ihren Angriff gegen Prinz Charles zu führen. Seit der Trennung zwischen Charles und Diana war gerade ein Jahr vergangen, und Elizabeth hatte sich besondere Mühe gegeben, jede mögliche Gefahr für die Monarchie abzuwenden, die aus diesem Schock erwachsen konnte.

Die letzte Meinungsumfrage vom Dezember 1993 zeigte Prinz Charles' Popularität in einem Dauertief. 31 Prozent der Briten zogen Prinz William, zu dieser Zeit elf Jahre alt, als Nachfolger im Todesfall der Königin vor und nicht Charles. Alle führten die Vertrauenskrise auf Charles' zerbrochene Ehe zurück.

Charles reagierte mit Ungläubigkeit auf den Angriff der Bischöfe und zeigte seine Verärgerung über ihren Versuch, seinen Eheschwur mit dem Krönungsschwur gleichzusetzen. Privat kritisierte er die Geistlichen, weil sie es wagten, seine Untauglichkeit zum König moralisch zu begründen, und nannte den "moralischen Einwand" der Kirchenmänner gegen ihn "eine verdammte Frechheit; boshaft, falsch und aggressiv." Das Gelübde sexueller Treue könne niemals verglichen werden mit dem Gelübde, einer Nation zu dienen.

Charles hatte ein Argument für sich. Der König ist ein Symbol für die Nation und ihre Geschichte, nicht der Vertreter einer moralischen Position. Die Autorität des Königs gründet sich auf öffentliche Untertanenpflicht gegenüber einer Institution, weniger auf das Vertrauen in ein Individuum.

Elizabeth sprach mit ihren Ratgebern und den höheren Kirchenmännern in Lambeth Palace, dem Hauptsitz der Kirche von England. Alle stimmten darin überein, daß die Fehltritte im Privatleben des Prinzen ein bedauerliches Kapitel in der Geschichte der Monarchie bilden, aber als falscher, nicht vertrauenswürdiger und nicht verfassungsmäßiger Test seiner Fähigkeiten als Herrscher abzulehnen sind. Elizabeth drückte ihre Hoffnung aus, daß die Mehrheit der Kirchenmänner das verstünde und dafür sorgte, daß diese Ansicht auch im Lande bekannt würde.

Der Angriff verletzte Elizabeth, denn sie betrachtete ihn als erneuten Versuch, die Aufmerksamkeit auf die bedauernswürdigste und unglücklichste Episode ihrer Regentschaft zu lenken, nämlich auf die katastrophale Ehe zwischen Charles und Diana. Sie glaubte auch, daß er ein Versuch sei, Diana in ihrem öffentlichen Feldzug, den sie gegen Charles zu führen schien, zu unterstützen.

Charles wirkte nach dem Bruch mit Diana entspannter. Er liebte das Leben eines englischen Gentleman-Farmers mit all den Leidenschaften für das Landleben, die Jagd, das Schießen, das Angeln und die Gartenarbeit. Wenn er in Highgrove ist, seinem Landhaus in Gloucestershire, begleitet ihn stets Camilla Parker Bowles. Beide wandern gern, reiten bei jedem Wetter zusammen aus, hören sich Opern und klassische Musik an oder lesen anspruchsvolle Bücher.

Charles ist nie glücklicher und zufriedener mit seinem Leben gewesen. Er verließ sich völlig auf Camilla, auf ihren Rat, ihre Freundschaft, ihre Begleitung, und er brauchte sie emotional und physisch. Camilla ihrerseits fand mit Charles die Liebe und das Glück. Doch beide waren sie mit anderen Partnern verheiratet, obwohl Charles nun offiziell getrennt lebte.

Die beiden liebten einander ganz sicher. Sie schienen so glücklich und zufrieden zusammen. Charles sagte oft zu ihr: „Unser Verhältnis hat etwas Himmlisches. Wir sind einfach füreinander geschaffen." Und sie sagten einander oft, wie sehr sie sich liebten.

Camillas Mann, Brigadier Andrew Parker Bowles, der seit vielen Jahren ein enger Freund von Charles ist, akzeptierte die Situation. Er wußte, daß Camilla schon seit Mitte der achtziger Jahre Charles' Geliebte war. Camilla spielte stets die Rolle der Gastgeberin, wenn Charles zum Essen einlud oder eine Party gab. Ihre Freunde akzeptierten die beiden als Paar und behandelten sie auch so. Elizabeth wußte das alles, und auch sie akzeptierte die Situation, obwohl Camilla noch nie als Charles' Begleiterin nach Balmoral, Windsor oder in ein anderes Heim der Königin eingeladen wurde.

Die Mehrheit der Briten aber mißbilligte Charles neues, ehebrecherisches Leben und zeigte es auch in den Meinungsumfragen. Sie meinten, Charles hätte bei Diana bleiben sollen, und wenn das schon nicht möglich war, hätte er sich auf keinen Fall mit einer früheren Geliebten einlassen dürfen, deren Mann sein guter Freund ist. Die Öffentlichkeit erwartete von Charles beispielhaftes Verhalten. 1993 wuchs die Kritik an Charles eher noch, und es wurden immer wieder Fragen aufgeworfen hinsichtlich seiner Eignung als künftiger König.

Charles meinte, die Kritik würde sich mit der Zeit schon verlieren, und die Leute würden ihm seine Übertretungen sicher vergeben. Camilla war dessen nicht so sicher. Sie schlug vor, sich zu trennen, damit Charles sein Verhältnis zur Nation wieder herstellen konnte und als verantwortungsbewußter, hart arbeitender und geschätzter Thronfolger angesehen würde. Zuerst wollte Charles nichts von einem solch drastischen Schritt hören und sagte ihr, das sei "unnötig". Doch Camilla bestand darauf.

Schon einmal hatte Camilla bewiesen, daß sie die Stärkere in dieser Beziehung war. Nach der Ermordung von Graf Mountbatten 1979 hatte Charles gewollt, daß sie sich von ihrem Mann Andrew scheiden ließ und mit ihm zusammenlebte. Camilla wußte, daß es für Charles und für die königliche Familie eine Katastrophe gewesen wäre. Sie drängte ihn, sie zu vergessen und eine andere Frau zu suchen. Das tat er schließlich auch und traf Monate später die junge, schüchterne Diana.

Im Herbst 1993 setzte Camilla Charles weiter unter Druck, indem sie sagte, er würde seinen guten Namen, seinen Ruf und seine Zukunft aufs Spiel setzen, wenn er bei ihr bliebe. Wochenlang weigerte sich Charles, ihren Argumente zuzuhören, wenn sie das Thema zur Sprache brachte.

Schließlich überredete Camilla ihn wenigstens zu einer zwölfmonatigen Trennung. Da ihr Verhältnis weiteren Angriffen ausgesetzt war, kam Charles zu der Überzeugung, Camillas Plan könnte vielleicht sinnvoll sein. Er wußte, seine Mutter würde die Trennung ganz sicher begrüßen, da er damit die Krone, die königliche Familie und vor allem das Haus Windsor seinen eigenen Wünschen vorzog.

Während Charles zu Beginn des Jahres 1994 durch Australien reiste, wurde die Trennung von Camilla öffentlich. Doch Charles' enge Freunde wollen lieber nicht spekulieren, wie lange diese Trennung anhalten wird. Sie wissen, wie schwer es Charles fällt, sich von der geliebten Frau fernzuhalten.

Diana hatte befrüchtet, daß der Buckingham Palast, der verantwortlich ist für den guten Ruf der Monarchie, sie aufgrund ihrer Forderung nach einer Trennung isolieren würde. Einige Palastangestellte verzehrten sich vor Rachegelüsten und wollten Diana wegen ihrer arroganten Mißachtung der königlichen Konventionen ausgrenzen.

Doch Elizabeth verbot jegliche Handlung in diese Richtung. Sie hoffte, Diana würde der Familie weiterhin nahestehen und wieder mehr in die Öffentlichkeit gehen. Sie wußte, wie wenig Diana den Vorstellungen der Briten von einer Angehörigen des Königshauses entsprach, und deshalb verdiente sie in Elizabeth's Augen eher Schutz als Ausgrenzung.

Doch Elizabeth kann nicht vergessen und verzeihen, daß Diana ihren Freunden erlaubt hat, die schmutzige Wäsche des Königshauses in der Öffentlichkeit zu waschen und dabei Details über ihr Eheleben mit Charles preiszugeben. Diese Übertretung trifft Elizabeth's Lebenswerk in seiner Substanz.

Diana erzählte der Königin, sie wolle ihr Hauptaufgabe darin sehen, für die beiden Prinzen zu sorgen. „Ich möchte, daß William und Harry in der richtigen Welt außerhalb des 'Hohen Hauses' aufwachsen", erklärte sie ihrer Schwiegermutter. „Sie sollen nicht nur den Alltag ganz normaler Menschen in Großbritannien kennenlernen, sondern auch den Druck dieses Lebens auf die Menschen verstehen. Und dabei meine ich die verschiedensten Arten von Menschen. Großbritannien darf kein fremdes Land für meine Jungen sein."

Diese Bemerkung beinhaltete nicht nur eine verschleierte Kritik an der Erziehung von Charles und Elizabeth's anderen Kindern, sondern auch die Überzeugung, daß die Monarchie und der König sich von allem bisherigen unterscheiden würden, wenn William zum König gekrönt werden würde.

Deshalb nimmt Diana die Jungen überallhin mit - ins Kino, zu Shows, in Freizeitparks, nach Disneyworld, in Fabriken, Krankenhäuser, Militärkasernen, Museen und Kunstgalerien. Deshalb beharrt sie darauf, daß die Kinder wie jeder andere auch in der Reihe anstehen, wenn sie zum Beispiel mit ihnen zu McDonald's geht.

Diana erklärte Elizabeth, sie hätte nicht die Absicht, noch einmal zu heiraten, sondern wolle ihr Leben den Kindern opfern. Das ist auch der Grund, warum sie sich nicht von Prinz Charles scheiden lassen will. Aber das ist nur die halbe Wahrheit.

Diana möchte den Titel "Ihre Königliche Hoheit, die Prinzessin von Wales" mit all seinen dazugehörigen Privilegien behalten und die nächste Königin von England werden. Das wurde jedoch immer unwahrscheinlicher, je mehr sie sich aus dem öffentlichen Leben zurückzogen hatte. Ein Jahr nach der offiziellen Trennung im November 1992 betrachtet sie diese Hoffnungen jetzt selbst als naiv, da sie und Charles kaum noch miteinander sprechen.

Ratgeber im Palast erwarten die Scheidung von Charles und Diana zur angemessenen Zeit, leise und ohne Aufhebens, wahrscheinlich, wenn der jüngere Sohn Harry, jetzt neun, dreizehn Jahre alt wird. Die Eltern glauben, daß der endgültige Bruch für Harry als Teenager leichter zu verkraften ist.

Was immer auch zwischen Charles und Diana geschehen wird, sie ist entschlossen, sich ganz den Kindern zu widmen, den jungen William zu führen und zu beraten, um sicher zu sein, daß sie eines Tages vielleicht die Kraft hinter dem Thron ihres Sohnes sein wird. Das ist der Ehrgeiz einer sehr entschlossenen jungen Frau, doch ob er fehlgeleitet, unrealistisch, grandios ist oder sogar an Größenwahn grenzt, wird sich, so glaubt Diana, eines späteren Tages herausstellen. Mit diesem Ehrgeiz fordert sie nicht nur Elizabeth und Prinz Charles heraus, sondern auch die höchsten Ratgeber der Monarchin, die noch immer unter dem Versagen leiden, die launische, eigensinnige Diana, nicht genügend kontrolliert zu haben.

Gegenüber Freunden von mir hat Diana anläßlich vieler Gelegenheiten über diese höchsten Ratgeber geschimpft, und ihre Freunde hörten geduldig zu, während sie ihrem Ärger Luft machte. So erzählte sie ihnen: „Niemand in diesem Haus ist in irgendeiner Art kompetent oder will es sein. Sie glauben einfach nicht, daß sie sich auf die Welt von heute beziehen sollten. In ihrer Dummheit glauben sie, daß die Welt sich auf sie beziehen müsse und nach ihren Wertmaßstäben weiterbesteht."

Und als jemand sie fragte: „Und wie sieht das aus?", beschrieb Diana, wie Elizabeth's Ratgeber die Welt gerne hätten. „Auf die alte Art und Weise, die arrogante Art, das ist alles, woran sie Interesse haben. Alles soll so weitergehen, wie es schon in viktorianischen Zeiten gelaufen ist. Ich und die Kinder, wir sollen uns benehmen, als lebten wir noch im viktorianischen England und nicht am Beginn des 21. Jahrhunderts.

Von dem Moment an, als ich meinen Fuß über die Schwelle des Palastes gesetzt habe, wollten sie mir sagen, wie ich mich verhalten soll, was ich zu tun und zu lassen habe. Alles ganz präzise und detailliert. Wenn ich versuchte, mit ihnen zu diskutieren, vom Streiten abgesehen, sollte ich ruhig sein und zuhören. Für sie gab es keine Diskussion, denn es gab keine Alternativen zu ihrer Art, die vor über hundert Jahren etabliert wurde.

Sie kritisierten alles. Manchmal fühlte ich mich wie in der Schule. Ich wurde zusammengestaucht, weil ich zu einer Sommerparty ohne Strümpfe kam; ich wurde ermahnt, zu lässig gekleidet zu sein, nicht genug zu lächeln, nicht mit den Gästen zu plaudern. Es wurde allmählich unerträglich."

Diana hat mit Elizabeth über ihre Entscheidung gesprochen, so nahe wie möglich bei ihren Söhnen zu bleiben, obwohl beide die meiste Zeit des Jahres in einem Internat leben. Und sie hat Elizabeth über ihren Wunsch unterrichtet, die beiden auf ihre Art zu erziehen, nach ihren Wertmaßstäben und vor allem ohne jegliche Einmischung des Buckingham Palastes.

Diana sprach mit vielen Freunden über ihre Pläne für Wills und Harry. „Ich will, daß meine Jungen die Hoffnungen, Freuden, Probleme, Ängste, Bestrebungen und Enttäuschungen, die das wirkliche Leben ausmachen, kennenlernen und in ihren Herzen spüren. Die Menschen im 'Großen Haus' zeigen ja ihre Gefühle nicht.

Charles hat nie im Leben seine Gefühle gezeigt, weil er darauf trainiert war, sie vor jedem zu verbergen. Schon als Baby haben die Höflinge ihn eingeschränkt. Er ist kalt, weil er so aufgezogen wurde. Er ist ein Produkt seiner isolierten Erziehung. Er ist der Gefangene seiner eigenen Umgebung und wird es immer bleiben."

Diana hat das Charles mehr als hundertmal erklärt, als sie in den schlechten Zeiten ihrer Ehe darum kämpfte, seine Liebe und Zuneigung zurückzugewinnen. Doch für Charles war es unmöglich, auf Dianas emotionelle Forderungen und verzweifelte Bitten zu reagieren. Zum Schluß wandte er sich Camilla zu, der Frau, die er für seine einzige treue Freundin hält. Camilla hatte seinen gesunden Menschenverstand schon einmal gerettet. Deshalb wußte er, sie würde ihm wieder helfen, als er mit dem Trauma seiner unglücklichen Ehe kämpfte.

Dianas Plan ist nicht gerade einfach. Viele halten ihren Ehrgeiz für naiv. Elizabeth wird dem Thronfolger William nicht gestatten, von einer jungen Frau erzogen und versorgt zu werden, die sich von der königlichen Familie abgewandt hat. Prinz Charles hat das ebensowenig vor wie die Männer in den grauen Anzügen, die im Buckingham Palast arbeiten und ihren Lebensinhalt in der Erhaltung des Thrones und seiner Traditionen sehen.

In ihrer Eigenschaft als mögliche Thronfolger wurden Elizabeth und Charles schon als Jugendliche dazu erzogen, die Schwierigkeiten der Verfassung, die Pflichten eines Herrschers und die Geschichte der Monarchie zu verstehen. Und so wird auch Prinz William vorbereitet werden, sobald er ein Teenager ist. Sorgfältig ausgewählte Hauslehrer, Verfassungsrechtler und höhere Angestellte des Hofes werden für seine Ausbildung verantwortlich sein. Das bedeutet für William, daß er mehr Zeit unter dem wachsamen Auge von Elizabeth im Buckingham Palast verbringen wird und nicht bei seiner Mutter zu Hause im Kensington Palast. Der junge William wird sich mehr und mehr der Schulung durch die Palastangestellten beugen müssen, die keine Gelegenheit auslassen werden, ihm die passende Erziehung zukommen zu lassen.

Noch vor ihrer Entscheidung, sich aus dem öffentlichen Leben zurückzuziehen, hat Diana bemerkt, daß sie allmählich an den Rand gedrängt wurde und sich das Scheinwerferlicht auf Charles und die beiden jungen Prinzen gerichtet hat. Diana hatte geglaubt, ihre Zukunft sei gesichert, nachdem Premierminister John Mayor es in seiner historischen Erklärung im Unterhaus, mit der er 1992 ihre Trennung verkündete, versicherte. Sie hatte aber die Rechnung ohne die höheren Angestellten des Hofes gemacht, die entschlossen waren, Diana auf ein Nebengleis zu schieben und ihre Wünsche zu ignorieren, bis sich die Prinzessin von Wales eines Tages am äußeren Rande des königlichen Lebens wiederfände.

Sechs Monate nach der Trennung war Diana bereits von den wichtigsten Verpflichtungen als königliche Botschafterin entbunden worden und bekam nur noch weniger wichtige Aufgaben zugeteilt. Harold Brookes Baker, der Herausgeber von "Burke's Peerage", kommentierte: „Diana repräsentiert nicht länger die Königin in anderen Teilen der Welt, und es besteht kein Zweifel, daß sie zur Seite geschoben wurde. Sie selbst oder ihre Wohltätigkeitsorganisationen weisen ihr nun die Aufgaben zu.

Sie wachte eines Tages auf und gehörte nicht mehr zu den wichtigsten Personen dieser Welt, sondern war nur noch eine gefühlvolle Illustriertenschönheit, die gute Werke für die Bedürftigen tut."

In den zwölf Monaten nach der Trennung des Paares schrumpfte die Liste ihrer offiziellen königlichen Pflichten um mehr als ein Viertel von 389 auf 288. Fast alle Gelegenheiten, bei denen sie zusammen mit Charles auftreten mußte, waren gestrichen. Sie entschloß sich, glanzvolle Galas und Filmpremieren seltener zu besuchen und statt dessen lieber ihre Talente für den weniger lukrativen Teil der königlichen Pflichten einzusetzen, indem sie Krankenhäuser und Hospize besuchte und sich in Wohltätigkeitsprojekte stürzte.

Um ihre Unabhängigkeit zu demonstrieren, hat Diana Briefpapier mit neuem Briefkopf bestellt, auf dem eine Krone abgebildet ist, die ein "D" einschließt. Damit zeigt sie der Welt, daß sie eine selbständige Person geworden ist, die ihre eigene Tagesordnung hat, ihre eigenen Entscheidungen trifft und für ihr eigenes Schicksal verantwortlich ist. Um sich dem Einfluß des Palastes zu entziehen und auf eigene Füßen zu stellen, brauchte sie Mut und Entschlossenheit. Aber jeder ihrer Schritte wird von Elizabeth's Ratgebern beobachtet.

Ihre offizielle Arbeit wurde verschwiegener und ebenso ihr Liebesleben. Nachdem die Öffentlichkeit ihre Beziehungen zum Bankier Philip Dunne und zu den Gardeoffizieren Major David Waterhouse und Major James Hewitt verfolgt hatte, bemühte sich Diana, ihr Liebesleben gegen die Boulevardreporter abzuschotten.

Ein Grund für Dianas Verschwiegenheit liegt darin, daß der Mann, der ihr enger Vertrauter und Berater wurde, eine Frau und zwei Kinder hat.

Der Mann, an den sich Diana um Rat wandte und der ihr über das Trauma ihrer Trennung hinweg half, ist der zweiundvierzigjährige Michael Cory-Reid, ein attraktiver, ehemaliger Offizier der Garde und Polospieler, der in London mehrere Tresorläden besaß und managte. Diana und er wurden Freunde, nachdem sie einander in der Ludgrove Preparatory School in Berkshire kennengelernt hatten, in der ihre Söhne Internatsschüler sind.

Ich habe mehrere Jahre mit Cory-Reid Polo gespielt. Nach Dianas Trennung hat er über sein Verhältnis zu ihr gesprochen. „Wir sind sehr gut befreundet. Sie ist eine absolut liebenswürdige Frau. Wir telefonieren, und ich gehe manchmal, wenn ich in der Nähe bin, in den Kensington Palast, um etwas mit ihr zu trinken oder zu plaudern. Manchmal reden wir stundenlang; sie kann sehr amüsant sein und hat viel Sinn für Humor."

In königlichen Kreisen kursierten Gerüchte, daß Diana und Cory-Reid eine Affäre hätten. Er sagte mir: „Die Leute müssen klatschen. Das tun sie immer, und besonders seit Charles und Diana getrennt sind. Ich tue, was ich kann, um zu helfen. Verständlicherweise ist Diana manchmal einsam, und ich helfe mit meinen bescheidenen Möglichkeiten, ein Lächeln auf ihr Gesicht zu zaubern. Wir lachen viel und amüsieren uns, doch meistens sprechen wir über die Jungen und ihre Erziehung."

Bei einem Drink fügte Michael hinzu: „Wenn ich Diana dabei geholfen habe, mit ihren riesigen Zweifeln bezüglich der Trennung von Charles und ihrer Entscheidung fertig zu werden, die Jungen als alleinstehende Mutter großzuziehen, dann bin ich schon glücklich. Sie weiß, wo sie mich jederzeit finden kann, sie muß nur zum Telefon greifen."

Cory-Reid hat einen großen Lebens- und Liebeshunger und führt ein großspuriges Leben. Er hat auch Sinn für Humor und genießt sein gutes Leben, die Partys, die Essen, das Spielen und die Nächte. Er hat seine Aktivitäten eingeschränkt, weil er in eines der unglücklichen Lloyd's of London Versicherungssyndikate investiert hatte, die Millionen von Dollar Verluste gemacht haben. Er sagte mir, daß er einen Teil dieses Geldes, etwa 150.000 Pfund, aufbringen müßte.

Aufgrund seiner Überschwenglichkeit genießt Cory-Reid den Ruf eines leichtfertigen, selbstbewußten Mannes, der immer ein Lächeln und ein freundliches Wort für jeden hat. Er ist der Typ Mann, der Diana über die Momente des Zweifelns und der Krisen hinweghelfen kann.

Diana hatte viele Krisen seit ihrer Trennung. Manchmal fühlte sie sich verletzbar, hilflos und ohnmächtig. Es fiel ihr schwer, sich zu konzentrieren, und sie fragte sich ständig, ob es richtig gewesen war, die Trennung zu fordern. Außerdem fürchtet sie, von der königlichen Familie verstoßen zu werden. Gelegentlich brach sie zusammen. Manchmal begann sie zu weinen, wenn sie unerwartet auf der Straße fotografiert wurde. Und zeitweise wirkte das bekannte Titelblatt-Gesicht der Prinzessin angespannt vor Streß. Ein Jahr nach der Trennung, im Oktober 1993, brach sie ohne besonderen Grund in Tränen aus, als sie das Musical "Grease" im Zentrum Londons besuchte.

Weniger als ein Jahr nach der Trennung befand sich Diana manchmal eine Woche oder länger ohne königliche Verpflichtungen und ohne Wohltätigkeitsfunktionen zu Hause. Sie verbrachte ihre Zeit mit Schwimmen, in der Turnhalle oder beim Tennis, denn ihre Söhne sind im Internat. Die meiste Zeit verbrachte sie daheim und hatte nichts zu tun. Sie langweilte sich, wurde der Welt überdrüssig und hatte Angst vor der Zukunft. Im Kensington Palast unterhielt sie Freunde bei einem Essen und einem Glas Wein oder gab private Dinnerpartys. Meistens war Diana allein unter den Paaren. Dann ging es ihr noch schlechter.

Michael Cory-Reid erzählte, daß sie stundenlang reden konnte. Er erinnerte sich: „Manchmal sprachen wir bis fünf Uhr morgens über alles mögliche, was es so gibt. Sie suchte verzweifelt Gesellschaft und brauchte jemanden, auf den sie sich verlassen konnte, jemanden, dem sie wirklich vertraute. Manchmal schien sie zu fürchten, was die Zukunft ihr bringen würde. Doch sie wußte ja, sie hat ihre Söhne, um die sie sich kümmert und die sie großzieht. Sie geben ihr immer wieder Kraft."

Elizabeth mußte sich noch anderen Ehekrisen in der Familie widmen. Auch Andrews und Fergies Liebesleben machte Schlagzeilen. Nach ihrer offiziellen Trennung ging Prinz Andrew zur Königlichen Marine zurück, um seine Karriere fortzusetzen. Als sich der Ärger und die Kränkung über die Trennung gelegt hatten, fand Andrew zu einer neuen und glücklicheren Beziehung mit Fergie. Während des Sommers 1993 entdeckten sie beide, daß sie wieder gern Zeit miteinander verbrachten, mit und ohne ihre Kinder Beatrice, fünf, und Eugenie, drei Jahre alt. Sie konnten sogar wieder miteinander lachen.

Sie aßen zusammen, gingen spazieren und schworen einander, nie wieder etwas zwischen sich und ihre zwei Töchter treten zu lassen. Andrew bekannte Freunden gegenüber, er sähe die widerspenstige Fergie gern. Einige ihrer Freunde glauben, daß es vielleicht möglich ist, daß die beiden ihre Differenzen begraben und ihrer Ehe eine zweite Chance geben. Das hängt von Fergie ab und davon, ob sie sich in der Lage sieht, mit dem Druck fertig zu werden, mit dem sie vorher nicht leben konnte.

Trotz Gerüchten über Auseinandersetzungen und Streitigkeiten blieb Sarah, Herzogin von York, bei ihrem amerikanischen Liebhaber, dem Geschäftsmann John Bryan, der nach dem Zusammenbruch ihrer Ehe die Kontrolle über ihr Leben übernommen hatte. Fergie respektierte Bryan nicht einfach nur als Liebhaber, obwohl es für sie von großer Bedeutung ist, sondern auch als Ratgeber und Mann, der ihr Leben organisieren sollte. Nie zuvor war Fergie in einer Verbindung glücklich gewesen, in der sie die zweite Geige spielte.

Elizabeth's jüngster Sohn, Prinz Edward, der wie sein älterer Bruder Charles nach einer Rolle im Leben sucht, hat im Dezember 1993 seine eigene unabhängige Fernseh- und Filmgesellschaft gegründet - Ardent Productions. Edward stellte das Spekulationskapital zur Verfügung und gewann den Rückhalt des reichsten Mannes der Welt, des Sultans von Brunei.

Es ist höchst ungewöhnlich für ein Mitglied des Hauses Windsor, mit der knallharten Geschäftswelt direkte Verbindung zu haben, aber Edwards neue Visitenkarten verkünden: „Edward Windsor, Joint Managing Director".

Prinz Edward wählte den Namen "Ardent" (glühend, feurig), um die Grundwerte seiner Gesellschaft anklingen zu lassen: Ehrgeiz, Motivation und Stärke. Er hatte schon immer Interesse an der Kunstwelt gezeigt, und sein erster Job bei dem Komponisten Andrew Lloyd Webber bestand darin, den Tee zu machen. Das jedoch hielt er nicht durch. Zum ersten Mal dachte Edward 1991 daran, eine eigene Fernsehgesellschaft zu gründen, und bot erfahrenen Leuten der BBC und Großbritanniens unabhängigen Fernsehstationen die Möglichkeit, ihm zur Seite zur stehen.

Einige Jahre lang kursierten viele Gerüchte, daß Elizabeth's jüngster Sohn schwul sei. Kurz vor seinem dreißigsten Geburtstag mehrten sich die Gerüchte bezüglich seiner sexuellen Vorlieben, da er fast nie in Gesellschaft junger Frauen gesehen wurde, geschweige denn sich mit ihnen verabredete. Als er gefragt wurde, ob er eine Freundin habe, antwortete er: „Ich genieße mein Leben."

Doch im Herbst 1993 hatte Edward sich heimlich mit der achtundzwanzigjährigen Sophie Rhys-Jones getroffen, die Diana ziemlich ähnlich sieht. Sie ist groß, blond, schüchtern und sehr attraktiv. Sie arbeitet als leitende Buchhalterin für eine Public-Relations-Firma und lebt in einem gemieteten Apartment in West-London, etwa eine Meile von dem Apartment entfernt, in dem Diana vor ihrer Verlobung mit Charles lebte.

Sophie begegnete Edward, als sie im August 1993 an einem königlichen Wohlfahrtsprojekt mitarbeitete. Er hat sie seinen Eltern im Buckingham Palast vorgestellt, und Elizabeth hat Sophie zum Tee und zum Essen eingeladen. Während der ersten Monate des Jahres 1994 kam Sophie regelmäßig in den Palast, in dem Edward seine eigenen Räume hat.

Als Edwards Verbindung mit Sophie im Dezember 1993 bekannt wurde, wurden beide zur Zielscheibe jedes Beobachters des königlichen Hauses und der Boulevardreporter. Ein Schwarm von Journalisten aus der Fleet Street kampierte vor ihrer Wohnung und vor ihrem Büro.

Ironischerweise erfuhr die Öffentlichkeit von Sophies Existenz und ihren königlichen Verbindungen ein paar Tage, nachdem Diana ihre Absicht bekanntgegeben hatte, sich aus dem öffentlichen Leben zurückzuziehen. Die Fleet Street frohlockte, weil sie glaubte, eine neue königliche Freundin entdeckt zu haben, die Dianas Platz einnehmen könnte. Edward hatte jedoch andere Vorstellungen.

In dem Versuch, Sophie gegen die königlichen Beobachter und Fotografen zu schützen, die Diana und Sarah Ferguson das Leben zur Hölle gemacht hatten, unternahm Edward einen noch nie dagewesenen Schritt und faxte jedem der Herausgeber aus der Fleet Street einen kurzen Brief.

Ein Teil davon lautete: „Ich unternehme diesen ungewöhnlichen Schritt, mich direkt an Sie zu wenden, in der Hoffnung, Ihre Reporter und Fotografen davon abzuhalten, den Teil meines Lebens zu zerstören, den ich privat nennen darf, und, was noch wichtiger ist, Sophies Leben... Ich bin vollkommen überzeugt, daß anderen Mitgliedern meiner engeren Familie eine Aufmerksamkeit zuteil wurde, die sich nicht gerade förderlich auf ihre Beziehungen ausgewirkt hat. Deshalb bitte ich Sie, der Jagd auf Sophie und mich ein Ende zu setzen und uns zu erlauben, ganz normal weiterzuleben. Sie haben die Macht, uns das zu gewähren. Nehmen Sie unseren Fall bitte ernst."

Elizabeth und Philip begrüßten die Neuigkeit, Edward habe eine Freundin, mit Erleichterung, da sie bereits befürchtet hatten, ihr jüngster Sohn würde Junggeselle bleiben.

Elizabeth's einzige Tochter, Prinzessin Anne, führte ihr geschäftiges Leben weiter. Sie verbrachte viele Wochen mit der Arbeit für Wohltätigkeitsorganisationen, besonders auf Reisen nach Übersee mit der Organisation "Save the Children", deren Schirmherrin sie ist. Dazwischen verbringt sie die meiste Zeit des Jahres zu Hause in Gatcombe Park, Gloucestershire, wo sie sich um ihren Sohn Peter, fünfzehn, und ihre Tochter Zara, zwölf Jahre alt, kümmert. Und sie führt wieder ein Eheleben mit ihrem neuen Mann Kommandeur Tim Lawrence, den sie 1992 geheiratet hat.

Der Mann, der Elizabeth's Leben dominiert, Prinz Philip, ist immer noch an ihrer Seite, sogar häufiger, als während der meisten Zeit ihres Ehelebens. Der inzwischen Zweiundsiebzigjährige wurde zu einem unwirschen Einzelgänger, der weiß, daß er immer noch seine Pflicht erfüllen muß, indem er vorschriftsmäßig zwei Schritte hinter seiner Frau bleibt, wann immer sie in der Öffentlichkeit auftreten.

Es könnte Elizabeth einige Jahre gekostet haben, mit ihrem reizbaren, arroganten Mann, der ihr viel Kummer und Leid gebracht hat, auszukommen. Er nimmt noch immer an zahlreichen königlichen Verpflichtungen teil und äußert seine Meinung zu allen Themen seiner Wahl, ob er nun gefragt wird oder nicht.

Aber abgesehen von Elizabeth, die seine Launen nicht länger toleriert, ist er ein einsamer Mann geworden, weil die Beziehung zu seinen Kindern schwierig ist. Sein Benehmen, seine harten Worte und seine Bestrafungen hatten ihm die drei Söhne und die Tochter Anne entfremdet. Keiner von ihnen wollte Zeit mit dem

Vater verbringen. An seinem Verhalten ihnen gegenüber lag es auch, daß die Kinder ihre Mutter nicht mehr oft sahen. Noch immer bekräftigt Elizabeth, sie sähe ihre Kinder und Enkelkinder gerne öfter.

Elizabeth, mit siebenundsechzig Jahren noch immer würdig und gesund, glaubt, noch viele Jahre eines aktiven Lebens vor sich zu haben. Sie hat nicht die Absicht, die Krone an Charles weiterzugeben, besonders nicht nach seiner Trennung. Sie beabsichtigt, bis ins nächste Jahrhundert Königin zu bleiben, obwohl der Streß der letzten zwei Jahre seinen Tribut gefordert hat. Ihr Haar ist weißer geworden, die Falten um ihre Augen sind tiefer, und etwas von ihrer Frische ist dahin. Doch kaum jemand weiß um die Opfer, die sie gebracht hat.

Teil II:

Kindheit und Jugend

2. Kapitel: Lilibet

Elizabeth's Ankunft in der Welt in einer kalten regnerischen Aprilnacht des Jahres 1926 war nicht gerade angenehm und ziemlich kompliziert. Ihre Mutter, die Herzogin von York, lag bereits seit über 24 Stunden in den Wehen, da die Ärzte darauf bestanden, sie solle das Kind auf normalem Wege gebären. Trotzdem wurde in den frühen Morgenstunden ein Kaiserschnitt durchgeführt, und Prinzessin Elizabeth war geboren.

Außer den Ärzten und Krankenschwestern war noch ein Sekretär des Innenministeriums bei der Geburt anwesend, um zu bezeugen, daß das Baby auch wirklich existierte. Dieses eher kuriose königlich englische Ritual entstand aus der sogenannten "Wärmflaschenaffäre", als 1688 behauptet wurde, daß der Frau von James II. ein anderes Baby ins Bett gelegt worden war. Obwohl es nicht stimmte, wohnte seither jeder königlichen Geburt ein höherer Regierungsangestellter bei, um ganz sicherzugehen, daß es sich auch wirklich um eine "königliche Geburt" handelte.

Elizabeth war nicht nur der Stolz und die Freude ihrer Eltern, sie war bedeutend mehr. Ihre Mutter, die Herzogin von York, hatte vorher eine Fehlgeburt erlitten und fürchtete, keine Kinder mehr bekommen zu können. Später an diesem Tag schrieb Elizabeth's Vater, der Herzog von York und der spätere König George VI., auch bekannt als 'Bertie', an seine Eltern: „Ihr ahnt nicht, welch unglaubliche Freude es für Elizabeth und mich ist, dieses kleine Mädchen zu haben. Wir wollten schon immer ein Kind, um unser Glück vollkommen zu machen, und jetzt, da es endlich soweit ist, kommt es mir so wunderbar und seltsam zugleich vor..." Natürlich wußte zu dieser Zeit noch niemand, wie besonders Lilibet werden würde.

Lilibet war die dritte in der königlichen Linie, weil Georg V., der 1910 König geworden war, auf dem Thron saß, und Berties älterer Bruder Edward, den die Familie immer David nannte, Prinz von Wales und somit Thronfolger war.

Viele Leute glauben, daß Victoria die Traditionen und Ideale der heutigen königlichen Familie begründet hat, und in bestimmtem Maße ist das auch der Fall. Aber Mary von Teck, die Frau von König George, veränderte das dumpfe, unmoderne Bild der britischen Monarchie von Königin Victoria zugunsten neuer Werte wie Pflichtbewußtsein, Moral und Familienleben, die die aufstrebende Mittelklasse so liebte. Nicht eine Engländerin, sondern die deutsche Prinzessin Mary von Teck machte der Nation verständlich, daß König George als Monarch über die übermenschlichen Qualitäten eines Königspriesters verfügte, der Vater seines Volkes und der heilige und gesalbte Erbe der britischen Nation und des weitläufigen britischen Empire war.

Königin Victoria erkannte in Mary von Teck eine bemerkenswerte junge Frau und schätzte ihre Intelligenz, ihren Ehrgeiz und vor allem ihre Leidenschaft für die Monarchie. Es war auch Königin Victoria gewesen, die ihren ältesten Enkel, den schwachen, ausschweifenden und eitlen Herzog von Clarence aus der zweiten Thronlinie gedrängt hatte, Mary zu heiraten. Die beiden wurden verlobt, doch kurz darauf starb Clarence an einer mysteriösen Krankheit. Victoria war so entschlossen, Mary von Teck in der Familie zu halten, daß sie ihren zweiten Enkel George, den nächsten in der Linie, drängte, Mary zu heiraten. Da George sie nicht enttäuschen wollte, gehorchte er ihr ein Jahr später.

Nach dem Tod von Königin Victoria im Jahre 1901 wurde Edward VII. König, während George und Mary die Titel "Prinz und Prinzessin von Wales" trugen. Doch nicht nur Königin Victoria war versessen auf Prinzessin Mary, sondern auch Edward VII. Er verfügte, daß Mary, seine Schwiegertochter, all die offiziellen roten Kassetten zugeschickt bekam, die Regierungspapiere enthielten, so daß sie alle Regierungsgeschäfte verstehen würde, wenn sie Königin werden würde. Es war sicherlich eine bemerkenswerte und revolutionäre Idee, seine deutsche Schwiegertochter so in die geheimen Geschäfte der Monarchie und der Regierung einzubeziehen, und das in einer Zeit, als Frauen noch als Staatsbürger zweiter Klasse betrachtet wurden.

Einige Historiker gehen sogar so weit, das Überleben der britischen Monarchie Königin Mary zuzuschreiben, die eine sehr resolute Frau war. Sie war überzeugt, die britische Monarchie würde nicht nur überleben, sondern blühen und gedeihen im Gegensatz zu den anderen Königshäusern Europas, die im ersten Teil dieses Jahrhunderts entweder von der Geschichte hinweggefegt oder in moderne Gemeinwesen nach skandinavischem Muster umgewandelt wurden. Auf seinem Sterbebett fürchtete König Edward 1910, sein Sohn George würde der letzte englische König sein. Doch Mary hatte da andere Vorstellungen.

Königin Mary, die Großmutter von Elizabeth, stand der königlichen Familie und besonders ihrem Ehemann George V. mit Entschlossenheit und Festigkeit vor. König George wäre viel lieber in Sandringham geblieben, seinem Landhaus in Norfolk, etwa 120 Meilen von London. Er wollte lieber das Leben eines ländlichen Gutsherren führen, als sich den Pflichten der Monarchie zu widmen. Siebzig Jahre später wird auch sein Urenkel Charles das Leben eines Landedelmannes bevorzugen.

Königin Mary schien ein untrügliches Verständnis für die Briten zu haben, und sie verfügte über alle noblen Ideale einer Frau aus der Mittelklasse dieser Zeit: Sparsamkeit, Dienstbarkeit, Selbstkontrolle und eine unerschütterliche Aufopferung für ihr Zuhause. Königin Mary überzeugte die Massen davon, daß die königliche Familie wie alle anderen lebte, und machte ihren Ehemann gleichzeitig zu einem Vorbild, mit dem das Volk sich identifizieren konnte.

Ihre Ansicht über die Lebensweise des Monarchen unterschied sich stark vom Hof des Vorgängers, Edward VII., der, umgeben von Partygängern, Spielern, Frauenhelden und Trinkern, ein zügelloses Leben führte. Er hatte zahlreiche Geliebte und Mätressen. Mary änderte das alles. Sie und ihr Ehemann George aßen jeden Abend im Buckingham Palast nicht gerade üppig und meistens allein. Pünktlich um 23 Uhr 15 lagen die beiden im Bett. Sie gaben kaum private Feste. Trotz dieses kärglichen Lebensstils bestand Mary darauf, jeden Abend formvollendet gekleidet zu sein. Auch wenn sie allein aßen, erschien sie in einem majestätischen bodenlangen Ballkleid mit einer Tiara, und der König trug einen weißen Frack mit Schleife und Hosenbandorden!

Königin Mary sah es als ihre Aufgabe an, das Ansehen und den Einfluß der Monarchie durch Vorbildlichkeit und Dienstfertigkeit zu untermauern. Sie begann im Palast, die neue Haltung der Krone zur Moral der Nation zu demonstrieren. Um die Ehebrecher und Frauenhelden, die den früheren König Edward VII. umgeben hatten, aus dem Palast zu verbannen, verfügte Königin Mary, daß alle geschiedenen Personen, egal ob schuldig oder nicht, keinen Zugang zum Hof mehr hatten und zu keiner Gelegenheit dem König oder ihr vorgestellt wurden. Außerdem durften sie nicht mehr an den königlichen Schieß- oder Jagdpartys teilnehmen und erhielten keinen Zutritt zum königlichen Grundstück in Ascot.

Der von seiner Frau herumkommandierte George, der nie sehr intelligent war, hatte der neuen königlichen Linie von Pflichterfüllung und Aufopferung zu folgen. Es war sein Glück, daß er die meiste Zeit seines erwachsenen Lebens in der königlichen Marine verbracht hatte - deshalb auch sein Spitzname der "Segelkönig" - und das Wort "Pflichterfüllung" sehr gut kannte. Mary wies ihren Ehemann an, sie beschwatzte und überredete ihn, ihren Anweisungen Folge zu leisten, und er tat es bereitwillig, obwohl er der reizbarste und nervöseste Mann sein konnte.

Mary war entschlossen, die Macht und Glorie der britischen Monarchie, die zu ihrer Zeit die reichste und mächtigste Nation der Welt war, sichtbar zu machen: die Königliche Marine hatte das Oberkommando auf den Meeren der Welt, die britische Armee war unschlagbar und das britische Empire auf seinem Höhepunkt. Mary wollte, daß die ganze Welt das wußte und Tribut zollte.

Mary bestand darauf, daß die Monarchie auch als großzügig, reich und mächtig wahrgenommen wurde. Auf königlichen Picknicks servierten livrierte Lakaien das Essen und den Wein. Der Buckingham Palast war mit 100 höheren und 400 niederen Dienern ausgestattet. Der Palast versorgte die höheren Diener täglich mit einem Vier-Gänge-Menü sowie Weinen und Likören.

Der Erste Weltkrieg sicherte das Überleben der Monarchie in Großbritannien, während die Monarchien in Deutschland, Österreich und Rußland untergingen. Königin Mary erwarb sich große Verdienste um das Überleben der englischen Adligen, denn das war ihre Sternstunde.

Mary beharrte darauf, daß die königliche Familie die Lasten des großen Krieges mit ihren Untertanen teilte. Sie erklärte, der Hof würde "während der Kriegshandlungen" keinen Alkohol mehr konsumieren. Als das bekannt wurde, begriffen die Menschen, daß die königliche Familie nicht im Luxus schwelgte, während das einfache Volk ohne ihn auskommen mußte. Obwohl es wenig mehr war als eine Geste, berührte es doch einen empfindlichen Nerv in der Bevölkerung und schmiedete das Volk und die Monarchie stärker zusammen. Um ihre Aufopferung zu zeigen, besuchte Königin Mary während des Krieges Krankenhäuser, sorgte für die verwundeten Soldaten und half selbst mit aus. Sie der königlichen Familie, ihrem Beispiel zu folgen. Eine beschwerte sich bei ihr: „Ich bin erschöpft, und ich hasse Krankenhäuser." Königin Mary fuhr sie an: „Du bist ein Mitglied der königlichen Familie. Wir sind niemals müde, und wir mögen Krankenhäuser."

Königin Mary sorgte dafür, daß ihre Söhne unter den gleichen entsetzlichen Bedingungen an der Front waren wie die Söhne aller anderen Mütter. Ihr ältester Sohn, der schneidige Prinz von Wales, war als Soldat in den Schützengräben; ihr zweiter Sohn, Prinz Albert, kommandierte einen Geschützstand in Jütland, und König George selbst besuchte häufig die Truppen in den Schützengräben. Während eines Besuchs wurde er von seinem Pferd gerissen und schwer verletzt. Diese patriotischen Akte brachten der königlichen Familie Respekt ein und ließen Monarchie und Volk stärker zusammenwachsen.

Obwohl sie so großen Erfolg beim Wiederaufbau und bei der Gestaltung der Monarchie hatte, hinterließ Königin Mary ein Erbe, dessen Auswirkungen die königliche Familie bis zum heutigen Tag quälen: das Verhältnis zu ihren eigenen Kindern, ihren fünf Söhnen und der Tochter, stellte sich als durch und durch mißlungen heraus!

Es war im wesentlichen das Verhältnis zwischen Edward, Prinz von Wales, und seinen Eltern, das ihn dazu brachte, alles abzulehnen, wofür seine Eltern standen. Schließlich lehnte er sogar den Thron ab und beschwor damit die größte Krise des Hauses Windsor herauf, die es je gab.

Edwards Abdankung im Jahre 1936 hat die königliche Familie seither verfolgt, und selbst heute noch mißt Elizabeth den Erfolg oder das Versagen der Monarchie an diesem Maßstab. Als das Scheitern der Ehen ihrer Kinder tiefe Schatten auf die Krone warf, klammerte sich Elizabeth allein an die Tatsache, daß die Krise, der sich das Haus Windsor 1990 gegenübergestellt sah, nichts war im Vergleich zu den dunklen Tagen von Edwards Abdankung. Zur damaligen Zeit glaubten einige sogar, die Abdankung würde das Ende der Monarchie in Großbritannien einleiten.

Es ist ungewöhnlich, daß so viele höhere Mitglieder des Hauses Windsor sich als so klägliche, wenn nicht bedauernswerte Eltern herausgestellt haben, die nicht in der Lage waren, ihre eigenen Kinder großzuziehen, auch nicht, nachdem sie diese Härte am eigenen Leib verspürt hatten.

Zum Unglück für das Haus Windsor erstreckte sich Königin Marys Verständnis für das britische Volk nicht auch auf ihren Nachwuchs, den sie behandelte, als sei sie eher ein hartherziger Lehrer als eine Mutter. Und König George V., der mit der harschen Disziplin der Königlichen Marine groß geworden war, glaubte fest an den Erfolg der körperlichen Züchtigung. Er behandelte die geringste kindliche Übertretung als Rebellion, der man mit Härte und Strenge begegnen mußte.

Unter solchen Umständen ist es nur natürlich, wenn die Mutter ihren Nachwuchs verteidigt. Aber Königin Mary vertrat die Position ihres Mannes, denn er war der König, der sich nicht irren konnte. Zum Nachteil ihrer Kinder war Königin Mary keine normale Mutter, und einige sagten ihr nach, sie hätte keine mütterlichen Instinkte, obwohl sie sechs Kinder geboren hatte. Kurz nach der Geburt wurde jedes Kind an die königliche Amme weitergereicht, und Mary wollte so wenig wie möglich mit ihnen zu tun haben. Deshalb ist es auch nicht verwunderlich, daß alle auf die eine oder andere Weise im Leben scheiterten.

Bertie, der Herzog von York und spätere George VI., war ein stammelndes nervöses Wrack, George, der Herzog von Kent, war dem Kokain verfallen und homosexuell, Henry, der Herzog von Gloucester, wurde ein Trunkenbold und der Älteste, David, der Prinz von Wales und Thronfolger, lehnte alles ab, was seine Eltern vertraten, die Monarchie eingeschlossen.

Der arme Bertie war ein kränkelndes, schwaches Kind gewesen. Königin Mary schien sich überhaupt nicht um ihn zu kümmern, sie blieb tagelang weg und sah ihn ein- oder zweimal pro Woche. Ihr fiel auch nicht auf, daß seine Amme, neurotisch und gänzlich ungeeignet für den Job, ihn nicht richtig fütterte. Er verbrachte seine ersten Jahre damit, nach Essen zu schreien. Er war schüchtern, zurückgezogen, nervös und stotterte entsetzlich, was Anlaß gab zu ungezählten Schikanen durch seinen Vater. Königin Mary fand seine Beine zu krumm, also ordnete sie an, daß er zwei Jahre lang Schienen tragen mußte, um sie zu richten. Das verursachte ihm enorme Schmerzen und Unbequemlichkeiten. Aufgrund dieser entsetzlichen Behandlung und dem Mangel an Nahrung litt Bertie unter Verdauungsstörungen, die ihm Schwindelanfälle verursachten. Erst viele Jahre später diagnostizierten die Ärzte ein Zwölffingerdarmgeschwür. Trotz seiner furchtbaren Kindheit zeigte Bertie später bemerkenswerten Mut. Er diente sowohl in der Königlichen Marine als auch in der Königlichen

Luftwaffe und gewann 1920 trotz seiner X-Beine die RAF Tennis Doubles in Wimbledon.

Königin Marys und König Georges Umgang mit ihrem jüngsten Sohn, Prinz John, wurde zum traurigen Schandfleck in beider Leben. Der arme John bekam Epilepsieanfälle, als er ungefähr sieben Jahre alt war. Verantwortlich dafür war, laut einigen Biographen, die Behandlung, die ihm seine Eltern zukommen ließen. Er wurde von der Familie getrennt und in einem kleinen Haus auf dem Sandringham Grundstück in Norfolk eingeschlossen, wo sich eine einzige Krankenschwester um ihn kümmerte.

Königin Mary erklärte der Familie eines Abends beim Essen einfach: „John fühlt sich nicht wohl und hat sich zurückgezogen, um sich behandeln zu lassen. Es ist ziemlich unwahrscheinlich, daß wir ihn je wiedersehen werden."

Er wurde auch tatsächlich nicht mehr gesehen, weder von seinen Geschwistern noch, zu ihrer nie verjährenden Schande, von seinen Eltern. Er starb 1919 ungeliebt, unbemerkt und ohne Begräbnis. Damals war er gerade vierzehn Jahre alt.

Königin Mary und König George waren überrascht und glücklich, weil Lady Elizabeth Bowes-Lyon, die jüngste Tochter des Grafen von Strathmore, zugestimmt hatte, ihren Sohn Bertie zu heiraten, nachdem sie den Antrag zweimal ausgeschlagen hatte. Elizabeth Bowes-Lyon war eine der hübschesten Debütantinnen des Jahrzehnts und eine große Attraktion für alle jungen Aristokraten. Sie war gar nicht sicher, ob sie sich von der königlichen Familie umgarnen lassen sollte. Lady Elizabeth war reizend, vernünftig und hartnäckig. Trotz ihres Charmes hatte sie ihren eigenen Willen, den niemand so einfach ändern konnte. In der Rückschau waren die Stärke und der Liebreiz genau das, was Bertie brauchte, um seinen eigenen eher schwachen und kraftlosen Charakter zu kompensieren. Dabei spielte es keine Rolle, daß Lady Elizabeth nicht von königlichem Blute und praktisch eine Bürgerliche war.

Zu dieser Zeit, im Jahre 1923, dachte noch keiner in England daran, daß Bertie jemals König werden könnte. Seine Eltern waren einfach nur erpicht darauf, eine gute, vernünftige und willensstarke Frau für ihren zweitältesten Sohn zu finden.

Betrachtet man Marys tyrannisches Verhältnis zu ihren eigenen Kindern, erscheint es bemerkenswert, daß sie ein so enges Verhältnis zu ihrer ersten Enkelin, dem Baby Lilibet, hatte. Von Anfang an nahm Mary die kleine Prinzessin unter ihre Fittiche, als ahnte sie bereits, daß sie eines Tages Königin werden würde. Wenn Königin Mary ihre Gäste zur Teezeit unterhielt, ein Ritual, das sie immer selbst überwachte, sandte sie einen Wagen, der Baby Elizabeth in den Buckingham Palast brachte. Die spätere Königin wurde den Gästen vorgeführt. Mary war ganz in Anspruch genommen von ihrer Enkelin.

Fünfzehn Monate nach Lilibets Geburt überredete Königin Mary von Teck ihren Mann, daß die Yorks Australien und Neuseeland einen offiziellen königlichen Besuch abstatten sollten, per Schiff natürlich, was sie für vier Monate von Lilibet trennen würde. Das Baby wurde in den Buckingham Palast gebracht, und Königin Mary sah mindestens dreimal täglich nach ihm, was sie bei ihren eigenen Kindern nie getan hatte. Elizabeth konnte gar nichts falsch machen und wurde von ihren Großeltern unsäglich verwöhnt.

Als Lilibet zwölf Monate alt war, saß sie auf einem Teppich und warf Kartenspiele durchs Zimmer oder griff nach Wollbällen, die sie aufrollte, während sie durchs Zimmer und über die Flure lief. Sie fand Streichholzschachteln, deren Inhalt sie überall verstreute oder manchmal in Brand setzte. Sie riß ihren Puppen und Teddybären Arme und Beine aus und warf sie durchs Zimmer, doch eins ihrer Spielzeuge mochte sie ganz besonders: ihre bemalten Zinnsoldaten, die sie zur Parade aufstellte und selbst inspizierte - ganz wie die zukünftige Königin.

Mary und König George arrangierten des öfteren Fotos mit der kleinen Elizabeth, von denen eines ganz besonders beeindrukkend ist. Großmutter und Enkelin sitzen aufrecht, und keine von ihnen schaut in die Kamera. Königin Mary trägt ein langes fließendes Kleid und eine Perlenkette mit mehreren Strängen, während Elizabeth mit einer kleinen Korallenkette wie ein Püppchen auf einem Tisch sitzt. Beide wirken zurückhaltend und königlich. Es war Königin Marys liebste Fotografie.

Der schroffe, schrullige König George verwöhnte seine Enkelin ebenfalls maßlos. Seinen eigenen Kindern erlaubte er nicht zu sprechen, bevor er sich an sie gewandt hatte. Elizabeth dagegen saß auf seinen Knien, zog ihn am Bart und gab ihm alle möglichen Namen, wie zum Beispiel Großohr, und er liebte sie.

Als die zwölf Monate alte Prinzessin ihren ersten Auftritt auf dem berühmten Balkon des Buckingham Palastes hatte, hielt Königin Mary, und nicht etwa ihre Eltern, sie dem jubelnden Volk entgegen. In einem Brief an Königin Mary, schrieb Elizabeth's Mutter: „Es macht mir oft Angst, daß die Leute Elizabeth so lieben. Ich nehme an, es ist gut, und ich hoffe, sie wird sich dessen würdig erweisen, der arme kleine Liebling."

Der Kosename "Lilibet" kam auf, weil Elizabeth als Kind ihren eigenen Namen nicht richtig aussprechen konnte. Für einige Familienmitglieder blieb es ein Leben lang dabei. Königin Mary überredete Elizabeth's Eltern, sie so oft wie möglich im Buckingham Palast oder auf Schloß Windsor zu besuchen, damit sie die Entwicklung des Kindes beobachten und überwachen konnte. Als königliches Kind erwiderte Lilibet den Gruß der diensthabenden Wachmänner, indem sie ihnen mit beiden Armen zuwinkte, was großes Gelächter verursachte. Im Gegensatz zum steifen Benehmen ihrer Großeltern wirkte sie natürlich und sorglos.

Die meiste Zeit ihrer Kindheit verbrachte sie im Haus Piccadilly Nr. 145 gegenüber vom Green Park und nur ein paar hundert Meter vom Buckingham Palast entfernt. Ihre Kinderfrau war Mrs. Clara Knight, die immer Allah genannt wurde, eine Kinderform von Clara, die nichts mit der moslemischen Religion zu tun hatte. Allah war die königliche Kinderfrau par excellence. Sie wurde für ihre Arbeit und Hingabe an die Familie geehrt, indem man ihr den Ehrentitel "Mrs." verlieh, obwohl sie nie verheiratet gewesen war. Sie wurde niemals anders fotografiert als in ihrer Uniform, und man sah sie stets in einem marineblauen Mantel mit einem marineblauen Filzhut, wie sie den königlichen Kinderwagen durch einen der königlichen Parks schob.

Im August 1930, als Elizabeth bereits vier Jahre alt war, kam ihre Schwester Prinzessin Margaret Rose zur Welt - ein Kind, das Elizabeth's Geduld und die ihrer Eltern oft genug während der folgenden Jahre auf die Probe stellte.

Bertie, der Herzog von York, der seine eigene schreckliche Kindheit nicht vergessen hatte, war entschlossen, seinen Kindern eine glückliche Kindheit zu bieten, auf die sie später als "die goldene Zeit" zurückblicken sollten. Seine Frau Elizabeth, die Herzogin von York, hatte glücklicherweise eine sehr schöne Kindheit gehabt und wollte ihren Töchtern die gleiche Erfahrung geben. Und so geschah es auch.

Königin Mary verdarb und verwöhnte ihr ältestes Kind David, den Thronfolger, weil er der Prinz von Wales war. Doch als sein Leben immer ausschweifender wurde und er viele Charakterzüge seines Großvaters entwickelte, wandte sich Königin Mary mehr den Yorks zu, ganz besonders nach Lilibets Geburt. Sie begann, die Yorks zu verwöhnen. Sie betrachtete Bertie und Elizabeth als die eigentliche königliche Familie, als lebendes Beispiel dafür, daß die Monarchie alle strahlenden häuslichen Tugenden in sich vereinigte trotz des Unfugs, den der Thronfolger machte. Denn David erwies sich als unverantwortlicher Störenfried, der Liebesaffären mit älteren und meist verheirateten Frauen hatte, spielte, mit seinen jungen Freunden auf Partys und in Clubs ging und ein Leben führte, das seine Mutter als sündhaft verurteilte.

1930 entschloß sich Mary zur Veröffentlichung einer Biographie von Elizabeth. Die Geschichte von Prinzessin Elizabeth erschien mit der Erlaubnis ihrer Eltern und wurde von Anne Ring geschrieben, die früher zum Haushalt der Herzogin von York gehört hatte. Sie wurde ein Bestseller.

Das schmale Buch bot Abschnitte wie: „Seit dem Moment der Geburt wurde unsere kleine Prinzessin nicht nur mit der zärtlichen Liebe ihrer Eltern und von den ihr ergebenen Großeltern, Cousins, Onkeln und Freunden verwöhnt, sie war auch das bewunderte Liebesobjekt von Tausenden hier im Land und in anderen Teilen der Welt, die sie nie gesehen haben."

Andere Bücher erschienen mit Zustimmung der königlichen Familie, die nachdrücklich die "glückliche, wunderbare, strahlende" Familie des Herzogs und der Herzogin von York priesen. In den dreißiger Jahren schien es, als sei Prinzessin Elizabeth, die als "das gefeiertste und am meisten geliebte Kind der Welt" beschrieben wurde, Großbritanniens Antwort auf Amerikas Kinderstar Shirley Temple.

Lilibet begann, all die Allüren und Eigenschaften anzunehmen, die kleine Mädchen, auch wenn sie Prinzessinnen sind, nicht haben sollten. Königin Mary wurde klar, daß sie ein Monster heranzüchtete. Eines Morgens traf Lord Chamberlain Lilibet in einem der Palastkorridore und meinte freundlich: „Guten Morgen, kleine Lady." Lilibet entgegnete: „Ich bin keine kleine Lady, ich bin Prinzessin Elizabeth." Später an diesem Morgen klopfte Königin Mary an Lord Chamberlains Tür und erklärte mit Lilibet im Schlepptau: „Das ist Prinzessin Elizabeth, die hofft, eines Tages eine Lady zu werden."

Bei einer anderen Gelegenheit hatte Elizabeth ihre Tochter mitgenommen, um eine Gesellschaftsdame beim Tee zu unterhalten, und Lilibet langweilte sich schon bald. Sie stand auf und klingelte nach einem Lakaien. Als er kam, sagte Elizabeth rüde:

„Bitte rufen Sie ein Taxi, unser Gast möchte gehen." Elizabeth wurde sofort auf ihr Zimmer geschickt.

Spielzeug wurde von Lilibet weitestgehend ferngehalten, obwohl völlig fremde Personen, die von Lilibet hingerissen waren, Hunderte in den Buckingham Palast schickten. Statt dessen lernte sie schon früh, zu schreiben und zu lesen; dabei waren Puppen und Teddybären erlaubt. Es war eher überraschend, daß sie im Alter von drei Jahren einen Besen und eine Kehrschaufel in die Hand gedrückt bekam, um den Mädchen beim Saubermachen des Kinderzimmers zu helfen, was sie sehr gern tat. Den Sinn für Ordnung und Sauberkeit hat Elizabeth nie verloren, und sie glaubte an das alte Sprichwort, daß Sauberkeit identisch ist mit Frömmigkeit. Als sie mit vier Jahren ihr erstes Pony zu Weihnachten geschenkt bekam, erhielt sie auch die nötigen Bürsten und ein Pflegeset, das sie vor der Tür ihres Kinderzimmers aufgereiht hatte. Trotz ihres jungen Alters wurde ihr beigebracht, daß man sich um ein Pony kümmern und es vor jedem Ritt pflegen muß.

Mary entschloß sich, die Yorks bekanntzumachen, so daß das britische Volk mehr von der königlichen Familie sehen und sich daran ergötzen konnte, um ihrem Beispiel zu folgen. Die Filmmeter und Wochenschauen der Yorks in den dreißiger Jahren zeigen einen schlanken, ernsten und gut angezogenen Bertie, seine ihn bewundernde Frau Elizabeth mit einem süßen Lächeln und zwei kleine Prinzessinnen, die sich perfekt betragen, während sie miteinander spielen.

Es war außergewöhnlich, daß Königin Mary unter bereitwilliger Zustimmung der Yorks beschloß, daß ihre Töchter ins Licht der Medien gerückt wurden, und zwar auf eine Art und Weise, die noch nie dagewesen war und heute undenkbar wäre. Privilegierte Beobachter ausgewählter Zeitungen wurden in den Buckingham Palast und nach Schloß Windsor eingeladen, um den beiden Prinzessinnen beim Spielen oder bei ihren Hausaufgaben zuzusehen. Andere kamen, um das eigene Weihnachtsspiel der Yorks zu sehen, bei dem natürlich Elizabeth und Margaret die Hauptrollen spielten.

Noch außergewöhnlicher war, daß die Dienstmädchen und andere Bedienstete ermutigt wurden, sich ein Taschengeld zu verdienen, indem sie über alle Aspekte des Lebens der Prinzessinnen in populären Zeitschriften und Frauenmagazinen schrieben. Das alles war so anders als die heutige Berichterstattung über die königliche Familie, wo sogar Presseoffiziere eingestellt werden, um so wenig Informationen wie möglich über das Königshaus nach außen dringen zu lassen.

Noch als Kind begann Elizabeth's lebenslange Liebe zu Corgihunden. Corgis sind eine walisische Rasse von Zwerghunden. Ihre Mutter besaß zwei, Carol und Crackers. Elizabeth's Vorliebe für diese Hunde hält noch heute an.

Lilibet bekam einen Cairn-Terrier-Welpen zu ihrem dritten Geburtstag, den sie anbetete. Da sie sich schon immer stark zu Tieren, und besonders zu Hunden und Ponys, hingezogen fühlte, verbrachte sie Stunden damit, die Tiere zu pflegen und mit ihnen zu spielen. Sie ersetzten ihr die Freundinnen, die sie in ihrer Kindheit kaum hatte.

Im großen und ganzen hatte Lilibet eine einsame Kindheit, obwohl sie ihre Kinderfrau Allah und ihre lästige kleine Schwester zum Spielen hatte. Trotzdem scheint sie ein glückliches Kind gewesen zu sein. Den Mädchen wurden relativ wenig Verbote auferlegt, was zu dieser Zeit höchst ungewöhnlich war, da der Großteil der Aristokratie meinte, Kinder solle man höchstens sehen, aber niemals hören. Sie konnten durch das ganze Haus toben und wurden morgens ins Bett der Eltern gebeten. Selbst Kopfkissenschlachten am Abend waren erlaubt, bevor sie zu Bett gingen und Allah ihnen eine Gute-Nacht-Geschichte vorlas.

Margaret McDonald, von den Prinzessinnen "Bobo" genannt, war kurz nach Margarets Geburt als Kindermädchen zu den Yorks gekommen. Sie hatte sich bereits um die vierjährige Lilibet gekümmert und verbrachte ihr ganzes Leben mit Elizabeth. Bobo blieb eine enge persönliche Freundin und eine der wichtigsten Bezugspersonen für Elizabeth, bis sie neunundachtzigjährig starb. Bobo lebte bis zu ihrem Tod in einer kleinen Wohnung im Buckingham Palast und schwatzte immer noch ein-, zweimal am Tag mit Elizabeth. In den ersten zehn Jahren, die sie zusammen verbrachten, teilten sie ein Schlafzimmer, bis entschieden wurde, daß Elizabeth im Alter von vierzehn Jahren allein schlafen sollte. Später wurde Bobo offiziell Hausdame und Ankleiderin von Elizabeth II., doch die Verbindung zwischen ihnen war viel enger. Lilibet vertraute Bobo völlig, und die loyale schottische Frau kannte jedes Geheimnis der zukünftigen Königin.

Später sagte Königin Elizabeth über sie: „Ich spreche mit Bobo über alles. Sie ist so vernünftig und steht mit beiden Beinen so fest auf dem Boden, ich würde ihr mein Leben anvertrauen."

Als Elizabeth sechs Jahre alt war, zogen die Yorks 1932 aus ihrem Haus im Zentrum Londons in die Abgeschiedenheit des königlichen Hauses im großen Park von Windsor. Vier Jahre lang genoß die Familie die ländliche Atmosphäre des Windsor Parkes, wo Lilibet eine kleine Gartenparzelle bekam, um Gemüse und Blumen zu züchten. Im nahegelegenen Park lernte sie reiten. Ihr Pony hatte ganz in der Nähe einen Stall.

Als Lilibet sich aus dem Kokon ihrer frühen Kindheit löste, verfocht sie Pedanterie, Ordnung und Pünktlichkeit. Sie schien zu selbstdiszipliniert, zu korrekt und zu ordentlich für ein gerade siebenjähriges Mädchen. Sie räumte ihre Spielsachen auf, legte ihre eigenen Sachen sorgfältig zusammen, ordnete ihre Bücher und sogar ihre Süßigkeiten nach Farbe und Größe. Bereits mit vier Jahren zog sie sich selbst an, knöpfte alle Kleidungsstücke zu, zeigte aber kein Interesse an Kleidung, sondern zog alles bereitwillig an, was die Kinderfrau zurechtgelegt hatte.

Als Elizabeth sieben Jahre alt war, trat noch ein anderer Mensch in ihr Leben, der großen Einfluß auf sie ausübte. Miss Marion Crawford, die berühmte Crawfie, wurde von den Yorks als Gouvernante für die Mädchen eingestellt. Sie war verantwortlich für deren gesamte Erziehung. Schon von Anfang an sah es so aus, daß ihr Vater, der Herzog, keinen großen Ehrgeiz im Unterrichten seiner Kinder zeigte. Die einzige Anweisung, die er Crawfie gab, lautete: „Bringen Sie den Mädchen um Himmels willen eine gute Handschrift bei, mehr verlange ich nicht." Und das tat sie auch. Sowohl Elizabeth als auch Margaret haben eine gute und willensstarke Handschrift.

Nie wurde vorgeschlagen, Elizabeth oder Margaret sollten auf eine normale Schule gehen, noch nicht einmal auf eine ausgesuchte Privatschule. Weder der Herzog noch die Herzogin noch Königin Mary waren dafür, ihre "königlichen" Kinder auf eine normale Schule zu schicken. Die Herzogin hatte eine Zeitlang eine Londoner Tagesschule besucht und jeden Moment dort gehaßt. Sie hatte keinesfalls vor, ihren Kindern so etwas zuzumuten. Eine Gouvernante schien da viel vorteilhafter. Die ganze Erziehung war ein stilles, einsames und wenig soziales Unterfangen, das von der vernünftigen Crawfie organisiert und kontrolliert wurde.

1950 veröffentlichte Crawfie ein Buch unter dem Titel: "Die kleinen Prinzessinnen", das in den Vereinigten Staaten zum Buch des Monats wurde. Es beschreibt detailliert das Leben von Elizabeth und Margaret in den dreißiger Jahren. Ein Abschnitt zeigte ihre Isolation: „Andere Kinder übten immer eine enorme Faszination aus, wie Wesen aus einer anderen Welt, und die kleinen Mädchen lächelten schüchtern denen zu, die sie mochten. Wie gern hätten sie mit ihnen gesprochen und sich angefreundet, doch dazu wurden sie nie ermutigt. Ich habe das oft sehr bedauert."

In ihrem Buch enthüllte Crawfie auch die kämpferische Seite von Elizabeth's Charakter, denn die zehnjährige Elizabeth hatte einen "fantastischen linken Haken", den sie an ihrer Schwester Margaret ausprobierte. Crawfie beschreibt Margaret als eine gute "Nahkämpferin", die dafür bekannt war, "ab und zu zu beißen". Sie fügte hinzu: „Doch Elizabeth war diejenige mit dem Temperament."

Margaret und Lilibet kamen kaum über die Schwelle ihres Hauses. Einmal durften sie U-Bahn fahren, doch unglücklicherweise erkannte jemand die beiden Mädchen, die zusammen mit Crawfie und einem Detektiv unterwegs waren. Eines der königlichen Autos mußte gerufen werden, um die Mädchen vor der Menge zu retten, die sich versammelt hatte und sie anstarrte. Manchmal fuhren die Schwestern unerkannt im oberen Teil der Londoner Busse, doch nach ein paar Monaten war Schluß mit diesen Ausflügen, weil man fürchtete, sie könnten doch erkannt werden.

Die Mädchen wurden einmal im Jahr zum Weihnachtsspiel mitgenommen und durften die jährliche Pferdeschau im Londoner "Olympia" sehen. Die meiste Zeit aber waren sie mit ihren Sachen allein und spielten zu Hause. Oft rannten sie ums Haus, während eines der Mädchen das Pferd spielte und die andere die vermeintlichen Zügel hielt.

In den dreißiger Jahren erreichte die königliche Familie den Höhepunkt ihrer Popularität, was König George V. sehr überraschte. Im Mai 1935 fand anläßlich seiner fünfundzwanzigjährigen Thronherrschaft eine Feier statt, bei der die Menschen ihm zujubelten, wo immer er sich auch befand. Am Ende der großen Depression mit Millionen Arbeitslosen und großer Armut wirkten die Feiern zum Silberjubiläum wunderbar belebend. Es gab Freudenfeuer und Partys in den Straßen und Parks. Und es wurde sogar berichtet, daß man extra Trolleybusse einsetzen mußte, um die Millionen benutzter Kondome wegzukarren.

Nur zwölf Monate später waren die Monarchie und die Nation betroffen vom dramatischen Trauma um Edwards Abdankung. 1936 war Lilibet gerade zehn Jahre alt und bekam wenig mit von dem sich zuspitzenden Drama, das ihr restliches Leben so prägen sollte. Einmal traf Lilibet die geschiedene Amerikanerin Wallis Simpson, als König Edward, der nach dem Tod von König George den Thron innehatte, die Yorks besuchte. Sie schüttelte der Geliebten Edwards, die Königin Mary "diese Hure" nannte, die Hand und kommentierte später deren amerikanischen Akzent, der ihr merkwürdig vorkam.

Die zweimal geschiedene Mrs. Simpson erinnerte sich ihrerseits an Elizabeth und Margaret und meinte später: „Diese Mädchen sind unglaublich, wunderbar blond, sauber und haben sehr guten Manieren."

Schon einige Zeit bevor König George V. starb, hatte Königin Mary Bedenken wegen Edward, des Prinzen von Wales. Sowohl George als auch Königin Mary waren entsetzt über das Verhalten von Edward und Mrs. Simpson. Edward begleitete sie durch ganz London, während die Wallis, immer zu protzig gekleidet und mit Schmuck behangen, am Arm des Thronfolgers zu Partys, Bällen und sogar in die königliche Oper ging. In den dreißiger Jahren betrachteten viele Leute das als Skandal.

Nach dem Tode von George V. fürchtete Königin Mary deshalb um die Monarchie. Sie vertraute ihrem ältesten Sohn nicht. Sie war entsetzt über sein Spielen, Trinken und die vielen Frauen, besonders darüber, daß die meisten seiner Geliebten älter und oft auch verheiratet waren. Edward schockierte seine Mutter, indem er Mrs. Simpson durch London begleitete, die der Gesellschaft als geschiedene Frau bekannt war, die immer noch mit ihrem zweiten Ehemann zusammenlebte.

Königin Mary sprach mit Edward über ihre Ängste und verlangte von ihm, Mrs. Simpson zugunsten der Nation aufzugeben. Mary erklärte ihm unverblümt, daß er als König nicht mehr nur für sich selbst, sondern für eine ganze Nation verantwortlich sei und deshalb seine Zügellosigkeit lassen müsse. Sie erklärte ihrem Sohn schlicht, daß Großbritannien keine zweimal geschiedene Frau als Königin brauchen könne.

Mit zehn Jahren war Elizabeth noch zu jung, um dieses Trauma, die Abdankung ihres Onkels Edward VIII., mitzubekommen. Sie bemerkte auch nichts von den Streitereien, die es innerhalb der Familie über das Verhältnis Edwards zu Mrs. Simpson gab. Die Familie achtete sehr darauf, daß solche Sachen nicht in Anwesenheit von Kindern diskutiert wurden. Elizabeth war aber ein intelligentes Kind, das wohl spürte, daß etwas nicht stimmte. Sie fragte ihre Kinderfrau, ihre Gouvernante und ihre Mutter. „Was ist denn los mit Onkel David?" Manchmal fügte sie noch hinzu: „Hat Onkel David Probleme?"

Auf Elizabeth's Neugier gab es nicht sofort eine Antwort. Diesbezüglich war sie in der gleichen Situation wie die Mehrheit der Briten, die keine Ahnung hatten, daß Edward möglicherweise abdankte. Keine einzige britische Zeitung druckte ein Wort über das Drama, das sich immer weiter zuspitzte.

Im Oktober 1936 gelang es Mrs. Simpson, sich von ihrem Ehemann Ernest scheiden zu lassen. Er war bereits ihr zweiter geschiedener Mann. Sechs Monate später, wenn das Scheidungsurteil in Kraft treten würde, könnte sie ein drittes Mal heiraten. Das Satiremagazin "Punch" nahm sich des Themas an und zeigte Premierminister Stanley Baldwin, wie er König Edward drängt, Mrs. Simpson aufzugeben, indem er sagt: „Alle Menschen Ihres Königreiches fühlen tief mit Ihnen, doch alle wissen - so wie Sie selbst, daß der Thron größer ist als der Mann."

Und wirklich bat ihn der Premierminister mehrmals, das Verhältnis zu Mrs. Simpson aufzugeben. Er erklärte, daß das Kabinett, die Regierung, die Regierungen der anderen Herrschaftsgebiete, die Kirche und die öffentliche Meinung eine zweimal geschiedene Frau als Königin nicht akzeptieren würden. Doch Edward hörte nicht. Wenn er die Frau, die er liebte, nicht heiraten konnte, dann würde er den Thron aufgeben.

An einem Donnerstagabend, dem 10. Dezember 1936, hörte die zehnjährige Elizabeth außerhalb ihres Hauses am Piccadilly Menschengruppen, die den Namen ihres Vaters riefen und ihm zujubelten. Sie lief nach unten und fragte einen Lakaien, was das alles zu bedeuten habe. Der Lakai erklärte, ihr Vater wäre jetzt König, was bedeutete, daß auch sie eines Tages Königin werden würde. Sie rannte die Treppen wieder nach oben und überbrachte ihrer sechsjährigen Schwester Margaret die aufregenden Neuigkeiten. „Bedeutet das, du wirst die nächste Königin?" fragte Margaret. „Ja, eines Tages", entgegnete Lilibet. „Du Arme", meinte Margaret.

Der arme Bertie war gar nicht glücklich darüber, wie sich das Blatt gewendet hatte, denn er hatte nie mit der Abdankung seines älteren Bruders gerechnet. Die Neuigkeit versetzte ihm einen Schock, der einige Tage anhielt und ihn ans Bett fesselte. Seine Frau, jetzt Königin Elizabeth, hatte sich gerade von einer Grippe erholt. Ihre Antwort war typisch: „Wir müssen das annehmen, was auf uns zukommt, und das Beste daraus machen." Sie hatte nie den Wunsch gehabt, zu eng in die Geschicke der königlichen Familie verstrickt zu sein. Jetzt würde sie Königin werden, und der Gedanke erfüllte sie mit Angst.

In Wahrheit war Edward durch den Willen des Parlamentes zur Abdankung gezwungen worden, nachdem der Premierminister der Torys, Stanley Baldwin, ihm ganz deutlich gesagt hatte, daß Mrs. Simpson als königliche Gemahlin für die Parlamente von Großbritannien und dem Commonwealth völlig inakzeptabel sei. Baldwin fragte ihn ganz offen während einer ihrer Diskussionen: „Glauben Sie wirklich, die Leute würden eine Königin Wally akzeptieren?" Edward sah Baldwin eine Weile an, ohne etwas zu erwidern. Dann nickte er und sagte: „Sie haben recht."

Die Abdankung verursachte in England eine außergewöhnliche Selbsthinterfragung und wirkte bis nach Amerika, weil man in den USA Mrs. Wallace Simpson als echte Frau aus dem Volk sah. Einige Amerikaner vertraten die Auffassung, die Weigerung der britischen Regierung, die Liebe Edwards VIII. zu dieser Frau, die er heiraten wollte, anzuerkennen, sei eine Beleidigung der Vereinigten Staaten. Immerhin war die Frau des Herzogs von York, der seinem Bruder auf den Thron folgen sollte, auch eine Bürgerliche. Man stellte die Frage: „Worin liegt der Unterschied zwischen einem König, der eine Bürgerliche aus Amerika heiratet, und einem König mit einer schottischen Bürgerlichen?" Der Unterschied lag natürlich darin, daß Mrs. Simpson zweimal geschieden war und Elizabeth nicht. Natürlich war Königin Mary, bei weitem der stärkste königliche Charakter zu dieser Zeit, leidenschaftlich gegen jegliche Scheidung.

Es gab auch Menschen in den Vereinigten Staaten, besonders junge Leute, die glaubten, es wäre besser gewesen, wenn König Edward die Abdankung abgelehnt und darauf bestanden hätte, Mrs. Simpson zu heiraten. Er hätte die Regierung herausfordern sollen, sich über die Köpfe des Parlaments hinweg an das britische Volk wenden und "die Frau, die ich liebe" heiraten sollen. Auch Winston Churchill drängte darauf.

Kurz nach Edwards Abdankung, als bereits klar war, daß Elizabeth wahrscheinlich Königin werden würde, übernahm ihre Großmutter, Königin Mary, die Kontrolle über ihre Erziehung. Sie war überrascht, als sie feststellte, daß die beiden Prinzessinnen scheinbar nichts anderes gelernt hatten als Lesen, Schreiben und Rechnen. Zu dieser Zeit verbrachten Elizabeth, damals elf, und Margaret, sechs Jahre alt, täglich nur wenig Zeit mit ihren Schulaufgaben, nämlich von 9.30 bis 11.00 Uhr am Morgen. Danach spielten sie eine Stunde und aßen zu Mittag. Nach dem Essen folgte eine Ruhestunde, und danach wurde gesungen, getanzt, Musik gehört und gezeichnet. Wenn es das Wetter erlaubte, wurden die Mädchen zu einem einstündigen Spaziergang mitgenommen.

Die ganze Ausbildung von Großbritanniens zukünftiger Königin bestand aus siebeneinhalb Unterrichtsstunden pro Woche. Mary verfügte, ihre Enkelin solle Geschichte studieren, damit sie die glorreiche Vergangenheit Großbritanniens kennenlernte, Geographie mit Schwerpunkt auf Herrschaftsgebiet und Ausdehnung des geliebten Britischen Empire, Poesie, um ihr Gedächtnis zu verbessern, und eine Bibelstunde, um mehr von religiöser Geschichte zu verstehen. Sie arrangierte es auch, daß der Vize-Vorsteher von Eton, Großbritanniens berühmtester Schule, Sir Henry Martin, Lilibet in englischer Verfassungsgeschichte unterrichtete.

Überraschenderweise ordnete Königin Mary keine weiteren intellektuellen Stimulanzien oder ausgedehnteren akademischen Unterricht für die beiden Prinzessinnen an, obwohl sie das eigentlich nötig gehabt hätten. Die Eltern von Margaret und Elizabeth waren offenbar besorgt, ihre Töchter könnten "Blaustrümpfe" werden. Deshalb bestieg Prinzessin Elizabeth den Thron ziemlich ungebildet in allen elementaren und grundlegenden Wissensgebieten.

Mit der vollen Zustimmung von Königin Mary beschlossen die maßgeblichen Angestellten des Buckingham Palastes, den neuen König mit der größtmöglichen Pracht einzuführen, um so die Krise zu überwinden, die die Abdankung der Monarchie beschert hatte. Die Errichtung eines Heiligenbildes würde die Nation überzeugen, George als König zu akzeptieren und zu vergessen, daß er nicht der rechtmäßige Thronfolger war. So wurde der schwächliche George zum Objekt der strengsten und großartigsten Krönung, die Großbritannien je gesehen hatte.

Die Krönung machte einen großen Eindruck auf Lilibet. Die Heilige Messe, das heilige Bild des Herrschers und die Krönung, alles wurde ihr erklärt. Sie verstand bereits, daß sie eines Tages zur Königin gekrönt werden und die Verantwortung für die Krone übernehmen würde. Königin Mary beschloß, die beiden Prinzessinnen an der Krönung teilnehmen zu lassen, und so waren sie während der dreistündigen Messe anwesend. Elizabeth nahm alles sehr ernst und lächelte kein einziges Mal. Margaret sah sich die meiste Zeit nach ihr um. Sie war noch zu jung, um alles zu verstehen. Elizabeth hielt den Atem an, als Hunderte von Angehörigen des britischen Hochadels in ihren prächtigen Roben laut riefen: „Es lebe der König", und zwar in dem Moment, als der Erzbischof von Canterbury die Krone auf das Haupt ihres Vaters setzte. Das Gefühl für die heiligen und göttlichen Regierungsrechte eines Monarchen blieb Elizabeth bis in ihr Erwachsenenalter erhalten und verursachte viel Krach in ihrer Ehe.

Nachdem George seinen Auftritt zusammen mit Königin Mary und seiner Frau Elizabeth einstudiert hatte, wurde die Krönung im Mai 1937 ein triumphaler Erfolg. George brauchte die Anwesenheit von Königin Mary zur moralischen Unterstützung, auch wenn er damit eine jahrhundertealte Tradition brach, die besagte, daß keine Königinwitwe bei der Krönung anwesend sein darf. In Wochenschauen und Filmen verfolgte die Welt das Spektakel, und keiner zweifelte daran, daß der englische Thron mit aller Göttlichkeit, mit allem Pomp und mit seinen heiligen Rechten so stark war wie immer.

König George und seine Gemahlin Elizabeth sollten nun einen männlichen Thronfolger zeugen, doch es gelang nicht. Lilibet sagte ihrer Kinderfrau, sie bete zu Gott, ihr einen kleinen Bruder zu schicken, der eines Tages König sein würde. Die Familie erwähnte Elizabeth gegenüber niemals wieder Onkel David oder seine Abdankung bis zu ihrer Krönung im Alter von sechsundzwanzig Jahren.

Onkel Davids Verbannung betrübte Elizabeth. Sie hatte ihn stets als netten Mann angesehen, der immer lachte und mit ihr scherzte. Der Herzog und die Herzogin von Windsor, diese Titel wurden ihnen nach der Abdankung verliehen, waren für immer aus dem Land verbannt. Es war ihnen untersagt, nach Großbritannien zurückzukehren, ansonsten konnten sie überall ins Exil gehen. Sie bekamen bis an ihr Lebensende ein jährliches Gehalt, dessen Höhe niemals bekannt wurde, das es ihnen aber erlaubte, komfortabel zu leben, wenn auch nicht pompös. Die Behandlung, die dem Herzog von Windsor zuteil wurde, hielten Generationen für brutal und sinnlos, doch das Haus Windsor blieb unbarmherzig. Onkel David hatte sein eigenes Glück vor die Pflicht gestellt und mußte deshalb die Konsequenzen tragen, und zwar für den Rest seines Lebens. Das alles wurde Elizabeth erst zu einem späteren Zeitpunkt erklärt, doch sie hatte ihre Lektion bereits gelernt.

George VI. fürchtete, sein starkes Stottern würde ihn untauglich machen für seine Rolle als Monarch, als ihm bewußt wurde, daß man von ihm erwartete, die Tradition seines Vaters George V. weiterzuführen und sich zur Weihnachtszeit über den Rundfunk an seine Nation und das ganze Empire zu wenden. Seine Frau heuerte deshalb den australischen Sprachtherapeuten Lionel Logue an, und nach Monaten der Therapie wurde sein Stottern besser, so daß er in der Lage war, am Weihnachtstag 1937 seine Rede zu halten. Die Nation, die bereits vorher über seinen Sprachfehler unterrichtet worden war, teilte die Qual des Königs, der mit vielen Worten zu kämpfen hatte. Sein Mut und sein Leiden kamen seiner Popularität zugute, denn er hatte offensichtlich persönliche Probleme so wie jeder andere auch.

Die Vermarktung von Lilibet, die Königin Mary angekurbelt hatte, um die Monarchie populärer zu machen, lief inzwischen auf Hochtouren. Ihr Name zierte feines Porzellan, Krankenhäuser trugen ihn und sogar Schokoladenmarken. Ihr Wachsbild, das sie auf dem Pony sitzend zeigte, stand bei Madame Tussaud's, und ihr Porträt hing in der Royal Academy. Ihr Foto erschien auf der Titelseite des Time Magazins.

In der Überzeugung, Lilibet würde eines Tages zur Königin gekrönt werden, griff Königin Mary wieder in die Ausbildung ihrer Enkelin ein und prüfte, ob sie Fortschritte gemacht hatte. Sie fand sie immer noch lückenhaft, tat aber nichts, um eine bessere Ausbildung zu forcieren. Statt dessen beschloß sie, die beiden Prinzessinnen selbst zu unterrichten. Persönlich organisierte sie Kulturrundfahrten durch London, nahm sie mit in den Tower, zur königlichen Münzstätte, zur Bank von England und nach Kew Gardens, Hampton Court und Greenwich Palace. Königin Mary ging voraus und sprach mit den Aufsichtspersonen, während die Mädchen hinterherhetzten, bis sie nach zwei Stunden völlig erschöpft waren. Margaret schwor, sie würde ihre Kinder später nie mehr als drei Bilder betrachten lassen, wenn sie Kunstgalerien besuchte, damit sie um mehr bettelten, statt nach Hause zu wollen.

Elizabeth's Ausbildung blieb in den Händen von Miss Crawford, der steifen Jungfer und früheren Grundschullehrerin aus Schottland. Crawfie blieb Elizabeth's einzige Lehrerin vom neunten bis zum achtzehnten Lebensjahr. Dann endete die Ausbildung. Sie verbrachte viel Zeit mit Spaziergängen im Park, Tanzstunden im Buckingham Palast, Lesen und langen Ruhepausen. Elizabeth hatte nie mehr als zwei Stunden täglich Unterricht - also zehn Stunden pro Woche. So gesehen, lebte sie eher im neunzehnten als im zwanzigsten Jahrhundert.

Die königlichen Schwestern brachten etwas von dem so bitter benötigten Leben in den Buckingham Palast, der noch nie den ungestümen Lärm von zwei rennenden jungen Mädchen gehört hatte, die lachten und durch die langen Korridore und riesigen Zimmer des Palastes stürmten. Die Diener und Angestellten des Palastes begrüßten die Ankunft der Mädchen und deren Geringschätzung für den Ort, den viele eher als Mausoleum denn als Palast betrachteten.

Der König und die Königin verbrachten am liebsten so viel Zeit wie möglich mit ihren Töchtern. An den Wochenenden waren sie meistens in der Windsor Royal Lodge, wo sie sich mit Silbenrätseln, Kartenspielen, Gesellschaftsspielen, Singen und gemeinsamen Spaziergängen im großen Park von Windsor vergnügten.

Das idyllische Familienleben war abrupt zu Ende, als Europa in einen Krieg glitt, in dem der Buckingham Palast von den Luftgeschwadern bombardiert und in die Luft gejagt werden sollte. Am 3. September 1939, als Großbritannien Deutschland den Krieg erklärte, waren Elizabeth und Margaret in einem Mädchenlager in Schottland. Beide waren Mitglieder der jungen Pfadfinderinnen, beteiligten sich aber nie an deren Aktivitäten und gingen auch nicht auf Partys, bei denen Jungen anwesend waren. Im Alter von vierzehn Jahren besuchte Prinzessin Elizabeth noch immer reine Mädchengeburtstage.

Während des Krieges verbrachten die Mädchen die meiste Zeit auf Schloß Windsor, dreißig Meilen von London entfernt. Man schlug vor, sie sicherheitshalber nach Schottland oder nach Kanada zu bringen, besonders weil Elizabeth die Thronfolgerin war. Doch der König und die Königin lehnten das ab. Sie hatten nicht vor, das Land und die Nation mit Nazideutschland allein zu lassen, und natürlich wollten sie die Familie so weit wie möglich zusammenhalten. Die Mädchen wohnten im Brunswick Tower, einem sehr stabilen Teil des Windsor Schlosses, während ihre Eltern die Woche über im Herzen Londons im Buckingham Palast waren.

Doch der Krieg ließ auch die königliche Familie nicht ungeschoren. Mehr als 300 hochexplosive Bomben fielen bis Kriegsende auf Schloß Windsor, dazu kamen noch Brandbomben und Bomben von Tieffliegern. In den meisten Nächten während der ersten drei Jahre hörte die Familie das Heulen der Luftschutzsirenen und das Dröhnen der feindlichen Bomber am Himmel.

Wenn die Sirenen heulten, wurden die Mädchen von Bobo und Allah geweckt, die während des Krieges ihr Schlafzimmer teilten, und in sogenannte Sirenenanzüge gesteckt - warme einteilige Anzüge mit einer Kapuze. Man nannte sie Sirenenanzüge, weil die Kinder sie anzogen, sobald die Sirenen heulten. Schnell liefen sie die dunklen Treppen hinunter in den Keller, wohin auch die übrigen Bewohner geflüchtet waren. Die Mädchen hatten kleine Taschen dabei, in denen sich ihre Lieblingspuppen befanden, ein Buch und die Tagebücher, die sie jedes Jahr von ihrer Mutter zu Weihnachten bekamen. Sie schliefen in einem Doppelstockbett, das man dort aufgestellt hatte. Manchmal verbrachten sie die ganze Nacht im Keller und warteten auf die Entwarnung. Das Leben auf Schloß Windsor war nicht sehr lustig zu dieser Zeit. In jedem Korridor brannte lediglich eine Glühbirne, und alle Bilder, das Silber, die antiken Möbel, Wandbehänge und die Teppiche wurden unter dem Schloß aufbewahrt.

Während des Krieges dachten weder der König noch die Königin daran, das Land zu verlassen, denn das hätte geheißen, ihre Landsleute im Stich zu lassen. Sie hofften, durch dieses Beispiel der Nation die gleiche Entschlossenheit und den gleichen Mut einzuflößen, wie es der Premierminister Winston Churchill in seinen Reden tat. Mit ihren Eltern hörte Elizabeth oft diese bewegenden Rundfunkauftritte.

1940 hielt Churchill eine seiner berühmtesten Reden, als er gelobte: „Wir werden unsere Insel verteidigen, was auch immer es kosten möge, wir werden an den Stränden kämpfen, auf den Landeplätzen, wir werden auf den Feldern kämpfen und in den Straßen, wir werden in den Bergen kämpfen, wir werden uns niemals ergeben."

Nach dieser Rede ließen König George und seine Frau wissen, daß sie beschlossen hatten, sich zu bewaffnen für den Fall, daß sie sich eines Tages selbst verteidigen müßten. Jede Woche übten sie mit Gewehren, Maschinenpistolen und Revolvern in eigens dafür eingerichteten Schießständen im Buckingham Palast und auf Schloß Windsor. Manchmal durften Elizabeth und Margaret ihren Eltern zusehen und ihnen die Revolver reichen, doch sie selbst lernten nicht zu schießen. Das sollte erst später erfolgen.

Auf Anordnung Churchills wurde in Madresfield, Worcestershire, etwa 120 Meilen nordwestlich von London, ein Geheimversteck gebaut, das mit allem ausgestattet war, auch mit einem Bombenschutzkeller. Es sollte das königliche Hauptquartier werden, falls die Deutschen jemals in Großbritannien landen würden. Auf Schloß Windsor standen während des Krieges stets die gepackten Koffer bereit. Die Kronjuwelen, eingepackt in Zeitungspapier und verschnürt, lagen zusammen mit anderen Wertgegenständen in den Kellergewölben unter der Erde bereit, damit sie jederzeit auf ein Schiff nach Liverpool gebracht werden konnten. Zusammen mit den Prinzessinnen sollten die Wertgegenstände dann per Schiff nach Kanada gebracht werden.

Elizabeth war dreizehn Jahre alt, als der Krieg ausbrach, und neunzehn, als Japan endlich kapitulierte. Mit dreizehn Jahren begegnete sie Prinz Philip zum ersten Mal. Sie verbrachte die meisten Jahre des Krieges damit, an diesen jungen Mann zu denken, für den sie eine jugendliche Verliebtheit entwickelt hatte. An ihrem sechzehnten Geburtstag gab Prinzessin Elizabeth, jetzt eine junge Frau, eine kindgerechte Teeparty mit Girlanden, Eis und Papierhüten. Die wenigen Menschen, die teilnahmen, ihre Eltern, Bobo, Allah und Crawfie eingeschlossen, sangen ihr ein Geburtstagsständchen, als wäre sie noch immer ein Kind.

Am nächsten Tag ließ Elizabeth sich eintragen für das Jugendhilfsprogramm, eine nationale Organisation, die eingerichtet wurde, um jungen Leuten die Möglichkeit zu geben, das Ihre zum Kriegsgeschehen beizusteuern. Seit Ausbruch des Krieges hatte Elizabeth ihre Eltern gebeten, mithelfen zu dürfen. Jetzt bekam sie die Chance, etwas für die Nation zu tun, die durch die Medien erfuhr, wie die junge Prinzessin ihren Beitrag leistete. Dadurch wurde sie als "eine von uns" akzeptiert. Als der Buckingham Palast während eines Bombenangriffs 1941 getroffen wurde, ließen König George und seine Frau wissen, daß sie London nicht verlassen würden. Diese Entscheidung brachte ihnen viel Lob und Bewunderung ein, da die Menschen begriffen, daß sie ihr Leben genauso aufs Spiel setzten wie alle anderen auch.

Der Krieg brachte auch etwas Gutes für Elizabeth und ihre Ausbildung, nämlich die Ankunft von Madam Antoinette Bellaigue, einer lebhaften belgischen Dame, die mit ihrer Familie nur zehn Tage vor dem Einmarsch der Deutschen aus Belgien geflüchtet war. Sie sollte die Prinzessinnen in Französisch unterrichten, und sie blieb ihre Lehrerin von 1942 bis 1946. Sie schlug vor, die Mädchen sollten Deutsch lernen, was sie auch taten, allerdings nur auf Schulmädchenniveau.

Nur einmal während des Krieges kam Elizabeth in unmittelbare Gefahr. Sie hatte sich einer Pfadfinderradtour im Windsor Park angeschlossen, als sie über sich eine Tieffliegerbombe hörte. Ein Armeeoffizier, der die Tour überwachte, befahl den Mädchen sich in einen Graben zu legen, und die Bombe explodierte in der Nähe mit einem scheppernden Heulen. Von diesem Augenblick an folgte den Prinzessinnen ein Panzerwagen, wohin sie auch gingen.

Elizabeth wurde immer frustrierter, weil es ihr nicht erlaubt war, mehr Erwachsenenpflichten zu übernehmen, während andere sechzehn- und siebzehnjährige Mädchen regelrecht dazu aufgefordert wurden. Sie wollte nicht akzeptieren, daß es unmöglich war wegen der Gefahr, der sie als Thronfolgerin ausgesetzt war. Sie wollte Krankenschwester werden, um die Verwundeten zu pflegen und in Krankenhäusern auszuhelfen. Ihre Eltern erlaubten es nicht. Nach vielen Streits durfte sie den Sea Rangers beitreten, einer Gruppe von jungen Mädchen, die sich für die Seefahrt interessierten. Doch das befriedigte Elizabeth's Wunsch nicht, mehr Verantwortung zu übernehmen.

1945 wurde Lilibet so etwas wie eine Soldatin. Sie war sehr aufgeregt, weil sie Khaki tragen durfte, und sagte zu Bobo: „Jetzt bin ich ein richtiger Soldat." Sie bekam die Nummer 230873 als Zweiter Unteroffizier Elizabeth Alexandra Mary Windsor des Hilfstransportservices (ATS) Nr. 1 des Mechanischen Transporttrainigszentrums. Ihre Armeeunterlagen erwähnen ihr Alter mit achtzehn, die Größe mit einem Meter sechzig, blaue Augen, braune Haare.

In diesen letzten Kriegsmonaten wurde Elizabeth wie jede andere junge Frau im Armeetransportservice behandelt. Sie fuhr einen Dreitonner, wechselte Zündkerzen aus, stellte Bremsen ein, schmierte Achsen und wechselte Reifen. Endlich fühlte sie sich als Teil des Geschehens und schwelgte in ihrem neugefundenen Abenteuer. Doch auch während dieser Monate war ihr Privatleben ein privilegiertes, und sie hatte keinen Anteil am schwierigen Leben der Mädchen im Transporttrainingszentrum. Anstatt in Baracken zu leben, fuhr sie jeden Tag mit einem Chauffeur vom Schloß Windsor zum Trainingszentrum. Um vier Uhr nachmittags war sie wieder zu Hause und aß in der Offiziersmesse. Mit neunzehn Jahren führte sie noch immer ein stilles, fast klösterliches Leben, abgeschnitten von der wirklichen Welt, wie es schon während ihrer Kindheit und in ihren Jugendjahren gewesen war. Sie traf kaum Jungen ihres Alters und kannte nur ein paar Mädchen.

Manchmal fanden auf Schloß Windsor offizielle Essen statt, zu denen Jungen aus Eton kamen. Elizabeth spielte die Hausherrin, saß in der Mitte des Tisches, ihrer Schwester gegenüber, die sich bereits den Ruf eines enfant terrible eingehandelt hatte. Schon als junger Teenager hatte Margaret etwas Boshaftes an sich, was man von ihrer älteren Schwester nie behaupten konnte. Crawfie erwähnte gelegentliche Madrigalstunden, Schatzsuchen und andere Spiele, doch auch daran nahmen nur andere Mädchen teil.

Ihre erste Begegnung mit dem anderen Geschlecht fand erst während der gelegentlichen Feste im Buckingham Palast oder auf Schloß Windsor statt, als Elizabeth die Gastgeberin für Angehörige der Luftwaffe anderer Nationen spielte. Darunter waren Amerikaner, Neuseeländer, Australier und Kanadier. Die Feste fanden am Nachmittag statt, dauerten dreißig Minuten, und es gab nur Tee zu trinken. König George schrieb am Ende des Krieges über seine Töchter in sein Tagebuch: „Die armen Lieblinge, sie hatten ja noch niemals Spaß."

Der 8. Mai 1945, der den Sieg in Europa brachte, war ein Tag, den Elizabeth niemals vergaß. Sie hatte noch nie ein solches Gefühl der Freiheit empfunden wie an diesem Abend. Nach langem Bitten hatte König George seinen Töchter gestattet, den Palast zu verlassen und sich an den Straßenfesten zu beteiligen. Nur mit ihrer geliebten Crawfie als Aufsichtsperson und begleitet von ein paar jungen Armeeoffizieren, stürzten sich die Prinzessinnen in die Menge und blieben unerkannt von den Tausenden, die sich an den stürmischen Feiern beteiligten. Sie rannten durch die Londoner Straßen, tanzten am Piccadilly Circus und mischten sich unter die Massen, die vom Trafalgar Square zum Palast zogen, wo alle jubelten, sangen und skandierten. Crawfie erinnerte sich, daß Elizabeth und Margaret so laut wie alle anderen schrien: „Wir wollen den König, wir wollen die Königin."

Zu Kriegsende hoffte Elizabeth, mehr Zeit mit ihrem geliebten Philip verbringen zu können. Sie waren einander zum ersten Mal vor Ausbruch des Krieges 1939 begegnet. Sie war mit ihren Eltern im Königlichen Marinecollege in Dartmouth gewesen, wo der damals achtzehnjährige Philip ausgewählt worden war, um sie und Margaret durch die Schule zu führen. Elizabeth war sofort fasziniert von seinem athletischen Aussehen, dem blonden Haar, der sportlichen Erscheinung und dem breiten Lächeln. Elizabeth hatte diesen jungen Mann nie vergessen, den sie "mein Wikingerprinz" nannte.

Sechs Jahre lang hatte sie ununterbrochen an diesen aufregenden Marineoffizier gedacht, den sie nur ein paarmal während der Kriegsjahre gesehen hatte. Sie hatte ihm Briefe geschrieben, um ihn über die Neuigkeiten ihres Londoner Lebens und über ihre Familie auf dem laufenden zu halten.

Gelegentlich sahen sie sich. Zu Weihnachten 1943, als Philip auf Urlaub in England war, wurde er zum alljährlichen Weihnachtsspiel der königlichen Familie nach Schloß Windsor eingeladen. Elizabeth spielte die Hauptrolle, den Aladdin, und Margaret die Roxana. Elizabeth versuchte, Philip zu überreden mitzuspielen, doch zu ihrer Enttäuschung lehnte er ab. Andere königliche Mitspieler waren der Herzog von Kent und Prinzessin Alexandra. Elizabeth freute sich sichtlich, als Philip in der ersten Reihe applaudierte und ihr zujubelte. Elizabeth sprang aus einem Wäschekorb, gekleidet als Chinesenjunge, tanzte auf Fußspitzen, sang Soli und Duette und riß Witze, von denen einige ziemlich schlüpfrig waren. Prinz Philip lachte laut und anerkennend.

Als sich der Krieg dem Ende näherte, ging es Elizabeth in ihrer Aufregung und ihrer Angst wie vielen anderen jungen Frauen, die zu Hause auf die Rückkehr ihrer Männer warteten und verzweifelt hofften, daß der Mann, an den man so lange Jahre gedacht hatte, auch wirklich zurückkehren würde. Sie fragte wiederholt Bobo, die einzige Person, der sie ihre Gedanken anvertrauen konnte: „Glaubst du, Philip wird zurückkommen zu mir? Oder hat er mich vergessen?" Sie stellte Bobo auch all die unmöglichen Fragen, die Mädchen als Teenager stellen: Über Liebe und Affären, Jungen und Mädchen und natürlich über das Heiraten.

Elizabeth war bereits entschlossen, Philip zu heiraten, obwohl ihr Vater keine Ahnung hatte, daß seine geliebte Tochter schon daran dachte. Er hatte andere Vorstellungen. König George wollte, daß sie ihr Leben noch ein paar Jahre lang genoß. In seinen Augen war Lilibet viel zu jung, um eine ernste Verbindung mit jemandem auch nur in Erwägung zu ziehen, von einer Heirat ganz zu schweigen. Trotzdem schrieb König George II. von Griechenland im Frühjahr 1944 einen Brief an Elizabeth's Vater, in dem er ihn drängte, eine mögliche Heirat zwischen seinem Cousin Philip und der vermutlichen Thronfolgerin Elizabeth "sehr ernst zu nehmen". Er erwähnte diesen Brief seiner Tochter gegenüber nicht einmal.

König George sprach oft mit Elizabeth über ihre Familie und sagte dann immer: „Wir vier". Er meinte damit sich selbst, seine Frau, Elizabeth und Margaret. Er schloß nie eine andere Person mit ein und sprach nie über die Zukunft, die zwei Ehemänner mit eingeschlossen hätte. Es sah so aus, als wollte er seine Familie wie in einem Kokon bewahren, abgeschnitten von der Außenwelt, und seine geliebten Töchter für sich selbst behalten. Verständlicherweise reagierte König George verärgert, als König George von Griechenland die Frage wieder anschnitt, während er 1945 den Buckingham Palast besuchte. Er erklärte dem überraschten englischen König: „Es sieht so aus, als wäre Lilibet verliebt in Philip, und ich weiß, daß er sie anbetet." Elizabeth's Vater blickte finster und entgegnete: „Es wäre besser, wenn Philip nicht mehr daran denkt, denn die beiden sind viel zu jung."

Er nahm sich Lilibet vor und hoffte, sie von den Gedanken an Liebe und Heirat abbringen zu können. Deshalb schlug er vor, sie solle sich auf ihre Reitstunden und andere Sportarten konzentrieren. Er brachte ihr das Angeln bei, den Pirschgang und das Schießen von Wild und Vögeln. Doch das war nicht der einzige Grund, warum er ihre Gedanken vom anderen Geschlecht ablenken wollte.

Elizabeth war nun eine gutaussehende, zwanzigjährige junge Frau. Sie war etwa einen Meter sechzig, hatte eine gute Figur und hübsche Beine. Ihr Haar, hellbraun und lockig, trug sie schulterlang. Ihr Teint war hübsch, und sie lächelte gern. Königin Marys Hofdame Lady Airlie kommentierte damals: „Ihre Kopfhaltung ist unübertroffen, und sie hat dieses unbeschreibliche Etwas, das schon Königin Victoria hatte, einfach etwas Königliches."

König George hatte das Gefühl, seine Lieblingstochter während der sechs Kriegsjahre, die gleichzeitig ihre Teenagerjahre gewesen waren, wegen des enormen Drucks, den der Krieg mit sich gebracht hatte, vernachlässigt zu haben. Es bereitete diesem verständnisvollen Mann Schuldgefühle, "seine" Lilibet nicht gebührend beachtet zu haben. Deshalb sollte sie nun nach den Einschränkungen des Krieges ihr Leben genießen. König George hegte die Hoffnung, Lilibet würde sich zu dem Sohn entwickeln, den er sich immer gewünscht hatte. Er lag ihr in jeder Hinsicht zu Füßen. Sie sollte nur das Beste im Leben haben, bis Mitte Zwanzig ledig bleiben, ihm Gesellschaft leisten, Spaziergänge machen, auf die Pirsch gehen, angeln, schießen und so viel Zeit wie möglich mit ihm verbringen. Doch diese Hoffnung erfüllte sich nicht. König George wollte nicht einsehen, daß Lilibet bereits erwachsen war und ihre eigene Wahl traf.

Elizabeth war immer eine gefällige, liebende und gehorsame Tochter gewesen und hatte sich den Wünschen ihres Vaters gebeugt. Nach dem Krieg fand er Zeit, mit ihr nach Schottland zu fahren, und die beiden verbrachten Stunden mit Laufen, Angeln, Reiten und Schießen. Doch die junge Frau zog es natürlich zurück zu den hellen Lichtern Londons, die nach den dunklen Kriegstagen wieder zum Leben erwacht waren. Wenn sie in London war, konnte sie Philip näher sein. Er war der Mann, den sie so oft wie möglich sehen wollte. Doch sie war pflichtbewußt und verbarg ihre wirklichen Gedanken vor ihrem Vater, während sie auf den Tag wartete, an dem sie ihm ihre Liebe offen gestehen würde.

Elizabeth und ihrem Vater entging dabei, daß es hinter den Kulissen einen Mann gab, der alle Freundschaften und Beziehungen nutzte, weil er ebenso wie Elizabeth entschlossen war, eine Verlobung zwischen den beiden Familien stattfinden zu lassen. Dieser Mann war Lord Louis Mountbatten.

Graf Mountbatten, ein Urenkel der Königin Victoria und ein Onkel von Prinz Philip, sollte noch lange und tief mit dem Hause Windsor verbunden bleiben und direkten Einfluß auf das Leben von Elizabeth und später auch auf Prinz Charles haben.

König George fand die Zeit für seine Tochter gekommen, die Staatsgeschäfte besser zu verstehen. Er verfügte, sie solle offizielle Funktionen übernehmen wie Schiffstaufen, Ausstellungseröffnungen sowie offizielle Mittag- und Abendessen. Das alles war meistens eher spießig und langweilig. Nachdem Elizabeth einigen Veranstaltungen beigewohnt hatte, bemerkte sie selbst, wie kärglich ihre Ausbildung gewesen war und wie wenig sie von der Außenwelt wußte. Sie hatte keine Allgemeinbildung, kein politisches Wissen, und es war ihr peinlich, wenn Leute, die sie für wichtig hielt, von Sachen sprachen, über die sie kaum etwas wußte. Sie sagte zu Bobo: „Manchmal verstehe ich nicht, wovon die Leute bei Tisch sprechen. Es ist schrecklich, neben Fremden zu sitzen und zu fürchten, daß sie über etwas sprechen, wovon ich noch nie gehört habe."

Sie war genauso ängstlich bei den Debütantinnenbällen, die nach Kriegsende wieder stattfanden. König George und seine Gemahlin bemühten sich, die Bälle wieder einzuführen, damit Elizabeth und Margaret ihren Spaß haben konnten und vielleicht passende junge Männer kennenlernten, die sie eines Tages heiraten würden. Doch Elizabeth zeigte kaum Interesse an diesen Bällen. Sie war schüchtern und schweigsam, und sie fand eine zwanglose Konversation schwierig. Obwohl sie als hübsch und attraktiv galt, hielt sie sich lieber im Hintergrund, so daß es nicht einfach für die jungen Männer war, mit ihr zu tanzen, geschweige denn sie kennenzulernen, es sei denn ganz oberflächlich.

König George beobachtete seine Töchter diskret, aber sehr genau. Nach einem Ball auf Schloß Windsor, als Margaret achtzehn war, überprüfte er, ob seine Töchter im Bett lagen. Als er Margarets Bett leer vorfand, ging er nach unten und entdeckte sie halb ausgezogen auf dem Sofa liegend. Sie umarmte gerade leidenschaftlich einen jungen Gardeoffizier. Der König befahl seiner Tochter, zu Bett zu gehen, und der Offizier wurde unverzüglich hinausgewiesen, nachdem er Namen und Dienstgrad genannt hatte. Achtundvierzig Stunden später wurde dieser junge Mann in Übersee stationiert.

Im Alter von achtzehn Jahren wirkte Elizabeth älter, aber gleichzeitig auch unreifer. Sie hatte wenig Erfahrungen mit Jungen oder jungen Männern und war wahrscheinlich noch nie geküßt worden. Ganz sicher war sie noch Jungfrau und reagierte eher kühl, wenn ein Mann sie in ein Gespräch verwickeln wollte. Sie wurde allgemein angesehen als glückliche, junge Frau mit Energie, eher ernst und ohne Wärme und Spontaneität, auf keinen Fall aber eingebildet. Für einige Leute im Palast war Prinzessin Elizabeth fast eine Heilige. Und trotzdem konnte sie stur oder sogar herrisch sein und manchmal Leuten einen Blick zuwerfen, der ihnen einen eiskalten Schauer über den Rücken jagte. Sie hatte sowohl das Temperament ihres Vaters geerbt als auch seine Charakterstärke.

Im Sommer des Jahres 1945 sah die neunzehnjährige Elizabeth den fünf Jahre älteren Philip öfter. Je mehr Zeit sie miteinander verbrachten, desto überzeugter war Elizabeth, daß sie eines Tages heiraten würden. Trotz der Wünsche ihres Vaters hatte sie es eilig, die Verbindung offiziell zu machen und sich zu verloben. 1946 traf sich das Paar heimlich. Manchmal trafen sie sich am Wochenende auf Coppins, dem Haus des Herzogs und der Herzogin von Kent, vierzig Meilen südöstlich von London, die Verständnis für diese Romanze hatten und sie unterstützen wollten. Elizabeth zog die beiden ins Vertrauen und bat: „Daddy will nicht, daß ich Philip oder jemand anderen öfter treffe, also sagen Sie ihm bitte nichts." Und danach richteten sie sich auch.

Es wundert nicht, daß Elizabeth sich in den eleganten Philip verliebte. Die meisten Männer, die sie kannte, waren schon in den mittleren Jahren, wenn nicht alt. Sie waren steif, langweilig und arbeiteten fast alle im Buckingham Palast. Die jungen Männer, die sie traf, waren immer überkorrekt und respektvoll im Beisein der Tochter des Königs. Für die junge Elizabeth war Philip belebend. Er war ein selbstbewußter junger Mann, der viel lachte, das Leben genoß, nie langweilig war und eine Spur von Aufregung in ihr Leben brachte - etwas, das sie vorher nicht gekannt hatte. Kein Wunder, daß sie seinem jungenhaften Charme und seinem guten Aussehen erlegen war.

Im Herbst 1945 wurde Elizabeth's Jugendtraum von der Liebe Realität. Das Paar verbrachte Stunden zusammen, wann immer Philip Landurlaub hatte. Das war nicht sehr oft, denn sein Schiff war im fernen Osten stationiert. Sie liefen durch die Anlagen, unterhielten sich, aßen miteinander, hörten Musik, und sie hatten Zeit für sich allein. Seit sie sich 1939 kennengelernt hatten, waren sie nicht oft zusammen gewesen. Lilibet hatte ihre jugendliche Verliebtheit für den jungen, attraktiven Marineoffizier genährt. Jetzt wußte sie, daß sie ihn liebte.

Hinter den Kulissen wurde Philip von seinem Onkel Louis Mountbatten bestärkt. Wann immer sie sich trafen, fragte Mountbatten seinen Neffen über diese Romanze aus. Er wollte wissen, wieviel Zeit sie miteinander verbrachten, was sie einander gesagt hatten, was sie zusammen taten und ob Elizabeth über eine gemeinsame Zukunft gesprochen hatte. Nachdem Philip seinem Onkel im Juli 1946 berichtet hatte, daß Elizabeth ihm ihre Liebe gestanden hatte, ermutigte ihn Mountbatten, ihr einen Heiratsantrag zu machen. Es scheint ungewöhnlich, daß jemand mit Philips Charakter Ermunterung dazu brauchte, doch er war sich sehr wohl bewußt, daß Elizabeth die beste Partie des ganzen europäischen Adels war. Ihm war auch klar, daß er als mittelloser junger Marineoffizier dastand, der kein Zuhause und keine richtige Familie hat.

Am 11. August 1946, während der Sommerferien der Familie auf Balmoral in Schottland, fragte Philip Elizabeth, ob sie seine Braut werden wolle. Es war ein wunderbarer sonniger Tag, als er diese Frage stellte. Später erzählte Elizabeth Bobo: „Es war wunderbar, einfach zauberhaft. Ich legte meine Arme um seinen Hals und küßte ihn, während er mich an sich drückte und in die Luft hob." Elizabeth wußte, ihr Vater wollte nicht, daß sie sich verlobte oder so jung bereits heiratete. Das sagte sie Philip. Trotzdem stimmte sie zu, ohne vorher die Erlaubnis ihrer Eltern eingeholt zu haben. Dieses Vorgehen war völlig untypisch für Elizabeth, die pflichtbewußte, gehorsame und liebende Tochter. Sie war schon lange entschlossen, ihren Wikingerprinzen zu heiraten, und auch ihre Eltern würden sie nicht davon abhalten können. Ganz sicher zeigt sich hier Elizabeth's entschlossener Charakter. Und den würde sie noch brauchen können.

Einige Kritiker könnten Prinz Philips Werben um Elizabeth und seinen Erfolg mit Hilfe von Onkel Dickie als kalt und kalkuliert bezeichnen. Mountbattens heimlicher Ehrgeiz war es schon immer gewesen, seine Familie mit dem Hause Windsor zu verbinden. Philips Anziehungskraft auf Elizabeth bot die Gelegenheit dazu. Diese Sichtweise vertrat auch Philip selbst, der seinem Biographen Basil Boothroyd auf die Frage nach der Heirat mit Elizabeth antwortete:

„Ich denke, eins führte zum andern. Wahrscheinlich habe ich ernsthaft daran gedacht, äh, lassen Sie mich überlegen, als ich 1946 zurückkam und nach Balmoral fuhr. Dort wurde es ernster, und wir begannen, ernsthaft darüber nachzudenken, und sprachen sogar darüber..." Das sind nicht gerade die Worte eines jungen Mannes, der das Mädchen heiraten will, das er leidenschaftlich liebt.

Am Abend nach seinem Antrag rief Philip seinen Onkel an und erzählte ihm von der heimlichen Verlobung. Der hocherfreute Mountbatten wußte natürlich, daß König George gegen eine Heirat war, nicht nur, weil Philip ein Mitglied des griechischen Adels ohne Familie, Vermögen und Zuhause war, sondern, so dachte Mountbatten, weil die Liebe und Hingabe an seine Tochter zu besitzergreifend, ja nahezu krankhaft war.

Mountbatten rief sofort seinen anderen Neffen König George II. an, der gerade nach einem erfolgreichen Volksbegehren auf den griechischen Thron zurückgekehrt war. Er schlug vor, George solle durchsickern lassen, daß Prinz Philip und Elizabeth von England verlobt waren. Das stimmte natürlich, obwohl es immer noch streng geheim und absolut inoffiziell war. Mountbatten wußte, daß eine Verlobung der zukünftigen Thronfolgerin der englischen Krone nicht nur der Erlaubnis der Eltern bedurfte, sondern auch der Regierung. Er versuchte verzweifelt, Philip Elizabeth's Hand zu sichern, bevor ein anderer Bewerber gefunden wurde. George II. glaubte, daß eine Verlobung von Philip und Elizabeth Großbritanniens Verbindlichkeit besiegeln würde, Griechenland den Rücken zu stärken gegen die aufständischen Kommunisten, die die Adligen vernichten wollten.

Am 7. September 1946 veröffentlichte die "New York Times" das Gerücht: "Die Londoner wurden heute durch die Nachricht aufgeschreckt, daß Prinzessin Elizabeth, die eines Tages über sie herrschen wird, sich mit ihrem Cousin zweiten Grades, Prinz Philip von Griechenland, verlobt hat. Doch ihre Erwartung einer baldigen Heirat wurde durch die Absage der königlichen Familie enttäuscht."

Inoffiziell reagierte Elizabeth's Vater wütend. König George VI. rief zuerst seine Frau und fragte, ob sie etwas über dieses Gerücht wisse. Sie verneinte. Dann bestellte er seine Tochter zu sich in den Buckingham Palast und fragte sie, ob an diesem Gerücht etwas dran sei. Pflichtbewußt erklärte Elizabeth ihrem Vater, daß Philip ihr inoffiziell einen Heiratsantrag gemacht und daß sie ihn angenommen habe. George war verärgert, sagte aber nichts. Er wies sie nur darauf hin, daß Philip alle Regeln des Protokolls ignoriert habe und extrem unhöflich gewesen sei, da er nicht zuerst ihn gefragt habe. In den Augen ihres Vaters hatte Philip sich schändlich benommen.

König George sagte Elizabeth, er könne ihr seine Erlaubnis nicht geben und auch nicht seinen Segen, weil er den Premierminister und die Regierung in Kenntnis setzen und ihre Erlaubnis einholen müsse. George war sehr verärgert, er war böse auf Philip, auf Lord Mountbatten und auf "all die verdammten Griechen".

Der König war schon Monate früher vom Premierminister Clement Attlee darauf aufmerksam gemacht worden, daß die griechische königliche Familie eine Hochzeit zwischen Philip und

Elizabeth wünsche, damit ihnen geholfen werde. König George VI. wollte mit solch einem Arrangement nichts zu tun haben. Die Zukunft seiner geliebten Elizabeth war ihm viel wichtiger als die Innen- oder Außenpolitik von Griechenland. Doch König George sah das als legitimen Grund, um die angestrebte Verlobung zu verschieben, was seiner Tochter, wie er hoffte, eine Atempause verschaffen würde, um zur Besinnung zu kommen und ihre Meinung zu ändern. Doch er konnte nur wenig tun, seine Lilibet war verliebt.

Um wenigstens den Tag zu verschieben, lehnte König George es ab, die Verlobung bekanntzugeben, bevor nicht alle Formalitäten erledigt waren. Elizabeth wollte und konnte die Probleme nicht verstehen. Sie hatte nichts anderes im Sinn, als romantische Abende mit dem Mann zu verbringen, den sie heiraten wollte, egal welche Hindernisse ihr auch in den Weg gelegt wurden.

Ihre Mutter versuchte, sie zu überreden, doch noch zu warten. Sie erzählte, daß es bei ihr mehr als zwei lange Jahre gedauert hatte, um zu einem Entschluß zu kommen, nachdem ihr Vater ihr einen Heiratsantrag gemacht hatte. Ihre Mutter erklärte, sie habe sichergehen wollen, daß er auch der richtige Mann sei, und durch das Warten sei sie zu der Überzeugung gekommen, es müsse eine glückliche Ehe werden. Die Ehe der jungen Lady Elizabeth Bowes-Lyon mit dem Herzog von York war erstaunlich erfolgreich. Er betete sie an. Er behauptete, er hätte ohne sie nicht leben können, und viele andere bezeugten, daß sie ihm das Rückgrat gestärkt hatte, damit er während der Kriegsjahre ein vielgeliebter und respektierter König wurde. Heute ist sie bereits seit über vierzig Jahren Witwe und hat einen unglaublichen Erfolg in ihrer Rolle als Königinmutter. Sie wird von der ganzen Nation geliebt. Doch hinter dem Lächeln und den zwinkernden Augen verbirgt sich eine Frau von bemerkenswerter Stärke. Ihre Angestellten meinen dazu: „Sie ist zäh wie ein Paar alte Schuhe, doch wir lieben sie alle sehr."

1945 hatte die Churchill-Regierung eine königliche Reise nach Südafrika geplant, um für die Hilfe und Unterstützung während des Krieges zu danken. Diese Reise kam wie gerufen, denn sie bot eine Gelegenheit, die Verlobung aufzuschieben. König George informierte seine Tochter, daß die ganze Familie Südafrika besuchen und daß die Reise drei Monate dauern würde. Elizabeth fragte ihren Vater, ob es wirklich notwendig sei, daß sie mitführe, doch er blieb hart. Es gehörte zur Pflicht der Familie, und die Pflicht ging vor. Elizabeth mußte wieder eine lange, erzwungene Trennung von Philip durchstehen. Sie hatte keine Ahnung, welch wildes Leben ihr zukünftiger Ehemann inzwischen zu Hause führte. Sie erfüllte standhaft ihre Pflicht, lächelte, sah glücklich aus und führte ihre Aufgabe selbstsicher und würdevoll aus.

Sie wäre nicht gerade glücklich gewesen, wenn sie eine Umfrage in der Boulevardpresse gelesen hätte, die zeigte, daß 40% der Leser gegen eine mögliche Heirat von Elizabeth und Philip waren und sogar forderten, wenn sie ihn trotzdem heirate, solle sie Abstand vom Thron nehmen. Man wollte Elizabeth und die königliche Familie in keiner Weise mit den griechischen Adligen in Verbindung sehen, die man als nicht gut genug für die englische Thronfolgerin ansah.

König George kehrte acht Kilo leichter nach London zurück und war ziemlich krank. Neben dem Konflikt in Palästina und den Aufständen in Indien hatte die Sorge um die Zukunft seiner Tochter einen ernsten Preis gefordert. Auf dem Guildhall Bankett kurz nach seiner Rückkehr konnte der König kaum noch einen Satz beenden. Er hatte einen kratzenden Husten, und seine Stimme war oft nicht mehr zu verstehen.

Elizabeth war einundzwanzig Jahre alt geworden, und der König wußte, er konnte den Wünschen seiner Tochter nicht länger im Wege stehen. Prinz Philip hatte all seine griechischen Titel abgelegt und zugestimmt, der Kirche von England beizutreten, indem er der griechisch-orthodoxen Kirche abschwor. König George hatte endlich die formale Erlaubnis der Parlamente des britischen Commonwealth für die Verlobung der Thronfolgerin erhalten. Schweren Herzens gab er seine Erlaubnis.

Auch privat gab König George Elizabeth seine Zustimmung, während er ihr Gesicht in beiden Händen hielt und sie auf die Wangen küßte. Es standen Tränen in seinen Augen, von denen Elizabeth glaubte, es wären Tränen der Freude. Weil Prinz Philip nicht in der Lage war, einen Verlobungsring zu kaufen, wandte er sich an seine Mutter, Prinzessin Alice, die in Griechenland als Nonne lebte. Sie schickte ihm die Diamanten ihrer Lieblingstiara. Im Juli 1947 waren Elizabeth und Philip seit fast einem Jahr heimlich verlobt, und die Zeitungen waren vollauf beschäftigt mit dem wahr gewordenen Märchen zwischen Elizabeth und ihrem stattlichen Prinzen. Dieser Mythos sollte sich über Jahrzehnte fortsetzen.

König George, der unglücklich und besorgt um seine geliebte Lilibet war, kannte die Art von Lebemann, zu der Philip sich während der letzten beiden Jahre entwickelt hatte. Er hatte Angst, Philip könnte sein hedonistisches Leben fortsetzen und damit seiner Tochter das Herz brechen. Gleichzeitig war er auch nicht sicher, ob Philip die Disziplin des königlichen Lebens akzeptieren würde. Aus Argwohn und Mißtrauen, was die Zukunft seines Schwiegersohnes anging, machte König George Philip nicht zum Prinzen oder zum Prinzgemahl, als er seine Tochter heiratete. Prinzgemahl war der Titel, den Königin Victorias Ehemann, Prinz Albert, getragen hatte, und so war es eigentlich üblich in allen königlichen Familien Europas. Mountbatten und andere Höflinge machten diesen Vorschlag, doch König George hörte nicht auf sie. Und Philip trug diesen Titel fast zehn Jahre lang nicht, obwohl der König den Titel "Prinz Philip" als Ehrentitel benutzte. Philip wurde trotzdem nie zum Prinzgemahl.

Prinz Philip und sein bester Freund, David Milford Haven, waren entschlossen, eine traditionelle Junggesellenparty zu organisieren. Philip übertraf sich noch und hatte gleich zwei, beide am gleichen Abend. Die erste bestand aus einem Fünf-Gänge-Menü in der Park Suite im Dorchester nur einen Steinwurf vom Buckingham Palast entfernt. Es war eine kleine ausgewählte Runde von zwölf Männern, die alle der Königlichen Marine angehörten. Neben Mike Parker, Milford Haven und Commander George Norfolk nahm auch Louis Mountbatten teil.

Der Presse blieb das Junggesellenessen nicht verborgen, und es wurde angefragt, ob man Bilder machen könne. Philip und Louis Mountbatten stimmten zu, und die Fotografen standen Schlange für das letzte Foto des Prinzen als Junggeselle. Nach dem Fototermin fragte Prinz Philip, ob er und Mike Parker die Fotografen ablichten dürften. Sie stimmten zu und händigten ihre Kameras aus. Die beiden zogen die Blitzlichter heraus und zerschmetterten die Kameras auf dem Boden, so daß keine weiteren Fotos an diesem Abend gemacht werden konnten.

Nach dem Essen wollte Philip dem Chefkoch persönlich danken. Parker und Milford Haven setzten Philip auf einen Teewagen und schoben ihn durch die langen Gänge zu den Küchen, wo ein verblüffter französischer Chefkoch Philips Dankesworte entgegennahm.

Philips zweite Junggesellenparty begann kurz nach Mitternacht, als er, Parker, Milford Haven und zwei andere zum Belfry Club fuhren, wo sie noch drei Stunden lang Brandy tranken und Havana-Zigarren rauchten. Sie sangen unzüchtige Marinelieder, erzählten ihre Lieblingswitze und konnten am Ende kaum noch zu Fuß den Club verlassen.

Milford Haven erinnert sich: „Philip und ich blieben im Kensington Palast. Am nächsten Tag sollten wir uns mit einem Bischof treffen, der uns die Hochzeitszeremonie erklärte. Nach dem Frühstück tranken wir beide starke Gin Tonics, um uns im Gleichgewicht zu halten. In so einem Zustand waren wir."

Elizabeth's Hochzeit war keine große Angelegenheit verglichen mit anderen königlichen Veranstaltungen, denn Großbritannien litt noch immer unter den schlimmen Folgen des Krieges. Die Rationierungen beherrschten jedermanns Leben, auch das der königlichen Familie. Wegen des Mangels an Bauholz wurden entlang der Strecke vom Palast nach Westminster Abbey keine Zuschauertribünen errichtet. Wegen König Georges Rücksichtnahme auf die Sparmaßnahmen gab es nur wenig Dekorationen, aber die Fahnen wehten. Premierminister Clement Attlee gestattete nicht, daß der Tag zum öffentlichen Feiertag erklärt wurde. Er begründete es so: „Wir können uns den Luxus eines Feiertages nicht erlauben, solange die Kartoffeln noch immer rationiert sind."

Elizabeth erhielt 100 Extracoupons für ihre Aussteuer und 23 Extracoupons für jede ihrer acht Brautjungfern. Ihr weißes Satinkleid schimmerte von aufgereihten Sternen, die mit Kristallen bestickt waren. Zehntausend unechte Perlen waren sorgfältig auf das Kleid genäht, um Girlanden zu formen, die Rosen von York und Getreideähren. Die Schleppe war sieben Meter lang.

Der eigentliche Tag reflektierte eher die Stimmung der Nation als Elizabeth's hoffnungsvolles Glück. Der 22. November 1947 begann als feuchter, kalter und grauer Morgen. Ein kühler Nebel hing in den Straßen Londons. Elizabeth war still, aber nervös, und sie sprach kein Wort, während ihr Hochzeitskleid angepaßt wurde. Es dauerte über eine Stunde, bis sie fertig angezogen war. Sie sprach kein Wort, als sie frisiert und ihr die Tiara ins Haar gesetzt wurde. Doch sie reagierte, als niemand ihr Bukett von weißen Orchideen finden konnte. Sie rief jeden auf, überall nach den verschwundenen Blumen zu suchen. Dienstmädchen, andere Bedienstete und Pagen rannten durch die Räume des Palastes, um die Blumen zu suchen. Erst wenige Minuten, bevor sie gehen mußten, entdeckte ein Dienstmädchen die Blumen im Kühlschrank der Portiersloge, wo sie aufbewahrt wurden, um sie bis zur letzten Minute kühl und frisch zu halten.

Ihre Sonnenstrahltiara, ein Geschenk von Königin Mary, die sie trug, um ihren Kopfputz zu halten, brach entzwei, als sie aufgesetzt wurde. „Oh, nein", rief Elizabeth und spürte Panik. Doch die mit beiden Beinen fest auf der Erde stehende Königin Mary war zu dieser Zeit im Zimmer. „Mach dir keine Sorgen, meine Liebe", meinte sie, „wir haben noch Zeit." Sie schickte nach einer anderen Tiara. Dann war Elizabeth's doppelte Perlenkette verschwunden, die sie von ihren Eltern bekommen hatte, bis jemand feststellte, daß sie mit allen anderen 1.500 Geschenken im St. James Palast öffentlich ausgestellt wurde, der etwa 250 Meter die Promenade hinunter lag. John Colville, Elizabeth's tüchtiger Privatsekretär, wurde damit beauftragt, sie zurückzuholen; durch all die Sicherheitsvorkehrungen schaffte er es gerade noch rechtzeitig, in den Palast zurückzukehren.

Trotz dieser Widrigkeiten machte sich Elizabeth pünktlich auf den Weg in die Abtei. Sie fuhr mit ihrem Vater in der irischen Staatskutsche und trug den Schleier aus dem Gesicht. Das war ein königliches Ritual, um den Menschen das Gesicht der königlichen Braut zu zeigen. Entlang der Strecke standen Tausende, die die Nacht, dick eingemummt gegen die Kälte, dort verbracht hatten, um jetzt zu winken und zu jubeln. Doch es waren nicht die ausgelassenen Feierlichkeiten wie am Siegestag vor zwei Jahren. Viele Frauen in der Menge schrien: „Gott schütze dich! Gott schütze dich!", als sie in der Kutsche vorbeirollten. Elizabeth wirkte angespannt und lächelte kaum, während ihr Vater königlich der Menge zuwinkte und ihre Hand hielt.

Bei der Hochzeitszeremonie bestand Elizabeth darauf, das Wort "gehorchen" miteinzuschließen, obwohl sie ihren Ehemann immer an Bedeutung überragen sollte. Elizabeth glaubte, ihr Versprechen würde Philip helfen zu verstehen, daß sie ihm eine gute und pflichtbewußte Frau sein wollte. Philip versprach Elizabeth an ihrem Hochzeitstag, für immer das Rauchen aufzugeben, was er auch tat, obwohl es ihn viel Willenskraft kostete. Während des Krieges war er zum Kettenraucher geworden.

Philip stand aufrecht in seiner Marineuniform und schob seiner Braut den goldenen Ring an den Finger, der aus dem walisischen Goldklumpen gefertigt war, aus dem schon der Ring von Elizabeth's Mutter für ihre Hochzeit 1923 gemacht worden war.

Im Palast nahmen die 150 Gäste Platz zum Hochzeitsfrühstück, doch das Essen wurde unterbrochen durch den zunehmenden Lärm von 150.000 Menschen, die die Polizeisperren durchbrochen hatten und auf den Palast zurannten. Sie riefen: „Wir wollen die Braut sehen!", bis Philip und Elizabeth auf den Balkon traten und der Menge zuwinkten.

Für König George war die Hochzeit seiner geliebten Lilibet kein Anlaß zu Freude und Glück, denn das Herz war ihm schwer, weil er sie verlieren mußte. Später schrieb er ihr: „Ich war so stolz auf Dich und so aufgeregt, als Du neben mir auf dem langen Weg zur Westminsterabtei gingst. Doch als ich Dich dem Erzbischof übergab, hatte ich das Gefühl, etwas sehr Wertvolles verloren zu haben. Du warst so ruhig und gelassen während der Messe und sprachst Deine Worte mit solcher Überzeugung, daß ich wußte, es war gut so..." Er unterzeichnete mit: „Dein Dich immer liebender und Dir ergebener Papa."

Für viele blieb die königliche Hochzeit unvergeßlich. Eine der Brautjungfern erinnert sich: „Die Hochzeit war der erste Sonnenstrahl in der schweren Zeit nach dem Krieg, als alles rationiert war. Die schönen Kleider der Brautjungfern mit den perlenbesetzten Satinschleifen auf den Oberteilen gaben mir das Gefühl, das Leben kehre zurück. Ich bewahre immer noch die hübsche silberne Puderdose auf, die Prinz Philip jeder Brautjungfer überreichte. Sie ist so wertvoll, daß ich sie nie benutze."

Nach der Zeremonie entspannte sich Elizabeth, und auf den Bildern wirkt sie strahlend glücklich. Sie konnte nicht wissen, daß ihr attraktiver Mann ihr viele Tränen und viel Unglück bescheren sollte. Keiner von beiden konnte damals voraussagen, daß eine der Brautjungfern, die hübsche Prinzessin Alexandra, Elizabeth's Cousine, die damals elf Jahre alt war, eine so bemerkenswerte Rolle in ihrem Leben spielen würde.

Elizabeth und Philip verbrachten ihre Flitterwochen auf Broadlands, dem hübschen Landhaus in Südengland, das Philips Onkel Dickie Mountbatten gehörte, dem Mann, der acht Jahre lang Pläne geschmiedet und gehandelt hatte, um das Paar zusammenzubringen. Elizabeth hätte kein friedlicheres und schöneres Haus finden können. Doch leider wurde nichts daraus. Die Presse, die sie ihr ganzes Eheleben hindurch plagen sollte, hatte ihr Versteck entdeckt und stand bereits am Tor.

3. Kapitel: Der junge Philip

Der Mann, der ein absolut privilegiertes Leben führen sollte, durch Reichtum verwöhnt und umgeben von Pomp, Personal, Dienstmädchen und Höflingen, wurde am 10. Juni 1921 in einer gemieteten Sommervilla auf der Mittelmeerinsel Korfu geboren. Er war ein Nachzügler von Prinz und Prinzessin Andrew von Griechenland und das jüngste von fünf Kindern. Er war der einzige Sohn, seine jüngste Schwester Sophie war sieben Jahre alt, seine Mutter sechsunddreißig, als er geboren wurde.

Die imposante Villa im Regentschaftsstil protzte mit Terrassen und Balkonen, hatte aber kein Gas, keinen Strom, keine Innentoiletten, kein fließendes Warmwasser und keine Heizung. Es gab eine Art Badezimmer, doch das Wasser mußte von draußen geholt werden. Nur die Küche hatte einen Kaltwasseranschluß. Die Toiletten befanden sich im unteren Garten. Die Villa war architektonisch elegant, befand sich aber in schlechtem Zustand, und die Farbe blätterte ab. Der Grund war einfach. Als Philip geboren wurde, waren seine Eltern, wenn auch offiziell königlich, völlig verarmt. Sie hatten sogar Probleme, die Miete für die Villa zu zahlen, die drei Monate im voraus entrichtet werden mußte.

Philip war einer der vielen adligen Abkömmlinge von Königin Victoria und ihrem Gemahl Albert, die zusammen neun Kinder hatten. Heute belaufen sich die Nachfahren von Victoria und Albert auf fast siebenhundert.

Philips Großvater war kein Grieche, und trotzdem war er König von Griechenland. Er wurde 1845 als zweiter Sohn von König Christian II. und Königin Louise von Dänemark geboren. Als die Griechen 1863 nach einem Monarchen suchten, wandten sie sich an den jungen Prinzen William von Dänemark und boten ihm an, ihr König zu werden. Nach Jahren der türkischen Herrschaft wurden nur Nicht-Griechen auf dem Thron von Griechenland akzeptiert.

Prinz William, ein damals achtzehnjähriger Leutnant in der dänischen Marine, wollte nicht in einem so weit entfernten, abgelegenen Land leben, dessen Sprache er weder verstand noch beherrschte. Sein Vater blieb hart und befahl ihm, den Thron zu besteigen. Schließlich wurde William als König George gekrönt. Vier Jahre später heiratete er Olga, die Urenkelin von Zar Nikolai

I. von Rußland. Sie hatten sieben Kinder. Andrew, Prinz Philips Vater, war der Zweitjüngste und wurde 1882 geboren.

Während Prinz Philip vielen altmodischen Ideen anhing, schien sein Großvater bemerkenswert modern gewesen zu sein. An jedem Montag vormittag hielt er dreistündige Empfänge in seinem Palast ab. Jeder Bürger konnte hier seine Klagen vorbringen. Seine Frau, die Königin, widmete sich der Wohltätigkeit und gemeinnützigen Arbeiten. Sie modernisierte Krankenhäuser und Gefängnisse und setzte eine Strafreform durch. Trotzdem war König George nie weltweit bekannt. Nachdem er einige Attentate überlebt hatte, wurde er schließlich am Ende des Ersten Weltkrieges 1919 erschossen.

Philips Vater trat der griechischen Armee mit vierzehn Jahren bei. Sein Tag begann um sechs Uhr morgens mit einem kalten Bad, dem intensives körperliches Training und eine Ausbildung in allen Sparten des Krieges folgte. Fünf Jahre später wurde er zur Kavallerie versetzt.

1903 heiratete Andrew Prinzessin Alice von Battenberg, eine Urenkelin von Königin Victoria, die er anläßlich der Krönung von Britanniens König Edward VII. 1901 kennengelernt hatte. Er war leidenschaftlich verliebt in die junge blonde Alice, die als "die hübscheste Prinzessin von ganz Europa" galt. Ihr fünfzehn Jahre jüngerer Bruder Louis wurde später Lord Mountbatten von Burma. Er hatte großen Einfluß auf Philip, Königin Elizabeth II. und die ganze britische königliche Familie.

Philips Mutter wird als wunderschön, unbeugsam und willensstark beschrieben. Sie war taub, lernte aber, von den Lippen zu lesen. Mit zwanzig Jahren konnte Alice vier verschiedene Sprachen von den Lippen lesen. Prinz Philips Eltern kehrten nach Griechenland zurück, richteten sich ein Zuhause ein und gründeten eine Familie. Doch Philips Vater war oft unterwegs und führte ein Leben in der Armee. Nach ihrer Hochzeit erhielten sie ein kleines Vermögen von adligen Verwandten, damit die beiden leben konnten. Doch das Geld reichte nicht lange.

Philips Vater war ein Dandy. Er trug aus Scherz ein Monokel und machte in der Uniform eines Kavallerieoffiziers eine gute Figur. Er erzählte gern Witze und brachte die Leute zum Lachen. Er hatte kein anderes Einkommen als das karge Gehalt eines Armeeoffiziers, so daß die Familie, nachdem die Mitgift aufgebraucht worden war, nur wenig Geld zum Leben hatte. Obwohl sie nie reich waren und oft in wirklicher Armut lebten, bestand Prinz Andrew darauf, einen Diener zu beschäftigen.

Die europäische Politik zwang ihn, die Armee wegen seiner adligen Verbindungen zu verlassen. Als seine Erfahrung und sein militärischer Scharfsinn jedoch gebraucht wurden, kehrte er zur Armee zurück und wurde 1920 Generalmajor. Später übernahm er das Kommando über das Armeekorps. Er beschrieb die Offiziere und Truppen, die ihm unterstanden, als "schlecht ausgebildeten, undisziplinierten Pöbel". Er hatte wenig Achtung vor dem Oberbefehlshaber, dessen Befehle er nicht befolgte, weil er ihn für inkompetent hielt. Er stritt sich sogar offen mit ihm, als er wegen seines arroganten Benehmens ermahnt wurde, ein Charakterzug, den er scheinbar seinem Sohn Philip vererbt hat.

1922 kommandierte Andrew auf türkischem Gebiet das fünfte Korps der schlecht ausgebildeten griechischen Armee. 2500 Jahre lang hatten die Griechen in Kleinasien Gebiete besetzt, als sie von den Truppen des berühmten türkischen Generals, Kemal Atatürk, angegriffen und vertrieben wurden. Zehntausende kamen dabei um, und eine Million griechischer Flüchtlinge flohen vor den vorrückenden Türken. Andrews Bruder, der König von Griechenland, mußte ins Exil gehen, während Politiker und höhere Offiziere für die Niederlage verantwortlich gemacht und vor Gericht gestellt wurden. Bei der ersten Gerichtsverhandlung sprach man die sechs Angeklagten schuldig. Sie wurden am nächsten Morgen erschossen.

Man erklärte Andrew, wenn er von seinem Amt zurückträte, dürfe er sich mit seiner Familie nach Korfu zurückziehen. Einen Monat später wurde Andrew trotzdem von der Militärjunta gefangengenommen, nach Athen gebracht und in der Abgeordnetenkammer verurteilt. Die Geschworenen hatten ihr Urteil bereits vor der Verhandlung gefaßt. Er wurde wegen Befehlsverweigerung und Fahnenflucht zum Tode durch Erschießen verurteilt. Philips Mutter, die willensstarke Alice, versuchte, das Leben ihres Mannes zu retten. Sie reiste nach Athen und wandte sich - erfolglos - an die Geschworenen. Daraufhin schickte sie dem Papst und den mächtigsten Herrschern Europas, die mit ihr verwandt waren, Briefe und Telegramme, in denen sie um Intervention bat. Prinz Andrew wurde dem griechischen Diktator Pangalos vorgeführt, der ihn fragte: „Wie viele Kinder hast du?" „Fünf", entgegnete Andrew. Pangalos lächelte und sagte mit leiser Stimme: „Die armen kleinen Waisen."

Voller Verzweiflung telegraphierte Alice ihrem jüngeren Bruder Louis Mountbatten und drängte ihn, sich an den britischen König George V. zu wenden. Die Chance, daß Großbritannien helfen würde, war nicht groß, weil die griechische königliche Familie während des Ersten Weltkrieges auf der Seite Deutschlands gestanden hatten. Verständlicherweise hatten sich die Gemüter in den frühen zwanziger Jahren noch nicht beruhigt. Louis Mountbatten sicherte sich nicht nur ein Gespräch mit König George V., sondern überredete ihn auch zur Rettung seines entfernten Verwandten. George V. befahl seinem Außenminister Lord Curzon, alles zu tun, was in seiner Macht stand, um Prinz Andrew und dessen Familie zu retten, und ließ ein Kanonenboot nach Athen schicken.

Kommandeur Gerald Talbot, ein Mitglied des wenig bekannten britischen Geheimdienstes, hatte als Marineattaché in Athen gedient. Mit falschen Papieren reiste er von Genf aus nach Athen und arrangierte ein Treffen mit Diktator Pangalos. Er hatte Pangalos bereits während seiner diplomatischen Karriere kennengelernt. Er erklärte dem Diktator, daß Großbritannien, damals die stärkste Macht in Europa, die neue griechische Regierung als Feind ansähe, wenn Prinz Andrew nicht unversehrt entlassen werde.

Pangalos weigerte sich. Er beschuldigte die Briten, sich in die inneren Angelegenheiten seines Landes einzumischen, und sagte, Prinz Andrew sei schuldig gesprochen worden, und die Gerechtigkeit müsse ihren Lauf nehmen. Andrew sollte am folgenden Tag erschossen werden. Pangalos berichtete, daß der Prinz gleichmütig auf seinen Tod warte. Als Kommandeur Talbot noch einmal an Pangalos appellierte, Andrew freizulassen, kam ein Adjutant ins Zimmer gelaufen und stammelte: „Da liegt ein britisches Kriegsschiff in der Bucht."

Die HMS "Calypso", das königliche Marineschiff für Kampfeinsätze, war angekommen und richtete die mächtigen Geschütze auf Athen. Pangalos war wütend, er fluchte und beschimpfte Kommandeur Talbot. Innerhalb einer Stunde erhielt Talbot das Versprechen, daß Andrew nicht erschossen würde. Am folgenden Tag stand Andrew erneut vor Gericht. Der Richter verurteilte ihn zum Verlust seines militärischen Ranges und aller anderen adligen Titel und verbannte ihn für den Rest seines Lebens aus Griechenland. Seiner Ehre hatte man den Todesstoß versetzt, doch er war mit dem Leben davongekommen. In dieser Nacht brachte Pangalos zusammen mit Kommandeur Talbot Prinz Andrew auf das britische Schiff, wo Prinzessin Alice ihn an Bord empfing.

Die Neuigkeit erreichte Korfu, wo die königliche Familie angehalten wurde, ihre Sachen zu packen und binnen weniger Stunden die Insel zu verlassen. Philips Schwester, die damals achtjährige Prinzessin Sophie, erinnerte sich: „Es war schrecklich, ein absolutes Chaos. Meine Schwestern mußten alles vorbereiten. Ich weiß noch, wie jeder herumlief und einpackte, was er konnte. Außer Philip waren das alles Frauen mit griechischen Dienstmädchen, eine französische Gouvernante und eine englische Kinderfrau. Wir nahmen nur ein paar persönliche Sachen mit, den Rest ließen wir dort."

Die Familie ging zum Hafen. Philip war damals zehn Monate alt und wurde in einer Obstkiste getragen. Alle kletterten in ein kleines Boot und wurden zur HMS "Calypso" gebracht, die in den Hafen von Korfu eingelaufen war. Prinzessin Sophie erzählte: „Die See war stürmisch, und wir waren fast alle krank. Die Offiziere hatten ihre Kabinen geräumt und schliefen in Hängematten, damit für das Wohl der königlichen Verbannten gesorgt war. Die Offiziere stellten Musik an, um uns zu unterhalten. Es war alles sehr aufregend. Welche Tragödie sich hier abspielte, war uns gar nicht bewußt."

Die HMS "Calypso" erreichte Brindisi. Von hier aus nahmen die Verbannten in den frühen Morgenstunden den Zug nach Paris. Prinzessin Sophie fügte noch hinzu: „Philip benahm sich im Zug unmöglich. Er wollte nicht still sitzen und kroch überall herum. Er leckte sogar die Fensterbretter ab. Niemand konnte ihn zur Ruhe bringen."

Nach der dramatischen Flucht ließ sich Prinz Andrew mit seiner Familie in Frankreich nieder. Sie bezogen ein Haus auf dem Grundstück des Herrenhauses, das Andrews Bruder George gehörte, der mit Prinzessin Marie Bonaparte verheiratet war.

Philip hatte im Exil in Paris ein angenehmes Leben. Er traf viele Verwandte und wurde als der Jüngste von seiner Mutter und den vier Schwestern verwöhnt. Sein Vater brachte ihm das Malen bei und lehrte ihn die Liebe zu Tieren. Seine Schwester Sophie meinte: „Er liebte Tiere wirklich, und sie liebten ihn." Um überleben zu können, eröffnete Philips Mutter das Geschäft "Hellas" im Faubourg St. Honoré. Sie verkaufte dort griechische Produkte von Stickereien bis zum Honig. Ihr Mann, Prinz Andrew, verbrachte viel Zeit mit anderen Exil-Griechen. Er schmiedete Pläne, um die Macht zurückzuerlangen. Gleichzeitig genoß der attraktive, charmante, gutaussehende Andrew die Beliebtheit bei den schicken Damen des Nachkriegsfrankreichs. Es scheint, als habe Prinz Philip das Vagabundenleben geerbt, das sein Vater so genoß. Kein Wunder, daß die arme Alice unter ständigem Streß stand, weil ihr umherziehender Ehemann immer mehr Zeit in Gesellschaft anderer Frauen verbrachte.

Viele im Exil lebende Adlige genossen materiellen Reichtum und stellten diesen zur Schau. Alice dagegen mußte sich plagen, und ihre Töchter trugen die abgelegten Kleider von reichen Verwandten, die sie aus Mitleid bekamen. Zwei beherzte englische Frauen kümmerten sich um die Kinder und den Haushalt, während Alice ihren Laden führte. Das Kindermädchen Roose betreute Philip, während die Haushälterin Mrs. Blower kochte und die Hausarbeit übernahm. Um Geld zu sparen, gaben sie den Kindern nahrhaften Reis und gekochten Pudding. Deshalb lernte Prinz Philip bereits in der Kindheit, vernünftig mit seinem Geld umzugehen. Man muß ihm lassen, daß er trotz des Reichtums, in den er eingeheiratet hat, diese Tugend nie verloren hat.

Die Frauen der Familie waren sich in einem einig: je öfter Philips Vater weg war, desto ungezogener und frecher wurde sein Sohn. Das Kindermädchen Roose berichtete, daß Philip ein lieber kleiner Junge war, der sich aber öfter danebenbenahm. Er hatte eine unglaubliche Energie. Seine Cousine Alexandra erinnert sich an Ferien am Meer: „Philip lief gewöhnlich weg. Er kam immer mit zerrissenen Kleidern und ohne eine Erklärung zurück. Er hatte Schrammen und Schnitte. Er kletterte gerne auf Bäume, je höher desto besser."

Alexandra erinnert sich an einen lustigen Vorfall, als Philip, damals neun Jahre alt, die Schweine aus den Koben ließ und sie auf den Rasen trieb, wo sich die Erwachsenen bei einer eleganten Teeparty getroffen hatten. Die stampfenden Schweine, die Philip mit einem Stock vorwärtstrieb, richteten große Zerstörungen an, als sie in die Menge rannten und die meisten Tische umstürzten.

Je älter Philip wurde, desto aggressiver, extrovertierter und herrischer wurde er. Er gab gern an, doch er war nie hochnäsig. Er lernte von seiner Kinderfrau und von der Haushälterin die englische Lebensweise und natürlich auch die englische Sprache. Eigentlich war Philip ein heimatloses Kind und hatte kein Gefühl für Tradition. Das scheint er von den beiden Frauen bekommen zu haben, die sich seiner annahmen, bis er zehn Jahre alt war. Die Kinderfrau Roose hatte absolute Kontrolle über ihn und teilte auch öfter Schläge aus.

Philip freundete sich mit Helène Foufounis an, die vier Jahre älter war als er. Sie war die jüngste Tochter einer reichen griechischen Familie, die ebenfalls in Paris im Exil lebte. Helène und Philip standen sich bereits als Kinder nahe und sollten sich später noch näherstehen.

Helène erzählte: „Ich war eifersüchtig auf ihn, weil jeder, ganz besonders meine Mutter, ihn mit seinen blonden Haaren und seinem Engelslächeln liebte. Zuerst mochten wir einander nicht, doch später wurden wir Freunde und verbrachten viel Zeit zusammen, als wir aufwuchsen. Unsere Kindermädchen waren sehr streng mit uns und teilten auch öfter Hiebe aus. Wir durften bei Tisch nicht sprechen, es sei denn, jemand sprach uns an. Das kam aber nicht sehr oft vor."

Roose verbrachte viel Zeit damit, Philip zu kontrollieren. Sie erinnerte sich, wie sie den nackten Jungen durch die Korridore scheuchte, als er aus dem Bad flüchtete, wie sie ihn überredete, von einem Baum herunterzukommen, wie sie ihn badete, nachdem er durch die Gärten gekrochen war, und wie sie versuchte, seinen liebsten Feriensport zu unterbinden, nämlich sich in voller Montur ins Meer zu stürzen.

Philips Mutter sorgte sich um ihre vier Töchter, denn zwei waren schon über zwanzig Jahre alt und immer noch ohne Aussicht auf eine Heirat. Alice hatte gehofft und erwartet, ihre gutaussehenden Töchter von königlichem Blut würden Männer finden. Doch in den zwanziger Jahren waren die Töchter aus Europas alten adligen Familien nicht sehr wohlhabend und deshalb keine gute Partie. Als das Leben immer schwieriger wurde, verschlechterte sich Alices gesundheitlicher Zustand.

1931 erlitt Alice, die nur geringe emotionale und finanzielle Unterstützung von ihrem Ehemann erhielt, einen Nervenzusammenbruch. Exilierte Adlige bezahlten ihr die Reisen in verschiedene Sanatorien in der Schweiz. Dort verordnete man ihr absolute Ruhe. Doch es gab auch gute Nachrichten für die Familie. Innerhalb von sechs Monaten, zwischen Dezember 1930 und August 1931, waren alle vier Töchter mit Angehörigen des deutschen Adels verheiratet. Das Haus der Familie in St. Cloud wurde aufgegeben und einige Angestellte entlassen.

Inzwischen hatte sich Prinz Andrew in eine äußerst attraktive und sehr reiche Witwe verliebt, Madame Andrée de la Bigne, eine frühere Schauspielerin. Sie besaß eine kleine Jacht, die "Davida", die in den verschiedenen sonnigen Häfen des Mittelmeers ankerte, meistens in Südfrankreich. Diese Frau wurde Prinz Andrews Geliebte und ständige Begleiterin. Die beiden verbrachten die Sommermonate auf ihrer Jacht und lebten im Winter in ihrer Villa in Südfrankreich. Jegliche Hoffnung auf eine Rückkehr nach Griechenland war verblaßt, und Andrew, der französischen Wein liebte, war glücklich, die Sorgen und Nöte seiner Familie vergessen zu können.

Während ihrer Jahre in den Sanatorien entdeckte Alice die Religion und trug für den Rest ihres Lebens eine schwarze Nonnentracht. Schließlich kehrte sie in ihr geliebtes Griechenland zurück und fand einen Orden, die christliche Schwesternschaft von Martha und Maria. Endlich zufrieden, widmete sie sich göttlichen Dingen und vergaß ihren Ehemann und ihre fünf Kinder.

Obwohl Prinz Andrew und Prinzessin Alice kaum noch Kontakt miteinander hatten, versuchten sie nie, sich offiziell zu trennen oder scheiden zu lassen. Damals kam dem Adel eine solche Lösung nicht einmal in den Sinn. Er zog einfach diese Möglichkeit gar nicht in Betracht, im Gegensatz zu den jungen Adligen heute.

Während Philips Mutter damals in Sanatorien lebte, verließ der Vater seinen zehnjährigen Sohn. Philip wurde nach Cheam geschickt, eine jahrhundertealte englische Schule für Kinder aus gutem Hause. Man hatte diese Schule ausgewählt, weil andere Verwandte von Prinz Philip dort waren. Sein Vater zahlte noch nicht einmal für die Ausbildung des Jungen. Philip war ein eher unterdurchschnittlicher Schüler. Er glänzte nur im Kricket und anderen Sportarten. In Französisch erhielt er eine Auszeichnung. Immerhin hatte er die ersten zehn Jahre seines Lebens in Paris verbracht.

Während der Ferien war Philip manchmal bei seinem Onkel George, dem Marquis von Milford Haven, in Lyndon Manor, Holyport, einem hübschen Städtchen nicht weit von Windsor entfernt. Onkel George wurde eine Zeitlang Philips inoffizieller Ersatzvater. George war mit Nadejda verheiratet, die von allen Nada gerufen wurde, einer Urenkelin des großen russischen Dichters Alexander Puschkin. Sie war eine dunkle, attraktive, sexuell kapriziöse Frau in den Dreißigern und Lesbierin. Vor ein paar Jahren hatte sie sich in ihre Schwägerin Edwina verliebt, die Frau von Louis Mountbatten. In den frühen dreißiger Jahren verliebte sie sich in die ältere Gloria Vanderbilt. Philip verbrachte viel Zeit in Lyndon Manor, einem großen viktorianischen Anwesen, zusammen mit Nada und Gloria Vanderbilt und manchmal auch mit Edwina. Eine merkwürdige Umgebung für einen pubertierenden Jungen.

Onkel George besaß eine der außergewöhnlichsten Sammlungen pornographischer Bücher in Europa. Die Bibliothek enthielt Alben mit Bildern verschiedener Leute, die in jeder nur denkbaren Position beim Geschlechtsverkehr fotografiert worden waren. Es gab Bücher über Sadomasochismus, Fesseln, Peitschen, Daumenschrauben und Folterbänke. Onkel George sammelte auch merkwürdige Anzeigen für Dildos, Vibratoren und Kondome. Ab und zu lebte er seine gewalttätigen sexuellen Fantasien mit der reizenden Nada aus.

1934 wurde Gloria Vanderbilt in einen sensationellen Prozeß um das Sorgerecht für ihre Tochter, eines der reichsten Kinder der Welt, verstrickt. Mrs. Vanderbilts ehemaliges Dienstmädchen hatte sie und Nada angeklagt, Lesbierinnen zu sein. Sie bezeugte, die beiden hätten sich in ihrem Schlafzimmer in Cannes leidenschaftlich geküßt, ein Vorwurf, den Nada abstritt. Nada weigerte sich, in die Vereinigten Staaten zu reisen, um eine Aussage zu machen. Deshalb verteidigte sich Gloria Vanderbilt erfolgreich gegen die Anklage.

Philips Ersatzvater zahlte seinem Neffen das Schulgeld und war anwesend, wenn Preise verliehen wurden. Onkel George sprach als erster mit Philip über eine Karriere in der Königlichen Marine. Die meiste Zeit seiner Schulferien verbrachte Philip bei seinen Schwestern auf deren deutschen Schlössern. Als Teenager sah er wie ein typischer blauäugiger teutonischer Junge aus. Er lernte fließend Deutsch. Manchmal besuchte sein Vater ihn während dieser Ferien.

Mit dreizehn Jahren ging Philip nach Gordonstoun auf die schottische Schule. Hierhin würde er später seine eigenen drei Söhne schicken. Philip traf den Gründer von Gordonstoun, Kurt Hahn, einen exzentrischen deutschen Juden, während er bei seiner Schwester in Salem war. Philip sollte später darüber berichten: „Damals war Hahn ein fast legendärer Charakter. Kleine Jungen sind normalerweise nicht beeindruckt von den Lehrern anderer Jungen, doch da war eine Aura um Hahn, die sofortigen Respekt forderte. Abgesehen davon, trugen seine berühmten Manierismen - der vornübergebeugte Gang, das Taschentuch in seinem Mund, der breitkrempige Hut und die flinken spöttischen Augen - dazu bei, die Anwesenheit eines außergewöhnlichen Menschen anzuzeigen."

Eigentlich sollte Philip in Deutschland aufwachsen, bei seiner Schwester in Salem leben und dort Samuel Hahns Schule besuchen. Doch kurz nachdem Philip in Salem begonnen hatte, war Hahn gezwungen, aus Deutschland zu fliehen, weil er fürchtete, von den Nazis umgebracht zu werden. Philip hatte sich bereits Hahns Geringschätzung und Verachtung für die Nazis angeeignet. Der Nazigruß amüsierte Philip sehr, denn jeder Junge, der den Klassenraum verlassen wollte, um auf die Toilette zu gehen, mußte seinen rechten Arm heben und um Erlaubnis fragen. Philip kam die Vorstellung von tausenden Soldaten, die alle gleichzeitig ihren Arm hoben, als würden sie fragen, ob sie auf die Toilette gehen dürften, lächerlich und dumm vor. Das vergaß er niemals.

Hahn fand Zuflucht in Schottland und eröffnete dort 1934 wieder seine Schule in einem Haus namens Gordonstoun. Philip war einer der ersten Schüler. Hahns Philosophie von Erziehung und Ausbildung war eine Mischung aus den Lehren von Plato, der Pfadfinderbewegung und den Traditionen des englischen Privatschulsystems. Hahn war überzeugt, daß die Ausbildung an den englischen Privatschulen England den Sieg über Deutschland im Ersten Weltkrieg gesichert hatte. Trotz der Exzentrizität florierte Gordonstoun, und Philip genoß seine Jahre dort.

Jim Orr, der später Prinz Philips Privatsekretär werden sollte, war Primus an der Schule, als Philip dort ankam. Er erinnert sich: „Philip war sehr freundlich. Er hatte Sinn für Humor und war bekannt wegen seines weißen Haares." Sowohl in Cheam als auch in Gordonstoun war Philip ein Junge ohne Familiennamen. Er wurde einfach Philip gerufen und bei offiziellen Auftritten "Philip von Griechenland". Man muß ihm zugute halten, daß er nie mit seinen königlichen Verbindungen prahlte und es eher vorzog, seine Herkunft im dunkeln zu lassen. Viele der Jungen in Gordonstoun wußten kaum etwas von Philips königlichem Hintergrund und betrachteten ihn eher als Waise, da seine Eltern ihn nie besuchten.

Neben Onkel George hatte Philip noch einen Ersatzvater, den Mann seiner Schwester Theodora, Berthold von Baden, der viele Jahre älter war. Er freundete sich mit dem Teenager Philip an und lehrte ihn das Angeln und das Autofahren. „Er hatte großen Einfluß auf meine Persönlichkeit", sollte Philip später anmerken.

Onkel George, Philips gesetzlicher Vormund, bekam 1937 Krebs und starb ein Jahr später. Das muß ein Schlag für den damals sechzehnjährigen Philip gewesen sein. Wieder war er ohne Halt. Seine Familie war zerstreut, seine Eltern gingen in verschiedenen Teilen Europas getrennte Wege, und er hatte kein Zuhause. Der junge Mann hatte nicht nur seinen richtigen Vater verloren, der ihn verlassen hatte, sondern auch noch den Mann, den er als Ersatzvater respektiert hatte.

Als Philip Gordonstoun verließ, schrieb Hahn über ihn: „Prinz Philip wird sich in jedem Beruf, in dem er sich wird beweisen müssen, einen Namen machen und seine Kräfte herausfordern." Diese Herausforderung sollte nicht lange auf sich warten lassen. Bei dem sich abzeichnenden Krieg würde Philip sich einem der Waffendienste anschließen. Seine Großväter hatten zur See gedient, sein Vater war Armeeoffizier gewesen, und beide Brüder seiner Mutter und seines Vaters waren zur Marine gegangen. Philip liebte das Fliegen und wollte zur Königlichen Luftmacht, doch sein Onkel Louis Mountbatten überredete ihn, zur Königlichen Marine zu gehen.

Nach dem Tod von Onkel George spielte Mountbatten eine viel größere Rolle in Philips Leben. Er lud seinen Neffen oft zu sich ein. Die beiden kamen so gut miteinander aus, daß Mountbatten Philip ermunterte, die Broadlands von nun an als sein Zuhause zu betrachten. Es schien, als wolle Mountbatten Philip "adoptieren", denn er war der Sohn, den er sich immer gewünscht, aber nie bekommen hatte.

Mit achtzehn Jahren ging Philip auf das Königliche Marinecollege in Dartmouth, wo potentielle junge Offiziere ausgebildet wurden. Nach seiner Erfahrung in Gordonstoun gefiel ihm das Marineleben sehr gut. Er mochte die Disziplin, die Formalitäten und die Kameradschaft der Offiziersmesse, die ihn an Gordonstoun erinnerte. In der Königlichen Marine fühlte sich der ordentliche Philip zum ersten Mal in seinem jungen Leben sicher.

Am 22. Juni 1939, zehn Tage nach seinem achtzehnten Geburtstag, traf Prinz Philip Ihre Majestät Prinzessin Elizabeth, damals ein schüchternes Mädchen von dreizehn Jahren, zum ersten Mal. König George VI. war mit seinen Töchtern Elizabeth und Margaret an Bord der Jacht "Victoria und Albert", als sie das Königliche Marinecollege in Dartmouth besuchten. Kapitän Lord

Louis Mountbatten war diensthabender Helfer des Königs. Als äußerst ehrgeiziger Mann wollte Louis Mountbatten Erfolg, nicht nur für sich selbst, sondern auch für seinen neugefundenen Ersatzsohn Philip. Er arrangierte es, daß Philip ausgewählt wurde, um den Prinzessinnen Dartmouth zu zeigen.

Elizabeth's und Margarets Gouvernante Crawfie schrieb in ihren königlichen Memoiren, daß Elizabeth bei jenem ersten Treffen gesagt hatte: „Wie gut er ist!" Als Philip über ein Tennisnetz sprang, rief sie: „Wie hoch er springen kann!". Eigentlich spielten die jungen Leute nicht Tennis, denn Elizabeth hatte nie richtig spielen gelernt, doch sie spielte gern Krocket, und Margaret, die damals erst neun Jahre alt war, spielte mit. Crawfie war sich angesichts Philips Angeberei nicht so sicher. Sie schrieb: „Er sah gut aus, hatte aber lässige Manieren und war anmaßend. Ich gaube, er hat ganz schön angegeben, doch die kleinen Mädchen waren sehr beeindruckt."

Als die königliche Jacht Dartmouth verließ, bestiegen alle Kadetten die Ruder- und Beiboote, um zum Abschied zu winken. Prinz Philip saß allein in einem Ruderboot. Eines nach dem anderen blieben die Boote zurück, nur Philips Boot folgte der königlichen Jacht bis weit hinaus auf See. Elizabeth stand am Heck mit einem großen Marinefernglas und beobachtete ihn beim Rudern. Er wurde angewiesen zurückzukehren, doch wie Nelson ignorierte er den Befehl. Schließlich wendete auch er sein Boot, während die kleine Elizabeth ihm nachsah, bis er außer Sichtweite war. Von diesem Tag an vergaß Elizabeth den attraktiven Philip nicht mehr. Sie mag eine sehr junge und unreife Dreizehnjährige gewesen sein, und doch war bei dieser ersten Begegnung eine Saite in ihr berührt worden, die nicht nur den verheerenden Krieg überstand, sondern auch lange Zeiten der Trennung. Irgendwie träumte Elizabeth immer weiter von ihrem blonden Prinzen, bis ihr Traum acht Jahre später in einer spektakulären Hochzeit im Westminster Abbey endete.

Laut Sir John Wheeler-Benett, der die offizielle Biographie von König George VI. schrieb, „war das der Mann, den Prinzessin Elizabeth auf den ersten Blick liebte." Die Biographie wurde von Elizabeth gelesen und korrigiert, als sie Königin war. An diesem Satz jedoch änderte sie kein einziges Wort.

Großbritannien erklärte am 3. September 1939 Hitler den Krieg. Philip wurde aus der Schußlinie genommen, obwohl er bei der Königlichen Marine diente. Griechenland war immer noch neutral, und es wäre nicht sehr diplomatisch gewesen, bei den Kriegshandlungen einen griechischen Prinzen umbringen zu lassen. Philip wurde als Leutnant zur See auf einem Kampfschiff in Colombo, Ceylon, stationiert, doch er wollte aktiv werden. Deshalb schrieb er seinem Onkel Louis Mountbatten, damals Kapitän der Königlichen Marine, und Mountbatten schrieb an den Vizeadmiral Harold Tom Baillie-Grohmann und bat ihn, seinen Neffen zu übernehmen. Als Italien Griechenland überfiel, wurde Philip auf einem der Kampfschiffe des Admirals, der HMS "Ramilles", im Mittelmeer stationiert.

Der Admiral erinnert sich: „Eines Tages sprach ich mit dem jungen Philip und sagte ihm, daß er als Ausländer über den Rang eines amtierenden Unterleutnants nicht hinauskommen werde, es sei denn, er ließe sich als Brite einbürgern. Philip entgegnete, er wolle Karriere in der Königlichen Marine machen. Er meinte, sein Onkel habe Pläne für seine Zukunft, und vielleicht könne er Prinzessin Elizabeth heiraten. Ich war total verblüfft und fragte ihn, ob er sie möge. 'Oh, ja, ich mag sie sehr. Ich schreibe ihr jede Woche', antwortete Philip."

Im Frühling des Jahres 1940 wurde Prinz Philip auf die HMS "Kent" versetzt. Bevor Italien im Oktober 1940 in Griechenland einfiel, kam er auf die HMS "Shropshire", so daß er am Krieg teilnehmen konnte. Innerhalb von Monaten versetzte die Admiralität auf Anregung von Mountbatten Philip auf die HMS "Valiant", eines der modernsten Kampfschiffe, das sich damals auf Patrouille im östlichen Mittelmeer befand.

Im Januar 1941 erlebte Philip seine erste Kriegshandlung, als die "Valiant" Bardia an der lybischen Küste bombardierte. Ein paar Tage später war sie Ziel deutscher Tauchbomber, und Philip berichtete mit jugendlicher Aufregung über den Angriff in seinem Logbuch. Wenige Wochen später, während des Mittelmeerkampfes von Cape Matapan im März, war Philip verantwortlich für das Licht, das benutzt wurde, um die feindlichen italienischen Schiffe während der Nachtkämpfe zu orten und zu beleuchten. Er konzentrierte sich so intensiv auf seinen Job, daß er keine Notiz von den Warnschüssen nahm, die von der italienischen Flotte abgegeben wurden. Er schrieb in sein Logbuch: „Das Ergebnis war, daß mir das Fernglas in die Augen gerammt wurde, und mich der Blitz fast erblindet hat. Glücklicherweise war das Suchlicht nicht in Mitleidenschaft gezogen worden, so daß es immer noch auf das Ziel gerichtet war." Die italienische Flotte, ein Kampfschiff, acht

Kreuzer und vierzehn Zerstörer, wurde von den britischen Schiffen in die Flucht getrieben, und Philip, der Leutnant zur See, wurde wegen seiner Tapferkeit "im Kriegsbericht gerühmt". Seine vorgesetzten Offiziere an Bord betrachteten die Auszeichnung als "wohlverdient".

Als Philip auf die HMS "Valiant" gekommen war, hatten seine Offizierskollegen vermutet, daß sich Prinz Philip von Griechenland als eher nutzloser und äußerst privilegierter Offizier erweisen würde, weil er ein adliger Grieche war. Tatsächlich war er der sechste in der Thronfolgerlinie. Sie waren überrascht, als sie seinen Eifer und seine Tauglichkeit entdeckten und feststellen mußten, daß er keine Allüren hatte. Mit seiner bemerkenswerten Tapferkeit bei Matapan hatte sich Prinz Philip seine Sporen verdient.

Ein paar Monate später übernahm Onkel Dickie das Kommando auf der HMS "Kelly", einem neuen Zerstörer, als deutsche Tauchbomber das Schiff in die Luft jagten. In seiner Biographie von Prinz Philip erzählt Tim Heald die Geschichte: „Als der völlig durchnäßte, überall mit Öl bedeckte Mountbatten vierundzwanzig Stunden, nachdem die "Kelly" im Kampf um Kreta gesunken war, an Land kam, sah er als erstes das gutgelaunte, grinsende Gesicht seines Neffen Philip." Laut Mountbatten schüttete Prinz Philip sich aus vor Lachen, als er seinen schwarzen Onkel sah. „Du siehst aus wie ein Negersänger!" sagte er. Er sollte noch sein ganzes Leben lang rassistische Bemerkungen machen.

Philip wurde 1942 zunächst zum Unterleutnant befördert und dann zum Ersten Leutnant ernannt, als er zur HMS "Lauderdale", einem Zerstörer der Jagdklasse, versetzt wurde. Hier traf er zum ersten Mal Mike Parker, einen Ersten Leutnant in der australischen Marine. Parker, der nur ein Jahr älter war als Philip, sollte während der nächsten zwanzig Jahre einer von Philips engsten Freunden werden. Mike Parker war Waise und wurde später Philips Stallmeister und Privatsekretär. Die Tatsache, daß keiner von beiden eine Familie hatte, brachte sie zusammen. Kurz nachdem sie sich getroffen hatten, wurde Philip auf einen anderen Zerstörer, die HMS "Wallace", versetzt, die die Landung der kanadischen Truppen 1943 auf Sizilien begleitete. Als das Schiff in Valetta, Malta, lag, um gründlich überholt zu werden, kam Philip wieder auf einen anderen Zerstörer, der vor der britischen Ostküste patrouillierte und nach den gefürchteten "E-Booten", den schnellen 40-Knoten-Geschwindigkeitsbooten, die mit doppelten

Torpedorohren ausgestattet waren und den britischen Handelsschiffen ernsthaften Schaden zufügten, Ausschau hielt.

1944 verließ Philip die europäischen Gewässer, um auf den japanischen weiterzukämpfen. Mike Parker diente jetzt auf einem Schwesterschiff, und die beiden waren im September 1945 auf ihren jeweiligen Schiffen im Pazifik und eskortierten die USS "Missouri" in die Bucht von Tokio, als Japan endlich kapitulierte.

Mike Parker und Philip nahmen oft gemeinsam Landurlaub. Sie waren in Nordafrika und in verschiedenen australischen Städten zusammen. Während des Zweiten Weltkrieges waren die Häfen der Welt berüchtigt für die Trinkgelage, Bordelle und Prostituierten. Auch anständige junge Damen waren gerne mit Seemännern zusammen, die die meiste Zeit auf den Meeren verbrachten und gegen den Feind kämpften. Mike Parker drückte es so aus: „Es gab immer jede Menge Mädchen."

Seit dem Krieg hat Philip immer wieder jede Vermutung zurückgewiesen, er habe sexuelle Erfahrungen während seiner Zeit bei der Marine gemacht. Es wäre aber schon sehr außergewöhnlich, wenn er zwischen seinem neunzehnten Lebensjahr und der Hochzeit, die acht Jahre später stattfand, keusch gelebt hätte.

„Natürlich hatten wir Spaß in Nordafrika", erinnert sich Mike Parker, „aber es war nichts Schändliches dabei. Wir tranken zusammen, und danach aßen wir verdammt gut. Die Leute haben mich immer gefragt: 'Seid ihr auch jede Nacht in die Bordelle gegangen und habt alles gevögelt, was euch vor die Nase kam?' Aber die Antwort ist nein! Das kam überhaupt nicht vor. Es gab so viel anderes zu tun." Diese Notlüge hielt Mike Parker stets für den Mann bereit, der der Gemahl von Königin Elizabeth von England werden sollte.

In Alexandria besuchten Philip und Mike Nachtbars, die eigentlich Bordelle waren. Sie sahen den Bauchtänzerinnen zu und tranken viel mit den Mädchen, die an ihren Tisch kamen, auf ihren Knien saßen und sie animierten, teuren Alkohol zu kaufen, bis sie sich schließlich selbst für eine Stunde oder die ganze Nacht anboten. Andere Offizierskollegen sahen, daß Philip und Mike diese Bars besuchten und daß sie umgeben waren von jungen Tänzerinnen und Prostituierten. Die beiden jungen Leutnants besuchten auch Lokale, die wilde Sex-Shows boten, wobei die unzüchtigsten Akte vorgeführt wurden. Nackte Mädchen führten die bekannten verschiedenen Sexspiele aus, auch mit Tieren.

Philip zeigte sich während der Besuche von Melbourne und Sydney von seiner besten Seite. Mike Parker war Australier, und er stellte Philip den Damen der Gesellschaft und ihren Töchtern vor, die äußerst beeindruckt waren, einen echten Prinzen von königlichem Blute zu treffen.

Alexandra von Jugoslawien, Prinz Philips griechische Cousine, die den König von Jugoslawien geheiratet hatte, schrieb eine Biographie über ihn, in der es hieß: „Philip eroberte zuerst in Melbourne und dann in Sydney die Herzen der Frauen." Bekannte von Philip erinnern sich, daß die Mädchen "Schlange standen", um dem attraktiven Prinzen vorgestellt zu werden, der stolz einen blonden Vollbart trug. Eine Frau aus Sydney im mittleren Alter, die sich der Wohltätigkeitsarbeit widmete, sprach es aus: „Die Mädchen standen Schlange, um mit ihm ins Bett zu gehen. Er war so toll und dazu noch adlig." Als sie gefragt wurde, ob Philip wirklich mit einem der Mädchen geschlafen habe, entgegnete sie. „Was? Natürlich hat er das. Er war ein richtiger Frauentyp. Er liebte seinen Aufenthalt in Australien. Er hatte doch riesig viel Zeit."

Gelegentlich wechselten Philip und Mike Parker die Rollen, als sie beide Vollbärte trugen. Philip liebte diesen Trick bei den Mädchen, weil er sich vergewissern wollte, ob sie wirklich ihn als Person oder nur den Prinzen wollten. Das Spiel zahlte sich aus, denn Philip bekam die Mädchen, die er sich ausgesucht hatte. Deshalb überredete er Mike Parker, die Scharade bei anderen Gelegenheiten zu wiederholen. Es tat seinem Ego gut.

Natürlich mußte Philip sich bei gewissen Anlässen korrekt betragen, wenn sein Schiff in einem Hafen anlegte. Als königlicher Prinz erwartete man von ihm, daß er an offiziellen Cocktailparties und Essen teilnahm, besonders wenn der britische Botschafter in der Nähe war. Er versuchte, sich solchen Pflichten zu entziehen, denn er verbrachte seinen Landurlaub viel lieber mit seinen Offizierskollegen. Doch Philip wußte auch, daß er auf solchen Partys einige der liebenswürdigsten und begehrenswertesten jungen Damen traf, die sich nach Begleitern umsahen, wenn nicht sogar nach potentiellen Ehemännern. Ein königlicher Prinz, auch wenn er nur ein unbekannter Grieche ohne Thron war, wurde von vielen jungen Frauen als gute Partie angesehen, ganz besonders einer mit Philips gutem Aussehen und seinem Sinn für Humor.

Laut seinen Regimentskameraden, die mit ihm dienten, hatte Philip während des Krieges eine Menge Affären, sowohl in Großbritannien als auch in Übersee. Bei den meisten Gelegenheiten blieb er bemerkenswert diskret, doch manchmal, wenn er zuviel getrunken hatte, sprach er offener über seine Eroberungen. Nach der Beschreibung eines Offizierskollegen, „liebte Philip es, im Mittelpunkt des Interesses zu stehen, von hübschen Mädchen umgeben zu sein und seine Auswahl treffen zu können. Manchmal konnte er arrogant sein, wenn er sich den Mädchen näherte, und hatte diese Mach-doch-was-du-willst-Haltung, was manche als Beleidigung auffaßten. Doch man sah ihn kaum jemals ohne weibliche Begleitung, und die meisten waren seine Freundinnen im wahrsten Sinn des Wortes. Ganz sicher liebte er die Mädchen, die sich offensichtlich zu ihm hingezogen fühlten."

Manchmal besuchte Philip Elizabeth, wenn er Urlaub hatte. Er wurde ab und zu zum Mittagessen in den Buckingham Palast eingeladen, und wenn er in England war, lud man ihn zusammen mit anderen Mitgliedern ehemaliger Königshäuser, die während des Krieges in England lebten, zum Weihnachtsessen auf Schloß Windsor ein.

Philip war immer bemerkenswert zurückhaltend, wenn es um seine Affäre mit Elizabeth ging. Als er 1970 mit seinem Biographen Basil Boothroyd sprach, sagte er: „Einmal ging ich mit den Mitgliedern der königlichen Familie während des Krieges ins Theater. Bei anderen Gelegenheiten, wenn ich hier war (in England), rief ich an und kam zum Essen. Ein- oder zweimal habe ich Weihnachten auf Schloß Windsor verbracht, weil ich nicht wußte wohin. Ich habe, glaube ich, nicht weiter darüber nachgedacht. Ab und zu schrieben wir uns. Sehen Sie, es ist schwer, sich ein Bild davon zu machen. Ich denke, wenn ich nur ein zufälliger Bekannter gewesen wäre, dann wäre das alles von schrecklich großer Bedeutung. Aber wenn man verwandt ist - ich meine, ich kannte die Hälfte der Leute da, das waren meine Verwandten - dann ist es nicht so außergewöhnlich, wenn man familiären Umgang hat. Man denkt nicht notwendigerweise an eine Heirat."

Als er mit Boothroyd sprach, sagte Philip, der normalerweise in der Öffentlichkeit eher zurückhaltend mit seinen Gefühlen ist, nicht die ganze Wahrheit über sein Verhältnis zu dem Teenager Elizabeth. Sie trafen sich meistens auf Coppins, dem Landhaus der Herzogin von Kent. Die heimlichen Treffen untermauerten Libets Liebe zu dem tapferen Marineleutnant. Sie hat nie versucht, einen anderen begehrenswerten Mann zu finden.

Philip erzählte Boothroyd später: „Bis 1946, als ich nach Balmoral eingeladen wurde, dachte ich nicht an eine Heirat. Ich nehme an, eins führte zum anderen. Es war sozusagen ausgemachte Sache. So war es eigentlich."

Philip schien der ideale Ehemann für das junge Mädchen zu sein, die eines Tages Königin von England werden würde. Die Fotos, die vor und nach ihrer Verlobung gemacht worden sind, zeigen eine Förmlichkeit zwischen den beiden, die ihr Verhältnis gezwungen, wenn nicht gar erzwungen erscheinen läßt. Keines der Bilder zeigt ein junges Paar, das einander abgöttisch liebt; nichts an ihrer Körpersprache deutete auf Liebe oder Zuneigung hin. Auf jedem Foto und auf jedem Film scheint Philip sein bestes Verhalten an den Tag zu legen und entschlossen, Respekt für Elizabeth zu zeigen, als ob er mit der größtmöglichen Etikette handeln müßte, weil seine Verlobte die nächste Königin werden würde.

Der Mann, der beharrlich versuchte, die Hochzeit zustande zu bringen, war der nicht kleinzukriegende Lord Louis Mountbatten. Er sah in Philip die einmalige Gelegenheit, der ältesten und angesehensten Monarchie der Welt, dem Britischen Thron, seinen Namensstempel aufzudrücken. Mountbatten tat alles, damit die junge und leicht zu beeindruckende Lilibet Philip so oft wie möglich während der Kriegsjahre zu Gesicht bekam. Er sprach mit ihr über Philip, wann immer er sie traf. Das kam in den letzten Kriegsjahren ziemlich häufig vor, nachdem ihn Englands Premierminister Winston Churchill unter seine Fittiche genommen und ihm zu Positionen von ziemlicher Macht und Einfluß verholfen hatte.

Mountbatten erzählte Lilibet, wo Philip diente, was er tat, wie er den Krieg erlebte. Er hielt Informationen für sie bereit, um Elizabeth's Interesse und Zuneigung zu Philip trotz der monatelangen, erzwungenen Trennungen zu bewahren. Elizabeth verstand natürlich, daß sie Geduld haben mußte. Sie las die Zeitungen, hörte Rundfunk und bekam mit, wie die Kommentatoren Frauen und Freundinnen drängten, geduldig auf ihre Lieben zu warten, die für ihr Land kämpften.

Elizabeth folgte dem Beispiel Tausender anderer Frauen. Die zukünftige Königin von England verbrachte abends Stunden damit, Strümpfe für diesen jungen Mann zu stricken. Elizabeth war nicht gerade eine großartige Strickerin, doch mit der Hilfe anderer schaffte sie es, die Socken so gut hinzubekommen, daß sie sie dem Mann, von dem sie träumte, schicken konnte.

Elizabeth war von ihrer Mutter und ihren Lehrern darauf trainiert worden, ihr Leben vor allem der Pflicht zu widmen: der Pflicht gegenüber der Nation, gegenüber dem britischen Volk und gegenüber dem unermeßlichen Britischen Empire. Elizabeth glaubte tief in ihrem Herzen, daß das Warten auf ihren Prinzen ein Teil dieser Pflicht war.

Während des Krieges hatte sie ein Schwarzweißfoto von Philip neben ihrem Bett auf Schloß Windsor stehen. Ihre Schwester Margaret erinnerte sich, daß Lilibet dieses Foto jeden Abend küßte, bevor sie einschlief. Margaret erzählte, daß ihre Schwester Philip jede Woche gewissenhaft schrieb und ihm mitteilte, daß sie jeden Abend vor dem Schlafengehen sein Bild küßte.

Nach dem wenigen, das Philip über sein Werben um Elizabeth berichtet hat, muß ihr Verhältnis von seiner Seite aus bemerkenswert förmlich gewesen sein. Es war Elizabeth, die dieses Verhältnis aufregend fand, von Liebe träumte und wiedergeliebt werden wollte. Philip seinerseits zeigte große Zurückhaltung. Für ihn war es eher ein formelles Werben als eine Leidenschaft und damit ganz anders als seine anderen Liebesaffären.

Mountbatten empfahl Philip, Elizabeth gegenüber respektvoll zu handeln und niemals auf irgendeine Art Vorteil aus seiner Beziehung zu ihr zu schlagen. Er sollte nie vergessen, daß er fünf Jahre älter war, und sie wie eine Blume, die Pflege und Nahrung braucht, behandeln. Mountbatten machte Philip klar, daß Elizabeth wertvoll war, nicht für ihre Familie, sondern für die Nation. Er sagte ihm, wenn sie heiraten würden, müßte er verstehen, daß seine Stellung als Ehemann eine sehr privilegierte sei. Das dürfe er niemals vergessen, denn er wäre dann der Prinzgemahl der Königin.

Margaret hat erzählt, daß sie manchmal Philip und Lilibet durch die Anlagen ihres Hauses spazierengehen sah und daß Philip Elizabeth umwarb. Sie sah die beiden nebeneinander herlaufen, sich unterhalten und manchmal auch händchenhaltend. Aber sie sah nie, daß sie sich küßten oder schmusten. Sie meinte, immer wenn sie die beiden zusammen auf dem Sofa sitzen sah, erschienen sie eher distanziert, und Philip wagte es nicht, zu aufdringlich oder übereifrig zu erscheinen.

Philip blieb seiner Prinzessin nicht treu. Als Leutnant zur See mußte er jeden Tag das Admiralitätsformular S. 519 ausfüllen und einen Bericht über alles Wichtige und Interessante schreiben. Wenn Philips Schiff in irgendeinem Hafen lag, sei es nun in Südafrika, Ägypten, Zypern, Gibraltar, Indien, Ceylon, Australien oder im Fernen Osten, versah Philip viele, wenn auch nicht alle Landgänge mit einem Ausrufungszeichen. Laut einem Offizierskollegen war das Philips Erinnerungszeichen daran, daß er in diesem Hafen eine Romanze gehabt hatte.

Wenn Philip auf Urlaub in London war, setzte Onkel Dickie alles in Gang, damit er Elizabeth sah, sei es auch nur zum Tee oder zum Essen. Es gab viele andere junge Angehörige der oberen Schicht und viele ehrgeizige Mütter, die ganz verrückt danach waren, daß dieser gutaussehende, junge Prinz andere Mädchen traf. Er wurde mit Einladungen überschüttet. Niemand in den Londoner Gesellschaftskreisen wußte damals, daß Prinz Philip Elizabeth umwarb.

Die Romanze kam nicht vor 1943 zur vollen Blüte, als Elizabeth siebzehn Jahre alt wurde und Philip bekanntgab, daß er die Thronfolgerin umwarb. George VI. war nicht gerade glücklich, als die Königin ihm erzählte, Elizabeth wäre in Philip vernarrt. George hatte nicht den Wunsch, seine Tochter zu verlieren, schon gar nicht in so jugendlichem Alter, doch Königin Elizabeth sah, wie verliebt Elizabeth in Philip war, und überredete ihren Mann, der Romanze nichts in den Weg zu stellen und "der Liebe ihren Lauf zu lassen".

1943 wurde Philips Schiff, die HMS "Wallace", eingedockt und gründlich überholt. Philip verbrachte die Zeit im Dachgeschoß von Onkel Dickies Haus in der Chester Street, Belgravia, weniger als eine Meile vom Buckingham Palast entfernt. Die meiste Zeit führte Mountbatten das Kommando bei Operationen in Südostasien, während die extrem reiche Lady Mountbatten mit dem Roten Kreuz zusammenarbeitete.

Weihnachten hatte Crawfie die Gelegenheit, Philip genauer unter die Lupe zu nehmen, als er in den Palast kam. Sie schrieb: „Er war sehr verändert. Das war ein ernster und charmanter junger Mann, der nichts mehr von dem eher arroganten Jungen hatte, den ich zuerst kennengelernt hatte. Er sah mehr denn je wie ein Wikinger aus: wettergegerbt und angespannt. Seine Manieren ließen nichts mehr zu wünschen übrig."

Crawfie fügte hinzu: „Lilibet reagierte besser als je zuvor. Sie war angeregt, und ein Leuchten ging von ihr aus."

Seit diesem Weihnachtsfest begann Philip, offen mit Elizabeth zu korrespondieren. Unter der Besatzung an Bord der HMS "Whelp", einem Schiff der 27. Zerstörerflotte, das damals gegen die Japaner im Pazifik kämpfte, war allgemein bekannt, daß Philips Freundin tatsächlich Prinzessin Elizabeth war. Verständlicherweise brachte ihm das viel Bewunderung und Respekt ein.

In London wußten alle, die König George und seiner Frau nahestanden, und auch die meisten, die im Buckingham Palast und in den anderen königlichen Palästen arbeiteten, daß Prinzessin Elizabeth verliebt und Prinz Philip ihr Wunschgemahl war. Nur wenige Menschen konnten sich vorstellen, daß man der britischen Thronfolgerin gestatten würde, einen griechischen Prinzen zu heiraten. Für sie war es unwichtig, ob er gut aussah oder ob er ein Prinz von königlichem Blute war. Sie ignorierten auch, daß er ein Nachfahre von Königin Victoria war. Er war einfach kein Engländer.

Louis Mountbatten war klar, daß Philips Familienhintergrund ein Hindernis sein könnte. Er verstand, daß die Briten nach einem so verheerenden Krieg nicht gerade verrückt danach waren, daß die junge unschuldige Elizabeth einen Ausländer heiratete. Einige Aristokraten und sogar entfernte Verwandte der königlichen Familie sahen Philip einfach als "unbritisch", andere nannten ihn sogar einen "schrecklichen, ausländischen Typen". Doch sie alle hatten es mit dem gewaltigen Ehrgeiz und der hohen Intelligenz von Mountbatten zu tun. Er würde die Sache nicht auf sich beruhen lassen.

Der hitzige Philip sah keinen Grund, warum er als Prinz Philip von Griechenland nicht gut genug sein sollte, um die britische Prinzessin Elizabeth zu heiraten. Er war in der gleichen Linie wie Elizabeth mit Königin Victoria verwandt. Er war stolz auf seinen Namen gewesen, Philip, Prinz von Griechenland, trotz der Tatsache, daß er nur sein erstes Lebensjahr dort verbracht hatte. Er mochte diesen inoffiziellen Titel, weil sein Vater ein Mitglied der griechischen königlichen Familie gewesen war. Jetzt ließ Philip bekannt werden, falls die britischen Autoritäten ihm nicht länger gestatteten, seinen inoffiziellen Titel zu tragen, wolle er "Leutnant Philip" genannt werden. Doch das sollte nicht geschehen. Die grauen Männer im Palast ordneten an, daß er einen richtigen Nachnamen bekommen müsse.

Der Haussekretär Chuter Ede schlug vor, daß Philip den offiziellen deutschen Familiennamen seiner Mutter annehmen sollte:

Schleswig-Holstein-Sonderburg-Glücksburg. Kein Engländer mit Selbstachtung, der im Krieg gekämpft hatte, und ganz besonders kein Mitglied der Aristokratie wollte zu der Zeit, daß Prinzessin Elizabeth einen Deutschen heiratete! Es war schon schlimm, daß bereits Philips Schwestern in die deutsche Aristokratie eingeheiratet hatten und zwei der Ehemänner als Offiziere in Hitlers Armee gegen die Briten gekämpft hatten. Für viele Leute, besonders für den durchschnittlichen Engländer, war das genug, um Philip für immer zu verbieten, sich mit Elizabeth auch nur zu treffen, ganz zu schweigen davon, um ihre Hand anzuhalten. Einige fanden sogar, er solle aus Britannien verbannt werden. Nur wenige meinten, man solle ihm gestatten, in das Haus der Windsors einzuheiraten.

Onkel Dickie machte den Vorschlag, Philip solle seinen Familiennamen - Mountbatten - annehmen, die anglisierte Form des Namens Battenberg. Das klang britisch, und Philip hatte nichts dagegen, ganz besonders nicht, da Onkel Dickie so viel Arbeit hinter den Kulissen geleistet hatte, um die Heirat seines Neffen mit der britischen Krone zu arrangieren.

Es war für Philip eine schwierige Zeit. Er hatte weder einen Namen noch eine Familie. Er verbrachte seine Zeit entweder bei Onkel Dickie in London oder im Apartment seines Freundes Milford Haven im Kensington Palast. Er hatte sehr wenig Geld und überlebte nur durch den kargen Verdienst als Leutnant der Königlichen Marine.

John Dean, Mountbattens Butler, und Mrs. Cable, die Köchin, verbrachten viel Zeit damit, sich um den jungen Philip zu kümmern, der kam und ein Bett für eine Nacht oder für das Wochenende brauchte. Mrs. Cable erinnerte sich: „Philip klingelte an der Tür, und ich sah ihn auf den Stufen stehen, manchmal mit einer Tasche. Er fragte, ob er hier übernachten könne. Ich habe ihn immer gefragt, ob er etwas essen wolle. Er verneinte, weil er höflich sein wollte. Ich machte ihm etwas zu essen, und John Dean nahm seine Sachen, wusch und bügelte sie, damit er am nächsten Tag wieder vorzeigbar war. Er hatte ohnehin kaum Zivilkleidung, nur die Uniformen von der Marine. Ich erinnere mich, daß er sehr höflich und rücksichtsvoll war. Er hatte immer ein Foto von der Prinzessin in einem zerfledderten Lederrahmen bei sich, das er im Dachgeschoß neben sein Bett stellte."

Prinz Philip hatte während des Krieges eine Menge gelernt. Er war schnell erwachsen geworden und jetzt ein reifer Fünfundzwanzigjähriger. Er hatte die Gesellschaft seiner Offizierskollegen und vieler Frauen, deren Bett er auch geteilt hatte, genossen. Philip, der die Härte des Militärdienstes sechs Jahre lang ertragen hatte, war sich nicht sicher, ob er die Disziplin eines Ehelebens mit der Thronfolgerin durchhalten könnte. Philip liebte Partys und wußte, wieviel Erfolg er bei Frauen hatte.

Viele Leute, besonders die, die im Krieg gekämpft und überlebt hatten, sehnten sich nach Freude. Bei Philip war das nicht anders. In den Monaten nach Kriegsende war er Mittelpunkt in den Nachtclubs der Gesellschaft, in denen er und seine Offizierskollegen verkehrten. Doch er war diskret und trank nie zuviel. Er verbrachte die Wochenenden außerhalb von London auf Privatpartys, auf denen er oft das Interesse vieler junger Mädchen weckte.

Ein Offizier, der mit Philip ausging, erinnerte sich: „Philip war ein Liebling der Frauen, und er liebte ihre Aufmerksamkeit. Er hatte immer Freundinnen, war aber äußerst diskret. Manchmal zwinkerte er mit den Augen, wenn er eine Party verließ, um ein Mädchen nach Hause zu bringen. Wir hatten natürlich keine Ahnung, ob da etwas passierte. Aber wir hatten unsere Vermutungen. Er behielt sein Liebesleben für sich. Als öffentlich bekanntgegeben wurde, daß er Prinzessin Elizabeth heiraten würde, waren einige von uns sehr überrascht, denn er hatte die Rolle des attraktiven Junggesellen immer so gut gespielt. Es schien unmöglich, daß er sich mit einer Frau zur Ruhe setzte."

Je mehr Philip sein Junggesellenleben genoß, desto unsicherer wurde er, ob er den Rest seines Lebens mit Elizabeth verbringen wollte. Er wußte, der König lehnte eine Heirat seiner Tochter in so jungen Jahren ab, doch Philip glaubte, König George wollte wegen seines griechischen und deutschen Hintergrundes verhindern, daß Elizabeth ausgerechnet ihn heiratete.

Elizabeth erzählte Philip, mit welchen Mitteln ihr Vater versuchte, sie umzustimmen, und daß er hoffte, sie würde sich in jemand anderen verlieben. König George organisierte Bälle und Dinners auf Schloß Windsor, in Sandringham und auf Balmoral, zu denen junge Aristokraten eingeladen wurden, damit Lilibet an einem von ihnen Gefallen finden würde. Von diesen wiederum erwartete man, daß sie mit ihr tanzten und sie kennenlernten. Viele der jungen Männer amüsierten sich auf diesen Abenden, doch die meisten verliebten sich in die reizende, sich entwikkelnde Margaret, die damals sechzehn Jahre alt und schöner, lebendiger und mehr zum Flirten aufgelegt war als ihre ernste, ältere Schwester. Der König sorgte dafür, daß Philip zu diesen Abenden nicht eingeladen wurde. Das ärgerte Philip natürlich. Er fühlte sich minderwertig und befangen, wenn er dem König begegnete. Das alles ließ ihn zweifeln, ob er wirklich weiter um Elizabeth werben sollte.

König George ging so weit, sich den Stammbaum kommen zu lassen, um Philips Hintergrund zu untersuchen und ein detailliertes Dossier über seine Ansichten, seine Interessen, seine Bindungen und seine moralische Lauterkeit zusammenzustellen. Seine finanzielle Situation wurde untersucht, sein Bankkonto und jedes Detail seiner Marinekarriere und seiner Kriegsakte.

Die höchsten Angestellten des Königs sowie Mitglieder der Aristokratie überredeten ihn, Philip nicht zu gestatten, seine Tochter zu heiraten, denn das würde bedeuten, daß der dominante, die Sache vorantreibende Mountbatten die eigentliche Macht hinter dem Thron haben würde. Sie waren eifersüchtig auf dessen meteorhaften Aufstieg zur Macht und auf seinen wachsenden Einfluß in politischen Kreisen, und sie wußten alle, daß Mountbatten absolute Kontrolle über Philip hatte.

König George führte lange Gespräche mit Winston Churchill über Philip und Mountbatten. Zum Glück für Philip schätzte Churchill Dickie Mountbatten sehr und bewunderte ihn. Er war nicht viel anders als Churchill selbst, der den König schließlich davon überzeugte, daß Philip eine wertvolle Ergänzung für das Haus Windsor wäre. Churchill hob hervor, daß Mountbatten und sein Neffe immer loyal und gehorsam gewesen seien. Philip hatte Gehorsam und Mut bewiesen angesichts des Feindes, und das waren genau die Qualitäten, die man von einem zukünftigen Prinzgemahl erwartete.

Königin Mary, die Mutter von George VI., glaubte, Philip wäre eine wunderbare Partie, und sie setzte ihren Sohn von ihren Ansichten in Kenntnis. Sie war selbst eine deutsche Prinzessin, die einen englischen Adligen geheiratet hatte, und sie sah keinen Grund, warum ein Prinz von Griechenland, noch dazu ein Mitglied der dänischen königlichen Familie, nicht in das Haus Windsor einheiraten sollte. Sie schrieb: „Drei Mitglieder der dänischen königlichen Familie haben in die englische königliche Familie eingeheiratet, nämlich die Frauen von James I. und Edward VII. sowie der Mann von Königin Anne. Warum also nicht auch ein viertes?" Mit einem Schlag hatte sie das wirksamste Argument entkräftet.

Königin Mary hatte Philip ziemlich regelmäßig getroffen und ihrer Hofdame Lady Airlie gestanden, daß sie ihn für intelligent, höflich und attraktiv hielt. Sie glaubte, König George VI. habe seine Frau irgendwie davon überzeugt, daß ein anderer tragbarer Ehemann für ihre Tochter gefunden werden müsse. Viele ältere Ehestifterinnen waren bereits mit dieser Aufgabe betraut worden. Eine Anzahl passender, junger Aristokraten war im Krieg gefallen. Die Kandidaten, die Elizabeth vorgestellt worden waren, machten nicht den geringsten Eindruck auf sie. So sehr ihre Eltern es auch versuchten, sie waren nicht in der Lage, ihren Entschluß und ihre Liebe zu dem attraktiven Philip ins Wanken zu bringen.

Im Sommer 1946 hielt Philip heimlich um die Hand von Prinzessin Elizabeth an. Philip wußte, er hätte erst den König um die Heiratserlaubnis bitten müssen, doch er tat es nicht, weil er sichergehen wollte, daß Elizabeth ihn wirklich heiraten wollte, bevor er offiziell bei ihrem Vater um sie anhielt. Elizabeth erinnerte sich: „Er fragte mich, ob ich seine geliebte See sein wolle, die weißen Wolken am Himmel und die singenden Vögel." Der Traum, den sie sieben Jahre lang genährt hatte, war endlich in Erfüllung gegangen. Zwei Tage später hielt Philip offiziell beim König um Elizabeth's Hand an.

König George beschloß, den von seiner Tochter gewünschten Mann zu testen, um zu sehen, ob er in die Familie paßte. Er lud Philip ein, im Herbst 1946 einen Monat auf Balmoral zu verbringen. Philip verbrachte dort eine fürchterliche Zeit. Er haßte die Vorstellung, einen Schottenrock tragen zu müssen. Es gab ihm das Gefühl "wie eine Heulsuse auszusehen". Eines Tages knickste Philip aus Spaß, als der König zum Essen hereinkam. George sagte nichts, doch er warf Philip einen fragenden Blick zu. Philip hatte Schottland und die Nationaltracht beleidigt.

Philip verabscheute alles auf Balmoral. Er haßte es, kein fließendes Wasser auf dem Zimmer zu haben, und beschwerte sich über sein lautes Schlafzimmer im Parterre. Er konnte das steife Benehmen nicht ertragen und fühlte sich Tag und Nacht wie auf einer Parade. Natürlich wußte Philip, daß er beobachtet wurde, und empfand das als Beleidigung für seine Familie. Die beiden Männer kamen nicht miteinander zurecht. Alles was Philip tat, ging dem untadeligen George auf die Nerven. Er kritisierte Philips Kleidergeschmack und registrierte seine abgenutzten Schuhe und sein schlecht sitzendes Dinnerjacket, das er sich von Onkel Dickie geborgt hatte. Beim Schießen kam er in grauem Flanell statt in Knickerbockern.

George fand Philip nicht ehrerbietig genug, denn er gab vor Elizabeth und Margaret an. Philip verstimmte Elizabeth's Vater. Und er rebellierte. Er benahm sich zu liebenswürdig und zu ausgelassen. Er scherzte zuviel, während der König jemanden bevorzugt hätte, der so war wie er selbst - korrekt, unnachgiebig, viktorianisch und vor allem ruhig. Am Ende dieses Monats war König George überzeugt, daß seine geliebte Tochter einen schrecklichen Fehler begangen hatte.

Entsetzt über Philips Haltung und Benehmen, forderte König George einen geheimen Bericht über Philips Lebensstil an. Der Bericht zeigte, daß Philip ein sorgenfreies, nahezu disziplinloses Leben führte. Seine Sprache war gespickt mit Flüchen. Philip lebte im Kensington Palast mit seinem Cousin, David Milford Haven. Ihre Zimmer waren "durcheinander von Klamotten, Schuhen und schmutziger Bettwäsche, die überall herumliegen". Sie rauchten den ganzen Tag, lümmelten im Palast herum oder rasten in einem kleinen, schwarzen MG Sportwagen, den Philip erworben hatte, durch London. Nachts zogen sie durch die Stadt, gingen bis zur Morgendämmerung in die Clubs, kamen meistens angetrunken nach Hause und manchmal auch gar nicht. In dieser Zeit wirkte Philip arrogant und unfreundlich. Er prahlte mit seinen königlichen Verbindungen, während er die Aufmerksamkeit der jungen, ihn bewundernden Debütantinnen suchte, die sich ihm glücklich an den Hals warfen. Er war so anders als das Mädchen, das er heiraten wollte. Elizabeth war ruhig, liebenswürdig, angenehm, aufmerksam und pflichtbewußt. Sie verbrachte ihre Abende zu Hause im Palast mit ihren Eltern.

Diese detaillierten Berichte waren eine schmerzhafte Lektüre für George. Er glaubte, die Pflicht zu haben, seiner Tochter abzuraten, sie retten zu müssen, denn wie er es sah, heiratete sie einen arroganten, wenn auch "verdammt" attraktiven Besserwisser. Im Herbst des Jahres 1946 bestand er darauf, daß seine Tochter die Familie auf der im nächsten Jahr anstehenden zehnwöchigen Reise nach Südafrika begleitete.

Als die königliche Familie an Bord der HMS "Vanguard" im Januar 1947 nach Südafrika in See stach, gab König George strikte Anweisungen, die es Philip verboten, auf das Schiff zu kommen, um Elizabeth zu verabschieden. Er durfte noch nicht einmal vom Dock aus winken. Das gleiche wiederholte sich, als die Familie zehn Wochen später zurückkehrte. Der König hatte befohlen, niemand dürfe wissen, was zwischen Philip und Elizabeth vorging.

Philip genoß derweil sein Junggesellenleben. Er gab Dinnerpartys in Mountbattens Londoner Haus und besuchte Nachtclubs. Nach Elizabeth's Rückkehr sah sich das junge Paar öfter, und Philip begleitete sie ins Theater, zu Dinner und in die angesehenen Nachtlokale. Die Presse berichtete, daß sich Philip und Elizabeth nun wie jedes andere verliebte junge Paar benahmen.

Philip würde die Ankündigung einer offiziellen Verlobung ernste Peinlichkeiten bescheren. Er war inoffiziell verlobt mit einer der reichsten Thronfolgerinnen der Welt, während er selbst nur ein paar Pfund besaß. Als die Verlobung endlich im Juli 1947 in den Hofnachrichten öffentlich gemacht wurde, hatte Philip, der zukünftige Schwiegersohn des Königs, genau 6,10 Pfund auf der Bank und sein Leutnantsgehalt von elf Pfund pro Woche. Er hatte weder ein Zuhause noch eine Familie. Er war fast völlig mittellos, und sein ganzer Besitz paßte in ein paar Reisetaschen. Seine gesamte Garderobe bestand aus drei Marineuniformen, einem Gesellschaftsanzug, einem Blazer und einer grauen Hose, einem Abendanzug, einer Jagdjacke und etwas Unterwäsche. Jeder Strumpf, den er besaß, war gestopft.

Offiziell las sich die königliche Ankündigung so: „Mit dem größten Vergnügen geben der König und die Königin die Verlobung ihrer geliebten Tochter, Prinzessin Elizabeth, mit Prinz Philip der Königlich-Britischen Marine, dem Sohn des letzten Prinzen Andrew von Griechenland, bekannt. Der König hat bereitwillig seine Zustimmung gegeben."

Philip feierte, indem er sich seinen Freunden für eine Nacht in der Stadt anschloß und sich fürchterlich betrank. Jetzt spielte es keine Rolle mehr, daß er keine irdischen Güter besaß. Er würde sich nie wieder Sorgen machen müssen. Er würde reich und mächtig werden. Dabei war er erst fünfundzwanzig Jahre alt.

Teil III:

Heirat und Monarchie

4. Kapitel: Braut, Mutter und Königin

Elizabeth und Philip verbrachten ihre Hochzeitsnacht am 22. November 1947 in einem prächtigen Tudor-Bett, in elfenbeinfarbener Satinbettwäsche, schweren Damastdecken und rosa Laken. Das Zimmer war dekoriert mit Guachmalereien von Salvador Dalí. Edwina Mountbatten, Onkel Dickies Frau, hatte ihnen ihre luxuriöse Suite in Broadlands zur Verfügung gestellt. Zu der Suite gehörten separate Ankleidezimmer und ein großräumiges Bad. Am nächsten Morgen genossen sie die pittoreske Aussicht auf das Tal des Flusses Test und die dahinter liegenden Wälder.

Mountbatten und Edwina waren bereits auf der Rückreise nach Indien, wo Mountbatten zum Generalgouverneur ernannt worden war. So genoß das junge Paar seine Flitterwochen in der wundervollen Villa im Palladio-Stil. Die ewig treue Bobo und Philips Kammerdiener, der gesprächige John Dean, umsorgten es. Außerdem waren noch Frank Randall, der Butler, und Charles Smith, Mountbattens Kammerdiener, dort.

Das Paar verbrachte die Zeit mit Spaziergängen und Reiten. Abends saß es am Kamin im Wohnzimmer. Elizabeth hatte ihren Lieblingshund, Susan, dabei. Britannien litt immer noch unter der Lebensmittelrationierung der Nachkriegszeit, doch dem königlichen Paar fehlte es in den Flitterwochen an nichts. Es genoß Fasan, Lamm, Rind- und Schweinefleisch sowie frischen Fisch. Dazu gab es exzellente französische Weine. Als Aperitif tranken sie Champagnercocktails, und Elizabeth bestand darauf, daß sie jeden Abend bei Kerzenlicht aßen. Ihre Flitterwochen waren die einzige Zeit in ihrem ganzen Eheleben, in der sie das Schlafzimmer teilten. Sobald sie nach London zurückgekehrt waren, wies man ihnen separate Unterkünfte zu. Elizabeth und Philip schliefen von nun an, von einigen seltenen Ausnahmen abgesehen, in getrennten Zimmern.

Bis zu den Flitterwochen war Elizabeth's Verhältnis zur Presse harmonisch gewesen. Die Journalisten hatten Rücksicht auf ihr Privatleben genommen, und sie stellte sich gern für Fotoaufnahmen zur Verfügung. Doch jetzt hatten die Herausgeber der Fleet Street Zeitungen beschlossen, daß die Nation mehr über diese Märchenhochzeit wissen sollte. Nach jahrelangen Berichten über Tod und Zerstörung wollten sie den Untertanen des Königs etwas Belebendes bieten.

Wenn das Paar Broadlands verließ, wurde es von Reportern und Fotografen verfolgt. Fotografen kletterten sogar in die kahlen Bäume, um einen besseren Blick zu erhaschen. Sie richteten ihre Ferngläser und Objektive in erster Linie auf das Schlafzimmer.

Als Elizabeth und Philip die Morgenmesse in Romsey Abbey besuchten, belagerten mehr als tausend Menschen die Kirche. Sie kletterten auf Leitern und Stühle, um nur ja einen Blick durch die Kirchenfenster auf das Flitterwochenpaar zu erhaschen. Selbst die Steine auf den Gräbern wurden aus dem Boden gerissen, damit man sie übereinanderstapeln und hinaufklettern konnte. Nach einer Woche hatte Philip genug davon. Das Paar sagte die letzte Woche der geplanten Flitterwochen ab und kehrte in den Buckingham Palast zurück. Später verbrachten sie eine Woche auf Balmoral, versteckt vor den neugierigen Augen der Öffentlichkeit und den Objektiven der Zeitungsreporter.

Philip war wütend. Das war der Beginn eines lebenslangen gestörten Verhältnisses zur Presse, besonders zu den Fotografen. Während der Flitterwochen machte er seinem Ärger und seiner Frustration, die noch viele, viele Male während der kommenden Jahrzehnte ausbrechen sollten, Luft. Bei verschiedenen Gelegenheiten schrie Prinz Philip mit zornigen Augen den Presseleuten zu, sie sollten verschwinden, und als das nicht fruchtete, schrie er: „Verpißt euch, laßt uns in Ruhe!"

König George entschied 1947, daß Philip und Elizabeth das Clarence House an der Promenade als ihr Londoner Stadthaus erhalten sollten. Als sie das Haus besichtigten, waren sie schockiert. Clarence House war einige Jahre unbewohnt gewesen. Die Zimmer wurden immer noch mit Gas beleuchtet, die Innenwände schimmelten, Decken waren eingefallen, die Bombenschäden am Dach und im obersten Geschoß waren nicht repariert worden. Es gab weder Heizung noch warmes Wasser. Also brachte man sie zeitweilig im Buckingham Palast unter, während ihr erster gemeinsamer Wohnsitz renoviert wurde.

Nach den Abenteuern des Krieges war es für Philip schwierig, sich dem Eheleben zu widmen. Man hatte ihm einen Schreibtischjob in der Admiralität gegeben, damit er in der Nähe seiner jungen Braut sein konnte, doch er haßte diese Arbeit. Er mußte täglich durch den St. James Park zu seinem Büro, egal ob es schneite oder regnete. Philip ging die Meile zu Fuß, mit einem Regenmantel und einem weichen Filzhut bekleidet, unbemerkt und unerkannt von der Öffentlichkeit. Die meiste Zeit in der Admiralität wirkte er gereizt und aufbrausend, und er war auch zu Hause nicht gerade unterhaltsam.

In der Öffentlichkeit schien Philip Schwierigkeiten zu haben, sein neues königliches Leben zu meisteren, und es ärgerte ihn, den zweiten Platz hinter Elizabeth einzunehmen. Während eines Besuches in Paris im Mai 1948, als Elizabeth schon drei Monate schwanger war, benahm Philip sich launisch, unfreundlich und rüde, während Elizabeth lächelte und zu allem ein freundliches Gesicht machte, obwohl sie sich morgens schon schlecht fühlte. Doch selbst sie sah Philip verärgert an, als er einen Fotografen anschrie, den er während eines offiziellen Essens in einem Versteck unter dem Tisch entdeckt hatte.

Zurück in London, zeigte Philip weiterhin Anzeichen von Frustration, Unzufriedenheit und sogar Bedauern. Er lächelte kaum in der Öffentlichkeit und erschien sehr ernst. Er war selbst dann mürrisch, wenn er Elizabeth zu offiziellen Empfängen begleitete. Im Privatleben wollte er seinen Willen durchsetzen, er schrieb Reden um, versuchte, die pendantische Bürokratie zu durchbrechen, und forderte, in Sachen gefragt zu werden, mit denen er wirklich nichts zu tun hatte, sondern die nur seine Frau, die augenblickliche Thronfolgerin, betrafen. Es fiel ihm schwer, damit fertigzuwerden, daß seine Anordnungen nicht ausgeführt wurden, weil höhere Stellen sie widerriefen.

Philip, der in der Vergangenheit seinen männlichen Stolz so sehr geltend gemacht hatte, haßte das Leben im Palast, wo er sich nach Regeln richten, sich rigiden Formalitäten beugen und bedienen lassen mußte, wo man ihn davon abhielt, mit Elizabeth tagsüber allein zu sein. Nicht, daß er Elizabeth wie verrückt geliebt hätte. Er war darüber verärgert, daß zuerst andere - ihre Ratgeber und die höheren Angestellten des Hofes - über Elizabeth's Zeit bestimmten. Sein Stolz war verletzt.

Obwohl sie erst einundzwanzig Jahre alt war, zeigte Elizabeth die Gewandtheit und das Pflichtbewußtsein, die ihr ganzes Leben prägen sollten. Sie übte Pflichten aus, nahm an Dinners, Lunches und offiziellen Feierlichkeiten teil, auch dann noch, als sie im sechsten Monat schwanger war. Philip hatte genug von seinem Leben im Palast und konnte es nicht mehr ertragen, so daß er sich für einen Kurs am Königlichen Marinecollege Greenwich einschrieb. Dort konnte er mit den anderen Offizieren zusammen sein und den Palast mit all seinen kleinlichen Restriktionen weit hinter sich lassen.

Angewidert, jähzornig und launisch, wandte sich Philip wieder seinem alten Freund Michael Parker zu. Die beiden gingen zusammen in die Londoner Nachtclubs, die im Nachkriegsengland florierten. Nur mit Michael schien sich Philip entspannen zu können, und gegenüber dem Offizierskollegen, Kriegs- und Trinkkumpan ließ er seine Frustrationen heraus. Parker wußte, wie man mit Philip umgehen mußte, wie man ihn zum Lachen bringen konnte, wenn sie über ihre Zeit im Krieg sprachen, über ihre Trinkgelage und die vielen Frauen, die sie beide geliebt und verlassen hatten.

Philip entdeckte, daß er als Elizabeth's Ehemann Anspruch auf einen königlichen Stallmeister hatte, der sein "Mädchen für alles", sein Sekretär, Freund und Ratgeber sein könnte - auf Kosten der Krone. Er hatte beschlossen, daß Mike Parker dieser Mann sein sollte. Während der letzten paar Monate von Elizabeth's Schwangerschaft verbrachte Philip mehr und mehr Zeit mit dem einnehmenden, unternehmungslustigen Mike Parker.

Am 12. November 1948 verbrachte Elizabeth's Kindermädchen Bobo den größten Teil des Tages mit ihr, sie tröstete sie und saß an ihrem Bett, um ihr während des frühen Stadiums der Wehen die Hand zu halten. Philip steckte ab und zu den Kopf zur Tür herein, um zu sehen, wie es voranging, verbrachte aber die meiste Zeit des Tages mit Mike Parker. Um 21 Uhr 14, nach genau zweistündigen Wehen, gebar Elizabeth ein dreieinhalb Kilogramm schweres Baby, einen rosigen, molligen, gesunden und brüllenden Jungen. König George VI. und Königin Elizabeth kamen wenige Minuten nach der Geburt. Der König jubelte, als er die Notaufnahme der Krankenhausstation in der Buhl Suite im Palast betrat. Philip, der Squash gespielt hatte und mit Mike Parker zum Schwimmen gewesen war, kam mit noch nassen Haaren an. Parker brachte eine Flasche Champagner mit und einen großen Strauß Kamelien, Lilien, Nelken und Rosen, Elizabeth's Lieblingsblumen. Er gab den Strauß Philip, der ihn Elizabeth überreichte. Aus vierzig Kanonen wurde Salut gefeuert, die Glocken von St. Paul und Westminster läuteten drei Stunden lang, und überall im Land wurden Feuerwerke abgebrannt.

Elizabeth und Philip hatten schon vor der Geburt besprochen, daß das Baby den Namen Charles Philip Arthur George tragen sollte, wenn es ein Junge war. Es war dreihundert Jahre her, seit ein König Charles auf dem englischen Thron gesessen hatte, und der Name weckte keine Erinnerungen an vergangene Glorie. König Charles I. wurde 1649 hingerichtete, nachdem er den Bürgerkrieg gegen die Parlamentarier verloren hatte. König Charles II. wurde berühmt für eine liederliche Regentschaft, die den strengen Jahren unter Cromwells Militärherrschaft folgte. Doch Charles war Elizabeth's Lieblingsname.

Ein paar Wochen lang bestand Elizabeth darauf, Charles zu stillen, doch es dauerte nicht lange, bis die Amme, Helen Lightbody, sich allein um das Baby kümmerte. Drei Monate nach der Geburt machte Elizabeth es sich zur Gewohnheit, Charles nur noch zweimal am Tag zu sehen, eine Stunde nach dem Frühstück und dreißig Minuten gegen sechs Uhr abends. Sonst sah Charles seine Eltern nie. Helen Lightbody und die Kindermädchen trugen die volle Verantwortung für die Erziehung des zukünftigen Thronfolgers. Es war nicht so, daß Elizabeth ihr Baby nicht geliebt hätte; es war einfach die Art, wie Mitglieder der königlichen Familie glaubten, ihre Kinder erziehen zu müssen - indem man jemand anderem das Stillen, die Erziehung und Ausbildung überließ.

Königin Victoria hatte diese Tradition eingeführt, und Elizabeth und Philip sahen keinen Grund, die königliche Gewohnheit zu ändern. Dieses blinde Verhalten zeigt, wie wenig Elizabeth dem wirklichen Leben ausgesetzt war, denn nach dem Zweiten Weltkrieg dachte man, daß Mütter für ihre Babys dasein, Zeit mit ihnen verbringen und sie nicht einfach Kinderfrauen und Ammen überlassen sollten.

Nur Monate nach Charles' Geburt reiste Elizabeth durch Großbritannien, suchte ihre zukünftigen Untertanen auf, nahm an königlichen Feierlichkeiten teil und stellte ihren unglücklichen und trotzigen Ehemann der Öffentlichkeit vor. Philip beachtete die Leute nicht oder wies sie schroff ab, er lächelte kaum und winkte den Menschenmassen, die gekommen waren, um das junge Paar zu begrüßen, selten zu. Auch mit der Zeit konnte Philip sich nicht daran gewöhnen, daß seine Funktion darin bestand, seiner Frau bei ihren königlichen Pflichten zu assistieren.

Er hatte das alles so satt, daß er beschloß, sich freiwillig wieder bei der Marine zu melden, um seiner Rolle als Gemahl von Elizabeth zu entfliehen.

Köng George war außer sich über die Berichte, die er erhielt. Er fand Philips Betragen schändlich. Seine Tochter hatte bereits seit Jahren königliche Verpflichtungen wahrgenommen, und jetzt schien Philip ihr wirklich keinerlei Unterstützung zu geben und sich selbst den Ruf eines schroffen und reizbaren Mannes einzuhandeln. König George war auch verärgert, weil sich die Befürchtungen, die er hinsichtlich Philips Arroganz hatte, als richtig erwiesen: er war ein junger Mann ohne einen Penny, der nicht viel mehr zu bieten hatte als sein gutes Aussehen. Dazu führte er sich auf, als sei die Welt ihm alles schuldig. König George beklagte sich bitterlich bei seiner Frau über Philips Verhalten, doch sie versuchte, seine Ängste zu zerstreuen, und tröstete ihn, Elizabeth sei immer noch glücklich, und das sei schließlich das wichtigste.

Elizabeth bat Philip darum, nicht zurück zur See zu gehen, doch er bestand darauf. Daraufhin ersuchte sie ihn, wenigstens in den heimischen Gewässern zu bleiben, damit er nahe bei ihr und Charles sein konnte. Elizabeth sagte ihm, daß sie ihn brauchte, weil ihr Vater, der an Arteriosklerose litt, so krank geworden war.

Philip hörte nicht auf sie. Er verlangte die Erlaubnis, zur Marine zurückkehren zu dürfen und im Ausland zu dienen. Zu Elizabeth's großem Kummer trat er seinen Dienst am 17. November 1949 in Malta an. Er kam als Erster Leutnant und Zweiter Befehlshaber auf den Zerstörer HMS "Chequers". Doch Philip wurde nicht sofort stationiert, so daß Elizabeth mit dem Segen ihres Vaters ans Mittelmeer flog und dort sechs wunderbare Wochen mit ihrem Ehemann im Haus des Gouverneurs verbrachte. Sie verzieh sein egoistisches Verhalten. Allein mit ihrem braungebrannten Wikingerprinzen unter der maltesischen Sonne fühlte sich Elizabeth wie in den zweiten Flitterwochen.

Nie war sie glücklicher und entspannter gewesen. Sie wurde eine richtige "Marinefrau", die zum örtlichen Friseur ging, schwamm, in der Sonne lag und nachts im Mondlicht mit Philip tanzte. Elizabeth genoß die Scherze, die Philip für sie bereithielt. Er jagte ihr mit einem großen falschen Gebiß durch einen Korridor hinterher oder steckte eine falsche Schlange in ihre Puderdose. Sie waren so berauscht vom Glück, daß sie nicht einmal nach London zurückkehrten, als die Nachricht kam, daß Charles Mandelentzündung hatte. Auch zu Weihnachten flog Elizabeth nicht nach Hause. Erst im frühen Januar, als Philips Schiff in See stach, kehrte sie zurück nach London. Sie war wieder schwanger.

Philip, der im Mittleren Osten stationiert war, freute sich, wieder auf See zu sein, beklagte sich aber darüber, daß es für ihn schwierig sei, als Ehemann von Prinzessin Elizabeth Befehle von ranghöheren Offizieren entgegenzunehmen. Deshalb quälte er Onkel Dickie, ihm einen Posten als Kapitän auf seinem eigenen Schiff zu verschaffen, auf dem er das Kommando führen könnte. Onkel Dickie, damals Flaggoffizier der Ersten Kreuzerschwadron im Mittelmeer, versprach seinem Neffen, es zu versuchen, aber er müsse Geduld haben. Mountbatten brachte seinem Neffen Polo, eine seiner größten Lebensfreuden, bei. Mountbatten war darin ein Champion und hatte sehr gut gespielt, als er jünger war. Er spielte Polo während seiner gesamten Marinekarriere, und er ermunterte auch Philip dazu, als dieser nach Malta zog, wo Mountbattens Hauptquartier lag. Philip liebte diesen Sport und sollte ihn nahezu zwanzig Jahre lang ausüben.

Am 15. August 1950 wurde Philips Ehrgeiz endlich befriedigt; man gab ihm das Kommando über eine eigene Fregatte - die HMS "Magpie". An diesem Tag wurde seine Ernennung zum Korvettenkapitän bekanntgegeben, und wie es das Glück wollte, wurde an diesem Tag auch seine Tochter Anne Elizabeth Louise geboren.

Als Kommandeur seines eigenen Schiffes war Philip in seinem Element. Entschlossen, der beste Schiffskapitän der ganzen Flotte zu werden, brachte er seine Mannschaft ans Ende ihrer Kräfte und verlangte ihr immer größere Disziplin und härtere Arbeit ab. In der jährlichen Regatta gewann sein Schiff sechs von zehn Bootswettbewerben. Als Schlagmann führte Philip selbst einen der Walfänger zum Sieg. Das war das Leben, das er liebte.

Als Elizabeth Anne nicht mehr stillte, flog sie wieder nach Malta, um mehr Zeit mit Philip zu verbringen. Die Admiralität entschied, die HMS "Magpie" zu einer Art schwimmender Botschaft zu machen, und das Paar besuchte offiziell eine Reihe von Mittelmeerländern, einschließlich Griechenland, wo Elizabeth einige von Philips Verwandten kennenlernte. Die "Magpie" wurde in der Marine bekannt als Philips Privatjacht. Zwei wunderbare Jahre war Philip in seinem Element. Er war glücklich und liebenswürdig und genoß das Marineleben, das er so liebte. Er feierte das Kommando über sein eigenes Schiff, spielte auf seinen

Landgängen Polo und genoß die gelegentlichen Besuche von Elizabeth.

Doch im Buckingham Palast nahm die Sorge um die Gesundheit des Königs zu, und man dachte, Elizabeth müsse bald die Regentschaft übernehmen. Die höheren Palastangestellten entschieden, daß Elizabeth mehr Pflichten ihres kränklichen Vaters übernehmen, Philip auf unbestimmt Zeit die Marine verlassen und seine Frau bei ihren öffentlichen Aufgaben begleiten sollte.

Kaum in den Palast zurückgekehrt, war Philip ungeduldig mit dem Personal, launisch und unfreundlich. In der Öffentlichkeit versuchte er, bei den meisten Gelegenheiten zu lächeln und freundlich zu sein, doch im Clarence House und im Palast war er rüde und beleidigte das Personal, das ihm aus dem Weg zu gehen versuchte.

Am 31. Januar 1952 gingen Elizabeth und Philip auf eine königliche Reise nach Australien und Neuseeland. Es war beschlossen worden, daß sie einige Tage in Kenia haltmachten, um sich das Hochzeitsgeschenk anzusehen, das das kenianische Volk ihnen gemacht hatte - die Sagana Royal Lodge, eine hübsche Jagdhütte in Nyeri. In der zweiten Nacht in Sagana, als Elizabeth bereits schlief, hörte Philip ein Klopfen am Fenster und öffnete es. Draußen stand Mike Parker. „Ich fürchte, ich habe schreckliche Nachrichten", sagte er. „Der König ist tot." „Mein Gott", reagierte Philip. „Bist du sicher?" „Ja, es ist amtlich", entgegnete Mike Parker.

Philip schloß das Fenster und weckte Elizabeth. Sie war völlig niedergeschlagen und wollte zuerst nicht glauben, daß ihr geliebter Vater tot war. Sie war völlig verzweifelt, weil sie nicht bei ihm gewesen war, als er starb. Sie brach in Tränen aus und hatte sich nicht mehr unter Kontrolle. Bobo, die im Nebenzimmer Elizabeth's Schuhe putzte, hörte das Weinen. Sie ging sofort zu ihr und schloß sie in die Arme, um die kummervolle junge Frau zu trösten.

Mike Parker erinnert sich: „Am nächsten Tag sah ich Philip, und es kam mir so vor, als ob plötzlich das ganze Gewicht der Welt auf seinen Schultern läge. Noch nie hat mir jemand im Leben so leid getan. Er sah schrecklich aus."

Das war der Moment, vor dem Philip sich gefürchtet hatte, denn jetzt war er nicht mehr nur mit der Thronfolgerin verheiratet, sondern mit der Königin, der Herrscherin, und er würde seinen Platz einnehmen und für den Rest seines Lebens zwei Schritte hinter ihr laufen müssen. Sein Traum, zur See zurückzukehren und Karriere in der Marine zu machen, war für immer zerstört.

Als die viermotorige Argonaut-Maschine der Britischen Überseefluggesellschaft am nächsten Tag auf dem Londoner Flughafen landete, sah Elizabeth eine Reihe schwarzer Limousinen warten und sagte: „Oh, sie haben diese schwarzen Leichenwagen geschickt." Das war der Name, den sie und Prinzessin Margaret als Kinder den königlichen Wagen gegeben hatten. Doch diesmal zeigten die Limousinen nicht nur den Tod ihres Vaters an, sondern auch das Ende ihrer eigenen Jugend.

Auch für Philip bedeutete die Heimkehr das Ende des unbeschwerten Lebens, das er mit Elizabeth geführt hatte. Die Möglichkeiten, zusammen mit ihren beiden Kindern das Leben zu genießen, waren für immer zerschlagen. Die Rolle, die Philip für den Rest seines Lebens würde spielen müssen, stand ihm klar vor Augen, noch bevor er das Flugzeug verließ. Als er Elizabeth die Treppen der Gangway hinunter geleitete, erklärte ihm Lord Lascelles, der letzte Privatsekretär des Königs, daß Ihre Majestät die Treppe allein hinunterzulaufen habe. Er könne in gebührendem Abstand folgen.

Während Elizabeth das Flugzeug verließ, sah sie die Regierungsminister in schwarzer Kleidung und mit düsteren Gesichtern, so wie es die Umstände erforderten, im eiskalten Wind auf dem Rollfeld stehen. Sie waren gekommen, um ihre neue Monarchin zu begrüßen. Winston Churchill machte den Anfang. Er konnte die Tränen nicht zurückhalten, die ihm über die Wangen liefen, während er sich vor der sechsundzwanzigjährigen Königin verbeugte. Churchill wußte, wie groß die Verantwortung war, die auf sie wartete, wie schlecht sie darauf vorbereitet war und daß der Tod ihres Vaters jegliche Aussicht auf ein normales und glückliches Eheleben für die junge Frau zerstört hatte.

Elizabeth hatte noch gar nicht richtig begriffen, daß sie nun Königin werden würde. Das begriff sie erst am nächsten Tag, dem 8. Februar 1952, als sie zum St. James Palast gleich neben Clarence House begleitet wurde, um den Geheimen Staatsrat zu treffen. Draußen fiel Schnee, als Elizabeth, ganz in Schwarz gekleidet, die Kammer betrat, um die 192 Geheimen Staatsräte zu treffen, die in dunklen Anzügen vor ihr standen und von Winston Churchill angeführt wurden. Mit ihrer jungen, klaren, und kindlichen Stimme verlas Elizabeth die Erklärung, daß sie die Thronfolge annehme, und sprach von der schweren Pflicht, die sie so früh im Leben auf sich nehmen müsse.

Sie würde diese Pflicht niemals vergessen dürfen. Während der ersten Monate ihrer Regentschaft, verbrachten vier Männer Stunden damit, Elizabeth die Schwere ihrer Verantwortung einzudrillen, die Last ihrer Pflichten, die Bedeutung, die ihr nun zukam, und die Mammutaufgabe, die vor ihr lag, nämlich die Staatsgeschicke mit strenger Hand und resoluter Entschlossenheit wie ihre Vorfahren, ihr Vater George, ihr Großvater George V. und ihre Urgroßmutter Königin Victoria, zu führen. Das waren die Worte und Phrasen, die die Ratgeber der jungen Elizabeth mit auf den Weg gaben. Kein Wunder, daß sie sich für diese Aufgabe so schlecht vorbereitet fühlte.

Ihre vier Ratgeber waren Churchill selbst, der gute Freund und Ratgeber ihres Vaters Sir Walter Monckton, Sir Allan (Tommy) Lascelles und Onkel Dickie Mountbatten. Mountbatten kannte Lilibet, wie er sie immer nannte, besser als die anderen, und auch er unterrichtete sie stundenweise.

Elizabeth wußte nur wenig über Regierungs- und kaum etwas über Parteipolitik. Sie war aufgewachsen in dem Glauben, daß Winston Churchill, Britanniens Premierminister während des Krieges, die Nation vor der deutschen Armee, der Luftwaffe und Hitler gerettet hatte. Sie verehrte ihn wie viele junge Leute zu dieser Zeit. Churchill verbrachte Stunden mit ihr, weihte sie wochenlang in die britische Parteipolitik ein und erklärte ihr, was vor sich ging und was getan werden mußte.

Der achtundsiebzigjährige Churchill war als neuer Lehrer der Königin voller Tatendrang. Er war ihr Führer und Mentor und informierte sie über alles in der Welt. Seiner jungen Schülerin gegenüber war er väterlich, und die beiden waren gern zusammen. Unerfahren, naiv und schlecht vorbereitet auf die Aufgabe, die vor ihr lag, war Elizabeth abhängig von der Unterstützung und dem Rat des alten Mannes. Ein Zeitgenosse Churchills drückte es so aus: „Er war der Meinung, er müsse ihr beibringen, wie man Königin ist. Er hatte diesen Sinn für Geschichte, und er wollte derjenige sein, der sie in die Arbeit einführte. Das hat er in großem Maße auch getan."

Um ihr jeden Aspekt der Monarchie und der Pflichten des Herrschers zu erklären, wurden Staatswissenschaftler herangezogen. Elizabeth stand unter großem Druck und fühlte sich durch ihre neue Rolle eingeschüchtert. Sie wollte unbedingt lernen und Erfolg haben.

Sir Walter Monckton, der später als Vicomte Monckton von Brenchley in den hohen Adelsstand erhoben wurde, war ein englischer Rechtsanwalt, der unter Edward, dem Prinzen von Wales, 1932 zum Generalstaatsanwalt ernannt worden war. Die beiden waren befreundet gewesen, seit sie zusammen in Oxford waren. Monckton war es gewesen, der während der Krise um die Abdankung im Jahr 1936 als Vermittler fungiert und als Edwards Vertreter mit Premierminister Stanley Baldwin verhandelt hatte. Monckton hatte ebenfalls die Abdankungserklärung des Königs geschrieben. Er nahm an der Hochzeit des Herzogs und der Herzogin von Windsor teil und beriet den Herzog auch weiterhin im Exil. Sein brillanter Geist, seine Integrität und die Fähigeit, auch bei starkem Druck Ruhe zu bewahren, hatten ihm den Respekt von König George VI. eingebracht. Er wurde Georges engster inoffizieller Berater während dessen sechzehnjähriger Herrschaft. Es verging keine Woche, ohne daß Monckton in den Palast kam, um einen Whisky zu trinken und mit König George zu plaudern.

Monckton war geschieden und hatte 1947 wieder geheiratet. Dieser Umstand hätte jede andere Person für immer aus dem Palast verbannt. Doch er war dem König so wichtig geworden, daß er immer noch als geschätzter und vertrauenswürdiger Freund und Ratgeber willkommen war. George VI. hatte ihm gesagt: „Sie verstehen natürlich, daß es wegen der sozialen Konsequenzen ihrer Scheidung von nun an nicht mehr möglich sein wird, den Palast durch den Haupteingang zu betreten. Doch Sie sollen wissen, daß Ihnen die Hintertür vierundzwanzig Stunden am Tag offensteht, und ich hoffe, sie machen häufig Gebrauch davon."

Nach dem Tod ihres Vaters wandte sich Elizabeth natürlich an Sir Walter, der damals einundsechzig Jahre alt war, und suchte in vielen Dingen seinen Rat. Sie hatte das Gefühl, ihm vertrauen zu können, weil ihr Vater schon so viel Vertrauen in seine Ratschläge gehabt hatte und ihn zwei- oder dreimal wöchentlich getroffen hatte, um die Staatsgeschäfte mit ihm zu diskutieren. Unter den Ratgebern war auch der Erzbischof von Canterbury, Geoffrey Fisher, ein früherer Schuldirektor, der damals fünfundsechzig Jahre alt war und der Mann, der die junge Königin Elizabeth im Juni 1953 in der Westminster Kathedrale krönte.

Für ihre tägliche Arbeit im Palast war Elizabeth's wichtigster Berater Sir Alan Lascelles, ihr strenger, eher farbloser, bebrillter

Erster Privatsekretär. Er war tadellos und korrekt, aber genau die falsche Person, um eine junge unerfahrene Frau zu beraten, die in dieser Situation Wärme, Verständnis und auch ein bißchen Humor suchte.

Rückblickend meinen viele, daß das Fehlen junger Leute, die der Königin eine Atempause von den Pflichten der Monarchie gegönnt hätten, ein Unglück war. Ganz besonders ihre vier Hauptratgeber, Männer in den Sechzigern und Siebzigern, waren zu schwerfällig bei der "Ausbildung" der jungen Elizabeth und ließen ihr kaum eine Chance, sich an ihr ehrfurchtgebietendes neues Leben zu gewöhnen.

Elizabeth nahm ihre Rolle als Monarchin sehr ernst, und es überraschte nicht, daß sie sich über Nacht veränderte. Vor ihrer Thronbesteigung war sie eine glückliche, manchmal sogar extrovertierte junge Frau gewesen. Bei Dinnerpartys oder auf Bällen, die sie zusammen mit Philip besuchte, war den Leuten aufgefallen, wie sehr sie ihn liebte. Die Prinzessin hatte immer an den Polospielen im Windsor Park teilgenommen und Philip zugesehen. Sie war an den Ponys vorbeigelaufen und tätschelte sie. Doch schon in der folgenden Saison war die lächelnde, lebensfrohe Elizabeth verschwunden. Statt dessen wirkte sie ernst und düster, mit unbewegtem Gesicht und fast gänzlich humorlos.

Fotos, die während dieser zwei Jahre aufgenommen wurden, zeigen den Wechsel in ihrer Haltung und Erscheinung. Als Königin schien Elizabeth sich in den Mantel der Monarchie wie in ein Leichentuch gehüllt zu haben. Der Hof trauerte noch immer, und sie wird überall in Schwarz gekleidet abgelichtet. Seit dieser Zeit wird Elizabeth in der Öffentlichkeit eher als mürrische, unfreundliche Person wahrgenommen, die ihr Leben als Herrscherin mit einem finsteren, verdrießlichen und grimmigen Gesicht durchsteht. Kurz nach der Krönung sagte sie einem Freund: „Es ist wirklich außergewöhnlich, aber ich habe keine Angst mehr und mache mir keine Sorgen. Ich weiß auch nicht wieso, doch ich habe all meine Schüchternheit verloren. Königin zu werden und beispielsweise den Premierminister zu empfangen, das hat mich selbstsicherer und offener gemacht."

Diese Veränderung Elizabeth's hatte natürlich Auswirkungen auf Philip. Er wollte seiner Frau in jeder nur erdenklichen Form helfen, doch es fiel ihm schwer, eine untergeordnete Rolle zu spielen. Was konnte er tun, um seiner Frau, der Königin, Zeit und Mühen zu sparen?

Er versuchte zum Beispiel, die Mitglieder des königlichen Haushaltes dahingehend zu bewegen, mit ihren Problemen zu ihm zu kommen anstatt zu seiner Frau. Doch er hatte Schwierigkeiten, die Leute davon zu überzeugen, wenn sich ihnen die Gelegenheit bot, die Königin selbst zu sprechen. In einem Interview mit seinem offiziellen Biographen Basil Boothroyd sagte Philip: „Weil sie die Herrscherin ist, wendet sich jeder an sie. Wenn es einen König und eine Königin gibt, gehen die Leute auch mit bestimmten Dingen automatisch zur Königin. Doch wenn es nur eine Königin gibt, gehen sie mit allem zu ihr. Sie wird um viel mehr gebeten, als das normalerweise der Fall wäre. Viele Angehörige des Haushalts müssen natürlich der Königin berichten, und es ist wichtig für sie. Deshalb ist es so schrecklich schwer, sie zu überreden, statt dessen damit zu mir zu kommen."

Zwei Vorfälle machten Philip deutlich, daß ihn die überhebliche englische Aristokratie und das britische Establishment, die sich vor einer heimlichen Übernahme der englischen Krone durch die deutschen Battenbergs fürchteten, nie akzeptieren würden.

Onkel Dickies offizieller Titel lautete Louis von Battenberg, der dann in Graf Mountbatten von Burma geändert wurde. Sein Vater, ein Mitglied der deutschen Battenberg Familie, wurde auch Louis von Battenberg genannt. Philips Mutter Alice war Onkel Dickies Schwester, also auch eine von Battenberg.

Als Onkel Dickie die Neuigkeit hörte, daß Elizabeth den Thron bestiegen hatte, bestellte er Champagner und sprach einen Toast aus: „Jetzt regiert das Haus Mountbatten!" Der Plan, den er vor mehr als zehn Jahren ausgeheckt hatte, als er gesehen hatte, wie die dreizehnjährige Elizabeth seinen jungen Neffen ansah, war erfolgreich gewesen, und eine seiner größten Ambitionen hatte sich erfüllt. In Wahrheit war Philip nur ein Bauer in einem meisterhaften Spiel, das von Anfang an von seinem ehrgeizigen Onkel in Szene gesetzt worden war. Nach den Gesetzen der Genealogie hatte er recht, denn Elizabeth hatte einen Mountbatten geheiratet. Doch Dickie Mountbattens Triumph sollte nur von kurzer Dauer sein.

Onkel Dickie riet Philip, der Regierung ein sorgfältig formuliertes Gesuch einzureichen, damit der Name Mountbatten-Windsor anstelle von Windsor in den öffentlichen Unterlagen der königlichen Familie benutzt werde. In Wirklichkeit schrieb Onkel Dickie diesen Brief, ließ ihn von Philip unterschreiben und schickte ihn seinem alten Freund, dem Premierminister Winston

Churchill, der ihm während des Krieges den Rücken gestärkt und seine schnelle Beförderung beim Militär als Oberbefehlshaber der Alliierten Truppen in Südostasien und später als Vizekönig von Indien veranlaßt hatte. Churchill und Mountbatten waren während des großen Krieges ein ernstzunehmendes Duo, und Mountbatten versprach sich nun Unterstützung von Churchill.

Königin Mary, selbst deutscher Abstammung, hörte, daß Mountbatten bei Abendessen in Broadlands behauptete, ein Mountbatten herrsche jetzt in Britannien - eine bemerkenswerte Meisterleistung, wenn man bedenkt, daß Britannien in vierzig Jahren zwei Weltkriege gegen Deutschland geführt hatte. Mary als treue Monarchin und überzeugte Engländerin konnte Dickie Mountbatten nicht ausstehen, den sie immer als "ehrgeizigen Emporkömmling" bezeichnete. Sie war außer sich vor Wut, als sie feststellen mußte, daß die Angeberei "des Emporkömmlings" auch noch stimmte. Sofort schrieb sie eine dringende Notiz an Churchill, informierte ihn über den Plan und bat ihn, dafür zu sorgen, daß der Namenswechsel nicht gestattet wurde. Als dieser die Neuigkeiten von Königin Mary hörte, bekam er einen Schock. Vierundzwanzig Stunden später kam der offizielle Brief von Prinz Philip, und Churchill explodierte vor Wut. Er rief eine sofortige Kabinettssitzung ein, die binnen einer Stunde stattfand. Am Ende dieser Sitzung schrieben der Lord Kanzler, der königliche Geheimsiegelbewahrer und der Innenminister einen Brief, der sofort zur Königin und zu Prinz Philip gebracht wurde. Der Brief informierte knapp über den einstimmigen Beschluß des Kabinetts, der Name Mountbatten dürfe von der königlichen Familie nicht benutzt werden, und der offizielle Name bliebe weiterhin "Das Königliche Haus Windsor".

An ihrem sechsundzwanzigsten Geburtstag, dem 20. April 1952, unterschrieb Elizabeth den Kabinettsbeschluß, und mit einem Federstrich endete Dickie Mountbattens Ehrgeiz ein für allemal. Als Philip die Neuigkeit hörte, schrie er Elizabeth wütend an: „Ich bin ja nur eine verdammte Amöbe und sonst nichts."

Dickie Mountbatten rief Lilibet und fragte sie ruhig, warum sie der Regierung nicht befehlen könne, den Namen zu ändern. Mountbattens treuer Sekretär war zur gleichen Zeit im Zimmer. Er erinnerte sich: „Elizabeth erklärte ihm: 'Ich habe alles versucht, Onkel Dickie, aber sie lassen mich nicht. Sie haben gesagt, ich könnte das nicht ändern. Und sie meinten, das hätte gar nichts mit mir zu tun. Mountbatten fragte: 'Wen meinst du mit sie? Auf wen beziehst du dich? Wer sind sie?' Elizabeth sah ihn einen Moment lang nur an. 'Ich weiß es nicht. Ich weiß nicht, wer sie sind. Doch es sind Leute, die mir sagen, was ich tun kann und was nicht. Mir wird immer gesagt, daß "sie" sagen können, tu dies und tu das, aber ich weiß nicht, wer sie sind. Ich habe keine Ahnung. Ich weiß nie, wer sie sind. Ich fürchte, ich kann da auch nichts machen', antwortete sie dann."

"Sie" berieten Elizabeth während ihrer gesamten Herrschaft, und sie weiß noch immer nicht, wer "sie" eigentlich sind. In Wirklichkeit sind "sie" manchmal die Regierung, vielleicht die Bürokraten oder Beamte. Manchmal sind es Komitees, von denen es Hunderte gibt, voller gesichtsloser Männer, die ihre Empfehlungen und Entschlüsse an den Palast weitergeben. Elizabeth mag die Krone auf dem Kopf der weitläufigen Regierung sein, der Bürokratie, der bewaffneten Streitkräfte, der Kirche und der britischen Gesellschaft, doch sie hat nur wenig oder keine Kontrolle und so gut wie keinen Einfluß auf die große Mehrheit der Empfehlungen und Beschlüsse, die in ihrem Namen verabschiedet werden.

Trotz ihrer Paläste und Schlösser, ihres Reichtums und ihrer Position ist Elizabeth weit mehr eingeschränkt als jeder ihrer Untertanen. Das ist eine Lektion, die sie sehr früh gelernt hatte und die sie nie vergessen, oder was noch wichtiger ist, ändern konnte.

Für Dickie Mountbatten war diese Entscheidung bitter. Er konnte das Ziel nicht länger verfolgen, seinen Familiennamen zum königlichen Namen zu machen. Doch er mußte sich weiter um seinen unglücklichen, ärgerlichen und deprimierten Neffen kümmern. Er lud Philip nach Broadlands ein, um mit ihm über die Situation zu sprechen. Philip erzählte ihm, diese Entscheidung sei ein neuerlicher Versuch, ihn von der Spitze der Macht und des Einflusses fernzuhalten. Er nahm Anstoß daran, daß er seine Frau in der Öffentlichkeit mit "Ma'am" ansprechen sollte wie jeder andere auch. Er sollte sich verbeugen, wann immer sie einen öffentlichen Raum betrat. Mountbatten und Philip fühlten sich betrogen.

Elizabeth verstand Philips Ärger, doch sie konnte sich auch nicht den Wünschen von Königin Mary, ihrer eigenen Mutter, von Churchill und der ganzen Regierung widersetzen. Sie sprach mit ihren Ratgebern Sir Alan Lascelles und Sir Walter Monckton darüber, denn sie wollte etwas für Philip tun. Nach langen Gesprächen mit Verfassungsrechtlern wurde beschlossen, Philip eine höhere Position als die des Gemahls zu geben. Vor der Eröffnung ihrer allerersten Parlamentsperiode im September 1952 gab die Königin eine Erklärung ab. Sie war „erfreut, erklären und verfügen zu dürfen, daß Seine Königliche Majestät, der Herzog von Edinburgh von nun an den Rang einer Vorherrschaft und Priorität neben Ihrer Majestät habe."

Elizabeth war überglücklich, weil sie etwas für ihren Ehemann hatte tun können. Auch wenn es nur eine Geste war, es war doch typisch für sie. Sie wollte den Mann, den sie liebte, beruhigen und erfreuen, ihm das Gefühl geben, wichtig zu sein und nicht nur ihr Anhängsel. In dem Wunsch, Philip eine wichtige Aufgabe zu übertragen, verfügte sie, er solle den Vorsitz des Rates führen, der ihre Krönung vorbereitete.

Philip blieb trotzdem unzufrieden. Dieser ruhelose, energische, verärgerte junge Mann konnte sich nicht beherrschen und versuchte, den Buckingham Palast zu revolutionieren. Er verfluchte den Ort als viktorianisch und realitätsfremd; er geißelte die höheren Palastangestellten als Pöstcheninhaber, die aus anderen Gründen als ihrer Eignung an diese Stellen gekommen waren. Er war entschlossen, den Palast auf den neuesten Stand zu bringen, indem er die Mitglieder des königlichen Haushaltes und die Bediensteten anschrie: „Das ist, verdammt nochmal, das zwanzigste Jahrhundert, und nicht das neunzehnte."

Er führte Prüfungen ein, als hätte er das Kommando über ein Schiff, und versuchte den Palastmitarbeitern die Disziplin der Königlichen Marine einzuimpfen. Er strich durch die Korridore und fand überall Mängel. Er fluchte oft auf die Reinigungskräfte, Lakaien und Köche, sobald er einen Anflug von Staub, ein schmutziges Fenster oder einen Fleck auf einem der Korridorwände fand.

Er hielt jeden an und fragte: „Warum wird das so gemacht? Warum machen Sie das nicht anders? Warum zeigen Sie keine Initiative? Warum benutzen Sie denn nicht ihr verdammtes Gehirn?" Besonders die Mitglieder des Haushaltes erzürnten ihn. Dann drohte er den älteren Gefolgsleuten: „Reißen Sie sich zusammen, sonst werfe ich Sie raus."

Beim Hauspersonal regte sich Unmut, und die vierhundert königlichen Palastangestellten erhoben Einwände gegen Philips ungerechtfertigte und beleidigende Kritik an ihrer Arbeit, ihrer Kompetenz und ihren Traditionen. Schließlich erzählten die Vertreter der Angestellten den höhergestellten Mitgliedern des Haushaltes, daß Prinz Philip zu weit ginge, und Sir Alan Lascelles wurde gebeten, ihm deutlich zu sagen, wo seine Verantwortung begann und wo sie endete - mit anderen Worten, er sollte sich um seinen eigenen Kram kümmern.

Wütend, frustriert und noch immer ungebeugt, entschied Philip, sein eigenes Leben zu führen und die Modernisierung des Palastes und des alten Systems zu vergessen, das er verachtete und über das er sich lustig machte. Er bemühte sich darum, sich selbst von der erstickenden Anwesenheit der königlichen Bediensteten zu befreien, indem er es ablehnte, seine Taschen tragen zu lassen oder sich die Türen öffnen zu lassen. Statt dessen schrie er sie an und fluchte: „Meinen Sie nicht, ich bin verdammt gut in der Lage, meine Tasche selbst zu tragen?"

Er bestand darauf, selbst Auto zu fahren, lehnte es ab, mit dem Fahrstuhlführer des alten Palastfahrstuhls zusammen in der Kabine zu fahren, entließ den Filmvorführer und machte den Job selbst. Er hatte eine kleine Küche in seine Räume einbauen lassen, die mit den wichtigsten Dingen ausgestattet war - einem Herd, einem Kühlschrank und einer kleinen Speisekammer - damit er seine eigenen Mahlzeiten oder eine Tasse Tee oder Kaffee zubereiten konnte, ohne erst in der Küche anrufen und eine Bestellung durchgeben zu müssen, weil es, so beklagte er sich, Stunden dauere und das Essen auch noch kalt ankomme.

Er installierte für sich ein direktes Telefonsystem im Palast, so daß er mit jedermann, Elizabeth eingeschlossen, sprechen konnte, ohne über die Telefonzentrale gehen zu müssen, die mindestens fünf oder zehn Minuten brauchte, um ihm einen Anruf durchzustellen.

Manchmal sah man ihn Möbel herumschieben, nicht nur in seinen Privaträumen, sondern auch in den Zimmern der Königin und in anderen Staatsgemächern, weil er es so satthatte, die Möbel in der ewig gleichen Position zu sehen.

Er ging noch weiter. Verärgert, weil man ihm nicht erlaubte, zum aktiven Marinedienst zurückzukehren, griff er zu dem ungewöhnlichen Mittel, seine Räume im Palast so umbauen zu lassen, daß sie wie das Innere eines Schiffes aussahen. Die Zimmerleute benutzten wunderschönes afrikanisches Mahagoniholz, ein Geschenk, das er auf einer seiner Reisen in Übersee erhalten hatte. Die Kabine wurde nach seinen exakten Anweisungen angefertigt, und jedes Möbelstück, die Regale, die Schränke und das Licht wurden so gestaltet, daß er sich fühlte, als sei er auf sein Schiff zurückgekehrt.

Er wurde zunehmend ärgerlicher und meinte, die höheren Mitglieder des Haushaltes würden sich gegen ihn zusammenschließen. Sie verböten ihm die Einmischung in alle offiziellen Angelegenheiten, hielten ihn von den Staatsgeschäften fern, von der Monarchie und wenn möglich sogar von seiner Frau. Ihm wurde zum Beispiel niemals erlaubt, die roten Depeschenbehälter zu öffnen, die alle Regierungs- und Staatspapiere enthielten und die die Königin mehrere Male am Tag erhielt.

In gewisser Weise hatte Philip recht. Niemand in der Regierung, Churchill und seine höheren Minister eingeschlossen, kein höherer Beamte, niemand im Palast und keiner aus dem Establishment wollte, daß Elizabeth dem ungestümen und arroganten Philip die Zügel der Macht in die Hand gab. Sie kannten auch die Ambitionen von Mountbatten gut genug, den sie als Opportunisten ansahen, und fürchteten, Philip könnte in die Fußstapfen seines Onkels treten. Stillschweigend wurde er von jeder Machtposition ausgeschlossen, so daß er auf die Verfassung, die Monarchie und auf seine Frau keinen wirklichen Einfluß hatte.

Die Isolation Philips ist ein gutes Beispiel für die Arbeitsweise des britischen Systems: eigentlich wurde keine Entscheidung getroffen, und keiner machte viel Aufhebens. Es gab lediglich einen Konsens, daß diese Person, auch wenn sie so wichtig war wie der Ehemann der Herrscherin, kein Recht auf Macht oder Einfluß auf die Krone haben sollte. Also entwickelten sich die Dinge so, daß Philip ganz sicher nicht in der Lage war, irgendeine Entscheidung oder die Politik zu beeinflussen.

Sogar heute noch, im Alter von über siebzig Jahren, hat sich Philip nicht damit abfinden können, daß er vom Establishment niemals akzeptiert wurde, auch nicht nach fast fünfzig Jahren Ehe mit der Königin.

Philip diskutierte dieses Problem mit zwei Personen: Onkel Dickie und Mike Parker, die ihm auch nicht wirklich helfen konnten. Onkel Dickie erklärte ihm, wie das königliche Machtgefüge funktionierte, zuckte die Achseln und riet ihm, Geduld zu haben. Mike Parker lud ihn auf ein paar Drinks ein, und die beiden sprachen respektlos und beleidigend über das System und die Leute, die es stützten.

Philip entschloß sich, ein- für allemal seine Rolle als königlicher Prinz zu vergessen, seine Ansprüche auf die Rolle des Gemahls der Königin aufzugeben und sich statt dessen einfach auf sein Leben und seine Zukunft als Mann zu konzentrieren, der eine

Frau zu beschützen hat und eine Familie, um die er sich kümmern muß. Ironischerweise war es Philip, der das Kommandieren liebte und nach Macht und Autorität verlangte und der dazu bestimmt wurde, keine zu haben.

Mike Parker munterte ihn etwas auf und meinte, er müsse es von der guten Seite sehen. War er denn nicht mit der Königin von England verheiratet, der reichsten Frau der Welt? Erhielt er etwa nicht den Gegenwert von zwanzigtausend Dollar im Jahr? Hatte er nicht einen eigenen Sekretär, einen eigenen königlichen Stallmeister, einen Kammerdiener, einen Chauffeur und ein paar Rolls-Royces? Konnte er nicht jedes Wochenende Polo spielen, reiten, schießen, und hatte er nicht drei oder vier Paläste zur Verfügung? Mike Parker erinnerte ihn oft: „Nicht schlecht für einen Leutnant der Marine."

Der zweite Vorfall, der Philips Position als ewiger Außenseiter deutlich machte, ereignete sich im Zusammenhang mit den Einladungen zur Krönung. Der Krönungsrat, dessen Vorsitzender er war, gab seinen drei Schwestern die Erlaubnis, dem grossen Ereignis beizuwohnen, verbot aber allen seinen reichen aristokratischen deutschen Schwagern die Teilnahme, denn einer von ihnen hatte im Krieg gegen England gekämpft. Vor dem Krieg, als Teenager, war Philip immer sehr freundlich zu zweien seiner Schwager gewesen und hatte sie oft in Deutschland besucht. Jetzt war es ihm nicht erlaubt, sie als Privatpersonen zur Krönung seiner Frau einzuladen.

Wütend beschwerte sich Philip bei Elizabeth persönlich und bat sie einzugreifen. Er meinte, das Verbot beleidige ihn persönlich, seine Schwestern, seine Familie und auch seine Ehe. Elizabeth nahm sich der Sache mit ihren Ratgebern und Winston Churchill an, doch diese bestanden darauf, daß kein Mitglied der deutschen Aristokratie, die Hitler den Rücken gestärkt hatte, nach London zur Krönung der Königin eingeladen werde. Elizabeth konnte nichts tun.

Um Philip zu beschwichtigen, arrangierte sie eine wundervolle Überraschung für ihn, nämlich die außerordentliche Beförderung vom Leutnant zum Flottenadmiral im Januar 1953. Diese Verbesserung seines Dienstgrades bereitete Philip sowohl Freude als auch Kummer. Obwohl er gern seine Uniform trug und als Admiral in der Marine auftrat, war er wieder einmal frustriert, weil er sich den Titel nicht selbst verdient hatte wie sein Onkel Dickie, der sich durch das Offizierscorps gearbeitet hatte, bis er befördert wurde. Philip war zu rechtschaffen, um sich über einen Titel zu freuen, den er nur bekam, weil er mit der Königin verheiratet war.

Inzwischen hatte Elizabeth begonnen, ihre neugewonnene königliche Macht zu genießen. Sie sonnte sich bereits im Ruhm der bevorstehenden Krönung und ihrer göttlichen Thronbesteigung und verfügte, daß dieses Ereignis zum großartigsten in der britischen Geschichte werden solle, obwohl die Nation noch immer mit den Folgen des Krieges kämpfte. Sie ordnete an, alle Stühle für die Zeremonie neu zu polstern. Die wunderbaren Kronleuchter wurden Kristall für Kristall auseinandergenommen, gereinigt und wieder montiert, die Spiegel und alle Tische wurden poliert, das Mobiliar neu vergoldet und alle Roben untersucht und repariert. Die Kosten beliefen sich auf 10 Millionen Dollar (1994 etwa 100 Millionen Dollar!).

Als der Krönungstag näherkam, beschäftige sich Elizabeth mehr mit der religiösen und spirituellen Seite der Zeremonie. In ihrer ersten Weihnachtsrundfunkansprache an die Nation im Dezember 1952, sechs Monate vor der Krönung, hatte sie ihren Untertanen gesagt: „Beten Sie für mich an meinem Krönungstag. Beten Sie, daß Gott mir Weisheit und Kraft gebe, um die feierlichen Versprechen erfüllen zu können, die ich abgeben werde."

Am 2. Juni 1953, dem Tag, als die Krone feierlich auf ihr Haupt gesetzt und sie zur Königin ausgerufen wurde, war Elizabeth seit sechzehn Monaten auf dem Thron. Sie war erst siebenundzwanzig Jahre alt, verliebt in ihren attraktiven Ehemann, die Mutter zweier Kinder und die Person, von der sich die Nation erhoffte, sie würde ein neues Elizabethanisches Zeitalter einleiten, dessen großartiger Freibeutergeist durch die Abenteuer von Sir Francis Drake und Sir Walter Raleigh personifiziert wurde. Die Schlagzeile einer Zeitung lautete: „Die Zeichen stehen gut für die große Erneuerung".

Elizabeth und die Churchill-Regierung waren entschlossen, es an nichts fehlen zu lassen, um die Krönung zu einem unvergeßlichen Ereignis werden zu lassen. Es war die erste, die vom Fernsehen übertragen wurde, und obwohl damals nicht viele Menschen ein Fernsehgerät besaßen, wurden Tausende von Geräten für diesen Tag von Rathäusern, Organisationen und öffentlichen Häusern ausgeliehen, damit die Nation das Spektakel verfolgen konnte. In den Vereinigten Staaten lieferten sich die Sendestationen die ersten Kämpfe, weil jede die erste sein wollte, die zeigte, wie Königin Elizabeth II. gekrönt wurde.

Schon Monate zuvor war die Westminster Kathedrale geschlossen worden, damit siebentausend Sitze für die eingeladenen Gäste und für die, die ein Teilnahmerecht hatten, bereitgestellt werden konnten. Die Gebäude entlang der Route vom Buckingham Palast zur Kathedrale waren frisch gereinigt und gestrichen worden. Stände wurden aufgebaut und Halter für Fahnen und Dekorationen. Ihre Hochzeit mochte eine eher bescheidene Angelegenheit gewesen sein, doch ihre Krönung, dazu war Elizabeth entschlossen, sollte majestätisch werden.

Elizabeth mußte für den großen Tag üben. Sie machte sich Sorgen wegen der Größe und des Gewichtes der Krone, deshalb trug sie sie probeweise, während sie am Schreibtisch in ihrem Büro arbeitete. Einige Wochen lang lief sie im goldenen Ballsaal des Palastes auf und ab, hinter sich die Schleppe aus zwanzig Meter Laken, der offiziell vorgeschriebenen Länge für die Krönungsschleppe. Manchmal endeten diese Übungen mit Gelächter, wenn Philip, den das Proben langweilte, seine Scherze machte. Einmal maßregelte ihn die wütende Elizabeth halb im Scherz: „Hör auf mit diesen Albernheiten und tu, was ich dir sage." Philip gehorchte.

Der Großzeremonienmeister, der das Verfahren leitete, hatte Probleme mit den Bischöfen, die im Gleichschritt durch die Kathedrale laufen mußten. Manchmal verzweifelte er und sagte: „Wenn ihr Bischöfe nicht lernt, im Gleichschritt zu laufen, sitzen wir noch die ganze Nacht hier. Also, los, konzentrieren Sie sich, tun Sie so, als wären Sie in der Armee. Links, rechts, links, rechts." Schließlich wurde ein Hauptfeldwebel engagiert, um die alten Bischöfe zu drillen, bis sie richtig liefen.

Elizabeth befahl, den dicken, neuen, roten Teppich dünner zu machen, denn das Gewicht der Schleppe erschwerte ihr einen vernünftigen Gang. Sie hatte auch Angst, einige der älteren Aristokraten in ihren langen Roben, könnten nicht laufen, wenn der Teppich nicht gestutzt wurde. Bei den Proben bemerkte Elizabeth, daß der Reichsapfel und das Zepter zu schwer für sie waren, um sie längere Zeit in der Hand zu halten. Deshalb bekam der Gutsherr von Worksop die Aufgabe, während der ganzen Zeremonie neben Elizabeth zu stehen und ihren rechten Arm zu stützen, falls er unter der Last nachgab.

Churchill fürchtete, die dreistündige Krönungsmesse würde für Elizabeth zu anstrengend werden, und schlug vor, man solle die Sache verkürzen, doch Elizabeth wollte nichts davon hören. „Wenn mein Vater das zu seiner Krönung getan hat", erwiderte sie, „dann werde ich es zu meiner auch tun." Sie tadelte Churchill: „Wissen Sie denn nicht, daß ich stark bin wie ein Pferd?"

Als Bobo Elizabeth am Tag der Krönung um sieben Uhr weckte, berichtete sie über schlechtes Wetter. Es war ein kalter Morgen mit Sprühregen, und die vierzigtausend Menschen, die sich bereits nachts entlang der Route aufgereiht hatten, zitterten vor Kälte und waren naß. Doch sie hatten die Unannehmlichkeiten der Witterung überstanden, um sich die besten Plätze zu sichern und das königliche Spektakel zu verfolgen.

Der Oberbürgermeister von London führte die Krönungsprozession an, die Handel und Reichtum der Nation repräsentierte. Dann folgten die Botschafter und Abgesandten anderer Länder, die der neuen Herrscherin huldigen wollten. An dritter Stelle schlossen sich die Parlamentsmitglieder an, angeführt von Churchill und begleitet von den Premierministern der Herrschaftsgebiete. Zum Schluß kamen alle Mitglieder der königlichen Familie mit der Königin als Höhepunkt, die in der Goldenen Staatskutsche fuhr, gezogen von acht Windsor-Grauschimmeln. Um die Staatskutsche herum waren die Begleiter der Königlichen Gardekavallerie, deren Pflicht und Privileg traditionell in der Begleitung des Monarchen liegt.

Als Elizabeth das Kirchenschiff entlang schritt, trugen acht Pagen ihre lange Schleppe, und der Chor der Westminster Schule empfing sie mit dem Ruf: „Vivat, Regina Elizabeth, vivat, vivat, vivat." Nachdem sie sich hingekniet hatte, um einige Minuten still zu beten, setzte sich Elizabeth auf den Thron, während sie den Menschen in aller Form vorgeführt wurde. Sie war umringt von sechs Hofdamen in jungfräulichem weißen Satin mit Kopfschmuck.

Mit lauter Stimme begrüßte der Erzbischof von Canterbury die große Gemeinde, stellte Elizabeth als Königin vor und verneigte sich nach allen vier Seiten. Alle riefen einstimmig: „Gott schütze Königin Elizabeth." Nach dem letzten Widerhall erklangen Trompeten.

Der feierlichste Teil der Zeremonie war der Krönungsschwur. Obwohl viele die Worte nicht verstehen konnten, leistete Elizabeth ihn mit klarer Stimme. Sie gelobte, ihre Untertanen entsprechend den Gesetzen und Gewohnheiten der einzelnen Länder zu regieren, die Gesetze Gottes, der protestantischen Religion und der Kirche von England zu beachten. Schließlich kniete sie auf den Altarstufen, die rechte Hand auf der Heiligen Schrift, und gab ihren feierlichen Schwur ab: „Alles, was ich bisher hier gelobt habe, will ich durchführen und einhalten. So wahr mir Gott helfe." Sie küßte die Bibel und machte das Kreuzzeichen zur ewigen Bestätigung dessen, was sie gerade gelobt hatte.

Dann folgte die Salbung, die wichtigste symbolische Gabe während der Krönung, denn mit diesem Akt wird dem Monarchen die göttliche Autorität für seine Herrschaft verliehen. Man sieht hierin eine mystische Bedeutung, die den Salbungen im Alten Testament entspricht. Die goldene Ampulle, eine Flasche mit zwei Henkeln in Form eines Adlers, die ausschließlich zum heiligen Gebrauch bestimmt ist, wurde zusammen mit einem goldenen Löffel vom Altar genommen. Vier Ritter des Hosenbandordens hielten einen Baldachin aus goldenem Tuch über Elizabeth's Kopf. Ein Bischof goß Öl auf den Löffel, und der Erzbischof von Canterbury salbte Elizabeth, indem er einen Tropfen auf jede Handfläche gab und auf die Krone, die sie trug.

Die feierliche Salbung begleitete er mit den Worten: „Dein Haupt sei gesalbt mit den heiligen Ölen, so wie Könige, Priester und Propheten gesalbt wurden. So wie Salomon gesalbt wurde von Zadok, dem Priester, und Nathan, dem Propheten, so seiest auch du gesalbt, gesegnet und geweiht zur Königin über die Völker, die der Herr, unser Gott, dir gegeben hat, um über sie zu herrschen und zu walten. Im Namen des Vaters, des Sohnes und des Heiligen Geistes. Amen."

Endlich, die Krönung. Elizabeth schritt zu einer Seitenkapelle, um die Robe anzulegen, zuerst ein langes Gewand aus weißem Leinen und Spitze, das ihr bis zu den Füßen reichte. Dann eine Supertunika, ein langes enges gegürtetes Gewand aus goldenem Tuch. Elizabeth war bereit.

Die Insignien, die man ihr überreichte, haben eine religiöse Bedeutung. Die goldenen Sporen, die sie berührte, sind das Emblem der Ritterlichkeit, ein symbolischer Ehrenkodex, der der Gerechtigkeit und dem Schutz der Armen dient. Die fünf Schwerter des Staates, von denen jedoch nur zwei bei der Zeremonie verwendet werden, definieren die Rolle des Monarchen. Elizabeth hätte eigentlich das Große Schwert des Staates auf den Altar legen sollen, um die Unterwerfung ihrer irdischen Macht unter Gottes geistige Autorität zu symbolisieren, doch wegen seines großen Gewichtes wurde es mit einem Juwelenschwert ausgetauscht. Diese Schwerter werden ihr gegeben, „damit sie sie als ein Minister Gottes nutzt."

Drei andere Schwerter - das Curtana mit einem gebrochenen Blatt, das Mitleid symbolisiert, das Schwert der Göttlichen Gerechtigkeit und das Schwert der Irdischen Gerechtigkeit - wurden auf den Altar gelegt. Eine karmesinrote Hermelinrobe wurde um ihre Schultern gelegt, als ihr weitere Insignien gereicht wurden. Der Erzbischof händigte ihr den goldenen, juwelenbesetzten Reichsapfel mit den Worten aus: „Wenn du diesen Apfel unter dem Kreuze siehst, denke daran, daß die ganze Welt der Macht und dem Reiche Christi, des Erlösers, untertan ist." Dann wurde ihr der Ring des Herrschers überreicht als "Zeichen königlicher Würde und zur Verteidigung des Glaubens."

Der Erzbischof von Canterbury legte ihr Handschuhe über die Hände, bevor er das Zepter mit dem Kreuz in ihre rechte Hand legte und das Zepter mit der Taube in ihre linke Hand, Symbole für eine gerechte und milde Herrschaft. Nachdem sie sichtlich mit allen Symbolen der Macht und Autorität ausgestattet war, wurde endlich ihre jetzige Herrschaft bestätigt, indem ihr die Königliche Staatskrone mit ihren 3.093 Juwelen auf das Haupt gesetzt wurde als höchstes Zeichen der Herrlichkeit und Majestät irdischer Macht.

Die Zeremonie löste Bewunderung und Ehrfurcht aus. Die Welt sah Elizabeth, klein, schlank, jung und weltfremd, ein Zwerg in ihren herrlichen, überschweren Herrscherroben, die riesige zwanzig Meter lange Schleppe, die schwere Krone aus echtem Gold auf ihrem Haupt, umringt von den Mitgliedern des Oberhauses, die in ihren Roben glänzten. Alle huldigten einer Person, die noch vor ein paar Jahren eine ganz normale, verliebte, junge Frau gewesen war, die sich um nichts in der Welt Sorgen machte. Es war ein rührender Anblick, doch viele spürten, daß die so unschuldige und unreife Elizabeth gebeten worden war, zu große Verantwortung auf ihre Schultern zu laden.

Als sie in ihren Gewändern dastand und die Insignien in der Hand hielt, erscholl aus den Mündern der siebentausend Anwesenden: „Gott schütze die Königin." Trompeten bliesen, und die Geschütze auf dem Tower Hill feuerten Salut aus zweiundvierzig Kanonen. Das war für jeden in London das Signal, daß Elizabeth ihren Platz in der Reihe der englischen Herrscher eingenommen hatte.

Als die Rufe in der Kathedrale verstummt waren, übergab ihr der Erzbischof die Heilige Bibel mit den Worten: „Das Wertvollste, das diese Welt zu bieten hat."

Nachdem man sie zum Thron geleitet hatte, nahm Elizabeth Platz. Sie trug die große Krone und hielt die Zepter in Händen, während die Prinzen, die Ritter des Hosenbandordens und die Bischöfe der Kirche vor ihr standen und ihr Gefolgschaft schworen.

Prinz Philip huldigte seiner Frau bei vollkommener Stille, indem er sagte: „Ich, Philip, Herzog von Edinburgh, werde dein Lehnsmann sein mit Leib und Leben und irdischer Verehrung; ich will dir gegenüber treu und aufrichtig sein, mit dir leben und sterben." Es war eine feierliche Verkündigung, die nur wenige Männer ihren Frauen gegenüber würden abgeben wollen.

Ihre Rückkehr zum Buckingham Palast war noch triumphaler, obwohl der Regen keinen Moment ausetzte. Eine Auswahl der Streitkräfte Ihrer Majestät aus der ganzen Welt führte die Prozession an. Entlang der gesamten Route standen britische Armeeangehörige Schulter an Schulter. Zehntausende von Menschen jubelten und winkten, während Elizabeth in der Goldenen Staatskutsche saß mit der Krone auf dem Kopf und dem Reichsapfel und dem Zepter in der Hand, so daß alle Ihre Königliche Hoheit sehen konnten. Elizabeth kehrte als Königin gesalbt und gekrönt in den Palast zurück und war sehr, sehr müde. Sie wollte nichts lieber als eine Tasse Tee.

Nachdem sie den belebenden Tee getrunken hatte, war sie in Hochstimmung, lief herum, sprach mit jedermann und wollte weder die Krone noch ihre Gewänder ablegen. Sie sagte: „Ich bin so froh, daß jeder diesen Tag mit all den Straßenfesten, dem Prunk und allem genossen hat. Doch für mich war das anders. Für mich war es der feierliche religiöse Akt der Hingabe. Verstehen Sie das?"

Dermot Morrah vom "Arundel Herald Extraordinary" schrieb: „Ganz sicher war das Gefühl spiritueller Ekstase, das während des Gottesdienstes von ihr ausging, nahezu mit Händen greifbar für die, die neben ihr in der Kathedrale standen." Der Dichter und Schriftsteller Robert Graves sagte nach einer Audienz bei der Königin: „Das Heilige Öl hat bei dem Mädchen angeschlagen. Es ist ihr gut bekommen."

Der große Moment der Krönung in der Westminster Kathedrale hat der jungen, leicht zu beeindruckenden Elizabeth einmal mehr bewiesen, daß ihr Leben dem britischen Volk und den Völkern des Commonwealth gewidmet sein mußte.

Auch zur Zeit der Krönung gab es Menschen, die fürchteten, Elizabeth würde ein zu großzügiges Opfer bringen. Ein Journalist des "Manchester Guardian" kommentierte: „Die unausgesprochenen Wünsche der Mehrheit ruhen auf dieser Person, doch was kann man von diesem Mädchen erwarten? Es wird für uns alle eine Versuchung sein, eine zu schwere Last auf ihre Schultern zu legen. Doch kein menschliches Wesen sollte auf diese Art benutzt werden."

Die Last der Tradition und der Verantwortung, die in der Krönung zum Ausdruck kam, überwältigten Elizabeth. Sie fing an zu glauben, daß die Rolle als Monarchin in ihrem Leben Vorrang hatte, auch vor ihrer Rolle als Mutter zweier Kinder und als Ehefrau. Sie begann an das göttliche Recht der Könige und die politische Doktrin zu glauben, daß die Monarchie göttlich gefügt, das Erbrecht unaufhebbar ist und daß Könige nur Gott gegenüber Rechenschaft für ihre Handlungen schulden. Bei ihrer Krönung wurde sie vor dem Auge Gottes zur Herrscherin gesalbt, im Endeffekt hatte sie die Monarchie geheiratet. In diesen ersten Monaten und Jahren betrachtete Elizabeth die Last der Monarchie mit verzweifeltem Ernst.

Elizabeth war in dem viktorianischen Glauben aufgewachsen, daß Sex in erster Linie der Fortpflanzung dient, dem Gebären von Thronfolgern. Nun glaubte sie in ihrem Innersten, daß sie diese Pflicht gegenüber Gott und Britannien erfüllt hatte, da sie zwei Thronfolger, Charles und Anne, geboren hatte, und daß sie nun ihr Leben ganz und gar der Rolle als Herrscherin widmen sollte. Elizabeth verbannte Philip aus ihrem Bett. Ihre königlichen Pflichten schlossen keine weiteren sexuellen Handlungen mit ihrem Ehemann ein und machten diese auch nicht nötig.

Für Elizabeth bedeutete diese Verbannung nicht, daß sie Philip nicht mehr liebte oder schätzte, und sie bedeutete auch nicht, daß er nicht mehr das Familienoberhaupt war. Sie verdeutlichte nur, daß sie all ihre Energien und ihre Stärke für ihre Rolle als Monarchin reservieren mußte.

Der energische Philip war verblüfft, konfus und verstört durch Elizabeth's Herzenswandel und das Argument, mit dem sie ihn aus dem Ehebett verbannte und ihm die ehelichen Rechte verwehrte. Wenn er versuchte, diesen Punkt mit ihr zu diskutieren, gab sie lediglich zur Antwort, ihr Leben hätte sich verändert, seit sie Königin sei, und sie hätte nun Pflichten gegenüber Gott und der Nation, nicht aber gegenüber ihrem Ehemann.

Da Philip mit vernünftigem Reden keinen Erfolg erzielen konnte, wandte er sich um Rat an Onkel Dickie. Mountbatten warnte vor jeglicher dramatischen Handlung und schlug vor, Philip solle Geduld haben und hoffen, daß Elizabeth in Wochen oder Monaten ihren Fehler einsehen und ihr Sexualleben wiederaufnehmen würde. Philip jedoch war da nicht so sicher.

Er diskutierte die Angelegenheit auch mit Mike Parker, der glaubte, Elizabeth würde zur Vernunft kommen, wenn man ihr Zeit ließe. Er riet Philip, Elizabeth's Haltung zu ignorieren, jegliche Diskussionen über dieses Thema zu vermeiden und sein Leben so weiterzuführen, als wäre nichts zwischen ihnen vorgefallen.

Die fünfziger Jahre waren schwierig für Elizabeth. Sie versuchte ihr Leben als Ehefrau und Mutter und ihre Verpflichtungen als Königin zu vereinbaren. Viele Nächte ging sie allein zu Bett und machte sich schreckliche Sorgen wegen der großen Verantwortung, der sie sich nicht gewachsen fühlte. Sollte sie ihr Leben der Monarchie widmen und sich selbst der britischen Nation wie eine Nonne, die ihr Leben Gott weiht, oder sollte sie sich etwas mehr Zeit für sich selbst nehmen und die richtige Atmosphäre schaffen, um ein glückliches Familienleben zu führen?

Letztendlich konnte Elizabeth nie ihr Versprechen vergessen, das sie ihrem Vater gegeben hatte: dem Volk zu dienen und die Monarchie zu schützen. Als pflichtbewußte Tochter erfüllte sie ihr Versprechen, und sie sah nie zurück. Sie hatte die Monarchie geheiratet und widmete ihr ganzes Leben der Aufrechterhaltung dieser Ehe. Infolgedessen wurde Elizabeth eine bemerkenswert einsame Frau.

Philip verstand den inneren Aufruhr seiner Frau, doch er fand keinen Weg, um ihr zu helfen. Er beschloß, Elizabeth und ihre Ratgeber und Höflinge die Probleme der Krone und der Monarchie lösen zu lassen, während er sich um die Familie kümmerte, seine königlichen Pflichten ausführte und ansonsten sein eigenes Leben lebte.

Es war Onkel Dickie, nicht Prinz Philip, der schließlich Elizabeth in den späten fünfziger Jahren überredete, noch ein Kind zu haben. Sie hatte Mountbatten von ihrem "Sexbann" erzählt. Er äußerte seine Mißbilligung, drängte sie aber nicht, ihre Haltung zu ändern. Schließlich bekam Elizabeth noch zwei Kinder: Andrew wurde 1960 geboren und Edward vier Jahre später. Offensichtlich war Edward nicht geplant, doch Elizabeth war glücklich, als sie wieder schwanger war.

Durch die Verweigerung der ehelichen Rechte, gab Elizabeth Philip die Entschuldigung, die er brauchte, um so zu leben, wie er wollte - als ungebundener Lebemann ohne die leisesten Schuldgefühle gegenüber Elizabeth oder seinen Hochzeitsschwüren. Natürlich würde er diskret vorgehen, er war schließlich der Ehemann der Königin. Doch das hieß nicht, daß er sich nicht vergnügen konnte. Er sollte die Betten vieler Frauen teilen. Nach seiner Heirat hatte Philip schnell entdeckt, daß die Frauen stärker an ihm interessiert waren als zuvor, vielleicht weil seine Frau die wichtigste Frau im ganzen Land geworden war. Doch Philip, der auf sein Aussehen und seine Potenz eingebildet war, glaubte, die Frauen kamen wegen ihm und seiner eigenen Vorzüge, die nichts mit der Position als Ehemann der Königin zu tun hatten.

Sein Freund Mike Parker begleitete Philip. Sie schienen in allen Dingen die gleiche Meinung zu haben, konkurrierten hart miteinander und mit anderen in allen Bereichen ihres Lebens - beim Schwimmen, beim Squash, beim Tischtennis und sogar bei den Frauen. Beide hatten die Marine geliebt, die Kameradschaft, die Disziplin, die Offiziersmesse und das Abenteuer. Sie wußten, daß die Königliche Marine Männer aus ihnen gemacht hatte. Zusammen hatten sie während des Krieges das Leben voll ausgekostet, und nun würden sie zusammen das Leben im Nachkriegslondon genießen.

In den frühen fünfziger Jahren kämpften CBS und NBC um Zuschauer. NBC, der Pionier, hatte beim Rundfunk die Führung an CBS abgeben müssen, und nun war auch seine Führungsposition bei der Fernsehunterhaltung gefährdet. ABC war nicht involviert. Dieser Sender beschloß, kanadische Fernsehfilme zu zeigen, die später am Tag liefen. Der Wettlauf um die Übertragung der Krönung würde beim Transport des Filmes über den Ozean gewonnen oder verloren werden. Die komplette Fernsehübertragungsanlage wurde von beiden Sendern auf Bostons Flughafen vorbereitet. Es war arrangiert, daß eine Canberra-Maschine der Königlichen Luftmacht mit der BBC-Fernsehsendung von London aus fliegt und die beiden Kopien überreicht, eine an NBC und eine an CBS.

Beide Sender heuerten privat P-51 Mustangs an, amerikanische Kampfflugzeuge des Zweiten Weltkrieges, die die Canberra auf Goose Bay, Labrador, treffen und den Film nach Boston bringen sollten, von wo aus er gesendet wurde.

Entschlossen, als Sieger dazustehen, investierte NBC in eine Geheimwaffe und heuerte einen Canberra-Jagdbomber an, der der venezolanischen Luftwaffe übergeben werden sollte. Die Mission hatte den Codenamen "Operation Astro".

Am Morgen der Krönung war CBS verblüfft, als sie hörten, NBC würde die Krönung um ein Uhr mittags übertragen, drei Stunden eher als geplant.

Über dem Atlantik entdeckte man an dem geheimen Canberra-Bomber ein Benzinleck, und er mußte nach England zurückkehren. NBC mußte sich nun auf das offizielle Arrangement verlassen. Der Mustang von CBS hob in Goose Bay dreizehn Minuten früher ab als die NBC-Maschine. Dann hatte der NBC Mustang Probleme mit dem Eis und landete um 16 Uhr 37, zwanzig Minuten nach dem Flugzeug von CBS. Die Mitarbeiter von CBS in Boston jubelten, bei NBC herrschte schlechte Stimmung.

Plötzlich hatte Charles H. (Bud) Barry Jr., der Vizepräsident von NBC, eine Idee. Er rief ABC an und erklärte sich bereit, deren Kosten für die kanadische Übertragung zu zahlen. NBC ging präzise dreizehn Minuten eher als CBS auf Sendung. Jubelnd schaltete NBC am nächsten Tag eine ganzseitige Anzeige in der "New York Times", um den Sieg zu feiern.

Jahre später kam die Wahrheit ans Licht. Die Canberra von NBC hatte nicht wegen eines mechanischen Defektes über dem Atlantik umkehren müssen, sondern weil die zwei Piloten, beide Reserveoffiziere der Luftmacht, vom britischen Luftfahrtministerium den Befehl erhielten umzukehren. Warum? Ein höherer Verwaltungsbeamter bei NBC hatte Freunde bei der BBC über die Operation Astro informiert. Die Bosse bei BBC wollten verhindern, daß ein amerikanischer Sender die Krönung zeigt, bevor die Kanadier, die zum Commonwealth gehörten, die Krönung ihrer Königin, also ihres Staatsoberhauptes, gesehen hatten. Sie riefen das Luftfahrtministerium an und erklärten die Situation.

Der Beschluß des Luftfahrtministeriums zeigte die Macht, die das britische Establishment zu dieser Zeit besaß, und deren Entschlossenheit, die Welt ihren Prinzipien anzupassen. Es zeigte auch seine kleinkarierte Haltung. Damit würde sich Elizabeth nun auseinandersetzen müssen.

5. Kapitel: Frühe Probleme

Elizabeth II. war für die britische Nation eine vorbildliche Monarchin und ein leuchtendes Beispiel an Standhaftigkeit in einer sich schnell verändernden Welt. Sie ist eine Frau, die sich Bewunderung und Achtung verdient hat, während sie ihre Pflichten mit Würde ausführte. Jeder betrachtet sie als eine Art nationales Gewissen, als moralisches Vorbild. Doch je mehr Elizabeth prüfenden Blicken ausgesetzt wird, desto mehr entdeckt man eine andere Frau, eine Frau, deren Welt voller Traurigkeit und Tragödien ist und deren Leben keineswegs makellos war.

Vierzig Jahre lang hat Elizabeth die gleiche Hingabe an ihr Volk gezeigt wie damals, als sie zu herrschen begann, und zwar nicht nur an das Volk in Großbritannien, sondern im ganzen Commonwealth. Nach ihrer Krönung 1952 beschloß sie, eine große Weltreise von fast achtzigtausend Kilometern zu unternehmen, damit alle ihre Untertanen die Herrscherin auch einmal sehen konnten. In Begleitung von Prinz Philip flog sie im November 1953 nach Kanada, von dort weiter auf die Bermudas und nach Jamaika. Sie gingen an Bord des 16.000-Tonnen-Überseedampfers "Gothic" und fuhren durch den Panama-Kanal zu den Fidschi-Inseln und nach Tonga, bevor sie nach Neuseeland und Australien aufbrachen.

Überall war der Empfang überschwenglich. Auf dem Rückweg machten sie Halt auf den Kokos-Inseln in der Nähe Australiens, in Ceylon (Sri Lanka) und in Aden, bevor sie Uganda besuchten. Danach flogen sie nach Tobruk in Nordafrika, wo sie ihren fünfjährigen Sohn Charles und ihre dreijährige Tochter Anne wiedersahen, die mit der HMS "Britannia" gekommen waren. Auf der Rückreise besuchte die Familie kurz Malta, die Insel, die so glückliche Erinnerungen in Elizabeth wachrief, und Gibraltar, bevor sie nach London zurückkehrten. Dort gab es einen triumphalen Empfang für den ersten britischen Monarchen, der die Welt per Schiff umrundet hatte.

Während dieser fünfmonatigen Reise hatte sich Elizabeth Sorgen um ihre Schwester Margaret gemacht, die damals dreiundzwanzig Jahre alt war und sich in einen verheirateten Mann verliebt hatte. Es war Oberst Peter Townsend, der attraktive ehemalige Kampfflieger aus dem Zweiten Weltkrieg, ein Kriegsheld und der königliche Stallmeister von George VI. Er war ein Freund der

Familie und ein Berater des Königs. Elizabeth und Margaret haben sich immer nahegestanden. Elizabeth war eine verantwortungsbewußte, wohlerzogene Tochter, während Margaret eher ungezogen, boshaft und manchmal eigensinnig war.

Im Herbst 1952 hatte Margaret ihrer Schwester erzählt, daß sie in Townsend verliebt sei. Elizabeth, die Townsend ebenfalls mochte, fühlte zwiespältig das Glück ihrer Schwester und den Kummer, den eine solche Heirat mit sich bringen würde. Als Oberhaupt der Kirche von England konnte Elizabeth es nicht akzeptieren, daß ihre Schwester die Gesetze der Kirche zur Scheidung brechen würde, wenn sie in eine Heirat mit einem geschiedenen Mann einwilligte, egal wie tugendhaft dieser auch war.

Das Drama der unglücklichen Liebesaffäre zwischen dem geschiedenen Townsend und der jungen Prinzessin Margaret spaltete die Nation, die Regierung, das Unterhaus, die Kirche und die königliche Familie. Der Krieg hatte die Ansichten vieler Menschen über Scheidung und eine erneute Heirat geändert. So viele Paare lebten getrennt oder waren geschieden, und so viele hatten wieder geheiratet, daß wütende Diskussionen für und wider die Scheidung geführt wurden. Die Kirche, die Monarchie und das Establishment versuchten verzweifelt, die Scheidungswelle einzudämmen, während eine wachsende Anzahl einfacher Leute begann, die Scheidung als ein Recht für Paare zu akzeptieren, die in einer unglücklichen Ehe lebten.

Peter Townsend war ein außergewöhnlicher Mann. In einem seiner Bücher über die Adligen beschreibt Douglas Keay ihn als „eine Mischung aus Trevor Howard in 'Brief Encounter' und Leslie Howard in 'Gone with the wind', zumindest was Frauen anging, denn mit Frauen hatte er kaum jemals Pech." König George hätte ihn nicht höher loben können, als er sagte, Townsend, den er 1944 bei einem dreimonatigen Prozeß kennengelernt hatte, sei die Art Sohn, den er sich immer gewünscht habe. „Er war der Lieblingsstallmeister von George VI., und der König hatte ihn zum Komtur des Viktorianischen Ordens ernannt." Peter Townsend wurde stellvertretender Leiter der königlichen Hofhaltung, wie es auch Elizabeth's guter Freund Patrick Plunket ein paar Jahre später werden sollte.

Townsends Job als Stallmeister mit seinen langen Arbeitszeiten und den vielen Reisen brachte es mit sich, daß er seine Frau kaum sah. Acht Jahre, nachdem er sich der königlichen Familie "angeschlossen" hatte, und sechs Monate nach dem Tod von König George VI. wurde er geschieden. Das Gericht gab seiner Frau die Schuld für das Scheitern der Ehe, und so mußte Townsend seinen Posten im Palast nicht aufgeben. Er wurde sogar wenig später von der Königinmutter zum Rechnungsprüfer befördert, erhielt also den wichtigsten Posten innerhalb der königlichen Hofhaltung. Er zog deshalb in das Clarence House, in dem auch die dreiundzwanzigjährige Margaret lebte.

Margaret war eine schöne, junge Frau und hatte seit ihrem achtzehnten Geburtstag, wenn nicht schon früher, eine Menge Verehrer unter standesgemäßen jungen Männern, die sie umwarben. Sie ging auf Partys und Bälle, nahm an Privatgesellschaften teil; sie rauchte, trank und genoß das Leben. Sie wurde als moderne Frau akzeptiert. Die Zeitungen waren voller Geschichten über die Prinzessin, die oft ausging.

König George und seine Frau Elizabeth waren erpicht darauf, ihre Tochter mit einem britischen Aristokraten zu verheiraten, ganz besonders nachdem Elizabeth "einen Ausländer" geheiratet hatte. Ab und zu war Margaret in Begleitung mehrerer junger Aristokraten, darunter der Marquis von Blandford, der Sohn des wohlhabenden Herzogs von Marlborough, der Graf von Dalkeith, der Sohn des Herzogs von Buccleuch, und William "Billy" Wallace, der Enkel des berühmten Architekten Sir Edward Lutyens. Doch Margaret hatte kein echtes Interesse an einem von ihnen.

1948 verliebte sich die achtzehnjährige Margaret in Danny Kaye, als sie ihn bei seinem ersten Auftritt im Londoner Palladium hinter der Bühne traf. Sie war fasziniert von seinem Sinn für Humor, seinem hübschen Gesicht und der geschmeidigen Figur. Zuerst war König George amüsiert über das Interesse seiner Tochter an diesem Mann, doch als man ihn informierte, Margaret sei ernsthaft an ihm interessiert, erschrak er. Danny Kaye war nicht nur fast doppelt so alt wie Margaret, sondern auch verheiratet. Seine Frau, die begabte Lyrikerin Sylvia Fine, war mit ihm zusammen in London.

Kaye kehrte in die Vereinigten Staaten zurück, und Margaret führte ihr Partyleben weiter. Sie lernte Townsend besser kennen, der als königlicher Stallmeister viele Stunden am Tag mit der königlichen Familie verbrachte. Er war fünfzehn Jahre älter als die Prinzessin.

1951 schrieb Townsend: „Sie war ein Mädchen von einer ungewöhnlichen, intensiven Schönheit, die von ihrer kleinen schlanken Figur ausging und sich in den großen blauen Augen konzentrierte, den vollen, sinnlichen Lippen und ihrem Pfirsichteint. Sowohl ihr Gesicht als auch ihr ganzes Wesen hatten eine erstaunliche Ausdruckskraft. Sie konnte jeden Augenblick von einer seligen, fast melancholischen Stimmung in übermütige, unkontrollierte Freude ausbrechen. Sie war von Natur aus großzügig und lebhaft. Sie war im tiefsten Herzen eine Komödiantin, die voller Natürlichkeit und Begeisterung Klavier spielte, mit ihrer kräftigen, geschmeidigen Stimme die neuesten Hits sang oder berühmte Stars imitierte. Sie war kokett und weltklug. Doch was Prinzessin Margaret letztendlich so anziehend und liebenswert machte, steckte hinter ihrer glanzvollen Fassade, hinter ihrer offensichtlichen Selbstsicherheit. Man konnte, wenn man danach suchte, eine seltene Weichheit und Aufrichtigkeit finden."

Das war die junge Frau, in die er sich verliebte. Sie hatte viele junge Männer getroffen und mit ihnen geflirtet, Aristokraten und Bürgerliche, doch sie hatte sich in keinen von ihnen verliebt. Nur einen Monat nach dem Tod ihres Vaters im Februar 1952 stellte Margaret fest, daß sie sich in Peter Townsend verliebt hatte. Irgendwann in diesem Jahr wurden die beiden ein Paar, acht Jahre nach ihrem ersten Treffen.

Bei Elizabeth's Krönung erhaschte die Presse einen unvorhergesehenen Moment, der in Amerika große Aufmerksamkeit in den Medien auslöste: man sah Prinzessin Margaret harmlos einen Fussel von der Uniform des Oberst Peter Townsend wischen, als sie nach der Zeremonie nebeneinander standen. Am folgenden Tag machte Margarets Flirt mit dem attraktiven Kriegshelden Schlagzeilen in der "New York Daily News" und dem "Journal-American". Der Vorfall wurde in der britischen Presse nicht einmal erwähnt, denn der Palast hatte damals eine bemerkenswerte Kontrolle über die Medien, was heute undenkbar wäre. Die Episode tauchte in den europäischen Zeitungen auf, doch in Großbritannien passierte zwei Wochen lang gar nichts, bis "The People" Gerüchte über ein romantisches Interesse Margarets an Townsend verbreitete. Der erste Skandal unter Elizabeth's Herrschaft stand kurz vor dem Ausbruch.

Als Margaret ihrer Schwester im Herbst von ihrem Liebhaber erzählte, traf Townsend Tommy Lascelles, den fünfundsechzigjährigen Privatsekretär der Königin und Musterknaben des Establishments, um ihn über die Affäre zu informieren. Als Lascelles die Neuigkeit vernommen hatte, platzte er heraus: „Sie sind entweder verrückt oder ein böser Mensch." Lascelles fürchtete, der nächste Skandal, der demjenigen um die Abdankung ähnelte, würde der Monarchie ernsthaften Schaden zufügen, und da er seinen Job darin sah, die Monarchie vor allem zu bewahren, beschloß er, seine gewaltige Autorität einzusetzen.

Zuerst unterstützte Premierminister Churchill die Heirat aus vollem Herzen und meinte: „Was für ein wunderbares Paar. Eine liebenswürdige, junge, königliche Lady heiratet den tapferen, jungen Flieger, der sicher von den Schrecken und Gefahren des Krieges zurückgekehrt ist!" Palastberater und seine eigene Frau Winnie überredeten Churchill schließlich, sich gegen eine Heirat zu stellen, weil sie fürchteten, die Krone könnte Schaden nehmen. Er berief eine Kabinettssitzung ein, die einstimmig beschloß, der Premierminister müsse sich bei der Königin gegen solch eine königliche Heirat aussprechen. Margaret mußte sich an das Königliche Heiratsgesetz aus dem Jahre 1772 halten, welches festlegt, daß jedes Mitglied der königlichen Familie in der Thronfolgerlinie die Zustimmung des Herrschers einholen muß, wenn es vor dem fünfundzwanzigsten Lebensjahr heiratet. Da sowohl Prinz Charles als auch Prinzessin Anne vor ihr in dieser Linie standen, war Margaret überzeugt davon, Elizabeth würde ihr die Erlaubnis geben.

Elizabeth sah sich in einer herzzerreißenden Lage. Als junge Frau, die Philip gewollt und bekommen hatte, verstand sie das heftige Verlangen ihrer Schwester nach Townsend. Sie hätte Margaret am liebsten umarmt und gesagt: „Ja, ja, ja. Ich finde das so aufregend für dich, ich hoffe, ihr werdet beide sehr glücklich." Doch das konnte sie nicht. Sie sprach mit der Königinmutter, die einen Zusammenbruch erlitt und weinte, weil ihre Tochter sich in einen geschiedenen Bürgerlichen verliebt hatte und die ganze Angelegenheit an Edwards Affäre mit Mrs. Simpson erinnerte. Voller Schmerz weinten Elizabeth und ihre Mutter zusammen.

Elizabeth zeigte bemerkenswerte Charakterstärke. Sie sagte Churchill, Lascelles und dem Erzbischof von Canterbury, daß sie das Paar bitten werde, noch ein Jahr zu warten. Sie rief die beiden zu sich und teilte ihnen die Neuigkeit mit. Margaret umarmte ihre Schwester und meinte mit Tränen in den Augen: „Danke, Lilibet, danke." Margaret und Townsend verabschiedeten sich in dem Glauben, sie könnten "in etwa einem Jahr" heiraten.

Aber da waren längst andere Kräfte im Spiel. Lascelles, die königliche Hofhaltung, Churchill, das Kabinett, die Kirchenführer und viele Mitglieder des Oberhauses waren entschlossen, die Heirat zu verhindern. Die Mehrheit der Briten unterstützte jedoch Margaret und ihren Wunsch, einen Bürgerlichen zu heiraten. Wieder einmal war die Nation geteilter Meinung über die königliche Familie. Im linken Magazin "Tribune" schrieb Michael Foot, der Herausgeber, Mitglied des Parlaments und späterer Leiter der Labour Partei:

„Dieser nicht zu tolerierende Akt der Einmischung in das Privatleben eines Mädchens ist Bestandteil des absurden Mythos von der königlichen Familie, der in den letzten Jahren durch Interessengruppen so emsig aufgebaut wurde. Die englischen Gesetze besagen, daß ein Mann, ob er nun durch die Schuld seiner Frau geschieden wurde oder durch seine eigene, absolut berechtigt ist, wieder zu heiraten... Wenn diese Gesetze gut sind, dann sind sie auch gut genug für die königliche Familie."

Wie vereinbart, ging Townsend als Luftwaffenattaché der britischen Botschaft nach Brüssel, wo die Presse ihm keine Ruhe mehr ließ. Gegen den Rat von Lascelles gab Elizabeth dem Paar die Erlaubnis, einander zu schreiben und miteinander zu telefonieren. Bevor Townsend London verlassen hatte, hatte Lascelles beiden gesagt: „Eine Heirat ist nicht unmöglich." Doch er betrog sie bewußt. An ihrem fünfundzwanzigsten Geburtstag wartete Margaret auf den Mann, den sie immer noch liebte und heiraten wollte. Dem Gesetz nach mußte sie jetzt nur noch den Geheimen Staatsrat benachrichtigen, und es würde ihr freistehen zu heiraten.

Der neue Premierminister Sir Anthony Eden, selbst ein geschiedener Mann, traf Margaret auf Balmoral und sagte ihr, einige Abgeordnete des Parlaments, der große Lord Salisbury eingeschlossen, hätten mit ihrem Rücktritt gedroht, falls Margaret Townsend heirate. Während dieses emotionsgeladenen Treffens, als Margaret Tränen der Wut und Empörung vergoß, sagte Eden, wenn sie ihn dennoch heirate, könne sie nicht in der Thronlinie bleiben und bekäme kein Gehalt mehr von der Regierung für die Ausübung ihrer königlichen Pflichten. Sie wußte auch, Townsend würde die Königliche Luftwaffe verlassen müssen und nur eine karge Pension erhalten. Sie hätten dann praktisch nichts zum Leben.

Elizabeth sagte ihr bei einem Treffen: „Du kannst ihn immer noch heiraten, aber es wird den größten Krach geben." Dann enthüllte Elizabeth die Substanzlosigkeit ihrer Macht, indem sie hinzufügte: „Du weißt, daß ich nichts tun kann. Du weißt, ich will, daß du glücklich bist, doch sie sind entschlossen, dich von dieser Heirat abzuhalten. Sie werden alles tun, um eine Heirat zu verhindern." Elizabeth bezog sich auf die Figuren des Establishment, auf Regierungsminister, höhere Beamte und Mitglieder ihrer eigenen königlichen Hofhaltung.

Unter dem großen Tumult von Journalisten und Fotografen kam Townsend im Oktober 1955 zurück nach London, und das Paar traf sich in Clarence House. In der Nacht verließen sie London und fuhren nach Allanby Parks in Berkshire, einem wunderschönen georgianischen Landsitz mit fünfzig Zimmern, vierzig Meilen nordwestlich von London. Es war das erste gemeinsame Wochenende seit achtzehn Monaten. Während die Weltpresse draußen campierte, verbrachten Margaret und Townsend drei Tage und drei Nächte zusammen. Sie waren entschlossen zu heiraten, egal welche Kräfte sich ihnen auch in den Weg stellen würden.

Das Kabinett wurde informiert, daß die Hochzeit stattfinden würde. Margaret glaubte, man würde ihr erlauben, den geliebten Mann zu heiraten, weil sie jetzt älter als fünfundzwanzig Jahre war. Das Establishment spielte jedoch seinen Trumpf voll aus. Tommy Lascelles bat Margaret zu sich. Er sagte: „Scheinbar ist Ihnen etwas entgangen. Wenn Sie darauf bestehen, Oberst Townsend zu heiraten, müssen Sie ins Exil gehen und wie Ihr Onkel David im Ausland leben. Ihm wurde ebenfalls die Heirat nur unter der Bedingung gestattet, daß er abdankt und ins Ausland geht."

Jahrhunderte zuvor hatten Herrscher die Macht besessen, Untertanen ihres Landes ins Ausland zu schicken, und sie hatten auch Gebrauch davon gemacht. Wenn ein Herrscher in unseren Zeiten jedoch glaubt, die Autorität zu haben, jemanden aus dem Land zu verbannen, so ist das höchst zweifelhaft. Offiziell war der Herzog von Windsor nicht verbannt worden. Er dankte ab und willigte im Austausch für diese Regelung ein, im Ausland zu leben.

Margaret war sprachlos. Davids Situation war so anders gewesen. Er war der König. Mit dem Mut der Verzweiflung schrie sie Lascelles an: „Ich bin nicht die Herrscherin. Und es besteht keine Möglichkeit, daß ich jemals Königin werden könnte. Wie können Sie dann meine Situation vergleichen mit der von Onkel David? Wie können Sie das tun?" Margaret hat Lascelles diese

Heuchelei nie vergeben. Sie sagte: „Ich werde ihn bis ins Grab verfluchen." Als ihr Verhältnis mit Townsend schließlich endete, sprach Margaret nie wieder ein Wort mit Lascelles.

Margaret verließ Lascelles, um ihre Schwester zu sehen. Elizabeth schüttelte den Kopf und informierte Margaret über die Macht des Establishment, der Regierung, der höheren Beamten des königlichen Haushaltes und der Kirchenführer, die alle gegen diese Heirat waren. Margaret bat den Erzbischof von Canterbury um Unterstützung, doch auch er konnte ihr keine Hoffnung machen.

Im Oktober 1955 donnerte die "London Times", damals das Sprachrohr des Establishment und der Kirche: „Die Königin und ihre Familie sind ein Vorbild für die Untertanen des Commonwealth, und die übergroße Mehrheit wird diese Heirat nicht akzeptieren."

Townsend schrieb später: „Wir waren beide erschöpft, geistig, emotional und physisch. Wir fühlten uns niedergeschlagen und betäubt von diesem Wirbel." An diesem Abend kam Townsend mit einem Papier nach Clarence House, das er Margaret zu lesen gab.

Darauf stand: „Mir war bewußt, daß es unter Aufgabe meiner Rechte auf die Thronfolge möglich gewesen wäre, standesamtlich zu heiraten. Doch eingedenk der kirchlichen Lehre, daß eine christliche Heirat unzerstörbar ist, und im Bewußtsein meiner Pflichten gegenüber dem Commonwealth habe ich beschlossen, diese Erwägungen über die anderen zu stellen. Ich bin ganz allein zu dieser Entscheidung gekommen, und ich bin darin bestärkt worden durch die treue Unterstützung und Hingabe von Oberst Townsend. Ich bin zutiefst dankbar für die Bemühungen aller, die stets für mein Glück gebetet haben."

Gemeinsam trafen sie die Entscheidung, nicht zu heiraten, doch sie verbrachten noch ein letztes Wochenende zusammen im Hause eines Freundes in der Gegend von Sussex. Vierundzwanzig Stunden später, als die Welt mit der Ankündigung ihrer Hochzeit rechnete, kam die überraschende Erklärung von Prinzessin Margaret.

Sie begann mit: „Mir war bewußt, daß..."

Elizabeth fühlte Schuld, Scham und Mitleid: Schuld, weil sie nicht eindringlicher gewesen war; Scham, weil sie noch nicht einmal als Königin und Staatsoberhaupt in der Lage gewesen war, das Establishment zu überreden, und tiefes Mitleid mit ihrer Schwester. Sie hatte wieder eine Lektion gelernt, die sie nie vergessen würde.

Viele Biographen nehmen an, daß Philip Elizabeth in der Krise unterstützt hat, doch das ist nicht wahr. Obwohl Philip und Townsend einander lange kannten und viele Stunden bei Wettkämpfen miteinander Squash und Badminton gespielt hatten, war Philip immer neidisch auf Townsend gewesen. Er war eifersüchtig auf dessen brillante und mutige Kriegsberichte, auf seine Freundschaft mit König George VI. und der Königinmutter und auf seine Popularität in der ganzen Familie. Townsend war ein sehr sympathischer Mann, was man von Philip nicht gerade behaupten konnte. Townsend war elegant, introvertiert, mit vornehmen Manieren und fand Philip brüsk, frech und übereifrig. Philips Verhalten kann nur als Ergebnis seiner Eifersucht gesehen werden, denn er tat alles, um die beantragte Heirat zu verhindern.

Während eines privaten Essens mit Elizabeth wandte er sich an Margaret und sagte ihr ganz direkt: „Hör auf, so verdammt blöd zu sein, und laß diesen Unsinn!" Margaret errötete und sah Philip böse an. Elizabeth sagte nichts, sie war gekränkt durch den wilden Ausbruch ihres Mannes gegenüber ihrer Schwester.

Philip fand die Schwester seiner Frau eitel und frivol. Margaret hat nie vergessen, daß Philip sich gegen sie stellte. Darum sind sich die beiden nie nähergekommen. Philips Haltung gegenüber Margaret machte es Elizabeth noch schwieriger, mit deren Kummer fertig zu werden, und verursachte ihr großen Seelenschmerz.

Ein großes Problem, das Elizabeth praktisch geerbt hatte, war das Verhältnis der Familie zum Herzog und der Herzogin von Windsor, die von Englands Küsten verbannt worden waren. Elizabeth war gerade zehn Jahre alt gewesen, als ihr Onkel abdankte und ihr Vater den Thron bestieg. Sie hatte seitdem weder den Herzog noch die Herzogin gesehen. Natürlich spürte sie die Bitterkeit, die die Familie spaltete, besonders von seiten ihrer Mutter, die ihrem Schwager nie vergeben hatte, daß er ihren Mann zwang, König zu werden. Darauf war er nicht vorbereitet gewesen, und das hatte er auch nie gewollt.

Vom Charakter, den Interessen und der Erscheinung her konnte sich die junge Elizabeth, die dreißig Jahre jünger war, kaum mehr von der Herzogin unterscheiden, als sie es ohnehin tat. Trotzdem zeigte Elizabeth der Herzogin gegenüber viel mehr

Mitleid und Vergebung als ihre Mutter. Während ihrer Herrschaft versuchte Elizabeth, den Bruch zwischen ihrer Mutter und dem Herzog und der Herzogin zu kitten, doch ohne Erfolg. Die Königinmutter hat ihnen nie vergeben.

Elizabeth war bereit, den größten Wunsch des Herzogs zu erfüllen. Er wollte, daß seiner Frau der Titel Ihre Königliche Hoheit zuerkannt wird, doch Elizabeth's Mutter wollte nichts davon hören. Jedesmal, wenn dieses Thema diskutiert wurde, hörte Elizabeth zu und sagte dann: „Das ist Mamis Sache. Wir dürfen nichts tun, um Mamis Gefühle zu verletzen." Also geschah gar nichts.

1962 stellte Elizabeth dem Herzog von Windsor auf Dauer ein privates Büro zur Verfügung und lud ihn und die Herzogin nach London zur Einweihung der Gedenktafel für Königin Mary ein. Doch der gewünschte Titel blieb aus, und die beiden kehrten in ihr Exil nach Paris zurück.

Zehn Jahre später, im Mai 1972, statteten Elizabeth und Philip Frankreich einen Staatsbesuch ab. Zu dieser Zeit lag der damals achtundsiebzigjährige Herzog im Sterben. Er hatte Krebs. Elizabeth ging zum Hause der Windsors, trank mit der Herzogin Tee und besuchte ihren Onkel. Er wollte sie nicht im Schlafanzug empfangen, angeschlossen an Tropf und Schläuche, und bestand darauf, daß die Krankenschwestern ihn ankleideten und ihm in einen Sessel halfen. Als Elizabeth kam, saß er in seinem Lieblingssessel, adrett gekleidet mit einer Krawatte, im Blazer und in grauen Flanellhosen. Er konnte nicht mehr stehen und kaum noch sprechen. Nach dreißig Minuten verabschiedete sich Elizabeth und küßte ihn auf die Wange. Sie wußte, daß er an der Schwelle des Todes stand. Zehn Tage später starb er.

Elizabeth sorgte dafür, daß seine Leiche in einem Sarg aus englischer Eiche nach London geflogen und von dort nach Windsor zum Begräbnis gebracht wurde. Mountbatten wurde gebeten, die Herzogin während ihres kurzen Aufenthaltes in London zu begleiten. Er war der geeigneste Mann für diese Aufgabe, denn er hatte nach der Abdankung stets als Vermittler zwischen der königlichen Familie und dem Herzog fungiert.

Die Herzogin war wegen des Begräbnisses in London bekümmert. Sie erzählte Mountbatten: „Ich mache mir Sorgen wegen Elizabeth, der Königinmutter, die mich nie angenommen hat."

Mountbatten beruhigte sie und sagte: „Sie wird Sie mit offenen Armen willkommen heißen. Sie tun ihr so leid in Ihrem Kummer, und sie erinnert sich noch genau, was sie gefühlt hat, als ihr Mann starb." Die Königinmutter empfing sie und war höflich, doch es stellte sich keine Wärme zwischen den beiden Frauen ein.

Als die Herzogin in der St. George Kapelle in Windsor stand, wo der Herzog aufgebahrt war, sagte sie: „Er war mein ganzes Leben. Ich darf gar nicht daran denken, was ich ohne ihn anfangen soll. Er hat so vieles für mich aufgegeben, und jetzt ist er tot. Ich hatte immer gehofft, ich würde vor ihm sterben."

Mountbatten kommentierte später: „Ich muß sagen, sie tat mir entsetzlich leid. Sie war so allein und traurig, und trotzdem sagte sie immer wieder, wie wundervoll sich die Familie ihr gegenüber verhalten habe und daß alles doch besser gelaufen sei, als sie gedacht habe."

Trotzdem bemerkte die Herzogin einige Zeit, nachdem sie nach Paris zurückgekehrt war: „Die Königin, Prinz Charles und Prinzessin Anne waren höflich und nett zu mir, besonders die Königin." Dann setzte sie hinzu: „Das Königtum ist immer höflich und nett. Doch sie waren kalt. David sagte immer, sie seien kalt."

Das war vielleicht ein zu hartes Urteil. Elizabeth erscheint fast immer kühl, wenn sie öffentlich ihre Herrscherpflichten ausübt, und bis zu einem bestimmten Maß muß sie sich auch so benehmen. Sie wirkt oft distanziert, wenn sie mit Fremden redet, aber auf Menschen, die sie gut kennen, wirkt sie nicht so. Es wäre falsch zu behaupten, sie sei kalt, denn sie kann sehr enthusiastisch sein und hat viel Sinn für Humor, wann auch immer sie diese Stimmung im Privatleben packt. Doch natürlich bekommen das nur wenige Menschen mit.

Nach dem Begräbnis des Herzogs unternahm Elizabeth alles in ihrer Macht Stehende, um der Witwe das Leben so angenehm wie möglich zu machen. Sie war Invalidin und lebte viele Jahre einsam und abgeschieden, bis sie im April 1986 im Alter von neunzig Jahren starb. Elizabeth ordnete an, ihren Leichnam nach England zu bringen, und bestattete sie neben ihrem Ehemann in den Anlagen von Windsor. Fast dreißig Jahre zuvor hatte die Herzogin ihren Mann überredet, auf dem Green Mount Friedhof in Baltimore eine große Gruft zu kaufen, denn sie war überzeugt, daß die Briten und ganz besonders ihre Erzfeindin, die Königinmutter, nach ihrem Tod erreichen würden, was sie im Leben schon immer versucht hatten: ihre Trennung. Doch Elizabeth hatte ihrem Onkel und der Herzogin mitgeteilt, daß sie ein Grab für beide in Frogmore, im Großen Park von Windsor, bereitstellen würde, und sie hielt ihr Versprechen.

Teil IV:

Freunde und Geliebte

6. Kapitel: Sexuelle Abenteuer

Prinz Philip ist ein heftig konkurrierender Mann und ein Macho dazu. Und doch ist er seit fast fünfzig Jahren gezwungen, in der Öffentlichkeit immer zwei Schritte hinter seiner Frau zu gehen. Als müßte sein Stolz noch mehr beleidigt werden, existiert Philip rein verfassungsmäßig überhaupt nicht. Er kann auch in keiner Weise die Rolle seiner Frau teilen oder mittragen. Diese Umstände haben Philips angeborene Aggressivität nur noch verstärkt. Sie führten zu Ungeduld, oft auch zu Starrsinn und Uneinsichtigkeit.

Philip ist es nicht gestattet, die Regierungspapiere zu sehen, diese offiziellen Dokumente voller Staatsgeheimnisse, die zwei- oder dreimal pro Tag verschlossen im Buckingham Palast ankommen, damit die Königin sie lesen kann, und die alles Wichtige enthalten, womit die Regierung beschäftigt ist. Einmal, kurz nachdem Elizabeth Königin geworden war, bekam Philip das Recht, sie zu lesen, doch er gab das Privileg zurück, da es seine Redefreiheit beeinträchtigte. Seitdem wird stillschweigend so verfahren, daß Philip diese Papiere niemals sieht und auch nicht liest.

In Wirklichkeit jedoch tut er das sehr wohl. Während Elizabeth's Regentschaft hat Philip alle Papiere gelesen, die er lesen wollte, und er tut es noch. Er hat sie bereitwillig mit Elizabeth diskutiert, und sie respektiert seine Meinung. Da Philip und der Palast daran festhalten, daß er nie Regierungspapiere zu Gesicht bekommt, kann er frei kommentieren, was immer er will.

Als König George VI. der Heirat zwischen Elizabeth und Philip zustimmte, ernannte er Philip zum Geheimen Staatsrat. Das ist ein Stab von Beratern, der aus dem England des Jahres 1070 stammt und später Oberster Regierungsstab wurde, dem Vorgänger des Ministerkabinetts. Heutzutage ist seine Macht rein formal und beschränkt sich auf königliche Bekanntmachungen und Kabinettsbefehle. Die Mitgliedschaft wird Kabinettsministern und Personen, die hohe politische, kirchliche oder juristische Positionen in Großbritannien bekleiden, automatisch übertragen. Weil es nie zu Diskussionen kommt, war Philip noch nie anwesend. In Wirklichkeit sind die Treffen so kurz, daß niemand, noch nicht einmal die Königin oder ihr immer anwesender Vertreter, auch nur Platz nimmt.

König George ehrte Philip noch auf andere traditionelle Arten. Am Morgen vor der Hochzeit machte König George Philip zum Herzog von Edinburgh und gab ihm ein neues Wappenschild. Das Wappen schien sehr passend, denn es zeigt Herzen, Löwen, ein Kreuz und ein Schloß, darunter einen goldenen Löwen mit einer kleinen Herzogskrone auf dem Kopf und einem Marinediadem um den Hals sowie den Held Herkules mit geschwollenen Muskeln, einem buschigen blonden Bart, einem Löwenfell um die Hüften und einer Keule in der Hand. Philip wurde eine Woche, nachdem man Elizabeth dieselbe Ehre hatte zuteil werden lassen, zum Ritter des Hosenbandordens geschlagen.

Philips Leben änderte sich drastisch an jenem Tag im Februar 1952, als König George VI. starb und seine Frau Königin wurde. Nun waren die Tage seiner Führung mit einem Schlag vorbei. Später gestand er seine Enttäuschung. „Bis dahin war ich das Oberhaupt der Familie. Ich hatte natürlich die Führungsposition. Die Leute kamen immer zu mir und fragten mich, was sie tun sollten. Nach dem Tod des Königs änderte sich alles drastisch."

Philip brauchte ein paar Jahre, um mit der Tatsache fertig zu werden, daß er völlig überflüssig war, was die königliche Hofhaltung, die Regierungsminister und das Establishment betraf. Viele Mitglieder der Aristokratie nannten ihn "Philip, den Griechen" oder "Philip, das Prinzchen", eine ziemliche Beleidigung in den Jahren nach dem Zweiten Weltkrieg.

Lord Charteris, der 1949 zum Ersten Privatsekretär von Elizabeth ernannt wurde, beobachtete Philip während dieser furchtbaren ersten Jahre. Er meinte: „Ich denke, Philip hätte stärker versuchen sollen, sich den Ansichten der königlichen Hofhaltung anzupassen. Wegen der Art, wie man ihn besonders vor der Hochzeit behandelte, hatte er eine Menge Vorurteile gegen die alte Ordnung. Er hielt sie für verstaubt. Mit Antipathie und Ungeduld wurde er nun vom Ehemann der Prinzessin zum Gemahl der Herrscherin. Er schmollte ganz schön."

Philips guter Freund aus der Marine, der Australier Mike Parker, schrieb: „Ich spürte, daß Philip nicht viele Freunde oder

Verbündete im Palast hatte. Es gab Leute, die ihm hätten helfen können, sich damit aber zurückhielten. Einige Mitglieder des Establishments waren engstirnig und hatten Vorurteile. Einige der höheren Angestellten der königlichen Hofhaltung fanden den Herzog "teutonisch". Da war die Sache mit seiner ganzen deutschen Verwandtschaft. Wir hatten gerade einen Krieg hinter uns, und Deutsche waren Deutsche."

Prinz Philip wollte nie Prinzgemahl werden, wie Albert, Philips Urgroßvater, es ein paar Jahre nach seiner Heirat mit Königin Victoria geworden war. Dieser Titel hätte zwar seinen offiziellen Status erhöht, aber Philip glaubte, wenn er den Titel des Prinzgemahlen akzeptierte, würde er seine Rolle auf eine rein symbolische beschränken müssen. Er wollte sich instinktiv vom Mysterium der Monarchie distanzieren und seine Rechte und Pflichten als Ehemann und Vater geltend machen. Außerdem war es Elizabeth selbst gewesen, die damals in den vierziger Jahren, als sie heirateten, bei ihrem Eheschwur darauf bestanden hatte, ihrem Ehemann "Gehorsam" zu schwören wie jede andere Frau, die in der Kirche von England heiratete.

Boothroyd, Philips offizieller Biograph, schrieb 1982 in einem Artikel in der "Times", Philip möge es nicht, wenn die Diener sich vor ihren Herren verneigen und sich anbiedern. Er hat sich immer selbst zuerst als Mann gesehen, an zweiter Stelle erst als Prinz. Manchmal tadelt Philip einen Diener, wenn er einem seiner Söhnen die Tür offenhält, indem er sagt: „Er ist doch nicht hilflos. Er hat doch Hände wie jeder andere auch!"

Nicht nur wegen der Diener hat Philip sich den Ruf eines ungeduldigen, jähzornigen, sich an allem reibenden und aggressiven Mannes eingehandelt, als den die Welt ihn kennt. Er hat viele Bürokraten beschimpft und viele Journalisten und Fotografen angeschrien. Er ist Fremden gegenüber oft rüde und verletzt sie durch unpassende Bemerkungen. Seine Opfer wissen nicht, wie sie dem Ehemann der Königin begegnen sollen.

Wenn er Botschafter aus den schwarzen Ländern des Commonwealth trifft, fragt Philip oft: „Wie geht es Ihren Eingeborenen zu Hause? Gab es Aufstände in der letzten Zeit?" Sie verstehen diesen Scherz nicht, sind verärgert und wissen nicht, wie sie auf den Ehemann der Königin reagieren sollen.

Er vermittelt gern den Eindruck, als habe er alles unter Kontrolle, besonders die Königin. In den ersten Jahren, wenn sie Fabriken oder Einkaufszentren besichtigten, sagte Philip so laut, daß es jeder hören konnte: „Das ist eine verdammte Zeitverschwendung", oder noch schlimmer: „Laß uns hier bloß verschwinden!" Wie beabsichtigt, war Elizabeth peinlich berührt und warf ihm normalerweise einen eiskalten Blick zu, damit er den Mund hielt. Manchmal zeigte Elizabeth's Reaktion auch Wirkung. Aber meistens lächelte sie, und der Besuch wurde ziemlich abrupt beendet. In seiner permanenten Ungeduld schien es Philip überhaupt nicht zu kümmern, wen er verärgerte, selbst dann nicht, wenn es seine eigene Frau war.

Er wird immer Mängel finden, wenn er die Königin auf offiziellen Rundgängen begleitet. Wenn sie zum Beispiel denen zuwinkt und zulächelt, die ihr zujubeln, stellt er oft lautstark fest: „Du mußt ein paar von diesen verdammten Polizeioffizieren loswerden, uns kann doch gar keiner sehen", oder aber: „Es gibt hier überhaupt keine verdammten Polizeioffiziere. Laß den Innenminister kommen."

Philip war genauso schroff zu den höheren Angestellten in den königlichen Palästen. Manchmal konnte er die königlichen Diener in deren Gegenwart als "einen Haufen Arschlöcher" oder "hirnlose Idioten" beschreiben, weil er genau wußte, daß seine Position ihn vor Konsequenzen schützt. Seine groben Flüche, die er bei der Marine gelernt hatte, brachten ihm nicht gerade viel Respekt ein.

Gleichzeitig war Philip seiner Frau gegenüber jedoch immer hilfsbereit, und manchmal können die beiden ein sich gegenseitig förderndes Paar sein. Ronald Allison, ein früherer Presseoffizier im Buckingham Palast, erinnert sich: „Ich habe immer bewundert, wie der Herzog die Königin unterstützt. Sie stehen einander sehr nahe und verstehen sich glänzend, wenn sie auf andere Menschen treffen. Bei einem gemeinsamen Auftritt wird die Königin leise sein und lächeln, während Prinz Philip Witze reißt und die Atmosphäre auflockert.

In meiner Erinnerung sehe ich Prinz Philip oft, wie er jemanden in der Menge entdeckt hat und die Aufmerksamkeit der Königin darauf lenkt. 'Oh, sieh mal da, Liebling', meinte er dann und wollte ganz sichergehen, daß sie es auch gesehen hatte. Wenn man jemanden nicht besonders mag, weist man ihn auf nichts hin. Dann ist es egal, ob der andere die Dinge auch sieht oder nicht."

Elizabeth hat schlechte Zeiten mit Philip durchgemacht. Trotzdem glauben einige im Palast auch heute noch, daß sie die Unterstützung ihres Mannes braucht. „Ich wage mir gar nicht vorzustellen, was wäre, wenn ihm etwas passieren würde", meinte ein Bischof, der die beiden seit vielen Jahren gut kennt. „Sie wäre zerstört. Ich bin nicht sicher, ob sie sich trotz ihrer inneren Stärke davon wieder erholen würde."

Kurz nachdem sie Königin geworden war, wurde Elizabeth klar, daß sie etwas finden mußte, um ihren lebhaften, überaktiven Ehemann zu beschäftigen. Sie kannte Philip als Tatmenschen. Er war nicht in der Lage, einen Moment Ruhe zu bewahren, und mußte immer einen Weg finden, um seine ungezügelte Energie herauszulassen. Elizabeth erkannte auch, daß er wie sein Vater ein Frauentyp war. Er hatte das nötige Ego, das Selbstbewußtsein, das gute Aussehen und den natürlichen Sex-Appeal, um alle möglichen Eroberungen zu machen. Er würde seine Talente nicht verkümmern lassen.

Um Philip zu beschäftigen, vertraute Elizabeth ihm zunächst die Modernisierung des Buckingham Palastes, Sandringhams und die von Schloß Windsor an. Außerdem wurde er Hauptverwalters des Windsor Parks. Diese vier Aufgaben boten ihm eine neue Karriere im Grundstücksmanagement.

Philip hatte Hunderte neuer Ideen. Einige waren gut, andere weniger und manche hoffnungslos. Er aber wollte alle sofort ohne jedes weitere Gespräch umsetzen. Er lehnte es ab, sich die Meinung anderer Leute anzuhören, die weit mehr Erfahrung hatten, und nahm auch keine Ratschläge an. Deshalb stellten sich viele seiner Neuerungen als Katastrophen heraus. Wenn er die Leitung einer Sache hat, wird Philip zum kämpfenden Kapitän eines Schiffes, der von der Brücke aus Anordnungen erteilt und unbedingten Gehorsam erwartet. Oft wischt er Hindernisse einfach aus dem Weg mit einem Spott, der arrogant und nicht sehr anziehend wirkt. Diese Vorgehensweise funktioniert vielleicht in der Marine, aber nicht bei Zivilisten.

Philip war mit den Organisatoren im Buckingham Palast unzufrieden, ganz besonders mit den Beratern der Königin, und er war entschlossen, die Monarchie dem zwanzigsten Jahrhundert anzupassen. Er glaubte, daß die britische Monarchie der fünfziger Jahre aufgrund der alten Spießer, die den Palast managten, im neunzehnten Jahrhundert verwurzelt geblieben war. Philip wollte Wandel, Erneuerung und Initiativen. Er tat alles, um Elizabeth für seine Ideen zu begeistern.

Dabei ist ihm nie aufgefallen, daß Elizabeth selbst auch im neunzehnten Jahrhundert verwurzelt war, obwohl sie gerade sechsundzwanzig Jahre jung war, als sie Königin wurde. Sie hatte das Leben einer Klosterprinzessin geführt, umgeben vom Königtum, Palästen und Schlössern, weit entfernt vom Volk, und sie hatte nie jemanden getroffen, der nicht vor ihr geknickst oder sich verbeugt hätte. Sie war noch nie einkaufen gewesen, nie auf dem Markt, hatte nie in einer Schlange angestanden, war nie mit einem vollbesetzten Bus, einem Zug oder der U-Bahn gefahren. Sie hatte nicht die leiseste Ahnung, wie einfache Menschen in ihren Wohnungen lebten. Sie war nie täglich zur Arbeit gegangen, hatte nie einen Teller gespült oder Staub gewischt, nie saubergemacht, Tee oder Kaffee gekocht, ein Bett gemacht, geschweige denn eine Mahlzeit zubereitet oder die Wäsche gewaschen. Sie hatte auch keine Vorstellung vom Wert des Geldes. Ihr ganzes Leben lang war sie umgeben von Dienern und Dienstmädchen. Kurz, sie hatte genauso gelebt wie eine Prinzessin am Hofe Königin Victorias.

Philip nahm sich zunächst den Buckingham Palast vor, marschierte durch die meilenlangen Korridore und untersuchte alles, einschließlich der Unterkünfte der Bediensteten, der Küchen, Badezimmer, Keller, des elektrischen Systems und der sanitären Anschlüsse. Er fand Wege zur Modernisierung, wenn nicht zur Revolutionierung der Arbeitsweise einer Institution, die sich in über hundert Jahren kaum verändert hatte.

Er kam mit hundert und einer Idee, fand es aber schwierig, auch nur ein paar davon umzusetzen. „Man sollte diesen verdammten Palast in die Luft jagen", rief er, „und die meisten Leute, die hier arbeiten, auch!" Die Angestellten zuckten zusammen, wenn Philip auf "Inspektion" ging, denn sie wußten genau, das würde mit Erneuerungen enden, die keiner von ihnen wollte. Eines Tages beschwerte Philip sich laut, so daß einige der höheren Angestellten ihn hören konnte: „Es ist schwieriger, das Kinderbettchen von Prinz Charles von Windsor in den Buckingham Palast zu bringen, als eine Armee über den Rhein zu führen!"

Ein höherer Angestellter der königlichen Hofhaltung erinnerte sich: „Prinz Philip lief durch die Palastkorridore, die Hände auf dem Rücken verschränkt, um straffe Schultern zu bekommen, den langen Hals nach vorn gestreckt, mit gerunzelter Stirn und wie ein grimmiger, seltsamer Adler, der die Diener anfuhr und Antworten auf unmögliche Fragen haben wollte. Er war provozierend, scharf und gefährlich. Doch meistens war sein Geschrei schlimmer als seine Taten."

Seine Anstrengungen, den Buckingham Palast wenigstens geringfügig zu modernisieren, zeigten Ergebnisse. Man zog Dekken ein, überholte die Zentralheizung und strich die Räume heller. Er schaffte modernes Büromaterial an und installierte eine Gegensprechanlage, die den Dienern und Lakaien täglich kilometerlange Märsche ersparte. Ein Vorschlag wurde sofort in die Tat umgesetzt: die Lakaien brauchten ihr Haar nicht länger zu pudern!

Wie es in den fünfziger Jahren in der Industrie üblich war, beschloß Philip eine Zeitstudie durchführen zu lassen, um das Personal zu reduzieren und den Palast effizienter unterhalten zu können. Er rief Sir Basil Smallpiece zu sich, einen erfolgreichen britischen Industriellen. Nach einigen Wochen und einem langen Bericht wurden über hundert der vierhundert Angestellten entlassen. Viele von ihnen gingen in Pension, denn sie hatten bereits das Rentenalter (fünfundsechzig Jahre bei Männern, sechzig bei Frauen) erreicht. Philip sagte später dazu: „Ich glaube nicht, daß es irgendeinen Unterschied macht. Immer noch verrichten zu viele Leute zu wenig Arbeit."

Ein großer Teil der Palastangestellten ist homosexuell. Auch einige der höheren Angestellten, mit denen sich die Königinmutter gern umgab, waren offensichtlich schwul. Die Königinmutter, immer noch charmant und bereits in den Neunzigern, mochte ihren Sinn für Humor und schätzte ihr Pflichtbewußtsein. Philip dagegen war sehr unglücklich darüber, den Palast voller Homosexueller zu haben.

Einmal fiel ihm auf, daß ein Bediensteter schon längere Zeit fehlte, und er fragte seinen Pagen, wo er denn wäre. „Er wurde entlassen, Sir", kam die Antwort. Philip wollte den Grund wissen.

„Ich fürchte, er wurde mit einem der Hausmädchen im Bett erwischt, Sir", war die Antwort. „Und dann schmeißen sie ihn raus?" rief der aufgebrachte Philip. „Dem Mann hätte man eine Medaille geben müssen."

In seinem Eifer, alles verändern zu wollen, ging er manchmal auch zu weit. Um den Palast etwas aufzuhellen, "borgte" er Bilder, die er in einem anderen Teil gefunden hatte, und hängte sie in der Nähe seiner Privaträume auf. Als Elizabeth sah, was er getan hatte, war sie entsetzt. „Die gehören doch zur Staatssammlung", meinte sie. „Du lieferst uns ans Messer, wir dürfen sie noch nicht einmal berühren."

Philips nächstes Projekt war Schloß Windsor, in den fünfziger Jahren ein kalter, zugiger Ort ohne Zentralheizung. Wärme kam, völlig unzureichend für die riesigen Räume, nur von Holz- und Kohlefeuern. Philip ließ Wandlampen, eine Zentralheizung, elektrische Öfen und auch einige moderne Badezimmer mit fließend heißem Wasser installieren. Elizabeth's privates Badezimmer war so schmal, daß sie nur von einer Seite aus in die Wanne steigen konnte. Außerdem ersetzte er die alten metallenen Wärmflaschen, die jeden Abend in die Betten gelegt wurden, durch moderne aus Gummi. Philip wollte elektrische Heizdecken einführen, doch Elizabeth fand sie zu teuer.

In Sandringham hatte Philip mehr Erfolg. Das Haus, 120 Meilen nördlich von London, ist von ihrem Vater geerbter Privatbesitz der Königin. Der Buckingham Palast dagegen ist Eigentum des Staates. Philip wollte Sandringham ohne Pomp und ohne sich verbeugende Speichellecker. Sandringham sollte das Landhaus sein, in dem Elizabeth, Philip und die Kinder sich entspannen konnten wie eine gewöhnliche britische Familie. Er entließ viel Personal, damit die Familie manchmal selbst kochen, abwaschen und Tee kochen konnte. Er ordnete auch an, daß bei Tisch nicht bedient wurde. Natürlich hatte Elizabeth so etwas noch nie erlebt. Zuerst fand sie das alles "spaßig" - den Tee zu machen, die Kinder den Tisch decken zu lassen und abzuwaschen. Aber nicht sehr lange. Kurz darauf kamen die Diener zurück. Deshalb blieben als wirkliche Erneuerung in Sandringham nur die neuen Küchen, der Anschluß eines Geschirrspülers und das gemeinsame Frühstück der Familie.

Philip investierte seine Energie in aufwendigere Dinge. Ein erfolgreiches Projekt war die Einführung von neuen Landwirtschaftstechniken auf den Grundstücken der Königin. In Sandringham übernahm er eine eher heruntergewirtschaftete Farm und verwandelte sie trotz der großen Bürokratie der Regierung in ein modernes, profitables Unternehmen. Die Königin besitzt mehr als tausend Quadratkilometer Land, das nicht an Farmer verpachtet wird und auf dem jetzt Schweine und Truthähne gehalten sowie Pilze gezüchtet und schwarze Johannisbeeren angebaut werden. Alles wird verkauft, natürlich mit Profit. Bevor Philip die Farmen umstrukturierte, waren ihre Produkte für die königlichen Küchen reserviert oder wurden an diejenigen verteilt, die in den königlichen Häusern und Palästen leben. Selbst eines von Elizabeth's

Lieblingshobbys, das Züchten von Jagdhunden, wird nun mit Profit betrieben. Auf Windsor führte Philip die Produktion von Milch, Sahne und Freilandeiern ein. Die meisten seiner erstklassigen Produkte werden in den Buckingham Palast geliefert.

1956 startete Philip eine Initiative, um Führungskraft, Selbstdisziplin, Unternehmensdrang und Ausdauer unter jungen Leuten aus allen sozialen Schichten zu fördern. Wie bei allem, was er zu dieser Zeit vorschlug, war Philip auch diesmal nicht überrascht, als der Erziehungsminister ängstlich reagierte. Einige nannten seinen Plan "altmodisch". Doch er hielt an diesem Plan fest, der als Förderprogramm des Herzogs von Edinburgh bekannt wurde.

Philip wollte jungen Menschen zwischen vierzehn und dreiundzwanzig Jahren, ein Gefühl für den Sinn ihres Lebens geben, indem er ihr Pflichtbewußtsein weckte. Er selbst hat Hunderttausende von Dollars aufgetrieben, um das Programm erfolgreich durchführen zu können, und noch heute ist es das einzige, das seinen Namen trägt. Seit seiner Einführung haben zweieinhalb Millionen junge Menschen aus fünfundfünfzig Ländern und aus allen gesellschaftlichen Schichten daran teilgenommen, darunter auch Jugendliche, die in Heimen und Gefängnissen waren.

Den Vorstellungen von Dr. Kurt Hahn, dem deutschen Gründer von Gordonstoun, folgend, erlaubt das Förderprogramm jungen Leuten, sich mit allem zu beschäftigen, was sie wollen, solange es sich von ihrem hergebrachten Leben unterscheidet. Einige werden zum Beispiel belohnt, wenn sie ein Jahr lang in einer psychiatrischen Klinik gearbeitet haben oder im Winter fünfundsiebzig Kilometer durchs Land ziehen, Kanäle säubern, Kranken, Behinderten oder Alten helfen. Einige bekommen Preise, wenn sie lernen, Flöte zu spielen, einen Reparaturkurs für Autos belegen oder Fußball spielen. Damit soll ihnen Spaß an diesem Programm geboten werden.

Philip nimmt noch immer an den jährlichen sechs Preisverleihungen teil, treibt noch immer Gelder für das Programm auf und spricht gern mit allen jungen Leuten, die er trifft. Während zu Beginn meistens junge Männer teilnahmen, finden sich nun, vierzig Jahre später, ebenso viele junge Frauen unter den Teilnehmern. Prinz Edward hat seinem Vater die meiste Arbeit abgenommen, doch Philip steuert immer noch neue Ideen, Rat, Hilfe und Ermunterung bei.

Elf Freiwillige, zehn Männer und eine Frau, bilden eine besondere Projektgruppe des Förderprogramms. Unter dem Vorsitz von Prinz Edward fungiert das Komitee als Ideenfabrik, das Veranstaltungen plant und durchführt, um Gelder zu organisieren. Die Wirtschaft und die Regierung helfen finanziell, doch das meiste Geld beschafft das Komitee mit verschiedenen Veranstaltungen von privaten Sponsoren.

Philip wollte auch die britischen Handelsbeziehungen verbessern. 1947 gründete er die National Playing Fields Association, und 1961 trat er dem World Wildlife Fund (WWF) bei, der sich dem Naturschutz widmet. Beide waren erfolgreich.

Philip liebte es immer, Mitglied eines Komitees zu sein, besser noch, ihnen vorzustehen. Für viele ist er ein guter Vorsitzender, doch andere finden ihn zu dominant, weil er alles lieber selbst entscheidet, statt demokratisch abstimmen zu lassen.

Er engagierte sich jahrelang im britischen Automobilclub und brachte Ideen ein, denen normalerweise kein Autofahrer Beachtung geschenkt hätte. Er arbeitete in Trabrennen-, Polo- und Bildungskomitees, an Universitäten, im Wohnungsbau und in der Umwelt.

„Ich befinde mich in einer besonderen Position", erklärt Philip. „Ich bin in vielen Gruppen engagiert, doch allein die Anzahl dieser Gruppen macht es unmöglich, zu einer wirklich dazuzugehören. Außerdem habe ich in vielen Fällen den Vorsitz, und das führt von selbst zur Isolation."

Obwohl er ein Leben lang die Königin bei öffentlichen Auftritten begleitet hat und in so vielen Komitees engagiert war, hat Prinz Philip doch immer genügend Zeit gefunden, um seiner größten Leidenschaft nachzugehen - den Frauen.

Die Jagd nach Frauen ist wahrscheinlich Philips immer Hauptinteresse gewesen. Selbst heute noch kann man Philip beobachten, wie er mit den attraktivsten Frauen spricht und mit ihnen flirtet, lacht und Scherze macht.

Zwei der Frauen, mit denen er ein Verhältnis hatte, schrieben ein Buch über Philip. Beide verheimlichten ihre Affäre mit ihm, während sie ihre Unschuld beteuerten, so daß viele Leser sicher waren, daß sie ab und zu sein Bett geteilt hatten. Die erste ist Königin Alexandra von Jugoslawien, mit der er ein zweijähriges Verhältnis hatte, und die zweite ist die Kabarettistin Helène Cordet, Tochter der Foufounis-Familie, alten Freunden seiner Mutter, die während des Exils in Paris in der Nähe wohnten.

Helène erinnert sich, wie sie mit Philip als Kind Doktor spielte. Sie erinnert sich auch an ein Spiel, das sie "Der König, der Diener und das Schwein" nannten. Sie sagte: „Philip wollte immer freiwillig das Schwein spielen. Keiner wollte der König sein. Auch Philip lehnte das ab und meinte, er hätte Angst, geköpft zu werden."

Philip liebte Schweine. Bei den Foufounis in Marseille kümmerte sich der zehnjährige Philip sehr gern um die Schweine. Er führte sie spazieren, fütterte sie und säuberte auch noch ihre Koben.

Königin Alexandras Buch verrät Eifersucht und ein starkes Ressentiment gegen Dickie Mountbatten, weil er angeblich in das Verhältnis eingegriffen habe. Die liebenswürdige Alexandra, seine Cousine und Mitglied der griechischen königlichen Familie, die König Peter von Jugoslawien heiratete, traf Philip, als sie beide siebzehn Jahre alt waren. Zwei Jahre später, 1940, als Italien in Griechenland einmarschiert war, blühte ihre Liebe. Alexandra schrieb: „Plötzlich traf Philip in Athen ein - fröhlich, heiter und voller Selbstvertrauen..."

Philip sollte eine ziemlich lange Zeit in Athen verbringen und fast immer mit Alexandras Familie zusammen sein. Sie erzählt Geschichten von Luftangriffen: „An den Abenden traf sich die Familie oft mit dem König im Palast oder in einem unserer Häuser. Wir wußten nie, wann Philip sich zu uns gesellen würde. Als die Luftangriffe begannen, sollten wir in den Schutzraum gehen... doch statt dessen gingen wir auf den Dachgarten und sahen zu... Philip kommentierte den Angriff inmitten des Heulens von Flugabwehrkanonen, dem Aufflackern der Suchlichter und dem Dröhnen der Bomben."

Philip folgte Alexandra und suchte sie, nachdem sie mit ihrer Familie in die relative Sicherheit Kairos geflohen waren. Sie schrieb: „Philip fand uns ziemlich schnell im Shepherd Hotel. In seinem kleinen Auto fuhren wir in den Ghezira Club, schwammen im Pool und gingen einfach während der langen Nachmittage spazieren, wenn er keinen Dienst hatte. Wir erkundeten zusammen die alten Basare und die wunderschönen botanischen Gärten."

Ein paar Wochen, nachdem Alexandra und ihre Familie Zuflucht in Südafrika gefunden hatten, tauchte Philip an Bord eines Truppenschiffes auch in Kapstadt auf. Zurück in London, besuchte Philip die Familie und ging oft mit Alexandra aus. Sie schrieb: „Ich erinnere mich gut. Wenn Philip auf Urlaub kam, aßen und tanzten wir zusammen. Wir vertrauten einander." Sie verbrachten die Wochenenden zusammen auf dem Landhaus ihrer Cousine Marina. Obwohl sie es abstreitet, war Alexandra eine von Philips ernsthaften Leidenschaften. Er fand sie einfach wunderbar.

Helène Cordet, geborene Foufounis, ein kleines, attraktives und lebhaftes Mädchen, war der Liebling seiner Kindheit. Sie sollte später eine berühmte Nachtclubsängerin und Fernsehgröße im Nachkriegsengland werden. Helène hatte zwei uneheliche Kinder, Max und Louise, was ziemlichen Mut erforderte in einer Zeit, in der die britische Mittelklasse solch "asoziales" Benehmen mißbilligte. In der Nachkriegszeit betrachteten die meisten Frauen und Männer der Mittelklasse ein uneheliches Kind als absolute Schande für die Familie und glaubten, eine junge Mutter könne nie wieder einen Mann finden.

Helène und Philip verbrachten während des Krieges und auch danach viel Zeit miteinander in England, und sie blieben in den folgenden Jahrzehnten gute Freunde. Heute meinen viele, die Philip und Helène kannten, daß Philip sich der Kinder väterlich annahm, ganz besonders Max, obwohl Helène immer abgestritten hat, daß eines der Kinder von ihm ist. Vielleicht ist es aufschlußreich, daß sein guter Freund Mike Parker Philips Vaterschaft bei Max nie bestritten hat.

Helène Cordet war zweimal verheiratet. Zum ersten Mal heiratete sie, als sie zwanzig Jahre alt war. Sie verkündete glücklich: „Philip war der beste Mann auf meiner ersten Hochzeit. Er war mein Brautvater. Meine Mutter wußte nicht, daß jemand den Brautvater spielen mußte, also bot Philip sich an. Er war wunderbar." Die Ehe endete mit einer Scheidung. Ihre zweite Ehe wurde während des Krieges geschlossen. Der Bräutigam war ein französischer Luftwaffenoffizier, Marcel Boisot, der sie nur wenige Monate später verließ.

Das Verhältnis zwischen Helène und Philip ist immer eng geblieben. Philip half ihr bei der Finanzierung der Ausbildung ihres Sohnes - in Gordonstoun. Es gibt keine Anzeichen dafür, daß Philip jemals anderen Kindern eine Ausbildung finanziert hat. Philips Prinzip ist es, mit seinen verschiedenen Patenkindern Kontakt zu halten, bis diese einundzwanzig Jahre alt sind. Danach bleiben sie auf sich allein gestellt. Dennoch steht Philip bis zum heutigen Tag in Verbindung mit Helènes Sohn Max, der jetzt ein erfolgreicher fünfzigjähriger Geschäftsmann ist und in China lebt. Er traf Max sogar, als er China einen offiziellen Staatsbesuch mit der Königin abstattete. Er verschwand für einige Stunden, nachdem er den traditionellen Spaziergang über die Große Mauer absolviert hatte.

Helène Cordet steht noch immer in Verbindung mit Philip und hat ab und zu den Buckingham Palast besucht, dort Tee getrunken oder mit ihm gegessen. Aber nie, wenn Elizabeth dabei war. Sie hat Elizabeth nur einmal getroffen, und es war eine kurze Begegnung. Elizabeth lächelte süß und sagte: „Oh, ich habe so viel von Ihnen gehört. Wie schön, Sie endlich kennenzulernen." Ein weiteres Gespräch gab es nicht.

Ihr Leben lang hat die ewig treue Helène Philip verteidigt, indem sie mit ihrem liebenswerten französischen Akzent sagte: „Natürlich liebt er die Frauen. Er ist wie sein Vater. Er weiß doch, daß er diesen Ruf hat. Aber was passiert denn, wenn ein Mann sich nicht nach einer Frau umschaut? Was, zum Teufel, soll er denn tun, um einen anständigen Ruf zu haben? Wenn er den Frauen nicht nachschaut, wird behauptet, er möge Männer. Er mag eben Frauen. Na und? Das ist doch gut so."

Im Oktober 1956, als Elizabeth dreißig Jahre alt war und Philip sechsunddreißig, näherte sich ihr neunter Hochzeitstag. Zu dieser Zeit fanden beide das Leben eher schwierig. Gerüchte kursierten, besonders in der kontinentalen Presse, daß sie eine schwierige Ehe führten. Die Königin sah ein, daß es besser war, wenn Philip aus London verschwand. Es war bereits beschlossen, daß er die Olympischen Spiele 1956 in Melbourne eröffnen sollte. Jetzt schlug Philip vor, daß er auch andere Länder des Commonwealth auf seiner Rückreise besuchte. Elizabeth, die von seinem aggressiven Verhalten, seinem finsteren Auftreten und schlechten Stimmungen genug hatte, stimmte bereitwillig zu. Er sollte Melbourne auf der königlichen Jacht HMS "Britannia" verlassen und über Neuseeland, Malaysia, Gambia, die Antarktis, die Galapagos Inseln und die Falkland Inseln zurückkehren. Es war eine lange Reise. Insgesamt würde er mehr als 60.000 Kilometer zurücklegen und Monate unterwegs sein.

Als Privatsekretär, Stallmeister, Freund und Vertrauter kam Kommandeur Mike Parker mit. Beide wollten noch einmal ihre schöne Jugendzeit als wilde Junggesellen in der Königlichen Marine auffrischen. Während seiner viermonatigen Reise verpaßte Philip nicht nur seinen Hochzeitstag, sondern auch Weihnachten und die Winterferien mit Elizabeth und den Kindern in Sandringham. Er kehrte auch nicht zurück, um während des Krieges am

Suezkanal 1956 an der Seite der Königin zu sein, als Großbritannien, Frankreich und Israel sich verbündeten, um Nassers Ägypten anzugreifen.

Doch Philip schickte seiner Frau zum Hochzeitstag zwei Dutzend ihrer weißen Lieblingsrosen. Er sprach mit ihr, Charles und Anne am Weihnachstag über Funktelefon von den Falkland Inseln aus. Der zukünftige Präsident des World Wildlife Fund ging auf Krokodiljagd und erledigte eines mit der ersten Kugel. Philip sorgte dafür, daß die fast zwei Meter lange Haut zum Buckingham Palast geschickt wurde, um gegerbt, getrocknet und zu wunderschönen Geschenken für die königlichen Damen verarbeitet zu werden.

Als Philip und Mike Parker zurück nach England fuhren, spekulierten die Zeitungen täglich über den Zustand der Ehe. Alle Zeichen deuteten auf eine Krise hin. Das Gerücht ging um, Parkers Frau Eileen habe die Scheidung eingereicht, und die Zeitungen glaubten, daß Elizabeth's Ehe ebenfalls problematisch war.

Die Spekulationen waren so intensiv, daß der Buckingham Palast beschloß, eine Gegendarstellung zu veröffentlichen. Das hatte es bisher noch nie gegeben. Elizabeth's Privatsekretär, Sir Michael Adeane, gab eine Presseerklärung ab, die im wesentlichen lautete: „Es ist nicht wahr, daß es zwischen der Königin und dem Herzog von Edinburgh eine Kluft gibt." Natürlich heizte eine solche Erklärung, die mit voller Zustimmung der Königin und ihrer höchsten Ratgeber abgegeben wurde, die Gerüchteküche nur noch weiter an.

Bei einem Essen in Guildhall anläßlich seiner Rückkehr wollte Philip die Sympathie des Volkes gewinnen, indem er behauptete, die lange Abwesenheit von seiner Familie sei ein Pflichtakt im Dienste der Krone gewesen. Er sagte zu den anwesenden Gästen: „Ich glaube, es gibt ein paar Dinge, für die es sich lohnt, persönliche Opfer zu bringen, und ich denke, das britische Commonwealth ist eines dieser Dinge. Ich bin bereit, Opfer zu bringen, wenn ich damit seinen Wohlstand verbessern kann, sei es auch nur in geringem Maße."

Danach veröffentlichten Parkers Anwälte eine Erklärung: „Wir sind ermächtigt zu erklären, daß Kommandant Parker seinen Abschied als Privatsekretär des Herzogs von Edinburgh eingereicht hat und daß sein Rücktritt akzeptiert worden ist. Die Umstände seiner Ehe machen es ihm unmöglich, seiner gegenwärtigen Beschäftigung weiter nachzugehen."

Damals wurde beschlossen, daß Parker wegen seiner bevorstehenden Scheidung nicht länger Philips Privatsekretär bleiben konnte. Gleichzeitig war aber der Premierminister, Sir Anthony Eden, selbst geschieden und hatte wieder geheiratet.

Die Zeitungen, die glaubten, daß Parker die Probleme der königlichen Ehe zu vertuschen versuchte, rochen Blut. PARKER NIMMT SEINEN ABSCHIED AUS DEM PALAST; DER WÜTENDE HERZOG SIEHT SEINEN FREUND PARKER GEHEN, schrien die Schlagzeilen. DER FREUND DES HERZOGS ERREGT AUFSEHEN. Über das Funksprechgerät drängte Elizabeth Parker zu bleiben, und Philip tat natürlich das gleiche.

Philip gab der Presse die Schuld, Parker so unter Druck gesetzt zu haben, daß er sich gedrängt fühlte zu kündigen. In Wirklichkeit war es aber nicht die Presse, sondern die Angestellten des Palastes und Mitglieder der Hofhaltung, die heimlich entschieden hatten, Parkers engem Verhältnis zu Philip ein Ende zu setzen.

Der Palast fürchtete bereits seit einiger Zeit, Mike Parker hätte einen schlechten Einfluß auf Philip. Man hatte Angst, die Presse könnte der Sache nachgehen und Philips außereheliche Affären ans Licht bringen. Elizabeth's Berater spielten der Presse Geschichten zu, um die Aufmerksamkeit auf Mike Parker zu lenken, und glaubten, dadurch Philips Ruf retten und den Bruch in Elizabeth's Ehe bemänteln zu können. Sie ließen Elizabeth über Philips sexuelle Abenteuer im dunkeln, um nicht noch mehr Eheprobleme zu schaffen.

Trotz der Schlagzeilen gab es für Parker überhaupt keinen Grund für einen Rücktritt, es sei denn Philip und er glaubten, ihre gemeinsamen Eskapaden könnten entdeckt werden. Diese waren so aufsehenerregend, daß sie Elizabeth und die Monarchie in Verruf gebracht hätten. Die beiden hatten eine ganze Menge zu verbergen.

Nach seinen abenteuerlichen Erlebnissen im Krieg konnte Philip sich einfach nicht an das langweilige Leben im Buckingham Palast gewöhnen. Er begrüßte Mike Parkers Vorschlag, sie sollten sich einer ausgewählten Geheimgruppe anschließen, dem Dienstagsclub, der so genannt wurde, weil sich die wenigen Mitglieder immer dienstags trafen. Die Idee dahinter war, während der Woche etwas zu erleben und sich zu amüsieren, meistens bei "Wheelers", dem Fischrestaurant in der Old Compton Street in Soho, dem Herzen des Londoner Rotlichtbezirks. Wenn man damals durch die Old Compton Street lief, wurde man unweigerlich von Prostituierten angesprochen.

Philip und Parker waren dem Club kurz nach dem Zweiten Weltkrieg beigetreten. Philip war zwölf Jahre später immer noch Mitglied, als sich der Dienstagsclub, genervt von seinem schlechten Ruf und den Anzeichen eines Skandals, auflöste, später aber in Kensington als geheimer Montagsclub wieder auftauchte.

Philip war durch seinen Cousin David, den Marquis von Milford Haven, der seit ihrer Schulzeit in den dreißiger Jahren ein guter Freund Philips geblieben war, Mitglied geworden. Andere Clubmitglieder waren der Herausgeber des "Tatler"- Magazins, damals eine aufstrebende Zeitschrift für die Aristokratie, der Londoner Korrespondent der "New York Post", der brillante junge Tory-Politiker Ian McLeod, der später Vorsitzender des Finanzministeriums werden sollte. Peter Ustinov, der bekannte Schauspieler, Radio- und Fernsehstar, der Harmonikaspieler Larry Adler, Gilbert Handing, eine Persönlichkeit des britischen Fernsehens, und britische Schauspieler wie David Niven und James Robertson Justice gehörten ebenfalls zum Club.

Die Dienstagstreffen blieben sieben Jahre lang der Öffentlichkeit verborgen, obwohl viele Mitglieder der Presse an den Zusammenkünften teilnahmen. Die Pressemitglieder waren Arthur Christiansen, Herausgeber des "Daily Express", der Zeitung, die Philip als "dieses verdammte schreckliche Schmierblatt" bezeichnen sollte, Frank Owen, der legendäre Herausgeber der "Daily Mail", Harold Keeble, ein höherer Angestellter, der für mehrere nationale Tageszeitungen arbeitete, Lord Glenavy, besser bekannt als der berühmte Kolumnist Patrick Campbell, und der Schriftsteller Compton Mackenzie.

Es gab noch andere. Da war der berüchtigte Stephen Ward, Mitglied der klösterlichen Gemeinschaft der Rochester Kathedrale und ein berühmter Osteopath und Porträtmaler, der den größten politischen Skandal im Nachkriegsengland heraufbeschwören sollte, und da war auch der berühmte Fotograf Baron Nahum. Beide Männer waren tief in dubiose sexuelle Abenteuer verstrickt.

Philip wurde an den meisten Dienstagen von Mike Parker begleitet. Der Club hatte ausschließlich männliche Mitglieder. Sie genossen gutes Essen und gute Weine während ihres drei- bis vierstündigen Treffens, danach hielten sie anzügliche Reden und erzählten Geschichten, meistens jedoch schmutzige Witze. Das

Gästebuch war voll vulgären Humors. Doch die Mitglieder liebten ihre informellen Zusammenkünfte.

Ein Vorfall betraf Prinz Bernhard aus den Niederlanden, der eines Dienstags zu einem der Essen eingeladen worden war. Als Bernhard gehen wollte, kniete der angetrunkene Prinz Philip vor ihm auf dem Boden, verbeugte sich sklavisch und sagte: „Übermitteln Sie Ihrer Kaiserlichen Majestät meine Grüße." Philips Theater war höchst bedeutsam, denn Bernhard war der Gemahl von Königin Juliana und teilte mit Philip die mißliche Lage, ewig die Nummer zwei zu sein, konstitutionell nicht zu existieren und immer zwei Schritte hinter seiner Frau laufen zu müssen. Dieser spontane Witz sprach Bände über Philips Gefühle.

Manchmal verließen die Clubmitglieder, Philip eingeschlossen, das Restaurant "Wheelers" und zogen zum Luxusapartment von David Milford Haven am Grosvernor Square nahe der amerikanischen Botschaft. Hier begann der Spaß meistens mit Kartenspielen, und wenn der Alkohol bereits eine Weile geflossen war, wurden Mädchen dazu geholt. Die etwa acht Clubmitglieder begannen dann, im Rahmen von Spielen wie "Jag die Hexe" oder "Finde die Dame" um die Frauen zu wetten. Der Gewinner ging unter dem Jubel der Zurückbleibenden mit der Frau, die er bevorzugte, in eines der angrenzenden Schlafzimmer. Manchmal wurde die Schlafzimmertür absichtlich offen gelassen, damit die, die wollten, zuschauen konnten.

Elizabeth erfuhr von dem ruchlosen Dienstagsclub durch die Boulevardzeitungen. Sie las Geschichten, die andeuteten, daß Prinz Philip und Mike Parker sich dort vergnügten und Affären hatten. Sie wollte Philip verzweifelt vertrauen und fragte ihn über diese Sache aus. Philip tat es einfach mit einer Handbewegung als "Unsinn" ab. Er behauptete, diese Geschichten seien von denen erfunden worden, die schon immer gegen ihre Heirat gewesen waren. Sein Argument ergab einen Sinn, und Elizabeth wollte ihm glauben.

Um sich zu vergewissern, wandte Elizabeth sich an ihre große Vertraute Bobo. Bobo überzeugte sie, indem sie die Geschichten als "Zeitungsdreck" und "Geschwätz" abtat. Eine von Bobos berühmten Bemerkungen lautete: „Man sollte denken, es gäbe wichtigere Dinge, über die man schreiben müßte." Und dabei beließ sie es.

Als detailliertere Anschuldigungen gegen Philip erhoben wurden, sagte Bobo ihrer Lilibet: „Mach dir doch keine Sorgen über solche Sachen. Wir wissen doch alle, daß Jungen eben Jungen sind. Sie richten alle Unheil an." In den meisten Fällen akzeptierte Elizabeth Bobos Ratschläge und vergaß die Vorfälle.

Elizabeth, die über das andere Geschlecht nichts wußte und nie eine Teenagerromanze gehabt hatte, glaubte Philips Erklärung, der Dienstagsclub sei ein Herrenklub, der seit 1946 existierte. Er böte ein paar Freunden Gelegenheit, sich zu entspannen, ein paar Geschichten zu erzählen und gemeinsam gut zu essen. Philip genoß weiterhin die Männergesellschaft. Für ihn war es, als sei er wieder auf dem Schiff in der Offiziersmesse.

Mike Parker unterstützte 1956 seinen Freund und Boß natürlich vorbehaltlos, indem er sagte: „Wir haben den Ruf, ziemlich ausgelassen zu sein. Doch in Wahrheit haben wir nur ein bißchen Spaß und sprechen mit Leuten, die wissen, was vor sich geht. Der Dienstagsclub ist ein großartiger Umschlagplatz für alle Neuigkeiten, und die Behauptung, es fänden lediglich Trinkorgien statt, ist absoluter Quatsch. Die Leute werden sehr lustig, aber nie betrunken. Was das wilde Leben angeht, sind wir unschuldig. Was die Frauen angeht, auch."

Parkers erste Frau Eileen schrieb das Buch "Einen Schritt neben dem Königtum", das 1982 veröffentlicht wurde. Darin enthüllte sie, daß sich Philip und ihr Ehemann oft nachts aus dem Palast stahlen und heimlich unter den Pseudonymen Murgatroyd und Winterbottom Spritztouren machten. Sie schrieb nicht, was die beiden taten, doch sie hatte die Büchse der Pandora geöffnet und überließ die Leser ihrer eigenen Fantasie. Eileen Parker war sich der heftigen Affären ihres Mannes und der skandalösen Partys, die der Dienstagsclub veranstaltete, sehr wohl bewußt, denn sie schrieb: „Es gab schon vor Michael eine Reihe von Leuten in hohen Positionen, deren Ehen gescheitert waren und die trotzdem ihre Karrieren fortgesetzt haben. Meine erste Reaktion war, Michaels abrupte Entscheidung seiner Panik zuzuschreiben. Doch später begann ich, mich zu fragen, ob sein Rücktritt nicht nur ein Schutz war für etwas anderes oder für jemand anderen."

Als er zu dem Buch befragt wurde, reagierte Philip: „Ich hatte keine Ahnung, daß Eileen ein Buch schreibt. Jetzt, da Sie es erwähnen, muß ich sagen, daß ich es nicht lesen werde."

Einer von Philips engsten Freunden war der legendäre Gesellschaftsfotograf Baron Nahum, der den Ruf genoß, bizarre sexuelle Neigungen zu haben. Er und Philip waren eine Zeitlang im Organisationskomitee des Dienstagsclubs. Philip hatte Baron bei

Onkel Dickie getroffen, der ihm den Job als Hoffotograf beschafft hatte. Baron machte auch die Hochzeitsfotos von Elizabeth und Philip.

Baron war nicht nur bekannt für seine exotischen Dinnerpartys, sondern auch für sehr private Partys, die er in seinem Apartment gab. Die Gästeliste wurde geheimgehalten, doch Philip und Mike Parker wurden ab und zu eingeladen. Es gab sadomasochistische Spiele, Männer, die Mädchen auspeitschten, und Mädchen, die Männer peitschten, Fesseln, Mädchen, die Essen und Getränke nahezu unbekleidet servierten, es gab Schwule, Lesben und Gruppensex. Es war sicher kein Zufall, daß Stephen Ward einer der Freunde von Baron war. Er beschaffte die Mädchen, Geliebte und Prostituierte.

Philips leidenschaftliches Interesse am Polo brachte ihm oft Kontakt mit vielen schönen und liebenswerten Frauen. Sein Name wurde mit einigen Frauen in Verbindung gebracht, und Gerüchte über Affären tauchten auf. In den späten fünfziger und den frühen sechziger Jahren spielte Philip zweimal in der Woche Polo, meistens im Großen Park von Windsor und in Cowdray. Doch er nahm auch an Poloturnieren teil, die immer mit Partys, Champagner und oft auch mit einem Sprung in den Pool endeten. Die meisten Frauen, die er traf, waren mit anderen Spielern verheiratet. Elizabeth sah den Spielen an den Sonntagnachmittagen auf Schloß Windsor zusammen mit den Ehefrauen der anderen Spieler gern zu. Manchmal lud sie die Spieler ein, im Pool zu schwimmen. Dann zog auch sie einen Badeanzug an und gesellte sich zu den Männern.

Das Leben eines Polospielers schien automatisch zu einer Romanze zu führen. Eine berühmte, beiläufige Romanze, die bei einem Polospiel begann, hatte Susie Ferguson, die Frau des Majors Ron Ferguson und Mutter der unbezähmbaren Sarah. Zweifellos war die Ehe der Fergusons gefährdet, und die schöne Susie verließ ihren Major für Hector Barrantes, einen attraktiven argentinischen Polospieler und reichen Großgrundbesitzer, weil sie das Herumflirten ihres Mannes nicht länger ertrug.

Ein reicher Förderer vieler Polomannschaften in den sechziger und siebziger Jahren erinnert sich: „Philip hatte zweifellos Affären mit vielen Frauen der Polospieler. Ich weiß nicht, wie viele es waren, doch es müssen mindestens ein Dutzend gewesen sein. Das war allgemein bekannt. Ich sah ihn oft mit ihnen nach dem Spiel plaudern, meistens bei einem Glas Champagner oder einem

Bier. Sie fraßen ihm aus der Hand. Natürlich fühlten sie sich angezogen vom Machoimage des Spiels, und Philip war immer ein sehr anziehender Mann, in seiner Poloausrüstung wahrscheinlich noch mehr. Seine Affären waren bekannt. Trotzdem, das muß man ihm lassen, war er sehr diskret, und die Frauen benahmen sich tadellos. Es gab keine Küsse oder sonstigen Andeutungen."

Philips Lieblingsturnier fand in St. Memse statt, in der Nähe des Flughafens Orly. Es wurde in den sechziger Jahren jährlich, meistens Ende Mai, abgehalten. Der Gastgeber war Robert de Balkany, ein Rumäne aus bescheidenen Verhältnissen, der nach seiner Ausbildung in Yale ein Vermögen mit Grundstücksgeschäften verdient hatte und einst mit Maria Gabriello verheiratet gewesen war, der Tochter des italienischen Ex-Königs Umberto. De Balkany besaß ein wunderschönes Schloß mit einem Kopfsteinpflasterhof und Pferdeställen auf zwei Seiten. Auf seinem Grundstück hatte er ein großes Polofeld angelegt, wo er fünfzig Ponys hielt und etwa zwei Dutzend Stallknechte beschäftigte.

Ein Millionär, der über Jahre hinweg teilnahm, berichtete: „Vier oder fünf Mannschaften und ihre Gönner wurden für das Wochenende eingeladen. Ich habe Prinz Philip dort öfter gesehen. Man wurde gefragt, ob man eine Dame mitbringen wolle oder ob man es vorzöge, mit dem vorlieb zu nehmen, was da sei. Das war nichts Ungehobeltes. Die Umgebung war entspannt und wunderschön, das Essen exquisit und die Weine super. Die Partys fanden in dieser legendären Bar statt, und wir bekamen Schlafzimmer über dem Saal. Es gab eine große Dusche, wo alle zusammen duschen konnten, und natürlich auch kleinere Badezimmer."

Er fügte hinzu: „Die Damen waren wunderbar und immer sehr sexy. Philip amüsierte sich genauso wie alle anderen Teilnehmer. Die Königin hat ihn ganz sicher an diesen Wochenenden nie begleitet, und ich kann mich nicht erinnern, daß er jemals mit einer Dame ankam. Er zog es vor, sich mit denen zu begnügen, die da waren. Soweit ich mich erinnere, plauderte er viel mit den Damen. Es war alles so diskret. Ich erinnere mich, daß Prinzessin Grace Kelly manchmal zu den Wochenenden kam und sich oft mit Philip unterhielt. Doch sie hatte nur Interesse an einem Mann: David Niven, dem Schauspieler. Sie hatten ein bemerkenswertes Verhältnis. David Niven war zweifellos eine ihrer großen Lieben. Sie bewunderte ihn. Wenn man die beiden zusammen sah, hatte das einen gewissen Zauber.

Die jungen Damen, die allein zu den Wochenenden eingeladen wurden, waren Bekannte, meistens Freundinnen von Freunden. Die Gönner kamen am Freitag an, gespielt wurde am Samstag, und wir flogen alle am Sonntagabend nach Hause. Es war das perfekte Polowochenende."

Neben den Fauen der Polospieler gab es noch sehr bekannte Frauen, mit denen Philip ziemlich eng zu tun hatte, darunter die Schauspielerin Merle Oberon und die britische Fernsehgröße Katie Boyle. Mit beiden Frauen hatte Philip leidenschaftliche Affären, die sich über ein paar Jahre hinzogen. Dickie Mountbatten stellte Philip Merle Oberon im Jahre 1956 vor. Sie war fünfundvierzig, zehn Jahre älter als Philip, doch sie sah aus, als wäre sie Mitte Zwanzig. Klein, mit großen mandelförmigen lachenden Augen, einem dunklen Teint und einer einnehmenden Persönlichkeit kam sie Philips Vorstellung von der perfekten Frau ziemlich nahe. Vom Moment ihres ersten Treffens an war er hingerissen.

Merle Oberon, die 1979 starb, war eine bemerkenswerte Frau. Sie war als Halbblut in den Slums von Bombay geboren, aber entschlossen, ihr Leben in Armut schnell zu beenden. Ihre feinen Züge und ihre natürliche Schönheit halfen ihr, und sie erzählte aller Welt, sie sei die Tochter eines Armeeoffiziers und in Tasmanien geboren. Sie nahm das Geheimnis ihrer bescheidenen Verhältnisse mit ins Grab. In Wirklichkeit war Estelle Merle O'Brien Thompson die Tochter eines Ingenieurs aus Darlington, England, und einer Krankenschwester, die halb irisch, halb singhalesisch war und auch etwas Maoriblut hatte. Ihre Eltern nannten Merle zärtlich "kleine Königin". Als Merle noch ein Kind war, verließ der Vater die Familie, um nach England zurückzukehren. Die Mutter mußte das Mädchen allein großziehen.

Merle Oberon bekam ihre erste Filmrolle 1929, und ihre Karriere begann in den dreißiger Jahren, als sie Alexander Korda traf, einen der größten britischen Regisseure. Sie wurde seine Geliebte und später seine Frau, doch die Ehe hielt nicht. Insgesamt heiratete Merle viermal, hielt aber immer eine Ecke ihres Herzens frei für den blonden Prinzen Philip.

Philip und Merle wurden ein Paar. Merle hatte ein wunderbares Haus in Mexiko entworfen, das über der Bucht von Acapulco lag. Ein künstlich angelegter Wasserfall strömte in einen Swimmingpool am Meer, und exotische Pflanzen füllten den wunderschönen großen Garten. Sie nannte das Haus "Ghalal", das mexikanische Wort für Liebe.

Zu Beginn der sechziger Jahre lebte Merle in Acapulco mit ihrem Mann, dem italo-mexikanischen Multimillionär Bruno Pagliai, den sie im Juli 1957 geheiratet hatte. Lord Mountbatten kam mit seinem Privatsekretär John Barratt für zwei Wochen zu Besuch, und Philip begleitete ihn. Philip und Merle waren oft allein an einem der romantischsten Orte der Welt. Als sie 1973 beschloß, ihr Haus zu verkaufen, meinte sie: „Viele Leute werden traurig sein, weil ich das Haus verkaufe, denn wir hatten dort so wundervolle Partys. Als Philip die Neuigkeit am Telefon hörte, sagte er, er spüre bei diesem Gedanken einen Stich im Herzen."

Und John Barratt erzählte: „Ganz offensichtlich funkte es sexuell zwischen den beiden, und Philip verbrachte die meiste Zeit in ihrer Begleitung. Abends ließen wir die beiden oft allein. Es war eine äußerst romantische Atmosphäre. Mountbatten und ich nahmen an, sie wären ein Paar. Die beiden benahmen sich so."

Merle Oberon und Philip haben sich noch öfter getroffen. Einmal war Philip an Bord der königlichen Jacht "Britannia", die in der Acapulco-Bucht vor Anker lag. Er befahl ein Salut aus fünf Geschützen in die Richtung von Mrs. Oberons Haus und gab damit noch mehr Anlaß zu Spekulationen.

Katie Boyle, eine wunderschöne Blondine und sieben Jahre jünger als Philip, war ebenfalls eine leidenschaftliche Liebe. Sie wurde als Caterina Irene Imperiali di Francavilla geboren und kam 1946 als Flüchtling nach dem Zusammenbruch des faschistischen Italiens nach London. Ihre Mutter führte sie in die Londoner Gesellschaft ein, und zwei Jahre später heiratete sie Richard Boyle, den Hauptmann der irischen Garde. 1951 traf sie ihren zweiten Ehemann, Greville Bayliss, einen reichen Makler. Er war Versicherungsagent bei Lloyds und besaß Rassepferde. Die beiden heirateten 1955.

Doch ihr Herz verlor Katie an Prinz Philip, und die beiden verbrachten ganze Tage in einer Wohnung am Belgrave Square, die Philip für seine Affären nutzte. Er hatte noch ein anderes Apartment in der South Audley Street, und verschiedene Leute hatten die Schlüssel dazu. Das alles organisierte Mike Parker. Ein langjähriger Freund von Philip erinnerte sich: „Philips Verhältnis mit Katie Boyle war sehr heftig. Sie war eine leidenschaftliche Frau, und die beiden verbrachten die tollsten Zeiten miteinander. Wenn sie allein waren, gab es ununterbrochen Sex. Er liebte das."

Ein Polofreund Philips erinnert sich an eine Gelegenheit, bei der Philip in Katies Londoner Wohnung war und Katie die dringende Nachricht erhielt, ihr Mann sei unerwartet nach Hause gekommen und bereits auf dem Weg in die Wohnung. Philip verschwand gerade durch die Hintertür des Apartments, als Katies Mann die Vordertür aufschloß.

Zu Beginn des Jahres 1962 reiste Philip 90.000 Kilometer durch Südamerika und besuchte mehr als zwölf Länder. Der Bericht dieser Reise, die offiziell unternommen worden war, "um die britischen Handelsbeziehungen zu stimulieren", sollte 1993 veröffentlicht werden, doch das Außenministerium hat angeordnet, der Bericht würde bis 2023 unter Verschluß bleiben. Ein Sprecher des Außenministeriums sagte: „Normalerweise veröffentlichen wir alle Papiere nach dreißig Jahren, es sei denn sie sind sehr sensibel."

Kurz bevor Philip in Argentinien ankam, hatten die Peronisten einen erdrutschartigen Sieg errungen. Das Militär war gelähmt, und ganz Buenos Aires war klar, daß ein Putsch unvermeidlich war. Wegen Prinz Philips Besuch verschob das Militär den Coup, bis er das Land wieder verlassen hatte. Die britische Botschaft war darüber informiert. Philip wurde mit wehenden Fahnen und von jubelnden Menschen begrüßt. Ein argentinischer Polospieler erzählte: „All' die wunderschönen Frauen von Buenos Aires lagen Philip zu Füßen."

Philips nächster Halt war La Concepción, damals das Zentrum der argentinischen Poloaristokraten. Dort verbrachte er drei Tage, erholte sich und ging auf Partys. Er wohnte bei der Familie Blaquier, die der argentinischen High Society angehörte, die historische und soziale Referenzen mit großem Reichtum vereinigte.

In den frühen sechziger Jahren gehörte La Concepción Malena Blaquier, einer schönen Witwe in den frühen Vierzigern. Ihr Mann war bei einem Flugzeugabsturz ums Leben gekommen. Malena war der gesellschaftliche Megastar Argentiniens, und sie gab die beliebtesten Partys der Gesellschaft. Sie willigte bereitwillig ein, für drei Tage Philips Gastgeberin zu sein, und zeigte ihm das gesamte Anwesen.

Tagsüber spielte Philip Polo und lag mit der Gastgeberin am Swimmingpool, abends unternahmen sie Spaziergänge, aßen, grillten, besuchten große Bälle und schwammen um Mitternacht. „Die meiste Zeit war Malena an seiner Seite", erinnert sich ein Gast. Philip war so angetan, daß er einen Tag länger in La Concepción blieb.

Inzwischen war der Militärputsch in vollem Gange, und in den Straßen, in denen Philips Autokolonne zum Flughafen von Buenos Aires gefahren war, fuhren jetzt Panzer. Ein solches Detail würde das Außenministerium normalerweise nicht veranlassen, die Staatspapiere für weitere dreißig Jahre unter Verschluß zu halten. Die wahren Gründe bleiben rätselhaft, obwohl man annehmen kann, daß es etwas mit Philip zu tun hat.

Die meisten britischen Zeitungen priesen Philip, obwohl sie von seinem Versagen wußten. "News of the World" berichtete im April 1962: „Seine Feinde sagen, er ist arrogant, überwältigend und hat eine übertriebene Vorstellung von seiner Rolle im Königreich. Seine Freunde beschreiben ihn als loyal, hochintelligent, hart arbeitend und mit einem tiefen Verlangen, seinen Job so gut wie möglich zu tun."

Es ging weiter: „Seine Freunde sagen, er ist um die Welt gefahren, um Flagge zu zeigen. Seine Feinde betrachten diese Reisen als Picknicks auf Kosten des Volkes."

Philips "Junggesellenleben" war nahe daran, entdeckt zu werden. Der Mann, der für viele abtrünnige Ehemänner zum Schreckgespenst wurde, war Stephen Ward, der als Osteopath in Amerika ausgebildet worden war. Seine Patientenliste schloß Philips Cousin, David Milford Haven, Winston Churchill, Averell Harriman, Danny Kaye und Elizabeth Taylor ein. Doch die dunklen Lebensbereiche von Stephen Ward sollten die Nation aufrütteln.

Ward, damals in den Fünfzigern, brachte hübsche junge Frauen, darunter einige Callgirls, an den Wochenenden nach Cliveden, dem Haus von Lord Astor. Ward hatte auf dem Anwesen ein Landhaus gemietet und besuchte es häufig im Sommer. Als talentierter Porträtmaler von gutem Ruf erhielt er das seltene Privileg, bei Legatt's, den persönlich autorisierten Kunsthändlern der Königin, unter königlicher Schirmherrschaft eine Ausstellung machen zu können. Wards Bilder schlossen auch Porträts des Labourführers Hugh Gaitskell, des Premierministers Harold Macmillan, des Kabinettsministers Duncan Sandys, von Lord Boothby, Douglas Fairbanks und Sophia Loren ein. Später malte Ward den Herzog von Gloucester und natürlich auch Prinz Philip. Ward war mit jedermann auf den Partys per du. Keiner wußte, daß er die "Amateurnutten" besorgte.

Die heiratsfähigen Mädchen, die berüchtigte Christine Keeler und Mandy Rice-Davies eingeschlossen, waren damals noch

Teenager und servierten den Gentlemen das Essen und die Getränke. Sie sorgten für sexuelle Kicks jeder Art, die die Anwesenden in Cliveden verlangten. Ab und zu nahm auch Philip teil.

Ein Millionär aus dem Bankenviertel, der in den frühen sechziger Jahren drei der Partys auf Cliveden besucht hatte, erzählte: „Ich weiß noch, wie ich an einem lauen Sommerabend am Swimmingpool stand, und ein attraktives Mädchen kam auf mich zu, bekleidet nur mit einer Dienstmädchenhaube und einer kleinen Schürze, die noch nicht einmal ihr Schamhaar bedeckte. Sie fragte mich, was ich trinken wolle. Es war Mandy Rice-Davies. Ein wenig später kam ein anderes Mädchen, dunkelhaarig, und verkündete, das Essen sei serviert. Sie trug nur einen kleinen Hut und lange schwarze Stiefel bis zu den Schenkeln, sonst nichts. In ihrer Hand hatte sie eine lange Peitsche. Sehr sexy. Es war Christine Keeler.

Ungefähr ein Dutzend Männer saßen am Tisch, und etwa sechs oder sieben Mädchen gossen den Wein ein und servierten das Essen. Die Mädchen waren praktisch nackt. Nach dem Essen begann der Spaß, und natürlich endeten die meisten Mädchen im Bett mit einem oder zwei von den Männern. Das war gängige Praxis. Ich nehme an, die Mädchen wurden gut bezahlt, doch ich sah nie, wie Geld von Hand zu Hand gereicht wurde."

Auf einer oder zwei dieser Wochenendpartys traf John Profumo, damals Kriegsminister der Tories, Christine Keeler. Zur gleichen Zeit hatte sie eine heimliche Affäre mit dem sowjetischen Marineattaché in Großbritannien, dem Kapitän Jewgenij Iwanow. In einem sensationellen Zeitungsartikel bekannte die Keeler 1963 für eine große Summe Geldes, daß Stephen Ward sie gedrängt hatte, Profumo das Lieferdatum der amerikanischen Sprengköpfe für die westdeutsche Armee zu entlocken. Nukleare Sprengköpfe waren nach einem geheimen Nato-Dokument tatsächlich seit 1958 in Deutschland, doch dafür waren U.S.-Offiziere in Bonn verantwortlich und nicht die deutsche Armee. Wards Bitten an die Keeler, die Information zu beschaffen, äußerte er, als der Kriegsminister Profumo im Unterhaus diskutierte, wer diese Sprengköpfe kontrollieren solle.

Ward behauptete, er wäre mit der Topspionage in Berührung gekommen, weil er einen möglichen Nuklearkrieg zur Zeit der Kubakrise 1962 abwenden wollte. Drei Tage nach der Veröffentlichung der Bombenstory, floh Iwanow, der dem britischen Geheimdienst als sowjetischer Spion bekannt war, nach Moskau und kam nie wieder nach England zurück. Iwanow starb im Januar 1994 als entehrter ehemaliger Geheimagent. Die Chefs des KGB hatten ihm seinen Mangel an Diskretion nie verziehen.

Als Bonvivant und Multimillionär italienischer Abstammung hatte Profumo die Ballettänzerin Valerie Hobson geheiratet. Er versuchte zunächst, Christine Keeler zu bewegen, Stillschweigen über die Sache zu wahren. Später behauptete er im Unterhaus, niemals Sex mit ihr gehabt zu haben. Er sagte dem Premierminister Harold Macmillan, die Geschichte der Keeler sei unwahr. Der verärgerte Ward war entschlossen, die Wahrheit ans Licht zu bringen, und informierte die Londoner Gesellschaft. Das Establishment fand, Ward sei zu weit gegangen, ließ ihn verhaften und wegen illegaler Einkünfte aus Prostitution vor Gericht bringen. Wards Verhaftung konnte die Gerüchte nicht mehr aufhalten, und zwei Monate später gestand Profumo.

Schließlich stand Ward vor Gericht wegen seiner unmoralischen Geschäftspraktiken, und die Keeler sowie die drei anderen Mädchen bezeugten, daß sie einen Teil ihrer Einkünfte an Ward abgeführt hatten. Obwohl viele Leute in hohen Positionen, eine Reihe der Kabinettsminister und Mitglieder des Establishment ihn sehr gut kannten, verteidigte ihn keiner. Das verletzte Ward. Er nahm eine Überdosis an Barbituraten auf dem Weg vom Gefängnis zum Gericht an dem Tag, als sein Urteil verkündet werden sollte. Er erlangte das Bewußtsein nicht zurück und hörte auch seinen Schuldspruch nicht mehr. Er hätte vierzehn Jahre Gefängnis bekommen.

Seitdem wurde vermutet, Ward hätte keinen Selbstmord begangen, sondern wäre vom britischen Geheimdienst ermordet worden aus Angst, er würde alles über seine Verstrickungen mit dem Geheimdienst erzählen. Wenn man ihn ein für allemal entfernte, konnte man nicht nur den Ruf des Geheimdienstes retten, sondern auch den guten Ruf vieler britischer Reichen und Berühmten. Zu dieser Zeit schrieb Premierminister Macmillan in sein Tagebuch: „Mehr als die Hälfte des Kabinetts wurde angeklagt wegen Perversion, Homosexualität und solcher Sachen, teils durch die erpresserischen Behauptungen der Callgirls und teils durch die sowjetischen Agenten, die die Situation ausnutzten." Macmillan hegte sein Leben lang den Verdacht, die ganze Profumo-Affäre sei von den Sowjets lanciert worden, um einen der besten britischen Minister loszuwerden, weil er sich für die Atomsprengköpfe ausgesprochen hatte.

Elizabeth kannte jedes Detail dieses Skandals aus ihren Regierungsdepeschen und aus den Zeitungen. Elizabeth gab zu keiner Zeit Profumo die alleinige Schuld. Sie glaubte, seine einzige Schuld bestünde darin, daß man eine einzelne Sünde aufgedeckt habe, und nicht in seinem ehebrecherischen, skandalösen Sexualleben mit jungen Prostituierten und der Verletzung des nationalen Sicherheitsrisikos. Elizabeth verkehrte weiter freundlich mit Profumo. Sie lächelte ihm noch Jahre später liebenswürdig zu, als sie ihm für seine Wohltätigkeitsarbeit eine Medaille verlieh.

Einige glauben, Elizabeth sei unfähig, die schlechte Seite eines Menschen zu erkennen. Sie scheint zu glauben, daß es eben einfach Pech ist, wenn man erwischt wird. Sie ist der festen Überzeugung, niemand würde grundlos seine Ehe aufs Spiel setzen, seinen Ruf oder gar die nationale Sicherheit. Allen, die sie gut kennt, vertraut sie vorbehaltlos, und sie glaubt, sie würden ihr immer die Wahrheit sagen.

Die Gerüchte um Philips angebliche Affären blieben weiterhin Mittelpunkt des Klatsches, auch wenn die Zeitungen vorsichtig damit waren, solche aufreizenden Geschichten zu veröffentlichen. Vielleicht war es vernünftig von ihm, die Suche nach dem schönen Geschlecht nicht auf England zu beschränken.

Manchmal besuchte Philip die berüchtigten, wilden römischen Sexpartys der späten sechziger Jahre. Zwischen einhundert und einhundertfünfzig Menschen waren in den Palazzo Borganza eingeladen, der perfekte Ort für derartige Partys. Die Liste der eingeladenen Personen las sich wie das Who's Who des internationalen Jet-sets. Es waren Leute, die ihr Leben genießen wollten und das Geld und die Verbindungen dazu besaßen. Die meisten Gäste waren Italiener, Franzosen und amerikanische Geschäftsleute, Bankiers, Angehörige der oberen Zehntausend, internationale Polospieler, Tennisstars und jene, die das Geld hatten, einmal im Monat zu einer Party nach Rom zu fliegen. Viele bekannte Amerikaner nahmen teil und einige europäische Adlige wie Prinz Philip.

Ein französischer Millionär, der an einigen dieser Partys teilgenommen hatte, erinnert sich: „Ich war total verblüfft. Ich hatte Gerüchte über diese Partys gehört, aber Mann, die waren fantastisch. Es gab eigentlich zwei Partys, eine nur für Männer, die strikt ohne Damenbegleitung war, und eine andere für Männer und Frauen. Manchmal hatten Schwule ihre eigene Party oben.

Jeder trug Abendkleidung, und etwa fünfzig oder sechzig Personen plauderten bei Champagner, während sie auf das Essen warteten. Kurz vor dem Essen kam ein Schwarm von etwa fünfzig schönen, jungen Frauen die Haupttreppe herunter. Sie waren nackt bis auf große Hüte und trugen manchmal auch Masken.

Sie verschwanden im Eßzimmer. Vor dem Essen wurden die Männer aufgefordert, ihre Hosen auszuziehen und sie liegen zu lassen. Sie nahmen an einem wunderbaren Tisch Platz, und unter der Tischdecke saßen die Mädchen versteckt und kümmerten sich um die Männer. Exotisch, aber wunderbar!

Nach dem Essen wurde gespielt. Roulett, Blackjack, Baccara oder Poker. Alles war gut organisiert und sehr zivilisiert. Und natürlich flossen Champagner und Wein.

Am Ende des Abends tauchten die Mädchen wieder auf. Jetzt kam der römische olympische Wettbewerb. Zwölf Mädchen, alle nackt, legten sich auf den Boden im Salon, und die Männer wurden aufgefordert, Wetten abzuschließen, nicht auf die Mädchen, sondern auf die Männer. Der Wettbewerb sollte zeigen, welcher Mann Geschlechtsverkehr mit allen zwölf Mädchen haben konnte, ohne zu ejakulieren, und natürlich wurden die Mädchen ermuntert, richtigen Sex zu machen, verführerisch und tatkräftig bei der Liebe zu sein. Jeder Mann mußte mit jedem Mädchen mindestens sieben Minuten beschäftigt sein.

Es war sehr ausgelassen. Die meisten Männer versagten nach zwei oder drei Mädchen, und ich habe kaum einen Mann gesehen, der die Aufgabe hätte erfüllen können. Um an dem Wettbewerb teilzunehmen, mußte jeder Mann tausend Dollar in die gemeinsame Kasse zahlen. Wer es fertigbrachte, mit allen zwölf Mädchen zu schlafen, bekam den Jackpot. Normalerweise beteiligten sich zwischen zwanzig und dreißig Männer an der Wette. Zur gleichen Zeit boten die Zuschauer Zehntausende von Dollars. Der Trick bestand darin, einen Mann auszuwählen, der nicht mehr besonders jung war. Die Erfahrung zählte. Ich selbst habe ein paarmal den Jackpot gewonnen. Heute klingt das schrecklich, doch es war ein Riesenspaß. Diese Partys in Rom hatten Stil, das war wirklich das dolce vita."

Die Feste endeten im Sommer 1969, nachdem eines der Mädchen, das an der Party teilgenommen hatte, draußen tot aufgefunden worden war. Sie war an einer Überdosis Drogen gestorben. Als die Polizei die Gästeliste entdeckte, brachte die Angst vor einem Skandal alles zu einem abrupten Ende.

Ähnliche Partys wurden auch in Estoril, Portugal, gefeiert Auch diese zogen viele Mitglieder des Jet-sets an. Doch die Partys in Portugal wurden etwa zur gleichen Zeit wie die in Rom eingestellt, nachdem man den jungen Sohn eines Fischers tot am Strand gefunden hatte. Er war vergewaltigt worden. Der Gastgeber war der italienische König gewesen, und der britische Militärattaché in Portugal wurde sofort zurückberufen, weil er an dieser Party teilgenommen hatte.

Von Prinz Philip weiß man, daß er einige dieser Partys besucht hat, doch es gibt keine Berichte, daß er sich jemals an solchen Ausgelassenheiten beteiligt hätte.

Mit seinem Freund Mike Parker besuchte Philip manchmal den berüchtigten Direktorenclub im Londoner Duke Yard, hinter der Jermyn Street, nicht weit entfernt vom Piccadilly. Das war eine Art Bar für die Privilegierten, in die Mitglieder des Kabinetts, des Oberhauses, Finanzleute und Bankiers gingen.

Ein Raum der Bar war in ein kleines Theater mit schmaler Bühne verwandelt worden. Spät am Abend kamen Mädchen, um unter dem Jubel der Besucher verrückte Sachen auf der Bühne anzustellen. Ein britischer Großkapitalist erzählte: „Ende der sechziger Jahre war ich ziemlich oft da, denn die Leute dort zählten zu den Einflußreichsten im ganzen Land. Eines Nachts wurde im Club eine Razzia durchgeführt. Es waren mehr als hundert Personen anwesend. Die Hälfte behauptete, ihr Name sei Smith, und die anderen sprachen angeblich nur deutsch. Wenn man jeden im Club verhaftet hätte, wäre wahrscheinlich am nächsten Morgen niemand zur Kabinettssitzung erschienen."

Bei Philips Charakter ist es nicht überraschend, daß er ab und zu wilde Partys besuchte. Trotzdem ist er immer sehr diskret gewesen. Es ist sogar bemerkenswert, daß so wenig über Philips überschwengliches Leben während der letzten fünfzig Jahre geschrieben wurde. Weil er Elizabeth und die Monarchie nicht in Schwierigkeiten bringen wollte, handelte er so diskret wie möglich. Fast alle seine Affären hatte er mit verheirateten Frauen. Mit jungen, unverheirateten Frauen wäre es riskanter gewesen.

Philip war immer sehr freundlich zu Frauen, doch das heißt nicht, daß er Affären mit ihnen hatte. Sein Name wurde in Verbindung gebracht mit Pat Kirkwood, der wunderschönen Kabarettistin, die in den fünfziger Jahren berühmt war als Champagnermädchen und eine Zeitlang mit dem Fotografen Baron offiziell verlobt war. Sie bestreitet, je ein Verhältnis mit Philip gehabt zu haben, obwohl sie stundenlang miteinander tanzten.

Pat Kirkwood hat enthüllt, wie gern Philip sich entspannte und sich wirklich amüsierte. Sie erinnerte sich: „Wir tanzten ewig. Er war fantastisch, tanzte Foxtrott, Samba und Quickstep. Wir waren völlig aus dem Häuschen. Er meinte, ich solle ihn nicht Sir oder Prinz Philip nennen oder Eure Majestät. Die Tanzfläche war voll, und jeder war gekommen, um Prinz Philip so ausgelassen mit mir tanzen zu sehen."

Pat Kirkwoods detaillierter Bericht über den Abend im Jahre 1949 zeigt, wie sehr es Philip gefiel, den Beschränkungen seines neuen königlichen Heimes zu entfliehen, sogar in den ersten Jahren seiner Ehe, als Elizabeth noch nicht die Lasten der Monarchie tragen mußte.

Pat Kirkwood, Baron, Philip und ein anderer Marineoffizier, Kapitän "Basher" Watkin, blieben im Club, bis dort die Stühle hochgestellt wurden. Dann fuhren die vier in Barons Apartment, wo Baron Rühreier machte. Die Party ging noch bis fünf Uhr morgens, dann fuhr Philip mit dem Taxi nach Hause.

Innerhalb von vierundzwanzig Stunden hatten die Zeitungen von der durchsumpften Nacht erfahren, und am nächsten Morgen lagen die Berichte auf den Schreibtischen der wichtigsten Mitglieder der königlichen Hofhaltung. König George bekam einen seiner jähzornigen Anfälle und befahl dem Personal, Philip zu erinnern, daß er nun mit der zukünftigen Königin von England verheiratet sei und besser lerne, sich entsprechend zu benehmen. Binnen weniger Stunden warnte einer der höheren Angestellten des Palastes Philip, sich von den Nachtclubs fernzuhalten und sich nicht ins Scheinwerferlicht zu stellen. Man teilte ihm mit, diese Warnung käme direkt vom König, der empört sei.

Philip lernte schnell. Niemals wieder sah man ihn in der Öffentlichkeit auf so unerhörte Weise mit einer anderen Frau. Er lernte seine Lektion so gut, daß nur eine Handvoll Leute von seiner unablässigen Jagd auf Frauen wußte. Und diese Leute bewahrten Stillschweigen.

Die Affären zogen sich durch Philips Eheleben. Ein ganz besonderes Verhältnis, das vor der Öffentlichkeit geheimgehalten wurde, brachte Philip den Tadel und die Strafe seitens der Familienmitglieder ein. Es war eine Affäre, die Elizabeth das Herz brach.

7. Kapitel: Philips dunkles Geheimnis

Das wahrscheinlich bestgehütete Geheimnis in den Herzen der meisten Mitglieder der königlichen Familie, Elizabeth und ihre Kinder Charles, Anne, Andrew und Edward eingeschlossen, war die zwanzigjährige Affäre zwischen Prinz Philip und einer der in Großbritannien beliebtesten Prinzessinnen, der liebenswerten Alexandra von Kent, der Tochter des letzten Herzogs und der Herzogin von Kent.

Ihr Vater ist ein attraktiver, talentierter Künstler und der jüngere Bruder von König George VI. König George entschloß sich nach der Abdankung seines Bruders Edward diesen Namen anläßlich seiner Thronbesteigung zu nutzen. Sein erster Name war Albert. Er war nach dem Ehemann von Königin Victoria so genannt worden, wollte aber nicht als König Albert angeredet werden. Bis ihm die liebenswürdige Marina, Alexandras Mutter, über den Weg lief, hatte Alexandras Vater größeres sexuelles Interesse an Männern als an Frauen gezeigt. Der bisexuelle Herzog trat des öfteren auf Dinnerpartys auf und trug viel Make-up. Er trug auch oft Frauenkleider. Sein sexuelles Verlangen war legendär, und es kümmerte ihn wenig, ob seine Sexualpartner für eine Nacht männlich oder weiblich waren.

Marina, eine snobistische und atemberaubend elegante Frau, war eine exilierte, mittellose, griechische Prinzessin von teutonischer Arroganz und eine Cousine von Prinz Philip. Marina brüstete sich, sie und ihr Ehemann George wären die königlichste Familie im Land. Sie nannte Königin Elizabeth, die Königinmutter, und die Schwester der Königin "diese bürgerlichen, kleinen, schottischen Mädchen". Diese Bemerkung wurde Königin Elizabeth II. zugetragen, die sie als Beleidigung ihrer Mutter auffaßte. Sie fand das gar nicht lustig.

Prinzessin Alexandra, die 1936 geboren wurde und fünfzehn Jahre jünger ist als Philip, ist vielleicht die Natürlichste von allen Mitgliedern des Königshauses. Sie ist für jeden Spaß zu haben und zweifellos ein Liebling der Nation, der jedem wegen des freundlichen Lächelns und des sanften Charakters gefällt. Sie ist wie die Königinmutter, die immer wirkt, als mache es ihr Freude, jedermann zu treffen und mit jedem zu plaudern. Wann immer ich Prinzessin Alexandra treffe, meistens morgens beim Reiten im

Richmond Park, wo sie wohnt, winkt sie, lächelt und begrüßt mich.

Als Schulmädchen in den vierziger und frühen fünfziger Jahren hatte sie den Ruf eines geselligen und glücklichen Mädchens, das von jedem geliebt wurde. Ihren Schulfreunden erzählte sie einmal: „Wenn ich heirate, dann muß er reich sein, ganz verrückt nach mir, und groß muß er auch sein." Alex, wie sie von allen genannt wird, ist selbst 1,78 Meter groß. Was ihren Wunsch nach Reichtum angeht, so wußten alle ihre Klassenkameradinnen, daß sie immer Sachen aus zweiter Hand trug, meistens von ihren Cousinen Prinzessin Elizabeth und Prinzessin Margaret. Elizabeth und Alexandra sind Cousinen ersten Grades.

Angus Ogilvy, der Mann, der Alexandra acht Jahre lang umwarb, gehörte zu einer der angesehensten aristokratischen Dynastien Großbritanniens, der Airlie-Familie. Angus war groß, attraktiv und hochintelligent, und er war verrückt nach ihr. Unglücklicherweise war Angus trotz seiner lebenslangen Arbeit in der City, dem Bankenviertel von London, nicht sehr reich und wurde es auch nie.

Angus Ogilvy wollte nie ein Teil der königlichen Familie werden, obwohl seine eigene Familie seit Generationen zu den höheren Mitgliedern des königlichen Hofes gehört hatte und noch gehört. Er kannte die Probleme, die sich ergeben, wenn man in die königliche Familie einheiratet. Ironischerweise war es Elizabeth, die ihm zu Hilfe kam, indem sie erklärte, er könne seine Karriere im Bankenviertel fortsetzen, auch wenn von Prinzessin Alexandra erwartet werde, daß sie ihren königlichen Pflichten weiterhin nachgehe und die Königin bei besonderen Gelegenheiten und auf Wohltätigkeitsveranstaltungen vertrete. Die Hochzeit fand 1963 mit großer Pracht in der Westminster Kathedrale statt. Mehr als fünfzehnhundert Gäste nahmen am Empfang teil, der auf Schloß Windsor gegeben wurde. Elizabeth selbst leitete eine private Busrundfahrt durch den Großen Park von Windsor.

Zu Beginn ihrer Ehe schien Alexandra sehr glücklich zu sein, sie war sehr verliebt und sexuell von Angus angezogen. Lord Rupert Nevill, der nach Mike Parkers Rücktritt Philips Privatsekretär geworden war, gab eine Dinnerparty, um die Hochzeit zu feiern. Ein Gast erinnert sich: „Alexandra war charmant und lächelte wie immer, doch am liebsten hätte sie die Feier verlassen und wäre mit Angus ins Bett gegangen. Sie erzählte ziemlich freimütig, sie kämen kaum aus dem Bett heraus."

Angus und Alexandra hatten zwei Kinder: James wurde 1964 geboren, und Marina, benannt nach ihrer Großmutter, 1966. Da ihr Vater nicht der königlichen Familie angehört, tragen sie keine Titel. Deshalb wollte auch Alexandras Mutter Marina nicht, daß sie einen Bürgerlichen heiratete. Doch Alexandra störte sich nicht daran.

Die Affäre zwischen Alexandra und Philip hatte irgendwann in den fünfziger Jahren begonnen, als Alexandra Mitte zwanzig und Philip fast Ende dreißig war. Sie hatte seit dem Tag im Jahre 1947, als sie eine der Brautjungfern auf seiner Hochzeit gewesen war, ein Auge auf Philip geworfen. Damals war sie gerade elf Jahre alt gewesen. Doch das Interesse an ihm sollte sich nie ändern.

Als sie zu einer schönen Frau heranwuchs, sah Alex Philip oft zu königlichen Anlässen und auf Familientreffen. 1953, als sie gerade siebzehn Jahre alt war, begleitete sie Elizabeth und Philip auf einer wunderbaren Frühlingsreise im Mittelmeer auf der königlichen Jacht "Britannia". Sie kam jedes Jahr mit Philip zur Cowes Week, dem spektakulären Segelfestival auf der Isle of Wight, das die königliche Familie seit der Herrschaft von George V. (1910-1936), traditionell besucht. Die königliche Jacht ankerte im Hafen. Die Festlichkeiten wurden jeden Abend nach den Jachtrennen und Wettbewerben fortgesetzt. Diese Tradition führten Mountbatten und Philip weiter. Während einer dieser Cowes Weeks wurde aus der Freundschaft eine Liaison.

Philip hatte seine Leidenschaft für das Segeln in den dreißiger Jahren in Gordonstoun entwickelt und sie auf dem Marinecollege in Dartmouth und in der Königlichen Marine weiter gepflegt. Er war ein guter Segler und gewann viele Rennen.

1947 schenkte der Island Sailing Club von Cowes Elizabeth und Philip eine Jacht zur Hochzeit. Sie war dunkelblau, und Philip taufte sie auf den Namen "Bluebottle". Jahrelang segelte er mit ihr bei den Wettbewerben der Cowes Week mit seiner regulären Cowes-Mannschaft, die den markanten lokalen Bootsbauer Uffa Fox einschloß. Sie waren ein großartiges Team, denn Fox kannte alle Probleme beim Segeln in den Gewässern rund um die Insel. Er überredete später die Leute von Cowes, Philip eine der ersten Flying Fifteen Rennjachten zu geben, die er entworfen hatte. Prinz Philip nannte sie "Cowslip".

Elizabeth kam nur einmal mit nach Cowes, und es war für sie keine schöne Erfahrung. Sie bevorzugte große Schiffe wie die

"Britannia". Als eine Frau vom Lande fühlte sich Elizabeth nicht wohl in der zwanglosen Gemeinschaft von Seglern, die eine ganze Woche damit verbrachten, sich tagsüber auf dem Wasser aufzuhalten und abends bei einem Drink oder beim Essen über Boote und Rennen zu sprechen.

Fast jedes Jahr begleitete Alexandra Philip an Bord der "Britannia". Am Abend, wenn die Segler und die lokalen Würdenträger zum Essen und Trinken an Bord kamen, fungierte sie als Gastgeberin. Bis tief in die Nacht gab es Partyspiele und Tanz. Alex war eine sehr beliebte Gastgeberin. Sie war eine große, gutaussehende junge Frau von schillernder Persönlichkeit, die gut zu den zwanglosen Seemännern paßte. Alle liebten sie und fanden es wundervoll, daß die Prinzessin, die sich scheinbar nie für das Segeln interessiert hatte, für die wichtigste Woche des Jahres nach Cowes kam. Sie wußten ja auch nicht, daß Alexandra sehr verliebt war in den Ehemann ihrer Cousine.

Unity Hall schrieb in ihrem Buch "Philip: Der Mann hinter der Monarchie": „In königlichen Kreisen ist allgemein bekannt, daß sie einander immer sehr nahestanden... Alexandras Ehemann soll Eifersuchtsanfälle haben angesichts der tiefen Freundschaft zwischen den beiden. Doch in der königlichen Familie hat man akzeptiert, daß Philip und Alexandra ein besonderes Verhältnis zueinander haben."

Wann immer Elizabeth nicht im Buckingham Palast war, erschien Alexandra dort oder auf Schloß Windsor, wo sie und Philip zusammen schwammen.

Sergeant Ron Lewis, ein ehemaliger Hauptfeldwebel der walisischen Garde, wurde vor dreißig Jahren zum Gepäckmeister des Königspaares ernannt. Sein Job besteht darin, die Koffer, Taschen und Truhen von Philip und Elizabeth zur richtigen Zeit an den richtigen Ort zu bringen, ganz egal, ob sie nun an einem Wochenende die fünfzig Kilometer nach Windsor reisen oder auf eine Weltreise gehen. Er muß auch wissen, wo sich alle wichtigen Mitglieder der Familie zu jeder Zeit aufhalten.

Obwohl er absolut diskret ist, hörte man ihn in den siebziger Jahren einmal sagen: „Ich weiß nicht, wie die beiden, Alex und Philip, das machen. Sie verbringen soviel Zeit zusammen und wirken immer wie die Turteltauben."

Als schließlich herauskam, daß Alex und Philip ein Liebespaar waren, beschwor die Enthüllung eine schwere Familienkrise herauf. Nachdem Mountbatten von der Affäre gehört hatte, war er sehr aufgebracht, stellte seinen Neffen zur Rede und befahl ihm, das Verhältnis unverzüglich zu beenden. Philip lehnte ab und sagte Mountbatten, er „solle sich, verdammt nochmal, um seine eigenen Angelegenheiten kümmern".

Danach standen die beiden Männer einander nie wieder so nahe. Statt dessen kam Mountbatten seinem Großneffen Prinz Charles näher, zu dem er schon immer ein gutes Verhältnis gehabt hatte. Nun übernahm Onkel Dickie praktisch die Vaterrolle.

Mountbatten schrieb Philip: „Ich hoffe, Du wirst diskreter in Deiner Beziehung zu Alexandra." Dann erklärte er, als Cousin zweiten Grades stehe Philip Alexandra "zu nahe". Mountbatten warnte ihn auch: „Du mußt Dir die Folgen bewußt machen, die es für die ganze Familie und ganz besonders für Lilibet hat, wenn diese Affäre an die Öffentlichkeit kommt." Mountbatten liebte seine Rolle als Ersatzvater der Königin. Er erklärte oft ihre Persönlichkeit oder ihre Rolle als Herrscherin. Er hatte wiederholt gesagt: „Sie ist intelligent, aufgeweckt und zweifellos die beste Monarchin, die Großbritannien in zwei Jahrhunderten hatte."
Wie Elizabeth die Affäre entdeckte, ist nicht bekannt, aber die Antwort liegt in der seltsamen Art, wie im Palast Politik betrieben wird. Es gibt zwei Lager im Palast. Das größere unterstützt die Königin, weil sie die Monarchin ist. Eine kleinere und aggressivere Clique unterstützt Philip. Wenn eine Seite einen Leckerbissen des Tratsches aufschnappt und glaubt, die jeweiligen Führer sollten es wissen, ist immer irgend jemand darauf vorbereitet, loszuschlagen und die Nachricht weiterzuleiten.

Elizabeth's Reaktion auf die Entdeckung der Affäre ist nicht bekannt, doch man kann sie durch ihre Beichte gegenüber Onkel Dickie erraten. Unglücklich wandte sie sich an die einzige Person, auf die sie sich verlassen kann, also an Mountbatten. Sie suchte Hilfe und eine Schulter, um sich ausweinen zu können. Sie wußte bereits von Philips Seitensprüngen, doch die Neuigkeit, daß Philip eine Beziehung zu Alexandra hatte, einer fünfzehn Jahre jüngeren Frau, die sie immer als enge Freundin betrachtet hatte, verletzte Elizabeth tief.

Mountbatten sagte ihr, Philip wolle sich nur austoben, und er rechne damit, daß die Sache ein baldiges Ende haben werde. Elizabeth war nicht so sicher. Sie hatte die beiden zusammen gesehen und gespürt, wie nahe sie einander standen. Jetzt fürchtete sie um ihre Ehe. Mountbatten versicherte ihr, es sei völlig ausgeschlossen, daß Philip sie verlassen und sich an einem "alternativen" diskreten Ort mit Alexandra niederlassen würde. Elizabeth wandte sich auch an Bischof Mervyn Stockwood, der viele Jahre Rechtsbeistand und Berater für die Familie war. Es ist nicht bekannt, ob der Bischof auch mit Philip darüber gesprochen hat.

Es scheint ungewöhnlich, daß eine Affäre zwischen zwei Mitgliedern der königlichen Familie, von denen eines mit der Königin verheiratet ist, so viele Jahre lang ein Geheimnis bleiben konnte. Der Nation und ihrem geliebten Commonwealth hat die Königsfamilie vorgespielt, ein Vorbild für alle ihre Untertanen zu sein. Und dennoch hat der Gemahl der Königin, der Ehemann des Oberhaupts der Kirche von England, deren Ansichten über Ehebruch standhaft streng geblieben sind, den größten Teil der fünfundvierzig Jahre, die er mit der Königin verheiratet ist, ein ehebrecherisches Leben geführt.

Alexandras Tochter Marina hätte das Geheimnis fast preisgegeben, als sie 1989 schwanger wurde. Ihre Eltern drängten sie zu einem Schwangerschaftsabbruch. Marina war darüber so verärgert, daß sie beschloß, einer Zeitung alles zu erzählen. Zum Glück für ihre Eltern, aber auch für Elizabeth und Philip gewann Vorsicht die Oberhand, und die Affäre blieb ein streng gehütetes königliches Geheimnis, das nur einigen wenigen bekannt war.

Wieder und wieder hatten Nahestehende der königlichen Familie zugegeben, daß nach Meinung der Adligen, die Sünde nicht darin besteht, etwas moralisch Falsches zu tun, sondern darin, dabei ertappt zu werden. Großbritanniens strenge Verleumdungsgesetze bildeten ein Instrument, um Philips ehebrecherisches Leben geheimzuhalten. Viele Verleger von Zeitungen und Magazinen befürchten, eine Veröffentlichung über Philips Verhalten würde die königliche Familie beleidigen und vielleicht sogar die Monarchie bedrohen. Aus Angst vor dem, was sie entdecken könnten, hinderten sie ihre Journalisten daran, zu genau zu ermitteln oder zu tief zu graben.

Weil Philip sein Leben mit so geringem Risiko wie möglich genießen wollte, versuchte er, eine Einladung nach Übersee zu bekommen. Dort konnte er sich wesentlich freier benehmen. Einer seiner Lieblingsausflüge schloß die berühmte Bohemian Grove ein, tief in den kalifornischen Redwoods, etwa hundert Kilometer von San Francisco entfernt. Jedes Jahr, Mitte Juli, treffen sich dort Tausend oder mehr der wichtigsten Personen, politisch Verantwortliche und Meinungsbildner der westlichen Welt, um zu entspannen, Vorträge und Debatten zu hören und sich drei Wochen lang zu vergnügen. Jahrzehntelang war der Rückzug in den Bohemian Grove ein großes soziales Ereignis für Amerikas männliche Machtelite und deren Freunde aus Übersee. Jahrzehntelang reisten die Teilnehmer heimlich dorthin. Aus diesem Grund nahm Philip wie so viele andere äußerst gern daran teil. In den siebziger Jahren, als Philip sich dort aufhielt, waren unter den Besuchern Ronald Reagan, George Bush, George Shultz und Caspar Weinberger. Die früheren Präsidenten Nixon und Ford nahmen ebenfalls teil, daneben viele von Amerikas reichsten Geschäftsmännern wie David Rockefeller, William Randolph Hearst Jr., der Hamburgerkönig Ray Kroc und der Einsiedler Daniel Ludwig. Herbert Hoover nannte den Bohemian Grove "den größten Herrenclub der Welt".

Der knapp zweitausend Quadratkilometer große Hain am Ufer des Russian River in Nordkalifornien faßt mehr als hundert kleine Camps zusammen, von denen jedes von zwanzig oder dreißig Mitgliedern unterhalten wird. Diese Camps tragen Namen wie Wild Oats, Woof oder Toyland. Präsident Reagans Camp, Owl's Nest, ist für sein Gin-Fizz-Frühstück berühmt. Ein anderes Camp ganz in der Nähe rühmte sich seiner Sammlung von Erotica. Die meiste Zeit sitzen die Mitglieder herum und plaudern, diskutieren über Politik, Geschäft und Handel. Sie jagen, angeln oder machen Spaziergänge, gehen von Camp zu Camp, um zu trinken, zu essen oder zu plaudern.

Frauen sind dort nirgendwo zugelassen. Selbst die Kellner und das Küchenpersonal sind männlich. Ein Grund für das Frauenverbot liegt darin, daß viele Männer es in jeder Hinsicht als Herausforderung begreifen, wenn sie den Hain besuchen. Sie verlassen still und leise die heilige Enklave und ziehen in das nahegelegene Guerneville. In diesem verschlafenen Provinzstädtchen warten mehr als zehn Bars mit erstklassigen Prostituierten, die nur wegen des profitablen Geschäftes mit dem Bohemian Grove aus ganz Amerika oder aus Übersee kommen.

Eine der berüchtigten Kneipen ist die Northwood Lodge, die von einem Ugander namens Manu Kanani geführt wird. Er gibt freimütig zu, daß die Mädchen für dieses dreiwöchige Geschäft die Stadt überfluten und kleine Vermögen verdienen. Kanani sagt: „Das sind erstklassige Mädchen, keine Straßenprostituierten. Sie sind sehr weltgewandt und sehr erfahren." Kanani erzählte, daß ein texanischer Farmer einem Fotografen, der sich in der Nähe vom Hexagon House aufhielt, den Arm gebrochen hat, als er versuchte, Kunden dieser Bar zu fotografieren. Er erinnert sich auch an Prinz Philip, der sich mit einem der Mädchen amüsierte. „Natürlich habe ich ihn erkannt", meinte er. „Ich komme aus Uganda und weiß, wie der Ehemann der Königin von England aussieht. In Uganda hingen überall Fotos von ihm."

Die gerichtlich verurteilte Madam Brandy Baldwin aus San Francisco hat zugegeben, daß sie die Mitglieder des Bohemian Grove mit Prostituierten, Champagner und Unterhaltung versorgt hat. „Ich habe das zehn Jahre lang gemacht. Es waren so wunderbare Leute, sehr großzügig. Zu Beginn habe ich nur mit ein paar Mädchen in den Motels gearbeitet. Doch es machte so viel Spaß, daß ich in den Wäldern ein kleines Haus gemietet habe, einen wundervollen Platz. Die Mädchen brachten ihre schicke Unterwäsche mit und veranstalteten kleine Shows. Die Männer liebten das." Doch sie kann sich nicht erinnern, daß Philip je an einer solchen Show teilgenommen hatte.

Es gab noch mehr Partys in Übersee, an denen Philip gern teilnahm. John Barratt, über zwanzig Jahre lang Lord Mountbattens Privatsekretär, erzählte von einem Club in Nassau auf den Bahamas, den Dickie Mountbatten und Prinz Philip häufig besuchten. „Manchmal begleitete ich Mountbatten dorthin, aber nicht immer. Ihm gefiel die lustvolle Atmosphäre. Philip übrigens auch. Es war ein Ort für Reiche und Berühmte. Man mußte entweder Mitglied sein oder eine Einladung haben. Es war eine erstklassige Bar mit starken Getränken, Drogen und natürlich erstklassigen Huren. Die Mädchen warteten auf reiche Kunden und sahen alle sehr gut aus. Die meisten waren weiß, doch manchmal gab es auch kaffeebraune Mädchen.

Wenn Mountbatten und Philip in Nassau waren, verbrachten sie ihre Zeit mit Sybilla Clark, und immer wenn Philip dort war, kam auch Henry Fords frühere Frau, Christina Ford. Sybilla war eine attraktive, lebendige Italoamerikanerin, sehr lebhaft und intelligent. Mit ihrer atemberaubenden Figur und ihrem blonden Haar war sie die perfekte Frau für Prinz Philip, genau sein Typ. Außerdem gefielen ihm die kurzen Miniröcke, die sie in den späten sechziger Jahre trug. Philip genoß seine Aufenthalte in Nassau ganz sicher.

Ich habe von Mountbatten gehört, daß Philip auch mit Christina Ford einige Jahre lang eine unverbindliche Affäre hatte. Mountbatten sagte, sie sei ganz verrückt nach Philip gewesen".

Trotzdem hält Philip sich für so diskret, daß er meint, jede Unterstellung seitens Elizabeth vom Tisch wischen zu können. Im Dezember 1992 gab Philip der "Independent on Sunday" ein Interview, in dem er auch über die hartnäckigen Gerüchte über seine Affären befragt wurde.

Er brach in Lachen aus: „Haben Sie wirklich geglaubt, daß ich in den letzten vierzig Jahren irgendwohin gegangen bin, ohne daß mich ein Polizist begleitet hat? Wie, zum Teufel, sollte ich denn so etwas angestellt haben?" Einige erkannten, daß die Wortwahl die Frage nicht gerade hundertprozentig verneint.

Das Verhältnis Prinz Philips zur Presse, und vor allem zu den britischen Zeitungen, war immer ziemlich wechselhaft gewesen. Prinz Bernhard berichtete von einem Vorfall während eines Essens in New York, als er Philip davon abhalten mußte, die Fotografen "auszusortieren", von denen er glaubte, sie würden ihm zu nahe kommen.

Auf königlichen Reisen nach Übersee war Philip oft gereizt. Als 1959 bei seinem Treffen mit Premierminister Nehru in Neu-Delhi die Fotografen ankamen, fragte Philip aufgebracht: „Wer sind diese verdammten Leute?" und beleidigte die verarmte indische Wirtschaft, indem er hinzufügte: „Ich dachte, in Indien gibt es gar nicht genug Filme zum Fotografieren!" Später, als er sich Taj Mahal ansah, schrie er einen Fotografen an: „Mach deinen verdammten Job und hör auf zu reden."

Bei einer Pferdeschau in Lahore rutschte ein Fotograf, den er noch nie im Leben gesehen hatte, von einem Fahnenmast und fiel zu Boden. Philip schrie: „Ich bete zu Gott, daß er sich sein verdammtes Genick gebrochen hat!"

Bei einem berühmten festlichen Ereignis auf Gibraltar bemerkte Philip, indem er auf die bekannten Affen, die in einem Felsen hausen, anspielte: „Wer sind hier die Presseleute und wer die Affen?" Diese Bemerkung machte gar keinen guten Eindruck auf das britische Pressecorps. Es vergaß sie nie und verzieh Philip auch nie.

Während eines Staatsbesuchs in China mit der Königin 1986 nannte er seine Gastgeber "Schlitzaugen". Am nächsten Tag war er wütend, als er hörte, daß seine Bemerkung, die er in Gegenwart von reisenden, schottischen Studenten gemacht hatte, in der gesamten britischen Presse erschienen war und daß einige der Herausgeber ihn heftig kritisiert hatten. Elizabeth war wütend auf ihren Mann, weil er sie, die Monarchie und Großbritannien vor den chinesischen Führern so in Mißkredit gebracht hatte. Philip schob es auf die Zeitungen, die seine Bemerkung veröffentlicht hatten.

Manchmal war es ihm egal, ob seine taktlosen Bemerkungen veröffentlicht wurden oder nicht. Im Oktober 1993 nahm der mittlerweile zweiundsiebzigjährige Philip an einer Cocktailparty im kanadischen Toronto teil, die zur Unterstützung des World Wildlife Fund for Nature stattfand. Als er mit der hübschen Modereporterin Serena French sprach, fragte er zuerst: „Ich nehme an, sie halten nach Leuten Ausschau, die Nerzmäntel tragen." Sie antwortete, es würde wohl niemand in einem Pelzmantel zu einer Veranstaltung des WWF kommen. Philip meinte spitzfindig: „Tja, man kann nie wissen, was sie darunter tragen." Dann legte er seine Hand auf den Arm der Frau und fragte: „Sie tragen doch nicht etwa Pelzunterhosen, oder?" Er zwinkerte und lachte über seine Frechheit.

Gelegentlich schleudert er den Presseleuten auch Beleidigungen ins Gesicht, wenn Elizabeth in Hörweite ist. Sie reagiert unterschiedlich. Entweder sieht sie in die andere Richtung und tut so, als habe sie nichts gehört, oder sie blickt ihn kalt an. Philip beißt sich dann gewöhnlich auf die Lippen, sagt aber nichts.

Manchmal verliert Philip auf königlichen Reisen die Geduld mit Elizabeth und beschwert sich bitterlich über ihr absolutes Pflichtgefühl. Peter Jordan, ein ehemaliger Fotograf der "Time", erinnert sich an einen solchen Moment während einer Rundfahrt auf Grenada 1985. Philip schrie Elizabeth an: „Deine verdammte Besessenheit, jedem die Hand zu schütteln! Warum muß das sein? Laß uns gehen." Jordan berichtet, die Königin habe nicht die leiseste Notiz von seinem Ausbruch genommen und Philip stehengelassen, bis sie jeden begrüßt habe.

Die britische Presse ihrerseits hat Philip jahrelang nur wenig Höflichkeit erwiesen. Sie genoß es, sich über ihn lustig zu machen und ihn absichtlich zu reizen, weil bekannt ist, wie oft er mit Ungeduld oder Ärger reagiert und eine Menge ausgewählter Flüche bereithält.

1987 in Trinidad wandte er sich an die Reporter und fuhr sie an: „Ihr Typen habt mein Leben ruiniert." Die Zeitungen reagierten, indem sie seine Beschwerde und eine Beschreibung dieses Lebens abdruckten: ein junger, mittelloser und heimatloser Mann kommt nach Großbritannien und führt jetzt ein absolut privilegiertes Leben in Palästen und Schlössern, hat ein Einkommen von (damals) 300.000 Dollar im Jahr, sechzehn Wochen Urlaub und etliche Diener, die sich um ihn kümmern. Philip stand da wie ein Idiot.

Ab und zu verkennt Philip seine Position und die Privilegien völlig, die ihm nur zustehen, weil er mit der Königin verheiratet ist. Manchmal handelt er ziemlich naiv. Einmal zum Beispiel mußte Philip von der Insel Holy Island in Schottland nach Windsor fahren, damit er dort später an einem Polospiel teilnehmen konnte. Um pünktlich in Windsor zu sein, wurden ihm ein Marineboot, ein Zerstörer, ein Wagen, ein Flugzeug der Königin und noch ein Wagen zur Verfügung gestellt. Er kam pünktlich an, dank der Steuerzahler, die die Rechnung von Tausenden von Dollars bezahlt haben. Philip, der solche Forderungen ganz vernünftig findet, war am nächsten Tag außer sich, als die Zeitungen ihn angriffen, weil er so viele Steuergelder verschwendet hatte, nur um einmal Polo zu spielen.

1969 machte das Blatt der Torys, der "Daily Telegraph", eine Umfrage, wen die Briten für den besten möglichen Diktator hielten. Prinz Philip gewann mit Abstand.

In vielerlei Hinsicht hätte sich Philip wahrscheinlich als Diktator wohlgefühlt, denn er hätte seine Modernisierungspläne, sein Drängen auf größeren wissenschaftlichen und industriellen Fortschritt in Großbritannien, auf mehr Effizienz in allen Lebensbereichen sowie seine Pläne für die bewaffneten Streitkräfte und für die Erziehung der jungen Generation vorantreiben können.

Sein ganzes erwachsenes Leben hindurch waren ihm die Hände gebunden, und deshalb wurde er frustriert und wütend. Noch in den späten achtziger Jahren wurde ihm nicht gestattet, einige der königlichen Pferde, die er zum Trabrennen benötigt, vom königlichen Stall im Buckingham Palast nur zweihundertfünfzig Kilometer weiter nach Sandringham zu bringen. Er wollte eine riesige Arena bauen lassen, um britische Trabrennfahrer und ihre Pferde zu trainieren. Philip hatte bereits alles entworfen und organisiert. Das Geld sollte von Patricia Kluge gestiftet werden, die zehn Jahre mit einem der reichsten Männer Amerikas, John Kluge, verheiratet war.

Wie Philips Leben war auch das von Patti Kluge eine Aus-dem-Nichts-zu-den-Sternen-Geschichte. Patti wurde als Tochter des englischen Arabisten Edmund Rose und einer irakischen

Mutter in Bagdad geboren und verbrachte große Teile ihrer Jugend dort. Als Teenager arbeitete sie als Tänzerin in einem Bagdader Nachtclub. Mit neunzehn zog sie nach London und bekam einen Job als Bauchtänzerin im Labyrinth-Club im verwahrlostem Stadtteil Bayswater. Dort traf sie ihren späteren Ehemann Russell Gay. Sie posierte nicht nur nackt für sein Softpornomagazin, sondern erlaubte ihm auch, unter ihrem Namen eine Kolumne zu schreiben, in der den Lesern Sextips gegeben werden. 1973 heiratete sie den Softpornoherausgeber.

Drei Jahre später ging Russell Gay nach Monte Carlo, während Patti nach New York zog. Die beiden ließen sich scheiden. In New York traf Patti John Werner Kluge, der dreißig Jahre älter und einen Kopf kleiner als die stattliche Tänzerin war. Der Mann war in Deutschland geboren und im Alter von acht Jahren nach Amerika emigriert. Nachdem er als Stipendiat die Columbia University absolviert hatte, wurde er während des Zweiten Weltkrieges Nachrichtenhauptmann. Als Zivilist begann er, kleine Rundfunkstationen zu kaufen, um sie später wieder mit Profit zu verkaufen. In den sechziger Jahren behielt er Runkfunkstationen und gründete die Metropolitan Broadcasting, die spätere Metromedia. Diese verkaufte er 1985 Rupert Murdoch für zwei Milliarden Dollar.

Patti heiratete John Kluge 1981 und stürzte sich in einen wilden Kaufrausch, der anhielt, bis sich das Paar 1991 trennte. Während dieser zehn Jahre war Patti entschlossen, den enormen Reichtum ihres Mannes, der auf über fünf Milliarden Dollar geschätzt wird, zu nutzen, um ihren großen Ehrgeiz zu befriedigen. Dieser bestand darin, in irgendeiner Weise mit der britischen königlichen Familie Kontakt aufzunehmen.

John Kluge war ein guter Freund von Armand Hammer, dem reichen amerikanischen Geschäftsmann, der Occidental Oil gründete und sowohl Wirtschaftsbeziehungen als auch politische Verbindungen zur Sowjetunion hatte. Mit über achtzig Jahren war Hammer ein Philanthrop und mit Prinz Charles gut bekannt. Einige Jahre zuvor hatte Hammer Charles überredet, Schirmherr seiner United World Colleges zu werden, einer Gruppe von wohltätigen, multinationalen Schulen für Teenager, die rassische Vorurteile und nationale Grenzen überwinden wollte.

Im November 1985 organisierte Hammer ein Wohltätigkeitsessen, um Geld für seine Colleges in Florida zu beschaffen. Er bot Patti Kluge an, die Schirmherrschaft zu übernehmen. So würde sie Prinz Charles und Prinzessin Diana treffen. Doch kurz vor dem Ball kamen Gerüchte über Pattis Vergangenheit auf, und John und Patti Kluge beschlossen, statt dessen auf eine Weltreise zu gehen. Patti erhielt einen Brief von Charles, in dem er sein Bedauern und seine Sympathie ausdrückte. Charles sagte damals. „Ich kann nicht verstehen, warum so viel Wirbel um die Sache gemacht wird."

Als wolle er seinen Standpunkt beweisen, akzeptierte Charles eine Einladung an Bord der Jacht der Kluges "The Virginian" und verbrachte während seiner Mallorca-Ferien 1987 einige Zeit mit John und Patti Kluge. Diana schlug jedoch diese Einladung aus. Patti Kluges Vorhaben machte Fortschritte. Sie lud einen von Charles' besten Freunden, den reichen Herzog von Westminster, und seine Frau Tally ein, auf ihrer Jacht zu bleiben, als sie für eine Woche nach New York kamen, um Geld für ihr Leukämieforschungsprojekt aufzutreiben. Noch ein enger königlicher Freund, König Konstantin von Griechenland, besuchte 1986 eine Hauseinweihungsparty auf dem riesigen Grundstück der Kluges in Virginia. Pattis energische Anstrengungen zahlten sich aus. Prinz Andrew und Fergie aßen mit ihnen, und Charles und Diana luden die Kluges nach Highgrove ein.

Mitte der achtziger Jahre beschloß Patti Kluge, wettbewerbsmäßig mit dem Trabrennsport zu beginnen, ein sehr teurer und schwieriger Sport, den Philip seit einigen Jahren ausübte. Philip hatte viel Zeit damit verbracht, seine Pferde zu trainieren. Oft sah er Patti. Äußerlich war sie ganz Philips Typ: eine große, gutgebaute, gutaussehende und athletische Frau mit viel Charme, lächelnden Augen und einem sehr hübschen Gesicht.

Patti war 1985 nach England gekommen und hatte Philip getroffen, als dieser mit dem dreißigjährigen David Saunders, seinem Trainer in Sandringham, über Trabrennsport gesprochen hatte. Im Laufe dieses Jahres wurden Philip und Patti, die damals Mitte dreißig war, ein Paar. Patti bot sich an, eine königliche Manege in Sandringham zu bauen und ein Zentrum für Wettkämpfe einzurichten. Philip war entzückt. Patti Kluge kaufte sechs wunderbare Pferde und hielt sie in Sandringham für 75.000 Dollar jährlich. Philip wollte seine Pferde ebenfalls in dieses Zentrum bringen, aber die Mitglieder der königlichen Hofhaltung lehnten ab. Sie begründeten ihre Entscheidung damit, daß die königlichen Pferde schon immer in den Ställen des Königlichen Marstalls neben dem Buckingham Palast gewesen wären und daß sie da auch bleiben sollten.

Ein enger Freund von Philip erzählte. „Ich war bei der Entwicklung dieser Idee dabei, und Philip rief mich eines Tages an, um mir zu erzählen, was passiert war. Er war außer sich vor Wut über diese Bürokraten, die den Palast unter ihrer Kontrolle hatten."

Schließlich besprach er das Problem mit der einzigen Person, die ihm helfen konnte - seine Frau Elizabeth. Sie erklärte ihm, sie sei genauso an die Regeln gebunden wie er, und wenn "die" - die Leute, die das Sagen im Palast haben - anordneten, daß die Pferde nicht überführt werden dürften, dann gäbe es nichts, was sie in dieser Sache tun könne. Elizabeth hatte noch einen anderen Grund, nicht einzugreifen. Man hatte sie informiert, daß Philip Patti Kluge sehr häufig sah und daß bereits über eine Affäre gemunkelt wurde. Später wurde überraschenderweise erklärt, das Zentrum in Sandringham werde geschlossen, und Mrs. Kluge nähme ihre Pferde wieder mit.

Während ihrer Affäre mit Philip hatte Patti ihren Ehemann John überredet, für zwölf Millionen Dollar Mar Lodge zu kaufen. Es war ein riesiges Grundstück mit Gutshaus, das 1896 für die Tochter von Edward VII., Prinzessin Louise, gebaut worden war. Das Nachbargrundstück war Balmoral, Elizabeth's schottisches Heim. Pattis Ehemann gab noch einmal neun Millionen Dollar aus, um das verfallene Gutshaus zu renovieren und Pferdeställe zu bauen. Sie überredete John auch, fünf Jahre lang die Königliche Pferdeschau auf Windsor zu sponsern, die alljährlich in den Ställen auf Schloß Windsor ihren Anfang nimmt. Obwohl Elizabeth 75.000 Dollar pro Jahr von Patti Kluge akzeptierte, um die Pferdeschau zu finanzieren, lehnte sie es aber ab, sie zu treffen, ihr die Hand zu schütteln und sie, die Geliebte ihres Ehemannes, kennenzulernen.

1988 gewann Pattis Mannschaft mit amerikanischen Grauschimmeln die größte Trophäe des Trabrennsports, den Harrods International Driving Grand Prix. Patti stieg hinauf in die Königsloge neben den Fahrer, um der Königin offiziell vorgestellt zu werden und aus ihren Händen den Preis in Empfang zu nehmen. Elizabeth würdigte sie keines Blickes und überreichte statt dessen dem Fahrer den Preis. Das war eine absichtliche und wohlkalkulierte Abfuhr. Dieser Dämpfer hatte nichts mit Pattis früherem Leben als Pornostar zu tun. Wäre das der Fall gewesen, hätten auch die anderen Mitglieder der königlichen Familie sie nicht in ihren Heimen empfangen oder Pattis Gastfreundschaft genießen dürfen. Elizabeth erteilte Patti eine Abfuhr, weil sie wußte, daß sie eine Affäre mit Philip hatte.

Prinz Philips Leben als Erwachsener kann man in zwei eher unterschiedliche Perioden einteilen: die vor 1957 und die danach. 1957 war Philip zehn Jahre verheiratet, und der Fliegermajor Henry Moresby Chinnery löste Mike Parker als Privatsekretär ab. In einem Interview mit der "New York Post" sagte Parkers Frau Eileen, die von ihm getrennt lebte: „Ich rate Mrs. Chinnery, nach London zu ziehen. Dann kann sie wenigstens sicher sein, ihren Mann öfter zu sehen."

1957 beschloß Elizabeth, Philip zum Prinzen des Vereinigten Königreiches zu machen. Bis dahin war Philip lediglich Prinz von Griechenland gewesen. Königin Victoria hatte Prinz Albert die gleiche Würde zukommen lassen, als sie ungefähr siebzehn Jahre verheiratet gewesen waren. Jetzt waren bereits zehn Jahre seit der Heirat von Elizabeth und Philip vergangen. Fortan lautete Philips offizieller Titel: Seine Königliche Hoheit Prinz Philip, Herzog von Edinburgh.

Philip setzte seine weiten Reisen fort und stürzte sich noch mehr auf seine königlichen Verpflichtungen. Noch 1991 hat Philip im Alter von siebzig Jahren acht Wochen anläßlich zahlreicher königlicher Verpflichtungen im Ausland verbracht. James Orr, der später sein Privatsekretär wurde, sagte über ihn: „Er ist ein richtig zäher Bursche. Er macht weiter, bis er umfällt." Auch heute noch schont er sich nicht.

Das erwartet Philip auch von seinen Poloponys und seinen Wagenpferden. Als Polospieler war Philip bekannt für die grobe Behandlung seiner Ponys, im Gegensatz zu seinem Sohn Charles, der seine Ponys mit größerer Sorgfalt behandelt. Wegen Arthritis hat Philip das Polospiel im Alter von achtundvierzig Jahren aufgegeben und in den achtziger Jahren mit dem Trabrennsport angefangen. Er ist sehr gut darin.

Philip hatte immer ein waches Interesse an der britischen Industrie und Wissenschaft. Er tat alles, um die industrielle Kapazität des Landes und die Exporte nach Übersee zu steigern. Außerdem hat er immer großes Interesse an der Königlichen Marine bewiesen. Seine größte Errungenschaft aber ist sicher die Einführung der Commonwealth Study Conferences, die Mitgliedern aus der ganzen Welt geholfen hat, das Verhältnis zwischen Industrieverbänden, der Allgemeinheit und dem Individuum besser zu verstehen. Philips Enthusiasmus und Sachkenntnis wurden jedoch von seiner Arroganz überschattet. Deshalb hat er sich den Respekt der höheren Ratgeber, die nicht für die Öffentlichkeit, sondern im Palast arbeiten, nicht erwerben können.

Philip hat das effektivste Büro im Buckingham Palast, doch selbst er mußte bis Mitte der achtziger Jahre warten, bevor ihm gestattet wurde, Computer und Textverarbeitung für sein hochmotiviertes Personal, drei höhere Beamte und vier Sekretärinnen, anzuschaffen. Brian McGrath war seit 1982 Philips Privatsekretär. McGrath war in Eton gewesen, bei der irischen Garde und später im Weinhandel tätig. Er kam mit sechsundfünfzig Jahren zu Philip und löste Lord Rupert Nevill ab, zu dem Philip über zwölf Jahre ein sehr enges Verhältnis hatte. Nevill war erst Schatzmeister des königlichen Haushalts gewesen und später Privatsekretär. Als Broker half Lord Nevill, die vielen Geschäfte der Königin zu verwalten. Philip hat auch einen Stallmeister, den Korvettenkapitän Malcolm Sillars. Die Verwaltung liegt in den Händen von Jimmy Jewell, einem früheren Hauptfeldwebel der Garde.

Philips persönliche Bibliothek umfaßt neuntausend Bücher, darunter sechshundert Bücher über Vögel, fünfhundert über Religion, vierhundert über Pferde und Reiten und dreihundertfünfzig über die Marine und Schiffe. Philip liest gern Lyrik und besitzt mehr Gedichtbände als Romane. Er sammelte etwa zweihundert Cartoons von verschiedenen Künstlern, die sich ausschließlich mit ihm beschäftigen. Die Bibliothek enthält außerdem zweihundert humoristische Bände.

Noch im Alter von siebzig Jahren steuert Philip gern ein Flugzeug. Er ist ein sehr fähiger Pilot und hat viele Flugzeugtypen geflogen, Hubschrauber, die Concorde und einen Vulkanbomber eingeschlossen. Er hat mehr als fünftausend Flugstunden absolviert, viele davon in Flugzeugen der Königlichen Luftflotte. Philip ist außerdem ein eifriger Fotograf und malt gern mit Wasserfarben. Dabei kann er sich gut entspannen.

Sein ganzes Leben lang hat er es genossen, ein vielbeschäftigter Mann zu sein, der anderen Leuten sagt, was sie zu tun haben. Ein Mitglied der Internationalen Reitsportstiftung schildert das so: „Viele meinen, es wäre besser, wenn der Herzog bei den Treffen einfach den Vorsitz führe und nicht bei jedem Tagesordnungspunkt versucht, jedem seine Meinung aufzuzwingen."

Doch es gibt auch eine Seite an Philip, die im Widerspruch zu seiner schroffen Persönlichkeit steht. Er interessiert sich für Religion und Philosophie. Dieses Interesse entwickelte er in den frühen sechziger Jahren, nachdem Bischof Robin Woods zum Dekan von Windsor bestellt worden war.

Woods meinte: „Zuerst hatte der Herzog überhaupt keine Zeit für die Kirche von England." Offensichtlich wollte er noch nicht einmal Prinz Charles konfirmieren lassen und las die Bibel während der Messe anstatt zuzuhören.

Philips religiöse Erziehung war chaotisch verlaufen. Er war zunächst Angehöriger der griechisch-orthodoxen Kirche, kam als Teenager mit dem deutschen Protestantismus in Berührung und heiratete schließlich das Oberhaupt der Kirche von England. Er mußte dann ein praktizierender Anglikaner werden. Als Teenager betrachtete Philip alle Religionen ziemlich nüchtern und die Auffassungen der Kirche sogar zynisch. Das blieb so bis in die sechziger Jahre. Manchmal war er zutiefst agnostisch und bekannte sich öffentlich als Atheist.

Trotz Philips Haltung zur Kirche und zur Religion kamen Woods und er einander näher, als Philip den Plan unterstützte, 650.000 Dollar aufzubringen, um die bereits existierenden Gebäude des Dekanatscollege in Windsor zu einem Konferenzzentrum umzubauen. So wurden sie Freunde, und Woods kam oft an den Wochenenden nach Schloß Windsor.

Anläßlich von Woods Versetzung in die Diözese von Worcester schrieb Philip ihm einen Brief, in dem es hieß: „Es war einfach wunderbar, Sie hier auf Windsor zu haben. Ihre Hilfe und Anleitung waren für uns und unsere Kinder von unschätzbarem Wert, doch ich glaube, ehrlich gesagt, die Kirche braucht Ihre Dienste dringender als wir." Fünf Jahre später übernahm Bischof Dudley Mann 1975 den Posten in Windsor.

Philip hielt den Kontakt zur Kirche aufrecht. Nach einigen Gesprächen mit Bischof Mann schrieb er einige philosophische Essays, die vom Dekan der Universität herausgegeben wurden und 1985 unter dem Titel "Eine Frage der Balance" erschienen. Philip begann mit einer Textanalyse des "Kommunistischen Manifest" von Karl Marx. Andere Kapitel trugen die Titel "Wahrheit", "Interessenkonflikte" und "Die Gesundheit der Gemeinschaft". Zwei Jahre später veröffentlichte er "Eine Korrespondenz in Windsor", in der Philip und Bischof Mann die Theorie, die Sir Fred Hoyle in "Evolution aus dem Weltall" aufstellte, diskutierten und zu dem Schluß kamen, daß Wissenschaft und Christentum näher zusammenrücken könnten. Seine dritte philosophische Arbeit, "Überleben oder Untergang", trägt den Untertitel "Die christliche Haltung zur Umwelt". Auch diese Arbeit hat er zusammen mit Bischof Mann geschrieben. Sie wollten damit die Kirche überzeugen, mehr Interesse am Naturschutz zu zeigen.

Durch die Gespräche mit Woods und Mann kam Philip der anglikanischen Kirche näher und begann, Diskussionen über Philosophie und Religion zu genießen. Sein Interesse ist jedoch in erster Linie intellektueller Natur. Er hat nicht das Bekenntnis eines wahren Gläubigen.

Die Jahre forderten auch von Philip ihren Tribut. Immer noch barsch und hart, wurde er doch spürbar nachdenklicher. Während seiner Jugend und in den mittleren Jahren war Philip ruhelos, ungeduldig, neugierig und ein Tatmensch dazu. Jetzt scheint er mit Fragen über den Sinn des Lebens und die Existenz eines höheren Wesens zu kämpfen.

Bischof Mann sagte: „Ich glaube, der Herzog hat einen Seelenfrieden erreicht, den er früher nicht hatte. Doch in dem Mann steckt etwas, das ihn treibt. Ich weiß nicht, ob er sich jemals erfüllt fühlen wird, auch wenn er ganz zufrieden ist.

Philips Problem besteht darin, daß er nie etwas akzeptieren kann, bevor er sich daran nicht die Zähne ausgebissen und es gründlich untersucht hat. Wenn er sich in die Ecke gedrängt fühlt, weil er ein Argument nicht widerlegen kann, redet er über etwas anderes... Normalerweise geht er dann fort und kommt erst zurück, wenn er das Argument akzeptiert hat. Wenn man mit ihm diskutiert, wird er niemals zugeben, daß man ihn überzeugt hat. Man weiß, daß er überzeugt ist, wenn er das Thema wechselt und andere Fragen stellt. Zu sagen: 'Tut mir leid, ich habe mich geirrt', das wäre für ihn es sehr schwierig."

Mann glaubt, daß jemand, der seine Fehler zugeben kann, kein Bedürfnis hat, andere Leute in Diskussionen zu terrorisieren. Tim Heald hat Philip 1990 über mehrere Monate bei der Arbeit beobachtet, bevor er die Biographie "Der Herzog" schrieb. Darin heißt es: „Er verblüfft mich noch immer. Wahre Demut mischt sich mit Arroganz. Wirkliche Freundlichkeit ist gepaart mit unerklärlichen, schroffen Abfertigungen. Sicherheit und Unsicherheit, Sensibilität und Unsensibilität gehen Hand in Hand. Er ist gesellig, und er ist ein Einzelgänger, er streitet gern, kann aber nicht unterliegen... Seine offensichtlichen Widersprüche machen ihn sicher interessant, doch sie verursachen auch Ärger. Er ist energievoll, lebhaft, phantastisch und letztendlich nicht festzunageln. Und das teilweise auch mit Absicht."

Er macht selten Witze auf seine eigenen Kosten, doch manchmal zeigt sich so etwas wie Demut. Einmal bewarb er sich um die Mitgliedschaft im Kaiserlichen Jachtclub von Poona, der Freunden Gelegenheit bot, ab und zu etwas zusammen zu trinken. Philip schrieb sich ein als "Der Maharadscha von Cooch Parwani", was übersetzt soviel heißt wie "Der Maharadscha von sehr wenig".

Letztendlich muß Philip danach beurteilt werden, wie gut er seine Arbeit gemacht hat. Als er Elizabeth heiratete, übernahm er die Verpflichtung, nicht nur ihr Ehemann zu sein, sondern, was viel wichtiger ist, der Prinzgemahl der Königin von England. Er wurde bei Tausenden von Anlässen fotografiert, ob nun glanzvoll in seiner Marineuniform oder in einem eleganten, gutgeschnittenen Abendanzug. Immer war er ein fester Bestandteil und ein Fels in der Brandung, auf den sie sich stützen konnte. Tausende von Fotos beweisen das.

Er hat sich zielstrebig Wissen angeeignet und ist nicht der "ignorante Faulpelz", als den er sich selbst einmal bezeichnet hat. Er hat Treffen organisiert und geleitet, hat seine Meinung gesagt und sich für Wissenschaft und Technik engagiert. Man muß ihm hoch anrechnen, daß er seine Pflichten immer erfüllt hat. Er hat nicht nur seinen Anteil erfüllt, sondern hat jahrelang härter als die anderen gearbeitet, denn er hat mehr königliche Auftritte und Veranstaltungen besucht als die meisten Mitglieder der "Firma", die jüngeren eingeschlossen.

Am Ende seiner Biographie schrieb Tim Heald: „Alle, mit denen ich gesprochen habe, sind sich einig, daß der Herzog darin den Sieg davonträgt." Hätte Heald seine Biographie ein paar Jahre später geschrieben, als die Monarchie in die Krise geriet und diejenigen, die er interviewt hatte, mehr über das Leben der königlichen Familie wußten, dann wäre die Einmütigkeit vielleicht eher unterschiedlichen Meinungen gewichen.

Leider scheint Philip in vielen wichtigen Punkten versagt zu haben. Er war kein treuer Ehemann. Die Unterstützung, die er seiner Frau bei ihrer Arbeit zuteil werden ließ, war eigentlich nur kosmetischer Natur. Auf dem Gebiet, auf dem er sich eine wesentliche Rolle hätte aufbauen können, nämlich als Vater seiner Kinder, war er nachlässig. Philip hat das Einzelgängerdasein eines

Junggesellen geführt, weit weg von Fotografen und Blitzlichtern, und die Dinge getan, die er schon immer hatte tun wollen: vom Malen bis zum Polo, vom Segeln bis zum Schießen und Trabrennen, ohne daß er sich darüber Gedanken gemacht hätte, ob diese Beschäftigungen Auswirkungen haben könnten auf die, die von ihm abhängig sind.

Philip sagte einmal: „Es interessiert mich nicht, was einmal auf meinem Grabstein stehen wird." Wenn es soweit ist, könnte seine Grabinschrift nicht gerade schmeichelhaft ausfallen.

8. Kapitel: Enge Vertraute

In den fünfziger Jahren wandte sich Elizabeth in zunehmendem Maße an Onkel Dickie um Rat. Er stellte sich als wertvoller Ratgeber sowohl in politischer als auch in persönlicher Hinsicht heraus. Zuerst waren seine Ratschläge zumeist professioneller Art. Erst später, als sie sich besser kannten, riet Onkel Dickie ihr in allen Angelegenheiten, ganz besonders bei Familienproblemen.

Mountbatten beriet Elizabeth, als die sowjetischen Führer Bulganin und Chruschtschow 1956 Großbritannien besuchten, und er verbrachte viele Stunden mit ihr während der dramatischen Tage im Jahre 1956, als Präsident Nasser von Ägypten den Suezkanal besetzte.

Als Erster Lord zur See war Mountbatten direkt einbezogen in die Planung der Invasion am Suez, obwohl er persönlich gegen die militärische Operation war und das Premierminister Anthony Eden auch mitteilte. Er erklärte Elizabeth seinen Standpunkt und drängte sie, Sir Anthony möglichst zu überreden, keine Truppen auszusenden. Elizabeth akzeptierte Mountbattens Argumente, nahm sich seinen Rat zu Herzen und nutzte ihr Recht als Monarchin, indem sie Eden anwies, die größtmögliche Vorsicht walten zu lassen, bevor er sich für eine militärische Aktion entschied.

Eden plante heimlich weiter und informierte weder den amerikanischen Präsidenten Dwight Eisenhower noch den Staatssekretär John Foster Dulles darüber, daß eine Invasion stattfinden würde. Er fürchtete, sie könnten die Aktion stoppen. Eden informierte noch nicht einmal die Vereinten Nationen. Erst im letzten Moment setzte er Elizabeth davon in Kenntnis, daß es zu einer Invasion kommen würde. Natürlich hatte Elizabeth nicht die Macht, sie zu stoppen. Sie mußte Edens Entscheidung akzeptieren. Großbritannien, Frankreich und Israel besetzten den Kanal. Mountbatten war wütend und fürchtete eine ernste Auseinandersetzung.

Nur Stunden nach der Invasion übten die Vereinigten Staaten den größtmöglichen Druck aus, um die militärische Aktion zu beenden. Sie setzten das britische Pfund und den französischen Franc unter Druck und sagten alle Kredite ab. In zwei Wochen wäre Großbritannien ruiniert gewesen. Eden mußte zurückweichen. Die Invasion hatte die Nation offenbar gespalten. Großbritannien verlor an Macht und Ansehen, und Sir Anthony trat zurück - körperlich und geistig krank.

Die Suez-Affäre zementierte das gute Verhältnis zwischen Elizabeth und Mountbatten. Während der nächsten Jahre war sie sehr auf Onkel Dickie angewiesen.

Louis Francis Victor Albert Nicholas, Erster Graf Mountbatten von Burma, wurde 1900 geboren und war der Urenkel von Königin Victoria und Albert. Er war ein entfernter Verwandter von Elizabeth, die Königin Victorias Ururenkelin war.

Während des Zweiten Weltkrieges erreichte Mountbatten Macht und Autorität. Er stieg auf vom höheren Marineoffizier 1940 zum Obersten Alliierten Kommandeur in Südostasien 1943 und wurde zum letzten Vizekönig von Indien ernannt. Als Vierter Seelord und Kommandeur der Mittelmeerflotte kehrte er zur Marine zurück. 1955 wurde er Erster Seelord. Vier Jahre später erreichte er den Gipfel der Macht bei den britischen bewaffneten Streitkräften, als er zum Obersten Befehlshaber der Verteidigungstruppen befördert wurde.

Mountbatten war für Lilibet Vertrauter und Ratgeber. Er verfügte über Erfahrungsreichtum und enormes Wissen, mit dem weder Elizabeth noch Philip mithalten konnten. Der hinterhältige Drahtzieher Mountbatten förderte das Verhältnis zwischen den beiden, da er die Macht und den Einfluß genoß, die es ihm brachte. Seit der Zeit der Suez-Krise wurde Onkel Dickie eine Art Vaterfigur für die dreißigjährige Elizabeth, und die beiden standen einander nahe bis zu seinem Tod 1979.

Mountbatten hatte nicht nur Kontakt zu den Mächtigen vieler westlicher Demokratien, die Vereinigten Staaten eingeschlossen, sondern auch zu einfachen Leuten - zu Ladenbesitzern, niedrigeren Dienstgraden der Marine, zu Soldaten und Leuten, die er jeden Tag traf. Er hörte zu, was diese Leute zu sagen hatten. Dadurch hatte er seinen Finger am Puls der Nation und wußte, wie das Volk zur Monarchie und zur königlichen Familie stand. Vieles gab er an Elizabeth weiter.

John Barratt beschreibt Mountbattens Haltung Elizabeth gegenüber während der späten fünfziger und sechziger Jahre so: „Manchmal dachte ich, ihr Verhältnis würde zu eng werden. Er wurde ihr gegenüber zu besitzergreifend."

Mountbatten fragte oft nach ihrem Verhältnis zu Philip. Elizabeth erzählte meistens nicht viel, doch manchmal vertraute sie ihm auch ihre geheimsten Gedanken an. Onkel Dickie hatte schon ziemlich früh während der Ehe erkannt, daß Philip Elizabeth einschüchterte. Manchmal während des Essens warf Philip seiner Frau einen strengen Blick zu, und sie verstummte plötzlich und ließ das Thema fallen, über das sie gerade gesprochen hatte. Als sie nur ein paar Jahre verheiratet waren, meinte Philip gelegentlich: „Halt den Mund!" Sie gehorchte sofort und war peinlich berührt, vor ihrer Familie so angesprochen zu werden. Wenn Philip sagte: „Zeit schlafen zu gehen", unterbrach Elizabeth sofort ihre Tätigkeit und zog sich mit ihm ohne jede Widerrede zurück.

In der Familie spielte Philip den arroganten Macho, ganz besonders in den ersten Ehejahren, sogar noch nachdem sie 1952 Königin geworden war. Während der Gespräche bei Tisch vertrat Philip nachdrücklich seine Meinung. Dabei stimmte er oft nicht mit seiner Frau überein und sagte ihr dann rundheraus: „Sei still", wenn er nicht weiter diskutieren wollte. Er war besonders hart, wenn er mit Charles sprach. Er kritisierte ihn oft ohne erkennbaren Grund oder nahm absichtlich den entgegengesetzten Standpunkt ein. Manchmal griff Elizabeth ein und verteidigte Charles. Das machte Philip nur wütend und er meinte: „Kümmere dich um deine eigenen Sachen, wenn ich mit den Kindern spreche!" Elizabeth gehorchte und schwieg.

Philip hatte eine unangenehme Art, seine Frau zu demütigen, indem er sie vor der Familie kleinmachte. John Barratt erinnert sich: „Es sah aus, als würde es Philip Freude machen, seine Frau so zu behandeln, indem er sie verspottete, ihr sagte, sie wisse nicht, wovon sie rede, und sich über ihre Ansichten und Meinungen lustig machte. Er demütigte sie. Das hat er immer getan. Sie akzeptierte es die meiste Zeit. Soweit ich mich erinnern kann, hat sie immer getan, was er sagte."

Onkel Dickie mochte es gar nicht, wie sein Neffe Elizabeth behandelte. Deshalb riet er ihm, seiner Frau freundlich und rücksichtsvoll zu begegnen. Als die Zeit verstrich und Philip in sexuelle Abenteuer verstrickt war, verbat er seinem Onkel, sich in persönliche Dinge einzumischen. Onkel Dickie wandte sich daraufhin Elizabeth voller Wärme zu. Er war ihr gegenüber aufmerksam, freundlich, ja sogar milde, fragte nach ihren Ansichten und Meinungen und hörte sich ihre Argumente an. Das war etwas, was Philip nie tat. In den sechziger Jahren gingen Mountbatten und Elizabeth oft zusammen auf Schloß Windsor oder in den Broadlands spazieren.

Wie nah Elizabeth und Mountbatten einander standen, wurde deutlich, als sie sich mit einem anderen Mann einließ, mit Henry

George Reginald Molyneux Herbert, Siebter Graf von Carnavon und Enkel des Fünften Grafes, des Mannes, der das berühmte Grab des Tutanchamun in den zwanziger Jahren entdeckt hatte. Harry lernte Elizabeth während ihrer Teenagerjahre kennen (er ist zwei Jahre älter als sie), und die beiden haben zu verschiedenen Anlässen miteinander getanzt. Harry war einer der jungen Männer gewesen, den König George als zukünftigen Ehemann vorgeschlagen hatte. Harrys Titel bei Hof war Lord Porchester, und man nannte ihn freundlich "Porchy".

Elizabeth und Porchy wurden in den fünfziger Jahren aufgrund ihrer gemeinsamen Leidenschaft für Pferderennen enge Freunde. 1965 heiratete Porchy die Amerikanerin Jean Wallop. Sie war die älteste Tochter des ehrenwerten Oliver Wallop. Lord Porchy war sein Leben lang ein Anhänger des Pferderennsports gewesen. Er wurde Vorsitzender und später Präsident der Vereinigung der Vollbluthengstzüchter, Präsident der Vereinigung der Amateurreiter, Mitglied des Levy Board für Pferdewetten, und Vorsitzender des Wettkampfplanungskomitees des Jockey Club. Im Dezember 1969 wurde Porchy zum Pferdewettkampfmanager der Königin ernannt.

Während der späten fünfziger und sechziger Jahre verbrachten Porchester und Elizabeth viele, viele Stunden miteinander, um über Elizabeth's Gestüte, ihre Zuchthengste und -stuten, die Stammbäume, Ankäufe, Verkäufe, die Rennen und natürlich ihre Rassepferde, die sich gerade im Training befanden, zu diskutieren. Elizabeth verdankt Porchy einiges Wissen über Pferderennen. Inzwischen wird sie sogar als gute Sachverständige angesehen.

Doch bei diesem Verhältnis ging es um mehr als nur Pferderennen. In der Öffentlichkeit nannte Porchester Elizabeth stets Madam oder Ihre Majestät und erwies ihr jeden Respekt, doch privat nannte er sie Lilibet, und sie sprach ihn mit Harry an. Elizabeth hatte Glück, denn Porchy war nicht wie sein Vater, der sich brüstete, in seinem Leben mit mehr als hundert Frauen geschlafen zu haben. Der Sechste Graf fand beinahe ein frühzeitiges Ende, als er bereits im fortgeschrittenen Alter in den Armen von Wilhelmina, der attraktiven, rothaarigen Frau des Grafen von Craven, erwischt wurde. Craven brach die Tür auf, drohte mit einem geladenen Revolver, und Porchesters Vater flüchtete durchs Badezimmer, während die Kugeln die Tür hinter ihm durchbohrten.

Seit dem Tod seines Vaters 1987 konnte sich Porchester des wunderbaren Schlosses Highclare erfreuen, das nicht weit von Broadlands entfernt auf einem zweihundertfünfzig Quadratkilometer großen Grundstück in Hampshire steht. Harry Porchesters Erziehung war typisch für die englische Aristokratie: ausgebildet in Eton, wo er Kapitän der Boxmannschaft war, geschult in Sandhurst, diente er in der ersten Brigade der Kavallerie in Ägypten, bevor er aus der Armee als untauglich entlassen wurde. Er beschäftigte sich mit Landwirtschaft, doch seine Liebe galt immer dem Pferderennen. Er widmete einen großen Teil seiner Zeit und Energie seinem Gestüt, obwohl er auch viel Zeit in der Regionalverwaltung zubrachte, nachdem er es 1953 nicht geschafft hatte, einen Sitz im Unterhaus zu bekommen.

Porchy ist groß, gutgebaut, sieht gut aus und ist sehr vornehm. Obwohl er seine Haare verliert, sieht der Siebzigjährige zehn Jahre jünger aus. Seine Freunde beschreiben ihn als "charmant, höflich, mit Sinn für Humor und einem ständigen Augenzwinkern." Als junger Kavallerieoffizier und Sohn des Grafen von Carnavon war Porchy ein beliebter Kandidat ambitionierter Mütter, die ihre Töchter mit einem Mitglied der Aristokratie verheiraten wollten. Doch Porchy widersetzte sich der Tradition und verliebte sich in ein Mädchen aus Wyoming, das im Alter von einundzwanzig Jahren nach England kam.

Porchy hatte auch Glück in seiner engen Beziehung zu Elizabeth. Sie hat bemerkenswertes Vertrauen in seine Fähigkeiten als Wettkampfmanager bewiesen, obwohl er ein absoluter Fehlschlag war. Seitdem sie ihre konstante Leidenschaft für das Pferderennen entwickelt hat, träumte sie wie die meisten Pferdebesitzer davon, das englische Derby in Epson Downs zu gewinnen. Doch die Chancen scheinen immer schlechter zu werden statt besser. Während eines sieben Jahre dauernden Dauertiefs in den achtziger Jahren hatte die Königin nicht einen Dreijährigen, der gut genug gewesen wäre, am Rennen teilzunehmen, geschweige denn, das blaue Rennband zu gewinnen.

Die Königin gibt ungefähr 500.000 Dollar im Jahr für ihre Rennpferde aus. Es liegt in ihrer Verantwortung, daß sie beim wichtigsten Rennen soviel Pech hatte, denn sie wählt die Hengste und Zuchtstuten aus. Sie liest Bücher und Computerausdrucke und bildet sich ständig weiter. Außerdem verbringt sie Stunden mit Experten im Gespräch über das Zuchtprogramm der königlichen Ställe. Sie möchte gern über alle Details informiert werden, ganz besonders wenn eines der Pferde krank wird oder lahmt. Ihr Interesse an den Rennpferden ist uneingeschränkt groß. Trotzdem war sie bisher nicht in der Lage, Fohlen der Topklasse zu züchten.

In den sechziger Jahren verbrachte Elizabeth einen großen Teil ihrer Zeit mit Porchy. Sie trafen sich oft in den Broadlands, wo Onkel Dickie ihr Gastgeber war. Sie ritten zusammen aus, gingen mit den Hunden spazieren, saßen abends zusammen und plauderten bis tief in die Nacht.

Mountbatten machte sich Sorgen, Elizabeth könnte sich von dem attraktiven Harry Porchester betören lassen. Er wagte nach kurzem Zögern den beispiellosen Schritt, ihr einen Brief zu schreiben und sie diesbezüglich zu warnen.

Eine von John Barratts täglichen Aufgaben bestand darin, alle Briefe von Mountbatten zu lesen, egal ob sie privater oder offizieller Art waren. Er sagte: „Mountbatten diktierte die meisten Briefe. Aber die privaten an Lilibet schrieb er stets selbst. Er zeigte mir immer alle Briefe, die er geschrieben hatte, damit ich sie durchlas und ihn auf eventuelle Fehler hinweisen konnte.

Ich erinnere mich sehr gut an den Brief, den er Elizabeth bezüglich Porchy geschrieben hatte. Wie üblich, begann der Brief mit 'Liebe Lilibet'. Dann ging es weiter mit der Warnung: 'Ich beschwöre Dich, in Deiner Beziehung zu Porchy diskreter zu sein. Mountbatten war höchst besorgt über das enge Verhältnis der Königin zu Porchy. Er wußte genau, was los war, und hatte Angst, die Sache könnte ihr über den Kopf wachsen. Er sah doch, wie nah sie einander gekommen waren und daß sie einander behandelten wie Verliebte.

Ich denke, ein bißchen Eifersucht war auch dabei. Trotzdem war er wirklich besorgt, sie und Porchy könnten zu viel Zeit in Broadlands verbringen. Er sagte es mir und pflegte den Kopf darüber zu schütteln, weil er nicht wußte, wie er sich in dieser Situation verhalten sollte. Elizabeth war so angeregt, wenn Porchy in der Nähe war, und die beiden verstanden sich so gut."

Elizabeth schien von Onkel Dickies Warnung nur wenig Notiz zu nehmen, denn sie sah Harry Porchester weiterhin sehr oft. Aber das Paar verbrachte weniger Wochenenden in Broadlands. Später sollten sie anläßlich von Pferderennen gemeinsam ins Ausland reisen und wochenlang zusammen sein. Philip begleitete seine Frau kaum auf diesen Reisen, denn er mochte Pferderennen nicht besonders. Seit 1975 haben Elizabeth und Porchy oft für die Frühjahrsverkäufe der einjährigen Pferde Kentucky besucht. Sie wohnen fast immer auf einer Farm in Lexington, die William Stamps Farish III. gehört, einem von Amerikas reichsten Multimillionären und gutem Freund des früheren Präsidenten George Bush.

Will Farishs Großvater war der Begründer von Humble Oil, einer Gesellschaft, die später den größten Anteil von Exxon ausmachte. Sein anderer Großvater Roebuck war der Präsident von Sears. Sein Vater kam 1934 bei einem Flugzeugunglück um, als Will Farish gerade vier Jahre alt war. Will Farish heiratete Sarah Sharp, die Tochter von Bayard Sharp, einem du Pont Erben und Pferdezüchter. Der Polofan Will und seine Frau Sarah lieben Pferde und können stolz darauf sein, die besten Vollblüter Amerikas zu züchten. Als Präsident des Trabrennclubs der Vereinigten Staaten lernte Will Farish Elizabeth während eines Polospiels kennen, und die beiden verstanden sich so gut, daß er sie einlud, während der Pferdeverkäufe in Kentucky bei ihm und seiner Frau zu wohnen. Für Elizabeth war das Versteck bei den Farishs auf der Lane's End Farm der ideale Ort, um neugierigen Blicken zu entkommen.

Während eines Besuchs im Oktober 1984 war die achtundfünfzigjährige Elizabeth ganz fasziniert von der revolutionären computerisierten Bestandsaufnahme von Vollblutpferden im Corporate Center in Lexington. Sie verbrachte ihre Zeit dort vor dem Monitor, auf dem Stammbäume von Hengsten und ausgewählten Zuchtstuten analysiert wurden, um die ideale Zucht zu finden und die Chance zu erhöhen, Fohlen zu züchten, die als Gewinner der Rennen in der ersten Klasse in Frage kamen. Während dieses Besuches nahm Elizabeth an einem Treffen in Keeneland teil. Dort fand der "Königin Elizabeth II. Pokalwettstreit", das Ereignis unter den Rennen des Tages, statt. Mittlerweile hat auch Elizabeth einige ihrer Stuten in Kentucky.

Eines der Nachbargestüte gehört Senator Malcolm Wallop, dem Enkel des Earl of Portsmouth, der eine wunderbare Farm in Big Horn in Wyoming besitzt. Seine Schwester Jean Wallop ist die jetzige Lady Porchester. Während ihres Besuchs 1984 blieben Elizabeth und Porchy ein paar Tage bei ihm.

Porchy fand immer einen guten Grund, um Elizabeth nach Kentucky zu begleiten, denn sie brauchte seine Beratung. Der Besuch bedeutete natürlich auch, daß sie eine Woche weit entfernt von den Restriktionen und der Disziplin des Buckingham Palastes verbringen konnten. Allen Leuten, die Elizabeth während ihrer

Besuche in Kentucky begegnet war, fiel auf, wie entspannt und glücklich sie dort war. Sie konnte in endlosen Gesprächen über die Rennen und die Pferde schwelgen. Es war der perfekte Urlaub für Elizabeth.

Noch heute sind Elizabeth und Porchy sehr gern zusammen. Das meiste regeln sie telefonisch, doch natürlich sehen sie sich auch häufig, wenn sie die Termine für die Rennen der Königin aufstellen und eventuelle An- und Verkäufe besprechen.

Mountbattens Eifersucht äußerte sich auf merkwürdige Weise. Er hatte in Broadlands eine bemerkenswerte Sammlung pornographischer Bücher, meistens über Sadomasochismus. Doch einige der Bände befanden sich in seiner Londoner Wohnung in der Kinnerton Street. In einem seiner Lieblingsbücher "Die reitende Gebieterin", läßt die Titelfigur ihre jungen Reiter auf einem Holzpferd sitzen, während sie sie auspeitscht. Seine Lieblingsbilder zeigten fast immer junge Frauen in engen Reithosen und kniehohen Reitstiefeln mit einer Peitsche in der Hand.

Barratt erzählte, Mountbatten verschaffe sich sexuelle Befriedigung auf seinen Ponys. Er verriet, daß Mountbatten eine besondere Beziehung mit einem seiner weiblichen Stallknechte hatte, einem liebenswerten jungen Mädchen mit jungenhafter Figur. Sie hieß Mary Lou. Ihr Arbeitsvertrag bestimmte, daß sie zweimal pro Woche mit ihrem Arbeitgeber ausreiten mußte. Mary Lou war Mountbattens Traumfrau: jung, sehr schlank, jungenhaft, attraktiv und eine gute Reiterin. Die Gerüchteküche in Broadlands wurde angeheizt, weil Mountbatten immer, wenn er mit Mary Lou oder einer seiner anderen Freundinnen ausritt, ein Kondom mitnahm. Das wußte das gesamte Personal. Mountbatten trug seine Sporen nur, wenn er mit einer Frau ausritt, nicht aber wenn er es allein tat. Er soll sich sexuelle Befriedigung verschafft haben, wenn er seinen Ponys wütend die Sporen gab und dabei die scharfen Sporenrädchen benutzte, um sie anzutreiben. Die Ponys bluteten davon.

Eine von Mountbattens größten Freuden bestand darin, mit Elizabeth auszureiten, wann immer sie Broadlands besuchte. Normalerweise ritten sie ein- oder zweimal am Wochenende aus. Sie trainierten ihre Ponys zusammen, galoppierten im Kreis oder in achtförmigen Schleifen. Barratt hat keine Ahnung, ob Elizabeth sich der geheimen sexuellen Neigungen von Onkel Dickie bewußt war, oder ob sie eines der jungen Mädchen kannte, mit denen er ausritt.

Mountbattens Sexualität gab schon immer Anlaß zu Fragen. Barratt, ein bekennender Homosexueller, schwört, daß Seine Lordschaft niemals an Männern interessiert war und seines Wissens nie ein homosexuelles Verhältnis hatte. Er unterstreicht, daß Mountbatten immer junge, sehr schlanke Frauen mit schmalen Hüften anziehend gefunden hatte.

Philip Ziegler, Mountbattens bekannter Biograph, ist überzeugt, daß er niemals schwul war, obwohl Mountbatten viele Jahre lang ein enges Verhältnis zu Peter Murphy hatte, einem hochintelligenten Iren, der in der irischen Garde gedient hatte. Murphy war ein berühmter Homosexueller und ein brillanter Linguist und Pianist. Er wurde 1952 als kommunistischer Agent denunziert. Daß er homosexuell und Kommunist war, brachte Mountbatten als einen der höchsten britischen Marineoffiziere in eine unangenehme Lage. Die westlichen Geheimdienste, ganz besonders der CIA, waren mehr als besorgt. Mountbatten bat den britischen Geheimdienst, Murphys angebliche Sympathien für den Kommunismus zu untersuchen. Aber der Geheimdienst konnte keine Verbindungen zur kommunistischen Partei nachweisen. Diese Entwarnung wurde an den CIA weitergegeben und Mountbatten nicht länger als Sicherheitsrisiko angesehen.

In seiner Biographie nennt Ziegler ein paar Affären, die Mountbatten mit Frauen hatte, darunter die Affäre mit der äußerst sinnlichen Edwina. Ziegler und Barratt glauben aber nicht, daß Mountbatten, der sich am liebsten selbst als Sexprotz darstellte, ein sehr heißblütiger Mann war.

1971 habe ich mit anderen eine Artikelserie für den "London Daily Mirror" geschrieben, in der Einzelheiten über einen homosexuellen Kreis in den Kasernen der Leibgarde enthüllt wurden. Eine Anzahl junger Gardemitglieder informierte mich, daß Mountbatten auch involviert sei, und sie gaben detaillierte und unterzeichnete Erklärungen ab über angebliche Besuche in seiner Wohnung in der Kinnerton Street. Mountbatten schrieb darüber in sein Tagebuch: „Ich weigere mich, die Behauptung, daß mein Name in Verbindung mit diesem Kreis steht, ernst zu nehmen. Ich habe gesagt, daß man mich vieler Dinge in meinem Leben beschuldigen kann, aber ganz sicher nicht der Homosexualität." Als Ergebnis einer Untersuchung innerhalb der Armee wurde fünf Offizieren der Leibgarde und weiteren sechsunddreißig Mitgliedern Homosexualität vorgeworfen, und sie wurden aus dem Regiment entlassen.

Sir Robert Scott, in den sechziger Jahren Ständiger Unterstaatssekretär im Verteidigungsministerium und gleichzeitig ein Freund und Kollege Mountbattens, erinnert sich, daß er bezüglich dieser Anschuldigungen sagte: „Edwina und ich haben unser gesamtes Eheleben damit verbracht, in die Betten anderer Personen zu schlüpfen." Ziegler meint, Mountbatten habe übertrieben, denn er hätte nur zwei lange außereheliche Affären gehabt - beide mit Frauen.

Je näher Mountbatten seiner geliebten Elizabeth kam, desto stärker entfernte er sich von Prinz Philip. Nachdem er Jahre daran gearbeitet hatte, ihre Heirat zustandezubringen, wandte sich Mountbatten gegen Philip. Es sieht so aus, als hätte er das in erster Linie getan, weil er seinen Neffen nicht länger beeinflussen und auch dessen hartnäckigen Ehebruch nicht verhindern konnte. In Privatgesprächen mit John Barratt sagte Mountbatten gelegentlich: „Philip kann sein Leben nicht in die Hand nehmen. Es gibt zu viele Einschränkungen für ihn. Es wäre viel besser gewesen, wenn er sich davongemacht und eine reiche Amerikanerin geheiratet hätte. Dann hätte er keine öffentliche Schande für sich selbst und Lilibet riskiert."

Charles folgte einem Rat von Onkel Dickie und ging auf die Schule in Gordonstoun. Hier hatte Mountbatten den Vorstand, und hier war auch Philip gewesen. Um Charles' Ausbildung gab es monatelang hitzige Diskussionen. Die Königinmutter war der festen Überzeugung, Charles sollte auf eine traditionelle englische Privatschule geschickt werden. Elizabeth war unsicher, wie sie die verschiedenen Meinungen einschätzen sollte, da sie selbst nie eine Schule besucht hatte.

Ein Argument gegen Gordonstoun war die Befürchtung, daß die Schule radikale Ideen fördern könnte, die sich auswirken könnten, wenn Charles Prinz von Wales wurde. Die Königinmutter fürchtete, Charles könne seinem Onkel Edward VIII. ähneln, den sie verachtete wegen seiner Entscheidung, abzudanken und "mit dieser Simpson" wegzugehen. Charles könnte ein Freidenker werden, ein extremistischer Reformer oder sogar ein radikaler Philosoph. Sie und die höheren Mitglieder der königlichen Hofhaltung zogen Schulen wie Eton oder Harrow vor und hatten Angst vor dem Einfluß, den Gordonstoun auf ein Kind wie Charles, der nicht den starken und rebellischen Charakter seines Vaters hatte, haben könnte.

Elizabeth's einzige andere emotionale Verbindung hatte sie mit Patrick Plunket. Sie genoß es, wenn Patrick im Palast war. Er war nicht nur ein hochintelligenter Berater, sondern auch ein Freund und Seelenverwandter. Patrick Terence William Span, der Siebte Baron Plunket, war zwei Jahre älter als Elizabeth und trat in den königlichen Dienst, als er 1948 zum königlichen Stallmeister von König George VI. bestellt wurde. Als sie 1952 den Thron bestieg, blieb Patrick Stallmeister, bis sie ihn zwei Jahre später zum Stellvertretenden Aufseher der königlichen Hofhaltung beförderte. Diesen Posten behielt er bis zu seinem tragischen Tod 1975, als er im Alter von einundfünfzig Jahren an Krebs starb.

Patrick Plunket heiratete nie. Als er in den vierziger Jahren in den Palast kam, war er so beliebt bei dem König und der Königin, ja eigentlich bei der ganzen Familie, daß man hoffte, er würde Prinzessin Margaret heiraten. Er war ein schlanker, gutaussehender Mann mit dünner werdendem, dunklem Haar und einem aristokratischen Profil. Das gute Aussehen hatte er von seiner Mutter geerbt, der Tochter der berühmten amerikanischen Schauspielerin Fanny Ward. Sein Großvater, Joseph Lewis, war ein bekannter Diamantenmagnat in Südafrika gewesen. Patrick wurde von einer Tante großgezogen, nachdem seine Eltern bei einem Flugzeugunglück umgekommen waren, als er gerade vierzehn Jahre alt war. Plunket liebte die Künste, von der Oper bis zu klassischer Musik, das Theater und das Kino. Er hatte nie großes Interesse an Frauen gezeigt, aber auch nicht an Männern. Trotz Gerüchten, Klatsch und Sticheleien glauben die Menschen, die Patrick gut kannten, daß er im Grunde seines Herzens ein asexueller Mensch war.

Seine Beziehung zu Elizabeth begann nach dem Krieg. Er hatte im Krieg als Oberstleutnant in der irischen Garde gedient, bevor er verwundet wurde. Die beiden ritten zusammen aus, und sie sollten das in den nächsten zwanzig Jahren öfter genießen. Patrick ging auch öfter mit Philip zum Schießen, mit der Königinmutter zum Angeln und begleitete manchmal Prinzessin Margaret, bevor sie Tony Armstrong-Jones heiratete.

Charmant und witzig wie er war, wurde er fast wie ein Familienmitglied behandelt. Doch er kam Elizabeth sehr, sehr nahe. Die ganze Familie begegnete ihm mit Wärme und aufrichtiger Freundschaft. Das gab ihm ein Gefühl der Sicherheit und der Zugehörigkeit. Im Gegenzug widmete sich Patrick ganz seinen Aufgaben. Als Aristokrat durch Geburt und Neigung, ausgebildet in Eton und Cambridge, hatte Patrick einen Hauch von Eleganz, Geschmack und eine Abscheu gegen alles Zweitklassige. Elizabeth mochte seine Wärme und betrachtete diese Freundschaft ganz anders als ihr Verhältnis zu Philip.

Elizabeth brauchte jemanden mit Patricks Wärme, seiner geistigen Großzügigkeit und Unbeschwertheit, um Philips ungestümem Charakter, seiner Persönlichkeit und seinen Stimmungsschwankungen etwas entgegenzusetzen. Patrick war sehr geschickt und brachte Harmonie, wo es Streit und Zwietracht gab. Elizabeth schätzte das enorm, denn sie hatte oft genug von Philips endlosem Toben und seinen schlechten Stimmungen.

Patrick war ein genialer Gesellschafter. Deshalb bat ihn die Familie oft, an ihren Partys teilzunehmen. Er konnte jedermann dazu bringen, sich zu entspannen und sich zu amüsieren, was viele Mitglieder der königlichen Familie schwierig finden. Elizabeth lachte oft über ihn. Dabei warf sie den Kopf zurück, und die Tränen liefen ihr über das Gesicht. Er war einer der ganz wenigen Männer, die Elizabeth dazu bringen konnten, und sie liebte ihn dafür. Die Familie gab ihm den Spitznamen "Meister der Ausgelassenheit", denn er konnte besser als jeder andere Zwanglosigkeit mit Größe vereinen.

Patrick hatte noch mehr Talente. Er hatte einen unfehlbaren Sinn für Dekoration und einen stark ausgeprägten Qualitätssinn bei Skulpturen, Antiquitäten und Gemälden. Patrick gefiel es, Elizabeth's Interesse für alles Künstlerische zu wecken. Sie hatte nie wirkliches Interesse an den Künsten gezeigt. Doch sie wollte mehr darüber lernen, in erster Linie deshalb, weil sie jemanden gefunden hatte, den sie mochte, dem sie vertraute und der die Künste für sie anziehend machte. Patrick hat die Galerie der Königin im Buckingham Palast inspiriert und gefördert.

Patrick Plunket war mehr als ein Vierteljahrhundert stabilisierender Faktor im Palast. Privat begrüßte er Elizabeth mit einem Kuß auf die Wange. In Anwesenheit der anderen Mitglieder des Hofes sprach Patrick sie mit Madam an, obwohl sie ihn immer Patrick nannte. Philip war nicht im geringsten eifersüchtig auf Patrick. Im Gegenteil, er schien es sogar zu begrüßen, daß dieser so oft in der Nähe war. Das entband ihn von allen Pflichten, für die er nicht taugte.

Über zehn Jahre lang, während der sechziger und siebziger Jahre, gingen Elizabeth und Plunket heimlich zusammen aus: zum Essen, ins Kino und gelegentlich ins Theater. Oft verließen sie den Palast in Elizabeth's altem Rover. Sie trug dann einen Mantel und ein Kopftuch, um nicht erkannt zu werden.

Sie gingen häufig ins Kino, meistens ins "Odeon" in der Kings Road in Chelsea, etwa drei Kilometer vom Buckingham Palast entfernt. Plunket zahlte und sicherte sich immer zwei Plätze ganz hinten im Saal, obwohl es damals noch keine numerierten Plätze gab. Nach dem Film gingen sie oft in den "Raffles Club". Es war ein sehr angesehener Club, in dem man essen und trinken konnte. Er war eingerichtet wie eine Bibliothek, und dort verkehrten keine Aristokraten. Sie baten um einen Tisch im hinteren Ende des Restaurantbereiches, der dunkelsten Ecke. Dort nahmen sie ein leichtes Mahl zu sich und ein Glas Champagner oder Wein, bevor sie gegen Mitternacht in den Palast zurückfuhren. Scheinbar hat niemand Elizabeth erkannt, vielleicht weil niemand damit rechnete, die Herrscherin an einem solchen Ort zu sehen.

Dieses heimliche Ausgehen machte Elizabeth große Freude. Es waren die einzigen Momente, in denen sie unerkannt und anonym unter ganz normalen Menschen sein und das Leben genießen konnte.

Manchmal gingen sie und Patrick auf lange Spaziergänge durch den Großen Park von Windsor. Sie mochten besonders die schönen, abgelegenen Valley Gardens, die über dem Virgina Water lagen und wo Rittersporn und Pfingstrosen wuchsen. Diese Blumen wurden Elizabeth's Lieblingsblumen. Nachdem Patrick Plunket 1975 an Krebs gestorben war, ließ Elizabeth ihm zu Ehren einen Holzstuhl in die Gärten setzen. Patrick nimmt auch heute noch einen ganz besonderen Platz in ihrem Herzen ein.

Einige haben vermutet, Elizabeth und Patrick seien ein Liebespaar gewesen, doch ich habe keinerlei Anhaltspunkte dafür finden können. Ihr Verhältnis war beinahe völlig asexuell, doch Elizabeth liebte ihn auf eine Weise, wie sie noch nie jemanden geliebt hatte. Seine Wärme und Freundlichkeit, seine Geduld und Aufrichtigkeit sprachen sie an. Sie fühlte sich im näher als jedem anderen Mann in ihrem Leben, Porchester und Prinz Philip eingeschlossen. Elizabeth verließ sich zum großen Teil auf ihn, nicht nur auf seinen Rat, sondern auch auf seine moralische Unterstützung. Er verstand sie besser als jeder andere, wahrscheinlich sogar wesentlich besser als Philip.

Patrick Plunket war aber nicht immer nur zum Vergnügen in ihrer Nähe. Er war scharfsinnig, verstand die Menschen und deren Politik, ob sie nun zur Hofhaltung gehörten oder zur Regierung.

Das war für Elizabeth von unschätzbarem Wert, da das Erkennen niederträchtiger Motive ihrer Natur so fremd war.

Patrick hatte keinen persönlichen Ehrgeiz. Er schien glücklich als Angestellter des Hofes, und er besaß eine bemerkenswerte Objektivität, eines der wichtigen Kriterien der Berater der Mächtigen. Weil Patrick Glück in Elizabeth's Leben brachte, erhielt er die Belohnungen und Ehrbezeugungen, die sie ihm aufgrund ihrer persönlichen Macht zukommen lassen konnte. 1955 ernannte sie ihn zuerst zum Mitglied des Königlich-Viktorianischen Ordens, 1963 zum Kommandeur und 1974, als sie bereits wußte, er würde nicht mehr lange leben, zum Komtur des Ordens. Höhere persönliche Auszeichnungen hatte sie nicht zu vergeben.

1971 erfuhr Patrick, daß er Krebs hatte, und teilte Elizabeth mit, daß er unheilbar krank sei. Seine Krankheit nahm Elizabeth so mit, daß auch sie erschöpft und krank wurde. Sie hatte eigentlich eine ausgedehnte Reise mit Prinzessin Anne nach Südostasien unternehmen sollen, doch sie beschloß, die Reise zu verschieben und bei Plunket zu bleiben. Er wollte nichts davon hören und überredete sie, ihre Pflicht zu erfüllen. Die Reise war kein Erfolg, denn die Hitze war unerträglich und Elizabeth litt unter dem Streß. Sie rief Plunket jeden Tag an. Patrick kämpfte vier Jahre lang mutig gegen seine Krankheit. Dabei verlor er trotz allem nie seinen Humor.

Noch ein anderer Mann stand Elizabeth während der sechziger, siebziger und achtziger Jahre nahe. Es war Sir John Miller, der von 1961 bis 1987 Kronstallmeister war und mit siebzig Jahren zum Sonderstallmeister befördert wurde. Kein anderer Mann kam scheinbar so oft in Schwierigkeiten wie er.

Sir John Miller diente während des Zweiten Weltkrieges als Offizier in der walisischen Garde und kommandierte von 1958 bis 1961 das Erste Bataillon. Wie Elizabeth war er sein Leben lang fasziniert von Pferden. Aus diesem gemeinsamen Interesse erwuchs eine enge, lebenslange Freundschaft. Seit er 1961 aus der Armee ausgeschieden war, hatte Sir John den Vorsitz vieler britischer Organisationen, Vereinigungen, Clubs und Gesellschaften inne, die sich alle mit verschiedenen Aspekten von Pferden, Ponys, Reiten und Trabrennen beschäftigten. Er war außerdem fast dreißig Jahre lang für jeden zeremoniellen königlichen Auftritt zuständig.

Sir John faßte seine dreißigjährige Karriere als Elizabeth's Stallmeister auf sehr charakteristische Weise zusammen: „Ich bin das, was man den Kronstallmeister nennt. Das bedeutet, ich bin verantwortlich für alle Pferde, Kutschen und Autos. Man kann mich also für vieles zur Rechenschaft ziehen."

Die Königin hat sich oft über den immer zuverlässigen Sir John geärgert. Elizabeth's typischer Aufschrei, der im engen königlichen Kreise zu hören war, lautete: „Wo ist John Miller? Wo? Dieser Mann ist nie da, wenn man ihn braucht." Eine andere Variante war: „Sie machen mich wütend, John."

Wenn er gerufen wurde, kam John unter einer Kutsche hervor oder tauchte hinter einem Pferd auf. Er wirkte prachtvoll mit seiner schwarzen Melone und seinem Kneifer weit vorn auf der Nase. „Sie haben gerufen, Madam?", sagte er meistens, so daß Elizabeth häufig nur lächeln und den Kopf schütteln konnte. Er ist ein liebenswertes und sicher auch charmantes Original, das viele als Inbegriff der englischen Aristokratie sehen.

Sir John hat nie geheiratet, sondern sein Leben Elizabeth und den königlichen Pflichten gewidmet. Er begleitet sie, wann immer sie ihr Heim verläßt. Die beiden aßen oft zusammen zu Abend, und Elizabeth benutzte ihn viele Jahre als Informationsquelle. Sie konnte sich darauf verlassen, daß dieser eher pompöse Mann mit seinem schrecklich kraftlosen Händedruck offen und ehrlich seine Meinung äußerte und genau das sagte, was er dachte. Im Buckingham Palast gab es nie viele Leute, die den Mut hatten, das zu tun.

In den sechziger Jahren gab es Gerüchte, die Sir John mit einer Hofdame in Verbindung brachten. Seine Antwort war typisch: „Wenn man Junggeselle ist, braucht man jemanden zum Tanzen. Ich kenne die junge Dame seit vielen Jahren. Doch das Gerede von einer Verlobung ist absoluter Quatsch."

Ein anderer königlicher Diener, wenn auch von völlig anderem Charakter, ist Sir Matthew Farrer, seit 1965 der Privatanwalt der Königin. Elizabeth hing mehr und mehr von Sir Matthews Meinungen und Ratschlägen ab. Sie machte ihn deshalb 1983 zum Kommandeur des Königlich-Viktorianischen Ordens und später zum Komtur dieses Ordens.

Sir Matthew ist ein extrem fähiger Anwalt und genießt höchstes Ansehen. Seine Firma Farrer & Co. wurde vor zweihundertfünfzig Jahren gegründet und berät seit Generationen das

Herrscherhaus sowie viele aristokratische Familien und Mitglieder des Establishment.

Farrer, der alle Geheimnisse der Königin verwaltet, ist ein höchst zurückgezogener, wenn nicht gar verschwiegener Mann. Es gibt kein offizielles Foto von Sir Matthew.

Er wurde 1928 geboren und pendelt zwischen seinen Häusern in London und Sussex, seinem Büro in den Lincoln's Inn Fields und dem Buckingham Palast - in letzter Zeit immer öfter. Er nimmt gewöhnlich den Bus statt eines Rolls-Royce mit Chauffeur. Keiner seiner Nachbarn in London oder Sussex hat ihn je gesehen, obwohl er seit Jahrzehnten in beiden Häusern lebt. Während der letzten fünfzehn Jahre, als die Ehen der jungen Mitglieder des Königshauses so viele Probleme mit sich brachten, hat sich Elizabeth mehr und mehr an Sir Matthew Farrer gewandt, an den Anwalt, den sie bewundert und der von vielen als der mittlerweile wichtigste inoffizielle Berater betrachtet wird. Ihr enges Verhältnis zu Sir Matthew geht zurück in die Zeit, als ihre Schwester sich 1976 von Lord Snowdon trennte.

Sir Matthew war damit beauftragt, nach Lösungen für die Eheprobleme von Diana und Fergie zu suchen, und davor auch für die von Prinzessin Anne und Prinzessin Margaret. Er war 1992 und 1993 intensiv mit Elizabeth's Entscheidung, als Königin Einkommensteuer zu zahlen, beschäftigt.

Farrer & Co. haben viele Rechtsstreitigkeiten zu bewältigen, weil die Mitarbeiter der britischen Presse der königlichen Familie so viele Peinlichkeiten beschert haben. Davon sind Zeitungen betroffen, die zu Rupert Murdochs News International gehören: die Skandalblätter "The Sun" und "News of the World" und die Zeitungen "The Times" und "The Sunday Times", die neuerdings bis zu einem gewissen Grad republikanische Gefühlsregungen zeigen.

Teil V:

Hinter den Palasttoren

9. Kapitel: Eine gespaltene Familie

Ob zum guten oder zum schlechten, Elizabeth's Leben wird von einem Mann dominiert - von Prinz Philip. Als sie ihn heiratete, hat sie sich nicht vorstellen können, daß er ein rechthaberischer, untreuer Ehemann und herzloser Vater werden sollte. Trotzdem hat Elizabeth es geschafft, mit Philips Charakter und seiner Doppelzüngigkeit fertig zu werden. Wenige reiche und mächtige Frauen hätten den Ärger und Schmerz auf sich genommen, den Elizabeth fast fünfzig Jahre lang ertragen hat. Sie mag ihn immer noch sehr, obwohl sie zugibt: „Manchmal regt er mich einfach auf." Bei anderen Gelegenheiten sagt sie oft: „Er bringt mich auf die Palme."

Philips Verhältnis mit Prinzessin Alexandra brachte ihre Ehe an einen Wendepunkt. John Barratt erinnert sich: „Nach dem was Mountbatten mir erzählt hat, war es ganz dicht an der Grenze. Elizabeth war außer sich vor Zorn und Wut. Sie war tief verletzt und sehr bestürzt. Sie fühlte sich gedemütigt und verhöhnt."

Als Oberhaupt der Kirche von England konnte sie sich nicht scheiden lassen. Ihre einzige Reaktion bestand darin, ihn tage-, wochen- und monatelang nicht zu beachten. „Sie hat Philip die kalte Schulter gezeigt", meinte einer der höheren Angestellten im Büro von Prinz Charles. „Elizabeth hat ihn sich winden lassen. Doch damit konnte sie die Affäre nicht beenden. Sie bestand noch viele Jahre weiter."

Das Verhältnis wurde in der ganzen königlichen Familie bekannt, einschließlich des Haushaltes der Königinmutter und Prince Charles'. John Barratt sagte dazu: „Was wir gehört haben, war ausnahmslos wahr."

Elizabeth hatte gewußt, daß Philip Affären hatte. Dickie Mountbatten half ihr, darüber hinwegzukommen, indem er ihr von seiner eigenen Ehe erzählte. Seine reiche und talentierte Frau Edwina lebte offen andere Beziehungen - sowohl mit Männern als auch mit Frauen. Darunter war zum Beispiel auch der indische

Führer Pandit Nehru. Mountbatten sprach mit Elizabeth über den Schmerz, den er durch seine Frau erlitten hatte, bevor sie 1962 eines frühen Todes starb. Er erklärte ihr auch: „Philip weiß schon, was wirklich wichtig für ihn ist. Mach dir keine Sorgen, er kommt schon zurück." Mountbatten wußte, wie Philip dachte, denn sie hatten damals, als er die Heirat seines Neffen mit der späteren Königin plante, lange Gespräche geführt.

John Barratt sagte rückschauend: „Mountbatten kannte Philip sehr gut. Er wußte, daß Philip sich nur herumtrieb, ohne emotionell berührt zu werden. Meistens sagte er Elizabeth, sie solle sich nicht aufregen, das würde schon vorbeigehen."

Mountbatten hatte recht, doch Philips Affären ließen seine Ehe nicht unberührt und zwangsläufig auch nicht Elizabeth's Liebe zu ihm. Philip kümmerten die Folgen nicht. Er hatte nahezu während der ganzen Ehe Affären.

In den ersten, glücklichen Jahren, als Elizabeth noch Prinzessin war, führte Philip das Regiment als Oberhaupt des Haushalts. Während dieser fünf Jahre dominierte Philip Elizabeth, die glücklich damit schien, ihm unterwürfig zu sein und dem Mann, den sie liebte, alle Verantwortung zu überlassen. Doch das änderte sich dramatisch durch den plötzlichen Tod von König George im Jahr 1952, als Elizabeth Königin wurde und Philip die Rolle des Prinzgemahlen erhielt. Der plötzliche Wechsel war schwer genug für ihren Ehemann, aber das war zu erwarten gewesen. Doch der Rollentausch war auch für Elizabeth extrem schwierig und wurde noch schwerer durch Philips aggressive Haltung gegen alles und jeden.

Personen, die Elizabeth nahestehen, haben oft gehört, wie Philip seine Frau anbrüllte, auch wenn sie nicht allein waren. In den siebziger Jahren in Broadlands war John Barratt einmal im gleichen Zimmer mit Mountbatten, Elizabeth und Philip, als Philip zu seiner Frau sagte: „Ich würde gern einen Spaziergang machen. Hättest du Lust mitzukommen?" Elizabeth antwortete höflich: „Nein, danke. Ich bleibe lieber hier. Aber geh doch, wenn du möchtest." Barratt erzählte weiter: „Philip warf Elizabeth einen wütenden Blick zu und stürmte aus dem Zimmer. 'Dann eben nicht. Scher dich doch zum Teufel', rief er ihr zu."

Während einer königlichen Rundreise wandte sich Philip an Elizabeth: „Um Himmels willen, nun komm doch endlich. Ich kann hier unmöglich länger auf dich warten. Was ist denn nur los mit dir, verdammt?" Elizabeth blickte ihn kalt an, gehorchte aber.

Philip bedient sich oft der Sprache, die er sich bei der königlichen Marine angeeignet hat: Arsch, Scheiße und vor allem das Wort verdammt gehören dazu. Scheinbar denkt er, Fluchen sei eine männliche Tugend, doch Elizabeth findet seine Sprache ungehobelt, obwohl sie sich damit abfindet. Gelegentlich hörte man auch sie fluchen, doch nur sehr selten. Das Schlimmste, was sie je gesagt hat, ist verdammt.

Personen, die beide kennen, berichten, daß Elizabeth in neun von zehn Streitigkeiten nachgibt. Sie hat schon früh gelernt, daß Philip nicht nur eigensinnig ist, sondern in keinem Streit den kürzeren ziehen kann. Philip als Prinzgemahl unterscheidet sich sehr von Albert in der gleichen Rolle. Albert glaubte, seine individuelle Existenz müsse aufgehen in der seiner Frau Victoria. „Er soll keine Macht für sich selbst anstreben, soll alle Aufmerksamkeit von sich fernhalten, keine eigenen Aufgaben vor der Öffentlichkeit annehmen, sondern seine Position ganz zum Teil ihrer werden lassen und jede Lücke füllen, die sie als Frau in der Ausübung ihrer königlichen Funktionen natürlicherweise offen läßt."

Philip glaubt daran nicht, obwohl er seiner Frau mit der größtmöglichen Etikette begegnet und sie mehr als Königin behandelt denn als seine Frau, wann immer er und Elizabeth unter Menschen sind, die nicht zur Familie gehören. Er steht hinter ihr, niemals vor ihr, und achtet aufmerksam auf ihre Konversation, statt seine Meinung zu sagen. Als die Familie einmal in den Ferien auf Balmoral war, kam er zu spät zum Aperitif. Es waren nur zehn Gäste da, doch Philip verbeugte sich vor seiner Frau, nachdem er den Raum betreten hatte, und sagte: „Es tut mir sehr leid, daß ich zu spät komme." Dann ging er und holte sich etwas zu trinken. Er würde nie vor Elizabeth das Zimmer verlassen.

Trotzdem hat Philip im königlichen Haushalt gefordert, als "Familienoberhaupt" behandelt zu werden, ganz besonders wenn es um die Erziehung der Kinder ging.

Es ist nicht bekannt, wann Philip in Elizabeth's Bett zurückkehren durfte. Aber 1960, sieben Jahre nach der Krönung, wurde Andrew geboren, und noch einmal vier Jahre später ihr jüngster Sohn Edward. Philip war praktisch ohne richtigen Vater aufgewachsen. Deshalb war er entschlossen, in seiner eigenen Familie ein starker Vater zu sein. Da ihm eine weitere Laufbahn in der Königlichen Marine verwehrt worden war, fühlte sich Philip in seinem Handlungsspielraum beschränkt. Weil Elizabeth so viel

Arbeit und Verpflichtungen hatte, beschloß er, ihren gemeinsamen Kindern sowohl Vater als auch Mutter zu sein.

Um den erstgeborenen Sohn Charles auf seine Rolle als nächsten König von England vorzubereiten, wollte Philip einen richtigen Mann aus ihm machen. Eine Offizierslaufbahn in der Marine war der beste Weg, um dieses Ziel zu erreichen. Er glaubte auch, daß eine richtige Schule Charles helfen würde, seine Mitmenschen zu begreifen.

Philip hat dabei allerdings Charles' Charakter nicht berücksichtigt. Charles ist viel sensibler als sein Vater, schüchtern und zurückgezogen. Er hat nichts von Philips frechem Selbstbewußtsein. Philip hat seinen Sohn schon als Kind behandelt, als sei er ein Matrose und nicht das geliebte, erstgeborene Kind. Philips Haltung zur Kindererziehung gleicht der zur viktorianischen Zeit: Charles mußte die ganze Zeit still sein, es sei denn er wurde gefragt; für das allerkleinste Fehlverhalten wurde er auf sein Zimmer geschickt und für den leisesten Verstoß mit einer Tracht Prügel bedacht.

Philip schlug seinen jungen Sohn oft, meistens mit der Hand auf den Po. Später benutzte er dazu einen Haus- oder Tennisschuh. Charles bekam das eine Mal Schläge, weil er in der Öffentlichkeit die Zunge herausgestreckt hatte, ein anderes Mal, weil er einem Diener einen Eiswürfel ins Hemd gesteckt hatte, und einige Male mehr, weil er unhöflich zu Gästen gewesen war. Eigentlich hat Philip ihn immer geschlagen, wenn er nicht sofort gehorchte. Das geschah, bevor Charles sechs Jahre alt wurde.

Charles' erste Gouvernante war Miss Catherine Peebles, die den Spitznamen Mipsy bekam. Sie war eine gutherzige, nette und vernünftige Schottin, die eingestellt wurde, als Charles fünf Jahre alt war. Sie ist der Meinung, Prinz Philip trüge die Mitschuld an der übersensiblen Persönlichkeit des Jungen. Charles war nervös, wenn er vortreten sollte, und hatte Angst, etwas zu sagen, aus Furcht vor seinem herrischen Vater. Mipsy erinnerte sich: „Wenn man die Stimme ihm gegenüber erhob, zog er sich in sein Schneckenhaus zurück. Dann war es eine Weile nicht möglich, irgend etwas mit ihm anzustellen."

Zuerst versuchte Elizabeth einzuschreiten und ihren Erstgeborenen vor Philips strikter Disziplin zu schützen. Doch Philip sagte dann: „Das Kind muß lernen zu gehorchen, und ich werde ihm das schon beibringen."

Mipsy fand aber auch ein paar nette Worte über Philip. Sie sagte: „Der Herzog von Edinburgh war ein phantastischer Vater. Er nahm sich Zeit, um Charles und Anne vorzulesen, oder er half ihnen, kleine Modellspielzeuge zu bauen. Und er brachte ihnen kleine Streiche bei, zum Beispiel wie man Gästen tote Vögel ins Bett legt oder Besuchern Sandwiches mit Kaulquappen anbietet."

Charles hielt seinen Vater für tapfer, gut und unbesiegbar. In seinem Drang, ihm zu gefallen, ahmte er dessen Gang nach, hielt wie er die Hände auf dem Rücken verschränkt und gab sich Mühe, ganz wie sein Vater zu werden. Er wollte verzweifelt das Vertrauen und die Liebe seines Vaters gewinnen. Doch Philip lehnte von Beginn an das Leben ab, das Charles einmal führen würde. Statt ihn zu ermutigen, zwang Philip seinem ältesten Sohn Gehorsam, Anklagen und Bestrafungen auf. Der Mann, der auf die Leistungen seines Sohnes hätte stolz sein sollen, lobte ihn fast nie. Immer wenn Charles irgendwo versagte, war Philip schnell zur Stelle, um ihn zu verurteilen. Während Charles' Kindheit und Jugend ignorierte Philip die Bedürfnisse seines Sohnes. Es ist zwar richtig, daß Philip Charles beigebracht hat, auf eigenen Füßen zu stehen, aber das hatte seinen Preis.

Er lehnte Hilfe ab, wenn Charles sie brauchte, gab keinen Rat, obwohl er danach gefragt wurde, und wandte seinem Sohn den Rücken zu, wenn dieser die väterliche Liebe suchte. Die Bewunderung und Liebe, die Charles für seinen Vater empfand, wich nach und nach Entfremdung und Furcht angesichts dessen Verachtung.

In den letzten Jahren erzählte Charles einem seiner engen Freunde: „Ich kann mich nicht erinnern, daß mein Vater mir je gesagt hat, er würde mich lieben. Ich kann mich nicht erinnern, daß er mich jemals für etwas gelobt hat. Ich kann mich nicht erinnern, daß er mich jemals in den Arm genommen hat. Es war alles ziemlich traurig. Doch es hat mich gelehrt, meinen eigenen Söhnen gegenüber anders zu sein. Ich möchte, daß sie spüren, wie ich sie liebe."

In seiner Entschlossenheit, die britische Monarchie dem zwanzigsten Jahrhundert anzupassen und sie offener zu machen, überredete Philip Elizabeth und die Königinmutter, Charles und Anne auf ganz gewöhnliche private Schulen zu schicken, damit sie andere normale Kinder trafen. Charles ging auf Grundschulen und auf die britischen "Vorbereitungsschulen". Mit dreizehn Jahren wurde er nach Gordonstoun geschickt, wo man, so dachte

Philip, "einen Mann aus ihm machen" würde. Philip gab sogar dem Direktor Robert Chew die Anweisung, Charles mit größerer Strenge als den anderen Jungen zu begegnen.

Charles bekam Prügel von Chew und seinem Heimleiter. Er wurde von den anderen Jungen entweder gehänselt oder links liegen gelassen. Charles erzählte seiner Großmutter, der Königinmutter, daß er sich im ersten Jahr in Gordonstoun an den meisten Abenden in den Schlaf geweint hatte. Die Königinmutter wollte dieses schreckliche Leben etwas aufhellen und lud ihren Enkel oft nach Birkhall ein, ihr schottisches Haus auf dem Grundstück in Balmoral. Dort fand Charles, der krank war vor Heimweh und Einsamkeit, Trost und eine Schulter, an der er sich ausweinen konnte. Die Königinmutter hatte schon immer eine Schwäche für ihn gehabt und verstand die Qualen, die das Kind in einer fremden Welt durchmachte.

„Er ist ein sehr netter Jungen mit einem guten Herzen, und das ist das wichtigste, denke ich", sagte sie einmal. Die Königinmutter glaubte, Charles wäre glücklicher und zufriedener gewesen, wenn er nach Eton gegangen wäre. Auch Elizabeth hätte es vorgezogen, Charles auf diese Eliteschule zu schicken, denn sie liegt nicht weit entfernt vom Schloß Windsor. Doch Philip und Onkel Dickie hatten ihren Willen durchgesetzt.

Charles genoß seine drei Jahre in Cambridge, denn an der Universität konnte er tun und lassen, was er wollte, und er fand Freunde verschiedenen Alters. Ihm blieb die Schuldisziplin erspart, von der sein Vater glaubte, sie würde ihn weiterbringen. Charles war gern bei der Königlichen Luftwaffe, wo er fliegen lernte und später Jets und Hubschrauber flog.

Philip ordnete mit Mountbattens Rückendeckung an, daß Charles einige Jahre bei der Königlichen Marine verbringen mußte. Im November 1971 ging Charles mit dreiundzwanzig Jahren an Bord des Raketenzerstörers HMS "Norfolk". Er fand das Leben an Bord zusammen mit dreiunddreißig verknöcherten britischen Offizieren so furchtbar, daß er zugab, sich viele Nächte allein in seiner kleinen Kabine in den Schlaf geweint zu haben.

Ein Offizier der "Norfolk", der ein guter Freund von ihm wurde, erzählte: „Er war wirklich sehr unglücklich während dieser neun Monate auf dem Schiff. Er fühlte sich allein und gar nicht wohl. Es ist wohl nicht übertrieben, wenn ich sage, er haßte seine Zeit bei der Marine. Die meiste Zeit seines Lebens, besonders auf der Schule, hatte er das Gefühl, niemand redete gern mit ihm und keiner wollte sein Freund werden, weil er der Thronfolger war."

Charles hatte gehofft, seinen Offizierskollegen würde es nichts ausmachen, doch die fürchteten um ihre weiteren Karrieren, wenn sie mit ihm diskutierten.

Der Unteroffizier vom Dienst Michael Colborne, der später Rechnungsprüfer in Charles' privatem Büro wurde, rettete ihn während dieser ersten fünf Jahre in der Königlichen Marine. Charles bewunderte seine Ehrlichkeit, seinen gesunden Menschenverstand und sein Verständnis für das Leben und die Menschen. Es gab ein natürliches Einverständnis zwischen den beiden Männern, auch wenn Colborne vierzehn Jahre älter war. Im Gegensatz zu allen anderen alten Männern, die Charles kannte, vielleicht mit Ausnahme von Mountbatten, war Colborne warm und offen, ehrlich und geradlinig. Das waren Qualitäten, die Charles bewunderte, jedoch bei den Menschen in seiner Nähe niemals gefunden hatte. Seine Freundschaft mit Michael Colborne wurde eine der wichtigsten Beziehungen in seinem Leben.

Neben seiner Koje hatte Charles eine Fotografie von Prinzessin Alexandra, die immer nett und freundschaftlich zu ihm gewesen war. Es war eine merkwürdige Wahl, da er sicher von ihrer Affäre mit seinem Vater wußte.

Elizabeth überließ Philip fast alle elterliche Autorität und gestattete ihm, die vier Kinder großzuziehen. Sie erzog Charles und Anne, wie sie selbst erzogen wurde. Sie sah sie nur zweimal am Tag, nämlich dreißig Minuten gegen neun Uhr am Morgen und fünfundvierzig Minuten am Abend vor dem Schlafengehen. Den Rest des Tages verbrachten sie mit ihren Kinderfrauen.

In den sechziger Jahren änderten sich die Zeiten, so daß Andrew und Edward weniger Disziplin zeigen mußten als Charles und Anne. Sie genossen mehr Freiheit, und ihr Verhältnis zu Elizabeth und Philip war offener, obwohl auch sie in erster Linie von Kinderfrauen versorgt wurden.

Nach dem Krieg waren die britischen aristokratischen Familien von steigenden Steuern und vor allem von der Erbschaftssteuer geplagt worden. Diese Steuerbelastung hatte nach dem Zweiten Weltkrieg für einen Wandel in den reichen und aristokratischen Familien Großbritanniens bei der Erziehung ihrer Kinder gesorgt. Einige Familien mußten Steuersätze von bis zu dreiundachtzig Prozent auf ihr Kapitalvermögen zahlen. Es war nicht gestattet, Hausangestellte von der Steuer abzusetzen. Deshalb sank die Zahl der Hausangestellten beträchtlich, verglichen mit der Armee von Bediensteten, die früher eingestellt worden war, und deshalb waren auch vermögende Eltern mehr und mehr mit der Erziehung ihrer eigenen Kinder beschäftigt, statt sie Kinderfrauen und Dienstmädchen zu überlassen.

Die königliche Familie hat nie direkte Abgaben oder Erbschaftssteuern entrichtet, und Elizabeth setzte ihr Leben in der Verschrobenheit des Buckingham Palastes fort. Diener, Lakaien, Pagen, Dienstmädchen und Köche bevölkerten die verschiedenen königlichen Residenzen, obwohl heutzutage ihre Anzahl ein wenig reduziert wurde. Trotz des Reichtums der Familie existierte im Buckingham Palast, auf Schloß Windsor, in Sandringham oder auf Balmoral bis in die sechziger Jahre keine vernünftige Heizung.

Von dem Moment an, als Charles 1948 geboren wurde, war Elizabeth nur zu glücklich, daß andere sich um ihn kümmerten, und das war bei Anne zwei Jahre später noch stärker ausgeprägt. Elizabeth hat nie eine Windel gewechselt oder eines der Kinder gebadet. Sie wurden immer strahlend sauber zur verabredeten Zeit in ihr Wohnzimmer gebracht. Sie hielt sie und sprach mit ihnen, während die Kinderfrau sie über die Fortschritte der Kinder unterrichtete. Danach gab Elizabeth sie höflich zurück. Ihre Kinder waren nur ein sehr kleiner Teil ihres Lebens. Elizabeth verbrachte mehr Zeit damit, sich um ihre geliebten Corgis zu kümmern als um ihre eigenen Kinder.

Als die Kinder Teenager waren, machten sie Witze darüber, wie furchtbar schwierig es war, ihre Mutter einmal zu sehen, und wie unmöglich, sie ohne ihre Hunde zu sehen.

Als alle Kinder erwachsen waren, hat Elizabeth einmal bekannt: „Ich kam auf den Thron, als ich sehr jung war, und ich hatte nie die Möglichkeit, meine Kinder großzuziehen. Die Krone hat mich von ihnen getrennt. Das ist etwas, was ich in meinem Leben bereut habe, und ich bin entschlossen, Charles niemals in die gleiche Position zu bringen. Ich möchte, daß er seinen Kindern ein Vater ist, denn ich durfte meinen nie eine Mutter sein."

Einmal wurde Anne gefragt, ob sie ihre Kinder bei ihrer Mutter ließe, wenn sie wegfahren müsse. Anne antwortete: „Die Kinder bei meiner Mutter lassen? Sie machen wohl Witze? Das ist das letzte, was ich tun würde."

Charles' Verhältnis zu seiner Mutter wurde von Beratern der Familie als "ungesund" beschrieben, weil selbst Philip von ihm erwartete, daß er sie wie die Königin behandelt. Sein ganzes Leben hindurch hat Charles seiner Mutter den größten Respekt entgegengebracht. Er hat all ihren Wünschen und Forderungen entsprochen und glaubte an ihre Unfehlbarkeit. Seine Erziehung hatte darin bestanden, nie mit seiner Mutter zu streiten, nie kritisch zu sein und alles zu akzeptieren, was sie sagte. Das war ein Punkt, den Diana nicht ertragen konnte. Wieder und wieder hatte Diana fruchtbare Streitigkeiten mit Charles, weil er sich weigerte, seiner Mutter nicht zu gehorchen, geschweige denn, mit ihr zu diskutieren. Diana wurde wütend, weil Charles nie seine eigene Meinung vertrat, sondern seiner Mutter in allem Recht gab.

Während seiner ersten Lebensjahre verehrte Charles seinen Vater trotz der Disziplin, die von ihm verlangt wurde. Der erwachsene Charles hat viele Interessen mit seinem Vater gemeinsam. Beide Männer haben Talent zum Malen. Beide sind begierige Leser und sehr an Philosophie interessiert. Charles liebt aber die Oper und Musik, während Philip das nicht tut. Beide sind hochintelligent, obwohl sich keiner von ihnen auch nur einen Moment lang für intellektuell halten würde.

Charles versuchte, seinen Vater nachzuahmen. Er nahm alles in Angriff, was sein Vater auch tat. Beide segelten sie und standen Marineschiffen als Kapitäne vor, beide spielten gut Polo, beide schossen Rotwild und Vögel und angelten, beide steuerten Flugzeuge und Hubschrauber.

Doch der Sohn übertraf den Vater in einigen Dingen. Charles war bei weitem der bessere Pilot, besonders bei Chopper-Flugzeugen. Er flog Kampfflugzeuge und liebte das Fallschirmspringen. Er fuhr auch besser Ski als Philip, tauchte, nahm mit seinen Pferden an Mannschaftsrennen und an Fuchsjagden teil.

In ihren grundlegenden Interessen sind sie dennoch extrem unterschiedlich, ganz besonders, was das andere Geschlecht angeht. Seine ganzes Leben lang wollte Philip sich vor Frauen beweisen. Er jagte ihnen nach, flirtete und schlief mit ihnen. Charles hat zu Frauen ein wesentlich tieferes Verhältnis als sein Vater.

Die wenigen Menschen, die sowohl Charles als auch Philip kennen, sind der Überzeugung, daß die Haltung des Vaters zu seinem Sohn dem tiefverwurzelten Ressentiment entspringt, daß der Sohn als zukünftiger König in einer Weise akzeptiert, verehrt, respektiert und anerkannt wird, die Philip immer verwehrt bleiben würde. Einige glauben auch, seine eifersüchtige Schikane muß eine verheerende Wirkung auf Charles' Leben gehabt haben.

Obwohl Charles in die meisten Affären seines Vaters nicht eingeweiht war, erfuhr er von der langanhaltenden Beziehung zu Prinzessin Alexandra. Es verletzte ihn, daß sein Vater seiner Mutter eine solche Demütigung zugefügt hatte. Einige Monate lang sprachen Vater und Sohn kein Wort miteinander. Für Charles, der Philip als Held verehrt hatte, war dies wahrscheinlich jenes wichtige Ereignis, das sein Verhältnis zu seinem Vater für immer änderte. Er verlor mit einem Schlag den Respekt vor ihm.

Prinzessin Anne ähnelte ihrem Vater. Sie war ein Mädchen mit Mut und Beherztheit, geradeheraus und mit einem vernünftigen Blick aufs Leben. Das bewunderte Philip sehr an ihr. Anne konnte in der Öffentlichkeit rüde sein und im Privatleben stur. Philip lachte und verzieh ihr, auch wenn Elizabeth versuchte, ihre eigensinnige Tochter zu kontrollieren, die viel provokanter war als Charles.

Während ihrer Jahre als Teenager war Anne in einer Mädchenschule in Benenden, Kent, etwa sechzig Kilometer von London entfernt. Ihr Umgang mit den Lehrern war schwierig, sie hatte aber auch richtige Freunde gefunden. Sie war lebhaft, tatkräftig und sogar draufgängerisch. Sie sagte ihre Meinung und vertrat sie, wann immer es nötig war. Mit sechzehn Jahren bekam sie die verantwortungsvolle Aufgabe, die Mädchen in ihrem Haus zu leiten.

Wenn Anne nicht zur Königsfamilie gehören würde, müßte man sie ein "Mauerblümchen" nennen. Mit sechzehn fühlte sich Anne in der Öffentlichkeit schrecklich und hatte kein Selbstbewußtsein. Sie fand sich selbst häßlich mit ihrer vorstehenden Nase, den zu dicht beeinander liegenden Augen und ihrem Übergewicht. Sie haßte ihr Haar, von dem ihre Mutter sagte, sie sähe damit aus wie "ein Schäferhund". Anne nutzte ihr dickes, langes Haar als Schutzschild gegen die nicht allzu freundliche Außenwelt und kämmte es sich in die Stirn.

Philip wies sie daraufhin, daß Persönlichkeit und Charakter viel wichtiger sind als das Aussehen. Anne erinnerte sich daran, als die schöne Diana die Bühne betrat. Ihr Vater sprach mit seinen Polofreunden, die Kinder in Annes Alter hatten, und fragte, ob Anne ihnen Gesellschaft leisten dürfe. Daraufhin kam eine Flut von Einladungen zu Bällen, Dinnerpartys, Wochenendausflügen und Grillpartys, und mit achtzehn Jahren begann Anne, ihre Jugend zu genießen.

Philip wollte ein verantwortungsbewußter Vater sein. Er nahm Charles und Anne einmal im Monat oder alle sechs Wochen mit auf ein gemeinsames Wochenende nach Sandringham. Später kamen auch Andrew und Edward dazu. Elizabeth nahm kaum daran teil. Sie aßen zusammen, gingen spazieren und auf die Jagd, ritten, spielten, sahen Filme und, was viel wichtiger war, sie sprachen miteinander. Die meiste Zeit dozierte Philip und sagte seinen Kindern, was sie falsch machten und wie sie sich in Zukunft benehmen sollten.

Philip wollte, daß die Wochenenden Spaß machten. Seine Kinder sollten für zwei bis drei Tage wie ganz normale Kinder leben. Er nutzte die Zeit, um seine Spannungen abzubauen, und verlangte von den Kindern Gehorsam und absolute Aufmerksamkeit. Diese Wochenendausflüge hielten über die Jahre an, bis Charles und Anne bereits Ende zwanzig waren und nicht länger mitfahren wollten. Überraschend ist, daß die Kinder das überhaupt so lange mitgemacht hatten.

Philip bestand ebenfalls darauf, daß seine Sprößlinge ihr privilegiertes Leben zu schätzen lernten und ihren Teil dazu beitrugen, anstatt nur die königlichen Verpflichtungen zu erfüllen. Während seiner Zeit als Junggeselle lud Charles zweimal im Jahr ein Dutzend oder mehr Leute nach Sandringham ein. Für ein paar Tage oder ein Wochenende im September oder Januar ging man dann gemeinsam auf die Jagd und genoß üppige Dinner, bei denen der Wein in Strömen floß.

In den frühen siebziger Jahren beschloß Philip, sein Sohn solle die Kosten dieser Einladungen selbst tragen, und befahl ihm, die von Philip festgesetzte Rate für die Jagden zu entrichten. Charles' Freunde hatten keine Ahnung, daß er für die Inanspruchnahme des Familienheimes zahlen mußte. In den siebziger und achtziger Jahren legte er für eine Jagd am Wochenende zwischen 2.000 und 2.500 Dollar in die Sandringhamer Schatzkiste. Schließlich gab er die Partys auf. Nicht, daß er sie nicht mehr hätte bezahlen können, er war einfach beleidigt, weil er gezwungen wurde, für seine Privilegien zu zahlen. Sandringham war immerhin Elizabeth's persönliches Heim und nicht Staatseigentum. Doch Philip wollte, daß seine Kinder begriffen, daß sie für ihren Lebensstil zahlen mußten.

Als Charles 1977 neunundzwanzig war, hörte Philip einfach auf, mit seinem Sohn zu reden. Während der siebziger Jahre entwickelte sich Charles zu einem liebenswerten, formvollendeten jungen Mann, der von der britischen Nation geliebt und respektiert wurde. Charles' privilegiertes Leben und seine Popularität machten Philip zu schaffen, bis er seine tiefverwurzelte Eifersucht nicht länger kontrollieren konnte.

Philip stellte seine Anrufe bei Charles ein, und er nahm keine Anrufe von Charles an. Er befahl seinem Personal, den Kontakt zu Charles' Büro zu verringern. Wenn er das Zimmer betrat, vermied er es absichtlich, Charles anzusehen, und tat so, als sei er nicht anwesend. Er sprach ihn nur in der Öffentlichkeit an, doch sein Lächeln war gekünstelt, und er sagte nur das Notwendigste.

Von 1977 an ging Philip ihm aus dem Weg, um zu vermeiden, mit Charles sprechen zu müssen. Es gibt praktisch keine Fotos aus dieser Periode, auf denen die beiden Männer allein zu sehen sind. Dabei war 1977 das Silberjubiläum der Königin, das im ganzen Land mit Umzügen gefeiert wurde. Elizabeth schüttelte ihren Untertanen die Hände, umringt von ihrer sie angeblich liebenden Familie.

Charles konnte einfach nicht verstehen, warum sein Vater sich gegen ihn gestellt hatte. Er versuchte vergeblich, mit ihm zu sprechen und ihn zu fragen, warum er sich verhielt, als würde sein Sohn nicht mehr existieren. Die einzige Antwort war Schweigen. Wenn Charles versuchte, das Thema anzusprechen, wann immer sich die Familie an den Wochenenden in Windsor oder in den Ferien auf Balmoral traf, ignorierte Philip Charles einfach und sprach lediglich mit den anderen drei Kindern.

Charles fragte seine Mutter, ob er irgend etwas getan habe, das seinen Vater verärgert hatte. Elizabeth, die scheinbar Philips tiefsitzende Ressentiment gegen Charles nicht bemerkt hatte, sagte ihm: „Du weißt doch, wie er ist. Er wird schon wieder damit aufhören." Doch Philip hörte nicht auf.

Charles fragte sein Personal und seine Freunde über deren Beziehung zu ihren Vätern aus. Er wollte wissen, ob es auch da Fälle gab, wo Väter einfach aus einem unerklärlichen Grund ihre Söhne schnitten. Keiner der anderen Väter hatte seinen Sohn völlig aus seinem Leben verstoßen.

Charles wandte sich an Onkel Dickie. Mountbatten war ihm gegenüber offen und sehr direkt. Er erklärte ihm, Philip handelte aus Eifersucht so, weil Charles der nächste König werden würde. Philip dagegen hatte nie eine Karriere erfolgreich abschließen können, weil man ihm nie die Chance gegeben hatte.

Elizabeth sprach ebenfalls mit Onkel Dickie und bat ihn, er möge versuchen, Philip zu überreden, seine Haltung Charles gegenüber noch einmal zu überdenken. Sie sagte: „Ich habe versucht, mit ihm zu sprechen, doch er will nicht auf mich hören."

Mountbatten drängte Philip, das Verhältnis zu seinem Sohn zu verbessern, doch dieser meinte: „Das geht dich gar nichts an. Kümmere dich um deine Angelegenheiten und misch dich nicht in meine Familiensachen ein." Philip und Onkel Dickie wurden einander noch fremder. Bis Mountbatten im August 1979 ermordet wurde, sprachen die beiden kaum noch ein Wort miteinander.

Elizabeth hatte immer von der Eifersucht Philips auf Charles gewußt. Sie hatte sie bereits erkannt, als Charles noch ein Kind war. Philip hatte seinen Sohn vorsätzlich kritisiert, kaum Zuneigung gezeigt oder ihn gelobt. Sie sah, wie Philip Charles antrieb und ihn zum Narren hielt, weil er ihm die Ermutigung und Unterstützung vorenthielt, die der Junge von seinem Vater brauchte. Elizabeth war auch nicht entgangen, daß Philip Charles bei jeder Gelegenheit kritisierte.

Die Sorge, Philips Haltung könnte einen Bruch innerhalb der Familie zur Folge haben, beunruhigte Elizabeth während Charles' Kindheit und Jugend. Sie hatte festgestellt, daß Charles nicht stark war, doch sie hoffte, Philips Behandlung würde ihm helfen, mit der Entschlossenheit und Charakterstärke, die er als König brauchen würde, erwachsen zu werden, so daß die Monarchie das nächste Jahrhundert überleben konnte.

Elizabeth wollte immer wissen, wie Charles vorankam. Sie fragte Schullehrer, höhere Offiziere, Polospieler, Freunde und Kollegen, ob ihr ältester Sohn sein Leben genoß. Ein Förderer des Polosports drückte es so aus: „Sie verhielt sich Charles gegenüber wie eine Glucke. Sie machte sich Sorgen um ihn und fragte sogar, ob seine Ponys schnell und sicher seien. Sie erkundigte sich, ob es gut wäre, ihn Hubschrauber oder besondere Flugzeuge fliegen zu lassen. Sie war sogar besorgt, wenn er Ski lief, und konnte den Gedanken nicht ertragen, daß er Fallschirm sprang. Trotzdem hielt sie ihn nie davon ab. Mir ist immer aufgefallen, daß Philip nie dabei war, wenn sie solche Fragen stellte."

In den frühen achtziger Jahren, als Charles Probleme in seiner Ehe hatte, verlor er das Interesse an seinen königlichen Pflichten. Er war vollkommen desillusioniert. Er respektierte seine Mutter zwar, doch empfand er nur wenig Zuneigung für sie. Sein Vater hatte ihm den Rücken zugewandt, und Charles hatte jeden Respekt vor ihm verloren. Dickie Mountbatten, der immer Zuneigung und Trost gespendet hatte, war 1979 von der IRA ermordet worden. Sein Tod war nicht nur für Charles eine Tragödie, sondern für die ganze königliche Familie.

Prinzessin Anne war als Mädchen nicht dem gleichen Druck von seiten ihres Vaters ausgesetzt wie die drei Jungen. Die meisten Leute, die die vier Kinder kennen, behaupten aber, Anne sei ein größerer Macho als ihre Brüder. Viele glauben, sie sei eine exzellente Thronfolgerin aufgrund ihrer Intelligenz, ihres Humors, ihres forschen Auftretens und ihres Realitätssinns. Philip betete seine einzige Tochter an.

Nachdem Anne ihre jugendliche Schüchternheit abgeschüttelt hatte, traf sie sich mit mehreren jungen Männern, bevor sie ihren späteren Ehemann Mark Phillips traf. Sie hatte Affären mit dem früheren schottischen Trabrennsportler Jackie Stewart und dem jungen englischen Polospieler Sandy Harper. Sandy hatte es sich zur Gewohnheit gemacht, respektlos die Geschichte von Annes Unterhosen zu erzählen, denn sie trug nie Slips mit Spitzen oder Rüschen, sondern einfache, große, schmucklose weiße Unterhosen wie ein Schulmädchen.

Anne hatte Sandy Harper heiraten wollen, doch er wollte nichts mit der königlichen Familie zu tun haben, und die beiden trennten sich. Ein Polofreund sah das so: „Sandy machte sich unglaubliche Sorgen, in was er da hineingezogen wurde. Ich meine die königliche Familie und alles. Davon wollte er gar nichts wissen. Doch Sandy und Anne hatten ein paar Monate lang eine heftige Affäre."

Louis Brown, der Besitzer des Valbonne Nachtclubs in Londons West End, erzählte von den Nächten, in denen Sandy und Anne seinen Club besuchten. „Verständlicherweise fragten sie immer nach einem Tisch in der dunkelsten Ecke, und ich habe mich stets bemüht, alles zu tun, damit ihre Privatsphäre nicht gestört würde. Die meiste Zeit umarmten sie sich leidenschaftlich, sie aßen und hörten Musik bis in die frühen Morgenstunden."

Sowohl Elizabeth als auch Philip waren überrascht, als sie schließlich Mark Phillips trafen, denn er war gar nicht der Typ Mann, von dem sie dachten, daß ihre Tochter sich in ihn verlieben würde. Elizabeth fand Mark still und anspruchslos. Sie wußte genau, daß Anne dominanter sein würde. Philip fand ihn schwerfällig und langweilig. Das sagte er auch jedem, wenn die Rede auf die Heirat kam. Die Königinmutter dagegen fand, die beiden seien ein ideales Paar.

Mark ist schüchtern und redet nicht viel, während Anne den Witz und die Intelligenz ihres Vaters hat. Als das Paar zur Zeit seiner Verlobung in einer Fernsehshow auftrat, brachte Mark kaum ein Wort heraus, während Anne das Interview unter Kontrolle hatte. Die königliche Familie gab Mark den Spitznamen "Fog" (Nebel, Nebelschleier) und deutete damit an, daß er nicht gerade sehr gescheit ist.

Die dreiundzwanzigjährige Anne und der fünfundzwanzigjährige Mark heirateten schließlich ein Jahr nach der Silberhochzeit von Annes Eltern im November 1973.

Anne hatte sich die Bewunderung ihrer Eltern verdient, da sie 1971 die Europäischen Meisterschaften im Pferdesport mit Doublet gewonnen hatte, einem Pony, das Elizabeth selbst gezüchtet hatte. Doublet wurde ein brillantes Wettkampfpferd. Mark Phillips war 1972 Mitglied der britischen Olympiamannschaft gewesen.

Mark bestand darauf, sich unter gar keinen Umständen "der Firma" anzuschließen, und lehnte den Titel ab, den die Königin ihm angeboten hatte. Anne gefiel das, denn so würden ihre Kinder als Bürgerliche aufwachsen. Sie wären nur entfernt verwandt mit der königlichen Familie, weit unten in der Thronfolgerlinie und hätten nichts zu tun mit den Tausenden von königlichen Pflichten. Sie war überzeugt davon, daß ihre Kinder auf diese Weise glücklicher und freier aufwachsen könnten. Da Mark den Titel abgelehnt hatte, mußte er keinerlei königliche Funktionen übernehmen. Die Neuvermählten zogen glücklich davon, um in ihrem schönen Haus in Gatcombe Park in Gloucestershire und mit ihren Pferden auf dem Land zu leben. Das Haus hatte die Königin Anne zur Hochzeit geschenkt.

Mark bemerkte, daß Philip nicht viel von ihm hielt. Er reagierte darauf, indem er bekannt gab, er käme nicht gern zu den Familienwochenenden und Ferien nach Sandringham, Windsor oder Balmoral. Anne dagegen verbrachte ihre schönsten Ferien auf Balmoral mit der Familie. Philip war es egal, ob er Mark jemals sah, doch Elizabeth war verärgert, wenn ihr Schwiegersohn allein bleiben wollte. Daß Mark die Familie seiner Frau schnitt, deutete nicht gerade auf eine glückliche Zukunft hin.

Zuerst waren Anne und Mark untrennbar. Entweder besuchten sie Pferdesportveranstaltungen im ganzen Land oder arbeiteten zusammen in Gatcombe Park. Doch nach der Geburt ihres Sohnes Peter 1978 entfremdeten sie sich. Anne verliebte sich in

Sergeant Peter Cross, und begann mit ihm eine leidenschaftliche Affäre, die über zwei Jahre anhielt. Als Mark später von dem Verhältnis erfuhr, war das der Anfang vom Ende.

1983 erzählte Anne ihren Eltern, daß ihre Ehe so gut wie vorbei sei. Keiner von beiden zeigte sich sonderlich überrascht. Philip hatte Mark noch nie als idealen Ehemann für Anne betrachtet, und Elizabeth trug ihm nach, daß er nichts unternommen hatte, um die Familie kennenzulernen. Elizabeth sagte damals zu Anne: „Ich denke, es wird schrecklich traurig für Peter und Zara." Mark Phillips vermutete, daß er nicht Zaras Vater sei.

Peter war bereits Elizabeth's Lieblingsenkel geworden. Sie lief gern mit ihm an der Hand durch die Korridore des Buckingham Palastes, als er drei oder vier Jahre alt war, und erklärte ihm die Namen der Damen und Herren auf den großen Porträts, die dort hingen. Sie konnte ihm zwanzig oder dreißig Minuten lang das Verhältnis der Porträtierten zueinander erklären, als ob sie ihm Geschichtsunterricht erteilte. Peter, der keine Ahnung hatte, wovon Elizabeth sprach, genoß es, Großmutters Hand zu halten.

Der Mangel an Elizabeth's mütterlichen Gefühlen war Anne immer bewußt gewesen, und sie meinte dazu: „Das erste Mal, als ich die beiden zusammen sah, wollte ich meinen Augen nicht trauen. Da war meine Mutter mit meinem Kind, und es sah aus, als würde sie es genießen. Ich habe nie gesehen, daß sie jemals mehr als eine Minute mit einem Kind verbracht hätte."

Nach der Scheidung seiner Eltern verbringt Peter Phillips noch mehr Zeit mit Elizabeth, und die beiden scheinen sich extrem gut zu verstehen.

Verständlicherweise waren Philip und Elizabeth nachsichtiger im Umgang mit ihren zwei jüngsten Söhnen, Andrew und Edward. Beide genossen viel mehr Freiheiten als ihre beiden älteren Geschwister, obwohl Philip dafür sorgte, daß sie ihm und ihrer Mutter Gehorsam erwiesen. Es gibt Gerüchte, die besagen, Andrew und Edward seien eher von Männern wie Porchy oder Patrick Plunket großgezogen worden als von Philip. Ich bin diesen Behauptungen so weit wie möglich nachgegangen, habe aber keine Anhaltspunkte dafür finden können. Die Gerüchte gehören zum königlichen Klatsch.

Prinz Andrew rebellierte stärker gegen seine Mutter als gegen seinen Vater. Er war weniger ehrerbietig als sein älterer Bruder Charles, verstand aber schnell, daß er seinem Vater gehorchen mußte. Andrew konnte seiner Mutter gegenüber spielerisch ungezogen sein, wurde dafür aber nicht bestraft wie Charles, als er noch ein Kind war. Von allen Kindern ist Andrew Philip am ähnlichsten. Er ist aggressiv, stark und dogmatisch. Andrew hat auch viele seiner ungehobelten Manieren übernommen.

Mit zwanzig Jahren entwickelte Andrew das Draufgängertum seines Vaters, was Frauen betrifft. Doch wo Philip diskret gewesen war, machte Andrew sich unbeliebt, weil er die Frauen als leichte Eroberungen betrachtete. Die Schauspielerin Koo Stark war der Typ Frau, von dem er sich angezogen fühlte: sexy, verführerisch und gewagt. Ihre Beziehung wurde durch Presseberichte zerstört, da sie in Softpornos mitgespielt hatte. Obwohl sie natürlich für einen Prinzen des Hauses Windsor ein unpassender Umgang war, war sie doch ziemlich intelligent und sehr angenehm. Außerdem erweiterte sie Andrews sexuelle Erfahrungen. Er war so hingerissen von ihr, daß er mit ihr zusammenziehen und sie vielleicht sogar heiraten wollte.

Philip, Mitglieder des Haushaltes und die Medien mißbilligten das strikt. Philip griff persönlich ein und sagte, Koo Stark sei zwar ein nettes Mädchen, aber nicht die richtige Frau für ihn und die Familie. Ein Freund von Philip meinte dazu: „Es war, als müsse man Andrew daran erinnern, daß seine Mutter die Königin ist."

Andrew war entschlossen, das Leben zu genießen, und tat das auch - genau wie sein Vater. Seine romantischen Eskapaden gaben oft Anlaß zu Klatsch in der Presse. Einmal tauchte er unerwartet an seinem Geburtstag in der Wohnung seiner Freundin Katie Rabett, einer hübschen jungen Blondine, die ohne das Wissen ihrer Eltern als Nacktmodell arbeitete, auf. Katie Rabetts Eltern, die in einer einfachen Gegend in London wohnten, bewirteten Andrew mit Essen und Getränken. Am nächsten Tag veröffentlichten die Zeitungen Fotos, auf denen man Andrew und Katie einander zum Abschied vor der Tür küssen sah. Daneben waren ihre anzüglichen Nacktfotos abgebildet. Ihr Vater protestierte verärgert: „Wenn sie mir nicht die Wahrheit gesagt hat, dann versohle ich ihr den Hintern."

Andrew ging auch zu "School Dinners", einem Londoner Club, dessen Mitglieder, ausschließlich Männer, von attraktiven jungen Kellnerinnen in schwarzen Dienstmädchenuniformen, weißen Schürzen und schwarzen Strümpfen gestraft wurden. Die Kleider waren sehr kurz und enthüllten schwarze Strapse und viel nackte Haut. Die Kellnerinnen straften die Mitglieder, indem sie sie mit Stöcken auf den Po schlugen. Andrew liebte das.

Elizabeth und Philip wußten, wie Prinz Andrew von seinen Offizierskollegen auf dem Flugzeugträger HMS "Invincible" behandelt wurde, als er im Frühjahr 1982 Kurs auf die Falkland Inseln nahm. Prinz Andrew flog einen Hubschrauber, nachdem er sich den britischen Kampfverbänden angeschlossen hatte, die von Premierministerin Margaret Thatcher beauftragt worden waren, die Argentinier zu vertreiben, die den britischen Stützpunkt im Südatlantik besetzt hielten.

Ein Offizier an Bord der "Invincible" erinnert sich: „Andrew war wirklich jedem lästig. Er spielte sich auf, als wäre er der Kapitän des Schiffes und nicht nur ein zweiundzwanzigjähriger Unterleutnant und Hubschrauberpilot wie alle anderen auch. Nachdem wir die Hälfte des Weges zu den Falkland Inseln hinter uns gebracht hatten, hatten die meisten bereits genug von ihm. Eines Abends nach ein paar Drinks riefen wir ihn an Deck und verprügelten ihn. Wir hatten einfach die Nase voll von seiner Aufschneiderei. Er behandelte uns wie den letzten Dreck."

Die Strafe, die der Unterleutnant Prinz Andrew erhielt, schien Wunder bei dem jungen Mann zu wirken. Der Kapitän der "Invincible" fand alles heraus und schickte die Information heimlich nach London. Andrew erfuhr nie, daß seine Eltern von dem Vorfall wußten. Der Kapitän berichtete, daß Andrew scheinbar keine Verletzungen davongetragen habe, und sagte später: „Das war des beste, was ihm passieren konnte. Danach war er ein anderer. Er hat es hingenommen und seine Lektion gelernt. Soweit ich es beurteilen konnte, ist er nicht nachtragend. Er wußte selbst, was für eine Nervensäge er war."

Wie viele Mütter hat Königin Elizabeth ihr jüngstes Kind, Prinz Edward, immer als ihren kleinen Jungen angesehen und ihm damit viele persönliche Probleme verursacht. Philip behandelte alle seine Kinder von frühester Jugend an wie Erwachsene, auch Edward, der die gleiche schüchterne und zurückgezogene Natur hat wie Prinz Charles.

Elizabeth verhielt sich Edward gegenüber mütterlicher. Edward war ein entzückendes Kind, das immer lächelte und von jedem geliebt wurde. Philip war trotzdem entschlossen, aus seinem jüngsten Sohn einen Mann zu machen. Philips Meinung nach mußte Edward, weil er schwach, still und introvertiert wirkte, härter arbeiten, um ein Mann zu werden.

Prinz Philip meinte einmal, es gäbe nicht viele andere Möglichkeiten für seine Söhne als die bewaffneten Streitkräfte. Wenn sie nicht diese Karriere einschlugen, bliebe die Kirche die einzige Alternative. Für Philip bedeutete der Anschluß an einen heiligen Orden jedoch den Rückzug aus dem Leben.

Edward war genau wie Charles unglücklich im spartanischen Gordonstoun. Er wäre glücklicher gewesen in Eton, Harrow oder einer anderen Privatschule, die weniger Wert legte auf ein hartes Leben mit kalten Duschen und Morgenläufen durch Schnee und Eis. Doch Philip verfügte, Edward müsse in seine Fußstapfen treten.

Philip wurde Ehrenkapitän im Generalsrang des Königlichen Marinecorps. Das ist eine von Großbritanniens härtesten und respektiertesten Streitkräften, in Fähigkeit und Ansehen der U.S.-Marine vergleichbar. Da Charles und Andrew beide ihren Dienst in der Königlichen Luftwaffe geleistet hatten, fand Philip, es sei eine ausgezeichnete Idee, wenn wenigsten der junge Edward zur Königlichen Marine ginge. Philip hätte nichts weniger Passendes finden können als die Unbilden eines solchen Lebens. Um sich als junger Mann im Marinecorps behaupten zu können, brauchte man die Aggressivität und das Selbstvertrauen eines Mannes wie Philip. Edward war mit seinen dreiundzwanzig Jahren eher schüchtern und schwach. Er hatte wie Charles drei Jahre auf der Universität in Cambridge genossen und sich dort in einer Laienspielgruppe engagiert. Sein Interesse galt der Musik, der Oper, dem Ballett und dem Tanz. Er wollte Karriere in einem künstlerischen Beruf machen, am liebsten am Theater. Was er nach den Torturen in Gordonstoun auf keinen Fall wollte, war ein Leben bei den bewaffneten Streitkräften.

Philip hatte einen seiner stolzesten Momente als Vater im Oktober 1986, als Edward seine Ausbildung im Hauptquartier des Marinecorps begann. Zu Weihnachten bekannte Edward seinen Brüdern, daß er den Lehrgang "zu hart und zu rigoros", die Disziplin "zu strikt" und das Training "geistlos, langweilig und pubertär" fand. Er sagte auch seinem Vater, er gehöre nicht in das Marinecorps und würde dort niemals eine Karriere machen. Philip versuchte, ihn zu verstehen, und glaubte, sein Sohn hätte die bei jungen Männern üblichen Zweifel, wenn sie sich einem besonders harten Regiment unterwerfen müssen. Er hatte jedoch keinen Zweifel daran, daß Edward nach der sechsmonatigen Ausbildung ganz sicher die Erfahrung genießen werde und auf sein Training als "gar nicht so schlecht" zurückblicken würde.

Philip war entgangen, wie nervös und müde sein Sohn wirkte. Seine Stimmung war gedrückt. Doch das war Elizabeth aufgefallen, und sie machte sich Sorgen, daß Philip den Charakter seines Sohnes nicht verstehen wollte. Sie versuchte, mit ihm über Edward zu sprechen. Stur wie immer, wollte Philip nichts von einem Rückzug hören. „Ich bin felsenfest entschlossen, ihn die Ausbildung beenden zu lassen", meinte er. „Ich werde einen Mann aus ihm machen. Edward muß ein bißchen härter werden."

Also kehrte Edward unglücklich in die Kaserne zurück. Einen Monat später, im Januar 1987, nahm er seinen Abschied aus dem Marinecorps. Er hatte versucht, das Trainingsprogramm, das selbst Matrosen als "verdammt hart" beschreiben, zu beenden. Noch wichtiger war es für Edward gewesen, seinem Vater zu beweisen, daß er ein richtiger Mann war. Doch die Härte des Trainings und die seelischen Qualen waren für ihn zuviel gewesen.

In der bitteren Auseinandersetzung innerhalb der Familie, die nun folgte, war Elizabeth entschlossen, ihren Ehemann herauszufordern. Als Edward zu Hause ankam, schrie Philip ihn an, bedachte ihn mit obszönen Namen, machte ihm Vorwürfe, er blamiere die Familie, und nannte ihn einen "Feigling" und "Versager". Drei Stunden lang tobte er, während Edward weinte und stammelte, weil er erklären wollte, warum er aufgegeben hatte. Philip wollte nichts davon hören.

Elizabeth war sehr über Philip verärgert. Ein Mitglied des Haushalts hörte einen der heftigsten Streitereien zwischen ihnen und berichtete: „Nie zuvor habe ich gehört, daß Elizabeth in diesem Maße die Stimme gegen ihn erhoben hat. Ich habe nie vorher gehört, daß sie so mit ihrem Ehemann umsprang. Sie warf ihm vor, er sei schuld an Edwards Abschied, weil er nie versucht habe, seine Söhne zu verstehen. Sie fuhr schwere Geschütze gegen Philip auf."

Am folgenden Wochenende schäumte Elizabeth vor Wut über Philip, doch dieses Mal in der Öffentlichkeit. Sie nahmen an einer Jagd der örtlichen Farmer in Sandringham teil. Elizabeth wollte Philip, der sich brüstete, in allem, was er tat, phantastisch zu sein, zeigen, daß er nicht der Supermann war, für den er sich hielt. Mit lauter Stimme, so daß alle sie hören konnten, warf Elizabeth ihm vor, daß er die Jagdhunde falsch behandele. Sie beschuldigte ihn, die Jagd nicht richtig organisiert zu haben, obwohl es in seiner Verantwortung gelegen habe. Niemals zuvor hatte jemand mitangesehen, daß Elizabeth Philip öffentlich kritisierte und vor Untergeordneten lächerlich machte.

Philip war es peinlich, vor den Augen der örtlichen Farmer als unfähig hingestellt zu werden. Wütend schrie er Elizabeth an: „Worüber, verdammt noch mal, beschwerst du dich? Ich weiß genau, was ich tue. Verpiß dich doch!" Elizabeth verließ die Jagd mit zornigem Gesicht und ließ Philip wütend zurück.

Das Drama mit Edward machte Elizabeth klar, wie falsch es von ihr gewesen war, die Kinder einem so engstirnigen Mann zu überlassen, statt sich selbst mit ihrer Erziehung zu beschäftigen. Sie war wütend auf Philip und auf sich selbst, doch sie fühlte sich hilflos und allein. Das Leben war seit dem Tod Mountbattens, der immer viel Verständnis für sie und die Kinder gezeigt hatte, schwierig geworden. Sie hatte niemanden mehr, an den sie sich wenden konnte. Sie fand ihre Mutter mit siebenundachtzig und ihre immer treue Bobo mit dreiundachtzig Jahren zu alt, um sie mit Familienproblemen zu belästigen.

Sie beschloß, sich mehr um ihre Kinder zu kümmern. Doch wahrscheinlich war es schon zu spät, denn der Schaden war bereits angerichtet, obwohl sich 1987 noch niemand das volle Ausmaß vorstellen konnte.

10. Kapitel: Gewitterwolken

Die meisten der ernsthaften Krisen, die Elizabeth und die Monarchie während ihrer mehr als vierzigjährigen Thronherrschaft heimgesucht haben, waren nicht politischer, konstitutioneller oder staatlicher Natur. Zu ihrer großen Verlegenheit waren es Familienangelegenheiten, die alles beinhalten, was sie als zutiefst störend und verabscheuungswürdig empfindet: Ehebruch, Trennungen, Scheidungen und erneute Heirat. Diese Probleme haben ihr viel Schmerz und persönliches Leid zugefügt, und sie haben, ihrer Ansicht nach, die Monarchie und die Rolle, die das Volk von der königlichen Familie in allen nationalen Angelegenheiten erwartet, untergraben.

Elizabeth wird von der großen Mehrheit der Briten sehr verehrt, und keiner kann ihr einen Vorwurf machen hinsichtlich der Arbeit, die sie in ihrem Leben geleistet hat. Doch in der Nation ist der Eindruck entstanden, daß sie von ihrer Familie im Stich gelassen wurde.

Während ihrer Herrschaft hat Elizabeth einen gigantischen Kampf geführt, um gesellschaftliche Veränderungen abzublocken oder zu verlangsamen. Besonders seit 1950 haben sich, was ihre Untertanen betrifft, die Ansichten über Ehe, Scheidung, "ein Leben in Sünde" und uneheliche Kinder fundamental gewandelt. Elizabeth hat tapfer gegen diese großen sozialen Umwälzungen angekämpft, weil sie die christlichen und viktorianischen Prinzipien, mit denen sie aufgewachsen war, als sakrosankt und notwendig für eine gesunde und stabile Gesellschaft ansieht.

Zu Beginn ihrer Herrschaft spiegelte ihre Haltung zur Scheidung den tiefen Glauben ihrer Großmutter Königin Mary wider, daß man so etwas unter gar keinen Umständen tolerieren dürfe. Jetzt ist Elizabeth nur noch von geschiedenen Paaren umgeben: ein Drittel aller britischen Ehepaare reichen die Scheidung ein, und in ihrer eigenen Familie endete eine Ehe nach der anderen mit einer Katastrophe. Elizabeth wußte, Königin Mary hätte ein solches Verhalten nie toleriert, doch sie konnte nicht länger so tun, als hätten diese Umwälzungen nicht stattgefunden.

Die Politik der Königin, die Monarchie ein wenig offener zu machen, schien Anfang der achtziger Jahre einen Nerv getroffen zu haben. Nach einer Märchenromanze hatte Charles Diana geheiratet, die junge Frau, die die Herzen der westlichen Welt erobert hatte, und konnte der königlichen Familie einen Thronfolger präsentieren - Prinz William.

In ihrer gefeierten Biographie "Elizabeth R", die 1982 veröffentlicht wurde, schrieb Elizabeth Longford:

„Die Monarchie ist klüger geworden, die Angehörigen des Hofes schlauer, und der Status eines Megastars hat der königlichen Familie ein immenses internationales Interesse und Prestige eingebracht. Mit so viel Popularität - und der Anpassung des königlichen Einkommens an den Haushalt - hat die Monarchie sich wirklich unangreifbar gemacht für Politik oder Politiker.

Doch die wirkliche Größe von Elizabeth's außerordentlichen Errungenschaften liegt darin, daß sie trotz der vielen Veränderungen, die während ihrer Herrschaft stattgefunden haben, nichts von dem königlichen Mythos verloren hat, den sie von dem aufopferungsbereiten König, ihrem Vater, übernommen hat...

Als eine menschliche Geschichte und als ein übermenschlicher Traum, der mit allen Mitteln der modernen Massenkommunikation in der ganzen Welt Verbreitung findet, ist die Monarchie mehr denn je unverzichtbar und wahrscheinlich sogar unsterblich...

Zur gleichen Zeit haben die jüngeren Kinder der Königin sich als beeindruckende Ergänzung zur 'königlichen Firma' erwiesen. Prinz Edward hat zwei Semester an einer Schule in Neuseeland unterrichtet, und Prinz Andrew hat die traditionelle Verbindung zwischen Monarchie und Volk in Kriegszeiten hergestellt. Prinz Andrews Beteiligung am Kampfeinsatz der HMS "Invincible" während des Falkland Krieges, in dem sein Hubschrauber als Köder für ein Raketengeschoß eingesetzt wurde, hat sich als unwiderstehliche Mischung aus Heldentum und Menschlichkeit erwiesen...

Ob Elizabeth nun bei besonderen Anlässen ihre Meinung sagt oder nicht, die Nation ist sich ihrer Maßstäbe bewußt und glaubt tief an ihre religiösen Überzeugungen. Nach dreißig Jahren versteht man sie intuitiv und respektiert sie von ganzem Herzen. Angesichts des chaotischen Lebens der Nation wurden ihre Gedanken zu einer idealen Hintergrundstimme."

Diesen idealisierten und vielleicht idyllischen Blick auf Elizabeth, ihren Charakter und ihre nahe Familie teilte zu der Zeit die große Mehrheit der Briten. Das folgende Jahrzehnt jedoch sollte eine Reihe von Skandalen bringen, die die Familie mitten ins Herz trafen und die Ansichten der Leute über die Monarchie und die Rolle der königlichen Familie radikal änderten. Die Skandale brachten selbst die Loyalität der Nation zur Krone in Gefahr.

Doch das Haus Windsor litt nicht nur in den achtziger Jahren unter Scheidungen und Zerfallserscheinungen. Seit sie Königin geworden war, hatte Elizabeth unter Skandalen in ihrer Familie gelitten. Obwohl viele einflußreiche Personen davon wußten, hat die Öffentlichkeit bisher nichts davon erfahren.

Von dem Moment an, als sie Königin wurde, sollte ihre Familie das leuchtende Vorbild und ein moralisches Beispiel für die Briten sein. Sie wollte Königin Victoria nacheifern, die als ein Vorbild an Tugend galt. Elizabeth war bewußt, daß zwei schreckliche Weltkriege die Moral des Volkes und sein Gefühl für Pflicht und Verbindlichkeit untergraben hatten und daß die Werte der ersten Hälfte dieses Jahrhunderts keine Beachtung mehr fanden.

Während ihrer Herrschaft hat sie durch ihr eigenes Beispiel versucht und gehofft, das alte Pflichtgefühl gegenüber der Familie wiederherzustellen. Noch vor dem Zweiten Weltkrieg wurden geschiedene Personen von der königlichen Familie wie Aussätzige behandelt und vom Hofe verbannt. Es war der strikte Moralkodex von Königin Mary, der Frau von König George V., der das Verhältnis der königlichen Familie zu Moral, Sex und Scheidung begründet hatte. Während ihrer sechsundzwanzigjährigen Thronherrschaft, waren geschiedene Personen niemals in Anwesenheit des Herrschers zugelassen. Schlimmer noch, jede geschiedene Person - ob nun Mann oder Frau, schuldig oder nicht schuldig - durfte den Mitgliedern der königlichen Familie bei Hofe nicht vorgestellt werden. Königin Mary war zu dieser Zeit die stärkste Kraft innerhalb der königlichen Familie, und ihr Glaube an die Unverletzlichkeit der Ehe war so streng, daß es geschiedenen Männern und Frauen sogar verboten war, den eingezäunten königlichen Bereich bei den Pferderennen zu betreten.

Die sechziger Jahre brachten einen dramatischen Wandel in der Gesellschaft mit sich. Es waren die "swinging sixties", die Zeit der Beatles, der Einführung der Pille und deren revolutionäre Auswirkung auf das Sexualleben der jüngeren Generation. Scheidung und Untreue waren weit verbreitet.

Elizabeth versuchte verzweifelt, sich gegen den sozialen Wandel zu wehren, und bis 1967 blieb ihre Haltung zur Scheidung unnachgiebig. Elizabeth demonstrierte ihren Glauben an die Prinzipien des alten Moralkodex anläßlich der Scheidung ihres

Cousins, mit dem sie fast ihr ganzes Leben lang ein enges familiäres Verhältnis gehabt hatte.

1967 ließ sich die schöne und berühmte Konzertpianistin Marion Stein von ihrem Mann George, dem Lord Harewood und Elizabeth's Cousin ersten Grades, scheiden. Marion war die Tochter von Erwin Stein, einem deutsch-jüdischen Flüchtling des Zweiten Weltkriegs und einem der angesehensten Musiker der Welt. Bevor Harewood, der damals der achtzehnte in der Thronfolgerlinie war, Marion 1949 heiraten durfte, mußte er die Erlaubnis der Königin einholen.

Die Ehe der Harewoods scheiterte, als Lord Harewood 1959 Patricia Tuckwell kennenlernte, ein wunderschönes, australisches Fotomodell, das wegen seiner dunklen Rehaugen Bambi genannt wurde. Die beiden verliebten sich leidenschaftlich ineinander, und Bambi bekam 1965 einen Sohn von Harewood, von dem die Welt allerdings nichts wußte, bis es zwei Jahre später zur Scheidung kam.

Harewood traf sich mit Elizabeth, erklärte ihr seine Situation und bat, sich von Marion scheiden lassen und Patricia Tuckwell, die Mutter seines zweijährigen Kindes, heiraten zu dürfen. Zuerst lehnte Elizabeth es rundheraus ab und sagte ihm, er solle seine Geliebte verlassen und zu seiner Frau zurückkehren.

Elizabeth hatte sich nie etwas aus der Gräfin Marion Harewood gemacht. Sie hatte einmal über sie gesagt: „Marion ist die einzige Frau, die es fertigbringt, daß ich mich wie die Köchin fühle!" Trotzdem war Elizabeth entschlossen, die Ehe zu retten. Sie rief Premierminister Harold Wilson und den Erzbischof von Canterbury zu sich, um deren Unterstützung zu erbitten. Sie blieb unerbittlich dabei, daß kein Mitglied der königlichen Familie sich scheiden lassen dürfe. Das sei ein Prinzip, sagte sie, an dem das Haus Windsor ewig festhalten werde.

Nach langen Diskussionen konnte man Elizabeth endlich überreden, daß es vielleicht doch besser sei, der Scheidung unter diesen Umständen zuzustimmen, weil die Frau, die Harewood heiraten wollte, bereits einen Sohn von ihm hatte. Sie warnte Harewood während eines Treffens, daß er vom Hofe verbannt würde, bevor sie ihm die Erlaubnis gab.

Elizabeth hielt ihr Wort. Sie nutzte Harewoods Verbannung als Warnung an die restlichen Mitglieder der königlichen Familie und die Aristokratie, daß eine Scheidung im Hause Windsor nicht toleriert werde. Wer sich dennoch scheiden lassen wollte, würde die Konsequenzen tragen müssen. Sie sorgte dafür, daß ihr Cousin litt.

Harewoods Ächtung beendete größtenteils sein öffentliches Leben. Auf Anordnung der Königin durften weder Harewood noch seine Frau zur Beerdigung seines Onkels, des Herzog von Windsor, im Juni 1972 kommen. Harewood war tief verletzt. Sie erhielten auch keine Einladung zur Hochzeit von Prinzessin Anne im November 1973. Auf Elizabeth's Anordnungen hin wurde Lord Harewood gezwungen, früh von seinen Positionen als Kanzler der Universität York und als künstlerischer Leiter des berühmten Edinburgh Festivals zurückzutreten.

Doch Elizabeth's Bestrafung konnten die Veränderungen, die von der allgemeinen Bevölkerung gefordert wurden, nicht mehr aufhalten. 1968 mußten sich die Politiker gegen Elizabeth's ausdrücklichen Wunsch in das Unvermeidliche schicken. Nach vielen Parlamentsdebatten wurde 1969 das Gesetz zur Reformierung der Scheidung verabschiedet. Es erlaubte nun eine schnellere und einfachere Scheidung, ohne daß einer der Partner schuldig gesprochen wurde.

Nach dem neuen Scheidungsgesetz konnten zum ersten Mal beide Ehepartner bei Gericht ein Scheidungsgesuch mit der Begründung einreichen, die Ehe sei unheilbar zerrüttet. Wie Kirchenführer es befürchtet und Soziologen es erwartet hatten, war das Gesetz von 1969 Auslöser für eine dramatische Zunahme der Ehescheidungen. In den neunziger Jahren endete in Großbritannien jede dritte Ehe mit einer Scheidung, und fünfundzwanzig Prozent aller Kinder wurden unehelich geboren.

Elizabeth ließ ihren Cousin zehn lange Jahre leiden. Erst 1977 ließ sie Harewood wieder bei Hofe zu. Er und seine zweite Frau wurden eingeladen, an den Feierlichkeiten zum Silberjubiläum teilzunehmen. Elizabeth hatte keine andere Wahl, als ihrem Cousin zu vergeben, denn 1976 war sie gezwungen worden, der Trennung ihrer eigenen Schwester von deren Ehemann zuzustimmen

Prinzessin Margaret hatte den Bürgerlichen Anthony Armstrong-Jones im Mai 1960 mit allem traditionellen königlichen Pomp in der Westminster Kathedrale geheiratet. Es war das erste große Ereignis für die Familie seit der Krönung vor sieben Jahren. Der Zug von Pferdekutschen über die Promenade wurde mit Jubel und Fahnenschwenken begleitet. Zweitausend Gäste kamen zur Hochzeit. Margaret und Tony, jetzt Lord Snowdon, wurde für ihre

Flitterwochen die HMS "Britannia" zur Verfügung gestellt. Ein Jahr später wurde ihr erstes Kind David geboren, und 1964 kam Sarah.

Die Ehe zwischen Tony und Margaret war hektisch, leidenschaftlich, gewalttätig und von bemerkenswerter individueller Freiheit. Während eines extrem freimütigen Gespräches zwischen den beiden Schwestern 1971 im Buckingham Palast erzählte Margaret, daß sie und Tony bereits seit einigen Jahren unglücklich seien. Sie führten eine "offene" Ehe. Beide hatten sich während der letzten paar Jahre ab und zu andere Partner genommen. Elizabeth war schockiert, daß ihre eigene Schwester sich so verhielt, doch Margaret konnte nichts Schlechtes daran finden.

Elizabeth fürchtete, Margarets Indiskretionen könnten allgemein bekannt werden. Dann wäre die Haltung der königlichen Familie zum Ehebruch, zur Moral und zu außerehelichem Sex der Lächerlichkeit preisgegeben.

Seitdem Margaret von den grauen Männern im Palast gezwungen worden war, die Liebe ihres Lebens, den Gruppenkapitän Peter Townsend, aufzugeben, kannte Elizabeth das Leben ihre Schwester eigentlich nicht mehr. Als Margaret einsehen mußte, daß sie den Mann, den sie wollte, nicht heiraten durfte, weil sie die Schwester der Königin war, faßte sie den Entschluß, ihr Leben trotzdem zu genießen.

Margaret und Tony Armstrong-Jones schienen ideal zueinander zu passen, und scheinbar war ihre Ehe während der ersten fünf, sechs Jahre glücklich. Doch die ersten Probleme tauchten bald auf, weil Margaret intime Verhältnisse mit anderen Männern einging.

Vor Jahrzehnten hat mir Kenneth Tynan, der brillante Theaterkritiker und Schriftsteller, der so jung an einer merkwürdigen Krankheit gestorben ist, von schlüpfrigen Filmen erzählt, die er für Prinzessin Margaret besorgen und vorführen sollte. Tynan meinte: „Wir waren nur acht oder zehn Personen bei jeder Vorstellung. Sie nahm ein paar Drinks und rauchte Zigaretten mit dieser langen Spitze, die so eine Art Symbol ihrer Rebellion geworden war. Die Filme waren ziemlich anzüglich. Es gab alles: lesbische Szenen, Sadomasochismus und natürlich Heterosex. Sie sah alles gern. Wenn sie ging, dann sagte sie immer: 'Wir müssen das wiederholen, es ist höchst anregend.' Dann verschwand sie mit ihrer Begleitung. Manchmal war sie sogar etwas beschwipst, aber nie betrunken."

Mitte der sechziger Jahre waren sowohl Tony als auch Margaret in außerehelichen Verhältnissen engagiert. Sie einigten sich, dafür zu sorgen, daß ihre Kinder nicht darunter litten und ihre Indiskretion keinen Stoff für Klatschkolumnisten bot. Beide wußten, daß es ernsthafte Auswirkungen hätte, wenn Elizabeth davon erfuhr.

Die beiden waren ziemlich naiv. Aus Sicherheitsgründen mußten ihre Leibwächter den übergeordneten Stellen die Namen, Adressen und persönlichen Hintergründe aller ihrer Freunde und Bekannten weitergeben. Weder Tony noch Margaret scheinen mit dieser Kommunikationsschiene gerechnet zu haben. Manche glauben, sie hätten einfach ihr Leben gelebt, wie sie es wollten, ohne sich um die Konsequenzen zu kümmern.

Prinzessin Margaret hatte mit vielen Männern zu tun. Einer der ersten war Anthony Barton, ein großer, dunkelhaariger und attraktiver Weinimporteur, der Tony aus Cambridge kannte. Margaret, Tony, Anthony und seine dänische Frau Eva wurden enge Freunde und verbrachten ihre Ferien gemeinsam. Anthony Barton war auch der Pate von Snowdons Tochter Sarah. Margaret fand Barton attraktiv und sehr sexy. Sie verliebte sich in ihn. Mitte der sechziger Jahre wurden sie ein Paar.

Ein enger Freund berichtete: „Margaret hat mir erzählt, daß sie sich in einen von Tonys besten Freunden verliebt hat und sich einfach nicht beherrschen konnte. Sie gingen heimlich zusammen Essen. Den Rest des Tages verbrachten sie im Bett. Margaret liebte das, und sie fand Anthony Barton unwiderstehlich."

Margaret rief unerklärlicherweise Eva Barton an und gestand ihr: „Ich muß dir sagen, was vorgefallen ist, weil ich mich so schuldig fühle." Natürlich gab es nun keine gemeinsamen Ferien mehr, doch Margaret und Barton sahen sich noch eine ganze Weile.

Die Ferien waren immer ein Problem für Margaret und Tony gewesen. Zuerst hatten sie bedauernd abgesagt, wenn sie in Sandringham oder auf Balmoral erwartet wurden. Sie schafften es meistens irgendwie, dem zu entgehen. Margaret lag gern weit weg von England an heißen Stränden in der Sonne, während Tony das haßte und viel lieber seinen Urlaub im ländlichen England verbrachte. Sicher waren die albernen und anzüglichen Streitereien über den Urlaubort oder die Wochenenden einer der Gründe, warum ihre Ehe auseinanderging. Ganz bestimmt waren im gleichen Maße die außerehelichen Affären schuld.

1966 hatte Tony Old House gefunden. Es war ein baufälliges, unbewohnbares kleines Landhaus auf einem Grundstück bei Nyman's in Sussex, etwa sechzig Kilometer von London entfernt. Ein paar Jahre vorher war es dem National Trust übergeben worden. Old House war ursprünglich eine Försterei gewesen und bereits dreihundert Jahre alt. Tony wollte das Gebäude modernisieren und einen See anlegen.

Während Tony wegen seines neuen Ferienhauses ganz aufgeregt war, reagierte Margaret verärgert, weil er zu viel Zeit dort verbrachte und fast alle seine Ersparnisse dafür verwendete. Die beiden kämpften schonungslos um dieses Projekt. Margaret sollte später sagen: „Tony war schuld, daß unsere Ehe in die Brüche ging, weil er darauf bestanden hat, Old House zu kaufen und dort zu wohnen. Wir hatten uns geeinigt, in Sunninghill ein Haus zu bauen, wo wir zusammen Wasserski laufen konnten. Doch ohne es auch nur einmal mit mir zu besprechen, ist er hingegangen und hat diese verfallenen alten Landhäuser gekauft. Ich habe erst davon gewußt, nachdem er das Grundstück gekauft hatte. Das war dumm von ihm, und es war der Anfang vom Ende."

Doch Tony blieb unerbittlich und wollte seine Freiheit behalten. Während seiner ersten Ehejahre sahen ihn viele nur als königliches Anhängsel, das sich eines problemlosen, luxuriösen Lebens erfreute, Margaret ab und zu bei ihren offiziellen Auftritten begleitete und immer ein paar Schritte hinter seiner Frau lief - genau wie Prinz Philip. Weil er ein glücklicher und entspannter Mensch war, glaubten viele, er würde seine Rolle lieben. Doch in Wirklichkeit haßte er sie.

Je mehr Zeit Tony im Old House verbrachte, desto mehr Kontakte knüpfte Margaret in London. Sie traf Robin Douglas-Home wieder, dessen Onkel Alec Douglas-Home 1963 Premierminister von Großbritannien gewesen war. Robin war ein talentierter Pianist, und Margaret teilte seine Liebe zu klassischer Musik und Ballett. Wieder rutschte Margaret in eine leidenschaftliche Liebesaffäre, von der große Teile der Londoner Gesellschaft wußten, weil die beiden ganz offen miteinander ihre Zeit verbrachten.

Margaret schien sich ziemlich schnell verlieben zu können. Sie mußte sich manchmal anhören, daß sie mit den Gefühlen der Männer spiele. Robin Douglas-Home, der bereits eine gescheiterte Ehe hinter sich hatte, bat Margaret oft, sich von Tony scheiden zu lassen und mit ihm zusammenzuziehen, ihn vielleicht später sogar zu heiraten. Ganz offensichtlich hatten Margaret und Robin viel gemeinsam, doch Margarets Vernunft gewann die Oberhand.

Margaret erzählte einem Freund: „Ich kann noch nicht mal daran denken, mich von Tony scheiden zu lassen, meine Schwester würde das nie zulassen. Egal, was zwischen Tony und mir passiert, sie erwartet, daß wir der Monarchie zuliebe verheiratet bleiben." Deshalb mußte Margaret ihre Beziehung zu Robin beenden. Robin war emotional nicht sehr stabil und ganz verrückt nach ihr. Er kam nicht über den Bruch hinweg. Er schrieb ihr endlose Liebesbriefe, die Margaret ungelesen wegwarf. Robin begann, über Selbstmord zu sprechen, und brachte sich schließlich 1968, ein Jahr, nachdem Margaret ihn verlassen hatte, in seinem Landhaus um. Margaret war am Boden zerstört. Sie hatte seit einem Jahr versucht, ihre Ehe zu retten. Sie war zu Tony zurückgekehrt, und beide gaben sich Mühe, damit die Ehe wieder funktionierte. Sie fanden einander sexuell noch immer anziehend, und Tony konnte ihre sexuellen Bedürfnisse erfüllen. Trotzdem bestand er weiterhin auf Unabhängigkeit. Er wollte sich als Fotograf beweisen und verbrachte zu Margarets Ärger immer mehr Zeit mit dem Aufbau seiner Karriere und dem Streben nach weltweitem Ruhm.

Der Filmschauspieler Peter Sellers war ein enger Freund von Margaret und schlug vor, die beiden sollten mit seiner schönen jungen Frau Britt Ecklund an die Costa Smeralda nach Sardinien fahren. Kirk Douglas und seine Frau Anne würden sie begleiten. Prinzessin Alexandra und deren Mann Angus Ogilvy würden ebenfalls mitkommen. Die Ferien wurden ein voller Erfolg, und Margaret und Tony schienen wieder glücklich zu sein.

In diesen Ferien wurde Margaret klar, daß sie ein privates, sonniges Ferienhaus haben wollte, in das sie sich flüchten und in dem sie sich wohlfühlen konnte. Sie lag gern faul in ihrem Badeanzug herum, rauchte und trank, schwamm und fuhr Wasserski. Sie verbrachte die Nachmittage und Abende damit, sich bei einem großen Gin-Tonic zu entspannen. Zu ihrer Hochzeit hatte ihr ein reicher britischer Freund, Colin Tennant, ein Haus auf der karibischen Insel Mustique auf den Bahamas als Geschenk angeboten. Jetzt war die Zeit gekommen, dieses Geschenk anzunehmen, und sie nahm Kontakt zu Colin auf.

Er war mit einem Platz über der Gelliceaux Bucht einverstanden. Margaret bat Tony, der in Cambridge Architektur studiert hatte, das Haus zu entwerfen. Doch Tony weigerte sich standhaft und meinte, es sei albern, ein Sommerhaus so weit entfernt von

England zu haben. Diese Weigerung führte zu Streitereien zwischen den beiden. Tonys Onkel Oliver Messel, der ein bekannter Bühnenbildner war und aus gesundheitlichen Gründen in der Karibik lebte, erklärte sich bereit, das Projekt zu übernehmen. Als es fertig war, nannte Margaret es wegen seiner atemberaubenden Aussicht aufs Meer Les Jolies Eaux.

In den späten sechziger Jahren verbrachte das Paar immer weniger Zeit zusammen. Margaret flüchtete nach Mustique, wann immer es möglich war, und Tony lebte im Old House. Nach ein paar Besuchen hatte Margaret es abgelehnt, noch einmal zu kommen, geschweige denn, dort zu übernachten oder ein Wochenende zu verbringen. Tony, den die Bevormundung Philips völlig erschöpft hatte, wollte alle Beziehungen zur königlichen Familie abbrechen und hörte mit dem Jagen auf. Für ihre Freunde war es ganz offensichtlich, daß die beiden getrennte Leben führten und so offen und ausführlich über ihre verschiedenen Affären berichteten, daß es so aussah, als würden sie miteinander um Aufmerksamkeit wetteifern.

In dem exklusiven Zirkel von Freunden gab es verschiedene schwule Männer, die Tony ab und zu im Kensington Palast oder im Old House empfing. Margaret zog Tony oft damit auf und nannte ihn "Homo" oder "Warmer".

Eines Abends in den späten sechziger Jahren kam Margaret nach Hause und sah Tony in einem ihrer Ballkleider mit seinen schwulen Freunden um den Eßtisch tanzen. Margaret schmiß die Männer aus dem Haus. Danach gab es einen heftigen Streit, bei dem Margaret ihren Mann einen "Schwulen" nannte und er sie "betrunkene Votze".

Zu dieser Zeit hatte Tony viele Affären, einige mit früheren Debütantinnen, andere mit jungen Karrierefrauen, die für Hochglanzmagazine arbeiteten. Tony genoß seine Unabhängigkeit.

Tonys Nachbarn im Old House waren der Marquis von Reading, ein reicher Börsenspekulant, und seine Frau Margot. Sie hatten zwei Söhne und eine nette Tochter, Jacqueline, die damals Anfang zwanzig war. Tony besuchte sie oft. 1970 wurden die hübsche Jackie, wie jeder sie nannte, und er ein Paar. Tony war so übermütig geworden, daß er Jackie mit zu Partys und zu Essen in den Kensington Palast nahm, bei denen Margaret ebenfalls anwesend war.

Diese Affäre dauerte über ein Jahr. Tony fühlte sich geschmeichelt durch die leidenschaftliche Liebe der jungen Lady

Jacqueline, und sie war hoffnungslos verliebt in den berühmten königlichen Fotografen und Ehemann von Prinzessin Margaret. Jackie vertraute 1971 einem engen Freund an: „Ich liebe Tony. Ich liebe ihn von ganzem Herzen. Und er liebt mich und will mich heiraten."

Die Nachricht von der Affäre machte in allen britischen und amerikanischen Zeitungen Schlagzeilen. Lord Reading rief Tony zu sich nach Staplefield und forderte eine Erklärung. Dort spielte sich eine außergewöhnliche Szene ab, die fast wie aus einer vergangenen Zeit wirkt. In seinem Salon beschuldigte Lord Reading Tony, seine Tochter verführt und ihr Leben ruiniert zu haben. Außerdem habe er sich wie ein Prolet benommen. Er verbannte ihn aus seinem Haus und warnte ihn außer sich vor Zorn, seine Tochter jemals wiederzusehen.

Margaret hatte die letzten Monate glücklich in der Gesellschaft von Peter Sellers, ihrem Cousin Lord Patrick Lichfield, dem königlichen Fotografen, und ihrer alten Freundin Jocelyn Stevens verbracht. Jetzt war sie verärgert, weil die Affäre ihres Mannes sie zum Gespött der Leute machte. Inzwischen waren Elizabeth's Berater informiert worden, daß Tony Snowdon sich damit brüstete, jederzeit eine Scheidung erlangen zu können.

Margaret, die sich unglücklich fühlte in ihrer Ehe, ging zu ihrer Schwester, um die Möglichkeit einer Trennung zu besprechen. Elizabeth sagte ihr, das käme überhaupt nicht in Frage für jemanden, der der Herrscherin so nahestand. Sie sagte ihr auch, sie solle eine Versöhnung arrangieren, denn Anschuldigungen wegen ihrer Ehe würden dem Ansehen der Krone schaden, das für Margaret genauso lebenswichtig sei wie für sie selbst.

Margaret fühlte sich wie in einer Falle. Sie wurde abwechselnd unglücklich und wütend, weil sie sich von ihrem Mann weder trennen noch scheiden lassen durfte. An den Affären, die sie während ihrer Ehe eingegangen war, konnte sie nichts Schlechtes finden. Also setzte sie ihr freizügiges Leben fort, doch mit soviel Diskretion wie möglich. Sie hatte Verhältnisse mit anderen Männern. Doch Margaret brauchte nicht nur irgendeinen Mann in ihrem Bett, sondern einen, den sie liebte.

Da trat Roderick Llewellyn, der jüngere Sohn des früheren Olympiareiters Colonel Harry Llewellyn, in ihr Leben. In den frühen siebziger Jahren lernte Margaret Roddy kennen, der ein unbekümmertes und nicht sehr hochstehendes Mitglied der Gesellschaft war. Er wollte sich als besserer Gärtner für die Reichen und

Berühmten niederlassen. Roddy hatte sein Glück auch als Popstar versucht und eine Zeitlang in einer Hippie-Kommune gelebt.

Margaret entwickelte eine ausgeprägte Vorliebe für Roddy mit seinen liederlichen Klamotten, dem langen zottigen Haar und der weichen Stimme. Sie fühlte sich geschmeichelt, weil ein Mann, der achtzehn Jahre jünger war als sie, körperliches Interesse an ihr zeigte. Sie mochte seinen Sinn für Humor ebenso wie seine Ablehnung, sich den normalen gesellschaftlichen Zwängen zu beugen. Innerhalb von Wochen wurden sie ein Paar.

Offiziell lebte Tony immer noch mit Margaret im Kensington Palast, doch sie teilten kaum noch das Bett. Beide tranken viel, und Margaret hatte Angst, Tony könnte zum Alkoholiker werden. Sie selbst war gerade vierzig geworden, trank ebenfalls zuviel und war eine starke Raucherin. Sie sehnte sich nach Gesellschaft. Aufgrund ihres Alters, und weil sie ziemlich an Gewicht zugelegt hatte, genoß sie die Begleitung junger Leute, besonders eines jungen Mannes, der sie anbetete und ihr ständiger Begleiter und Liebhaber sein wollte.

Elizabeth warnte Margaret, vorsichtig zu sein, aus Angst vor weiteren Skandalen. Sie rief ihre Schwester an und versuchte, sie behutsam zu beeinflussen. Margaret erzählte einem ihrer engen Freunde: „Meine Schwester versucht wieder, über mein Leben zu bestimmen, und sagt mir, was ich tun darf und was nicht. Ich sollte natürlich auf sie hören, aber ich muß ihrem Rat nicht folgen. Ich muß schließlich mein eigenes Leben führen."

Margaret war schon immer dickköpfig gewesen, und Elizabeth wußte das nur zu gut. Margaret schlug alle Ratschläge in den Wind und besuchte sogar die Hippie-Kommune, wo sie manchmal heimlich übernachtete. In Großbritannien war das Kommuneleben in den siebziger Jahren, wie anderswo auch, verbunden mit freier Liebe, Nacktheit, flower power und Marihuana. Margaret schien jedesmal, wenn sie die Kommune besuchte, einen Schauer zu verspüren. Die Nächte dort hallten wieder von den Geräuschen der Paare, die sich liebten.

Ohne ihrer Schwester und den Palastratgebern Beachtung zu schenken, genoß Margaret den neuen jungen, kräftigen Liebhaber. Sie kümmerte sich nicht um die Boulevardjournalisten. Je mehr ihr Leben mit Tony auseinanderfiel, desto mehr schien Margaret die emotionale und körperliche Sicherheit zu brauchen, die sie bei Roddy fand. Ihre Affäre wurde bekannt, doch die Herausgeber der

Zeitungen hatten keine Beweise für diesen neuerlichen königlichen Skandal.

1976 lud Margaret Roddy nach Mustique ein. Die beiden wurden fotografiert, wie sie in der Sonne auf der schönen tropischen Insel aßen. Es war ein unschuldiges Foto, doch für die Briten, die in diesem Januar unter Frost und Kälte litten, beinhaltete das Foto Sonne, Meer, goldene Strände und sexuelle Anzüglichkeit. Margaret Rose war in den siebziger Jahren nicht gerade ein beliebtes Mitglied der Königsfamilie. Sie wurde als verwöhnte Prinzessin angesehen, die jedes Privileg genoß, keinerlei Verpflichtungen hatte, vom Steuerzahler lebte und dafür kaum etwas leistete.

Viele Jahre lang haben einige Zeitungen Margaret benutzt, wenn es jedes Frühjahr im Parlament um die Einschätzung der königlichen Finanzen ging, die man Civil List nennt. Nachdem Margaret Tony Armstrong-Jones geheiratet hatte, bekam sie 25.000 Dollar pro Jahr für die Bezahlung ihres neunköpfigen Personals. In Wirklichkeit hatte Elizabeth ihre Schwester heimlich unterstützt und zahlte ihre Kleider und die Flugtickets. Ein Zehn-Zimmer-Apartment im Clock House des Kensington Palastes wurde ihr gratis zur Verfügung gestellt. 1972 brachte die Regierung den Vorschlag ein, ihre Einkünfte um mehr als das Doppelte zu erhöhen. Einige Parlamentsmitglieder waren dafür, Margarets Einkünfte ganz einzusparen, weil die Schwester der Königin sich ihren Lebensunterhalt nicht verdiente und nicht genug königliche Pflichten ausführte. Der Vorschlag wurde schließlich mit 148 zu 34 Stimmen abgewiesen. In den siebziger Jahren erhielt Margaret 75.000 Dollar jährlich, und diese Summe stieg, hauptsächlich durch die Inflation, auf 125.000 Dollar im Jahr 1980.

1979 hatte die Prinzessin lediglich 113 offizielle Auftritte, während die Königin neben ihrem viel größeren Arbeitspensum 325 königliche Funktionen übernommen hatte. Prinz Philip brachte es auf 243. Einige Zeitungen kritisierten Margaret wegen der "Vernachlässigung ihrer Pflichten".

Als 1979 der Streit um ihr Einkommen in der Presse und im Unterhaus tobte, meinte Margaret: „Die Erhöhung um 20.000 Dollar in diesem Jahr deckt noch nicht einmal die Briefmarken. Sehen die Leute denn nicht, daß mein ganzes Geld für das Personal draufgeht, das ich einstellen muß?"

Zu dieser Zeit stellte Margaret einen erstklassigen Privatsekretär ein. Es war der frühere Gardemajor Nigel Napier, dem sie nur 15.000 Dollar pro Jahr zahlte. Dazu engagierte sie einen Butler, John Leishmann, eine Haushälterin, Mrs. McIntyre, ein Mädchen, Mrs. Greenfield, den Chauffeur Griffin, einen Koch, zwei Tagesmädchen und ihre persönliche Hofdame Lizzie Paget. All' diese Löhne mußten bezahlt werden. Viele Briten meinten, Margaret bräuchte unmöglich so viel Personal, doch sie selbst hält sich als die Schwester der Königin für berechtigt, solche Privilegien zu haben.

In dem Winter, als das Foto von Margaret und Roddy gemacht worden war, kam es in der Öffentlichkeit zu einer Welle der Empörung, die sich direkt gegen die Prinzessin richtete. Man fand, sie könne sich wenigstens an die konventionellen Regeln der Moral halten und ihrem Ehemann gegenüber loyal bleiben, ganz besonders, weil sie ein Mitglied der ersten Familie im Lande war und eigentlich ein Vorbild sein sollte. Margaret dagegen mißachtete diese Konventionen, indem sie sich einen achtzehn Jahre jüngeren Mann zum Liebhaber nahm und sich ganz offen auf ihrer karibischen Insel vergnügte. Die Gemüter erhitzten sich, und die Palastratgeber gaben es an Elizabeth weiter. Sie warnten sie, daß die Krone ernstlich in Mißkredit gebracht werde, wenn sie ihrer Schwester weiterhin gestatte, den Moralkodex derart schamlos zu mißachten.

Das Foto von Roddy und Margaret erschien auf der ersten Seite der Murdoch-Sonntagszeitung "News of the World". Elizabeth sah ein, daß der Skandal, den sie so lange befürchtet hatte, über Nacht Realität geworden war. Sie war ärgerlich und wütend. Auf Drängen ihrer Ratgeber befahl sie ihrer Schwester zum ersten Mal im Leben etwas. Sie forderte sie auf, sofort nach London zurückzufliegen und den erbärmlichen Roddy auf der Insel zurückzulassen. Am Ton ihrer Stimme erkannte Margaret, daß sie sich diesmal besser den Anordnungen ihrer Schwester beugte. Sie flog allein zurück.

Elizabeth wußte nicht, was sie in dieser Situation tun sollte. Wie bei früheren Skandalen, bei denen ihre Schwester betroffen gewesen war, hoffte sie, die Sache würde aus den Schlagzeilen verschwinden und vergessen werden. Sie hielt sich vor Augen, was ebenfalls in den Zeitungen stand. Margaret würde nie den Thron besteigen, und deshalb war das rufschädigende Verhalten ihrer Schwester auch nicht so wichtig für die Monarchie. Doch es sollte noch schlimmer kommen.

Margarets Ehemann sah den Skandal als einzigartige Chance, die er sich nicht entgehen lassen wollte. Eine Zeitlang hatte Tony sich aus der Ehe befreien wollen und offen vor Freunden geprahlt, daß er der Überzeugung sei, er könne Margaret eines Tages für immer verlassen. Margarets dumme Indiskretion mit Roddy hatte ihm nun in die Hände gespielt. Am Tag, nachdem das Foto in "News of the World" erschienen war, rief er Elizabeth an und bat darum, sie sehen zu dürfen.

Elizabeth traf ihren Schwager ein paar Tage später im Buckingham Palast. Sie hatte gehofft, ihn überreden zu können, diese letzte Eskapade zum Vorteil für die Familie zu verzeihen. Doch Tony hatte andere Pläne. Elizabeth war ziemlich überrascht, Tony so entschlossen zu sehen.

Er sagte ihr: „Ich stehe da wie ein Idiot. Ich habe dieses Verhalten von ihr jahrelang ertragen müssen. Du mußt doch gewußt haben, was los war. Ich kann das nicht länger aushalten. Das ruiniert mich, meinen Ruf und meine Arbeit als Fotograf. Die Zeit ist gekommen, daß wir uns trennen." Tony fuhr fort: „Es tut mir leid, sehr leid, daß unsere Ehe an diesen Punkt gekommen ist, doch mir bleibt keine Wahl. Könntest du bitte Klarheit schaffen?" Elizabeth hatte Mitleid und sagte, sie würde darüber nachdenken. Tony sagte zum Schluß noch: „Du wirst dir etwas einfallen lassen müssen, denn ich kann so nicht weitermachen."

Elizabeth war außer sich über die Dummheit ihrer Schwester und sagte es ihr beim nächsten Treffen. Es war klar, daß Tony ihr schlechtes Bild in der Öffentlichkeit für seine Zwecke nutzen würde. Elizabeth wußte aber, daß es nicht allein der Fehler ihrer Schwester war. Sie war über Tonys außereheliche sexuelle Abenteuer unterrichtet worden.

Die Berichte über dieses außergewöhnliche Treffen zeigen, daß Elizabeth ihre Schwester wiederholt gefragt haben muß: „Wie konntest du nur? Wie konntest du mir und der Familie das antun? Wie konntest du nur so dumm sein?" Elizabeth vergrub den Kopf in den Händen.

Sie beschwor Margaret, alles zu unternehmen, um ihre Ehe zu retten. Sie bat Tony in den Buckingham Palast und drängte ihn, der königlichen Familie, "der Firma", zuliebe der Ehe noch "eine letzte Chance" zu geben. Sie versicherte ihm, Margaret wäre mit einer Aussöhnung einverstanden. Doch Tony blieb hartnäckig. Er hatte genug und war entschlossen, die Möglichkeit, die Margaret eröffnet hatte, zu nutzen. Tony saß auf dem Sofa, schüttelte den Kopf und meinte: „Es wird nicht funktionieren. Es ist vorbei. Das ist nicht schön, aber es ist Schluß."

Elizabeth blieb nichts übrig, als nachzugeben. Nachdem sie die königlichen Berater und Rechtsanwälte zu sich gebeten hatte, gab sie Margaret und Tony die Erlaubnis zur Trennung. Doch in einem Punkt blieb sie unnachgiebig. Es gab keine Scheidung.

Tony war nicht völlig ehrlich gewesen, und Margaret wußte das. Ein paar Monate vorher hatte er ihr von seiner Affäre mit Lucy Lindsay-Hogg erzählt, einer brünetten, geschiedenen Frau Mitte dreißig, die in einem kleinen Apartment nur fünf Minuten vom Kensington Palast entfernt lebte. Tony hatte sich 1975 während Filmaufnahmen in Australien in Lucy verliebt. Sie war wochenlang als seine fotografische Assistentin mit ihm zusammen gewesen. Lucy war vier Jahre verheiratet gewesen, und ihre Scheidung vor einigen Jahren war freundschaftlich verlaufen.

Nach einer Zeitspanne von ein paar Monaten gab die Königin ihre Erlaubnis zu einer öffentlichen Erklärung. Am 18. März 1976, drei Monate nachdem der Skandal publik geworden war, gab der Buckingham Palast eine einfache Erklärung ab, in der es hieß:

„Ihre Königliche Hoheit Prinzessin Margaret, Gräfin von Snowdon, und der Earl von Snowdon haben sich beidseitig geeinigt, getrennt zu leben. Die Prinzessin wird ihre königlichen Pflichten ohne die Begleitung von Lord Snowdon wahrnehmen. Es gibt keine Pläne für ein Scheidungsverfahren."

Tony bekam 150.000 Dollar aus dem kleinen Privatvermögen von Prinzessin Margaret. Er kaufte sich ein Haus in London. Jetzt hatte das Paar die Freiheit und die Unabhängigkeit, die es sich immer gewünscht hatte. Tony feierte mit Lucy, während die unglückliche Margaret sich allein und betrogen fühlte. Tony hatte seine Beziehung zu Margaret als äußerst erfolgreicher Fotograf und Kameramann beendet. Er galt als einer der begehrenswertesten Männer der Welt. Er hatte ein schönes Haus bekommen und eine Frau, die sein Leben teilen wollte. Margaret dagegen hatte man gezwungen, den jungen Roddy aufzugeben. Sie meinte dazu: „Den einzigen Trost am Ende meiner Ehe finde ich in einer Flasche Gin und einer Schachtel Zigaretten."

Doch die Demütigung trug Elizabeth allein. Sie sah die Trennung ihrer Schwester als Heimsuchung und Warnung vor einer schrecklichen Strafe, die über die Familie und die Krone hereinbrechen würde. Um die Monarchie zu erhalten und fortzuführen, würde sie alles tun, doch jetzt stand das Gespenst der Scheidung bereits unmittelbar vor den Toren des Buckingham Palastes.

Prinz Philip versuchte, seine unglückliche und entmutigte Frau aufzumuntern, indem er meinte, Margaret und Tony wären zwei unabhängige, unberechenbare Individuen. Elizabeth solle nicht sich die Schuld geben, weil Tony und Margaret es abgelehnt hatten, ihre egoistischen Wünsche fallenzulassen.

Nachdem sich der Aufruhr um die Trennung gelegt hatte, verabredete sich Margaret wieder mit Roddy Llewellyn. Die nächsten zwei Jahre waren sie ein Paar. Doch Roddy wurde in königlichen Kreisen nie akzeptiert, und mit seiner Karriere ging es bergab. Er verlor seine Ambitionen als Gärtner, und seine neue Karriere als Popsänger, die Margaret eifrig unterstützte, verlief furchtbar erfolglos. Die Presse zeigte wieder einmal mit dem Finger auf das, was sie als Margarets "Mangel an Hingabe" und "Liebe für einen nichtsnutzigen jungen Gammler" bezeichnete.

Im Mai 1978 erklärte Prinzessin Margaret, sie würde die Scheidung von Tony einreichen und hätte nicht die Absicht, noch einmal zu heiraten. Sieben Monate später entdeckte Lucy, daß sie schwanger war. Sie war aufgeregt und sehr erfreut, denn die Ärzte hatten ihr früher versichert, sie könne nie Kinder bekommen. Ohne auch nur eine Sekunde nachzudenken, fragte Tony sie sofort, ob sie ihn heiraten wolle. Wochen später, am 15. Dezember 1978, heirateten sie in aller Stille im Standesamt von Kensington. Im folgenden Juli wurde ihre Tochter geboren.

Tonys übereilte Hochzeit und die Neuigkeiten vom Baby machten Margaret böse und wütend. Sie fand es schändlich, daß Tony ihr weder von dem Kind noch von seiner Absicht, Lucy zu heiraten, erzählt hatte. Er hatte es auch ihren Kindern David, mittlerweile siebzehn, und Sarah, vierzehn Jahre alt, verschwiegen. Tonys Verhalten überraschte seine Freunde, die gedacht hatten, er würde seinen Kindern die Neuigkeit selbst überbringen, statt es sie aus den Zeitungen erfahren zu lassen.

Margaret suchte Trost bei Roddy und versuchte, Elizabeth zu überreden, daß er sie begleiten dürfe, auch wenn sie sich in den königlichen Palästen aufhielt. Elizabeth lehnte unbeirrt ab und informierte ihre Privatsekretäre, daß Mr. Roderick Llewellyn bei

Bild links: *Der attraktive und elegante Lord Patrick wurde Elizabeth's favorisierter Angestellter des Hofes und einziger intimer Freund (Foto mit freundlicher Genehmigung von Desmond O'Neill Features).*
Bild rechts: *Elizabeth, 65, mit der Königinmutter und ihrem Rennmanager Lord Porchester 1991 auf dem Epson Derby.*
Bild unten: *Elizabeth, 49, mit Lord Mountbatten 1975 beim Polo im Großen Park von Windsor.*

Bild oben: *Elizabeth, 49, und Prinz Philip, 55, 1975 mit einem von Elizabeth's Lieblingscorgis in Balmoral.*
Bild unten links: *Elizabeth, 48, und die Königinmutter, 74, genießen 1974 das Landleben bei den Badminton Horse Trials.*
Bild unten rechts: *Elizabeth, 62, mit der Königinmutter, 88, 1986 auf Schloß Windsor*

Bild oben: *Elizabeth, 58, umgeben von ihrer Familie 1984, nach dem Trooping the Colour, der jährlichen offiziellen Feier des Geburtstages der Königin. Alle beobachten die Flugzeuge der Königlichen Luftmacht.*
Bild unten links: *Elizabeth, 57, in der Ehrenrobe des Hosenbandordens 1983 bei einer Zeremonie auf Schloß Windsor.*
Bild unten rechts: *Königin Elizabeth und Prinz Philip winken den Massen zu, als sie die St. Paul's Kathedrale betreten zur Danksagungsmesse anläßlich ihres Silberjubiläums 1977. Links von ihr steht Prinz Charles in der feierlichen Kavallerie-Uniform des Hofes.*

Bild oben links: *Die französische Schauspielerin Helène Cordet, geb. Foufounis, mit der Prinz Philip eine Liebesaffäre hatte, im Jahr 1954.*
Bild oben rechts: *Showbiz-Star Katie Boyle, mit der Prinz Philip eine leidenschaftliche Liebesaffäre hatte, aufgenommen 1953.*
Bild unten: *Prinz Philip plaudert mit Prinzessin Alexandra, Elizabeth's Cousine und zwanzig Jahre lang Philips Geliebte, während Elizabeth sie scharf beobachtet. Sie nahm an einer königlichen Filmvorführung von „Les Girls" im November 1957 teil.*

Bild oben: *Königin Elizabeth 1990 mit Prinz Philip bei der Eröffnungszeremonie des Parlaments.*
Bild unten links: *Elizabeth 1990 bei der Taufe ihrer Enkelin, der jüngeren Tochter von Prinz Andrew, dem Herzog von York, und Sarah, der Herzogin von York.*
Bild unten rechts: *Königin Elizabeth und Prinz Philip warten 1990 in Windsor auf die Ankunft eines Staatsoberhauptes.*

Bild oben links: *Der Prinz und die Prinzessin von Wales 1990 bei einem offiziellen königlichen Besuch in Ungarn.*
Bild oben rechts: *Prinzessin Margaret und ihr früherer Mann Lord Snowdon 1966 in Ascot.*
Bild unten links: *Prinzessin Margaret mit ihrem Geliebten Roddy Llewellyn auf der Chelsea Flower Show.*
Bild unten rechts: *Prinzessin Alexandra und ihr Ehemann Sir Angus Ogilvy 1988 auf einer Hochzeit.*

Bild oben links: *Prinz Andrew, der Herzog von York, mit Sarah, Herzogin von York, und ihrer jüngeren Tochter Eugenie 1990 nach deren Taufe.*
Bild oben rechts: *Prinz Charles' Geliebte Camilla Parker Bowles 1992 mit ihrem Ehemann Andrew bei einem Polospiel im Großen Park von Windsor.*
Bilder unten: *Diese drei Fotos, die 1992 in dem italienischem Magazin „Oggi" abgedruckt wurden, zeigen Sarah Ferguson nach ihrer Trennung von Prinz Andrew. Sie ist mit ihrem Liebhaber Johnny Bryan in den Ferien in Südfrankreich.*

Bild oben: *Königin Elizabeth und Prinz Philip 1989 in der Königlichen Gemäldesammlung.*

Bilder unten: *Königin Elizabeth und Prinz Philip im Juni 1989 bei ihrer traditionellen Ankunft in Royal Ascot im offenem Wagen.*

Bild oben links: *Elizabeth, 45, 1971 an ihrem Schreibtisch im Buckingham Palast.*
Bild oben rechts: *Elizabeth, 52, 1978 mit ihrem Lieblingsenkel Peter Phillips, dem Sohn von Prinzessin Anne auf Schloß Windsor.*
Bild unten links: *Elizabeth, 59, 1989 mit Brille im British Museum.*
Bild unten rechts: *Elizabeth, 61, auf der königlichen Pferdeschau in Windsor 1987 mit ihrem bevorzugten, seidenen Kopftuch.*

Bild oben: *Elizabeth, 48, mit ihrem Rennmanager „Porchy“ Porchester, nachdem ihr Pferd Highclere die 1000 Guineen in Newmarket 1974 gewonnen hatte.*

Bild unten: *Elizabeth, 48, mit Lord Porchester, nachdem ihr Pferd Highclere den dritten Platz im Königin Elizabeth und König George VI. Rennen 1974 in Ascot belegt hat.*

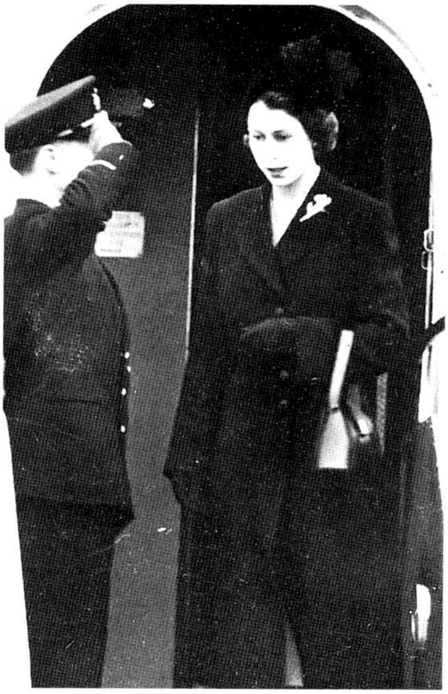

Bild oben links: *Elizabeth beim Tanz mit Earl Mountbatten 1951. „Onkel Dickie" wurde nach dem Tod von König Georg VI. im Jahr 1952 für Elizabeth zur Vaterfigur.*
Bild oben rechts: *Elizabeth ganz in schwarz, oben auf der Gangway des Flugzeugs, mit dem sie nach der Nachricht vom Tod ihres Vaters im Februar 1952 aus Kenia zurückgekehrt ist. Das erste Bild von Elizabeth als Königin von England.*
Bild unten: *Der Moment der Krönung von Königin Elizabeth II. in Westminster Abbey*

Bild oben links: *Prinz Charles und Prinzessin Diana feiern im Oktober 1992 Königin Elizabeth's vierzigstes Jahr auf dem Thron. Einen Monat später sollten sie sich trennen.*
Bild oben rechts: *Elizabeth scherzt mit dem englischen Poloteam im Juli 1993 in Windsor.*

Bild unten: *Eine glückliche Familie. Charles und Diana 1989 auf einer Radtour mit ihren Söhnen William und Harry auf den Scilly Inseln.*

Bild oben links: *Elizabeth auf dem Pferd, wie sie 1985 die Promenade zur Trooping the Colour entlangreitet. Ein Jahr später wurde an der gleichen Stelle auf sie geschossen.*
Bild oben rechts: *Elizabeth mit Prinz Andrew und seiner Frau „Fergie" zusammen mit Elizabeth's liebsten Mitglied des Hofes, Sir John Miller, auf Schloß Windsor.*
Bild unten: *Prinzessin Diana und Sarah, die Herzogin von York, erzählen sich einen Witz beim Royal Ascot 1987, während Prinz Charles daneben steht.*

Bild oben: *Königin Elizabeth und Prinz Philip 1953 mit Salote, der Königin von Tonga, während ihrer Tour durch die Länder des Commonwealth nach Elizabeth's Krönung.*

Bild unten: *Elizabeth bei ihrem liebsten Zeitvertreib, dem Reiten, 1961 in Ascot. Sie gilt als vollendete Reiterin.*

Bild oben: *Elizabeth, neben Margaret im Kinderwagen, bei einem Spaziergang mit ihren Kinderfrauen im Hyde Park 1933. Elizabeth, damals acht, sollte erst drei Jahre später erfahren, daß sie eines Tages Königin von England wird.*
Bild unten: *Elizabeth, 15, und Margaret, 11, wenden sich 1941 während des 2. Weltkrieges über den Rundfunk an die britische Nation.*

Alle Fotografien mit freundlicher Genehmigung des London News Service.

Bild oben: *Die Hochzeit von Elizabeth und Philip im Jahre 1947. Beide stehen auf dem Balkon des Buckingham Palastes und winken den jubelnden Massen zu.*

Bild unten: *Das offizielle Familienfoto nach der Trauung von Elizabeth und Prinz Philip im Jahr 1947.*

Bild oben: *Königin Elizabeth, fotografiert von Cecil Beaton, am Tag der Krönung. Sie hält das Zepter und den Reichsapfel in der Hand und trägt die kaiserliche Krone mit dem berühmten Rubin des Schwarzen Prinzen in der Mitte.*
Bild unten: *Elizabeth und Prinz Philip im Rolls-Royce auf dem Weg zum Buckingham Palast. Der junge Mann vor ihm ist Korvettenkapitän Michael Parker, Philips Stallmeister und enger Freund.*

Die Taufe von Prinzessin Anne, mit Prinz Charles, damals zwei, Philip, König George VI., Königin Elizabeth und Königin Mary von Teck.

Bild oben: *Charles und Diana 1983 in der Londoner Festival Hall.*

Bild unten: *Prinz und Prinzessin Michael von Kent 1988 beim Tennis in Wimbledon*

Bild oben links: *Elizabeth mit Philip 1988 auf der königlichen Pferdeschau in Windsor.*
Bild oben rechts: *Ein seltenes Foto von Elizabeth zusammen mit Premierministerin Margaret Thatcher 1988 in Windsor.*

Bild unten links: *Königin Elizabeth beim Händeschütteln im königlichem Stil bei der offiziellen Eröffnung der Königlichen Münzstätte 1989.*
Bild unten rechts: *Königin Elizabeth und Prinzessin Diana 1989 in der Londoner Victoria Station, wo sie auf die Ankunft eines Staatsoberhauptes warten.*

Bild oben: *Elizabeth und Philip in den Flitterwochen in Broadlands, Hampshire, dem Landsitz von Earl Mountbatten.*

Bild unten: *Elizabeth mit Prinz Charles nach seiner Taufe im November 1948. Links von Elizabeth, schwarz angezogen, sitzt Elizabeth's Großmutter, Königin Mary von Teck und Frau von George V..*
Königin Mary hatte großen Einfluß auf die Ausbildung der jungen Elizabeth.

Bild oben links: *Elizabeth, 61, auf der königlichen Pferdeschau in Windsor 1987 mit ihrem bevorzugten, seidenen Kopftuch.*
Bild oben rechts: *Elizabeth, 65, in fröhlicher Stimmung im Gespräch mit den politischen Führern auf dem Empfang zum Commonwealth Day im Lancaster House in London 1991.*
Bild unten links: *Elizabeth, 65, mit einem Schutzhelm auf einer Betriebsbesichtigung 1991.*
Bild unten rechts: *Das Jahr 1992. Elizabeth nannte es ihr „Annus Horribilis“, das schlimmste Jahr ihrer langen Herrschaft. Die Anspannung auf Elizabeth's Gesicht zeigt sich nur zu deutlich auf dem Rundgang durch die Chelsea Flower Show.*

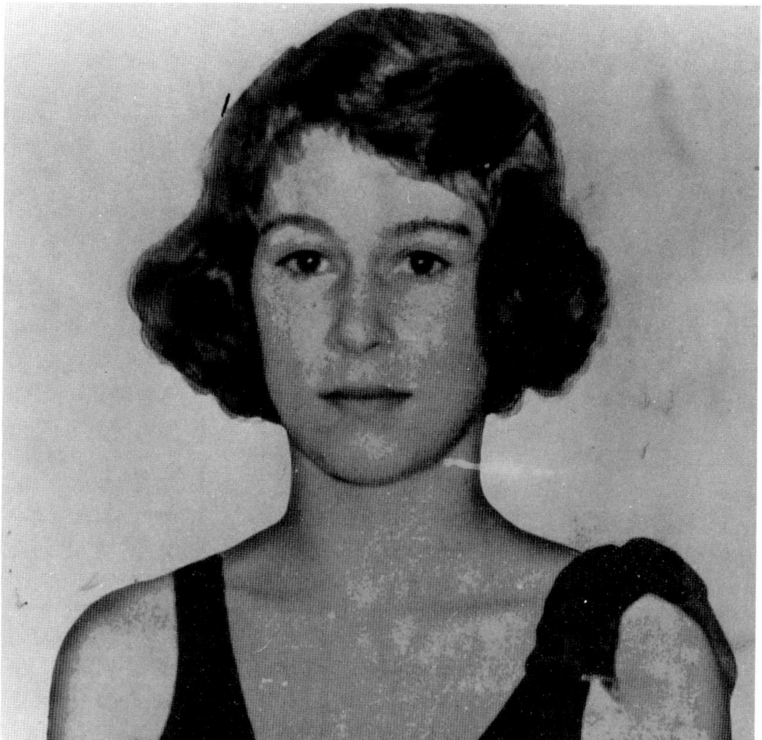

Bild oben: *Die dreizehnjährige Prinzessin Elizabeth im Badeanzug.*

Bild oben: *Elizabeth, 11, und Margaret, 7, bei der Krönung ihres Vaters König George VI. im Jahre 1937.*

Bild unten: *Elizabeth, 20, und Margaret, 16, mit ihrer Mutter, Königin Elizabeth, bei einem Gartenfest im Juli 1946 in Sandzigham.*

Queen Elizabeth und Prinzessin Diana - aufgenommen bei der Hochzeit von Lord Linley. Im Hintergrund Tim Laurence, Gatte von Prinzessin Margaret

Fotos: dpa

Elizabeth II während ihres Staatsbesuches in Deutschland...

...mit Bundespräsident Richard von Weizsäcker

... mit Prinz Philipp

Queen Elizabeth II und Queen Mum beim Verlassen der St. Margaret's Kirche in London, nach der Trauung von Lord Linley mit Serena Stanhope.

Die Queen bei einer Rede anläßlich ihres 40. Thronjubiläums, in der sie 1992 ein „annus horribilis“, ein schreckliches Jahr, nannte.

Queen Elizabeth II während der traditionellen Parlamentseröffnung im House of Lords in London.

Die Queen inspiziert die Königliche Leibwache, der Yeoman-Garde, am Buckingham Palast.

Fotos: dpa

Elizabeth II und Prinz Philipp anläßlich ihres 40. Hochzeitstages

Queen Elizabeth II und Prinz Charles - aufgenommen anläßlich eines Derby's in Epsom -

Das sorgenvolle Gesicht einer Königin

keiner königlichen Gesellschaft einzuschließen oder zu irgendeinem königlichen Anlaß einzuladen sei.

Eines Tages traf Elizabeth Roddy doch, allerdings unter den peinlichsten Umständen. Wie Nigel Dempster in seiner Biographie von Prinzessin Margaret "Ein unerfülltes Leben" schreibt, stand Elizabeth in der Royal Lodge und plauderte mit der Kinderfrau Sumner. Plötzlich stürzte Roddy auf die Kinderfrau zu und wollte einen Knopf angenäht haben. Er hatte nur ein Hemd und Unterhosen an. Als er Elizabeth im Zimmer stehen sah, wurde er knallrot und stammelte: „Verzeihen Sie bitte, Madam. Ich sehe so furchtbar aus." Er blieb wie angewurzelt stehen und wußte nicht, wie er sich aus dieser peinlichen Situation befreien sollte.

„Machen Sie sich keine Sorgen. Ich sehe selbst auch nicht gerade gut aus", gab sie zu seiner Erleichterung zurück, während sie lächelnd das Zimmer verließ.

Am nächsten Tag wurden sie einander offiziell vorgestellt. Roddy wurde trotzdem nicht zu königlichen Anlässen eingeladen. Obwohl Margaret sich nach der Regelung, Roddy nicht mit in die königlichen Paläste zu nehmen, richten mußte, riskierte sie es doch manchmal. Er hielt sich diskret im Hintergrund, doch das Personal wußte, daß er über Nacht blieb. Margaret war peinlicher berührt als Roddy, als ihre Schwester ihren Liebhaber zufällig im Zimmer des Kindermädchens traf, denn eigentlich hatte er an diesem Wochenende nichts in der königlichen Residenz zu suchen.

Elizabeth's Entschluß stellte sich als weise heraus, als es ziemlich brisante Enthüllungen über Roddys Vergangenheit gab. Sein älteren Bruder Dai veröffentlichte sie in einer Artikelserie in "News of the World". Dai schrieb über Roddys Selbstmordversuche und seine Verwicklung in homosexuelle Affären. Roddy und Margaret waren natürlich erzürnt, weil Dai diese peinlichen Familiengeheimnisse verkauft hatte.

Doch Roddy, damals dreiunddreißig Jahre alt, änderte sich. In den frühen achtziger Jahren traf er seine alte Liebe Tania Soskin, eine freiberufliche Reiseschriftstellerin, und verliebte sich wieder in sie. Schließlich nahm er all seinen Mut zusammen und erklärte Margaret, daß er Tania heiraten wolle. Margaret soll angeblich gesagt haben: „Am Anfang war ich schockiert, doch dann empfand ich so etwas wie Erleichterung über die Neuigkeit. Ich habe diesen Jungen so lange bemuttert. Ich hätte ihn mir sowieso nicht länger leisten können."

Margaret gab sogar im Kensington Palast eine Lunchparty für ihn und wäre auch auf seiner Hochzeit im Juni 1981 erschienen, hätte sie an diesem Tag keine königlichen Verpflichtungen gehabt.

Nach Roddys Heirat fühlte Margaret sich wieder frei und begann, ihr einsames, doch unabhängiges Leben zu genießen. Sie hoffte, Charles und Diana würden nach ihrer Hochzeit schnell eine Familie gründen, damit sie in der Thronfolgerlinie weiter nach unten rutschte. Nach ihren hedonistischen Tagen hat Margaret ein ruhigeres und gelasseneres Leben geführt, doch sie hat nie wieder einen Mann gefunden, mit dem sie zusammenleben wollte.

1980, zwei Jahre nach der offiziellen Trennung von Margaret und Tony, stand Elizabeth einem neuerlichen Skandal gegenüber. Ihre einzige Tochter Anne hatte eine Affäre mit ihrem Leibwächter. Peter Cross hatte hellblaue Augen und ziemlich viel Charisma. Er war ein attraktiver blonder Mann Ende dreißig und zwei Jahre älter als Anne. Die Ehe von Cross war ein paar Monate, nachdem er ihr Leibwächter geworden war, gescheitert, weil seine Frau meinte, er sei nie zu Hause und arbeite Tag und Nacht.

Mark Phillips spürte, daß sich seine Frau emotional und sexuell mit ihrem Leibwächter eingelassen hatte. Er beschloß, Peter Cross aus dem Dienst in Gatcombe Park zu entlassen. Anne hatte sich in diesen paar Monaten verändert und kritisierte alles, was ihr Mann sagte oder tat. Ihm war aufgefallen, wie Anne und Cross miteinander sprachen. Mark ließ sich nicht für dumm verkaufen.

Er informierte Kommandeur Michael Trestrail, den persönlichen Leibwächter der Königin, der gleichzeitig für die Gruppe der königlichen Leibwächter verantwortlich war. Andere Offiziere sollten der Beschwerde nachgehen, deshalb wurden die Telefongespräche von und nach Gatcombe abgehört. Da Anne die sechste in der Linie der Thronfolger war, informierte Trestrail die Königin und fragte, ob er etwas unternehmen solle. Die Königin bat ihn, das Paar zu beobachten und sie auf dem laufenden zu halten. Als Mark berichtete, er müsse befürchten, die Affäre habe bereits begonnen, ließ Elizabeth, ohne ihre Tochter zu informieren, Cross sofort von Gatcombe Park versetzen und von seinem königlichen Dienst entbinden.

Elizabeth war mitleidlos, weil sie Angst hatte, ihre sture Tochter könnte sich zu dem fatalen Schritt entschließen, sich von Mark Phillips scheiden zu lassen. Wieder fürchtete sie die Möglichkeit eines Ehebruchs und einen neuen Skandal für die Familie.

Der Unterkommissar Wilford Gibson, der für den ständigen Schutz des Königshauses verantwortlich war, bestellte den ehemaligen Leibwächter zu Scotland Yard, während Anne auf einer königliche Auslandsreise war. Kommandeur Trestrail war ebenfalls anwesend. Man belehrte Cross, daß „dieses Verhalten nicht den Standards entspräche, die von einem Polizeioffizier erwartet werden, der die königliche Familie begleitet." Gibson sagte ihm außerdem, er habe im Dienst getrunken.

Überrascht von diesem Vorwurf entgegnete Cross: „Jeder trinkt im königlichen Dienst, wenn er eingeladen wird. Doch ich war nie betrunken im Dienst."

Gibson fuhr fort: „Ich habe nicht gesagt, daß Sie betrunken gewesen sind, sondern nur, daß sie getrunken haben." Natürlich war Alkoholgenuß im Dienst ein ernstes Vergehen, doch Gibson nahm die Sache auch aus taktischen Gründen auf, falls Cross sich einer sofortigen Versetzung widersetzen würde. Um Cross das Gefühl zu geben, daß die Behörde von seiner Affäre wußte, sagte Gibson: „Wir haben Gerüchte gehört, Sie wären etwas zu familiär mit der Prinzessin gewesen."

Gibson informierte Cross über seine sofortige Versetzung auf eine Polizeistation nach Croydon, einem Städtchen südlich von London. Das war eine drastische Degradierung, die einer Beleidigung gleichkam für einen Offizier mit Cross' Fähigkeiten. Zwei Tage später kam Prinzessin Anne nach Hause, und man teilte ihr mit, daß ein neuer Leibwächter für sie ernannt und Peter Cross versetzt worden sei.

Sie war außer sich und rief sofort Trestrail im Buckingham Palast an. Mit zorniger Stimme sagte Anne: „Ich würde gerne wissen, warum mein persönlicher Leibwächter versetzt worden ist und auf wessen Befehl hin." Später schrie Anne: „Wie kann es jemand wagen, meinen Leibwächter ohne meine Erlaubnis zu versetzen und ohne irgendeinen Grund anzugeben?" Sie knallte den Hörer auf, nachdem sie Trestrail gedroht hatte: „Glauben Sie bloß nicht, die Sache ist damit erledigt."

An diesem Abend warf Anne Mark vor, er habe hinter ihrem Rücken intrigiert. Mark stotterte und stammelte, doch Anne war sicher, daß ihr eigener Mann die Sache initiiert hatte, die mit der erzwungenen Versetzung ihres Geliebten geendet hatte. Scheinbar fühlte sie keine Schuld für ihr Verhalten und blieb wütend.

Zweifellos hatte Anne sich in ihren Leibwächter verliebt, der um so vieles mehr ein Tatmensch war als ihr Ehemann. Sie hätte ihren Liebhaber nicht kampflos aufgegeben, auch nicht, wenn ihre eigene Mutter die Versetzung angeordnet hätte.

Einen Monat danach entdeckte Prinzessin Anne, daß sie schwanger war, und wußte nicht, was sie tun sollte. Das Dumme war, daß Peter Cross der Vater war. Drei Monate lang spielte Anne mit dem Gedanken, nichts zu sagen und so zu tun, als sei das Baby von Mark. Doch sie fand es Cross gegenüber unfair und unehrlich gegen sich selbst und ihre Liebe. Als sie die Schwangerschaft entdeckt hatte, versuchte sie, ihre Liebe für den Ex-Leibwächter zu vergessen, doch das war unmöglich. Sie benahm sich im Haus wie ein liebeskranker Teenager und war unfähig sich auf etwas zu konzentrieren, es sei denn auf ihren verbannten Geliebten.

Zu Weihnachten schickte Anne durch einen Polizeifreund, Inspektor Colin Hayward-Trimming aus der Gruppe der königlichen Leibwächter, ihrem Geliebten ein Foto. Später sandte sie ihm durch den gleichen Offizier eine Nachricht und bat Peter Cross, sie in Gatcombe zu besuchen.

Cross wartete in der Bibliothek. Anne kam herein und war sichtbar schwanger. Anne sagte: „Wie schön, dich zu sehen. Ich dachte, ich sage es dir besser, bevor du es in der Zeitung liest. Wie du siehst, bin ich im fünften Monat schwanger." Peter Cross sagte nichts, sondern wartete ab. Er sah Anne an und hob die Augenbrauen, weil er sie nicht beleidigen wollte durch die Frage, wer der Vater sei. Anne nickte. Cross ging zu ihr und nahm sie in den Arm.

Anne ergriff die Initiative und fragte, ob er da weitermachen wolle, wo sie aufgehört hatten. Er entgegnete, daß er sie sehr gern sehen würde, wenn das möglich wäre. Peter Cross hatte kurz nach seiner Versetzung den Dienst quittiert und war frei. Doch er wußte nicht, ob Anne als Tochter der Königin eine Affäre mit einem gewöhnlichen Polizeioffizier fortsetzen wollte. Obwohl sie viel riskierte, wollte Anne so diskret wie möglich vorgehen und benutzte Cross' Vertrauten bei der Polizei, um ihm Nachrichten zu übermitteln.

Im Sommer 1985, vier Monate nach der Geburt von Annes blonder, blauäugiger Tochter Zara, gab eine Artikelserie in "News of the World" einige Details über die Beziehung zwischen Cross und Anne preis. Für ziemlich viel Geld hatte Cross zugestimmt, etwas über ihr Verhältnis zu erzählen, doch er gab keine intimen Details weiter. Er erzählte den Lesern, daß Anne ihn wenige Minuten nach der Geburt angerufen habe, um ihm zu sagen, sie habe eine wunderbare Tochter.

Er berichtete, wie ihr enges Verhältnis in den frühen achtziger Jahren begonnen hatte, nachdem er gerade einige Monate als Leibwächter gearbeitet hatte. „Ich werde nie den ersten Abend vergessen, als Prinzessin Anne und ich uns zum ersten Mal unsere Probleme anvertrauten. Mark war nicht da, und ich erledigte die letzten Handgriffe des Tages und schaltete den Sicherheitsalarm ein.

Ich war in der Küche im Haus in Gatcombe Park. Plötzlich bemerkte ich, daß Anne hereingekommen war und herumlief, um das Licht auszumachen. Ich mußte lächeln. Sie ist zwar ein Mitglied der reichsten Familie der Welt, doch die Prinzessin war immer erpicht darauf, Strom zu sparen.

Wir unterhielten uns. Dann saßen wir plötzlich auf der Hintertreppe, die von der Küche in mein Zimmer führte. Wir saßen etwa zwei Stunden da. Ich saß eine Stufe höher als Anne. Mir fiel auf, daß ihr Arm mein Knie berührte.

An diesem Abend war ich zu sehr mit meinen eigenen Problemen beschäftigt, denn mein Privatleben war ziemlich durcheinander. Ich hatte meine Frau Linda und unsere zwei Mädchen verlassen, weil die Ehe nicht mehr gut war. Ich hatte eine iranische Freundin, mit der ich in London zusammen wohnte. Doch dieses Verhältnis wurde auch immer problematischer."

Peter Cross erzählte, er hätte oft Gespräche dieser Art mit Anne geführt. Sie sagte ihm, sie hätte mit ihrer Mutter, der Königin, darüber gesprochen, wie gut sie mit ihrem Leibwächter auskam und daß sie einander vertrauten.

Dann beschrieb er, wie ihr Verhältnis im Sommer 1980 begann. „Eines Abends mußten Mark und Anne nach Salisbury. Wie gewöhnlich brachen wir spät auf, und Mark fuhr wie der Teufel. Es war schwierig für mich, mit meinem Auto seine Geschwindigkeit zu halten, denn ich sollte sie ja eskortieren. Später erzählte mir Anne, sie habe Mark gebeten, langsamer zu fahren, damit ich aufholen könne. Er hatte scharf erwidert: 'Worum machst du dir Sorgen? Um das Auto oder um den Fahrer?'

Nach dem Essen fuhr ich Anne zurück nach Gatcombe. Als wir ankamen, standen wir plaudernd in der Halle. Es kam mir vor, als würden wir Stunden dort stehen... Dann setzten wir uns. Ich ließ mich in einen Sessel fallen und sie nahm zu meinen Füßen auf dem Teppich Platz... Plötzlich drehte sie sich um und sah mich an, unsere Hände berührten sich, und wir starrten einander sekundenlang in die Augen. Dann küßten wir uns plötzlich. Ein paar Minuten später gingen wir in die Bibliothek und umarmten uns."

Nach Zaras Geburt setzten Anne und Peter Cross ihre ehebrecherische Affäre fort. Gelegentlich verbrachten sie die Nachmittage im Haus eines hilfsbereiten Polizeioffiziers in Surrey und schliefen dort zusammen, oder sie verlebten romantische Nächte in einem unbenutzten Landhäuschen auf dem Gatcombe Grundstück. Prinzessin Anne ging die größten Risiken ein, doch sie liebte Peter Cross und war bereit, einen furchtbaren Skandal für sich, ihre Kinder, ihren Mann, ihre Mutter und die ganze königliche Familie zu riskieren.

Anne rief Cross unter dem Namen Mrs. Wallis in seinem Büro an, wo er als Versicherungsvertreter arbeitete. Es war Annes übermütige Idee gewesen, den Namen der im Hause Windsor bekanntesten Ehebrecherin zu benutzen - Wallis Simpson.

Ihre Beziehung endete 1983, als Peter Cross Anne erzählte, daß er sich in eine andere Frau verliebt habe, in eine Zahnarzthelferin. Unglücklich stellte Anne fest, daß ihr heimliches Verhältnis beendet war, ohne daß etwas Dramatisches geschah. Tief in ihrem Herzen wußte sie, daß sie nicht zusammenleben konnten.

Doch diese Affäre beendete ihre Ehe mit Mark Phillips. Mark hatte bereits seit einiger Zeit dafür gesorgt, ein eigenes Bankguthaben aufzubauen, denn er hatte nie den Gedanken ertragen können, von seiner Frau oder der königlichen Familie ausgehalten zu werden. Um seine Unabhängigkeit zu behalten, hatte er stets einen königlichen Titel abgelehnt. Das bedeutete, die Kinder waren die ersten Mitglieder der königlichen Familie ohne Titel. Anne war glücklich darüber, denn sie wollte ihre Kinder nicht als Adlige aufziehen.

Als früherer Reiter bei den Olympischen Spielen hatte Mark einen ausgezeichneten Ruf als Pferdespezialist und begann, Reitausstellungen zu organisieren, meistens im Ausland. Er hielt auch Vorträge an Reitsportwochenenden, wurde von der bekannten britischen Autofirma Land Rover gesponsert und managte die Farm in Gatcombe Park, wo er oft sechzehn Stunden am Tag arbeitete.

Zwischen April 1988 und April 1989 verbrachten Anne und Mark genau vier Tage zusammen mit den Kindern, ein Zeichen, daß die Ehe nicht mehr funktionierte. Doch nicht nur Mark war wegen seiner Arbeit unterwegs. Nach der Geburt von Zara und dem Ende der Affäre mit Peter Cross stürzte sich Anne 1983 in ihre königlichen Pflichten. Sie war jahrelang von der Presse kritisiert worden. Teile der Presse meinten, sie sei so nachlässig in ihren königlichen Aufgaben, daß es einer Inanspruchnahme des Geldes der Steuerzahler unter falschen Voraussetzungen gleichkomme.

Annes Verhältnis zur Presse war gereizt. Wenn ihr die ständige Anwesenheit der Presse auf die Nerven ging, konnte sie allzu schnell sagen: „Haut ab!" Dafür machte ihr die Presse das Leben schwer. Sie wollte ein neues Leben beginnen und akzeptierte glücklich das Angebot, Präsidentin von "Save the Children" zu werden, einer großen britischen Wohltätigkeitsvereinigung, die sich um die hungernden Kinder in der Welt kümmert.

Der Job erwies sich als Wendepunkt in Annes Verhältnis zur Presse und zur Öffentlichkeit. Sie wurde oft im Fernsehen gezeigt, wie sie in T-Shirt und Jeans half, ermutigte, inspizierte und selbst vor Ort arbeitete. Sie besuchte die Hungergebiete in Afrika, Indien und vielen Ländern der Dritten Welt, wo sie den Helfern unter die Arme griff, die sich um die hungernden Kinder kümmerten. Über Nacht hatte sich ihr öffentliches Ansehen gewandelt, und sie erntete fast nur noch Lob.

Es war kein kurzfristiger Wandel in Annes Auftreten. Sie hat sich als bemerkenswerte Präsidentin dieser Vereinigung erwiesen und verbringt viele Wochen im Jahr im Ausland. Sie reist Zehntausende von Kilometern und leistet viel Arbeit für die unterprivilegierten Kinder der Welt. Sie verbringt viele Wochen damit, Geld für "Save the Children" aufzutreiben. Auch die Presse hat ihre Haltung geändert. Aus Kritik wurde Lob. Anne war das erste Mitglied der königlichen Familie, das über fünfhundert Verpflichtungen pro Jahr hat. Jetzt sind sie auf über sechshundert gestiegen.

Elizabeth war stolz auf sie. Anne hatte alle Träume ihrer Mutter verwirklicht und ihre höchsten Erwartungen noch übertroffen. Anne zeigte der Nation, daß die königliche Familie sich umfangreich engagierte, nicht von der Nation ausgehalten wurde, sondern sich selbstlos für wohltätige Zwecke einsetzte. In Anerkennung ihrer Arbeit verlieh Elizabeth Anne 1988 einen Titel, den sie ihrer Meinung nach verdient hatte. Anne wurde Königliche Prinzessin. Bevor Elizabeth ihr den neuen Titel verliehen hatte, lautete Annes korrekte Anrede: Ihre Königliche Hoheit Prinzessin Anne, Mrs. Mark Phillips. Nun lautet sie: Ihre Königliche Hoheit, die Königliche Prinzessin. Der Titel erlaubt es Elizabeth, Annes Kindern künftig Titel zu verleihen.

Für Anne brachte der Titel wenig Veränderungen. Ihr Leben in Gatcombe war noch immer das gleiche: robust und ohne Prunk. Wie auf jeder Farm liefen hier die Hühner herum, es gab Hunde in der Küche und im Hof, die Eingangshalle war voll schmutziger Schuhe, Regenjacken und alter Gummimäntel. Die Pferdeknechte sowie das meiste Personal und auch Prinzessin Anne selbst liefen den ganzen Tag in Jeans, Pullovern und Turnschuhen herum.

Kein anderes königliches Heim ist formloser als das von Anne. Ihr gefällt es, denn es ist so anders als die Umgebung ihrer Mutter im Buckingham Palast oder in Windsor. Auf Gatcombe ist es bequem, es gibt einfaches Essen und keine schicken Mahlzeiten. Am Montag gibt es oft nur Cottage Pie oder die Reste vom Sonntagsessen.

Anne hat den Titel aus einem anderen Grund gern akzeptiert. Durch den Titel Königliche Prinzessin hat Elizabeth ihre Tochter zur Second Lady des Landes gemacht, die unmittelbar nach der Königin kommt und selbst über Diana, der Prinzessin von Wales, steht. Bis dahin war Diana die Second Lady gewesen, weil sie mit dem Prinzen von Wales verheiratet war. Nun hatte Elizabeth Anne über Diana gestellt, und diesen Rang hatte sie sich selbst verdient, während Diana ihren Titel durch die Heirat mit Charles bekommen hatte. Anne genoß den Titel und seine Vorzüge, denn sie betrachtete Diana als "schrecklichen Emporkömmling", den Charles nie hätte heiraten dürfen. Anne und Diana können einander bis heute nicht ausstehen, auch wenn sie in der Öffentlichkeit vorgeben, freundlich miteinander umzugehen.

Weniger als ein Jahr nach der Verleihung des Titels stand Anne 1989 erneut im Mittelpunkt eines Skandals. Es ging wieder um eine Liebesaffäre.

Ihre Ehe mit Mark hatte 1989 still geendet im Vergleich zu den furchtbaren Streitereien, der Bitterkeit und den lauten Auseinandersetzungen, die das Ende von Margarets Ehe begleitet hatten, und ohne stürmische Konflikte wie zwischen Charles und Diana, Andrew und Fergie. Mark stritt weder mit ihr, noch schrie er. Wenn Anne einen Streit anfangen wollte, schwieg er und verließ das Zimmer, um auf der Farm zu arbeiten. Die beiden lebten sich einfach auseinander.

Der größte Teil der Familie, Elizabeth eingeschlossen, erkannte schon Monate, bevor die Presse darüber schrieb, daß die

Ehe zwischen Mark und Anne wirklich gescheitert war. Trotzdem hoffte Elizabeth wie viele andere Mitglieder der königlichen Familie und der aristokratischen Familien, daß sich das Paar arrangieren würde, indem es getrennte Wege ging, doch bei königlichen Anlässen zusammen auftrat. Elizabeth hoffte auch, sich auf ihre Tochter verlassen zu können, wenn es um das ungeschriebene Gesetz der Windsors ging: keine Scheidung.

Die Königin hatte ab und zu mit Anne über Scheidung gesprochen, besonders während Margarets Trennung, und Anne schien verstanden zu haben, welchen Schaden die königlichen Scheidungen der Familie zugefügt hatten und wie sehr ihr Respekt in der Nation darunter gelitten hatte.

1988 gestand die achtunddreißigjährige Anne ihrer Mutter, daß sie sich mit einem jungen Marineoffizier eingelassen hatte, mit Kommandeur Timothy Laurence, der fünf Jahre jünger war als sie. Er war ein großer und attraktiver Mann, der seit 1986 Stallmeister der Königin war.

Ein Stallmeister ist so etwas wie das männliche Gegenstück einer Hofdame. Er gehört zur königlichen Hofhaltung und ist eine Mischung aus Sekretär, Begleiter, Leibwächter und Vertrauter. Eine solche Position geht immer für drei Jahre an einen Offizier aus einer der drei Streitkräfte. Die Position gilt als privilegiert, und dem dreijährigen Job folgt fast immer eine Beförderung. Der große, schlanke Laurence schien der Inbegriff eines königlichen Stallmeisters zu sein.

Bei königlichen Auftritten wirkt ein großer, eleganter Mann in einer Marineuniform mit Schwert und Medaillen sicher würdiger als einer im Straßenanzug. Laurence war der Königin aufgefallen, als er vor einigen Jahren diensthabender Offizier auf der HMS "Britannia" war. Als er 1986 in den Palast berufen wurde, hatte er sein eigenes Schiff, die HMS "Cygnet", bei der Küstenpatrouille. Er folgte Major Hugh Lindsay, der im März 1988 durch eine Lawine ums Leben kam, die Prinz Charles beinahe getötet hätte.

Elizabeth wußte nur zu gut, wie attraktiv die Stallmeister waren. Sie hatte vor dreißig Jahren versucht Margaret zu trösten, als diese sich in den Stallmeister ihres Vaters, den Gruppenkapitän Peter Townsend verliebt hatte. Sie warnte Anne, sich nicht mit Kommandeur Laurence, der ein stiller, respektvoller und bescheidener Mann war, einzulassen. Sie hatte die Hoffnung, dieses Verhältnis würde um der Kinder und vor allem um der Monarchie willen Annes Ehe nicht gefährden.

Im April 1989 hatte die Nation einen neuen Skandal. Prinzessin Anne wurden vier Briefe gestohlen. Sie wurden einem Korrespondenten des Königshauses übergeben, der für Murdochs Boulevardzeitung "The Sun" arbeitete. Diese Briefe an Anne waren über einen Zeitraum von achtzehn Monaten geschrieben und aus einer Aktentasche gestohlen worden, die Anne in ihren Privaträumen im Buckingham Palast aufbewahrte. Weil es sich dabei um gestohlenes Eigentum handelte, gehörten sie rechtlich dem Absender. Der Herausgeber der "Sun" gab Prinzessin Anne die Briefe zurück und war zunächst damit einverstanden, den Inhalt nicht zu veröffentlichen.

"The Sun" prüfte, ob die Briefe echt waren, und änderte ihre Meinung, als sie feststellte, daß der Absender ein Stallmeister der Königin war, also eine öffentliche Person, über die jede Zeitung schreiben durfte. Man beschloß, die Geschichte auf der Titelseite zu bringen.

Der Buckingham Palast veröffentlichte sofort eine Erklärung: „Die gestohlenen Briefe waren vom Stallmeister der Königin, Kommandeur Timothy Laurence, an die Königliche Prinzessin geschrieben worden. Wir haben nichts zum Inhalt persönlicher Briefe zu sagen, die Ihre Königliche Hoheit von einem Freund empfangen hat. Die Briefe wurden gestohlen und sind Gegenstand polizeilicher Ermittlungen."

Bevor die Erklärung abgegeben wurde, rief Elizabeth ihre Tochter an. Anne kam und erklärte, ihre Beziehung zu Kommandeur Laurence sei ernst, und sie glaube, mit Laurence eine gemeinsame Zukunft zu haben. Elizabeth wurde das Herz schwer. Sie sagte: „Dir ist doch wohl klar, was das bedeutet, oder? Du weißt doch wohl, was das für die Familie heißt?" Anne erzählte ihrer Mutter, ihre Ehe mit Mark sei schon seit ein paar Jahren vorbei, und sie seien nur zusammen geblieben, um sich korrekt zu verhalten und um der Kinder willen. Darüber hinaus habe keiner von ihnen jemanden getroffen, mit dem er ernsthaft zusammenleben wolle. Während des Gesprächs fragte Elizabeth ihre Tochter dreimal: „Bist du dir sicher bei Kommandeur Laurence?" und dreimal entgegnete Anne: „Ja."

Elizabeth hatte so etwas bereits befürchtet. Doch sie betete und hoffte, es möge nicht an die Öffentlichkeit kommen. Einige Minuten nach diesem Gespräch rief sie ihren Privatsekretär Sir

Robert Fellowes. Sie wies ihn an, eine Presseerklärung abzugeben. Sie hatte gehofft, Anne würde zwar ihre Beziehung zu Kommandeur Laurence fortsetzen, aber trotzdem verheiratet bleiben. Doch offensichtlich hatte sich Anne für ein ehrliches Leben entschieden, und das brachte ihr Verhältnis mit Kommandeur Laurence ins öffentliche Licht.

Während seiner zweieinhalb Jahre als Stallmeister hatte Elizabeth Kommandeur Laurence als liebenswürdigen, jungen Mann kennengelernt, der nicht nur tadellos seine Pflicht tat, sondern den Mitgliedern der Familie mit Takt und Freundlichkeit begegnete.

Wieder einmal mußte sich Elizabeth den Tatsachen stellen und der Scheidung ihrer Tochter nach fünfzehnjähriger Ehe zustimmen. Sie selbst war nicht in der Lage gewesen, ein Verhältnis zu Mark aufzubauen, von dem sie glaubte, er habe nie ein Mitglied der Familie sein wollen. Er war seine eigenen Weg gegangen und hatte so wenig Zeit wie möglich mit seiner angeheirateten Familie verbracht. Er war nie mit Anne und den Kindern in den Ferien nach Balmoral gefahren. Elizabeth war diese Abweisung nicht entgangen. Sie betrachtete es als Beleidigung. Für Elizabeth ließen seine Haltung und sein Benehmen einen Mangel an Respekt vor der Monarchie, der Familie und ihrer Person erkennen, den sie nicht vergaß und auch nie verzeihen würde, obwohl sie sich Mark gegenüber immer korrekt verhalten hat.

Doch diese persönlichen Gedanken machten ihr jetzt keine Sorgen. Sie war viel besorgter über die Wirkung, die eine Scheidung in ihrer unmittelbaren Familie auf die Haltung der Menschen haben könnte. Vierzig Jahre früher hatte Elizabeth versucht, die bestürzte Margaret zu trösten, nachdem man ihr verboten hatte, den geschiedenen Stallmeister ihres Vaters zu heiraten. Doch wenn Anne wirklich in Tim Laurence verliebt war, dann würde sie die Scheidung von Mark fordern und schnell wieder heiraten. Es war Elizabeth sehr wohl bewußt, daß Annes erneute Heirat historisch wäre. Zum ersten Male seit den Tagen Heinrichs VIII. im sechzehnten Jahrhundert würde jemand, der dem Thron nahestand, zum zweiten Male heiraten.

Elizabeth sagte Anne, sie müsse eine gewisse Zeit warten, bevor sie ihre Trennung von Mark öffentlich machte, damit man sie nicht mit den gestohlenen Liebesbriefen in Verbindung bringen konnte. Doch Anne blieb hartnäckig.

Im August 1989, nur vier Monate nach dem Skandal, kam aus dem Buckingham Palast die öffentliche Erklärung, daß sich Prinzessin Anne und Mark Phillips getrennt hatten. Von einer Scheidung wurde nicht gesprochen. Tim Laurence, der seine drei Jahre als Stallmeister beendet hatte, kehrte zur Marine zurück und hatte das Kommando über das Küstenschiff HMS "Boxer". Doch er blieb nicht lange im Hintergrund. Im gleichen Monat wurde Laurence während der Ferien auf Balmoral an der Seite der Königin gesehen, obwohl es keinen Grund für seine Anwesenheit gegeben hatte. Die Klatschkolumnisten witterten einen weiteren Skandal.

Laurence war es gelungen, sich monatelang diskret dem Blick der Öffentlichkeit zu entziehen, während sich, von der Fleet Street unbemerkt, seine Affäre mit Anne entwickelte. Im Frühling 1992 gab Elizabeth endlich ihren Segen, und Anne durfte in der Öffentlichkeit mit ihrem Kommandeur auftreten. Die Fotos vom Königlichen Schottischen Ball zeigen eine sehr glückliche Anne, die sich mit ihrer neuen Liebe Tim Laurence an einem der schottischen Tänze beteiligt.

Annes zweite Hochzeit im Dezember 1992, dem annus horribilis, unterschied sich stark von ihrer ersten. Nicht in der Westminster Kathedrale, sondern in einer einfachen kleinen Presbyterianerkirche in Crathie, in der Nähe von Balmoral, wurden Anne und Tim Laurence getraut.

Anne hatte eine private Trauungszeremonie in der Kapelle von Schloß Balmoral ohne Kameras, Fotografen und Öffentlichkeit gewollt. Doch das erlaubte Elizabeth nicht, damit es nicht aussah, als schäme sich die königliche Familie für das Ereignis. Anne gab schließlich nach, bestand aber auf einer einfachen Zeremonie. Elizabeth war einverstanden.

Es gab noch einen Grund, warum die Presbyterianerkirche ausgewählt worden war. Die Kirche von Schottland hatte keine episkopale Hierarchie und zeigte deshalb schon seit Jahren eine liberale Haltung gegenüber zweiten Eheschließungen. Sie überließ die Entscheidung der Besonnenheit ihrer Geistlichen. Die Kirche von England dagegen, deren Oberhaupt Elizabeth war, runzelte noch stets die Stirn angesichts der Heirat geschiedener Personen, obwohl viele anglikanische Gemeindepriester bereitwillig solche Menschen trauten. Wenn Anne in der englischen Kirche geheiratet hätte, wäre das einer Duldung der Scheidung durch das Oberhaupt der Kirche von England gleichgekommen.

Die andere Alternative wäre eine standesamtliche Trauung gewesen. Aber auch sie wäre nur in Schottland möglich gewesen. Das Königliche Heiratsgesetz aus dem Jahr 1772 versagte den Kindern des Herrschers eine standesamtliche Trauung. Auch ein Gesetz aus viktorianischen Zeiten verbietet jedem Mitglied der königlichen Familie, auf einem Standesamt in England oder Wales zu heiraten.

Der Erzbischof von Canterbury, Dr. George Carey, gab Elizabeth den Rat, Anne in Schottland heiraten zu lassen. Die Kirche von Crathie war die ideale diplomatische Lösung.

Die Entscheidung, Prinzessin Anne die Erlaubnis zu einer zweiten Heirat zu geben, war ein Meilenstein in der königlichen Haltung gegenüber einem ehemaligen Tabu: der Scheidung. Doch zu dieser Zeit hatten sich bereits zwei Söhne Elizabeth's von ihren Frauen getrennt, nämlich Charles und Andrew. Ihr war bewußt, daß sie eines Tages sicher wieder heiraten würden.

Indem Elizabeth und die höheren Bischöfe der Kirche von England Anne die Scheidung und Wiederheirat erlaubt hatten, schufen sie einen Präzedenzfall, der von dramatischer und signifikanter Bedeutung wäre, falls der Thronfolger Prinz Charles jemals über eine zweite Heirat nachdenken sollte. Dieser Präzedenzfall half der königlichen Familie auch, die ehemals sakrosankte Vorstellung einer Ehe auf Lebenszeit zu überwinden.

Die Heirat zwischen Anne und Kommandeur Laurence war interessanter, als sie auf den ersten Blick schien, denn Tim Laurence ist jüdischer Abstammung. Tims Ururgroßvater väterlicherseits war Joseph Levy, der Sohn von Zacharia Levy, einem Kaufmann aus Venedig, der seinen Namen 1826 in Laurence geändert hatte. Tims Urgroßvater väterlicherseits war ein Geistlicher der Kirche von England gewesen, Reverend Percival Laurence. Tims jüdische Verbindungen sind eine Ergänzung in der königlichen Genealogie, wenn auch nicht die erste. Lord Snowdons Mutter war eine geborene Messel, die von Aaron Messel abstammte, einem bekannten jüdischen Bankier aus Darmstadt.

Prinzessin Anne wurde am 12. Dezember 1992 Mrs. Timothy Laurence. Die Trauung dauerte nur zwanzig Minuten. Auch Elizabeth war glücklich. Fast zwanzig Jahre zuvor war Anne in einer von Pferden gezogenen, gläsernen Kutsche in der Westminster Kathedrale angekommen, nachdem ihr 45.000 Zuschauer zugejubelt hatten. 1.500 Gäste waren in der Kirche gewesen, und Millionen hatten die Zeremonie am Bildschirm verfolgt.

In Crathie waren nur dreißig Familienmitglieder anwesend, und etwa dreihundert Zuschauer hatten sich bei frostigem Wetter hinausgewagt, um das Paar zu sehen. Die Braut, die einzige Tochter der Königin, fuhr nicht in einer Staatskutsche vor, sondern in einem Range Rover mit Vierradantrieb. Anne und Tim Laurence versprachen einander, „liebevoll, treu und redlich zu sein, bis daß der Tod uns scheide." Nach der Trauung fuhren Tim und Anne mit den zwei Kindern Peter, fünfzehn, und Zara, elf Jahre alt, in ihrem Range Rover davon. Hinter ihnen blieben die Büsten von Königin Victoria, König George V. und Annes Großvater König George VI. zurück, die mit versteinertem Blick von ihren Säulen neben den Glasmalereien in die leere Kirche starrten. Niemand dachte daran, was wohl die strenge Kaiserin Victoria gesagt hätte angesichts einer geschiedenen Königlichen Prinzessin, die in einer schottischen Kirche zum zweiten Mal heiratet. Das wäre sicher über ihr Verständnis gegangen.

Das Hochzeitsfrühstück, das in der Craigowan Lodge in Balmoral stattfand, verlief ebenfalls ruhig. Nach einer Stunde gingen die Gäste bereits wieder. Unter den Gästen waren alle Mitglieder der engeren königlichen Familie außer Prinzessin Diana und Sarah, der Herzogin von York. Beide hatten sich in diesem Jahr entschlossen, ihre königlichen Ehemänner zu verlassen.

Auch ein anderer königlicher Skandal forderte Elizabeth's ganze Diplomatie und ihre Anteilnahme. 1987 hatte sich Prinzessin Alexandras einundzwanzigjährige Tochter Marina, eine talentierte junge Pianistin, in Paul Mowatt verliebt, einen vierundzwanzigjährigen Fotografen. Während der ersten drei Monate, als sie sich verabredeten, hatte Paul keine Ahnung von den königlichen Verbindungen seiner Freundin.

Marina war immer der königliche Rebell gewesen. Sie war willensstark, eigensinnig und unabhängig. Als Teenager hatte sie ein starkes soziales Gewissen entwickelt und half Jugendlichen, die Probleme mit Drogen hatten und kriminell geworden waren. Sie arbeitete als Stenotypistin, um die 3.000 Dollar zusammenzukriegen, die sie für eine Reise in die Karibik brauchte, wo sie beim Aufbau einer neuen Schule half. Sie erarbeitete sich das Geld, weil sie nicht wollte, daß ihre Eltern ihr Leben finanzierten.

Sie nannte sich M.O., die Abkürzung von Marina Ogilvy. Sie war ein Wildfang und lebte einfach. Dementsprechend besuchte sie Schulcamps und trug Jeans und Pullover. Sie vermied das königliche Protokoll, das sie "verstaubt" nannte.

Im Dezember 1988 zog sie zusammen mit Paul in einen Teil des Reihenhauses von Pauls Mutter in Kingston-upon-Thames, nur ein paar Kilometer vom schönen Landhaus ihrer Eltern entfernt.

Marina bewarb sich bei der angesehen Londoner Guildhall of Music und studierte dort Klavier und Gesang. Nach acht Monaten gab sie auf. Sie sagte ihren Eltern, sie wolle mehr Zeit mit ihrem Geliebten verbringen, und sie würde ihr Leben der Rockmusik widmen.

Der wirkliche Schock kam im Oktober 1989, als Marina ihren Eltern gestand, daß sie schwanger war. Sie war entschlossen, das Kind zu bekommen, wollte aber nicht heiraten. Marina, eine Verwandte der Königin und die vierundzwanzigste in der Thronfolgerlinie, sollte das erste uneheliche königliche Kind seit einhundertfünfzig Jahren gebären.[1]

Alexandra überbrachte der Königin die Neuigkeit, indem sie Elizabeth auf Balmoral anrief. Elizabeth sagte, Alexandra und Angus sollten die Sache mit so wenig Aufwand wie möglich klären. Doch die hartnäckige Marina war keinem vernünftigen Argument zugänglich.

In einem Zeitungsartikel behauptete Marina vor der Geburt ihres Kindes, ihre Mutter hätte ihr gesagt: „Du hast zwei Möglichkeiten: entweder treibst du es sofort in der Harley Street ab oder du heiratest mit einer besonderen Erlaubnis."

Marina meinte: „Meine Mutter fuchtelte mir mit dem Finger vor dem Gesicht herum und sagte: 'Es ist doch höchstens so groß. Du bist ein gesundes, junges Mädchen und wirst schnell wieder schwanger werden.'

Ich konnte nicht glauben, daß sie so kalt über mein Baby spricht, über ihr eigenes Enkelkind. Paul und ich waren entsetzt.

---

1 Es gab natürlich jede Menge königliche Kinder, die unehelich waren oder, wie die Engländer sagen, "auf der falschen Seite des Lakens geboren wurden". Doch nur sehr wenige wurden offiziell anerkannt. Normalerweise wurde ein Skandal vertuscht und der Mutter eine angemessene Unterstützung gezahlt. Die letzten offiziell anerkannten unehelichen königlichen Kinder waren die zehn Kinder von William IV. und seiner Geliebten Dorothea Jordan, einer berühmten Schauspielerin. 1830 gab William allen Kindern einen Titel.

Am nächsten Abend, als Paul dabei war, sagte sie das gleiche. Ich bin immer noch schockiert darüber. Mein Vater war wütend, und meine Mutter fletschte die Zähne. Ich hatte schon ein paarmal Angst, mein Vater würde mich schlagen. Ich habe mich schon immer vor ihm gefürchtet. Ich fragte ihn, was zuerst käme, seine Tochter oder die Königin und das Land? 'Die Königin und das Land', antwortete er."

Marina behauptete, ihre Eltern hätten ihr einen Monat später die monatliche Unterstützung von 400 Dollar gestrichen, weil sie sich geweigert hatte, einer Abtreibung oder einer schnellen Heirat zuzustimmen. Sie sagte: „Mein ganzes Leben lang habe ich meine Eltern darüber reden hören, daß sie ihr Bild in der Öffentlichkeit aufrechterhalten mußten. Meine Mutter hat das Image, heiter und gelassen zu sein. Doch ich weiß, wie verzweifelt sie kämpfte, damit die Sache nicht ans Licht kommt."

Schockiert und verärgert, schrieb Marina einen sechs Seiten langen Brief an Elizabeth. Er begann: „Liebe Lilibet." Darin bat sie um Hilfe, Rat und Unterstützung. Sie erklärte alles, was zwischen ihr, Paul und ihren Eltern passiert war. Sie schrieb über ihre Liebe zu Paul, ihren Wunsch, eines Tages zu heiraten und das Ultimatum ihrer Eltern. In dem Zeitungsartikel sagte sie: „Ich habe ihr geschrieben in der Hoffnung, meine Eltern zur Vernunft zu bringen, damit wir einen Kompromiß finden können. Die Königin ist eine warmherzige, fürsorgliche Person, und ich weiß, sie wird meine Bitte um Hilfe erhören."

Was Alexandra, Angus Ogilvy, Elizabeth und Philip wirklich Sorgen bereitete, war die Angst, Marina könnte der Welt die königlichen Geheimnisse erzählen, die sie so gut kannte: die lebenslange Affäre ihrer Mutter mit Prinz Philip, den Zusammenbruch der Ehe ihrer Eltern, dieser angeblichen Ehe, in der ihre Mutter und ihr Vater schon jahrelang getrennt lebten, und das Alkoholproblem ihres Vaters.

Elizabeth war sich bewußt, daß eine Enthüllung dieser königlichen Geheimnisse ihr persönlich und der Monarchie einen irreparablen Schaden zufügen würde. Tief in ihrem Innern war sie wütend auf die widerspenstige junge Marina. Elizabeth betrachtete es als eine Art Verrat, 150.000 Dollar von Murdochs Boulevardzeitung "Today" anzunehmen, um ihre Eltern zu demütigen, indem sie deren Ultimatum "Abtreibung oder Heirat" preisgab.

Elizabeth wußte, daß sie ihren Einfluß auf Marina geltend machen mußte, um sie zurück in den Schoß der Familie zu bringen und ihren Kontakt zur Presse zu beenden. Sie teilte Alexandra und Angus mit, sie müßten sich der Lösung beugen, die sie finden würde, egal was sie darüber dachten.

Die Königin rief Marina in den Buckingham Palast. Die einzige Chance, um eine mögliche Katastrophe zu vermeiden, lag ihrer Meinung nach in einem Gespräch von Frau zu Frau. Sie überzeugte Marina, daß es das beste für sie, das ungeborene Kind und die königliche Familie wäre, wenn sie ihren Geliebten Paul noch vor der Geburt des Kindes heiratete. Schließlich willigte Marina ein.

Im Februar 1990 schritt Marina am Arm ihres Vaters durch den Gang der St. Andrew Kirche in Ham, Surrey, nicht weit entfernt von ihrem Zuhause. Sie trug Schwarz und hatte einen kleinen Bauch unter ihrem langen Samtkleid. Es gab keine Blumen und keine Brautjungfern - was für ein Unterschied zur glitzernden Hochzeit ihrer Mutter 1963 in der Westminster Kathedrale.

Das einzige, was Sir Angus an diesem Tag für seine Tochter tat, war, sie einem anderen Mann zu geben. Er und Alexandra lehnten es ab, an dem kleinen Empfang teilzunehmen. Marina wollte hundertfünfzig Leute zu einem Hochzeitsfrühstück einladen, doch ihre Eltern waren dagegen. Als Marina bat, einige Verwandte zur Hochzeit einladen zu dürfen, sagte Alexandra: „Sei nicht albern, das wäre ihnen viel zu peinlich."

Die königliche Familie mied ebenfalls die Hochzeit. Nur Fergie nahm Kontakt mit Marina auf. Sie plauderten einige Zeit über die Probleme mit der Familie und den Babys, denn Fergie war zu dieser Zeit schwanger mit Eugenie.

Die Krise war an der königliche Familie vorbeigegangen. Die Familienfehde der Ogilvys ging weiter. Nachdem Marinas Tochter Zenouska geboren war, kam Alexandra während der ersten zwei Jahre nur einmal, um das Kind zu sehen.

Im Juni 1992 sagte Marina in einem Zeitungsartikel: „Ich habe alles, was eine Frau sich wünschen kann. Ich habe einen Mann, den ich anbete und der mich liebt, eine wunderbare Tochter, die glücklich und gesund ist, und meine Karriere als Musikerin. Ich weiß, daß meine Familie Paul als "Mißgriff" sieht. Aber was wäre ein guter Griff? Ich bin sicher, meine Eltern wären glücklicher gewesen, wenn ich einen Aristokraten geheiratet hätte, aber das ist nichts für mich."

Elizabeth überlebte das Problem mit Marina, doch das Privatleben der jüngeren Mitglieder der königlichen Familie verursachten ihrer Familie weiterhin unsagbaren Ärger und Probleme.

11. Kapitel: Eine berufstätige Frau

Jeder Tag der Woche beginnt für Ihre Majestät um sieben Uhr dreißig mit einem Klopfen an der Tür ihres privaten Schlafzimmers. Eines ihrer persönlichen Dienstmädchen bringt ihr den Tee, der in einer Silberkanne und einer Tasse aus chinesischem Porzellan serviert wird. Dazu gibt es Milch. Auf der Untertasse liegt ein silberner Teelöffel.

„Guten Morgen, Madam", sagt das Mädchen, wenn es hereinkommt, und Elizabeth entgegnet fast immer einfach nur: „Guten Morgen." Nachdem sie das Tablett auf einem Beistelltisch abgestellt hat, kommentiert das Mädchen vielleicht das Wetter, während sie zu den großen Fenstern geht und die Vorhänge aufzieht, um das Licht ins Zimmer zu lassen. Ein weiteres Gespräch gibt es nicht, denn Elizabeth hat ihren Tag bereits, im Bett sitzend, begonnen und hört Radio, das sie nach der alten englischen Bezeichnung "the wireless" nennt. Jeden Morgen hört sie das hochgeschätzte Programm BBC Radio 4 mit seiner Sendung "Heute".

Inzwischen läßt das Mädchen in der großen, viktorianischen, weißen Emaillewanne mit den glänzenden Messinghähnen ein Bad ein. Dann zieht sie sich zurück. Während sie Radio hört, trinkt Elizabeth gewöhnlich zwei Tassen Tee, nimmt ein Bad und zieht sich an. Am Abend zuvor hat sie die Sachen ausgesucht, die sie am nächsten Morgen tragen wird. Sie hat sie in dem angrenzenden Ankleidezimmer zurechtgelegt, in dem es eine Reihe begehbarer Garderoben, Kommoden und Schränke gibt.

Elizabeth's Schlafzimmer ist etwa sechzehn Quadratmeter groß und wird von dem großen Bett mit einer blauen Tagesdecke und einer wunderschönen, georgianischen Kommode dominiert, auf der Fotos ihrer Kinder und Enkel in silbernen Rahmen stehen. Die frischen, weißen Laken werden täglich gewechselt, und die traditionellen Decken aus reiner Wolle sind nie durch ein Federbett ersetzt worden.

Fast ihr ganzes Eheleben hindurch hat Elizabeth allein geschlafen. Philip hat im ersten Stock, etwas weiter den Korridor entlang, seine eigenen Zimmer. Durch die Fenster seiner beiden Suiten kann man den Constitution Hill und den Green Park sehen. Philip wird zur gleichen Zeit geweckt wie Elizabeth, doch er bekommt Kaffee statt Tee und hört das gleiche Radioprogramm. Wenn keiner von beiden irgendwelche Verpflichtungen hat und früh den Palast verlassen muß, dann treffen sie sich im Frühstückszimmer.

Philip aß immer gern ein typisches englisches Frühstück, das aus Schinken, Eiern, Würstchen und Toast besteht. In letzter Zeit ist er aber Elizabeth's Beispiel gefolgt und hält sich an Fruchtsaft, Toast und Marmelade. Am Frühstückstisch wird nicht gesprochen, weil beide lieber Zeitungen lesen, die auf einem speziellen Tisch bereitliegen. Es gibt alle nationalen Zeitungen, die schreienden Boulevardblätter "The Sun", "Daily Mirror" und "Daily Star" eingeschlossen. Während sie die Skandalblätter manchmal überfliegen, lesen sie die seriösen Zeitungen mit wachem Interesse. Die Königin verbringt eine halbe Stunde mit "Sporting Life", der täglichen Rennzeitung, die für jeden Pferdebesitzer ein absolutes Muß ist. Es ist ihre Lieblingszeitung.

Das Frühstück ist vor neun Uhr beendet, dann geht Elizabeth zurück in ihre Privaträume, putzt sich die Zähne und macht sich auf den Weg zu den Büros im gleichen Stockwerk. Wenn sie in ein anderes Stockwerk muß, nimmt sie meistens die ausladende Treppe und nur manchmal den langsamen alten Fahrstuhl mit seinen verspiegelten Wänden und Holztäfelungen.

Um neun Uhr trifft sie jeden Tag ihre höheren Berater, die Büros im Parterre haben. Elizabeth's Büro, das gleichzeitig ihr Wohnzimmer ist, hat eine elegante und gemütliche Atmosphäre. Es stehen fast immer frische Blumen - meistens rosa Nelken oder Maiglöckchen - auf dem großen antiken Schreibtisch und Gefäße mit wohlriechenden Düften. Sie sitzt auf einem Chippendale-Lehnstuhl mit gepolsterter Sitzfläche. Das Zimmer ist exquisit und fein möbliert, obwohl alles funktional und nicht sehr aufwendig wirkt, denn es ist vor allem ein Arbeitszimmer. Auf ihrem Schreibtisch stehen viele silberne Fotorahmen in verschiedenen Größen mit Bildern von Familienmitgliedern, aber auch von Pferden und Hunden. An den Wänden hängen schöne Gemälde, darunter einige hübsche Pferdebilder von Hondecoeter und anderen, die ihr Freunde geschenkt haben.

Wie das übrige Personal nennt auch Sir Robert Elizabeth Madam, manchmal auch Ihre Majestät. Formloser geht es nie zu, denn es zählt zu den wichtigsten Regeln, daß die Würde der Monarchin niemals angetastet wird. Elizabeth dagegen nennt alle Mitglieder der Hofhaltung vom ersten Tag ihrer Ankunft bei ihren Vornamen, denn sie legt Wert auf eine entspannte und freundliche Atmosphäre im Palast.

Elizabeth tut alles, um eine Atmosphäre herzustellen, in der ihr höheres Personal gern arbeitet. Wenn man die Arbeit eines höheren Angestellten der Königin beschreiben läßt, werden oft Wörter benutzt wie faszinierend, anregend, harte Arbeit und privilegiert. Es gibt ein starkes Gemeinschaftsgefühl, obwohl Elizabeth sehr schroff sein kann, wenn etwas nicht klappt. Alle scheinen sich einig zu sein, daß sie eine sehr verständnisvolle Frau ist. Falls ein Mitglied des Personals persönliche Probleme hat oder ein Familienmitglied krank ist, gibt sie Ratschläge, Trost und Hilfe, wann immer es ihr möglich ist.

Sir Oliver Millar, seit 1972 der Direktor der Gemäldeabteilung der Königin, sagte: „Sie ist eine Inspiration. Wenn man mit ihr über etwas spricht, ist man immer wieder erstaunt über ihre erstaunliche Mischung aus gesundem Menschenverstand und ausgesprochener Freundlichkeit. Sie verschwendet keine Zeit, und trotzdem ist alles nett und bescheiden. Ich verlasse sie immer mit dem Wunsch, sie öfter zu sprechen."

Andere Angestellte des Hofes erwähnen, daß sie Snobismus verabscheut und daß sie kein Mitglied des Hofes zu bevorzugen scheint. Andere sprechen über ihr Gefühl für Würde. Lord Charteris, einer von Elizabeth's früheren Privatsekretären, erinnerte sich: „Ich kenne die Königin seit vierzig Jahren, und ich habe nie gesehen, daß sie ihre Würde verliert. Ob sie nun naß und schmutzig von der Rotwildpirsch das Haus betritt oder in ihrem Mantel die Gangway eines Flugzeugs hinunter schreitet, um mir eine Nachricht zu geben, sie ist immer die Königin." Charteris ist der Überzeugung, Elizabeth hätte eine erfolgreiche Geschäftsfrau abgegeben. Sie wird nie Unpünktlichkeit hinnehmen. Das betrachtet sie als eine große Sünde.

Mountbatten erinnerte sich an einen Tag, als er fürchten mußte, zu spät zu einer Verabredung zu kommen. „Ich bin zu Haus weggegangen und wußte schon, daß ich zu spät kommen würde. Ich befahl meinem Fahrer, wie der Teufel zu fahren. Er fuhr bei einer Verkehrsinsel in die verbotene Richtung und auch noch verkehrt in eine Einbahnstraße, um ein paar Minuten herauszuschinden. Wir kamen mit quietschenden Reifen an, und ich rannte auf ihr Zimmer. Ich war ungefähr zehn Minuten zu spät. Ich war ganz außer Atem. Die Königin betrachtete mich von Kopf bis Fuß und sagte eher schroff: 'Schön, daß Sie sich entschieden haben, doch noch zukommen. Vielleicht können wir uns ein anderes Mal treffen', und verließ das Zimmer. Ich fühlte mich so winzig. Aber ich bin nie wieder zu spät gekommen." Wenn die Königin schon Mountbatten so behandelte, kann man sich vorstellen, wie streng sie sein kann.

Wenn nicht gerade etwas von höchster Wichtigkeit dazwischen kommt, beschäftigt sich Elizabeth's erste Arbeitssitzung am Morgen mit der Auswertung der Presse- , Radio- und Fernsehberichte. Auf ihrem Schreibtisch liegen bereits Zeitungsausschnitte und Berichte, die gelesen, wiedergelesen, diskutiert und debattiert werden. Wenn es nötig ist, werden Schritte eingeleitet. Elizabeth, die die Presse oft "fürchterlich" nennt, ist sich bewußt, daß die Zeitungen das Bindeglied zwischen ihr und der Nation sind.

Ein anderer Grund für diesen hohen Stellenwert sind die Macht und der Einfluß, den die Presse in Großbritannien hat. Im Gegensatz zu den Vereinigten Staaten hat Großbritannien eine starke nationale Presse. Es gibt jeden Tag fünf seriöse Zeitungen und sechs Boulevardblätter von unterschiedlicher Qualität und Aufmachung. Sie alle werden überall in Großbritannien verkauft und sind zur Frühstückszeit erhältlich. Diese elf Zeitungen werden täglich von mehr als fünf Millionen Menschen gelesen, also von 70 Prozent der erwachsenen Bevölkerung. Das ist ein bemerkenswertes Leserprofil für eine nationale Presse. Deshalb mißt auch Elizabeth den Medien soviel Bedeutung bei.

An den meisten Vormittagen trifft Elizabeth die Entscheidung, keine Presseerklärungen zu den Berichten in den Medien abzugeben. Auch wenn unwahre oder verleumderische Geschichten erscheinen, gibt die Königin keine Gegendarstellungen oder inoffiziellen Kommentare ab. Der Grund dafür ist einfach. Wenn der Buckingham Palast eine Gegendarstellung zu jedem unkorrekten Geschwätz abgäbe, wäre er damit ununterbrochen beschäftigt. Wenn es dann versäumt würde, einen Kommentar abzugeben, hielten Presse und Öffentlichkeit jede unkommentierte Information für richtig.

Die königliche Familie hat die Medien wegen Verleumdungen nie verklagt (obwohl sie das in der jüngsten Vergangenheit hätte tun können), weil es vor Gericht in einer öffentlichen Verhandlung zum Kreuzverhör des betroffenen Mitglieds, vielleicht sogar der Königin selbst, kommen könnte. Nur einmal hat die Königin einen Prozeß gegen eine Zeitung angestrebt. Im Februar 1983 brachte "The Sun" einen Exlusivbericht über die Spielereien von Prinz Andrew und seiner damaligen Freundin Koo Stark, die angeblich barfuß durch die Korridore des Buckingham Palast gerannt sei und in den Prunkzimmern herumgetollt habe. Quelle dieser Behauptungen war ein ehemaliger Angestellter, ein untergeordneter Lagerarbeiter, der nach zwei Jahren gekündigt hatte. Es wurden noch mehr Enthüllungen versprochen. Alle königlichen Angestellten, vom höchsten bis zum niedrigsten, müssen die Verpflichtung unterschreiben, keinerlei Information weiterzugeben. Dieser Angestellte hatte gegen die Regel verstoßen. Die Königin beantragte eine gerichtliche Verfügung am Königlichen Gerichtshof, um zu verhindern, daß noch mehr Enthüllungen gedruckt würden. Weil der Lagerarbeiter die Übereinkunft verletzt hatte, wurde die Verfügung gewährt. Es gab keine weiteren Berichte. Nebenbei bemerkt, war die Geschichte wahrscheinlich sogar wahr.

Die nächste dringliche Sache für Elizabeth ist der Tagesreport, der eigens für sie vom Stellvertretenden Kammerherrn des Hofes vorbereitet wird. Er beinhaltet die Parlamentsberichte des vorangegangenen Tages. Manchmal macht sie Anmerkungen, damit sie nicht vergißt, über welche besonderen Sachen sie während ihres wöchentlichen Dienstagsgespräches mit dem Premierminister reden möchte.

Noch früh am Tag wird ihr die Speisekarte vorgelegt. Das ist ein kleines, in rotes Leder gebundenes Buch mit einem Stift auf der Vorderseite, der gleichzeitig als Schloß dient. Das Buch enthält die Vorschläge des Küchenchefs für diesen Tag in Französisch, obwohl heutzutage keine französischen Köche in der Küche arbeiten. Sie streicht die Sachen durch, die sie nicht zu Mittag oder am Abend haben möchte. Elizabeth trifft die Auswahl jeden Tag selbst. Ihre Vorlieben sind einfach und klar. Sie mag weder Kaviar noch Gänseleberpastete, und sie trinkt nie Champagner vor dem Essen. Das hält Elizabeth für Geldverschwendung. Das meiste, was sie mag, stammt aus der Nouvelle Cuisine: nahrhafte Zutaten, die perfekt ausbalanciert sind und Auge und Gaumen befriedigen. Sie ist außergewöhnlich kleinlich beim Essen. Wirklich jedes Stück hat die gleiche Größe, jede Karotte sieht aus wie die andere, alle Kartoffeln und alle tiefgefrorenen Kartoffelwürfel sind gleich groß. Das Essen wird immer mit grünen Kräutern dekoriert, und kein Fisch wird ohne Garnitur serviert. Alle Küchenchefs sind im Buckingham Palast ausgebildet worden, damit sie die Vorlieben und Abneigungen der Königin ganz genau kennen.

Am Vormittag trifft sie auch ihre diensthabende Hofdame zu einem Gespräch. Während der letzten Jahre wurde Lady Susan

Hussey eine von Elizabeths engeren Ratgebern und besitzt nun eine erstaunliche Macht. Sie spricht mit der gleichen Autorität wie Sir Robert Fellowes. Wer eng mit der Königin zusammen arbeitet weiß, daß ein Wort von Susan Hussey fast die gleiche Autorität hat wie ein Wort der Königin.

Doch Susan Husseys Aufstieg in eine der mächtigsten Positionen am Hofe schien eine Zeitlang gefährdet. Gerüchten im Palast zufolge, "lief zwischen Philip und Susan Hussey etwas". So nennen die Angestellten und die königliche Familie eine Affäre. Trotzdem wurde Susan Hussey zur mächtigsten Beraterin der Königin. Sie ist die einzige Frau, die nach Bobo solchen Einfluß und solche Bedeutung hat.

Bis kurz vor Bobos Tod im September 1993 suchte Elizabeth gelegentlich den Rat ihrer alten Kinderfrau. Elizabeth hat sie immer als Familienmitglied behandelt und über alles mit ihr gesprochen, ganz besonders über ihre Kinder. Bobo war schlau, tüchtig und entschlossen. Ihre Beziehung zu Elizabeth basierte auf absolutem Vertrauen. Sie mißbrauchte dieses Vertrauen nie, und einigen Leuten im Palast kam die Verbindung zwischen den beiden Frauen fast telepathisch vor.

Der königliche Biograph Robert Lacey schrieb 1977: „Sie (Bobo) ist wie kein anderer Angestellter der Königin bereit, ihrer Herrin zu sagen, wenn sie im Fernsehen eine schlechte Figur gemacht oder nicht gerade besonders gut gesprochen hat. Unsentimental und streng, ist sie eine ideale Informationsquelle."

Bobo begleitete Elizabeth auf allen Reisen. Sie hatte ihre eigene Suite im Buckingham Palast, auf Schloß Windsor, auf Balmoral und sogar auf der königlichen Jacht "Britannia". Bobo begleitete Elizabeth auch an den Wochenenden, wenn sie bei Freunden blieb. Darum behandelten sie alle mit dem höchsten Respekt und manchmal auch mit Neid. Das Personal im Palast sprach von Bobo als "Miss McDonald".

Bobo sah ihre Hauptaufgabe darin, Elizabeth soweit wie möglich zu schützen. Sie war ihr Leben lang eine Art Auge und Ohr für die Königin und versorgte sie mit Informationen, die sie sonst nicht bekommen hätte. Sie hielt sie auch über die Gerüchteküche auf dem laufenden. Als Frau von bemerkenswerter Macht konnte Bobo entscheiden, ob ein Diener faul oder Elizabeth gegenüber nicht ehrerbietig genug war. Wenn sie zu einer Entscheidung gekommen war, wurde der Diener aus der unmittelbaren Umgebung der Königin abberufen und oft auch entlassen.

Während des Vormittages müssen auch die Briefe aus der Morgenpost gelesen werden. Jedes Jahr kommen mehr als einhunderttausend Briefe, die an Ihre Hoheit die Königin adressiert sind. Ein Stab aus sieben Personen ist nötig, um sie alle zu lesen, zu sortieren und zu beantworten. Gleichzeitig wird entschieden, welche dem Privatsekretär oder Ihrer Majestät selbst weitergereicht werden. Private Briefe an Elizabeth sind immer sorgfältig mit den Initialen des Absenders versehen, die sich oben links auf dem Briefumschlag befinden. Diese werden ungeöffnet weitergeleitet. Wegen der ständigen Gefahr des Terrorismus ist heutzutage ein Team von drei Männern mit der neuesten Durchleuchtungstechnik ausgestattet und prüft jedes Poststück, das in den Palast kommt.

Elizabeth beginnt immer mit der Post ihrer persönlichen Freunde. Neben den Privatbriefen ist sie jeden Morgen, wenn die Zeit es erlaubt, mit zwanzig oder dreißig anderen Briefen beschäftigt. Sie entscheidet aufs Geratewohl und aus Erfahrung, welche sie liest. Elizabeth hat eine kleine Schwäche für Dankesbriefe. Nach jedem Treffen, an dem sie teilnimmt, besteht sie darauf, daß jeder Dankesbrief, der im Palast ankommt, an sie weitergeleitet wird. Eine frühere Hofdame sagte dazu: „Sie will einfach für zukünftige Anlässe wissen, wer sich bei ihr bedankt und wer nicht. Ich muß sagen, sie kennt die Namen der Leute, die solche Briefe geschrieben haben. Mein Rat an alle, die jemals der Königin im Buckingham Palast oder anderswo begegnet sind, lautet, ihr einen Dankesbrief zu schreiben." Andernfalls könnte es sehr lange dauern, bis die jeweilige Person wieder eingeladen wird.

Während des Tages kommen unablässig Regierungsdepeschen, die ledernen Aktentaschen, auf denen mit Goldbuchstaben "Die Königin" steht. Sie werden "red boxes" genannt, denn früher waren sie alle rot, während sie heute auch blau, grün oder schwarz sein können. Sie enthalten Regierungspapiere, darunter solche aus der Downing Street, dem Kabinett, von Regierungsstellen, Botschaftern und Ministerien, sowie Bitten um Betriebsbesichtigungen, Besuche von Krankenhäusern, Einkaufspassagen, Gewerbeparks, Museen und Wohltätigkeitseinrichtungen.

Notwendige Hintergrundpapiere in außenpolitischen Angelegenheiten werden ihr ebenfalls geschickt. Als Monarchin ist Elizabeth neben dem Premierminister die einzige Person, die alle Informationen aus jeder Regierungsstelle bekommt. Sie erhält die gleichen Informationen aus jedem Land des Commonwealth, der britische Premierminister aber nicht. Sie verbringt jeden Tag viele

Stunden mit dieser mühsamen und langweiligen Lektüre. Prinz Charles bekommt das gleiche Material.

Die Tradition, dem Monarchen alle Staatspapiere zugänglich zu machen, gründet sich auf das Britische Staatsgrundgesetz von 1689, durch das die höchste Parlamentsgewalt etabliert wurde, indem man die meiste politische Macht vom Herrscher auf das Parlament übertrug.

Großbritannien hat keine schriftliche Verfassung. Die Regierung stützt sich auf eine Vielzahl von Gewohnheitsrechten und Präzedenzfällen, die sich in der Geschichte ergaben. Die Rolle des Monarchen innerhalb der ungeschriebenen britischen Verfassung wurde traditionell vor mehr als einem Jahrhundert von Walter Bagehot in seinem berühmten Buch "Die englische Verfassung" umrissen, das 1867 erschien. Er schrieb: „Um es kurz zu machen, der Herrscher hat drei Rechte: das Recht, konsultiert zu werden; das Recht, etwas anzuregen, und das Recht, vor etwas zu warnen." Diese drei Rechte beinhalten gewohnheitsmäßig auch das Recht auf Information.

In den ersten zweihundert Jahren nach 1689 wurde wenig Regierungsarbeit geleistet. Das Parlament tagte kaum, es wurden wenig Gesetze erlassen, und die Nachrichten aus Übersee brauchten Wochen, bevor sie per Schiff ankamen. In diesem Jahrhundert bewirkten die Explosion der Informationstechnologie, die Geschwindigkeit der Übermittlung sowie der Umfang der Regierungsaufgaben, daß sich die Papiere, die an den Monarchen weitergegeben werden, verzehnfacht haben.

Jedes Jahr erhält Elizabeth die dreifache Menge an Papieren, die noch George VI. erhielt. Viele Leute glauben, sie würde sie gar nicht lesen, weil es viel zu zeitaufwendig wäre, und sie ließe sie statt dessen von ihren Privatsekretären nach wichtigen und unwichtigen Sachen durchsehen. Aber Elizabeth ist sehr fleißig. Sie betrachtet diese Informationen als einen wichtigen Teil ihrer Arbeit. Durch die Lektüre der Regierungspapiere besitzt sie ein einzigartiges Wissen über die wichtigsten Angelegenheiten jedes Staates, der bewaffneten Streitkräfte, des Geheimdienstes und über M15 und M16 (den Äquivalenten von FBI und CIA). Ein früherer Privatsekretär sagte: „Auch wenn am Abend um zehn Uhr noch Papiere kommen, werden sie gelesen, wo nötig, unterschrieben und liegen am Morgen, mit Anmerkungen versehen, auf dem Schreibtisch."

Der Hauptgrund, warum Elizabeth so viele Regierungspapiere liest, liegt in ihrem Pflichtgefühl. Als Teenager und später als Königin brachte man ihr bei, daß es in ihrer täglichen Pflicht liege, so viel Wissen wie möglich über die Angelegenheiten des Staates anzuhäufen, um ihre Minister "anregen oder warnen" zu können. Dieses Wissen aber ist in den Aktentaschen enthalten. Elizabeth ist stolz auf das Wissen, das sie über die Jahrzehnte erworben hat. Elizabeth wußte manchmal einiges mehr als ihre Ministerpräsidenten. Lord Charteris meinte dazu: „In vierzig Jahren Arbeit mit ihr habe ich ihren Enthusiasmus nie nachlassen sehen. Sie verschwendet keine Zeit, sondern arbeitet. Sie liest zügig und entdeckt schnell eventuelle Fehler in einer Planung... Ihre klare Ehrlichkeit ist so anregend. Man kann der Königin ohne Zögern alles erzählen. Man muß nichts beschönigen. Ob es nun um das Benehmen ihrer Kinder geht oder worum auch immer. Man braucht nur zu sagen: 'Madam, das sagen die Leute.' Dann hört sie aufmerksam zu und ist normalerweise dankbar für die Information."

Viele Leute fragen: „Welche Macht hat die Königin heutzutage tatsächlich?"

Elizabeth ist Oberhaupt des Staates, kann aber ihrem Premierminister nichts vorschreiben oder befehlen. Sie ist Oberbefehlshaber der bewaffneten Streitkräfte, kann aber keinen Krieg erklären ohne die Einwilligung des Premierministers. Sie kann keine Steuern erheben, keine eigenen Gerichte einsetzen, darf nicht ihre eigene Armee unterhalten und muß sich den vom Parlament verabschiedeten Gesetzen beugen.

Elizabeth kann aber hinter den Kulissen enormen Einfluß ausüben, denn die höheren Angestellten der Hofhaltung haben in jedem gesellschaftlichen Bereich, besonders in der Regierung, in der Industrie, im britischen Finanzzentrum und in der Aristokratie, mächtige Freunde. Die Aristokratie verfügt noch immer über den größten Teil des nationalen Reichtums.

Normalerweise hat Elizabeth gegen zehn Uhr bereits die ersten Papiere gelesen. Ihr erster Termin liegt zwischen zehn und zwölf Uhr am Vormittag. Wenn sie keine königlichen Auftritte hat, finden die meisten ihrer Verabredungen im Buckingham Palast statt. Sie prüft gern auf ihrem Computer nach, womit alle anderen Mitglieder der "Firma" an diesem Tag beschäftigt sind. Bevor in den späten achtziger Jahren Computer installiert wurden, war niemand in der Lage, alle Aufgaben der Familienmitglieder zu überblicken. Das führte manchmal zu Chaos und Mißverständnissen.

Elizabeth ißt gewöhnlich ein leichtes Mittagessen, meistens allein, doch manchmal auch mit Philip oder einem ihrer höheren Berater. Das Essen besteht oft aus Fisch oder einem Omelett, manchmal gibt es Salat und Käse. Sie trinkt zum Mittagessen Mineralwasser und niemals Alkohol.

Wenn sie zu einem Essen einlädt, zu dem vielleicht zehn Leute kommen, wird es schon wesentlich formeller. Die Gäste werden "angehalten", um halb eins da zu sein. Es gibt Aufkleber für die Windschutzscheiben, damit die Autos den Sicherheitsdienst am Tor passieren können. Ein Lakai bringt sie dann in das creme- und goldfarbene Bogenzimmer, wo eine Hofdame und ein Stallmeister die Gäste bei einem Aperitif unterhalten. Wenn alle eingetroffen sind, kommt die Königin leise herein. Meistens hat sie ein paar ihrer Corgis dabei und begrüßt jeden der Reihe nach.

Das Mittagessen wird pünktlich um zehn nach eins serviert. Der Haushofmeister des Palastes schlüpft ins Zimmer, verständigt sich mit einem Blick mit Elizabeth und kündigt an: „Das Essen, Ihre Majestät." Außerhalb des Eßzimmers hängt ein Sitzplan. Die Königin sitzt immer an der Mitte des Tisches gegenüber von Philip oder Prinz Charles. Der wichtigste Gast sitzt rechts von der Königin, und wenn eine Dame dabei ist, sitzt sie rechts von Philip. Während des ersten und zweiten Ganges plaudert die Königin mit dem Gast zu ihrer Rechten, während des dritten und vierten Ganges mit dem Gast zu ihrer Linken. Gegen Ende des Essens redet sie mit den anderen Personen am Tisch. Keiner wird ausgelassen. Bei diesen Mittagessen sind Lammkoteletts, überbackenes Rindfleisch oder Lachs auf Reisbett sehr beliebt. Nie wird etwas serviert, was nicht leicht zu essen wäre, um den Gästen Verlegenheiten zu ersparen.

Wenn das Wetter es erlaubt, macht Elizabeth nach dem Essen einen Spaziergang, meistens mit den zahllosen Corgis, deren Namen sie alle kennt. Manchmal legt sie sich für eine halbe Stunde hin oder liest das Magazin "Sporting Life" und beschäftigt sich mit ihrem Lieblingsthema, der Pferdezucht. Sie studiert ununterbrochen Zuchtanleitungen, Bücher und Stammbäume. Sie hofft immer noch, ihren größten Ehrgeiz, ein Sieg im englischen Derby, befriedigen zu können.

Vormittags oder nachmittags wird die Königin ein offizielles Treffen (die offizielle königliche Bezeichnung ist "Empfang") mit einem Würdenträger, einem Botschafter, einem Funktionär oder einem Repräsentanten haben. Sie hat oft Verabredungen mit ganzen Gruppen, vielleicht einer Anzahl Diplomaten oder schnatternden Pfadfinderinnen. Diese Treffen dauern normalerweise zehn bis fünfzehn Minuten, wobei die Königin jeden in das Gespräch integriert, obwohl die Themen meistens schrecklich langweilig sind.

Ein paarmal im Jahr finden im Buckingham Palast unter Anwesenheit der Königin Amtseinsetzungen statt. Dann werden die Geehrten in den Palast eingeladen, um aus ihrer Hand die Auszeichnung in Empfang zu nehmen. In der Regel erhalten etwa einhundertfünfzig Personen bei dieser Gelegenheit ihre Ehrungen, und Elizabeth spricht mit jedem, ohne jemals den Eindruck zu vermitteln, sie habe Eile.

Wenn Elizabeth Gruppen empfängt, weiß sie bereits, wen sie trifft, und wird grundlegende Fragen stellen. So fragt sie Diplomaten oft: „Wie lange werden sie in Großbritannien bleiben?" Sie erkundigt sich gleichzeitig, ob auch die Familie in England ist. Oft fallen Bemerkungen über das Wetter in London. Wenn sie Gruppen aus Großbritannien trifft, fragt sie nach deren Arbeit, ihrer Rolle innerhalb der Organisation und ihren Dienstjahren. Sie vermeidet inhaltliche Aussagen zur Monarchie, die politischer Natur sein könnten.

Die Königin besitzt die erstaunliche Fähigkeit, immer angeregt und interessiert zu erscheinen, obwohl sie sich doch manchmal bei diesen Gesprächen fürchterlich langweilen muß. Sie hat sich getrimmt, immer anteilnehmend und enthusiastisch zu sein. Humor ist bei solchen Gelegenheiten selten, doch wenn etwas Unvorhergesehenes geschieht, kann Elizabeth ein Lächeln nur schwer unterdrücken. Auf Balmoral entfernte sich einmal ein Geheimer Staatsrat rückwärts laufend. Er lief gegen einen Tisch und schmiß ein Buch auf den Boden. Elizabeth lachte, bis sie ein rotes Gesicht bekam. Später entschuldigte sich der Staatsrat bei ihr. „Ich konnte mich kaum halten", reagierte Elizabeth, „so mußte ich lachen."

Nahezu ausnahmslos ist jeder, der Elizabeth getroffen hat, beeindruckt von ihr. Die große Mehrheit beschreibt sie mit den gleichen Worten. „Sie ist wirklich liebenswürdig und so interessiert, so klug. Ich habe mich großartig gefühlt."

Jeden Tag verbringt Elizabeth eine Stunde damit, ihren zukünftigen Tagesablauf mit ihrem Privatsekretär zu besprechen.

Dabei werden Termine für offizielle Besuche und Treffen geplant. Elizabeth legt Wert auf Besuche in Übersee, ganz besonders in den fünfzig Ländern des Commonwealth. Durch das Thronfolgerecht ist sie zwar Königin von England, aber nicht Oberhaupt dieser Nationen. Doch mit der Zustimmung aller Nationen des Commonwealth wurde ihr diese Position zuerkannt. Das erfüllt sie mit Stolz, und sie nimmt ihre Aufgabe sehr ernst.

Man sagt, Elizabeth sei mit dem Commonwealth "verheiratet", und man betrachtet sie als Symbol, das alles in sich vereinigt. Alle stimmen überein, daß man einen Präsidenten des Commonwealth wählen könnte, daß aber die unpolitische Königin dieser Aufgabe besser gerecht wird.

Der frühere Premierminister James Callaghan (1976-79) sagte einmal: „Die Königin tut eine Menge, damit das Commonwealth funktioniert."

Auf jeder Konferenz des Commonwealth, die alle zwei Jahre stattfindet, ist Elizabeth anwesend und spricht mit jedem Führer aller teilnehmden Länder. Die Staatsführer finden diese Gespräche "informativ und einfühlsam".

Elizabeths Tagesordnung ist nicht mehr so umfangreich wie zu Beginn ihrer Herrschaft. Doch in den neunziger Jahren hatte sie immer noch durchschnittlich vierhundert offizielle Verpflichtungen pro Jahr, die Reisen nach Übersee nicht mitgerechnet. Philip trägt ebenfalls einen erstaunlichen Teil dazu bei, und jetzt teilen auch die jüngeren Mitglieder der Familie diese Verpflichtungen.

Um fünf Uhr ist es Zeit für den Tee, den Elizabeth gewöhnlich im Salon einnimmt. Der Tee ist ein spezieller Verschnitt, eine Mischung aus chinesischen und indischen Sorten, die von der Londoner Filiale des Hauses R. Twining & Company kreiert wurde. Jeder kann diesen Verschnitt bei "Fortnum und Mason" am Piccadilly kaufen. Die Königin nimmt ihren Tee mit kalter Milch, ohne Zucker und ißt meistens dünne Gurkensandwiches dazu oder ihren Lieblingskuchen von Dundee. Ein paar ihrer Lieblingshunde treiben sich in der Nähe herum und hoffen auf ein paar Leckerbissen.

Elizabeth ist seit einigen Jahren auf "Abmagerungskur". Sie und einige Mitglieder der Familie benutzen dieses Wort statt des verbreiteteren Wortes "Diät". Das englische Wort "banting" geht zurück auf den Nachnamen des englischen Unternehmers und Diätisten William Banting aus dem neunzehnten Jahrhundert, dessen Behandlung von Fettleibigkeit jegliche Abstinenz von Zucker, Stärke und Fett einschloß. Wenn man sie fragt, ob sie ein Stück Kuchen haben möchte, wird Elizabeth wie gewöhnlich antworten: „Nein, danke, ich mache eine Abmagerungskur." Sie achtet ständig auf ihr Gewicht und wird ärgerlich, wenn sie zuviel wiegt. Sie tut das nicht aus Eitelkeit, sondern für ihre Gesundheit, denn sie will älter werden als ihre Mutter, die bereits die Neunzig überschritten hat.

Nach der dreißigminütigen Unterbrechung für den Tee und nach etwas Entspannung füttert Elizabeth ihre Hunde, deren Anzahl einmal mit dreizehn angegeben wurde. Die immer präsenten Corgis streiten sich um eine Berührung, sei es ein Streicheln, ein Klaps oder etwas zu fressen. Sie sehen so gleich aus, und trotzdem kennt Elizabeth den Namen und das Alter jedes einzelnen, denn jeder hat einen besonderen Platz in ihrem Herzen. Nicht alle sind Corgis. Einige sind sogenannte "Dawgies", eine Mischung aus Corgis und Dachshunden.

Die Königin von England, das gekrönte Haupt der größten überlebenden Monarchie der Welt, betrachtet das Nachmittagsritual des Fütterns ihrer kleinen Schoßhunde als eines der wichtigsten Ereignisse in ihrem Tagesablauf. Wenn Elizabeth klingelt und dem Mädchen sagt, es sei Zeit für die Hunde, werden livrierte Lakaien gerufen. Zuerst legen sie eine grüne Plastikplane über den abgetretenen Teppich. Dann kehren sie zurück, um die verschiedenen Näpfe in einer langen Reihe aufzustellen. Jeder Napf trägt einen Namen. Inzwischen hasten die aufgeregten Hunde, die scharf auf ihr Futter sind, um Elizabeth's Beine herum, bellen und kläffen. Man bringt ihr eine große Schüssel. Sie geht zu den Näpfen und füllt jeden. Jeder Hund weiß, welcher Napf ihm gehört. Die Lakaien bleiben daneben stehen für den Fall, daß ein besonders gieriger Hund versucht, einem anderen das Futter zu stehlen, statt zu warten, bis er an der Reihe ist. Falls das passiert, sagt Elizabeth etwas, und einer der Lakaien greift ein, packt das jeweilige Tier und hält es fest, bis sein Napf gefüllt ist. Dabei trägt er das Risiko, gebissen zu werden. Ein Lakai bekannte: „Wenn die Hunde übereinander herfallen, muß der, der gerade Dienst hat, sie voneinander trennen, egal, ob wir dabei gebissen werden."

Elizabeth versucht, ihre Tiere jeden Tag selbst zu füttern. Bei schönem Wetter findet dieses Ritual auf der Terrasse statt. Danach ist es Zeit für einen Spaziergang im Garten. Elizabeth geht mit ihnen nach unten in den wunderschönen Garten, wo sie rennen, kämpfen, Tennisbällen hinterher jagen und ihre Haufen machen, die die Königin "Pennys und Zweipennystücke" nennt.

In der Regel benehmen sich die Hunde ganz gut, denn sie haben als Welpen in Sandringham ein rigoroses Training durchlaufen. Trotzdem kommt es manchmal zu massiven Kämpfen. Bei einem dieser Kämpfe wurde ein Hund schon einmal buchstäblich von den anderen in Stücke gerissen.

Neben dem Garteneingang zum Buckingham Palast, der persönlichen Haustür der Königin, liegen immer Stöße schmutziger Handtücher auf den Heizkörpern oder auf dem Boden. Die Lakaien benutzen sie, um die schmutzigen Pfoten der dreizehn Corgis zu säubern. Während des Tages hat Elizabeth gern drei oder vier der älteren Hunde, die sich besser benehmen, in ihren persönlichen Räumen und Büros. Sie liegen herum und warten auf ein Wort oder einen Klaps von ihrer Herrin. Sie scheinen sie zu beruhigen, und sie genießt ihre Gesellschaft, während sie sich den Staatsgeschäften zuwendet. Diese Privilegierten gehen mit der Königin überall hin. Sie liegen ihr zu Füßen, während sie die Zeitung liest, fernsieht oder mit ihren Ratgebern spricht. Manchmal liegen sie unter dem königlichen Tisch und warten, bis Elizabeth ihnen einen Bissen zusteckt.

1993 hatte Elizabeth nur sieben Corgis als ständige Begleiter: Pharos, Phoenix, Myth, Kelpie, Fable, Diamond und Spark. Am Wochenende drängeln sich die Hunde gewöhnlich mit Elizabeth hinten im Rolls-Royce und fahren die fünfzig Kilometer zum Schloß Windsor. Wie Elizabeth genießen auch die Hunde ein Wochenende fernab vom "Büro". Sie wissen, daß es auf Schloß Windsor mehr Spaziergänge mit ihrer königlichen Herrin gibt, und wenn sie Glück haben, ausgedehnte Wanderungen durch den Großen Park.

Trotzdem gibt es neben diesem eher exzentrischen Verhalten, das ihre Untertanen nie zu Gesicht bekommen, ein striktes Festhalten am Protokoll. Elizabeth achtet hartnäckig darauf, daß zum Schutz der Monarchie und des Hauses Windsor alles korrekt ausgeführt wird. Dies ist das übergeordnete Ziel. Deshalb ist sie auch sehr kleinlich mit allen ihren Angestellten, nicht nur mit dem höheren Personal und ihren persönlichen Ratgebern. Auch für die niedrigen Stellen wie die von Sekretärinnen, Lakaien, Schreibkräften, Küchenpersonal und Gärtnern führt Elizabeth die meisten Gespräche mit zukünftigen Angestellten selbst, obwohl diese bereits vorher vom höheren Personal eingehend überprüft worden sind. Am Ende eines erfolgreichen Gespräches sagt Elizabeth meistens: „Probieren wir es doch für ein Jahr."

Die satirische Fernsehshow "Spitting Image", die groteske Puppenkarikaturen öffentlicher Personen vorstellt, kann sehr brutal zu Elizabeth sein, weil sie so einfach zu treffen ist. Jahrzehntelang hat sie das Wort "interessant" immer wieder benutzt, wenn sie mit anderen Menschen sprach. Egal welche Frage oder Antwort ihr vorgelegt wurde, Elizabeth meinte: „Interessant". Manchmal wandelte sie ihre Reaktion noch ab mit dem Wort "sehr". Dann ging sie zur nächsten Person und sagte das gleiche. Das machte ihr das Leben leichter, doch für alle, mit denen sie sprach, war es langweilig. Als Folge der Imitation durch "Spitting Image" versucht Elizabeth, dieses Wort nun nicht mehr zu benutzen. Heute noch schleicht es sich manchmal ein, besonders am Ende eines anstrengenden Tages, wenn sie Hunderte von Leuten getroffen hat.

Elizabeth hat eine wunderbare Art, gewissen Situationen, unangenehmen Fragen, Kommentaren und allem, was zu Peinlichkeiten führen könnte, aus dem Weg zu gehen. Falls sie in einem Gespräch eine Frage nicht beantworten oder keinen Kommentar abgeben will, sagt sie plötzlich: „Ist das nicht ein schöner Tag?" Oder aber: „Das ist doch ein herrlicher Tag, nicht?" Als höfliche Abweisung benutzt sie die Phrase: „Ich denke, ich gehe besser ein bißchen mit den Hunden spazieren." Jeder Gesprächspartner weiß dann, daß das Gespräch beendet ist. Sollte jemand dennoch darauf bestehen, das Gespräch fortzusetzen, dreht Elizabeth sich einfach um und geht davon, auch wenn sie die Leute mitten im Satz unterbricht.

Einer ihrer ehemaligen Ratgeber formulierte es so: „Sie sagt nie gern 'ja' oder 'nein', damit man ihr nie vorwerfen kann, vielleicht etwas Politisches kommentiert oder jemanden beleidigt zu haben. Sie macht immer den Eindruck, über der Politik zu stehen. Sie vergißt nie, daß sie die Königin ist, nie. Das ist ihr in Fleisch und Blut übergegangen."

Elizabeth hört gern den Palastklatsch über die Liebesaffären, Skandale, Unfälle sowie alles Lustige und Komische. Sie hört dieses Gerede von dem niederen Personal, das Kontakt zu ihr hat. Das sind ihre Ankleider, Pagen, Diener, Leibwächter und ihr Chauffeur. Sie hat zwei spezielle Pagen, die man die Hintertreppenpagen nennt und die als offizielle Vermittler zwischen der Königin und allen anderen Personen im Palast fungieren. Sie erledigen Botengänge, sammeln oder liefern Dokumente. Normalerweise sind das verantwortungsbewußte Männer zwischen dreißig und Ende vierzig. Die meisten sind schwul und außerordentlich diskret.

Als ein Diener zu John Davis, einem der höheren Diener, kam, stand dieser vor dem Wohnzimmer der Königin und sprach redselig mit Elizabeth über die mißliche Lage eines Hausmädchens, dessen Liebesaffäre furchtbar unglücklich verlaufen war. Er sagte: „Sie sahen aus wie Nachbarn, die sich über den Gartenzaun unterhalten. Ich wartete und hörte zu, wie Ihre Majestät alle intimen Details genau wissen wollte. Sie war fasziniert und bat ihn, sie auf dem laufenden zu halten."

Es gibt einen wichtigen Anruf, den sie ohne Ausnahme jeden Tag erledigt. Sie ruft ihre Mutter an, die in Clarence House ganz in der Nähe lebt. Sie plaudern eine Viertelstunde. Elizabeth ist überhaupt ziemlich abhängig vom Telefon. Sie hat eines in jedem Zimmer, das sie benutzt, und vier auf ihrem Schreibtisch, eine Direktverbindung zur Downing Street im Falle eines unvorhergesehenen Ereignisses; einen internen Apparat, mit dem sie jeden im Palast erreichen kann; einen verschlüsselten Anschluß für Privatgespräche und noch eine private Außenverbindung.

Elizabeth gibt sich Mühe, ihr Büro gegen sechs Uhr zu verlassen, nachdem die Hunde ihren Ausgang hatten und sie ein letztes Mal ihre Tagesordnung überprüft und einige der wichtigeren Briefe gelesen hat, die in ihrem Namen abgefaßt wurden. Die privaten Briefe schreibt sie gewöhnlich selbst. Sie versucht, die BBC Nachrichten um sechs Uhr zu sehen oder die Nachrichten im Radio zu hören, um über die wichtigsten Ereignisse des Tages informiert zu sein. Sie hat ein reges Interesse an allem, was in Großbritannien und auf der Welt passiert. Deshalb hört sie auch gern das Programm des BBC World Service, da es einen globaleren Überblick über die Ereignisse des Tages gibt.

In den letzten Jahre ißt sie immer häufiger mit Philip zusammen in dem kleinen Salon zu Abend. Die beiden ziehen sich zum Essen um. Sie trägt ein schickes knielanges Kleid, und Philip erscheint in Smoking und Fliege.

Manchmal wird ein Freund mit seiner Frau eingeladen. Der Abend ist zwanglos, obwohl die Diener und Butler dabei sind, und das Essen ist einfach. Der erste Gang könnte aus Räucherlachs oder einer kleinen Terrine bestehen, der Hauptgang aus Lamm und danach gibt es Süßspeisen wie Apfelkuchen. An den meisten

Abenden trinkt Elizabeth gar nicht. Wenn sie etwas zum Essen trinkt, dann meistens trockenen Weißwein.

Wie jedes andere Paar im Pensionsalter in Großbritannien sitzen sie an den meisten Abenden nach dem Essen vor dem Fernseher. Elizabeth würde nie essen, wenn der Fernseher läuft.

Die Königin und der Herzog sind Fernsehfans. Einige würden sagen, sie sind im Laufe der Jahre süchtig geworden. Elizabeth betrachtet das als einzige echte Entspannung nach einem langen Arbeitstag. Neben diversen Nachrichtensendungen liebt sie Comedy Shows und einige alte Filme. Philip regt sich gelegentlich auf, wenn er "The Box" sieht und schleudert dem Bildschirm Beleidigungen entgegen. „Was für ein verdammter Mist!" ist ein Kommentar, den Elizabeth schon tausendmal gehört hat. Philip interessiert sich mehr für ernste, politische und praktische Sendungen. Er geht öfter in sein Arbeitszimmer und sieht an einem anderen Gerät, was ihn interessiert. Manchmal verbringen sie einen ganzen Abend mit den neuesten Filmen, denn Elizabeth ist ein ziemlicher Filmfan.

Danach sehen sie einander nicht bis zum nächsten Morgen. Elizabeth geht früh ins Bett, entweder um ein Buch zu lesen oder um den Inhalt der letzten offiziellen Papiere des Tages zu studieren. Heutzutage liest Elizabeth nicht mehr so viel, doch sie bekommt noch immer Bücher von Hatchard's, der Buchhandlung am Piccadilly. Deren Angestellte stellen eine Auswahl der neuesten Titel zusammen und schicken sie in den Palast. Sie behält einige und schickt die anderen zurück. Elizabeth's Vorlieben beim Lesen sind konservativ. Sie bevorzugt Biographien, Thriller und preisgekrönte Bücher. Außer Dick Francis und dessen Thriller über den Pferdesport hat sie keine Lieblingsautoren.

Die meiste Zeit des Jahres arbeitet Elizabeth unermüdlich. Die siebenundsechzigjährige Königin hält ihren anstrengenden Plan mit dem gleichen Pflichtbewußtsein ein wie damals, als sie sechsundzwanzigjährig den Thron bestieg. Viele im Palast glauben sogar, daß sie jetzt noch härter als je zuvor arbeitet.

Sie hatte gehofft, daß sie 1990 die meisten königlichen Verpflichtungen an ihre Kinder übergeben könnte. Die Traumata der gescheiterten Ehen hatten es aber mit sich gebracht, daß Elizabeth ihre Pflichten viel länger erfüllen mußte, als sie gedacht hat. Heute noch bringt sie jeden königlichen Auftritt ohne ein Wort der Beschwerde hinter sich, sie beklagt sich nicht einmal bei ihren Hofdamen.

Sie begrüßt viele Menschen, schüttelt ihnen die Hand und verbringt ihre Zeit mit den gleichen Leuten an den gleichen Plätzen und unter den gleichen Umständen wie seit Jahrzehnten. Trotzdem scheint es ihr heute mehr Spaß zu machen als in den fünfziger und sechziger Jahren. Sie hat nicht nur gelernt, sich zu entspannen, sondern sie hat gelernt zu lächeln.

Eine königliche Reise erfordert einen großen Arbeitsaufwand, egal ob sie nun nach Australien oder Kanada führt oder ob ein neues Gebäude dreihundertfünfzig Kilometer von London eingeweiht wird. Der Organisationsplan muß laufen wie ein Uhrwerk, nicht nur für Elizabeth, die Pünktlichkeit schätzt, sondern auch für die lokalen Würdenträger und für die Hunderte von Menschen, die kommen, um sie zu sehen und ihr zuzujubeln.

Elizabeth überprüft alle Pläne und Einladungen, bevor die letzten Details des Besuches abgesegnet und organisiert werden. Sie informiert sich über die Leute, die ihr vorgestellt werden sollen, einschließlich ihrer Positionen. Wenn sie eine Person bereits getroffen hat, dann vermerkt sie das. Der Buckingham Palast läßt immer drei verschiedene Menüs für die Königin bereitstellen, und Elizabeth muß drei oder vier Monate im voraus ihre Wahl treffen. Wie sie sich auch fühlt, sie wird am Tag des Besuches niemals um etwas anderes bitten.

Die Auswahl ihrer Kleidung wird etwa eine Woche vorher getroffen. Dazu sieht sie regelmäßig ihren Garderobier. Elizabeth achtet dabei nicht auf das Wetter. Sie ändert selten ihre Meinung, wenn sie sich einmal für ein Kleidungsstück entschieden hat. Sie würde niemals den Ablauf stören, weil sie die Leute nicht enttäuschen will, die oft in ihren besten Kleidern kommen, um einen Blick auf sie zu werfen. Gegen schlechtes Wetter gibt es immer eine Anzahl Regenschirme. Zum Glück mag Elizabeth lieber Regen als heißes Wetter.

Elizabeth fährt gern mit dem königlichen Zug, der den Steuerzahler etwa zwei Millionen Dollar im Jahr kostet. Sie reist oft nachts und schläft dann im Zug, der irgendwo unterwegs auf einem Nebengleis hält. Der Zug mit seinen dunkelroten Streifen hat einen Wagen mit einem Wohnzimmer, einem Schlafzimmer, einem Badezimmer für die Königin und einem kleineren Abteil mit Bad für ihre Ankleiderin. Die Schlafzimmer sind groß, die Wohnzimmer komfortabel und die Badezimmer gut eingerichtet. Elizabeth nimmt ihren Küchenchef mit und ißt ausgezeichnet. Der Zug ist sicher und einfach zu überwachen, so daß sie arbeiten, ihre Papiere lesen und ihre zukünftigen Auftritte planen kann. Die Angehörigen des Hofes, die sie begleiten, haben ihren eigenen Wagen mit Schlaf- und Arbeitsabteilen. Dann gibt es noch zwei Wagen für die Polizei, die Diener, Lakaien und Pagen. Ganz hinten befindet sich eine Ersatzlokomotive für den Notfall.

Manchmal benutzt sie auch ein Flugzeug der Staffel der Königin, die den Steuerzahler jährlich noch einmal zehn Millionen Dollar kostet. Wenn der Auftritt in der Nähe stattfindet, fährt sie mit dem Rolls-Royce. Der Wagen wird von einem einzelnen Patrouillenwagen und Motorradfahrern eskortiert. Sie fahren ohne Sirenen, da Elizabeth das Heulen nicht ertragen kann. Das Auto fährt meistens mit niedriger Geschwindigkeit, so daß die Königin nicht durchgeschüttelt wird und es bequem hat.

Wer die Königin trifft, wird vorher in seiner Kleidung beraten. Der Palast schlägt bequeme Kleidung vor. Man darf auch einen Hut und Handschuhe tragen. Die Königin trägt immer Handschuhe, um keine verschwitzten oder klebrigen Hände zu bekommen, sei es nun aus Nervosität oder vom Eisessen. Elizabeth trägt immer einen Hut, ermuntert aber andere Frauen nicht, es ihr gleichzutun.

Auch heute noch zieht Elizabeth viele Menschen an, wo immer sie in Großbritannien auftritt. Auch wenn die Menge nicht mehr so groß ist wie zu Beginn ihrer Herrschaft, halten viele Briten es noch immer für eine Ehre, neben der Königin zu stehen, sie zu begrüßen, mit ihr zu plaudern und ihr die Hand zu schütteln. Danach können sie tage- und wochenlang über das Treffen mit der Königin als den Höhepunkt ihres Lebens sprechen.

Weil sich ihr tägliches Leben in vierzig Jahren kaum geändert hat, verbringt Elizabeth ihre Wochenenden nicht im Buckingham Palast. Sie hat immer versucht, ihrem Büro zu entfliehen. Entweder verbringt sie diese achtundvierzig Stunden auf Schloß Windsor, das sie selbst ihr Zuhause nennt, oder sie ist zusammen mit Freunden irgendwo auf dem Land. In London ist sie jedenfalls nie.

In den sechziger und siebziger Jahren, als Mountbatten noch lebte, verbrachte sie die Wochenenden gern in Broadlands. Dort war sie öfter als in anderen Landhäusern. Normalerweise kam sie am Freitagmorgen an und ritt oft mit Mountbatten über das riesige Grundstück. Dann kehrten sie zum Essen zurück, um danach mit

Mountbattens Labrador-Hunden einen langen Spaziergang zu machen. Oder sie angelten nachmittags, wenn das Wetter es erlaubte.

Der Tee wurde offiziell im Wedgewood Zimmer serviert. Dabei hielt ein Spirituskocher die silberne Kanne warm. Dazu aßen sie getoastete Rosinenbrötchen mit Butter. Elizabeth schätzt einen guten Tee, wenn sie den ganzen Tag draußen an der Landluft war. Nach dem Tee schlief sie vielleicht eine Stunde, und Philip kam meist rechtzeitig, um sich noch zum Essen umziehen zu können. Auch in Broadlands schliefen Elizabeth und Philip nie im gleichen Zimmer.

Um acht Uhr versammelte man sich im Salon. Die Männer trugen schwarze Fliegen und Dinnerjackets und die Damen lange Kleider. Alle warteten auf die Königin. Nie durfte sich jemand verspäten. Elizabeth trank meistens als Aperitif einen milden Whisky mit Wasser und ein oder zwei Gläser Jahrgangswein während des Essens. Nie war sie in Anwesenheit anderer Leute beschwipst, und nie hat einer sie betrunken gesehen.

Privat sieht Elizabeth immer die positiven Seiten, wenn etwas schiefgeht. John Barratt erzählte die Geschichte über eine Dinnerparty in Broadlands, bei der der Butler Frank Randall, der schon in den siebzigern war, zuviel getrunken hatte: „Es war ein zwangloses Essen, doch jeder war formvollendet gekleidet. Der arme alte Frank Randall sollte die Suppe servieren und goß der Königin eine ganze Kelle voll in den Schoß. Alle am Tisch hielten den Atem an. Elizabeth sah zu Frank auf, dem das mehr als peinlich war, und schrie vor Lachen. Wahrscheinlich muß man Humor haben, wenn man eine Kelle voll Suppe abbekommt."

Elizabeth spielt gern nach dem Essen. Je kindischer das Spiel, desto mehr scheint sie sich zu amüsieren. Silbenrätsel löst sie besonders gern. Ein anderes ist ein Geschicklichkeitsspiel, das man mit einem Faden spielt, an dem ein Korken befestigt ist. Damit soll man eine auf dem Boden stehende brennende Kerze löschen. Der Faden wird um die Taille geschlungen, so daß der Korken in Höhe der Knöchel pendelt. Jeder muß sich vorbeugen und versuchen, so schnell wie möglich die Kerze auszumachen. Der alte Sebastian Ferranti, ein Freund der königlichen Familie, rief immer, wenn die Damen an der Reihe waren: „Vorsicht, verbrennen Sie sich nicht." Dann brach lautes Gelächter aus.

Ein anderes beliebtes Partyspiel ist "Gib die Orange weiter". Dabei sitzen alle im Kreis, Mann neben Frau, Frau neben Mann, und müssen eine Orange weiterreichen, die unter dem Kinn festgeklemmt ist. Die Hände dürfen nicht benutzt werden. Wer die Orange fallen läßt, muß den Kreis verlassen. Elizabeth wurde sehr geschickt und gewann oft. Sie spielt dieses Spiel heute noch gern.

Wenn jeder genug von den Spielen hatte, trennte sich die Gruppe. Einige spielten Billard, andere puzzelten. Wieder andere saßen vor dem Fernseher oder sahen einen Film. Elizabeth ging gewöhnlich um elf Uhr zu Bett, auch wenn die Party noch in vollem Gange war.

Genau um sieben Uhr am nächsten Morgen brachte das Mädchen ihr den Tee, und um acht Uhr gab es Frühstück im Jagdzimmer. Das war immer eine abenteuerliche Sache. Es wurden zusammenklappbare Tische aufgestellt und hölzerne Klappstühle, und dann aß und trank jeder - auch die Königin - von Plastikgeschirr wie Schulkinder, die zu Hause in der Garage ein Picknick veranstalten. Das Frühstück bestand aus Eiern und Schinken oder dem bevorzugten Kedgeree - ein Gericht aus Reis, Fisch und hartgekochten Eiern, bei dem alles durcheinander gemixt wird. Jahrzehntelang hat Elizabeth diese Art Frühstück genossen und die Samstage in Broadlands mit dem Picknick im Jagdzimmer begonnen.

Nach dem Frühstück ging sie meistens mit einem von Mountbattens Labradors spazieren, die mit Elizabeth's Labradors in Sandringham verwandt sind. Dann ging die Gesellschaft zur Jagd, und Elizabeth nahm immer daran teil. Sie schießt zwar nicht selbst, doch sie treibt gern die Hunde an und sammelt mit ihnen die erlegten Vögel auf.

Das Mittagessen im Haus begann oft mit einem Glas Gin. Ein häufiger Besucher in Broadlands sagte dazu: „Das Mittagessen verlief immer unter viel Gelächter und Erheiterung. Jeder machte seine Witze über das, was schiefgegangen war, und zog die anderen auf. Manchmal schalt die Königin Philip, weil er während der Jagd wegen einer Kleinigkeit die Nerven verloren hatte. Das Essen war robust und kräftig, oft gab es Irish Stew und danach Apfelkuchen mit Vanillesoße."

Ob Regen oder Sonnenschein, die Jagdgesellschaft brach um halb drei zur dritten Runde des Tages auf. Alle kamen um halb fünf zum Tee zurück, der wieder im Jagdzimmer gereicht wurde. Dann versammelten sich alle in ihren Regenmänteln und schmutzigen Stiefeln dort. Nach dem Tee ging Elizabeth in ihre Suite, um ein Bad zu nehmen und sich auszuruhen, bevor sie die Regierungspapiere durchsah, die tagsüber eingetroffen waren, und prüfte, ob etwas davon von großer Bedeutung war. Nach einem Abendessen mit vier Gängen, das immer mit einem guten Jahrgangswein serviert wurde, entschied sich Elizabeth meist für einen Unterhaltungsfilm. Sie fragte jeden im Zimmer: „Ich würde gern diesen Film sehen, oder hat jemand einen anderen Vorschlag?" Natürlich schlug nie jemand etwas anderes vor.

Der Sonntag begann mit der gleichen Routine: Tee um sieben Uhr, dann das Picknick im Jagdzimmer, und anschließend ging man zur Kirche. Die Familie besuchte die Morgenmesse in der Romsey Abbey. Manchmal brach man schon vor dem Mittagessen auf, denn Elizabeth wollte immer am frühen Abend zurück in London im Buckingham Palast sein, damit sie am nächsten Tag vorbereitet war.

Jetzt fährt Elizabeth an den meisten Wochenenden die fünfzig Kilometer nach Schloß Windsor. Dort verbringt sie mehr als dreißig Wochenenden im Jahr. Sie kommt mit dem Auto aus London zum Nachmittagstee am Freitag und geht dann lange mit den Hunden spazieren. Trotz der fast eine Million Besucher pro Jahr fühlt sich Elizabeth ungestörter als im Palast, wo keine Touristen zugelassen sind. Windsor hingegen ist teilweise für Touristen zugänglich.

Nach einem leichten und zwanglosen Abendessen sitzen Elizabeth und Philip vor dem Fernseher oder sehen sich einen Film an. Am frühen Samstagmorgen, noch vor dem Frühstück, reitet Elizabeth durch den Großen Park. Manchmal reitet sie nach einem herzhaften Frühstück noch ein zweites Mal aus, oder sie besucht die auf dem Grundstück tätigen Arbeiter und ihre Frauen in deren Häusern und spricht mit ihnen über persönliche Probleme und über ihre Arbeit. Sie geht immer mit den Hunden auf einen langen Spaziergang und reserviert mindestens eine halbe Stunde für die Lektüre ihrer Papiere.

An schönen Sommertagen liegen Philip und Elizabeth den ganzen Nachmittag in Liegestühlen und genießen die Sonne. Wenn es nicht warm genug ist, gehen sie ins Haus, um zu lesen oder die Zeitungen durchzublättern. Wenn es Zeit für den Tee wird, kommen oft andere Mitglieder der Familie dazu. Charles war ein häufiger Besucher, und Anne kam auch oft. Während der letzten Jahre haben Edward und Andrew viele Samstagnachmittage bei ihren Eltern verbracht.

Gelegentlich organisiert Elizabeth am Samstagabend eine Dinnerparty. Sie lädt dann zwischen zehn und zwanzig Gäste ein, meistens Freunde, Mitglieder der Hofhaltung und deren Frauen, manchmal auch Parlamentsmitglieder, Kabinettsminister oder Mitglieder der Kirche. Sie hat bei diesen Essen gern bekannte Gesichter um sich, weil sie sich dann entspannen und amüsieren kann. Dazu werden häufig Stücke aus ihren Lieblingsmusicals oder Swingmusik gespielt.

Elizabeth empfängt ihre Gäste nie, auch nicht wenn sie die Gastgeberin ist. Sie warten auf ihr Erscheinen. Sie kommt normalerweise um halb acht, wenn die Gäste bereits seit einer Stunde da sind. Innerhalb von ein paar Sekunden kann Elizabeth sich im Zimmer umsehen und feststellen, wen sie kennt und wen nicht. Dazu ist sie auch in der Lage, wenn sie mehr als hundert Menschen gegenübersteht, und meistens kann sie noch sagen, wo und wann sie wen getroffen hat.

Am Sonntagmorgen verpaßt die Königin niemals die Morgenmesse in der St. George's Kapelle, die sich innerhalb der Schloßmauern befindet. Wer über Nacht geblieben ist, wird ebenfalls dort erwartet. Nach dem Gottesdienst gibt es ein traditionelles Sonntagsessen, bei dem manchmal ein oder zwei ihrer Kinder und die Enkel dabei sind. Am Nachmittag geht sie mit den Hunden im Park spazieren, liest vier dicke Zeitungen und drei noch dickere Boulevardblätter, die oft Geschichten und Skandale der königlichen Familie bringen. An den meisten Sonntagen verläßt sie Windsor um sechs Uhr und kehrt in den Palast zurück, um eine neue Woche im Büro zu beginnen.

Neben dem Buckingham Palast und Windsor hat Elizabeth noch zwei andere Häuser, die sie seit ihrer Kindheit kennt und in denen sie sich gern entspannt, Sandringham House in Norfolk und Balmoral in Schottland, die der Thronfolger David beide von George V. geerbt hatte. Als er zur Abdankung gezwungen wurde, kaufte Elizabeth's Vater sie für eineinhalb Millionen Dollar.

Elizabeth verbrachte ihre ersten Weihnachtsferien in Sandringham und ist seitdem jedes Jahr zu Weihnachten dort. In Sandringham verlebte Lilibet viele glückliche Stunden mit ihrem Vater. König George nahm seine Tochter mit in die Sumpfgebiete zur Jagd auf Wildgänse, und die beiden machten lange Spaziergänge in der kalten, klaren Dezemberluft.

Sie erinnert sich an die Weihnachtstage ihrer Kindheit, als sich die ganze Familie traf, um die Geschenke am Heiligen Abend unter den Weihnachtsbaum zu legen. Man durfte sie erst nach dem Abendessen am nächsten Tag öffnen. Diese Tradition hat sich nie geändert. Elizabeth hat auch die königliche Tradition fortgesetzt, jedem ein ungewöhnliches, ja schon etwas merkwürdiges Geschenk zu machen, wobei sie niemals viel Geld ausgibt - kein Geschenk kostet mehr als zwanzig Dollar, während alle anderen sich passende Geschenke ausdenken müssen.

In Sandringham hat sich seit Elizabeth's Kindheit nichts verändert, und so soll es auch bleiben. Fast alles ist noch genauso wie zu Beginn des Jahrhunderts, als es gebaut wurde: die altmodischen Möbel im ländlichen Stil, die gewebten Gardinen vor den Fenstern, obwohl sowieso niemand hineinsehen kann, denn Sandringham House liegt auf einem großen Naturgrundstück, die Zentralheizung, die kaum funktioniert, und die großen alten Badezimmer. Das Puzzle, das Lilibet vor sechzig Jahren gemacht hat, liegt noch immer im Salon. Jedes Jahr zu Weihnachten setzt die Familie es neu zusammen.

Elizabeth's Vater starb im Schlaf in den frühen Morgenstunden des 6. Februar 1952 in Sandringham. Ihr Großvater George V. starb im Januar 1936 ebenfalls in Sandringham. Anscheinend möchte Elizabeth ihre glückliche Kindheit in dem Haus in Norfolk am Leben erhalten. Hier verbringt sie jedes Jahr ihre sechswöchigen Weihnachtsferien.

Der schwarze Labrador und die Cocker Spaniels erwartet ein besonderes Vergnügen, wenn Elizabeth kommt. Die Jagdhunde verbringen die meiste Zeit des Tages unter der Obhut ihres Trainers Bill Meldrum, doch sie scheinen zu wissen, wann die Königin nach Sandringham kommt. Die Hunde wollen Zuneigung, und Elizabeth streichelt sie gern und gibt ihnen Leckerbissen. Der Jagdhundetrainer Martin Deeley, der Elizabeth bei der Arbeit mit den Hunden beobachtet hat, erinnert sich: „Wenn man ihren Gesichtsausdruck sieht und ihre Stimme hört, erkennt man sofort, daß sich diese Frau bei Tieren zu Hause fühlt. Sie weiß, wie weit sie die Tiere gehen lassen kann, und sie erkennt, wenn die Hunde ihr einen Gefallen tun wollen. Sie ist eins mit ihnen - bei der Arbeit und beim Spiel."

Manchmal wird Elizabeth gebeten, in Sandringham oder Balmoral einen Neuling einzuschätzen und die Prüfung für Apportierhunde zu eröffnen. Doch sie findet das nervtötend und stimmt nur selten zu. Es ist merkwürdig, daß diese intelligente Frau mit einem solchen Wissen über Tiere, nervös wird, wenn sie ein Urteil abgeben soll, während die Züchter der Jagdhunde sie beobachten und auf ihre Einschätzung warten.

Balmoral ist ein Märchenschloß in den schottischen Highlands, nicht weit von Braemar entfernt. Dort verbringt Elizabeth jährlich zehn Wochen Ferien von August bis Oktober. Es ist ein wunderschönes Grundstück mit mehr als 4.700 Hektar Moorland und fünf schönen Bergkämmen, die sich über 20.000 Hektar erstrecken. Die Königin reitet die meisten Tage und genießt die spektakuläre Aussicht sowie den Frieden und die Stille der Natur. Sie freut sich immer auf die Ferien, in denen sie sich in eine andere Welt flüchten kann.

In Balmoral wurde im Unterschied zu Sandringham einiges verändert. Königin Victoria hatte eine manische Vorliebe für Schottenmuster, die Elizabeth durch eine gemütliche ländliche Einrichtung ersetzt hat. Es riecht immer nach Holzfeuern, Hirschgeweihen und Heidekraut, was die Besucher sehr entspannend finden. Es gibt einen wunderschönen Ballsaal, aber keine Prunkzimmer, wie man sie im Buckingham Palast findet. Hier in Balmoral genießt Elizabeth das Leben.

Sie lädt Freunde für eine Nacht oder ein Wochenende ein, manchmal auch für eine ganze Woche. Doch längere Aufenthalte bleiben meistens den Mitgliedern der Familie vorbehalten oder ganz speziellen Gästen wie höheren Hofdamen oder Freunden der Familie. Sie lädt immer den jeweiligen Premierminister und seine Gattin für ein Wochenende dorthin ein. Manchmal kommen auch Premierminister aus Staaten des Commonwealth, um die Ruhe zu genießen.

12. Kapitel: Ein einfaches Mädchen vom Lande

Schüchtern und zurückgezogen wie sie ist, hätte Elizabeth ein ruhiges Leben weit weg von Aufmerksamkeit und Scheinwerferlicht vorgezogen. Sie war damals, als ihr Vater König wurde, erst zehn Jahre alt und erkannte, daß sie eines Tages Königin werden würde. Davor hatte sie geglaubt, sie würde einmal einen reichen Aristokraten heiraten, in einem schönen, vornehmen Haus wohnen, eine Familie gründen und als privilegierte Dame ein ruhiges Leben auf dem Lande führen. Ihre Liebe zum Landleben hat sie nie verloren. „Ich fahre so gern nach Balmoral", sagt sie oft. „Dort kann ich mich in der herrlichen Landluft entspannen und endlose Spaziergänge machen, ohne einen Menschen zu treffen."

Ich habe Elizabeth auf Spaziergängen im Großen Park von Windsor gesehen, und ich habe an internen Pferdewettbewerben teilgenommen. In ihrem dunkelgrünen, wadenlangen Wachstuchmantel, den grünen Gummistiefeln und einem hellen Seidentuch auf dem Kopf geht Elizabeth über die nassen Felder. Ein paar schwarze Labrador-Hunde begleiten sie. Es kümmert sie nicht, ob es regnet, kalt oder neblig ist.

Auf Balmoral kann Elizabeth das Landleben führen, um das sie andere beneidet. Sie hat das Schloß immer mit Freiheit gleichgesetzt, eine wertvolle Gabe für jemanden, dessen Leben so rigide geregelt und diszipliniert ist. Dort sind Elizabeth und Margaret als junge Prinzessinnen auf ihren Ponys durchs Moor geritten, ohne daß ein Stallknecht sie begleitet hätte. Dort machte ihre Mutter vor und nach dem Krieg Picknicks mit ihnen. Manchmal war auch ihr Vater dabei. Elizabeth aß besonders gern von Plastiktellern und säuberte bereitwillig das Geschirr in einem sprudelnden Bach oder Fluß, bevor sie den Picknickkorb wieder packte und zurück zum Haus lief. Oft ritt sie durch die weiten Ländereien von Balmoral, die Freiheit, Frieden und Ruhe versprachen. Sie schoß ihr erstes Rotwild mit sechzehn Jahren. Seitdem hat sie manchen Hirsch zur Strecke gebracht, doch die Pirsch ist ihr lieber. Jedes Jahr verbringt sie während ihrer Ferien Wochen auf der Pirsch in den Schluchten.

Die königliche Gesellschaft hat einen Gillie (das schottische Wort für Diener) dabei, der mit einem Teleskop, Fernglas und Gewehren ausgerüstet ist, und einen Stallknecht mit einem Haflinger Pony, der die Beute den Berg hinauf transportiert. Während sie die Böschung hinunter gehen, sieht Elizabeth oft als erste ein Rudel Hirsche am Fuße einer Schlucht. Sofort duckt sie sich mit allen anderen Teilnehmern der Jagd und schleicht vorsichtig hinter den nächsten Felsblock, um das Rudel durch das Fernglas zu beobachten. Wenn es nötig ist, kriecht sie auch auf allen vieren durch das regenfeuchte Heidekraut, um die Tiere nicht auf sich aufmerksam zu machen.

Um einen guten Abschuß zu gewährleisten, verlassen viele Jäger während der jährlichen Saison ihre gewohnten Verstecke und suchen sich eine neue Position, wobei sie oft mehr als zwei Stunden laufen. Wenn die Jagdgesellschaft durchs Heidekraut geht, über Steine klettert und Flüsse überquert, ist Elizabeth kaum sichtbar, weil ihre Tweedsachen sich nicht von der Landschaft abheben. Haben sie die richtige Stelle erreicht, bestimmt der Gillie, welches Tier getötet wird. Meistens ist es ein altes Tier. Er lädt die Gewehre und gibt sie weiter an Elizabeth, die ihre Schußposition einnimmt. Der Schuß hallt wie ein Donnerschlag in der Schlucht wider.

Elizabeth's Ruf als Meisterschütze ist legendär, und sie ist besonders stolz darauf, weil ihr geliebter Vater ihr das Schießen und Pirschen beigebracht hat. Wenn das Wild nicht sauber erschossen wurde, gibt die Jagdgesellschaft nicht eher auf, bevor es wirklich tot ist. Ein Gillie sagte über die Königin: „Ihre Majestät ist ein Meisterschütze. Ich kann mich nicht erinnern, daß sie einmal daneben geschossen hat, obwohl das sicher auch vorgekommen ist."

Elizabeth und Philip jagen nicht, weil sie blutrünstig sind. Sentimentalität jedoch ist auch nicht am Platze. Das Rotwild muß geschossen werden, sonst können sich die schwachen Tiere nicht ausreichend ernähren. Auch Charles, Andrew und Prinzessin Anne gehen gern auf die Pirsch. Diana und Fergie haben auch ein paarmal Rotwild gejagt, wollten aber selbst kein Tier schießen.

Früher kamen Diana und Fergie pünktlich zu einem Familienpicknick, auch wenn sich der Himmel bedrohlich verdunkelte. Sie wurden bereits erwartet. Man breitete Teppiche aus, und alle nahmen nach dem stundenlangen Laufen glücklich Platz. Der Windsor Clan wirkte mit seinen Schottenplaids, Tweedsachen und karierten Stoffen wie aus einem anderen Jahrhundert. Nur Diana und Fergie erschienen ohne die traditionellen Kleider im Moor. Sie bevorzugten Jeans und helle Pullover. Manchmal war die ganze Familie versammelt, auch Margaret und Anne waren mit ihren Kindern dabei. Doch diese Tage sind vorüber.

Seit Charles' Trennung von Diana kommen Wills und Harry in den Sommerferien mit ihrem Vater nach Balmoral, der ihnen dort die Grundkenntnisse des Pirschens und Jagens beibringt. Die beiden Jungen verstehen etwas von Gewehren und helfen gern beim Einsammeln der toten Vögel. Sie haben ihre eigenen Spielzeuggewehre, die sie mit ins Heidekraut nehmen, um damit wie ihr Vater zu schießen. Charles möchte den Jungen gern das Schießen beibringen und erwartet, daß sie gute Reiter werden. Er sagte: „Als ich ein Kind war, liefen mir Schauer über den Rücken, wenn ich ein Jagdhorn oder die Jagdhunde hörte. Ich wußte ganz genau, daß ich eines Tage auch jagen wollte." Seine Söhne teilen diese Begeisterung. Diana hätte es lieber, wenn Charles die Jungen nicht dazu ermutigen würde. Sie lieben aber bereits die Vorstellung, eines Tages zu jagen, und finden das aufregend.

Der junge Harry ist ein besserer und wagemutigerer Reiter als sein älterer Bruder. Als er mit sechs Jahren vom Pferd gefallen war, sagte Harry: „Ich fiel mit dem Gesicht in den Schlamm und habe mir eine blutige Nase geholt. Das muß vielleicht ein Anblick gewesen sein. Wahrscheinlich war mir das recht geschehen. Ich bin direkt in den Schlamm gefallen, und das Pferd hat sich noch dreimal überschlagen."

Seine furchtlose Einstellung zum Reiten wurde auch bei einer anderen Gelegenheit deutlich, als er sagte: „Man schmeißt sich richtig über die Hindernisse. Du weißt nicht, was kommt, machst einfach deine Augen zu und holst tief Luft." Kein Wunder, daß sich Diana Sorgen um ihn macht.

Charles' zahlreiche Verletzungen auf dem Polofeld haben ihren Tribut gefordert. Im Frühjahr 1993 gab er mit vierundvierzig Jahren diesen geliebten Sport auf. Während der fünfundzwanzig Jahre, in denen er Polo gespielt hat, war Charles ganz oben gewesen und hatte sich mit einigen der weltbesten Spieler gemessen. Auf höchstem Niveau erfordert dieser Sport große körperliche Geschicklichkeit und Fitneß. Während der Polowettkämpfe 1991 und 1992 sah man Charles zwischen den Spielen oft leblos auf dem Boden liegen. Er versuchte dann, sich von seinen Rückenschmerzen zu erholen. Das hartnäckige Problem mit seinem Rücken hat ihn schließlich dazu gebracht, seine Poloschuhe an den Nagel zu hängen. Doch es ist ihm sehr schwer gefallen.

Elizabeth war sehr erleichtert über Charles' Entscheidung, den Wettbewerbssport aufzugeben. Er hatte in den letzten Jahren einige harte Stürze erlebt, wobei er sich einmal den Arm an zwei Stellen gebrochen hatte.

In den letzten drei Jahren hat er seine Reitkünste und sein Interesse mehr aufs Jagen gerichtet, das nun zu einer Leidenschaft wird. Manchmal jagt Charles zwischen November und März viermal pro Woche. Er reitet mit Beaufort oder Berkeley in der Nähe von Highgrove, in Leicestershire mit Belvoir, und montags und freitags mit Quorn. Charles' neue Begeisterung für die Jagd begann, als er sich 1988 inoffiziell von Diana getrennt hatte, vier Jahre, bevor die Öffentlichkeit wußte, daß die beiden getrennt lebten.

Diana hat die Jagd immer gehaßt. In den ersten Jahren ihrer Ehe hat sie versucht, Charles davon abzubringen. Um den Hausfrieden nicht zu stören, hat er sich eine Weile gefügt. Doch als die Beziehung immer schwieriger wurde und die beiden öfter getrennt waren, kehrte Charles zur Jagd zurück und erneuerte seine Liebe zu diesem Sport. Diana hat immer klargemacht, wie sehr sie diese Leidenschaft mißbilligt und daß sie die Mehrheit der Leute in Jagdgesellschaften nicht gerade für einen guten Umgang hält. Einmal sagte sie dazu: „Sie sind so entsetzlich großkotzig. Wenn man die Jagd nicht mag, sehen sie einen an, als käme man von einem anderen Planeten. So hochnäsig sind sie."

Charles weiß, daß viele Leute die Jagd für brutal halten und von ihm erwarten, ein gutes Beispiel abzugeben. „Ich genieße das Töten nicht, doch es muß getan werden", sagte er einmal. „Ich wünschte, die verdammten Gegner dieses blutigen Sports wüßten, um wieviel schmerzhafter und schrecklicher alle anderen Methoden der Kontrolle des Fuchsbestandes sind."

Elizabeth ist glücklich über Charles' Liebe zur Jagd, denn es gibt für den Thronfolger nur wenige Sportarten, denen er nachgehen kann. Reiten, Jagen, Pirschen, Angeln und Polo sind gute Entspannungsmöglichkeiten. Sie ermuntert auch Wills und Harry, in die Fußstapfen ihres Vaters zu treten.

Diana hatte einmal während des Essens diesbezüglich einen Streit mit ihrer Schwiegermutter. Diana sagte, sie fände es moralisch verwerflich und sie wolle nicht, daß ihre Söhne einem Sport nachgehen, der in Großbritannien bald unter Strafe gestellt wird. Elizabeth dagegen erklärte, wie notwendig Jagen und Schießen wären, um die Füchse zu reduzieren und die Hirsche auszusortieren. Diana unterbrach sie wiederholt, weil sie sich nicht mehr unter Kontrolle hatte, bis sie Elizabeth anschrie: „Dir ist überhaupt nicht klar, wie viele Menschen in diesem Land Jagen und Schießen hassen, weil es so brutal ist!" Ihre Stimme wurde lauter: „Würdest du vielleicht gern gejagt oder erschossen werden?" Elizabeth sah Diana an, wandte sich ab und begann ein anderes Gespräch. Sie ließ ihre Schwiegertochter zurück mit dem peinlichen Gefühl, die Nerven verloren zu haben.

Wenn Philip und Charles sich an der gleichen Jagd beteiligten - was heutzutage nur noch sehr selten vorkommt, konkurrierten sie unausgesprochen darum, wer die meisten Vögel nach Hause brachte. Nicholas Soames, ein enger Freund von Prinz Charles, erzählte: „Den meisten Leuten fällt auf, wie sehr sie miteinander konkurrieren. Prinz Philip hatte schon immer den Ruf, große Beute in der Tasche zu haben. Charles hat das auch. Keiner von beiden will mit weniger Beute als der andere nach Hause gehen. Natürlich sagt nie jemand etwas, doch es war manchmal schlimm. Der Herzog schien sich selbst beweisen zu müssen."

Elizabeth und Philip haben immer ihren Jahresurlaub in Balmoral verbracht. Philip beschäftigt sich stundenlang mit Angeln und Malen, während Elizabeth lieber reitet, auf die Pirsch geht und lange Spaziergänge mit ihren Jagdhunden unternimmt. Deshalb ist die Königin eine erstaunlich gesunde Frau für ihr Alter, und sie ist stolz darauf.

Die meiste Zeit des Jahres entspannt sich Elizabeth abends zu Hause. Am Ende des Tages legt sie gern die Füße hoch, wenn sie nicht gerade in königlicher Funktion unterwegs sein muß. Sie liegt auf dem Sofa vor dem Kamin und liest ein Buch oder sieht fern. Genau wie ihre Untertanen.

Elizabeth ist in vielerlei Hinsicht eine sehr geradlinige Frau und nicht gerade kompliziert. In vielen Dingen wirkt sie wie ein ganz gewöhnlicher Mensch, ganz besonders in ihren alltäglichen Gewohnheiten, ihren Vorlieben und Abneigungen. Sie mag die vermögendste Frau der Welt sein, doch sie dreht jeden Cent zweimal um. Sie wird große Anstrengungen unternehmen, um ein paar Dollar zu sparen. Sie befiehlt, die Vorhänge zu stopfen, statt neue zu bestellen. Sie lehnt es ab, neue Sofas und Stühle zu kaufen, wenn die Polsterung abgenutzt ist, und bestellt statt dessen Überzüge. Falls diese zu teuer sind, werden die alten Überzüge gestopft. Wenn die Laken dünn werden, und die Haushälterinnen um Erlaubnis fragen, neue kaufen zu dürfen, lehnt Elizabeth gewöhnlich ab und sagt ihnen, sie sollten die mittleren Teile durch die Eckstücke ersetzen. Die Teppiche werden weggeschickt, damit sie fachmännisch repariert werden. Sie bestellt stets Teppiche mit Leinwandrücken statt mit den teureren stabilen Rückenbelägen. Jahrzehntelang war jeder einzelne Lichtschalter im ganzen Schloß Windsor mit einer kleinen Notiz Versehen: BITTE BEI VERLASSEN DES RAUMES DAS LICHT AUSSCHALTEN.

Ihre Sparsamkeit setzt sich auch beim Essen durch. Die Reste einer Mahlzeit werden möglichst am nächsten Tag verwendet. Sie erwartet stets, daß ein Stück Braten, das übriggeblieben ist, am nächsten Tag als Hackfleisch verwendet wird. Fischreste werden in einer Reispfanne verarbeitet.

Leider kennt Elizabeth auch keine Großzügigkeit in ihrer geistigen Haltung. Lord Charteris, ihr erster Privatsekretär von 1949 bis 1978, kennt ihren Charakter und ihre Persönlichkeit, ihre Mängel und Vorzüge. „Die Königin ist tapfer, ehrlich, bescheiden, wahrheitsliebend, aber gemein", sagte er. „Sie kann nicht geben und sagt auch nicht besonders gern danke. Ich weiß nicht warum. Es könnte Schüchternheit sein, doch es macht ihr einfach kein Vergnügen, sich zu bedanken. Ich sage Ihnen das, weil die Königin ihre Fehler hat wie jeder andere Mensch auch. Ich schätze, sie hat weniger Fehler als die meisten, doch das ist einer von ihnen."

Sie sagte aber doch zu Lord Charteris, als er schließlich seinen Dienst quittierte: „Ich werde Ihnen mein Leben lang dankbar sein." Sie schenkte ihm außerdem ein silbernes Tablett und zwei signierte Fotos in silbernen Rahmen.

Elizabeth ist selbst ihrer eigenen Familie gegenüber geizig. Prinz Charles erzählte von einem Vorfall, nachdem er vom Buckingham Palast in ein Apartment im nahegelegenen Kensington Palast umgezogen war. Da er keine Möbel hatte, fragte er den Lagerverwalter im Buckingham Palast, ob es etwas gäbe, das er haben könne. Man sagte ihm, im Keller des Palastes gäbe es ganze Speicher voller Möbel. Die meisten seien antik und wie geschaffen für sein Apartment. Charles fragte seine Mutter. „Nein", sagte sie ihm geradeheraus, „die bekommst du nicht, kein Stück davon."

Als Charles die Geschichte erzählte, meinte er: „Ich war sprachlos, als sie ablehnte. Dieses Zeug lag seit Jahrzehnten dort und verstaubte, doch meine eigene Mutter lehnte es ab, mir auch nur ein Stück zu überlassen. Ich versuchte sie zu überzeugen, doch es half nichts. 'Kauf deine eigenen Sachen, die gehören mir', sagte sie."

Elizabeth ist zu sich selbst genauso geizig wie zu ihren Kindern. Von ihnen erwartete sie, daß sie die Kleider auftrugen, bis Margarets Kinder sie bekamen. Elizabeth sah es als Verschwendung an, die Sachen wegzuwerfen oder gar Wohltätigkeitsorganisationen zu geben.

Elizabeth hat, verglichen mit dem Durchschnittsbürger, zwar wenig Freiheiten doch sie hat auch keinerlei finanzielle Einschränkungen bei der Auswahl von Kleidern. Viele Frauen wären herzlich gern an Elizabeth's Stelle, die ein Vermögen ausgeben kann. Das aber käme der Königin von England nicht in den Sinn.

Früher schuf sie Modetrends. Als kleines Kind wollte sie ihr Kinderzimmer gelb gestrichen haben, und die britische Mittelklasse folgte ihrem Beispiel. An ihrem sechzehnten Geburtstag trat Elizabeth zum ersten Mal als Colonel der Grenadiere auf, und ihr grünes Filzbarrett, dessen Oberteil ein wenig nach vorn über den schmalen Schirm ragte, wurde sofort kopiert und überall im Land verkauft.

1948 besuchte Elizabeth Frankreich, damals das Modezentrum der Welt. Ihrer Kinderfrau Marion Crawford zufolge, „sorgte ihre Garderobe für einen Schauer der Aufregung in der Modehauptstadt". Selbst Christian Dior sagte: „Sie ist zauberhaft. Auf den Bildern konnte man nie sehen, wie hübsch sie sein kann und mit welcher Würde sie ihre Kleider trägt."

Drei Jahre später reiste Elizabeth mit Philip durch Kanada. Sie gingen zum Volkstanz. Elizabeth trug ein braun-weiß-kariertes Hemd und einen stahlblauen Dirndlrock, während Philip in Jeans, Mokassins und einem karierten Hemd auftrat. Solche Zwanglosigkeit überraschte die kanadischen Gastgeber, doch die Studenten der McGill Universität in Montreal jubelten der Prinzessin zu: „Yea, Betty, yea Windsor, yea, yea Betty Windsor." Elizabeth wurde rot vor Verlegenheit. Nie hatte sie für ihre Kleider und ihr Benehmen soviel Begeisterung geerntet.

Später flogen Elizabeth und Philip nach Washington. Der "Star" verkündete: „Man sollte der Prinzessin einfach die Wahrheit sagen... daß sie diese Stadt mit ihrem Charme in einem Maße für sich eingenommen hat, daß unsere ältesten Einwohner kaum einen mit ihr vergleichbaren Besucher nennen können." Das war die Zeit, bevor Elizabeth die Pflichten der Monarchie übernahm.

Während der Nachkriegszeit mußte die Königin in Amerika mit ihrer Garderobe vorsichtig sein. Tagsüber zog sie sich im gemäßigten New Yorker Stil an: bauschige Mäntel und Röcke bis zur Wade. Elizabeth machte sich Sorgen, was die Briten davon halten würden. Die Nation stand noch immer unter Schock und erholte sich von den furchtbaren Folgen des Zweiten Weltkrieges. Kleider waren immer noch rationiert. Elizabeth wollte nicht teuer und nicht nach der neuesten Mode gekleidet wirken, während die Mehrheit der Briten unter solchen Engpässen litt. Für glamouröse Abendauftritte wählte sie bestickte Kleider und die atemberaubenden königlichen Juwelen. Würde und Bequemlichkeit am Tage, Glamour am Abend - an diese Formel hat sich Elizabeth in der Öffentlichkeit immer gehalten.

Als Kind und Teenager hatte sie ihre Kleider nie selbst ausgesucht. Jeden Morgen hatte ihre Kinderfrau ihr hingelegt, was sie anziehen sollte. Sie akzeptierte die Schlichtheit ihrer Kleidung. Es kam ihr nie den Sinn, selbst etwas auszusuchen. Ihre erste Erzieherin Crawfie schrieb: „Die Prinzessin war immer konservativ, was ihre Kleider anging. Sie war mit dem zufrieden, was man ihr bereitlegte. Die Schneider, Schuster und Putzmacher nahmen ihr die Wahl ihrer Garderobe ab. Den Händlern wurde die exakte Farbe eines Stoffes genannt, und dann trafen die Accessoires ein: perfekt, wunderschön und kostbar. Und das alles ohne den persönlichen Aufwand, der das Einkaufen zu einem der aufregendensten Abenteuers macht."

Manchmal protestierte Elizabeth, doch Crawfie war immer mit Rat und Tat zur Stelle. „Die Prinzessin durfte nicht vergessen", schrieb sie, „wenn sie ihre Farben auswählte, daß sie bestimmte Töne nicht tragen durfte. Wenn ein Ton in der Menge unterging, konnte man sie bei ihren öffentlichen Auftritten einfach nicht mehr erkennen." Crawfie fügte hinzu: „Es gab auch Zeiten, in denen sie aus Handelsinteressen gebeten wurde, einen bestimmten Stoff oder Schuh zu tragen, um der Mode eine bestimmte Richtung zu geben."

Elizabeth's Teenagerjahre fielen in die Zeit des Krieges und seiner unmittelbaren Folgen, als die britische Regierung alle Kleiderkäufe rigoros kontrollierte, indem sie Coupons an die Bevölkerung austeilte, Prinzessin Elizabeth und die königliche Familie eingeschlossen. Weil sie ein Beispiel setzen wollten, sah man König George und seine Frau nie in verschwenderisch teuren Kleidern. Man verbat es auch Elizabeth und Margaret. Diese Einschränkungen herrschten zwischen Elizabeth's fünfzehntem und fünfundzwanzigstem Lebensjahr, ein Alter, in dem die meisten jungen Frauen gern Experimente machen. Zu einem Teil erklärt das die pragmatische Einstellung der Königin zu ihrer Garderobe und den Mangel an modischem Interesse.

Während dieser Jahre waren einige Kleidungsstücke von Elizabeth und Margaret aus den alten abgelegten Kleidern ihrer Mutter gemacht, auch Abend- und Ballkleider, denn der schmucklose Stil der späten vierziger Jahre kam mit wenig Stoff aus.

1952 machte der britische Designer Norman Hartnell Elizabeth's erstes Partykleid. Danach sagte er: „Sie akzeptierte die Anproben als Teil ihrer offiziellen Pflichten, doch man spürte kein Interesse für Kleider oder deren Entwurf, noch nicht einmal für die neueste Mode. Prinzessin Elizabeth war am glücklichsten in Tweedsachen oder einfachen Kleidern, und so sollte es auch immer bleiben."

Elizabeth hat sich nie etwas gegönnt. Die meiste Zeit verließ sie sich auf Bobo McDonald als ihre ehrliche Kritikerin, die noch nie etwas für Mode übrig hatte. Elizabeth entschied sich nie für etwas Neues, bevor Bobo nicht zugestimmt hatte.

Bobo sorgte dafür, daß kein Designer zu mächtig wurde, und wählte sorgfältig unter einer Reihe führender Designer aus. Wenn ein Couturier Vorschläge zur Ergänzung der Garderobe der Königin durch Hüte, Handtaschen und Schuhe machen wollte, griff Bobo stets ein und sagte mit ihrem schottischen Akzent: „Wissen Sie, Sie sind wegen der Kleider hier und nicht wegen der Accessoires." Falls Bobo sich gegen ein Kleid entschied, wurde es beiseite gelegt und nie getragen. Sie war die einzige Person, die Elizabeth's Aufzug offen kritisierte. Elizabeth nahm die Kritik kommentarlos hin. Einige bedauerten Bobos Einfluß auf Elizabeth's Garderobe, denn sie war immer äußerst schlicht.

Eine Weile imitierte die junge Elizabeth ihre Mutter und trug übertriebene Hüte, dekorative Accessoires, geschwungene Bordüren, und helle Pastelltöne, die gar nicht zu ihrem Charakter passen. Die Königinmutter wurde die meiste Zeit ihres Lebens vom Hause Hartnell eingekleidet, erst von Sir Norman und später von seinen Nachfolgern. Die meisten ihrer Kleider bestehen aus weichen Stoffen wie Chiffon, Georgette, Organdy, Seide und Spitze. Man kann sich darin frei bewegen und hat es bequem. Immer dominierten Pastellfarben. Blau, Rosa, Gelb, Grün, Lila und Mauve wurden ständig wiederholt. Ihre berühmten Hüte haben sich bis heute nie geändert, auch ihre Schuhe mit den dünnen Sohlen und hohen Absätzen nicht, obwohl die Königinmutter bereits über neunzig Jahre alt ist.

Elizabeth wurde freundlich darauf hingewiesen, daß der Stil ihrer Mutter ihr nicht stand. Deshalb entschied sie sich für traditionellere und weniger bunte Kleider. Das brachte ihr wiederum die Kritik ein, sie sähe aus wie eine Fünfundvierzigjährige anstatt wie eine fünfundzwanzigjährige junge Frau. Sie aber glaubte, sie wirke würdevoller und eleganter.

Im Abendkleid wirkte Elizabeth königlich. Die blendende Üppigkeit ihrer Kleider stellte jede Konkurrenz in den Schatten, auch weil niemand in Qualität und Quantität mit ihrem atemberaubenden Schmuck mithalten konnte. In Uniform sah Elizabeth mit ihrer aufrechten Figur immer glänzend aus. In Reitanzügen und ländlichen Aufmachungen wirkte sie glücklich, entspannt und sicher. Jedes Foto von ihr auf einem Pferd läßt erkennen, daß sie eine vollendete Reiterin ist.

Über die Jahre hat Elizabeth ein Vermögen für Kleider ausgegeben. Sie wechselt ihre Kleider wahrscheinlich dreimal am Tag, manchmal auch vier- oder fünfmal. Wenn sie sich wie ihre Schwiegertochter Diana für Mode interessieren würde, dann würde allein die Auswahl der Kleider, ganz zu schweigen von dem Einkauf, die meiste Zeit ihres Lebens in Anspruch nehmen.

In den sechziger Jahren entdeckte Elizabeth die klassische Einfachheit von Leinen. Doch selbst wenn sie süchtig nach Mode wäre, würde sie Geld sparen und ihre alten Kleider ändern lassen.

Der "London Evening Standard" berichtete 1971: „Die Kleidersäume gehen rauf und runter. Während wir die Frauen bitten, das zu tragen, was ihnen steht, folgen sie trotzdem der neuesten Mode... selbst die Königin ist an diesem Wochenende auf einer Gartenparty in Smith's Lawn, Windsor, in einem himbeerfarbenen Kostüm aufgetreten, das zwei Saumlängen hatte - die alte und die neue. Der Rock hätte eigentlich das Knie bedecken sollen, doch man hatte den Saum um zehn Zentimeter verlängert!"

Die Kritik wurde schärfer. Im Mai 1972 fragte die "Women's Wear Daily": „Warum zieht sich die Königin so schlecht an? Warum ist sie die nette Königin in einer netten Kopie von Chanel? Und wozu braucht sie eine Handtasche? Will sie zeigen, daß sie genau wie andere Frauen ist, die Geld und Ausweis mit sich herumtragen?"

Im gleichen Jahr kommentierte der sonst loyale "Daily Express": „Selbst die glühendsten Royalisten müssen widerwillig zugeben, daß einige der Hüte auf dem königlichen Kopf, um höflich zu bleiben, eher merkwürdige Kreationen sind. Ihre Schuhe, so sagte jemand einmal, würden zu pensionierten, alten Lehrerinnen passen. Sie sind alle grob und ohne Glanz."

Über die Jahre hat sich Elizabeth daran gewöhnt, von den Medien wegen ihrer Kleidung angegriffen zu werden. Im Juni 1979 meinte "Daily Mail", die Vorsicht der Königin bei Geldausgaben sei wirklich knickrig. Am nächsten Tag griff die "Daily Mail" das Thema noch einmal auf. „Unsere knauserige Königin hat es gestern wieder einmal bewiesen. Sie erschien in Ascot in einem bedruckten Chiffonkleid in Grau, Lavendel und Rosa mit einem passenden Mantel und einem lavendelfarbenen Strohhut. Hardy Amies hatte es schon für ihren Staatsbesuch letzten Monat in Dänemark entworfen."

Manchmal bekam sie auch Lob für ihre Bodenständigkeit. 1979 schrieb der "Daily Mirror": „Der rauhe Wind der ökonomischen Realität weht in diesen Tagen durch die merkwürdigsten Orte - selbst durch die Garderobe der Königin. In dem offensichtlichen Wunsch, die hohen Kosten für ihre Kleidung zu drücken, trug sie gerade vier Nachbildungen statt der Originalmodelle von Norman Hartnell (jedes kostet etwa 750 Dollar). In Zeiten der Inflation, wo alles so teuer wird, ist das vielleicht ganz vernünftig."

Elizabeth schenkt ihren Kleidern bei Überseereisen und königlichen Besuchen, bei denen sie den prüfenden Blicken der Medien standhalten muß, mehr Aufmerksamkeit. Auf allen Reisen nach Übersee enthalten die Presseberichte eine Beschreibung ihrer Kleider mit Namen des Designers oder Modehauses. Selbst während ihrer ersten Jahre als Monarchin hat Elizabeth stets versucht, den Menschen vor Ort zu gefallen. Auf einer Reise nach Frankreich 1957 trug sie zu einer Galaeröffnung des französischen Opernhauses ein Abendkleid aus cremefarbenem Satin, das reichlich mit Perlen, Topas und Gold, mit Lilien, Mohnblumen und einer kleinen goldenen Biene, Napoleons Symbol für Arbeitseifer, besetzt war. Es hatte den schmeichelnden Schnitt, den die Franzosen lieben. Aus dem gleichen Grund wird die Auswahl der Farben, Stoffe und Stile nach Absprache mit dem Gastland getroffen, damit niemand in Verlegenheit gebracht und die Landessitten nicht mißachtet werden. Wenn Elizabeth moslemische Länder oder den Vatikan besucht, sucht sie ihre Kleidung besonders sorgfältig aus.

Elizabeth hat bestimmte Regeln für Besuche in Übersee aufgestellt. So trägt sie Kleider, die sie in Großbritannien bereits getragen hat, möglichst nicht bei offiziellen Auftritten im Ausland. Ein Kleid, das sie bei einer wichtigen Gelegenheit in einer größeren Stadt getragen hat, wird in der gleichen Stadt auf einer anderen Reise nicht wieder erscheinen. Diese Praxis gilt auch für verschiedene Länder und Kontinente. Die Kleider, die sie auf einer wichtigen Reise nach Nordamerika getragen hat, wird man in Australien nicht an ihr sehen.

Während ihrer Auslandsreisen trägt die Königin Sachen, die sie sicher und attraktiv, vor allem aber distanziert wirken lassen. Auf der anderen Seite darf ihre Erscheinung nicht zu streng wirken. Das Protokoll muß durch eine gewisse Freundlichkeit und Zugänglichkeit gemildert werden.

Die Planung und Vorbereitung einer solchen Reise erfordert einen enormen Energie- und Zeitaufwand. Die Kleider und Mäntel werden in großen dunkelblauen Kleidertruhen mit der Aufschrift "Die Königin" transportiert. Die Accessoires werden in separaten Truhen aufbewahrt. Die Hüte hängen an Bändern, die an den Seiten der Truhen festgemacht sind, damit sie nicht verbeulen. Schuhe und Schirme verpackt man separat.

Für größere Reisen hat Gardemajor Ronald Lewis, ihr Gepäckmeister, ein Flugzeug zur Verfügung, um das Gepäck schon früher loszuschicken. Zusätzlich zu den Sachen, die Elizabeth anziehen will, werden Alternativen für unvorhergesehene Notfälle wie Regenstürme eingepackt.

Wenn die Reise beginnt, sind die Ankleider der Königin verantwortlich für den Zustand der Kleidung. Sie bügeln, säubern und prüfen jedes Kleidungsstück. Sie legen alle Sachen zurecht, die für jeden Kleiderwechsel benötigt werden - von der Unterwäsche bis hin zum Schmuck. Der Inhalt aller Truhen, Taschen und Hutschachteln wird zweifach inventarisiert. Eine Kopie bekommen die Ankleider, die andere wird auf die Innenseite des Deckels geklebt. Damit die Sachen so wenig wie möglich knittern, braucht man Massen von Seidenpapier für jedes Kleidungsstück. Die Schultern und Kragen werden eingehüllt, und jede Falte wird mit Seidenpapier unterlegt. Wichtige Abendkleider und Kleider bei Staatsauftritten hängen einzeln auf einem Kleiderbügel, eingepackt in Watte und dunkles Seidenpapier, damit der Glanz nicht verlorengeht. Schützende Plastikhüllen werden darübergezogen. Solche Sorgfalt im Detail macht nur ein Minimum an Bügelarbeit nach der Ankunft erforderlich.

Einige Zeitungen in Übersee kritisieren die Königin offenbar gern, wenn sie zu Besuch ist. Während eines Staatsbesuchs In Kanada 1984 übte der "Toronto Star" Kritik an Elizabeth wegen ihrer "wenig schmeichelhaften runden Ausschnitte, langen Mäntel und schrecklichen Hüte" sowie "ihres vorsichtigen runden Haarschnitts, mit dem sie aussieht wie eine Großmutter." Elizabeth war allerdings bereits seit sieben Jahren Großmutter.

Ein Jahr zuvor verglich und kritisierte man den Unterschied zwischen Prinzessin Diana, dem eleganten, modebewußten und aufstrebenden Glamour Girl der königlichen Familie, und der altjüngferlichen Elizabeth. Die "Daily Mail" schrieb: „Prinzessin Diana soll angeblich kaum Einfluß auf die schrecklichen Kleider der Königin haben. Sie wird sie aber hoffentlich überreden können, den zweireihigen Mantel, den Filzhut, das Kostüm und die Schleifenbluse abzulegen. Wenn sie das nächste Mal durch die Garderobe ihrer Schwiegermutter geht, sollte sie sie überzeugen, diese altmodischen Stolen wegzuwerfen, die die Königin mit Vorliebe zu ihren diamantenbesetzten Abendkleidern trägt."

„Es müßte jemanden geben", schrieb der "Sunday Express" 1983, „der die Königin davon abhält, albernes Zeug zu tragen... halb Großbritannien muß sich vor Peinlichkeit gewunden haben, als Fernsehen und Zeitungen die Königin am Sonntag in San Diego gezeigt haben. Ihr überschwengliches blau-weißes Kostüm war schon schlimm genug, doch der Segelhut, den sie trug, war grausam. Sie sah aus wie eine reife Platzanweiserin im Kino der vierziger Jahre."

Manchmal haben ihre Modeberater sie gedrängt, ihre Besucher durch teure Mode zu verblüffen. Scheinbar hat das nie funktioniert. Im März 1984 besuchte sie ein Bankett in San Francisco in einem raschelnden Taftkleid mit Spitzenrüschen, das einen umfangreichen Rock hatte, der tief angesetzt war. Die Ärmel waren mit Rüschen aus Goldspitze verziert, und gigantische Spitzenschleifen zierten die Schultern. Zusammen mit der glitzernden Tiara trug sie Diamantohrringe. Das war ein furchtbarer Fehler gewesen, der Elizabeth peinlich berührte und den sie nie wiederholt hat.

Die Leute wundern sich oft über die Handtasche. Sie wurde selten ohne fotografiert, auch nicht, wenn sie über den Rasen vor ihrem Haus spaziert. Die Tasche ist immer aus Leder, auf Hochglanz poliert. Worin liegt ihre Funktion? Die Antwort ist einfach psychologischer Natur. Sie braucht sie. Sie mag ihre Handtasche. Sie kann sich daran festhalten, wenn sie nervös ist, und die Hände haben in langen, fürchterlichen Momenten etwas zu tun. Sie vermittelt ein Gefühl der Sicherheit und Zufriedenheit.

Sie besitzt viele Handtaschen aus schwerem Kalbsleder für den Tag und aus silbernem Material für den Abend. Sie sind oft schwarz, manchmal weiß und haben immer eine Schleife für das Handgelenk. Sie hat keine Schultertasche und keine Tasche mit Griff. Ihre Handtaschen haben sich über die Jahrzehnte nie nach der Mode gerichtet und gaben oft Anlaß zu Kritik und offener Belustigung.

Was enthält die Handtasche? Einen Lippenstift, eine goldene Puderdose, ihre Brille, ein Taschentuch und manchmal ihre geliebte vergoldete Kamera, niemals Geld. Das braucht sie nicht.

Mit ihren Handschuhen ist es dasselbe. Die Königin betrachtet Handschuhe als unerläßlich, als praktischen Schutz einer Frau, die so viele Hände schütteln muß. Ihr Händedruck ist das absolute Gegenteil von Philips festem männlichen Händedruck. Die Handschuhe verhindern auch, daß ihre Hände zu sehr zittern. Die meisten ihrer Handschuhe sind nicht aus Leder oder Wildleder, sondern aus einem künstlichen Wildleder, das man leicht waschen, säubern und trocknen kann. Es war Elizabeth's Idee, denn das Material ist viel billiger als echtes Leder oder Wildleder.

Ein ganz besonderer Aspekt ihres königlichen Lebens langweilt sie zu Tode. Das sind die endlosen Stunden der Anprobe für die Tausenden von Sachen, die sie braucht. Viele Leute reagieren überrascht, wenn sie hören, wie oft sich Elizabeth am Tag umziehen muß, auch wenn sie nicht auf Reisen ist. Abhängig von der Art ihrer offiziellen Auftritte, muß sie drei- oder viermal am Tag das Kostüm wechseln. Für eine Frau, die sich nicht für Mode interessiert, bedeutet das Arbeit. Sie braucht ein gutes Verhältnis zu den Ankleidern, weil sie diese viel öfter sieht als ihre eigenen Kinder, ihren Mann oder ihre persönlichen Dienstmädchen.

Oft nimmt sie zwei oder drei ihrer etwas besser erzogenen Corgi-Hunde mit, denen sie gut zuredet, während die Designer und Schneider ihrer Arbeit nachgehen. Auch bei diesen zwanglosen Treffen besteht Elizabeth darauf, daß das Palastprotokoll eingehalten wird. Die Schneider dürfen nur sprechen, wenn sie gefragt werden, und dürfen der Königin unter keinen Umständen

den Rücken zudrehen. Wenn sie den Raum verlassen, müssen die Designer und Schneider rückwärts laufen und sich vor der Königin verbeugen, sobald sie die Tür erreicht haben, auch wenn diese auf einem Stuhl steht und einen Keks ißt. Niemals darf während dieser Anproben jemand sitzen.

Elizabeth hat ihre Lieblingsfarben und sieht trotz ihres Alters in hellen, kräftigen Farben gut aus. Sie mag kein Marineblau und trägt Schwarz nur bei Trauerfällen. Sie bevorzugt phasenweise bestimmte Farben, manchmal ist es Gelb, dann Grün und oft die "königliche" Farbe Blau. Wenn ihr Pastellfarben angeboten werden, sagt Elizabeth meistens: „Wir müssen vorsichtig mit Pastellfarben sein, man wird mich nicht sehen."

Die Designer der Königin haben zwei grundsätzliche Probleme. Sie müssen es schaffen, daß Elizabeth größer aussieht, als sie es mit ihren 1,62 Metern wirklich ist, und möglichst verhindern, daß sich der Stoff an sie anschmiegt. Weil ihre Lieblingsstoffe, Seidenkrepp und Chiffon, sich statisch aufladen und daher unvorteilhaft am Körper liegen, trägt sie diese Materialien kaum.

Elizabeth trägt Kleidergröße vierzig, ihr Gewicht schwankt zwischen fünfundfünfzig und sechzig Kilogramm. Ihre Kleider und Röcke reichen bis etwa fünf Zentimeter unter das Knie. Sie hält ihre Beine durch regelmäßiges Reiten in Form. Sie trägt nur beige Strümpfe und Strumpfhosen. Ihre Schuhe sind meistens schwarz und haben breite Absätze, da sie lange stehen muß.

Es kümmert Elizabeth nicht, wenn jemand bei einem Treffen die gleiche Farbe trägt wie sie. Die Mitglieder der königlichen Familie und ihre Ankleider beraten sich nicht untereinander. Kurz nachdem Diana zur königlichen Familie gekommen war, hatte sie sich Gedanken gemacht, ob sie in der gleichen Farbe wie die Königin erscheinen könne. Sie sprach darüber mit Elizabeth's Hofdamen, die ihr jedoch versicherten, es sei Elizabeth ganz egal, welche Farben sie trage.

Die Premierministerin Margaret Thatcher hatte einmal bei einem Auftritt die gleiche Kleiderfarbe wie Elizabeth. Am folgenden Tag schrieb Mrs. Thatcher an den Buckingham Palast und schlug vor, die jeweiligen Büros sollten in Zukunft die Auswahl und Farbe der Kleider abstimmen, damit eventuelle Peinlichkeiten vermieden werden könnten. Vom Palast kam eine verletzende Abfuhr: „Die Königin bemerkt nicht, was andere Leute tragen." Mrs. Thatcher war fuchsteufelswild.

Nichts macht Elizabeth mehr Freude, als einen Tag oder länger auf der Rennbahn zu verbringen, besonders dann, wenn ihre Pferde laufen. Royal Ascot, das vornehmste Ereignis des Rennjahres, findet immer an vier Tagen im Juni statt. Der Tag beginnt für alle Gäste, die auf Schloß Windsor übernachten dürfen, mit einer Fahrt durch den Großen Park, die auf einer angrenzenden Rennbahn in Ascot endet. Hier findet ein privater Wettstreit zwischen den Wagen statt. Gewöhnlich gewinnt die Königin.

Die etwa dreißig Gäste treffen sich zu einem Aperitif, dem ein frisches einfaches Mahl folgt, bevor sie in die Rolls-Royce steigen, um zur Rennbahn gefahren zu werden. Die königliche Gesellschaft kommt gegen zwei Uhr nachmittags an. Jeder, der zum königlichen Bereich in Ascot zugelassen ist, muß formvollendet gekleidet sein: die Männer in Frack und Zylinder, die Damen in ihren besten Sommerkleidern. Selbst Detektive und die Hofdamen müssen sich der Kleiderordnung von Ascot fügen.

Offiziell kann jeder Zutritt zum königlichen Bereich erhalten, doch jeder Bewerbung muß eine Empfehlung beigefügt werden von jemandem, der bereits Mitglied und Träger des teuren Abzeichens ist, das Zugang verschafft. Die königliche Loge selbst ist nicht zugänglich.

Elizabeth beobachtet die ersten Teile des Rennens vom Fernseher aus, der hinten in der königlichen Loge steht. Dann rennt sie nach vorn, um die letzten beiden Achtelmeilen durch das Fernglas zu beobachten. Ihr Gesicht verrät die Aufregung und die Ekstase, die sie empfindet. Sie hüpft während des Rennens aufgeregt auf und ab. Es werden Wetten in ihrem Auftrag abgeschlossen, doch sie wettet nie höher als zwanzig Dollar. Sie ist erregt und glücklich, wenn sie gewinnt, und verzweifelt, wenn sie verliert.

Zwischen jedem Rennen gehen Elizabeth und die anderen Mitglieder der Familie zu den Koppeln und betrachten die Pferde, bevor sie ins Rennen gehen. Das ist ein Alptraum für die Polizei und ihren persönlichen Leibwächter, da Elizabeth durch eine Menge Tausender von Leuten geht, von denen ihr die meisten fremd sind und die nur Zentimeter entfernt von ihr stehen. Besonders wenn terroristische Anschläge befürchtet werden müssen, hat man Elizabeth oft davor gewarnt, denn sie gäbe ein leichtes Ziel für jeden Attentäter ab. Doch sie bleibt hartnäckig. „Wenn ich meinen Renntag hier nicht genießen kann", meint sie, „dann kann ich ja gleich gehen."

In ihrer Familie ist Elizabeth die einzige mit dieser Leidenschaft für Pferderennen. Sie hat sie von ihrer Mutter geerbt. Philip kann Pferderennen nicht ausstehen und nimmt nur gezwungenermaßen teil. Elizabeth besteht darauf, daß er neben ihr im offenen Wagen die Rennbahn entlangfährt. Er demonstriert seine Langeweile, indem er sich während des ganzen Nachmittages niemals in der königlichen Loge sehen läßt. Er sitzt statt dessen in einem Zimmer unter der königlichen Loge, wo er auf einem anderen Fernsehgerät Kricket sieht.

Weder Philip noch Elizabeth mögen Theater, Ballett oder Oper. Sie geht zwar ins National Theatre, ist aber nicht gerade begeistert. Künstlerisch tätige Personen in Großbritannien haben versucht, Elizabeth zu überreden, sich doch mehr zu engagieren. Sie meinen, auch wenn Kunst sie nicht sehr interessiere, könnte sie mehr Begeisterung zeigen. Sie könnte vielleicht öffentliche Schenkungen in die Wege leiten oder Schirmherrschaften übernehmen. Elizabeth dagegen sagt, man solle kein Interesse heucheln für Dinge, die einen nicht wirklich begeistern.

Elizabeth würde nie von sich behaupten, intellektuell zu sein. Aber sie ist ganz sicher eine intelligente Frau. Tief in ihrem Herzen ist sie ein Mädchen vom Lande. Sie macht sich nicht wirklich etwas aus dem kulturellen Leben, das die Städte zu bieten haben. Sie hat auch kein richtiges Interesse an den Schönen Künsten, obwohl sie die wunderbarste Privatkollektion der Welt besitzt, die über Generationen innerhalb der Familie vererbt worden ist. Gelegentlich kauft sie ein Bild für ihre Sammlung, aber nur, weil man es ihr geraten hat, um eine Lücke zu füllen oder einen bestimmten Teil der Sammlung zu ergänzen, und nicht etwa, weil sie von dem Bild hingerissen ist.

Großbritanniens erfolgreiche, moderne Maler werden von der Monarchin ebenso ignoriert, wie die, die um ihren Lebensunterhalt kämpfen. Hier unterscheidet sich Elizabeth sehr von den Monarchen, die Schirmherren der aufstrebenden Künstler des Landes waren. Sir Oliver Millar, Direktor der Gemäldesammlung der Königin, sagte dazu: „Seit den Tagen von Prinz Albert hat es kein wirkliches königliches Engagement für gute moderne Malerei mehr gegeben, ob es nun britische oder ausländische Arbeiten sind. Das ist sehr schade. Aber wenn jemand keine modernen Bilder kaufen möchte, was soll man dann tun?"

Prinz Philip dagegen hat Werke moderner Maler gekauft und unterstützt lokale Künstler. Während der letzten zwanzig Jahre hat er jedes Jahr Bilder von schottischen Malern der Königlichen Schottischen Akademie erstanden.

Elizabeth und Philip scheinen ein außergewöhnlich einsames Leben zu führen. Sie haben kaum Freunde, mit denen sie ihre Zeit verbringen könnten. Elizabeth hat einige Freunde, die sie vom Pferderennen kennt und mit denen sie gern über diesen Sport spricht. Bei ihren weiblichen Bekannten handelt es sich meist um Hofdamen. Susan Hussey steht immer zur Verfügung, denn sie verbringt den Großteil ihres Lebens im Palast und nimmt oft als Gast am Mittag- oder Abendessen teil, während sie ihren Pflichten nachgeht und als Horchposten fungiert.

Dann ist da noch die reizende Philippa de Pass, deren mittlerweile mehr als siebzig Jahre alter Mann Robert bei Mountbatten als Gehilfe im Dienst war. Onkel Dickie hatte Lilibet überzeugt, Philippa wäre eine ideale Hofdame, und 1988 wurde sie offiziell dazu ernannt. Dieser Titel begründet ihren Status als eine der wichtigsten Beraterinnen und engsten Freundinnen Elizabeth's. Philippa ist inzwischen über fünfzig Jahre alt. Sie bekleidete diese Position fünf Jahre lang, bevor sie sie im März 1993 an Lady Susan Hussey weitergab. Beide Frauen stehen Elizabeth nahe, sie schätzt ihren Rat und ihre Freundschaft, und sie hört gern ihre Meinung. Keine der Frauen würde sich jedoch als wirklich enge Freundin bezeichnen.

Elizabeth sieht ihre Familie jetzt kaum noch. Heutzutage kommen die Kinder in Balmoral vorbei, um ihre Eltern zwischendurch zu besuchen, doch niemand bleibt acht Wochen in der kalten und regnerischen Einsamkeit.

Philip hat ein paar enge Freunde. Seine guten Jugendfreunde Mike Parker und Rupert Neville sind noch für ihn da. Er hat auch Bekannte, mit denen er sich die Zeit vertreibt. Er trifft sie beim Trabrennen, auf der Jagd oder beim Segeln. Während der letzten Jahre verbringt er jedoch mehr Zeit allein. Er liest dann, malt, angelt oder sieht fern.

Heute ist Elizabeth siebenundsechzig, Philip ist zweiundsiebzig Jahre alt. Sie verbringen wie jedes andere Paar im Rentenalter mehr Zeit zusammen. Doch im Gegensatz zu normalen Rentnern sind sie immer extrem beschäftigt und haben viel zu tun. Für sie hat sich nur wenig geändert. Elizabeth liest ihre endlosen Regierungspapiere und hat wie Philip jedes Jahr Hunderte von offiziellen königlichen Auftritten.

Philip explodiert nicht mehr so oft und ist weniger jähzornig. Die Leute im Palast haben jahrelang staunend mitangesehen, wie geduldig Elizabeth ihrem zornigen Ehemann begegnet ist. Doch die meisten sehen die Sache falsch. Philip bringt eine andere Dimension in ihr geordnetes Leben. Kein Mensch würde es wagen, in ihrer Gesellschaft die Nerven zu verlieren, zu schreien oder zu fluchen. Die meiste Zeit empfand Elizabeth ihren Ehemann als frischen Wind in einer äußerst verstaubten Atmosphäre, obwohl er manchmal über die Stränge schlug und sie verärgerte. Elizabeth ist keine schwache Frau. Sie hätte seine Unverschämtheiten und Flüche jederzeit unterbrechen können. Die meiste Zeit ignorierte sie Philip einfach und widmete sich weiter ihren Aufgaben, ohne seine Proteste zu beachten.

Elizabeth akzeptierte seine Wutanfälle als Teil seines Charakters. Die Frauen in Philips Leben aber konnte sie nicht tolerieren, auch wenn sie ein gewisses Verständnis entwickelt hat. In den frühen Jahren ihrer Ehe erfüllte jeder Hinweis auf eine Untreue Philips sie mit Schrecken und Ungläubigkeit. Doch die Disziplin, die ihr Leben beherrscht, half Elizabeth, sich mit ihrem Mann zu arrangieren. Schließlich ignorierte sie auch seine Affären einfach.

In Elizabeth's einzigartiger Position gab es keinen anderen Ausweg aus dieser Situation. Sie konnte nie über Trennung oder Scheidung nachdenken. Sie hatte Philip geheiratet, so wie sie die Monarchie "geheiratet" hat, "bis daß der Tod sie scheide". Wie groß ihr Ärger oder ihr Unglück auch sein mochte, sie hatte nie den Wunsch, ihn zu verlassen.

Einige Jahre ihrer Ehe, nach der Geburt Edwards 1964, führten Elizabeth und Philip fast völlig getrennte Leben. In diesem Punkt hatte Elizabeth Glück. Wenn sie wollte, war es kein Problem, ihren Mann Tage oder Wochen nicht zu sehen. Elizabeth findet getrennte Schlafzimmer völlig normal für Leute ihres gesellschaftlichen Ranges. Auch heute noch ist es nicht ungewöhnlich, wenn sie nicht zusammen essen. Indem sie ihn vorsätzlich ignoriert, demonstriert Elizabeth nicht nur ihre Charakterstärke, sondern auch ihre Unzufriedenheit mit Philip.

Elizabeth ist während ihres ganzen Lebens nicht allein gewesen, es sei denn, sie hatte es ausdrücklich gewünscht. Sie hat das ganze Jahr über ihre Angestellten, ihren persönlichen Stab, Diener, Pagen, Hofdamen und Ankleider um sich. Als das Familienleben noch einfach war, hatte sie jeden Tag Kontakt mit ihrer

Mutter und konnte ihre Kinder anrufen, wann immer ihr danach zumute war. Ihr Leben ist heute noch so erfüllt und geschäftig, daß sie die ständige Gesellschaft ihres Mannes nicht braucht.

Nur in den Ferien sind Elizabeth und Philip wirklich zusammen. Dann führen beide ein völlig anderes Leben. Wenn sie auf die Pirsch oder die Jagd gehen, läuft Philip mit den Gewehren und den Gillies voraus, und Elizabeth folgt ihm, hält die Jagdhunde unter Kontrolle und sammelt die toten Vögel auf. Sie liebt diese Rolle. Sie hat nie darum gebeten, die Last der Monarchie tragen zu müssen. Manchmal bevorzugt sie das normale Leben einer Frau, die einen tatkräftigen und selbstbewußten Mann hat.

Wenn Elizabeth und Philip zusammen Urlaub machen, laden sie zum Wochenende Gäste ein. Diese Besucher berichten, daß Elizabeth und Philip in den letzten Jahren wie früher wieder viel zusammen lachen. Gibt es einen besseren Beweis für eine gute Ehe, wenn ein Paar nach fünfundvierzig Ehejahren noch immer miteinander lachen kann?

13. Kapitel: Die Angestellten der Königin

Morgens gegen sechs Uhr treffen die ersten der dreihundert Angestellten in der offiziellen Londoner Residenz der Königin ein. Die Männer der verschiedenen königlichen Regimenter schützen ihre Herrscherin abwechselnd rund um die Uhr. Besucher sehen sie an den verschiedenen Eingängen zum Palast stehen und nehmen es als pittoreske Touristenattraktion wahr, wenn die Wachablösung stattfindet oder die berittenen Truppen der Hofhaltung jeden Morgen in ihren hellen Uniformen die Promenade hinunterreiten.

Offiziell gibt es drei separate Leibgarden der Königin. Die ältesten sind die Leibgardisten, das älteste Militärcorps, das auf der Welt existiert. Es wurde 1485 nach der Schlacht von Bosworth, in der Richard III. umkam, gegründet. Er war der letzte englische Monarch, der auf dem Schlachtfeld starb. Die ursprüngliche Aufgabe der Leibgardisten war der Schutz des Herrschers, besonders wenn dieser in den Kampf zog. Sie waren auch für den Schutz der königlichen Paläste verantwortlich. Heute besteht die Truppe aus pensionierten und diensthabenden Offizieren und Unteroffizieren aus der Armee und der Königlichen Luftmacht. Bei offiziellen Anlässen stehen die Leibgardisten dicht bei der Königin. Traditionell sind es immer sechs.

Früher gab es sechshundert, heute nur noch sechsundsechzig. Die meisten der heutigen Leibgardisten, wären gar nicht in der Lage, jemanden zu verteidigen, denn die jüngsten Leibgardisten sind um die fünfzig, die meisten aber fast siebzig Jahre alt, also im obligatorischen Rentenalter. Sie müssen eine Größe von mehr als 1,78 Meter haben. Deshalb wirken sie auch so beeindruckend in ihren offiziellen rot-goldenen Jacken, Kniehosen, roten Strümpfen und schwarzen Schnallenschuhen. Sie tragen eine Halskrause und einen schwarzen Samthut mit roten, weißen und blauen Bändern, dazu ein Schwert, das traditionell niemals gezogen wird.

Sie mögen merkwürdig aussehen, doch in der Vergangenheit haben sie dem Herrscher das Leben gerettet. Der letzte Akt solcher Tapferkeit geht zurück in die Herrschaftszeit von König George III. im 19. Jahrhundert. Er überlebte drei Anschläge, die durch die schnelle Reaktion der Leibgardisten vereitelt wurden. Wieviel schnelle Reaktionen man heute zu erwarten hätte, sei dahingestellt, doch ihre Anwesenheit bei Staatsauftritten wurde Tradition. Die professionellen Leibwächter der neunziger Jahre dieses

Jahrhunderts hoffen, daß die Leibgardisten niemals in die Lage geraten, das Leben der Herrscherin retten zu müssen.

Heute liegt der Schutz der Königin in den Händen von Spezialisten, den Offizieren der königlichen Schutztruppe, die vierundzwanzig Stunden am Tag jedes Mitglied der königlichen Familie bewachen. (Das amerikanische Äquivalent dazu ist der Secret Service.)

Die königliche Schutztruppe teilt sich in zwei Gruppen: etwa sechzig Männer in Uniformen, die für den Schutz im Buckingham Palast verantwortlich sind, und etwa hundert Offiziere in Zivil, die als königliche Leibwächter fungieren.

Die Beamten des Buckingham Palastes sind in einer speziellen bombensicheren Polizeistation untergebracht, die 1982 gebaut wurde, kurz nachdem am frühen Morgen ein Mann in Elizabeth's Schlafzimmer eingedrungen war. Neun lange Minuten saß der geistig gestörte Michael Fagan in einem emotionalen Erschöpfungszustand auf Elizabeth's Bett und erzählte ihr seine Probleme. Die Nation war schockiert, weil ein Eindringling sich so leicht Zugang zum Schlafzimmer der Königin hatte verschaffen können.

Der fünfunddreißigjährige Fagan hatte Probleme mit seiner Frau, seinen vier Kindern, zwei Stiefkindern und seinen Eltern. Seine Frau wollte ihn wegen seines anormalen Benehmens und seiner geistigen Verfassung verlassen und die Kinder mitnehmen. Aus unerklärlichem Grund, den Fagan selbst nicht nennen kann, wollte er in die Schlagzeilen kommen und seine Sorgen mit der Welt teilen. Den besten Weg, um die Aufmerksamkeit der Behörden auf sich zu lenken, sah er darin, sich vor Königin Elizabeth die Pulsadern aufzuschneiden. Er glaubte, er sei der Sohn von Rudolf Hess, Hitlers rechte Hand, der zu Beginn des Zweiten Weltkrieges über Großbritannien mit dem Fallschirm abgesprungen war, um angeblich die beiden Länder auszusöhnen. Hess wollte sich direkt an König George VI. wenden, doch er bekam keine Audienz und verbrachte den Krieg in einem britischen Gefängnis. Fagan war entschlossen, den Willen seines "Vaters" zu erfüllen und die Herrscherin zu sehen.

Am Freitag des 9. Juli 1982 um 6.45 Uhr bemerkte ein Polizist, der außer Dienst war, daß ein Mann über die Geländer des Buckingham Palastes kletterte. Er rief sofort die Palastpolizei an. Zwei Offiziere überprüften die Sache, fanden aber nichts. Dann ging der Alarm im Stempelzimmer der Königin, den jeder für nicht zuverlässig hielt, los. Der diensthabende Offizier machte ihn aus. Ein paar Minuten später erschallte der Alarm erneut, und der namenlose Offizier murmelte: „Schon wieder dieser verdammte Alarm!" Er schaltete ihn ein zweites Mal aus und kümmerte sich nicht darum, ob sich vielleicht ein Eindringling Zugang zu einem der Zimmer verschafft hatte.

Nachdem Fagan das Stempelzimmer erreicht hatte, indem er einfach durch das Fenster im Parterre geklettert war, fand er die Tür zum Inneren des Palastes verschlossen und kletterte wieder aus dem Fenster, um nach einem anderen Weg zu suchen. Der diensthabende Polizist, der keinen Eindringling bemerkt hatte, ging zurück in sein Zimmer und trank eine Tasse Tee. Nachdem Fagan alle Fenster im Parterre verschlossen gefunden hatte, kletterte er an einer Regenrinne nach oben, um zu sehen, ob im ersten Stock ein Fenster offenstand. Es war bereits taghell, und im Palast regte sich Leben, weil das Personal zum Dienst kam. Niemandem fiel etwas auf.

Er fand im ersten Stock ein halboffenes Fenster, kletterte eine andere Regenrinne hoch und war innerhalb weniger Minuten im Palast. Er zog seine Strümpfe und Sandalen aus, bevor er über den Korridor trottete, der zu den Privatgemächern der Königin führt. Er nahm einen schweren Glasaschenbecher und schmiß ihn gegen die Wand. Eine Scherbe davon behielt er, um sich vor der Herrscherin die Pulsadern aufzuschneiden. Niemand hörte das Geräusch. Die bewaffneten Polizeioffiziere, die vor den Gemächern der Königin patrouillieren, waren wie gewöhnlich um sechs Uhr morgens nach Hause gegangen.

Während Fagan in Jeans und T-Shirt mit einer Glasscherbe in der Hand durch die Korridore lief, putzte das persönliche Dienstmädchen der Königin den Raum neben ihrem Schlafzimmer. Der diensthabende Diener war mit den Corgis zum Morgenspaziergang in den Garten gegangen. Fagan spähte in mehrere Zimmer, bis er die Königin schlafend im Bett liegen sah. Leise schlüpfte er ins Zimmer und schloß die Tür hinter sich.

Genau um 7.18 Uhr, so berichtete die Königin später, wurde sie wach, weil die langen Vorhänge zurückgezogen wurden. Es war nicht ihr gewohntes Dienstmädchen, sondern Fagan. Sie setzte sich in ihrem Nachthemd auf und fragte Fagan, wer er sei und was er, um Himmels willen, in ihrem Schlafzimmer zu suchen habe. Dann erst sah sie, wie schlampig und unrasiert er wirkte, und sie entdeckte die Glasscherbe in seiner Hand. Fagan blutete am Daumen, lief zum Bett und setzte sich ein paar Zentimeter von Elizabeth entfernt auf die Bettkante. Sie bewegte sich nicht und beobachtete Fagan, der mit der Glasscherbe spielte. „Ich habe furchtbare Probleme", sagte er. „Ich muß mit Ihnen sprechen."

Elizabeth meinte später, daß sie von dem Moment an, als er auf ihrem Bett saß, wußte, daß sie die Nerven behalten mußte, weil der Mann krank war. „Mir war klar, ich mußte ihn reden lassen, um seine Aufmerksamkeit zu behalten. Wenn er weiter redete, würde er sicher nicht gewalttätig werden."

Der Mann schien nicht zu wissen, was er eigentlich sagen wollte, also fragte ihn Elizabeth nach seinen Problemen. Als er ruhiger zu sprechen begann, drückte sie vorsichtig auf den Alarmknopf an einer Seite des Bettes, der in direkter Verbindung zum Kontrollraum der Polizei steht. Sie erwartete, daß binnen einer Minute die Polizei in ihr Zimmer stürzen würde. Nichts geschah. Der Alarm funktionierte nicht.

Elizabeth wartete geduldig und wunderte sich, warum ihr Alarmruf keine Wirkung zeigte. Sie schaffte es, Fagan reden zu lassen, während das Blut aus seinem Daumen auf ihre Bettwäsche tropfte. Nach ein paar Minuten, während Fagan seine weitläufige, unzusammenhängende Geschichte erzählte, versuchte Elizabeth einen anderen Rufknopf, der das Dienstmädchen herbeirief.

Niemand kam. Das Dienstmädchen hörte das Klingeln nicht, weil sie unten beschäftigt war. Jetzt war Elizabeth alarmiert, denn die einzigen beiden Möglichkeiten, die sie hatte, um jemanden zu rufen, brachten keinen Erfolg. Sie fragte sich, ob Fagan vielleicht beide Klingeln außer Kraft gesetzt hatte. Ihre Lage war ernster, als sie zuerst angenommen hatte.

Fagan sprach weiter und erzählte Elizabeth von seinem "Vater Rudolf Hess". Er erklärte ihr, daß Hess nach Großbritannien geflogen sei, um Deutschland und Großbritannien davon abzuhalten, einander den Krieg zu erklären. Elizabeth war an Small Talk gewöhnt und hatte mit vielen Leuten über Dinge gesprochen, die nur diese Leute etwas angingen. Sie stellte Fagan weitere Fragen und meinte irgendwann: „Dann ist Prinz Charles also ein Jahr jünger als sie."

Als sie erkannte, daß der Eindringling geistig gestört war, hielt sie es für das beste, ihn nicht zu erschrecken oder aufzuregen, weil er sonst gewalttätig werden könnte. Unterdessen behielt sie ständig die Glasscherbe im Auge, die Fagan in der rechten Hand hielt. Falls er sie damit verletzen wollte, hatte sie sich vorgenommen, ihm die Bettdecke übers Gesicht zu werfen und zur Tür zu rennen.

Während die Minuten verstrichen, begann Fagan, sich zu entspannen. Elizabeth wollte etwas anderes versuchen. Sie fragte ihn, ob er eine Tasse Tee wolle. Er sagte: „Ja." Elizabeth griff zum Telefon, um Tee zu bestellen. Der Anruf ging direkt in die Telefonzentrale des Palastes, wo sie um Tee bat. Der Mann in der Zentrale reagierte nicht sofort. Um sicherzugehen, rief er jedoch das Dienstmädchen der Königin an. Wieder gab es keine Reaktion, ihr Mädchen hörte nichts.

Elizabeth war ernsthaft besorgt, als weder der Tee noch das Mädchen kamen. „Ich habe mich wirklich gefragt, wo um Himmels willen alle waren", sagte sie später. „Ich hatte keine Ahnung, was da draußen vor sich ging. Welchen Grund hätte es denn geben können, auf keinen meiner Rufe zu reagieren?"

Nachdem ein paar Minuten verstrichen waren, versuchte Elizabeth erneut, jemanden zu rufen. Sie gab vor, noch einmal Tee zu bestellen, rief wieder in der Telefonzentrale an und bat den Telefonisten, ihr nicht nur Tee zu schicken, sondern auch einen Polizisten. Sie erzählte später, wie ihr Herz geklopft hatte, als sie leise das Wort "Polizist" in den Hörer sprach. Fagan hatte offensichtlich nichts bemerkt. Der Telefonist fand die Bitte der Königin merkwürdig, rief im Kontrollraum der Polizei an und sagte: „Ihre Majestät hat einen Polizisten auf ihr Zimmer bestellt."

Diese Bitte war höchst ungewöhnlich. Der diensthabende Offizier merkte nicht, daß es ein Notruf war, und sagte, er würde jemanden schicken, wenn mehr Leute zum Dienst kämen.

Ihr ganzes Leben lang hatte Elizabeth nur klingeln und nach jemandem schicken müssen, und binnen Sekunden wurde ihr Wunsch erfüllt. Dienstmädchen, Diener und Polizisten kamen sofort angerannt. Trotzdem reagierte in der außergewöhnlichsten und gefährlichsten Situation ihres Lebens, als ein geisteskranker, mit einer Glasscherbe bewaffneter Mann auf ihrem Bett saß, keiner auf ihre Bitten um Hilfe. Sie fühlte sich abgeschnitten, isoliert und sehr verletzbar.

Elizabeth wußte, wenn keiner zu ihrer Rettung kam, dann mußte sie so schnell wie möglich das Zimmer verlassen. Der Mann könnte jeden Moment gewalttätig werden. Warum sonst sollte er ihr Zimmer mit einer Glasscherbe in der Hand betreten haben, wenn er sie nicht bedrohen oder die Waffe gegen sie benutzen wollte? Sie war überrascht gewesen, daß er sie zweimal hatte anrufen lassen, und sie versuchte noch eine dritte List. Sie fragte ihn, ob er rauche. Innerlich betete sie, er möge ja sagen, denn das könnte ihr die Chance zur Flucht verschaffen. Also erkundigte sie sich, ob er eine Zigarette wolle, während sie auf den Tee warteten. „Ja", sagte er. Elizabeth sah ihre Chance. Sie blieb kühl und ruhig: „Tut mir leid, aber ich habe keine Zigarretten in diesem Zimmer. Ich werde jemanden bitten, welche für Sie zu bringen. Würden Sie bitte einen Moment warten?"

Mit klopfendem Herzen schlüpfte Elizabeth so ruhig wie möglich aus dem Bett. Dabei ließ sie Fagan nicht aus den Augen, der durchs Zimmer lief. Er ließ Anzeichen von zunehmender Erregung erkennen. Sie zog ihren Morgenmantel über, band ihn zu und ging langsam aus dem Zimmer. Im Korridor traf sie auf ihr Dienstmädchen und sagte ihr, sie solle sofort die Polizei rufen, denn es sei ein Fremder in ihrem Schlafzimmer. „Verdammter Mist, Madam", explodierte das Mädchen, „er hat doch da gar nichts zu suchen." Elizabeth entgegnete: „Mach schnell, tu was ich sage." Das Dienstmädchen rief die Polizei an.

In diesem Moment kam der Diener mit acht kleinen Corgis zurück. Die Hunde liefen zu ihrer geliebten Herrin, bellten und sprangen an ihren Beinen hoch. Als Fagan die Unruhe hörte, kam er aus dem Schlafzimmer. Der Diener war schockiert. Elizabeth riß sich zusammen und bat den Diener um ein paar Zigaretten für den "Gast", da sie befürchtete, Fagan könne ihn verletzen. Der Diener ging mit Fagan zur nächstgelegenen Vorratskammer, gab ihm eine Zigarette und zündete sie mit zitternden Händen an.

Nachdem Fagan das Mädchen und den Diener mit den kläffenden Hunden gesehen hatte, zeigte er Anzeichen von Panik. Er hielt immer noch die Glasscherbe in der rechten Hand und paffte nervös seine Zigarette mit der linken, während die Königin die Hunde beruhigte. Er sah sich nach allen Seiten um, bis ihn der Diener in die Vorratskammer zog und ihm etwas zu Essen anbot, in der Hoffnung, die Polizei würde jeden Moment eintreffen.

Sekunden später rannte die Polizei durch den Korridor. Fagan wurde überrumpelt und mußte sich mit ausgestreckten Armen auf den Boden legen.

Es hatte wirklich unglaubliche neun Minuten bis zum Eintreffen der Polizei gedauert. Nachdem man Fagan verhaftet hatte, kehrte Elizabeth sofort in ihr Zimmer zurück. Ihre Hände wurden feucht bei dem Gedanken, wie die Sache verlaufen war. Im besten Falle war sie mit einem komischen Kauz zusammen gewesen, im schlechtesten mit einem Irren, der mit einer großen Glasscherbe bewaffnet war. Sie fiel fast in Ohnmacht, als das Mädchen sie auf das blutbefleckte Bett legte, damit sie sich erholen konnte. Zwanzig Minuten lag sie zitternd da, bis sie sich allmählich wieder unter Kontrolle hatte. Dann wurde der Tee gebracht, und sie fühlte sich wieder besser.

Als erstes wollte sie ein Bad nehmen, um das Gefühl abzuwaschen, daß dieser Mann ihr Schlafzimmer besudelt hatte. Dann fühlte sie sich wieder wohl genug, um sich anzuziehen und zu frühstücken. Sofort danach rief sie ihre Mutter an, erzählte ihr von dem Vorfall und sagte, sie solle sich keine Sorgen machen, es ginge ihr wieder gut.

Das war nicht das erste Mal, daß Elizabeth in einer ernsten und potentiell gefährlichen Situation Mut und Tapferkeit bewiesen hatte. Sie besitzt eine bemerkenswerte Geistesgegenwart, eine Situation unter Kontrolle zu bekommen und zu entschärfen.

Prinz Philips Räume liegen im gleichen Stockwerk wie Elizabeth's. Als die Neuigkeit von dem Vorfall bekannt wurde, erklärte der Buckingham Palast, Philip sei in seinen Räumen gewesen, doch es wurde nicht erwähnt, welche Rolle er gespielt hatte. Offensichtlich hatte Philip an diesem Morgen trotz der kläffenden Hunde, rennenden Polizisten und der Unruhe nichts von Fagans Verhaftung gehört. Spätere Berichte vermuteten, er habe die Nacht in einem der Londoner Nachtclubs verbracht, doch alle seine Freunde verneinten das und sagten, er wäre jedesmal in den Palast zurückgekehrt.

Dieser Vorfall zeigt, wie extrem lässig die Sicherheit im Buckingham Palast gehandhabt wurde. Regierungsminister, Scotland Yard und die königliche Sicherheitstruppe ordneten eine Untersuchung an. Es rollten Köpfe, und einige Polizeioffiziere wurden versetzt. Ab dem nächsten Tag wurde ein Polizist vor das Schlafzimmer der Königin postiert, der dort bleiben mußte, bis sie zum Frühstück heraus kam. Man folgte der altehrwürdigen Tradition, Probleme mit Geld zu lösen, und baute im Buckingham Palast einen nagelneuen Kontrollraum für die Polizei mit den neuesten elektronischen Apparaten.

Beim Verhör erklärte Fagan die Polizei, es sei bereits sein zweiter Besuch im Buckingham Palast gewesen. Einen Monat vorher, am 7. Juni, war er, nachdem er eine halbe Flasche Wein im Palast getrunken hatte, wieder aus dem Fenster geklettert und weggegangen. Ein Butler bestätigte, daß man um den 7. Juni genau an dem Platz, den Fagan der Polizei beschrieb, eine halbe Flasche Wein gefunden hatte. Keine der polizeilichen Sicherheitstruppe hatte von diesem Vorfall gewußt, bevor Fagan verhaftet wurde.

Das unbefugte Betreten des Palastes war kein Grund für eine Verhaftung. Er wurde wegen Diebstahls einer halben Flasche Wein angeklagt. Das Gericht sprach ihn frei, doch nach psychiatrischen Gutachten wurde er in die Psychiatrie eingewiesen.

Das Debakel um Fagan hatte einen traurigen Ausgang für einen von Elizabeth's Lieblingsoffizieren, Michael Trestrail. Er war ihr persönlicher Leibwächter und während seines neunjährigen Dienstes ein guter Freund geworden. Trestrail war in den Fünfzigern und schwul. Er hatte zwölf Jahre lang ein Verhältnis mit einem anderen Homosexuellen gehabt. Nach dem Einbruch Fagans versuchte Trestrails Geliebter, ihn zu erpressen. Trestrail informierte Elizabeth über den Erpressungsversuch und sagte, er sehe keine andere Möglichkeit, als seinen Abschied vom Dienst zu nehmen. Elizabeth akzeptierte zögernd, weil sie keine andere Wahl hatte.

Sie schätzte seine tadellosen Manieren, seinen Verstand und seine Intelligenz. Sie hatte viel mit ihm geplaudert, seinen Rat gesucht und sich auf sein gutes Gespür verlassen. Außerdem waren die Gespräche mit ihm amüsanter als die mit Prinz Philip. Es gibt keinen Hinweis darauf, daß es zwischen den beiden mehr gab als Freundschaft. Sie waren im gleichen Alter, und Elizabeth fühlte sich zweifellos im Stich gelassen. Während der vierzigjährigen Herrschaft konnte sich Elizabeth nur auf ein paar Vertraute und Freunde verlassen. Trestrail stand ihr außergewöhnlich nahe. Elizabeth sagte einer ihrer Hofdamen: „Der arme Michael tut mir so leid. Er war so nett und aufmerksam und so gut in seinem Job. Ich habe mich immer sicher gefühlt mit ihm."

Der Sicherheitsapparat wurde nach dem Vorfall mit Fagan deutlich verbessert.

Ein weitaus gefährlicherer und angemessenerer Grund, Veränderungen einzuführen, war jedoch die Irische Republikanische Armee (IRA). Sie hatte im Juli 1982 zwei schreckliche Bombenattentate in London verübt, eines im Hyde Park und eines im Regent's Park. Beide Bomben galten Mitgliedern der bewaffneten Streitkräfte, und beide explodierten in der Nähe des Buckingham Palastes und der anderen königlichen Residenzen.

Premierministerin Margaret Thatcher ordnete eine generelle Verstärkung der Sicherheitsmaßnahmen an. Die britischen Spezialisten vom SAS (Special Air Service) sollten die Sicherheit verbessern. Jedes Zimmer im Palast wurde fotografiert und die Fotos im Kontrollraum und auch im Hauptquartier des SAS aufgehängt. Sollte eine Rettungsaktion notwendig werden, kannten die SAS Truppen die Einrichtung jedes Zimmers und die Position der Möbel genau.

Fagan und die Bomben der IRA hatten gezeigt, wie einfach zielgerichtete Bombenanschläge den Palast treffen konnten. Margaret Thatcher erkannte, was für einen außergewöhnlichen Coup die IRA landen könnte, wenn sie es schaffte, die Königin oder ein nahestehendes Mitglied der königlichen Familie zu ermorden, so wie sie Mountbatten im August 1979 umgebracht hatte.

Infolgedessen wurde nicht nur im Buckingham Palast, sondern auch in allen anderen königlichen Residenzen ein elektronisches System installiert, das jede Information sofort zum Kontrollraum im Palast weitergibt. Dieses System schließt die Häuser von Charles und Diana in Highgrove und von Prinzessin Anne in Gatcombe Park mit ein. Jetzt sorgen Verstärkungssysteme dafür, daß die königlichen Häuser nie abgeschnitten sind, auch wenn die Hauptkommunikationsstränge in die Luft gesprengt werden sollten. Als weitere Maßnahme wurde jedes königliche Auto mit einem elektronischen Gerät ausgerüstet, so daß der Kontrollraum immer genau weiß, wo sich die Autos befinden

Der Vorfall mit Fagan war für die Behörden noch mehr Anlaß zur Sorge, weil er nur dreizehn Monate nach einem ernsten Anschlag auf Elizabeth's Leben stattfand.

Es geschah am 13. Juni 1981 während einer Truppenparade, zwei Jahre nach Mountbattens Ermordung durch die IRA. Ein unglücklicher Siebzehnjähriger versuchte auf die Königin zu schießen, als sie die Promenade auf einer schwarzen Stute entlangritt. Die Fernsehzuschauer hörten ein paar Schüsse, sahen die Stute instinktiv in einen kurzen Galopp wechseln und Elizabeth, wie sie sich nach hinten beugte, um das Pferd im Zaum zu halten. Sie ritt im Damensattel, wie immer bei offiziellen Paraden, und es fiel ihr deshalb schwer, das Pferd zu kontrollieren.

Plötzlich riefen die Zuschauer zu Hause an ihren Bildschirmen: „Man hat auf die Königin geschossen... jemand hat Schüsse auf die Königin abgegeben!" Sie sahen Elizabeth blaß werden und mit der Hand nach vorn greifen, um dem Pferd beruhigend den

Nacken zu tätscheln. Sie sahen Philip und Charles auf ihren Pferden kommen, um die Königin zu schützen. Andere Offiziere gaben ihren Pferden die Sporen, und sie sahen, wie die Polizei und einzelne Zuschauer sich auf einen jungen Mann stürzten.

Später erzählte Elizabeth den Gästen auf Schloß Windsor: „Nicht die Schüsse haben mein Pferd erschreckt, sondern der Anblick der Kavallerie, als jeder kam, um mich zu schützen."

In ihrer Weihnachtsansprache in jenem Jahr, es war das Jahr der Behinderten, spielte Elizabeth ihren eigenen Mut herunter, während sie den Mut anderer pries: „Es gibt den Mut in unerschrockenen Gesichtern, den Mut von Feuerwehrmännern und Soldaten", sagte sie, „doch vor allem gibt es moralischen Mut." Damit schloß sie den unerschütterlichen Lebensmut der Behinderten mit ein. „Dieser Mut ist wie ein endloser roter Faden, der sich durch alles zieht", erklärte sie.

Nach diesem Schreck drängten Mitglieder der Hofhaltung und höhere Polizeioffiziere Elizabeth, in der Öffentlichkeit nicht mehr zu reiten. Sie sollte nicht mehr in langsamen, von Pferden gezogenen Kutschen fahren und sich für modernere Transportmittel entscheiden, die weniger anfällig waren für die Kugeln eines Attentäters oder Bomben. Viele forderten einen Schutz, wie ihn Präsidenten genießen. Die Königin sollte in gepanzerten Wagen mit Vorhut und Sicherheitsleuten fahren. Die Diskussion zog sich durch alle Medien.

Elizabeth wollte davon nichts hören. „Wenn mein Volk ihre Monarchin bei solchen Auftritten nicht mehr sehen kann", sagte sie, „dann braucht es auch keine Monarchie mehr zu geben. Und damit ist die Diskussion beendet." Der junge Siebzehnjährige, der sich mit sechs Platzpatronen und einer nachgemachten Pistole ausgerüstet hatte, wurde nach dem Hochverratsgesetz von 1842 zu fünf Jahren Gefängnis verurteilt. Sein Tatmotiv: er wollte auf sich aufmerksam machen.

Die hundertsechzig Mitglieder der königlichen Sicherheitstruppe bewerben sich wie die Leibgardisten. Sie müssen sich einem rigorosen Auswahlsystem unterziehen, und nur einer von zwanzig Bewerbern wird genommen. Sie müssen fit, agil, gute Schützen und im unbewaffneten Kampf ausgebildet sein. Alle tragen Pistolen, haben aber jederzeit Zugang zu automatischen Waffen. Der persönliche Leibwächter der Königin hat wie alle anderen Leibwächter strikte Anweisung, die zu bewachenden Personen niemals allein ausgehen zu lassen. Die Geschichten über Prinzessin Diana, die angeblich allein wegfährt, sind nicht wahr, denn die Leibwächter haben strengste Anweisungen, ihr persönliches Mitglied der Königsfamilie niemals aus den Augen zu lassen.

Viele Menschen, die heute in den Palästen der Nation arbeiten, führen Aufgaben aus, die jahrhundertelang von königlichen Dienern übernommen worden waren. Sie sind stolz darauf, Teil einer privilegierten Tradition zu sein, und lieben ihre ungewöhnliche Arbeit.

Die Pflichten der farbenfrohen Leibgardisten, auch Beefeater genannt, sind symbolischer Natur, obwohl sie eine Funktion erfüllen. Wächter wurden 1066 von Wilhelm dem Eroberer eingesetzt, um die Gefangenen im Londoner Tower zu bewachen und ihren Herrscher auf dem Schlachtfeld zu schützten. Heute hat die Leibgarde keine Gefangenen mehr zu bewachen, doch sie achtet auf die etwa zwei Millionen Besucher, die jährlich den Tower besichtigen. Die Leibgardisten werden mehr als hundertmal am Tag fotografiert.

Es gibt noch das Ehrencorps der königlichen Leibgardisten, das Henry VIII. 1509 als persönliche berittene Garde gründete. Die Mitgliederzahl hat sich nie geändert, zehn Offizieren und siebenundzwanzig sogenannte Gentlemen. Heute gehen sie ihren zeremoniellen Pflichten zu Fuß nach. In Schottland eskortiert die königliche Gemeinschaft der Bogenschützen, die 1676 gegründet wurde, die Herrscherin bei ihren Besuchen.

Der Buckingham Palast wurde 1762 zum Hauptsitz der königlichen Familie. Damals kaufte George III. die Residenz vom Herzog von Buckingham für 100.000 Dollar. Er wollte ein angemessenes Haus in London für sich und seine achtzehnjährige Frau Charlotte. 1822 beauftragte König George IV. den berühmten Architekten John Nash, das Originalgebäude umzubauen. Es hat nun 19 Prunkzimmer, 52 Schlafzimmer, 188 Zimmer für das Personal, 92 Büroräume und 78 Badezimmer - insgesamt also 429 Räume.

Hier führt Elizabeth, der Tradition der britischen Herrscher seit George III. folgend, die Geschäfte einer konstitutionellen Monarchie. Hier empfängt die Königin auch Staatsoberhäupter anderer Länder, Vertreter des diplomatischen Corps und den Staatsrat, gibt kleine Essen oder üppige Bankette mit über hundert Gästen.

Bis August 1993 öffnete der Buckingham Palast nie seine Tore für die breite Öffentlichkeit. Seit Elizabeth eingewilligt hat, den Palast zwei Monate im Jahr für Besucher zu öffnen, kann nun jeder für zwölf Dollar Eintrittsgeld das wunderbare Innere besichtigen. Die zahlenden Besucher benutzen einen anderen Eingang als diejenigen, die mit höheren Angestellten der Hofhaltung offiziell verabredet sind.

Private Besucher werden in altehrwürdiger Tradition empfangen. Nach seiner Ankunft an den massiven Toren mit den goldenen Spitzen, die zum Palastgrundstück führen, wird der Besucher von einem Polizisten zum nördlichen Zentraleingang gebracht. Ein Offizier überprüft die Identität und telefoniert mit einem Diener im Palast, um sicher zu sein, daß er wirklich eine Verabredung hat. Dann geht der Gast über den kiesbedeckten Vorhof zur Privatschatulle, der, von der Promenade aus gesehen, rechts liegt.

Die Stufen vor diesem Eingang sind mit Teppich ausgelegt, obwohl sie Regen und Schnee ausgesetzt sind. Wenn man zur Treppe kommt, wird die Tür von einem livrierten Diener im dunkelgrünen Gehrock, schwarzen Hosen, weißen Hemd und gestreifter Weste geöffnet. Der Diener spricht den Besucher namentlich an und bittet ihn, in einem kleinen Nebenraum zu warten, in dem hellgrün gepolsterte Stühle, zwei kleine, exquisite Schreibtische, ein Schirmständer und ein kleiner Tisch mit Zeitungen stehen. Drei große Gemälde, die regelmäßig gewechselt werden, hängen an den Wänden.

Ein zweiter Diener klopft an die Tür, kommt herein und bittet den Gast, ihm zu folgen. Man läuft durch lange Korridore, vorbei an einer Reihe offener Türen, die den Blick freigeben auf schöne große Räume, in denen verschiedene Leute arbeiten. Das sind die Büros der höchsten Angestellten der Königin. Die Korridore schmücken Porträts ehemaliger hoher Angestellten.

Schließlich erreicht man das Assistentenzimmer, ein ziemlich einfaches Büro. Es gibt Lehnstühle, und die Schreibtische sind aus Holz mit ledernen Platten. Außerdem stehen dort Computer, Kopiergeräte und Aktenschränke. Trotzdem herrscht eine erhabene Atmosphäre.

Der beste Weg, den Buckingham Palast zu sehen und schätzen zu lernen, ist die Teilnahme an einem Staatsbankett. Dann sind alle Prunkzimmer in Gebrauch, die Diener tragen die rot-goldene Livree, und die Gäste erscheinen entweder in ihren National- oder Paradeuniformen mit Medaillen und Schärpen. Die Damen sind mit langen Ballkleidern und Tiaras bekleidet.

Wie vor Jahrhunderten gibt es auch heute noch die hierarchischsten Unterschiede in der königlichen Hofhaltung. An der Spitze stehen Mitglieder des Haushalts, die Privatsekretäre und Assistenzsekretäre. Dazu kommen die Personen, die aus offiziellen Anlässen täglichen Kontakt zu Elizabeth haben. Sie organisieren den Tagesablauf, wohnen königlichen Auftritten bei, organisieren königliche Besuche und beraten die Königin persönlich.

Sie verbringen ihr Leben in Luxus. Sie wohnen in mietfreien Apartments und Häusern, die man Gnaden- oder Vorzugsresidenzen nennt. Elizabeth entscheidet persönlich, welches Heim jedem königlichen Bediensteten angeboten wird. Größe und Komfort sind abhängig vom Titel und der Position. Die bestbezahlten Angestellten bekommen ein Jahresgehalt von 100.000 Dollar, doch die Mehrheit der Topberater erhält weniger als 75.000 Dollar jährlich. Sie bleiben meist Jahrzehnte im Dienst der Monarchin, und die persönlichen Vorrechte sind umfangreich. Sie können Assistenten und Sekretäre einstellen, sie haben Diener, die ihre Sachen packen und bügeln, Botengänge erledigen oder einen Drink eingießen. Immer wenn sie im Auftrag der Königin unterwegs sind, reisen sie erster Klasse, übernachten in den besten Hotels und haben einen Wagen mit Chauffeur.

Dieser Pomp spiegelt den Glanz der Monarchie wider. Und er steigert das Ansehen der höheren Berater, die der Königin "nahe" stehen. Die meisten Personen, die Elizabeth unmittelbar umgeben, sind Männer. Deren Ehefrauen lieben das Prestige und den Glanz, der auf sie fällt, weil ihre Männer "im Palast" arbeiten.

Viele Männer in höheren Positionen sind ehemalige Offiziere der bewaffneten Streitkräfte. Sie behaupten, "mit der Form vertraut zu sein". So nennt man im Palast das Benehmen in Anwesenheit Ihrer Majestät. Elizabeth und Philip bestehen darauf, daß Protokoll und Zeitplan genau eingehalten werden. Armeeoffiziere sind auf diese Pflichten trainiert und halten sie für unerläßlich, damit die Monarchie reibungslos funktioniert.

Gewöhnlich erhalten pensionierte Offiziere eine Dienstrente. Die Königin zahlt ihnen ein kleines Gehalt, sie wohnen kostenlos im Zentrum Londons und haben eine privilegierte Position.

Nach den Mitgliedern der Hofhaltung kommen die Beamten, die für eine perfekte Organisation verantwortlich sind. Dazu gehören auch qualifizierte Buchhalter, die die königlichen Rechnungen begleichen und Position und Bezahlung des Personals festlegen. Diese Angestellten sind jahrzehntelang im königlichen Dienst. Sie organisieren die königlichen Auftritte und Festlichkeiten, kümmern sich um die Küche und das Essen, die Gärten und die Wagen. Trotzdem werden diese Männer und Frauen nie befördert und können nicht Mitglieder der Hofhaltung werden. Die Beamten kennen ihren Platz. Meistens verdienen sie mehr als die Mitglieder der Hofhaltung, haben aber weniger Privilegien. Diejenigen, die mit mir gesprochen haben, zeigen etwas Neid auf die "höheren", die ohne jahrelange Ausbildung viele Vorzüge und Privilegien genießen, ohne täglich Verantwortung übernehmen zu müssen.

Das Personal der königlichen Hofhaltung steht an unterster Stufe. Das sind die zweihundert oder mehr Mitarbeiter, die als Dienstmädchen, Hausdiener, niedere Angestellte, Arbeiter und Bedienstete "auf der Hintertreppe" leben. Keiner von ihnen würde jemals die Königin oder Prinz Philip ansprechen, ohne direkt gefragt zu werden. Eigentlich sehen sie das königliche Paar kaum. Die meisten würden ihnen auch lieber aus dem Weg gehen. Sie würden diskret um die Ecke verschwinden, wenn sie das Paar auf einem der Korridore sähen.

Auf allen Ebenen gibt es zweifellos bei jedermann die Bereitschaft, sein Arbeitsleben der Herrscherin zu widmen. Die meisten sehen sich als Mitglied eines großen Teams, in dem alle ihren Teil beitragen, damit die Monarchie funktioniert wie eine gut geölte Maschine.

Wie beim Militär läßt die Anrede des Personals untereinander erkennen, wo jeder steht. Mitglieder nennen einander beim Vornamen, egal wie hoch oder niedrig ihre Position ist. Beamte werden immer mit dem Nachnamen angesprochen und mit Mr., Mrs. oder Miss, doch niemals Ms. Diese Abkürzung ist in königlichen Kreisen nicht zugelassen. Die Beamten nennen die Mitglieder bei ihren Titeln, Sir oder Oberst. Das Personal spricht jeden mit Sir oder Madam an.

Es gibt sechs getrennte Bereiche: das Büro des Privatsekretärs, den Verwalter der Privatschatulle, das Büro des Haushofmeisters, den Kronstallmeister, den Meister der Hofhaltung und den der Königlichen Sammlung.

Nach der Königin ist der Privatsekretär der Herrscherin die wichtigste Person im Buckingham Palast. Er ist viel wichtiger als das offizielle Oberhaupt der Berater der Königin, der Haushofmeister, und auch wichtiger als Prinz Philip. Dieser Mann (bis jetzt hatte diese Position immer ein Mann inne) teilt alle Geheimnisse der Königin und liest alle geheimen Staats- und Regierungspapiere. Er hat Zugang zu allen Informationen, die die Königin bekommt. Ausgestattet mit diesem Wissen, muß er sie in allen Angelegenheiten beraten, Regierungssachen und Belange der Monarchie inbegriffen.

Der Ehrenwerte Sir Robert Fellowes, der mit Dianas Schwester Jane verheiratet ist, bekleidet diesen Posten seit 1990. Er bringt gute Voraussetzungen mit, doch viele bezweifeln, daß er genug Intellekt hat, um seine Arbeit richtig zu machen, oder die Autorität, bei der Königin die radikalen Reformen durchzusetzen, die der Palast so nötig braucht. Er hat zwei größere Probleme: Sir Robert ist fünfzehn Jahre jünger als die Königin, deshalb ist sein Wissen über die Funktionsweise der Monarchie verglichen mit ihrem sehr begrenzt. Zweitens hat sein Vater, Sir William Fellowes, die meiste Zeit seines Lebens für die königliche Familie als Gutsverwalter in Sandringham gearbeitet. Einige Kritiker meinen, sein Sohn hätte deshalb nicht die notwendigen Voraussetzungen, den sozialen Status, die Ausbildung oder die professionelle Erfahrung. Sir Robert wurde jedoch in Eton ausgebildet, diente in der Schottischen Garde und arbeitete danach neun Jahre als Direktor im Maklergewerbe. 1977 bot man ihm an, als Assistenzprivatsekretär im Palast zu arbeiten. Sir Robert heiratete seine Ehefrau Jane 1978, und sie haben einen Sohn und zwei Töchter. Er geht allen Hobbys eines englischen Aristokraten nach. Er jagt, schießt und angelt, obwohl er nicht gerade sportlich wirkt, denn er ist groß, dünn und trägt eine Brille. Er ist Mitglied der wichtigen Clubs (Pratt's und White's), sieht gern Kricket und spielt ab und zu Golf. Personen, die ihn in Elizabeth's Begleitung gesehen haben, berichten, er wirke, als habe er Angst vor ihr und wäre immer bereit, ihr jeden Wunsch zu erfüllen.

Sir Robert machte keinen guten Eindruck in dem Film der BBC "Elizabeth R" aus dem Jahr 1991, der ein Arbeitsjahr der Königin beschrieb. Als höchster Berater der Königin war er nicht in der Lage, Elizabeth's einfache Fragen mit Autorität zu beantworten. Er war offensichtlich schlecht vorbereitet, unsicher und eher langweilig. Für ihn schienen nur die tadellose Herkunft, die guten Manieren, die Ausrucksweise der Oberschicht und die gut sitzenden Kleider zu sprechen.

Einige seiner Kollegen loben seine geistige Schnelligkeit und seinen Sinn für Humor. Er soll sich gut mit den anderen Mitgliedern der Hofhaltung und den Mitgliedern seiner Clubs verstehen.

Andere Angestellte des Palastes bezeugen seine Integrität, seine hohen Prinzipien und den scharfen Verstand. Doch er versteht vom Lauf der Welt etwa soviel wie ein australischer Aborigine von New York City. Er kennt die gewöhnlichen Menschen in Fabriken, Büros und Geschäften nur aus den Boulevardzeitungen.

Das fällt natürlich unmittelbar auf Elizabeth zurück. Ihre früheren Privatsekretäre waren die erprobten und vertrauenswürdigen Mitglieder einer vergangenen Ära. Sie zeigten größere intellektuelle Fähigkeiten. Sir Alan Lascelles, Sir Michael Adeane, Sir Martin Charteris und Sir Philip Moore waren alle älter als Elizabeth, die auf ihren Rat hörte und von ihnen lernte. Sir Roberts unmittelbarer Vorgänger, Sir William Heseltine, den fast alle im Palast Bill nannten, war ein umgänglicher, eher unternehmungslustiger Australier, der die Königin provozierte, wenn er es für notwendig hielt. Er hatte den einfachen Leuten wesentlich nähergestanden, bevor er seine Karriere im Palast begann.

Heute umgibt sich Elizabeth lieber mit Leuten wie Sir Robert Fellowes, die dafür sorgen, daß die Monarchie wie ein Uhrwerk läuft und alles an seinem Platz ist. Elizabeth geht auf die siebzig zu und will keine Veränderungen mehr. Diese unflexible Haltung herrscht gerade jetzt, wo die Monarchie angegriffen wird und außerhalb des Palastes in vielen britischen Institutionen der Ruf nach Veränderung laut wird. Scheinbar hofft Elizabeth, wenn sie sich mit derartigen Männern umgibt, den Sturm zu überstehen.

Der Privatsekretär hat das absolute Kommando. Er bestimmt über den Tagesablauf der Königin, ihre Auftritte, ihre Besuche und die Leute, die sie sieht. Er ist ihr Begleiter, wenn sie ihre geheimen Staatsräte trifft, ausländische Staatsmänner oder Staatsoberhäupter. Er kennt jede Korrespondenz, die Ihre Majestät erreicht, und ist verantwortlich für das Ausarbeiten ihrer Reden und offiziellen Briefe.

Der wichtigste Teil der Arbeit eines Privatsekretärs besteht darin, ein Bindeglied zwischen der Herrscherin, dem Premierminister und allen Teilen der Regierung zu sein. Er ist über jeden Vorgang innerhalb der Regierung informiert, weiß alles über das politische Geschehen und muß in seinen politischen Ansichten absolut objektiv bleiben, denn die Regierung könnte wechseln. Wie die Monarchin muß er parteilos bleiben.

Viele nehmen an, die Königin, die gesamte königliche Familie und ihre höheren Berater bevorzugten die Konservativen, denn schließlich nehmen diese auch an Jagd- und Angelgesellschaften teil. Die meisten offiziellen Biographen meinen aber, die königliche Familie und ihre Berater würden keiner Seite den Vorzug geben.

Der Privatsekretär ist der Direktor des Archivs der Königin. Er hat uneingeschränkte Verantwortung für das Katalogisieren und Verwahren von Elizabeth's gesamter Korrespondenz, die im Round Tower auf Schloß Windsor verwahrt wird. Diese Dokumente werden vom Bibliothekar der Königin überwacht. Dieser Posten ist jetzt mit Oliver Everett besetzt, der nicht nur ein guter Freund von Prinz Charles ist, sondern auch sein Assistenzprivatsekretär.

Der Privatsekretär ist verantwortlich für die Verbindung zwischen der Königin und den bewaffneten Streitkräften. In diesem Jahrhundert hat es immer eine enge Verbindung zwischen dem Hause Windsor und dem Militär gegeben. Viele Mitglieder der Familie haben in der Armee, der Marine und der Luftmacht gedient und dienen noch. Infolgedessen gibt es einen Verteidigungssekretär als Bindeglied zwischen dem Palast und allen drei Streitkräften.

Schließlich trägt der Privatsekretär die volle Verantwortung für das Pressebüro des Buckingham Palastes, Schaltstelle zwischen Elizabeth, der Presse und der Nation. Der Job des Pressesekretärs ist zunehmend schwieriger geworden, da die Boulevardpresse in der Berichterstattung über die königliche Familie keinerlei Hemmung zeigt, ganz besonders was die jüngeren Mitglieder angeht. Er muß auch mit den Paparazzi kämpfen, jenen freiberuflichen, zudringlichen Fotografen mit ihren langen Objektiven, die ihre Hauptaufgabe darin sehen, in die Privatsphäre der königlichen Familie einzudringen. Während die britische Presse behauptet, keine Paparazzi zu beschäftigen, und ihren eigenen Fotografen verbietet, bei der königlichen Familie einzudringen, zahlen die Boulevardblätter Zehntausende von Dollars an jeden, der mit sensationellen exklusiven Bildern bei ihnen auftaucht.

Ein spektakuläres Beispiel dafür sind die Aufnahmen, die Sarah Ferguson, die Herzogin von York, beim Sonnenbad in St. Tropez oben ohne zeigen, wie sie ihren "Finanzberater" John Bryan küßt und sich mit ihm im Pool vergnügt. Der "Daily Mirror" brachte diese Bilder, die im Sommer 1992 kurz nach dem Zusammenbruch ihrer Ehe mit Prinz Andrew von einem Paparazzo aufgenommen wurden. Der "Mirror" hatte 100.000 Dollar dafür bezahlt und verkaufte fast eine Million Exemplare mehr an diesem Tag. Die Öffentlichkeit weidete sich an dem Skandal um die halbnackte Fergie, die sich am hellichten Tag mit ihrem Liebhaber vergnügte. Mit einem Schlag verlor Fergie jeglichen Rest öffentlicher Sympathie, weil sie ertappt worden war, wie sie sich vor den Augen ihrer jungen Töchter Bea, damals vier, und Eugenie, damals zwei Jahre alt, vergnügte. Elizabeth war wütend, daß sie sich so in Fergie getäuscht hatte, und fühlte sich völlig im Stich gelassen.

Im November 1993 verursachten weitere Fotos Aufruhr, als die Mirror-Gruppe Bilder von Diana veröffentlichte, auf denen man sie in einem Sporttrikot und Shorts in einem Londoner Fitneßklub trainieren sieht. Die Bilder wurden heimlich von dem Neuseeländer Bryce Taylor aufgenommen. Er ist der neununddreißigjährige Besitzer eines LA Fitneßclubs in West-London, in dem Diana seit 1990 Mitglied ist. Taylor, ein früherer Squash-Trainer, berichtete, wie er eine Leica für 4.000 Dollar gekauft und an der Decke über der Maschine installiert hatte. Im Frühling 1993 hatte er damit dreimal Fotos von der Prinzessin aufgenommen. Taylor verkaufte der Mirror-Gruppe die Fotos für 150.000 Dollar, und sein Agent erklärte, er würde ungefähr eine Million Dollar für die weltweite Vermarktung kassieren.

Diana bekannte ihre "Wut und Qual" über diesen "groben Übergriff" auf ihr Privatleben. Ihre Anwälte verklagten die Mirror-Gruppe und Mr. Taylor wegen der Publikation dieser Fotos. Sie erwirkten die sofortige Verfügung, daß sie in Großbritannien nicht mehr veröffentlicht werden dürfen.

Die Zeitungsindustrie verurteilte die Mirror-Gruppe, und Parlamentsmitglieder forderten verständlicherweise eine restriktive Gesetzgebung zum Schutz des Privatlebens, um die britischen Zeitungen an die Kette zu legen.

Das Pressebüro im Palast beantwortet wöchentlich tausend Fragen von Journalisten über jeden Aspekt der königlichen Familie. Viele davon betreffen heikle Angelegenheiten. Im allgemeinen kommentiert das Pressebüro die Geschichten nicht, die beinahe täglich in der britischen Presse erscheinen

Manchmal kann die königliche Familie auch weniger aufrichtig sein. Ich habe in meinem Buch "Diana: Eine Prinzessin und ihre schwierige Ehe" berichtet, daß Charles und Diana bereits im Herbst 1988 die meiste Zeit getrennt lebten. Ein Jahr später war Charles auf sein Landhaus in Highgrove gezogen, während Diana im Kensington Palast blieb. Als mein Buch im Frühjahr

1992 erschien, lehnte es der Palast noch immer ab, dieses Arrangement der beiden zu kommentieren. Erst im November 1992, also kurz bevor die offizielle Trennung bekanntgegeben wurde, gab es Hinweise aus dem Palast, daß es wirklich Probleme gäbe in der Ehe.

Ohne Wissen des Privatsekretärs wird keinerlei Information an die Medien gegeben, weder als offizielle Erklärung noch als inoffizieller Kommentar. Seit 1990 hat Robert Fellowes absolute Autorität über die Presseoffiziere und ist für jede abgegebene Erklärung verantwortlich.

Oberflächlich gesehen, scheinen alle Angestellten des Palastes freundlich miteinander umzugehen. In Wirklichkeit sind oft erbarmungslose Machtkämpfe an der Tagesordnung.

Ein Beispiel dreht sich um die Trennung von Andrew und Fergie im März 1992. Binnen Stunden nach der öffentlichen Bekanntmachung sprach Charles Anson, der nette, leutselige und kompetente Pressesekretär mit einem Hofkorrespondenten der BBC und griff Fergie mit fast persönlichen Beleidigungen an. Er sagte, Fergie habe befohlen, den Medien gegenüber etwas über ihre Ehe durchsickern zu lassen, und sie habe eine mächtige Firma für Öffentlichkeitsarbeit angeheuert. Schlimmer noch, er meinte, durch ihr Benehmen sei sie unwürdig, ein Mitglied der königlichen Familie zu sein. Niemand in den Medien hatte in den letzten fünfzig Jahren einen solchen persönlichen Angriff auf eine Herzogin des Hauses Windsor gehört.

Am Tage nach Ansons kritischen Bemerkungen, die in den Nachrichtensendungen und Zeitungen veröffentlicht worden waren, befahl Elizabeth Anson, sich öffentlich bei der Herzogin von York und bei ihr selbst für diese noch nie dagewesene beleidigende Kritik und die Behauptung, diese Kritik komme von der Königin, zu entschuldigen. Anson sagte: „Ich habe mich bei der Königin entschuldigt. Ihre Majestät und Ihre Königliche Hoheit waren beide freundlich genug, meine Entschuldigung anzunehmen."

Tatsächlich war Anson von Sir Robert Fellowes instruiert worden, wie er die Meinung des Palastes über die Herzogin von York möglichst beiläufig den wenigen ausgewählten Journalisten weitergeben könne. Sir Robert hatte Fergie nie gemocht.

Seine Haltung spiegelte die Abneigung gegen ihren Vater Major Ronald Ferguson wider, der mit Prostituierten und Masseusen verkehrte. Er stand in dem Ruf, die Frauen und Freundinnen seiner Freunde verführen zu wollen. Laut Sir Robert hatte man Major Ferguson nach der Heirat seiner Tochter mit Prinz Andrew nahegelegt, seine Lüsternheiten zu unterbinden. Man fürchtete Schaden für seine Tochter und die königliche Familie. Es war nicht überraschend, daß die heimlichen Abenteuer in den Zeitungen kommentiert wurden und daß Ronald Ferguson daraufhin seinen Job im Guards Polo Club und seine Position als Polomanager von Prinz Charles verlor. Später mußte er auch seinen 50.000 Dollar-Job im Royal Berkshire Polo Club aufgeben. Sein Benehmen brachte die ganze königliche Familie in Mißkredit, doch es war besonders peinlich für seine Tochter Fergie.

Sir Robert war der Meinung, daß Sarah Ferguson unpassend sei als Mitglied des Hauses Windsor, weil sie "früher" einige sexuelle Abenteuer gehabt hatte. Er war entsetzt, als Andrew Fergie einen Heiratsantrag machen wollte. Er hatte gehofft, Andrews Affäre mit Fergie würde enden.

Von Beginn ihrer Ehe an übte Sir Robert Druck auf Fergie aus. Sie sollte sich angemessen benehmen, doch er hatte nicht mit ihrer furchtlosen Reaktion gerechnet. Sie war seinen Überredungskünsten viel weniger zugänglich als ihre Schwägerin Diana. Fergie widersetzte sich den Anweisungen von Sir Robert und machte ihm das auch unmißverständlich klar.

Es gab Krach, als Fergie 1989 eine Ferienreise nach Übersee machen wollte. Es gab keinen Grund, warum sie nicht hätte fahren sollen, doch Sir Robert war der Überzeugung, das Image der königlichen Familie würde leiden, wenn Fergie zu oft ihre Ferien in Übersee verbringt. Er bat sie, in sein Büro zu kommen. Das Treffen endete damit, daß Sir Robert mit lauter Stimme schrie: „Sie werden tun, was ich Ihnen sage, und meinen Rat beherzigen. Das ist mein Job, und ich erwarte von Ihnen, daß Sie sich meinem Rat beugen. Ich habe die Autorität und werde sie nutzen, um Ihnen begreiflich zu machen, daß Sie nun ein Mitglied der königlichen Familie sind und sich benehmen müssen wie alle anderen Mitglieder. Verstehen Sie das, junge Frau?" Mit den Worten: „Scheren Sie sich doch zum Teufel", stürmte Fergie aus der Tür.

Von diesem Moment an hatte Sir Robert die Hoffnung aufgegeben, jemals eine gute Beziehung zu Fergie zu haben, und sie hatte sich den mächtigsten Mann im Palast zum Feind gemacht. Er sollte ihr das Leben schwer genug machen.

Sir Robert forderte, daß Fergie Pflichten übernahm, Funktionen und Besuche, die er arrangierte und die von ihr alle nicht abgesagt werden konnten. Er begann, sie zu kritisieren, erklärte, ihre Reden seien nicht gut genug, ihre Kleider unpassend, ihr Benehmen nicht königlich. Infolgedessen verlor Fergie ihr Selbstvertrauen und rebellierte offener gegen das System, bis sie das Gefühl hatte, einfach nicht mehr weitermachen zu können. Einige Leute bei Hofe glauben, Sir Robert hätte sie von dort vertrieben.

Sir Robert sah seine Chance gekommen, als Fergie Elizabeth sagte, sie könne nicht länger ein Mitglied der königlichen Familie bleiben, weil der Druck zu stark geworden war, und sie hätte Andrew um die Trennung gebeten. Er sagte dem unglücklichen Anson, seinem Pressesekretär, was er den Medien gegenüber äußern solle.

Anson wurde zu Ihrer Majestät bestellt, und Sir Robert Fellowes war im gleichen Zimmer, als die Königin ihre Mißbilligung hinsichtlich der Kritik an der Herzogin von York äußerte. Er habe dabei sie und die königliche Familie eingeschlossen. Unter solchen Umständen kann Elizabeth kalt und hart blicken, und der Empfänger dieses Blickes wird nicht im Zweifel gelassen, daß er oder sie zu weit gegangen ist. Sir Robert stand daneben und äußerte sich nicht, während Anson die Schuld auf sich nahm.

Die Position des königlichen Pressesekretärs wurde 1918 unter der Herrschaft von König George V. eingeführt, doch dreizehn Jahre später schaffte er sie wieder ab. 1944 fand George VI. einen Pressesekretär nützlich, um Informationen an die Medien zu geben. Bis jetzt hat es nur zehn Amtsinhaber gegeben. Der Pressesekretär steht in direktem Kontakt zu Elizabeth und hat ein tragbares Telefon, damit er jederzeit erreichbar ist. Elizabeth betrachtet solche modernen Spielereien als nicht notwendig für die Mitarbeiter des Buckingham Palastes, akzeptiert sie aber bei ihrem Pressesekretär. Trotz des direkten Kontaktes mit Elizabeth laufen die meisten Verbindungen über das Büro des Privatsekretärs.

Die Verbindung des Buckingham Palastes zu den Medien ist so wichtig geworden, daß andere Mitglieder des Hauses Windsor jetzt ihre eigenen Presseoffiziere haben, die alle ihre Anweisungen von Sir Robert Fellowes erhalten. Zusätzlich zur Leitung des Pressebüros ist Charles Anson speziell für die Königin zuständig. Sein Stellvertreter hat die Verantwortung für Prinz Charles und die Königliche Prinzessin, Prinzessin Anne.

Ein anderer Assistenzpressesekretär ist verantwortlich für Andrew, Edward und Prinzessin Margaret. Ein weiterer arbeitete praktisch die ganze Zeit über für Charles und Diana. Doch seit ihrer Trennung haben beide ihre eigenen Presseoffizier. Die Königinmutter beschäftigt einen Presseoffizier in Clarence House. Die Presseangelegenheiten des Herzogs und der Herzogin von Kent, des Herzogs und der Herzogin von Gloucester, des Prinzen und der Prinzessin Michael von Kent und von Prinzessin Alexandra werden von deren Privatsekretären erledigt, doch erst nachdem im Buckingham Palast das Pressebüro oder Sir Robert Fellowes konsultiert wurden.

Der Privatsekretär ist auch verantwortlich für den Informations- und Korrespondenzbereich. Die Königin erhält fast 100.000 Briefe im Jahr, die alle beantwortet werden wollen. Nach einer Reise in Großbritannien oder nach Übersee folgen Säcke voller Briefe. Es sind Bitten um Information über Elizabeth's Pferde, Corgis, ihre Gesundheit, ihre Häuser, ihre Kleider und sogar über ihre Diät. Ein siebenköpfiges Team sortiert die Briefe, liest und beantwortet sie.

Offiziell ist der Haushofmeister das Oberhaupt der königlichen Hofhaltung. Seit Elizabeth 1952 auf den Thron kam, hat es fünf gegeben, die sie alle persönlich ausgewählt hat. Der derzeitige Amtsinhaber ist der Graf von Airlie, ein früherer Vorsitzender der Privatbank Schroder Wagg. In jüngster Zeit war Lord Airlie äußerst hilfsbereit in allen Diskussionen und Veröffentlichungen, wenn es um die Steuern der Königin ging. Wie der Privatsekretär hat der Haushofmeister nichts zu tun mit der alltäglichen Organisation im Buckingham Palast. Lord Airlies Pflichten reichen von zeremoniellen Auftritten über königliche Hochzeiten bis hin zu Beerdigungen. Außerdem kümmert er sich um die etwa fünftausend Gemälde der Königlichen Sammlung.

Der Haushofmeister ist auch verantwortlich für viele andere höhere königliche Bedienstete wie etwa für den Leiter des Diplomatischen Corps, dessen primäre Pflicht es ist, die Mitglieder aller ausländischen Botschaften, Konsulate und Delegationen bei ihren Besuchen im Palast bei Laune zu halten. Außerdem sind ihm der Leiter von Schloß Windsor, der Kabinettsleiter und drei Bischöfe, die alle mit den religiösen Aspekten der Monarchie beschäftigt sind, unterstellt. Darüber hinaus ist der Haushofmeister verantwortlich für die medizinische Abteilung.

Er hat die delikate Aufgabe, ankommende Diplomaten über die Gepflogenheiten im Buckingham Palast aufzuklären, bevor sie Ihrer Majestät ihre Aufwartung machen. Alle Nationen werden gleich behandelt, und einige Botschafter kleinerer Länder bekommen ein eher grandioses Bild ihrer eigenen Bedeutung, was zu Problemen führen kann. Alles wird korrekt befolgt. Man fährt in einer offenen Pferdekutsche zum Palast, wird mit Verbeugungen begrüßt, wenn man das Bogenzimmer im Parterre betritt, und von verschiedenen königlichen Beamten begleitet. Dann werden der Botschafter und die Königin allein gelassen, um fünf Minuten zu plaudern, bevor die Begleitpersonen des Botschafters in aller Form vorgestellt werden. Schließlich wird die Frau des Botschafters eingeladen, sich zu der Gruppe zu gesellen. Sie muß vor der Königin einen Knicks machen.

In den späten sechziger Jahren hat die Königin einen Punkt, der oft zu Peinlichkeiten führte, aus dem Protokoll entfernt. Bis dahin mußten der Botschafter, seine Begleiter und deren Frauen den Raum rückwärts gehend verlassen. Heute müssen sie sich vor der Tür umdrehen und verbeugen.

Der Haushofmeister ist dafür verantwortlich, daß keine "unerwünschten" Personen Zugang zum Hof haben oder zur Königin vorgelassen werden, damit die Krone nicht in einen Skandal verwickelt werden könnte. Sicherlich ändern sich die Gründe für Skandale durch die Jahrhunderte, doch diese Sitte geht zurück auf Königin Victoria und ihre Nachfolgerin Königin Mary, die alle geschiedenen Frauen und Männer aus dem Palast und von jeder königlichen Zusammenkunft verbannt hatte. Kurze Zeit nach ihrer Thronbesteigung lockerte Elizabeth diese Regel. Geschiedene Politiker, die bei Ihrer Majestät vorgelassen werden wollen, werden wegen ihrer "offiziellen Stellung" akzeptiert - eine typisch britische, wenn auch nette Art, das Problem zu umgehen. Zuerst ließ die Königin nur die "unschuldige Partei" in einem Scheidungsfall am Hofe und für eine Audienz bei ihr zu, doch die Explosion der Scheidungsrate in Großbritannien machte die Lockerung dieser strikten Regel notwendig. 1970 wurde sie ganz fallengelassen. Doch auch heute noch wird niemand bei Hofe zugelassen, der eine Strafakte hat oder in einen größeren Skandal verwickelt war.

Dreimal im Jahr werden die schönen, großen Gärten des Buckingham Palastes anläßlich der legendären Gartenpartys geöffnet. Dann mischen sich Elizabeth, Philip und oft auch andere Mitglieder der Familie unter die Gäste und plaudern mit ihnen während des Nachmittagstees. Das ist ein ganz besonderer Tag für die anwesenden Damen, von denen einige zuvor ein Vermögen ausgegeben haben, um sich teure Modelle der Haute Couture anzuschaffen. Man trägt immer einen Hut, um vor Ihrer Majestät, den Kameras und den anderen zu posieren. Obwohl es die Debütantinnenbälle seit den fünfziger Jahren nicht mehr gibt, konnten die Gartenpartys doch die Zeit und die Veränderungen in der britischen Sozialstruktur überleben.

Die drei Partys finden in den Sommermonaten statt, und etwa zwanzigtausend Menschen nehmen daran teil. Es gibt noch eine Gartenparty jedes Jahr im Palast des Holyrood House in Schottland. Jede Party kostet etwa 80.000 Dollar, die Gäste essen 30.000 Sandwiches, 18.000 Kekse und 10.000 Liter Eis.

Jeder Name auf jeder Einladung wird genauestens überprüft, doch nicht so sehr aus Sicherheitsgründen. Die Angestellten des Palastes tun alles, damit Elizabeth nicht mit unerwünschten Personen konfrontiert wird. Vor dreißig Jahren noch wäre jedem, den ein Gericht für schuldig befunden hätte, weil er auf einem Fahrrad ohne Licht fuhr, der Zutritt zu einer Gartenparty verweigert worden.

Man hält die Gartenpartys für so wichtig, daß ein spezielles Büro dafür neun Damen mittleren Alters für ein halbes Jahr anstellt, um alle Informationen zu sieben, jede Einladung und den Ruf jedes Gastes zu überprüfen. In diesem Büro gibt es Schränke voller "Top Secret"-Akten, in denen Tausende von Namen stehen, die während der Jahre vom Büro des Haushofmeisters auf die schwarze Liste gesetzt wurden. Eine strenge Regel, die noch immer angewandt wird, besagt, daß niemand eine solche Einladung zur Gartenparty anfragen kann, weder direkt noch über eine dritte Person. Jeder, der versucht, das zu umgehen, wird lebenslang davon ausgeschlossen genau wie derjenige, der eine Einladung beschaffen wollte. Wer fälschlich behauptet, mit A oder B verwandt zu sein, oder einen Titel benutzt, der ihm nicht zusteht, wird niemals eingeladen werden.

Eine spezielle Akte, genannt "Black Box", enthält anonyme Briefe von neidischen Leuten, die den Palast jedes Jahr erreichen. Dazu gehören auch Briefe von Mitgliedern der Gesellschaft, die außer sich sind, weil jemand anderes eine Einladung zur Gartenparty erhalten hat und sie nicht. Diese Briefe enthalten meistens widerliche Behauptungen. Das Büro für die Gartenpartys muß jedem dieser Briefe nachgehen und sich bei den entsprechenden Behörden erkundigen. Wenn die Behauptungen begründet sind, wird die betreffende Person keine Einladung erhalten oder die Einladung wird für nichtig erklärt. Der Haushofmeister hat die Aufgabe, dafür zu sorgen, daß die Herrscherin nicht "die falschen Leute" einlädt.

Er ist zudem für die Kronjuwelen verantwortlich. Ihm unterstehen auch die königlichen Bootsführer, die für die Sicherheit der Königin sorgen, wenn sie sich an Bord eines Schiffes auf der Themse befindet. Die vielleicht außergewöhnlichste Gruppe von Angestellten sind die sogenannten königlichen Schwanfänger, die auch heute noch alle jungen Schwäne auf der Themse einfangen und untersuchen. Schwäne, die der Königin gehören, werden nicht gekennzeichnet, doch jeder Schwan muß identifiziert werden. Diese Männer nennt man "Uppers", denn jedesmal, wenn sie einen Schwan sehen, rufen sie: „Up, up, up", während sie ihn fangen und inspizieren.

Der Haushofmeister ist verantwortlich für die Lords, die die Königin bei Beerdigungen oder Gedenkfeiern repräsentieren und wichtige Besucher begrüßen und verabschieden, sowie für die Hofbeamten, die Gäste bei königlichen Auftritten herumführen und dafür sorgen, daß jeder am richtigen Platz ist. Der Wachtmeister, der älteste bewaffnete königliche Wachmann in England, der heute nur noch einen symbolischen Wert hat und den man für seinen langen Dienst ehrt, ist dem Haushofmeister ebenso unterstellt wie die Kanzlei des Ritterordens, die ein Dutzend älterer Männer mit Stellen versorgt, die unaufhörlich damit beschäftigt sind, die Millionen Menschen aufzulisten, denen man eine Medaille, eine Auszeichnung oder eine Ehrennadel verliehen hat. Die Namen aller Frauen und Männer, denen jemals eine Ehrung zuteil wurde, sind genauestens aufgeführt.

Dem Haushofmeister unterstehen alle dreihundert Frauen und Männer, die sich um Elizabeth's häusliche Bedürfnisse kümmern, und überhaupt alle, die im Palast leben und arbeiten. Man könnte seinen Job beschreiben als Chefdiener, Major Domus, Restaurantmanager, Chefportier, Chefbutler, Arbeitgeber, Hauswirtschafter und Buchführer in einem. Für diese Arbeit erhält er 60.000 Dollar im Jahr.

Sein Reich kann man in drei Kategorien einteilen: Essen, Allgemeines, Hauswirtschaft. Etwa fünfzig Männer und Frauen arbeiten als Chefköche, zweite Chefköche, Konditoren, Gemüseköche, Küchenhilfen und auf der untersten Stufe der Leiter als Tellerwäscher in den königlichen Küchen.

Noch einmal achtzig Personen sind als Diener, Verwalter, Pagen, Dekorateure, Näher und Kellermeister tätig. Sie kümmern sich um die Einrichtung und die Möbel. Zusätzlich gibt es fünfzig Reinigungskräfte.

Es ist ziemlich einfach, einen Job im Buckingham Palast zu bekommen. Es sind oft Stellen frei, selbst in Zeiten von Rezession und Arbeitslosigkeit. Viele Leute sind nur einfach ängstlich angesichts der Aussicht, im Palast ein Leben auf der Hintertreppe führen zu müssen. Die Bezahlung ist schlecht. Dienstmädchen, Reinigungskräfte und Tellerwäscher verdienen 120 Dollar die Woche, also etwa das gleiche wie in einem drittklassigen Londoner Hotel. Sie werden eingearbeitet, bekommen eine Uniform und freie Kost, doch es gibt kein Trinkgeld. Ledige Personen können in einem der spartanischen Einzelzimmer mit Bad im letzten Stockwerk am Ende eines jeden Korridors wohnen. Bis in die sechziger Jahre hinein gab es noch getrennte Schlafsäle für Frauen und Männer, in denen bis zu zwanzig Personen schliefen. Die Jungen und Mädchen wurden streng überwacht, und die Schlafsäle lagen mehr als hundert Meter voneinander entfernt.

Die Arbeitsbedingungen im Palast haben sich seit dem Ende des neunzehnten Jahrhunderts sehr verbessert. Früher gab es eine Sechs-Tage-Woche mit jeweils vierzehn Arbeitsstunden und mit strikter Disziplin. Heute klingeln die Wecker um 7.15 Uhr. Das Personal bekommt sein Frühstück zwischen halb acht und halb neun. Dabei wird streng auf die Hierarchie geachtet. Die Mitglieder, die Beamten und das Personal haben einen eigenen Frühstückssaal. Es gibt ein umfangreiches englisches Frühstück mit Orangensaft, Porridge oder Müsli, Schinken und Eiern sowie Tee oder Kaffee. Es herrscht Selbstbedienung, wie übrigens auch bei Elizabeth und Philip, die jeden Aufwand beim Frühstück hassen. Selbst dann, wenn die ganze königliche Familie zusammen frühstückt wie auf Balmoral oder Windsor, gibt es beim Frühstück keine Bedienung. Das Essen steht auf vorgewärmten Tellern, und jeder kann sich davon nehmen.

Nach dem Frühstück geht jeder an seine Arbeit. Es gibt Pausen zum Kaffee, zum Mittagessen und zum Tee. Trotzdem ist das Leben im Buckingham Palast anders. Die Atmosphäre ist still, düster und wie in einem Kloster. Einige würden sie würdig nennen, andere wie auf einem Begräbnis. Und da ist natürlich das endlose kriecherische Benehmen auf allen Ebenen, das einige höhere Angestellte mit vielen Dienstjahren von denen fordern, die sie als unter ihnen stehend betrachten. Elizabeth scheint alle Angestellten gleich zu behandeln und verlangt den gleichen Respekt von allen, vom höchsten Angestellten bis zum niedrigsten Diener.

Wenn ein königlicher Angestellter der Königin im Palast begegnet, wird er sich verneigen oder knicksen, doch niemals Hallo oder Guten Tag sagen. Jeder nennt die Königin Madam und Prinz Philip Sir. Sollte ein Angestellter zufällig Prinz Philip oder einem anderen Mitglied der königlichen Familie auf dem Korridor begegnen, muß er warten, bis die Person vorbei gegangen ist. Erst dann darf er sich wieder in Bewegung setzen. Unter gar keinen Umständen darf ein Diener ein Mitglied der königlichen Familie ansprechen, wenn er nicht dazu aufgefordert wurde. Aber ich muß zugeben, als ich im Buckingham Palast war, fand ich das Personal vom höchsten bis zum niedrigsten Rang entspannt. Keiner wirkte nervös oder aufgeregt durch die permanente Anwesenheit der Herrscherin.

Nach dem Abendessen gegen acht Uhr dürfen die Diener und Pagen kommen und gehen, wie sie möchten. Private Besucher sind im Palast erlaubt, müssen aber um zehn Uhr gehen. Es ist strikt verboten, daß Besucher über Nacht bleiben. Wer gegen diese Regel verstößt, wird entlasssen.

Höhere Angestellte genießen im Gegensatz zu den Tellerwäschern einige Privilegien. Dazu gehört das Schwimmbad. Die höheren Mitglieder des Hofes dürfen den Pool frühmorgens benutzen, aber nicht, wenn ein Mitglied der Familie dort ist. Sollten Angestellte im Wasser sein, wenn ein Mitglieder der Familie schwimmen möchte, müssen sie den Pool sofort verlassen.

Der Verwalter der königlichen Privatschatulle kümmert sich um die privaten Finanzangelegenheiten der Königin. Er wird auch Schatzmeister genannt und kontrolliert, natürlich mit ihrer vollen Zustimmung, Elizabeth's private Bankkonten. Er kümmert sich um die Finanzen der königlichen Grundstücke, des königlichen Gestüts und die nicht unbeträchtlichen Ausgaben der Königin für Pferderennen.

Der derzeitige Verwalter der Privatschatulle ist Major Sir Shane Blewitt. Er kommt in der Hierarchie nach Sir Robert Fellowes. Da die Königin inzwischen bereit ist, wie jeder britische Bürger Einkommensteuer zu zahlen, hat Sir Shane viel mit Steuerprüfern zu tun. Die finanziellen Verhältnisse der königlichen Familie, besonders die von Elizabeth, sind sehr kompliziert und bis heute geheim.

Sir Shane ist der Mann, der wirklich weiß, wie vermögend die Königin ist. Jahrelang ist man davon ausgegangen, daß die Königin eine der reichsten Frauen der Welt ist, eine mehrfache Milliardärin. Doch das ist irreführend, denn ein Großteil des Vermögens gehört nicht ihr, sondern dem Staat.

Ein Komitee für die Ländereien der Krone veröffentlichte 1955 einen Sonderbericht über die Grundstücke der Monarchin. Es gab vorher keine autorisierte Aufstellung der englischen Besitztümer der Königin. Daraus geht hervor, daß Elizabeth als Herrscherin zweitausend Gebäude in London, darunter einen Teil der Regent Street, Bürohäuser, eine Anzahl Botschaften, Hotels und Geschäfte besitzt, darunter auch das berühmte Warenhaus "Liberty's". Außerhalb Londons gehören ihr mehr als 160.000 Hektar Land. Sie besitzt außerdem den Buckingham Palast und Schloß Windsor. Heutzutage werden alle Ländereien als Eigentum der Krone eingestuft und gehören in den meisten Fällen dem Staat. Die Königin erhält daraus keine Einkünfte.

Ein Mythos über den Besitz der Königin ist leicht zu widerlegen. Sie besitzt keine Grundstücke in den Vereinigten Staaten. Es gab Gerüchte, ihr würden Wolkenkratzer an der New Yorker Park Avenue gehören.

Die Königin besitzt die größte Privatkollektion von Juwelen. Allein die Kronjuwelen sind von unschätzbarem Wert. Ihr gehört die größte private Gemäldesammlung mit Bildern von Canaletto, Holbein, Leonardo da Vinci, Michelangelo, Raphael und van Dyck. Außerdem besitzt sie eine wunderbare Briefmarkensammlung, herrliche Gobelins und eine große Auswahl französischer Antiquitäten. Doch all das bildet den nicht veräußerbaren Besitz der Monarchie.

Einige Zeitungen haben behauptet, sie besäße sechs Milliarden Dollar, andere sprachen von zehn Milliarden Dollar. Doch dazu gehören sicher die Kronjuwelen, der Buckingham Palast, die Königliche Sammlung und andere geerbte Güter, die der Nation gehören und dem Monarchen nur auf Lebenszeit überlassen werden. Man kann das nicht zu ihrem Vermögen zählen.

Elizabeth's Privatvermögen umfaßt ihr Aktienkapital, Balmoral und Sandringham (zusammen etwa 150 Millionen Dollar wert) und ihren Bestand an Rennpferden. Die einzigen Angaben, die je veröffentlicht wurden, hörte man 1972, als der damalige Haushofmeister Lord Cobbold in einem Komitee des Unterhauses, das die königlichen Finanzen prüfte, sagte: „Schätzungen über das

Privatvermögen Ihrer Majestät zwischen 75 und 150 Millionen Dollar sind stark übertrieben."

Zu dieser Zeit betrug ihr Aktienkapital etwa 50 Millionen Dollar. Vernünftig in Aktien des Vereinigten Königreichs investiert, müßte der Betrag bis 1993 auf etwa 750 Millionen Dollar angestiegen sein, wenn alle Dividenden rückinvestiert und die Königin nichts von diesem Kapital verbraucht hätte. Aber sie hat die meisten Dividenden verbraucht und ihr Kapital ziemlich angegriffen, zum größten Teil, um anderen Familienmitgliedern zu helfen und um ihre Privathäuser in Sandringham und Balmoral zu unterhalten. Heute ist ihr Aktienkapital vielleicht noch hundert Millionen Dollar wert, es bringt ihr also etwa sieben Millionen Dollar pro Jahr ein.

Die anderen Privateinkünfte der Königin kommen aus dem Herzogtum Lancaster mit seinen großen Ländereien und Farmen. Sie hat noch Besitztümer in sechs verschiedenen Grafschaften und nennt das Grundstück des berühmten Londoner Savoy-Hotels ihr eigen. Das Herzogtum Lancaster ist seit 1399, als Henry IV. den Thron innehatte, von Monarch zu Monarch weitergereicht worden. Jeder Herrscher erbt automatisch und steuerfrei das ganze Herzogtum mit allen Besitztümern und seinem ganzen Reichtum. Dieses Einkommen beträgt etwa zweieinhalb Millionen Dollar im Jahr.

Insgesamt hat Elizabeth die sieben Millionen Dollar aus ihrem Aktienkapital und vielleicht noch etwa eine Million aus den Einkünften des Herzogtums Lancaster zur Verfügung, also zusammen etwa acht Millionen Dollar jährlich. Davon bezahlt sie die Pensionen des Personals, verschiedene Beträge an niedrige Mitglieder der Familie für die Ausübung ihrer Pflichten, macht zahlreiche Schenkungen an Wohltätigkeitsorganisationen, unterhält ihre Rennställe und den Pferdebestand und finanziert ihre umfangreiche Garderobe - ein absolutes Muß für ihre Rolle als Königin.

Der Verwalter der Privatschatulle muß alle Ausgaben des königlichen Haushalts überprüfen, denn dieses Geld wird ihr vom Parlament zugestanden, damit sie ihr Personal bezahlen, ihre Paläste unterhalten und über ihre Flugzeuge und Schiffe verfügen kann. Mit anderen Worten, dieses Geld braucht sie, um ihre Pflichten als Staatsoberhaupt ausüben zu können. Diese Summe kann man vergleichen mit der Finanzierung des Büros des Präsidenten der Vereinigten Staaten. Es ist bestimmt für die Kosten der

Königin, der königlichen Familie, die Gehälter der Angestellten und beträgt im Jahr etwa zwölf Millionen Dollar.

Dieser Betrag enthält kein Gehalt für die Monarchin oder andere Mitglieder der königlichen Familie. Jeder Cent muß abgerechnet werden, und es wird alles ausgegeben. Darüber hinaus kommt die Regierung noch für andere königliche Ausgaben auf. 1992 und 1993 zum Beispiel kosteten die königlichen Paläste - der Buckingham Palast, Schloß Windsor, der Kensington Palast, der St. James Palast, Hampton Court und Holyrood House - etwa zweiundvierzig Millionen Dollar, die Flugzeuge der Königin ungefähr zwölf Millionen Dollar, die königliche Jacht "Britannia" etwa fünfzehn Millionen Dollar und der königliche Zug noch einmal fünf Millionen Dollar. Das sind zusammen vierundsiebzig Millionen Dollar, die von der Regierung bezahlt werden müssen.

Eine weitere wichtige Person ist der Kronstallmeister. Er ist offiziell für den königlichen Marstall verantwortlich und für alles außerhalb des Palastes. Darunter fallen die fünf kastanienbraunen Rolls-Royce Limousinen mit den Chauffeuren, alle Gärten und Grundstücke, die Pferde sowie die unbezahlbare Sammlung von Prunkkutschen, Landauern und Wagen. Zu Victorias Zeiten wurden im königlichen Marstall mehr als zweihundert Pferde gehalten. Heute sind es noch dreißig, zwanzig Braune und zehn Grauschimmel, die bei zeremoniellen Auftritten eingesetzt werden. Dieser Job scheint vielleicht nicht sehr aufwendig, doch zusätzlich zur täglichen Arbeit gibt es noch etwa 150 Veranstaltungen jedes Jahr.

Außerdem gehören noch die allgegenwärtigen Damen zum Personal, die immer erwähnt werden, die man aber nie sieht, hört oder trifft: die Hofdamen. Alle weiblichen Mitglieder der königlichen Familie haben Hofdamen, doch keine ist so wichtig und bedeutungsvoll wie die der Königin. Wenn Elizabeth in Erscheinung tritt, egal wo und wann, ob es nun ein zehnminütiges Treffen oder ein monatelanger königlicher Besuch ist, sie wird immer begleitet von mindestens einer oder zwei Hofdamen. Sie sind die unsichtbaren, aber unentbehrlichen Helferinnen, die mit den Würdenträgern plaudern, die Kleider der Königin prüfen und natürlich für jeden Notfall bereitstehen.

Elizabeth hat vierzehn Hofdamen, die abwechselnd vierundzwanzig Stunden Tag und Nacht zur Verfügung stehen. Es ist ein außergewöhnlicher Job, der nicht bezahlt wird und keine anderen Vorzüge hat als den höchsten Status in der klassenbewußten britischen Gesellschaft. Hofdamen leben, arbeiten und finden Gehör bei der wichtigsten Person im Land, der Königin.

Eine gute Hofdame ist diskret und taktvoll. Sie beweist immer Geschmack, hat stets ein Lächeln auf den Lippen und die Fähigkeit, mit jedermann zu plaudern. Sie muß auch wissen, wann sie besser nichts sagt, und das ist meistens der Fall. Von ihrer Kleidung erwartet man, daß sie auf keinen Fall das Scheinwerferlicht vom Mittelpunkt des Interesses ablenkt - von Elizabeth. Hofdamen sitzen meistens in der Limousine neben Elizabeth, dürfen aber nicht mehr lächeln oder begeisterter erscheinen als die Herrscherin selbst.

Wenn die Königin Gäste empfängt, ist immer eine Hofdame dabei, um die Blumensträuße und Geschenke für die Königin zu halten, Botschaften zu empfangen, einen Arm oder die Hand zu bieten, Telefongespräche umzuleiten, das Essen und die Getränke von Elizabeth im Auge zu behalten, Elizabeth's liebstes Mineralwasser bereitzuhalten, Kopfschmerztabletten, Taschentücher oder ganz selten etwas Geld, das die Königin brauchen könnte.

Die Hofdamen haben auch mit Elizabeth's persönlicher Korrespondenz zu tun und schreiben Briefe. Ein oder zwei Hofdamen erledigen ihre persönliche Einkäufe.

Die Hofdamen der Königin gelten als so wichtig, daß ihnen in höheren Positionen Titel verliehen werden. Die am höchsten Stehende ist die Dame der Roben, traditionell eine Herzogin, dann gibt es zwei Schlafzimmerzofen, die immer dem hohen Adel angehören, und zwei weitere Zofen, immer Töchter von Aristokraten. Den Rest bilden die Reservezofen. Die meisten Pflichten übernehmen die Schlafzimmerzofen, denn sie sind jünger, beweglicher und halten die manchmal anstrengenden Reisen und langen Wartezeiten besser durch.

Elizabeth favorisiert eine Hofdame besonders, mit der sie viele ihrer persönlichen Gedanken, die Probleme ihrer Kinder und ihrer Schwiegertöchter besprechen kann. Das ist Lady Susan Hussey, die Schwester des konservativen Politikers William Waldegrave. Sie ist mit dem Marmaduke Hussey verheiratet, dem früheren Direktor der Zeitungsgruppe "Times" und jetzigen Leiter der BBC.

In den letzten zwanzig Jahren zählte Lady Hussey zu Elizabeth's wichtigsten "Augen und Ohren" in der Außenwelt, die sie über die Stimmung der Nation und die Haltung des Volkes zur Monarchie, zu ihr selbst und ganz besonders zum Verhalten der jüngeren Mitgliedern der königlichen Familie informieren. Leider hat Susan Hussey kaum eine Ahnung davon, was der gewöhnliche Mann oder die einfache Frau im Supermarkt denkt oder worüber sie spricht. Sie kann Elizabeth nur über die Stimmung auf den höchsten Ebenen und über den Klatsch, den sie beim Essen an verschiedenen Tischen aufschnappt, sowie über die Treffen der Reichen und Berühmten aufklären.

Schließlich sind da noch die wichtigen Leute, die sich um die geerbten Schätze der Königin kümmern: um die Gemälde und Grafiken, die Kupferstiche und Radierungen, die Möbel und exquisiten Kunstobjekte, die sich insgesamt auf eine Million verschiedener Stücke belaufen und alle zur Königlichen Sammlung gehören.

1986 waren Managementberater eingestellt worden, um das königliche Personal zu reduzieren. Sie schlugen vor, alle Gemälde, die Bibliothek und die Kunstobjekte einem Verwalter zu unterstellen. Damals hatte Sir Oliver Millar diese Position inne, heute wird sie von Sir Geoffrey de Bellaigue bekleidet. Elizabeth besteht darauf, Profit aus dieser großen Sammlung zu schlagen, die keine anderen Einnahmen hat als die von Ausstellungen oder aus dem privaten Portemonnaie der Königin.

Wenn zum Beispiel ein Foto von einem der Gemälde, Bilder oder Kunstobjekte in irgendeiner Art benutzt wird, muß eine Reproduktionsgebühr entrichtet werden. Auf diese Weise werden nicht nur die Unterhaltskosten minimal gehalten, sondern auch die Gehälter der Angestellten in dieser Abteilung bezahlt.

Ständig sind Handwerker damit beschäftigt, Möbel aufzuarbeiten, Kunstobjekte zu restaurieren und Gemälde zu säubern, um die wunderbare Sammlung in perfektem Zustand zu halten. Drei Leute kümmern sich allein um die dreihundert Uhren in den vier Residenzen der Königin. 1970 ordnete Elizabeth an, jedes der Stücke aus der Königlichen Sammlung mittels eines Computers aufzulisten und zu kategorisieren. Diese umfangreiche Aufgabe wird immer noch bewältigt. Drei Jahre später kam ein kleines Team von Fotografen, das immer noch damit beschäftigt ist, jedes einzelne Stück zu fotografieren, so daß eine präzise und detaillierte Auflistung vorliegt.

Elizabeth liebt es, wenn Aufgaben auf diese Art und Weise ausgeführt werden - ohne Hast und mit Sorgfalt, mit Liebe und Aufmerksamkeit für jedes Detail. Schon als kleines Mädchen ist sie so gewesen, sorgfältig und sicher, doch immer mit stiller Entschlossenheit und der Überzeugung, daß ihre Wünsche erfüllt werden. Die meiste Zeit ihrer Herrschaft hat sich diese systematische Art als unfehlbar erwiesen. Doch heute entwickelt sich die Welt viel schneller, und die großen Institutionen, auf die sie ihre Monarchie begründet hat, sind nicht mehr stabil. Es ist offen, ob ihre alte Vorgehensweise sich als erfolgreich herausstellen wird oder ob sie eine neue finden muß, um den Einfluß und die Macht der Monarchie zu erhalten.

Teil VI:

Elizabeth und ihre Premierminister

14. Kapitel: Die Frau, die unbedingt König sein wollte

Als Margaret Thatcher im Mai 1979 im Alter von vierundfünfzig Jahren Premierministerin wurde, war Elizabeth dreiundfünfzig Jahre alt und seit fast dreißig Jahren auf dem Thron. Nie zuvor war eine Frau Premierministerin gewesen. Auch Margaret Thatcher war der Königin nicht bekannt. Die meiste Zeit ihrer Herrschaft hatte Elizabeth die Politiker, die später Premierminister wurden, bereits seit einigen Jahren gekannt, bevor sie auf der Karriereleiter nach oben stiegen. Margaret Thatcher hatte in den frühen siebziger Jahren eine Position im Kabinett unter der Leitung von Edward Heath bekleidet und war seit 1975 Oppositionsführerin gewesen. Doch Elizabeth hatte kaum je länger mit ihr gesprochen und ganz sicher nicht mit ihr unter vier Augen über Politik oder andere Dinge geplaudert.

Natürlich verfolgte Elizabeth jede Kampagne zur Wahl des Premierministers. Sie sah in ihrem privaten Wohnzimmer im Fernsehen, wie Mrs. Thatcher zum ersten Mal als Premierministerin die Downing Street Nummer 10 betrat und die großherzige Ermahnung des Heiligen Franziskus von Assisi zitierte:

> Wo Unfriede herrscht, laßt uns Harmonie bringen.
> Wo Lüge herrscht, laßt uns Wahrheit bringen.
> Wo Zweifel herrscht, laßt uns Glauben bringen.
> Wo Verzweiflung herrscht, laßt uns Hoffnung bringen.

Als Elizabeth Mrs. Thatcher zur ersten wöchentlichen Audienz begrüßte, fragte sie, ob dieses Zitat die Basis ihres politischen Glaubensbekenntnisses bilde. „Absolut", entgegnete Mrs. Thatcher, „absolut." Als sich Mrs. Thatcher später gegen die Gewerkschaften stellte und die Struktur des britischen Wohlfahrtstaates angriff, sagte Elizabeth zu einem Freund: „Es ist schade, daß Mrs. Thatcher die Worte des heiligen Franziskus vergessen hat."

Margaret Thatcher hat in diesen frühen Monaten, als sie ihren Weg als Premierministerin noch finden mußte, nicht gewußt, wie sie sich Elizabeth gegenüber verhalten sollte. Ihre royalistischen Eltern hatten ihr beigebracht, sie zu respektieren und zu bewundern, wenn nicht sogar zu verehren. Obwohl Mrs. Thatcher im Umgang mit ihren politischen Gegnern oder ihren Kabinettskollegen nie nervös war, fand sie ihre wöchentlichen Audienzen bei Elizabeth eher schwierig.

Sie kam an jedem Dienstagabend zwischen fünfzehn und dreißig Minuten früher zu diesem Gespräch, während andere Premierminister vielleicht fünf oder zehn Minuten vor dem verabredeten Zeitpunkt kamen. Mrs. Thatcher las ihre Aufzeichnungen vor und sprach mit einem der höheren Berater, während sie darauf wartete, zur Königin gerufen zu werden. Nach ein paar Wochen legte ein Berater des Palastes Mrs. Thatcher nahe, doch Zeit zu sparen und die Downing Street 10 später zu verlassen. Sie antwortete, sie käme so früh, um wegen des dichten Verkehrs genügend Spielraum zu haben. Eine außergewöhnliche Antwort, denn der Buckingham Palast ist nur knapp einen Kilometer von der Downing Street entfernt, und der Wagen des Premierministers wird immer von einem Polizeiauto flankiert, das bei dichtem Verkehr für freie Fahrt sorgt. Ihre Antwort zeigt ihre Nervosität.

Als Tochter eines Stadtrats aus Mittelengland hatte Mrs. Thatcher durch ihre verbissene Entschlossenheit und politisches Glück einen bemerkenswerten Aufstieg zu den Gipfeln der Macht erreicht. Sie wußte, daß sie ihre Macht durch ihre Mitarbeiter bei den Konservativen oder durch die Wähler bei der nächsten Wahl innerhalb von Stunden verlieren konnte, während die Königin bis an ihr Lebensende oder bis zu ihrem Rücktritt ihre Macht behalten würde.

Elizabeth hätte dafür sorgen können, daß Mrs. Thatcher vorgelassen wurde, sobald sie im Palast ankam, damit die Premierministerin nicht warten mußte. Doch das geht gegen ihre Natur. Sie hat immer Pünktlichkeit gefordert, da sie es für ein Zeichen von Respekt gegenüber der Monarchie hält. Diese Lektion würde sie auch Mrs. Thatcher erteilen: Respekt gegenüber der Monarchie ging vor, Premierminister hatten zu warten. Natürlich ärgerte sich die bereits unruhige Mrs. Thatcher, daß sie warten mußte.

Personen, die Mrs. Thatcher zusammen mit Elizabeth gesehen haben, fiel auf, daß Mrs. Thatchers Verhalten nicht zu ihrem eher herrischen Charakter paßte. Margaret Thatcher knickste weitaus tiefer und beugte den Kopf stärker als die meisten Frauen, wenn sie die Königin in der Öffentlichkeit trafen. Es wirkte, als übertriebe sie ihren Respekt. Ein südamerikanischer Botschafter bemerkte: „Wenn man Mrs. Thatcher einen Knicks machen sah, dachte man unwillkürlich an eine wunderbare, dunkelrote Sonne, die am Horizont unterging."

Die Premierministerin hatte zutiefst royalistische Ansichten über die Monarchie. In einem Interview würdigte Mrs. Thatcher nicht nur die ungeschriebene Verfassung der Briten, die auf der vererbbaren Monarchie beruht, sondern auch die Arbeit des Monarchen. Damit pries sie natürlich unaufgefordert Elizabeth.

„Eine Monarchie, eine Monarchie auf Erbrecht", sagte Mrs. Thatcher, „ist in ihren Pflichten und in ihrer Führung äußerst erfahren. Sie ist ein ständiges Vorbild, das über jeder Politik steht, zu der sich die ganze Nation hingezogen fühlt und die ein Symbol des Patriotismus ist... Sie gibt der Nation Stabilität und Sicherheit... Sie ist nicht nur ein Symbol der Einheit, denn der Monarch wird respektiert und bewundert."

Margaret Thatcher begann ihr Verhältnis zur Königin mit Angst vor ihr und ihrer einzigartigen Machtposition als Königin, doch das änderte sich, als Mrs. Thatcher immer sicherer wurde und ihre Partei, ihre Kabinettskollegen, das Parlament und das Land besser unter Kontrolle hatte. Es ergaben sich Spannungen, die nicht mehr vergehen sollten.

Margaret Thatchers lange Amtsperiode vom Mai 1979 bis zum November 1990 war bemerkenswert in der Nachkriegsgeschichte Großbritanniens. Doch viele Menschen waren der Meinung, sie wurde zu schnell zu autoritär und zu selbstbewußt, ja fast noch königlicher als die Monarchie selbst. Elizabeth war eine der ersten, der das auffiel.

Am Ende des Parteikongresses der Konservativen im Oktober 1990, als Margaret Thatcher noch immer die Führung hatte, stand die ganze Versammlung wie gewöhnlich auf und hörte respektvoll die Nationalhymne. Während sie mitsangen, streiften die BBC-Kameras langsam über die Reihe der Minister auf der Tribüne und verharrten auf dem Gesicht von Mrs. Thatcher, als sie gerade die letzte Zeile sang: „Herrsche über uns, Gott schütze die Königin". Hunderte von Menschen in der Halle sahen ihr Gesicht bei diesen Worten auf den großen Monitoren an beiden Seiten der Tribüne.

Mrs. Thatcher stand stramm wie ein Gardist, trug ihr königsblaues Kostüm und sah wirklich königlich aus. Sie war auf dem Höhepunkt ihrer Macht und behandelte die Wähler, einige ausländische Minister und ihre eigenen Kabinettsminister wie Untertanen, die aufmerksam ihren weisen Worten folgen und sich ihren Befehlen beugen sollten. Sie war untragbar geworden in Kabinettssitzungen und behandelte ihre Minister, die zur Regierung gehörten, wie unbedeutende Personen, die sich ihren Ansichten, Entscheidungen und Befehlen zu beugen hatten. Ein erfundener Vorfall zeigt, was die Menschen von ihr hielten. Der Oberkellner, der Mrs. Thatcher und dem ganzen Kabinett das Essen serviert, fragt sie, was sie gern bestellen möchte. Sie antwortet: „Oh, bitte ein kleines Steak." Der Oberkellner fragt weiter: „Und Gemüse, Madam?" Sie sagt: „Alle nehmen das gleiche wie ich."

Das ist nicht wirklich passiert, sondern es war ein Witz im Parlament, doch diese Geschichte traf im ganzen Land einen Nerv, ganz besonders bei den Regierungsministern. Dieses Bild hatte die Nation von Mrs. Thatcher und ihrem Umgang mit den Mitgliedern ihres Kabinetts.

Zwischen Elizabeth und Margaret Thatcher gab es während der elf Jahre ihrer wöchentlichen Treffen keine witzigen Bemerkungen. Das ist ungewöhnlich für Elizabeth. Sie war mit den meisten Premierministern bemerkenswert gut ausgekommen, angefangen bei ihrer Vater-Tochter-Beziehung zu Winston Churchill in den fünfziger Jahren, mit dem sie oft lustige Bemerkungen ausgetauscht hatte.

Man erwartete von den beiden Frauen schon früh, daß sie sich verstanden, denn sie hatten viel gemeinsam. Beide waren reife Frauen mit Familien, hatten die verantwortlichsten Positionen inne, opferten sich für die Nation auf und waren pflichtbewußt. Beide hatten kein Interesse an Mode, Musik und Kunst.

Mrs. Thatcher wuchs über einem Krämerladen auf. Ihr Vater war der Geschäftsinhaber und engagierte sich in der Regionalpolitik. Ihre schnelle Auffassungsgabe und ihre Entschlossenheit ebneten ihr den Weg zur Universität. Sie baute sich ihre große politische Karriere selbst auf. Elizabeth wurde als Mitglied der königlichen Hofhaltung geboren und zur Königin gemacht, war aber eigentlich ein Mädchen vom Lande. Die beiden hatten keine gemeinsamen Interessen. Die respektlose britische Puppenshow "Spitting Image" porträtierte Elizabeth und Mrs. Thatcher, als ob ihre einzige Gemeinsamkeit in der engen Beziehung zu ihren Handtaschen liegt.

Der erste Hinweis auf Probleme zwischen den beiden Frauen kam 1982, als der Politikjournalist Anthony Simpson schrieb, daß „die wöchentlichen Treffen zwischen der Königin und Mrs. Thatcher von beiden gefürchtet werden." Mrs. Thatcher mochte am Anfang nervös gewesen sein, doch Elizabeth nahm sie wahr als eine Frau, die dozierte und sich aufführte wie der Papst, anstatt ihre Herrscherin zu informieren und eine Diskussion mit ihr zu führen. "Gefürchtet" war vielleicht übertrieben, doch sicher freute sich keine auf diese Treffen.

Mrs. Thatchers königliche Sichtweise ihrer eigenen Position amüsierte Elizabeth. Es ist nicht genau bekannt, wann Mrs. Thatcher anfing im Pluralis majestatis zu sprechen, wenn sie von sich selbst sprach, doch sie benutzte diese königliche Form oft, auch noch, als sie ihren Posten aufgeben mußte. Elizabeth dagegen hat diese Form in der Öffentlichkeit nie benutzt, es sei denn sie umriß zu Beginn einer neuen Kabinettsperiode das Regierungsprogramm. Eines der berühmteren Beispiele lieferte Mrs. Thatcher unterwegs nach Moskau, als sie sagte: „Wir sind in der glücklichen Lage, die höchste Machtposition innezuhaben." Sie erntete ebenfalls im ganzen Land viel Erheiterung und Spott, als sie in einem Interview aus Freude darüber, daß ihre Schwiegertochter ein Kind bekommen hatte, sagte: „Wir sind Großmutter!" Sie sprach außerdem oft von "meinen Fabriken" und "meinen Kohlebergwerken".

Ihre königliche Haltung hatte auch eine ernste Seite. Viele Leute innerhalb und außerhalb des Parlaments sind der Meinung, Mrs. Thatcher habe das königliche "wir" absichtlich benutzt, um ihre fast-königliche Dauerposition im politischen Leben der Nation wie eine Monarchin zu bekräftigen.

Genau wie die Königin hatte Mrs. Thatcher gern Männer als Berater und Mitarbeiter. Auch heute stellt die Königin außer den Hofdamen, Dienstmädchen und Ankleiderinnen, keine Frauen als enge Mitarbeiter ein. Alle höheren Berater, Mitglieder des Hofes und Direktoren der einzelnen Abteilungen des Palastes sind Männer. Währen ihrer elf Jahre als Premier hat Mrs. Thatcher die Möglichkeit, Frauen in höheren Regierungspositionen zu beschäftigen, abgelehnt. Sie hatte Frauen im Kabinett, aber nicht lange. Wenn ein Sessel im Kabinett frei wurde, wurde ihr oft nahegelegt, ihn mit einer Frau zu besetzen. Jedesmal entgegnete

Mrs. Thatcher bestimmt: „Nein.” Doch sie gab nie eine Erklärung dafür ab.

Scheinbar waren nicht nur Frauen aus Mrs. Thatchers Umgebung verbannt. Elizabeth erfuhr von einem ihrer hohen Beamten, daß Mrs. Thatcher Schwierigkeiten mit einigen der höheren Beamten hatte. Die Beziehungen wurden als "furchtbar" beschrieben. Mrs. Thatcher hatte sich nicht viel Mühe gegeben, ihre Abneigung und ihr Mißtrauen darüber zu verbergen, daß man ihre Prioritäten nicht anerkannte und befolgte. 1980 erzählte man Elizabeth, daß die Premierministerin ein Essen für die Ständigen Sekretäre - sehr hohe Beamte - gegeben hatte, um sie den ganzen Abend auszuschimpfen. Am Ende hatte sie noch einmal alle beleidigt, indem sie sagte: „Wenn ich Beamte hätte wie den Mann (sie selbst), der heute abend eingeladen hat, dann würde alles viel besser laufen.”

Auf einem ihrer späteren wöchentlichen Treffen ließ Elizabeth Mrs. Thatcher wissen, daß sie über die Probleme zwischen ihr und den Beamten informiert worden sei. Mrs. Thatcher meinte dazu: „Es gibt keine Probleme. Sie wissen doch, wie Beamte sind. Ich wollte ihnen nur etwas Gottesfürchtigkeit beibringen.”

Es gab immer Probleme zwischen dem Buckingham Palast und der Downing Street, wenn Katastrophen geschahen. In den achtziger Jahren gab es eine Menge Flugzeugunglücke. Zu solchen Anlässen war es traditionell üblich, daß die Königin ein Mitglied "der Firma" auswählte, um an den Unglücksort zu reisen, damit die Nation sah, daß die Krone Anteil nahm. Elizabeth hatte den zuständigen Behörden aber immer gesagt, es käme keiner unmittelbar nach dem Unglück, um niemandem im Weg zu stehen und die Notdienste nicht zu behindern, die alle Energien brauchten, um die Toten und Verwundeten zu bergen. Deshalb kamen die Mitglieder der königlichen Familie immer erst ein paar Tage nach dem Unglück.

Bevor Mrs. Thatcher Premierministerin wurde, hatte es wegen dieser Sachen nie Probleme zwischen dem Palast und der Nummer 10 gegeben. Man sprach einen Zeitplan ab, wobei der Wunsch der Königin stets erfüllt und kein Mitglied der königlichen Familie von einem Politiker in den Hintergrund gedrängt wurde. Mrs. Thatcher setzte diesem Verhältnis ein Ende. Die Nation sollte ihre anteilnehmende Seite sehen.

Trotz Mrs. Thatchers Behauptung, sie würde den Unglücksort besuchen, um Trost und Hilfe anzubieten, glaubten die meisten

Leute, sie täte das nur zu politischen Zwecken. Man warf ihr vor, diese Unglücke für ihre eigenen Ziele zu mißbrauchen. Da sie bei jeder Katastrophe verschwand, ohne den Palast zu konsultieren, wurde das Verhältnis zwischen den Beratern der Königin und den höheren Assistenten von Mrs. Thatcher nicht gerade besser. Man kritisierte sie, weil sie absichtlich die königliche Familie in den Hintergrund drängte, besonders die Königin, die nur zu genau wußte, daß die Premierministerin diese Gelegenheiten zu ihrem eigenen Vorteil ausnutzte.

Elizabeth wurde wegen dieses Verhaltens so ärgerlich, daß sie ihren Beratern befahl, die Reaktion der Zuschauer zu untersuchen, wenn kein Mitglied der königlichen Familie an einem solchen Unglücksort auftauchte. Sie berichteten, die Leute fühlten sich im Stich gelassen, wenn nicht schnell ein Mitglied des Königshauses kam. „Wenn Mrs. Thatcher in ein paar Stunden hier sein kann, warum dann nicht auch jemand von der königlichen Familie?" lautete die übliche Beschwerde.

Elizabeth sprach mit Mrs. Thatcher über dieses Problem und unterrichtete sie über die Untersuchungen. Die Premierministerin ignorierte das nicht nur, sondern gab ihren Assistenten auch noch Anweisungen, niemals zuzulassen, daß die Königin oder jemand vom Königshaus vor ihr am Ort des Geschehens war. Ein solches Benehmen erklärt die Eiseskälte zwischen den beiden Frauen bei jedem Dienstagstreffen.

Hugo Young behauptet in seiner Biographie von Mrs. Thatcher "Eine von uns", daß Mrs. Thatcher „ihrem Stab strikte Anweisungen gab, dafür zu sorgen, daß die Anwesenheit des Palastes in Person des Herzogs und der Herzogin von Kent sie nicht in den Hintergrund drängte", als die Kanalfähre "The Herald of Free Enterprise" 1987 bei Zeebrugge in Belgien sank und zweihundert Briten ihr Leben verloren. Da sie die Sensibilität der Königin kannte, muß das Verhältnis zwischen ihnen auf einem Tiefpunkt gewesen sein, sonst hätte sie Elizabeth nicht derart respektlos behandelt.

Obwohl viele das Verhältnis zwischen den beiden Frauen als "kühl" bezeichnen, bevorzugt man im Palast und in Regierungskreisen die Umschreibung "professionell".

Ein höherer Palastberater meinte dazu: „Mrs. Thatcher war in allen Formalitäten korrekt." Er fuhr fort: „Mrs. Thatcher akzeptierte natürlich das Recht der Königin, informiert und konsultiert zu werden. Und die Königin akzeptierte pflichtgemäß, daß die

Premierministerin die Entscheidungen trifft. Ihre Majestät ist durchaus in der Lage, ihre eigene Meinung zu äußern, und würde sie sicher auch sagen, wenn sie mit der Ansicht der Premierministerin nicht übereinstimmt. Damit hätte sie von ihren konstitutionellen Rechten und Privilegien Gebrauch gemacht, und die Premierministerin müßte entscheiden."

In Wirklichkeit behandelte Mrs. Thatcher die Königin wie ihren Ehemann Dennis. „Natürlich frage ich Dennis", sagte sie einmal. „Und dann treffe ich die Entscheidung."

Das Commonwealth lieferte noch mehr Konfliktmaterial zwischen den beiden Matriarchen. Mit diesem großen Konglomerat aufstrebender Nationen, meistens Länder der Dritten Welt, und vielen früheren Mitgliedern des British Empire hatte sich einst die britische Regierung gebrüstet: „Hier geht die Sonne nie unter." Elizabeth hatte das Commonwealth immer am Herzen gelegen. Dieses Gefühl war noch größer worden, als man ihr die Führung angeboten hatte. Sie war von den Führern des Commonwealth in diese Funktion gewählt worden, und sie hatte das Privileg und seine Pflichten akzeptiert.

Es wird immer gesagt, Großbritannien habe am Ende des Zweiten Weltkrieges sein Reich verloren, ohne eine neue Rolle zu finden. Elizabeth tat, was sie konnte, um dem Commonwealth überall auf der Welt zu einer positiven Rolle zu verhelfen. Elizabeth übernahm dieses Konzept von einem früheren Minister der Konservativen, Rab Butler, der Prinz Charles während seiner drei Jahre in Cambridge unterrichtet hatte. Butlers Vorstellung war die eines Commonwealth unabhängiger Nationen, die frei von Rassendiskriminierung und falschem Stolz aus dem Herrschaftsgebiet des Reiches hervorgehen.

Als Elizabeth 1952 den Thron bestieg, gab es nur eine Handvoll solcher Nationen. Damals glaubten viele Leute, mit dem Aufkommen des Gemeinsamen Europäischen Marktes würde das Commonwealth verfallen und sich auflösen. Davon sind wir weit entfernt. Heute gibt es mehr als fünfzig Mitglieder, und Elizabeth hat immer noch den Vorsitz über das Commonwealth. Während ihrer Jahre auf dem Thron hat Elizabeth viel Zeit geopfert, um jedes einzelne Land zu besuchen. Sie besteht darauf, an jeder Konferenz des Commonwealth teilzunehmen. Elizabeth hat gelegentlich als diplomatischer Vermittler agiert, denn viele Oberhäupter von Ländern des Commonwealth sind jahrzehntelang an der Macht und diskutieren gern die Probleme ihrer Länder mit der

Königin. Sie vertrauen ihr nicht nur, sondern wissen auch, daß sie politisch nichts zu befürchten haben.

Mrs. Thatcher dagegen hatte kaum Zeit für das Commonwealth. Sir Shridath Ramphal, ehemaliger Generalsekretär des Commonwealth, sagte einmal: „Mrs. Thatcher ist unwissend zum Commonwealth gekommen und hat sich nicht besonders darum gekümmert. Dann gefiel ihr der Stil der Treffen der Staatsoberhäupter, doch sie wurde immer irritierter, als ihre Südafrikapolitik kritisiert wurde. Mrs. Thatcher argumentierte, Sanktionen gegen Südafrika würden nur die schwarze Mehrheit treffen. Was den Commonwealth anging, war ihre Haltung schizophren. Ich glaube, es gab nie eine entspannte Haltung zwischen ihr und der Königin. Es gab auf beiden Seiten keine Wärme."

In den achtziger Jahren war Elizabeth immer weniger von der Premierministerin und ihrer Politik gegenüber den Arbeitslosen und Unterprivilegierten beeindruckt. Mrs. Thatchers großer Kampf richtete sich gegen die Gewerkschaft der Bergarbeiter, die unter der Thatcher-Regierung um ihre Arbeitsplätze fürchten mußten. Als sich der Streik über Wochen und Monate hinzog und das Leben für die Bergarbeiterfamilien immer schwieriger wurde, brachte Elizabeth wiederholt während der wöchentlichen Treffen die Frage nach den Frauen und Familien der Bergarbeiter zur Sprache. Infolgedessen wurde die Atmosphäre noch frostiger, da die Königin detaillierte Fragen stellte, die Mrs. Thatcher irritierten.

Der zweite Wahlsieg der Premierministerin gab ihr ein neues Mandat und weiteres Vertrauen in ihre Politik des "Thatcherismus". Elizabeth konnte nun die Sicherheit der Wiedergewählten feststellen, so daß ihre wöchentlichen Treffen weniger feindlich und entspannter wurden. Scheinbar kamen die Frauen zu einer Art Übereinkunft. Sie mußten zusammenarbeiten, also bemühten sie sich um eine so kongeniale Partnerschaft wie möglich.

Doch es kamen weiterhin Andeutungen einer Konfrontation zwischen den beiden Frauen. Die Medien vermuteten eine gute Story. Die Probleme zwischen den Frauen kamen 1986 an die Öffentlichkeit, als die "Sunday Times" in einem Artikel unter der Überschrift "Die afrikanische Königin" unterstellte, die Königin sei verstört durch den Mangel an Mitgefühl für die Unterprivilegierten in Großbritannien, den Mrs. Thatcher in ihrer Politik zeige, und durch ihre Haltung zu den Sanktionen gegen Südafrika.

Während Mrs. Thatchers elf Jahre als Premierministerin ging es den Ärmsten unter den Wählern noch schlechter. Elizabeth war der Meinung, die Handelsbarrieren mit Südafrika sollten nicht aufgehoben werden. Damals waren das zwei der kontroversesten Probleme der Innen- und Außenpolitik, denen das Parlament sich gegenübersah.

Der Palast war entsetzt. Nie während der Herrschaft der Königin war auch nur die leiseste Andeutung gefallen, die Königin wolle sich in die Regierungspolitik einmischen, egal ob unter den Tories oder Labour. Die höheren Mitglieder waren äußerst besorgt, da es dem britischen Monarchen konstitutionell nicht erlaubt ist, sich in die Innen- und Außenpolitik einzumischen oder auch nur seine Meinung zu äußern. Wenn der Monarch eingriff, wäre es möglich, daß die große Masse seine Politik der Politik der gewählten Regierung vorziehen könnte, und das könnte zu politischen Unruhen und konstitutionellen Problemen führen.

Der Bericht in der "Sunday Times" war trotzdem richtig. Elizabeth hatte die Vision der "Einen Welt" gehabt und arbeitete auf die Vereinigung von schwarzen und weißen Nationen hin. Sie war der Überzeugung, daß Südafrika für seine Politik der Apartheid, die Unterdrückung der Meinungsfreiheit und Inhaftierung von Kritikern der Regierung bestraft werden sollte.

Die Südafrika-Krise drohte Elizabeth's geliebtes Commonwealth zu zerbrechen. Als Oberhaupt war sie entschlossen, alles zu tun, um das zu verhindern. Damit stellte sie sich gegen Mrs. Thatcher. Sie ließ den Generalsekretär des Commonwealth wissen, daß sie gerne ihren Einfluß geltend machen würde, wenn sie damit die Situation retten könne. Der Streit um die Sanktionen gegen Südafrika endete damit, daß sechzehn Nationen des Commonwealth 1986 die Spiele des Commonwealth boykottierten. Das Commonwealth selbst blieb intakt.

Nichts belastete während Mrs. Thatchers Amtszeit das Verhältnis zu Elizabeth mehr als diese Sache. 1986 machte die unausgesprochene Feindseligkeit zwischen den beiden Frauen eine Zeitlang die wöchentlichen Treffen ausgesprochen schwierig.

Es gab noch mehr Differenzen. Eine betraf die Kirche von England und ihre Oberhäupter. Margaret Thatcher war eine treue Kirchgängerin und war oft im Lambeth Palast, der Londoner Zentrale der Kirche. Sie wollte größeren Einfluß bei der Ernennung von Bischöfen haben, doch verständlicherweise wollten diese nichts davon wissen, daß Mrs. Thatcher ihre Nase in Dinge steckt, von denen sie nichts wußte und in denen sie keine Erfahrung hatte.

Als Premierministerin hatte sie jedoch das Recht, die Königin in ihrer Wahl der höheren Bischöfe zu "beraten". Eine Kommission machte gewöhnlich zwei Vorschläge, legte diese dem Premierminister vor, der wiederrum einen auswählte und ihn der Königin zur Zustimmung weitergab. Elizabeth hatte keine Wahl, sie mußte der Empfehlung zustimmen.

Gegen Ende ihrer Amtsperiode sollte der neuen Erzbischof von Canterbury eingesetzt werden, der das höchste Amt der Kirche bekleidet. Zwei Namen wurden weitergereicht: Dr. John Habgood, der Erzbischof von York und bevorzugte Kandidat, und Dr. George Carey, der Bischof von Bath und Wells, ein völliger Außenseiter und Kandidat der Premierministerin. Wieder mußte Elizabeth Mrs. Thatchers Empfehlung Folge leisten, doch glücklich war sie damit nicht.

George Carey war für Mrs. Thatcher der personifizierte Self-made-man. Er war der Sohn eines Londoner Pförtners, hatte mit fünfzehn Jahren die Schule verlassen und seinen Weg an die Spitze eines politischen kirchlichen Establishments gemacht. Heute, drei Jahre nach seiner Ernennung, wird er von Kritikern innnerhalb der Kirche offen in seiner Führungsrolle angegriffen, weil er die Kirche von einer Krise in die nächste geführt hat. Die Legitimität der anglikanischen Religionsgemeinschaft als die etablierte Kirche des Landes ist dadurch nun in Frage gestellt. Mrs. Thatcher muß gewußt haben, daß Elizabeth Dr. Habgood bei weitem vorgezogen hätte. Er ist ein intelligenter Mann, ein führender Liberaler und ein Freund Elizabeth's. Zyniker murrten, die Entscheidung für eine relativ unerfahrene Person sei Margaret Thatchers letzte Rache an der Kirche gewesen, weil sie oft ihre Politik kritisiert habe.

Margaret Thatcher war die erste britische Premierministerin, mit der Elizabeth zu tun hatte. Einige Eingewöhnungsschwierigkeiten waren sicher normal, doch wer glaubt, daß die beiden Frauen meistens gut miteinander auskamen, irrt sich gewaltig. Wenn Elizabeth Fragen stellte, faßte Mrs. Thatcher das oft als Kritik an ihr und ihrer Regierung auf. Das verärgerte sie, besonders als ihre Sicherheit und ihre Autorität größer wurden.

Mrs. Thatcher war nie glücklich über ihre Beziehung zum Buckingham Palast. Sie sagte einmal nach einem Krach mit Angestellten des Palastes: „Politik wird als schmutziges Geschäft gesehen, doch wir Politiker könnten denen im Palast nichts beibringen."

Elizabeth wußte aus Erfahrung, daß Mrs. Thatcher eines Tages aus dem Amt scheiden würde. Doch keiner hatte sich vorgestellt, daß der Abschied von Margaret Thatcher im November 1990 so dramatisch verlaufen würde. Sie war noch immer Premierministerin mit einer großen Mehrheit im Unterhaus und glaubte, absolute Kontrolle über ihre Partei und das Kabinett zu haben. Doch die Tories wußten, daß ihre Anhänger Mrs. Thatcher für nicht mehr tragbar hielten und daß sie mit ihr wahrscheinlich die nächsten Wahlen verlieren würden. Die Führer der Tories trafen sich und schmiedeten Pläne für ihren Sturz. Mrs. Thatcher erkannte zu spät, daß sie keine Unterstützung mehr in der Partei hatte. Sie trat sechs Wochen, nachdem sie auf dem Parteikongreß der Konservativen königlich auf der Tribüne gestanden hatte, zurück. Die starke Premierministerin, die so lange hart und unverwundbar gewirkt hatte, mußte die Downing Street auf dem Rücksitz ihres Dienstjaguars verlassen, während ihr die Tränen übers Gesicht liefen.

In ihren Memoiren "Die Jahre in der Downing Street", die im Oktober 1993 erschienen, erwähnt Margaret Thatcher auf den 900 Seiten die Königin kaum. Nur im ersten Kapitel schreibt Mrs. Thatcher über ihre Beziehung zu Elizabeth: „Die Audienz, bei der man die Ermächtigung der Königin zur Regierungsbildung erhält, bekommen die meisten Premierminister nur einmal in ihrem Leben. Die Ermächtigung bleibt gültig, wenn ein amtierender Premierminister eine Wahl gewinnt. Deshalb mußte sie während meiner Amtszeit nie erneuert werden.

Alle Audienzen bei der Königin sind streng vertraulich - diese Vertraulichkeit ist für die Regierung und die Verfassung lebenswichtig. Ich hatte einmal pro Woche eine solche Audienz bei Ihrer Majestät, gewöhnlich am Dienstag, wenn sie in London war, aber manchmal auch auf Windsor oder Balmoral."

Mrs. Thatcher gewährt einen kurzen Einblick in diese Treffen. Sie schreibt: „Ich gestatte mir, zwei wichtige Punkte anzusprechen. Jeder, der an reine Formalität oder den Austausch gesellschaftlicher Nettigkeiten denkt, liegt ganz falsch. Die Treffen waren sehr professionell. Ihre Majestät zeigt große Erfahrung. Obwohl die Presse der Versuchung nicht widerstehen konnte, Streitigkeiten zwischen dem Palast und der Downing Street anzudeuten, besonders was die Politik des Commonwealth betrifft, fand ich die Haltung der Königin zur Arbeit der Regierung immer absolut korrekt."

Mrs. Thatcher beendet ihre drei Abschnitte über ihre Beziehung zu Elizabeth mit den Worten: „Natürlich war es gelegentlich einfach, Geschichten über Zusammenstöße zwischen den 'beiden mächtigen Frauen' zu erfinden. Im allgemeinen wurde mehr Unsinn über den sogenannten 'weiblichen Faktor' geschrieben als über irgend etwas anderes während meiner Amtszeit. Ich wurde immer gefragt, wie ich mich als Frau in der Rolle des Premierministers fühle. Ich weiß es nicht. Ich kenne ja die Alternative nicht."

Während der vierzig Jahre ihrer Herrschaft fand die Königin die Freundschaft und sogar die Zuneigung einiger ihrer früheren Premierminister, deren Zahl sich nun auf acht Männer und eine Frau beläuft. Gerahmte Fotografien zeigen sie mit Winston Churchill auf der Treppe der Downing Street, mit Anthony Eden, Harold Macmillan, Alec Douglas-Home, Harold Wilson, Edward Heath, James Callaghan, Margaret Thatcher und John Major.

James Callaghan (1976-79), mit dem sich Elizabeth ausgezeichnet verstand, sagte nach seinem Rückzug vom Amt über sein Verhältnis zu Elizabeth: „Sie begegnet einem mit Freundlichkeit, nicht mit Freundschaft. Wirklich, es wird einem sehr viel Freundlichkeit entgegengebracht. Sie zeigt viel Verständnis für die Probleme der Premierminister, ohne daß die Königin sie teilen würde, denn sie steht außerhalb der Politik... Natürlich kann sie vieles andeuten, doch ich kann mich erinnern, daß sie nur ganz selten sagte: 'Warum tun sie das, und nicht etwas anderes?'... Sie ist ziemlich distanziert. Doch sie hat reges Interesse an Politik - daran, wer die Leiter hinauffällt und wer herunter."

Lord Charteris, Elizabeht's erster Privatsekretär, sah sechs Premierminister kommen und gehen. Er sagte: „Die allgemeine Reaktion auf die Königin war Bewunderung, Respekt und freundliche Achtung. Alle waren entspannt nach den Besprechungen."

Es gab zwei Führer der Labourpartei: Harold Wilson und James Callaghan. Sie waren eindeutig Elizabeth's liebste Premierminister. Sie fand sie freundlicher als die Tories. Sie bezeichnete Edward Heath sogar als "harten Brocken".

Ihre Beziehung zu Churchill war schwierig, denn sie mußte sich auf ihn verlassen, da sie erst 1952 Königin wurde. Churchill war sicher der größte Engländer des Jahrhunderts: er war Staatsmann, Politiker, Schriftsteller und Maler. Er hatte sein Land in einem fast verlorenen Krieg zum Sieg geführt. 1953 wurde er nahezu wie ein Gott verehrt. Er war nicht nur Elizabeth's Held, sondern auch der ihres Vaters. Doch auch für Churchill war es nicht leicht. Beide waren aus ganz unterschiedlichen Gründen schüchtern im Umgang miteinander.

Elizabeth machte sich immer Sorgen, sie könnte ihm gegenüber etwas Dummes sagen. Er war unsicher, weil er als alter Mann mit einer hübschen, jungen Frau sprechen mußte, die ihm das Gefühl gab, wirklich alt zu sein. Er war achtzig Jahre alt, als Elizabeth Königin wurde, und sagte einmal seinem Sekretär Jock Colville: „Wie soll ich mich ihr gegenüber verhalten, nachdem ich ihrem Vater schon sieben Jahre gedient habe? Ich kenne sie nicht. Sie ist ja noch ein Kind. Ich kannte den König so gut und mochte ihn sehr." Hier lag das Problem. Churchill wurde bereits senil und behandelte Elizabeth wie ein Kind. Er erklärte ihr alles, so daß die Audienzen ermüdend wurden, obwohl sie wußte, daß sie noch viel zu lernen hatte. In dieser Zeit begann sie, sich an ihren Onkel Dickie als Berater zu wenden.

Zum Glück verschwand die Unsicherheit auf beiden Seiten. Als Churchill im April 1955 sein Amt verließ, hatte sich zwischen dem alten Mann und der jungen Königin ein besonderes Verhältnis entwickelt. Elizabeth sagte immer, sie habe ein besonderes Gefühl für Winston Churchill, das sie nie wieder bei einem anderen Premierminister hatte. Wenn sie gefragt wurde: „Mit welchem Premierminister haben sie Ihre Audienzen am meisten genossen, Madam?" Dann antwortete sie sofort: „Mit Winston natürlich, denn das hat immer großen Spaß gemacht." Diese Meinung hat sie nie geändert.

Laut Churchill bestand dieser Spaß hauptsächlich aus Gesprächen über Pferderennen. Es ist wahr, daß seine Dienstagsaudienzen länger und länger wurden. Manchmal dauerten sie zwei Stunden statt der normalen dreißig Minuten. Nach den meisten Treffen mit der Königin meinte Churchill eher boshaft: „Es gibt nichts zu berichten, wir sprachen über Pferderennen."

Die drei Jahre mit Churchill halfen der jungen Herrscherin, in ihrer neuen Rolle Selbstvertrauen zu entwicklen und Erfahrungen zu sammeln. Es war eine gute Vorbereitung auf die kommenden Jahre. Als Elizabeth sicherer wurde, beherzigte sie die Ratschläge von Lord Charteris und Dickie Mountbatten. Sie gab ihr Bestes und setzte absichtlich den jeweiligen Premierminister unter Druck. Sie las ihre Staatspapiere mit großer Sorgfalt und stellte wichtige Fragen zu manchmal eher obskuren Themen. So konnte sie einem Premierminister das Gefühl geben, er sei nicht genügend vorbereitet. Es war der beste Weg, ihm zu zeigen, daß sie die Regierungspapiere nicht nur las, sondern sie auch verstand. Daher behandelte kein Premierminister sie so, als wisse sie nicht, was los sei. Im Gegenteil, sie gewann ihren Respekt. Das ist ein Trick, den Elizabeth seither oft benutzt hat, manchmal sehr zur Verlegenheit und zum Ärger bestimmter Premiers.

Harold Wilson bekannte einige Zeit nach seinem Amtsrücktritt: „Immer wenn die Königin aus einem Regierungspapier zitierte, das ich nicht gelesen hatte, fühlte ich mich wie ein Schuljunge, der seine Hausaufgaben nicht gemacht hat."

Nach Winston Churchill kam Anthony Eden (1955-57), der einige Jahre der Stellvertreter des großen alten Mannes gewesen war. Er stolperte 1956 über die Suez-Kampagne, als die Vereinigten Staaten eine Intervention androhten, falls Großbritannien und Frankreich Truppen nach Ägypten sandten. Offensichtlich hielt Elizabeth Eden für angespannt, nervös und nicht gerade für einen angenehmen Gesprächspartner.

Elizabeth kam gut mit Harold Macmillan (1957-63) aus. Er war ein schlauer Mann, der die junge Königin mit Sanftheit und Rücksicht behandelte. Sie glaubte an seine Erfahrung und seine Fähigkeiten, und sie betrachtete ihn als "einen von uns", da er in Eton und bei der Garde gewesen war. Er gab vor, ein Amateurpolitiker zu sein. In Wirklichkeit war er professionell bis in die Fingerspitzen, doch das zeigte er nicht.

Der schottische Aristokrat Sir Alec Douglas-Home (1963-64), der seinen Titel ablegte, um ins Unterhaus zu kommen und später Premierminister zu werden, schien sich ganz "wie zu Hause" bei der Königin und ihrer schottischen Familie zu fühlen. Sie teilten die Liebe zu Schottland und dem wilden Land nördlich der Grenze. Doch er war nicht lang genug in ihrer Nähe, um mit Elizabeth eine richtige Beziehung aufzubauen.

Harold Wilson (1964-70 und 1974-76) begann seine Beziehung zu Elizabeth eher vorsichtig, doch zum Schluß bewunderte er sie. Richard Crossman, der in Wilsons Kabinett war, schrieb in sein Tagebuch: „Je näher die Königin ihnen kommt, desto mehr lieben die Kabinettsmitglieder aus der Arbeiterklasse sie, und sie gibt diese Liebe zurück."

Als Premierminister John Major im November 1990 im Buckingham Palast ankam, um sein Amt anzutreten, sagte ein höheres Mitglied der königlichen Hofhaltung: „Ihre Majestät schien sehr erfreut, ihn zu begrüßen. Sie lächelte sehr freundlich."

Teil VII
Die drei Hexen von Windsor

Eine Limousine mit einem bewaffneten Detektiv am Steuer kommt vor einem Londoner Haus in einer reichen Wohngegend der Stadt an. Eine tadellos und teuer gekleidete, junge Frau sitzt auf dem Rücksitz. Sie hat den Kopf leicht gebeugt, als wolle sie sich unsichtbar machen. Der Chauffeur springt gewandt aus dem Wagen, öffnet die hintere Tür, und die junge Frau gleitet vom Rücksitz und eilt über den Bürgersteig zum Haus. Während sie die Treppen hinaufsteigt, wird die Tür geöffnet und sie verschwindet im Haus. Draußen kehrt der Chauffeur zum Wagen zurück und wartet geduldig.

Nach ein oder zwei Stunden erscheint die immer noch tadellos gekleidete Frau wieder. Sie sieht nicht zurück, während sie zum Auto eilt und auf den Rücksitz gleitet. Innerhalb von Sekunden rast das Auto davon, ohne daß die Frau sich noch einmal umsieht oder winkt. In der letzten Stunde hat diese Frau, eine verheiratete Dame des Königlichen Hauses Windsor mit einem Mann geschlafen, der nicht ihr Ehemann ist.

So sah das geheime Leben von drei Mitgliedern der britischen königlichen Familie in den achtziger und neunziger Jahren aus. Die drei jungen Frauen, die dieses ehebrecherische Leben führen, sind die Bürgerlichen, die in die königliche Familie eingeheiratet haben.

Die erste junge Frau hat eines der bekanntesten Gesichter der Welt. Es ist Diana, die Prinzessin von Wales, verheiratet mit dem Thronfolger Prinz Charles. Die zweite ist Sarah, Herzogin von York, verheiratet mit Prinz Andrew, dem dritten in der Thronfolgerlinie. Die dritte schließlich ist Prinzessin Michael, verheiratet mit Prinz Michael von Kent, dem direkten Cousin von Königin Elizabeth. Alle drei haben sich während dieser Jahre verschiedene Liebhaber genommen und haben ihren Leidenschaften in deren Londoner Häusern gefrönt, von denen sie fälschlich annahmen, sie wären sicher. Das waren die Häuser natürlich nicht. Die Identität, der Hintergrund, der Job und das Privatleben - die sexuellen Vorlieben eingeschlossen - von jedem der Männer waren nicht nur dem britischen Sicherheitsdienst bekannt, sondern auch Sir

Robert Fellowes, dem Privatsekretär der Königin, und der Sicherheitstruppe des Palastes. Und Elizabeth wußte von den Ehebrüchen aller drei Frauen. Sie kannte die Namen und Hintergründe ihrer Geliebten.

Unter den höheren Angestellten des Palastes wurden diese drei Frauen als die drei Hexen von Windsor bekannt.

15. Kapitel: Prinzessin Michael von Kent

Prinzessin Michael war die erste, die sich nach anderen Männern umsah. Sie wurde 1945 als Baroneß Marie-Christine von Reibnitz, Tochter des Baron von Reibnitz, der während des Zweiten Weltkrieges als SS-Offizier diente, in der Tschechoslowakei geboren. Ihre Eltern trennten sich während des Krieges. Marie-Christine emigrierte 1949 mit ihrer Mutter und ihrem Bruder nach Australien. Ihr Vater ging nach Afrika.

In Australien heiratete ihre Mutter einen tschechoslowakischen Grafen, doch leider hatte seine Familie kein Geld. Alle lebten zusammen in einem schmucklosen kleinen Haus in einer Vorstadt von Sidney. Mit achtzehn Jahren hatte sich Marie-Christine entschlossen, reich zu werden. Sie war groß, hatte eine gute Figur, dunkles Haar und ein sehr schönes Gesicht. Sie war charmant und anregend, und sie gehörte bald zur Elite der reichen, jungen Männer und Frauen.

Sie brauchte Geld für Kleider, Schmuck und teure Accessoires, deshalb suchte sie sich einen Job als Sekretärin in der Werbeagentur J. Walter Thompson. Ihre Kollegen mochten sie, besonders die jungen Männer. Doch die waren ihr nicht reich genug oder spielten gesellschaftlich keine Rolle.

Sie konnte mehr Geld verdienen, wenn sie den Reichen und Berühmten Kleider schneiderte. Also kündigte sie bei J. Walter Thompson, um sich selbständig zu machen. Als Zwanzigjährige traf sie Ted Albert, den Sohn einer reichen und sozial hochstehenden Familie, der sein Geld mit dem Verkauf von Notenblättern verdiente. Ted Alberts Vater, Alexis, hatte während des Krieges Prinz Philip kennengelernt. Außerdem hatte er ehrenamtlich als Assistent von Sir John Nortcott gedient, der damals noch Gouverneur des Staates New South Wales war. Ted Albert war genau der Typ Mann, den Marie-Christine heiraten wollte.

Trotz ihrer Titel und der Leidenschaft ihres Sohnes mißbilligte Teds Mutter die Verbindung mit einer Kriegsexilantin und Neuaustralierin, die ihres Sohnes nicht würdig sei. Mrs. Albert drohte, ihren Sohn zu enterben, wenn er das Verhältnis nicht beende. Verärgert und beleidigt, verließ Marie-Christine Sydney. Sie nahm ein Schiff nach London, denn sie würde den jungen Ted nie heiraten können.

In Australien hatte sie bereits einen Weg gefunden, sich immer die Aufmerksamkeit der anderen zu sichern. Bevor sie zum Pferderennen oder zu einer Wohltätigkeitsveranstaltung ging, rief sie die Gesellschaftsredakteure der Zeitungen in Sidney an und teilte ihnen mit, daß die Baroneß Marie-Christine von Reibnitz in diesen und jenen Kleidern in der Begleitung von X oder Y teilnehmen würde. So erschien sie regelmäßig in den Gesellschaftskolumnen. In Großbritannien wollte sie die gleiche Technik benutzen. Da es in London nach dem Krieg viele junge Starlets mit obskuren europäischen Titeln gab, fand sie sich als eine unter vielen wieder.

Sie unternahm alles, um von der Gesellschaft akzeptiert zu werden. Sie legte ihren australischen Akzent ab und gewöhnte sich den kosmopolitischeren, mitteleuropäischen an. Sie wechselte von Brünett zu Blond und studierte Design im Victoria und Albert Museum. Aber sie mußte arbeiten und ging deshalb zur Werbeagentur Charles Baker. Sie war zweiundzwanzig Jahre alt, und sie fiel vielen reichen und attraktiven Männern auf.

Als sie zu einer Wildschweinjagd nach Australien flog, traf Marie-Christine ihren ersten Ehemann Tom Trowbridge, einen attraktiven Bankier. Sie sprachen beide Deutsch, und Marie-Christine verliebte sich in ihn. Ein Jahr später heirateten sie. Auf ihrer Hochzeit traf Marie-Christine zum ersten Mal ein Mitglied der königlichen Familie. Es war der Junggeselle Prinz William von Gloucester, ein guter Freund von Tom Trowbridge. Da die Frau seines Freundes ihn so faszinierte, besuchte er das Paar regelmäßig in ihrem Londoner Haus in Chelsea.

Eines Tages lud Prinz William die beiden auf eine Wochenendparty auf sein Familiengrundstück Barnwell Manor in Northamptonshire ein. Prinz Michael von Kent war ebenfalls unter den Gästen. Er war ebenfalls Junggeselle. Ein weiblicher Gast erinnerte sich später: „Als das Wochenende um war, lagen Marie-Christine beide Prinzen zu Füßen. Sie flirtete wie verrückt mit ihnen, und sie mit ihr. Sie liebte das."

In London wurden die Trowbridges und die beiden Prinzen ein ständiges Quartett. Gemeinsam besuchten sie Partys, gesellschaftliche Veranstaltungen und Wochenendgesellschaften. Marie-Christine war in ihrem Element, und den anderen fiel auf, daß sie die meiste Zeit mit Prinz William flirtete. Ein Jahr später geschah eine Tragödie: Prinz William starb bei einem Flugzeugunglück als Pilot einer kleinen Maschine beim Goodyear Flugwettbewerb.

Tom Trowbridge nahm einen Job in Bahrein an, und Marie-Christine folgte ihm. Sie wollte aber bald schon zurück nach London, ihr gesellschaftliches Leben genießen und die königliche Familie kennenlernen. Außerdem wollte sie dem attraktiven Prinzen Michael näher sein.

Prinz Michael war ein charmanter Junggeselle, der die meiste Zeit nicht im königlichen Rampenlicht gestanden, sondern in einem der höheren britischen Regimenter, den Königlichen Schottischen Grauen, benannt nach der Farbe ihrer Pferde, gedient hatte. Er hatte dort ein ruhiges Leben genossen. Keiner hatte ihn als ersten Cousin der Königin behandelt. (Er ist der jüngere Bruder von Prinzessin Alexandra.) Da er nicht der Erstgeborene ist, erwartete man von ihm keine offiziellen königlichen Auftritte, und das war ganz in seinem Sinn. Er bevorzugte die Abgeschiedenheit der Offiziersmesse, wo er äußerst beliebt war. Sein großes Hobby war Bobfahren. Dabei bewies er ziemlich viel Mut und Talent. Frauen gegenüber war er eher schüchtern, obwohl man ihn oft mit verschiedenen attraktiven jungen Damen sah. Doch er ließ sich kaum mit einer ein. Marie-Christine sollte das alles mit einem Schlag ändern. Die nächsten drei Jahre arbeitete Tom Trowbridge in Bahrein, während Marie-Christine in London so viel Zeit wie möglich in Kreisen verkehrte, in denen sie Prinz Michael ständig traf. Bei jedem Treffen übernahm sie die Initiative, lud ihn ein, organisierte Partys für sie beide und ließ keinen Zweifel daran, daß sie ihn wollte.

Laut Marie-Christine begann ihr Verhältnis still und beschaulich: „Lange Zeit weinten wir uns an der Schulter des anderen aus. Ein Jahr lang sah ich ihn nur als Freund. 1975 wußte ich, daß ich ihn liebe. Jetzt bin ich froh, daß wir diese Zeit hatten, denn so etwas wie Freundschaft verliert man nie. Wenn es auf und ab geht, zählt nur die Freundschaft."

Schließlich wurde bekannt, daß Michael und Marie-Christine ein Paar waren. Wenn sie zusammen auf Partys oder zum Essen gingen, hing Marie-Christine an seinem Arm, hielt seine Hand oder küßte seinen Nacken. Manchmal schien ihm ihre Aufmerksamkeit eher peinlich zu sein.

1977 wurden Marie-Christine und Tom Trowbridge geschieden. Seine Familie und Freunde gaben ein große Party für ihn, um seine Freiheit zu feiern.

Ungefähr zu dieser Zeit habe ich Marie-Christine kennengelernt, denn sie hatte ihren Araberhengst im gleichen Stall in Ham in der Nähe von Richmond Park, in dem auch meine Poloponys stehen. Sie ritt an den meisten Tagen aus und sagte später: „Wie das Glück und Amor es wollten, hat sich mein tanzender Araber unsterblich in dieses eher ungehobelte Tier verliebt, das Prinz Michael reitet. In meilenweiter Entfernung beginnt es schon zu wiehern und galoppiert auf sie zu. 'Oh, hallo, was für eine Überraschung. Schön dich zu sehen', heißt es dann." Es klang wie ein Groschenroman.

Prinz Michael schien genauso erpicht auf eine Heirat zu sein wie Marie-Christine. Er zeigte sie gern vor und war stolz, daß ihn eine so gutaussehende Frau attraktiv fand. Prinz Michael bat sie um ihre Hand, und sie war überglücklich.

Es gab jedoch zwei Probleme: Marie-Christine war katholisch, und sie war geschieden. Elizabeth mochte den Gedanken nicht, daß Prinz Michael Marie-Christine heiraten wollte. Sie bat ihren damaligen Privatsekretär Philip Moore, ihr einen kurzen Bericht über Marie-Christines Leben anzufertigen, der ihre eher dubiose Abstammung und Details über ihre Zeit in Australien enthielt. Elizabeth war nicht gerade beeindruckt von dem, was sie las. Der Palast bekam unerwartet Hilfe von der Presse, die Marie-Christine unter die Lupe genommen hatte, als ihre bevorstehende Verlobung mit Prinz Michael bekannt wurde.

Im Frühjahr 1978 legten höhere Berater Prinz Michael nahe, sich aus Rücksicht auf Elizabeth's Haltung zur Scheidung und die Auswirkungen für die königliche Familie eine passendere Braut zu suchen. Noch schlimmer war es in den Augen der Königin, die Oberhaupt der Kirche von England und Verteidiger des Glaubens ist, daß die Geschiedene auch noch Katholikin war. Um den zunehmenden Widerstand gegen die Heirat zu brechen, entwickelte Marie-Christine eine neue Strategie: sie wollte ihre Ehe mit Tom Trowbridge annullieren lassen.

Sie wandte sich an die katholische Kirche und erklärte, Tom Trowbridge habe nie Kinder gewollt. Sie dachte, dies sei ein ausreichender Grund für eine Annullierung. Bei der Annullierung einer Ehe fordert die Katholische Kirche jedoch vom Ehepartner eine Bestätigung der Fakten. Tom Trowbridge war überrascht von der Behauptung seiner Ex-Frau und noch überraschter, als der Vatikan nicht nach einer Bestätigung fragte. Erstaunlicherweise stimmte der Vatikan 1978 einer Annullierung der Ehe zu, und die damals dreiunddreißigjährige Marie-Christine nahm sofort wieder ihren Mädchennamen Baroneß von Reibnitz an. Jetzt konnte sie heiraten, wen immer sie wollte.

Elizabeth besprach die Angelegenheit mit Prinzessin Margaret, weil man ihr früher verboten hatte, den geschiedenen Gruppenkapitän Peter Townsend zu heiraten. Margaret war empört bei dem Gedanken, daß Marie-Christine Prinz Michael heiraten sollte. Wegen des Klatsches hielt Margaret sie für eine Opportunistin, die Michael nur heiraten wollte, um den höchsten gesellschaftlichen Rang zu erreichen und ein Mitglied des Hauses Windsor zu werden. Außerdem stellte sie Marie-Christines Liebe zu Michael in Frage. Hatte sie sich nicht zuerst in Prinz William verliebt? War sie plötzlich eine feurige Katholikin, nur weil sie die Ehe annullieren lassen wollte? Die Prinzessin fand das vollkommen verlogen. Sie nannte Marie-Christine "einen Emporkömmling".

Zu dieser Zeit sagte Margaret einem engen Freund: „Ich weiß, was diese Frau vorhat. Sie wickelt den armen Michael um den kleinen Finger. Ich habe sie mit ihm gesehen und fand es obszön, wie sie sich benimmt."

Prinzessin Margaret schrieb Marie-Christine vor ihrer Hochzeit mit Prinz Michael. Wenn sie nicht "das richtige tue" und zum Anglikanismus konvertiere, würde sie nie wieder ein Wort mit ihr sprechen. Marie-Christine konvertierte nicht, und die Feindschaft zwischen den beiden besteht bis zum heutigen Tag.

In seiner Verzweiflung wandte sich Prinz Michael an Onkel Dickie Mountbatten und bat ihn um Hilfe. Michael sagte, er sei verliebt in Marie-Christine und wolle sie heiraten. Er wolle aber die Königin nicht verärgern und auch nichts tun, was die königliche Familie in Mißkredit bringen könne. Mountbatten fragte ihn rundheraus: „Was würde wohl mehr Schaden für die königliche Familie anrichten? Wenn ihr beide in Sünde zusammenlebt oder heiratet?" Michael zuckte die Achseln und sagte nicht sehr überzeugt: „Ein Leben in Sünde."

„Genau", entgegnete Mountbatten. „Wenn du also wirklich entschlossen bist, mit dieser jungen Frau zu leben, dann finden wir besser eine Möglichkeit, wie du sie heiraten kannst. Außerdem ist sie doch kein Ladenmädchen. Sie kommt aus einer guten Familie, und sie ist keine Ausländerin."

Er lud Prinz Michael und Marie-Christine zum Essen ein und war ziemlich angetan von dieser auffälligen, attraktiven Frau. Doch er erkannte auch ihre negativen Seiten. Während des Essens steckte er John Barratt einen Zettel zu, auf dem stand: „Wenn diese Frau nicht aufhört zu reden, dann schreie ich."

Mountbatten war in seinem Element. Er hatte wieder einmal die Möglichkeit, die königlichen Geschicke zu manipulieren. Nach vielen Überredungskünsten Mountbattens und Bitten von Prinz Michael stimmte Elizabeth schließlich der Heirat unter der Bedingung zu, daß Prinz Michael seinen Verzicht auf den Thron erklärte, weil er eine Katholikin heiratete. Falls Marie-Christine starb oder sie geschieden wurden, konnte Michael um die Erlaubnis bitten, seine Anwartschaft zu erneuern, doch mußte man sie ihm nicht unbedingt zuerkennen. Er stimmte glücklich zu.

Marie-Christine wollte eine weiße Hochzeit in der Westminster Kathedrale, der höchsten römisch-katholischen Kirche in England, mit allem dazugehörigen Aufwand, als wäre sie nie zuvor verheiratet gewesen. Doch ihre Rechnung ging nicht auf. Als Mitglied der königlichen Familie durfte Michael nicht in einer katholischen Kirche oder einem Standesamt heiraten. Deshalb mußte die Hochzeit im Ausland stattfinden.

Marie-Christine beschloß, in Wien zu heiraten, weil sie die Tochter eines österreichischen Adligen war und ihren österreichischen Mädchennamen wieder angenommen hatte. Sie buchte die weltberühmten Wiener Sängerknaben, arrangierte die Trauung in der Schottenkirche im aristokratischen Teil Wiens und verbrachte Tage damit, die Gästeliste zusammenzustellen.

Jetzt mischte sich der Vatikan ein und verbot eine kirchliche Trauung, weil Marie-Christine erklärt hatte, die Kinder dieser Ehe in der Kirche von England aufzuziehen. Sie geriet außer sich vor Wut, stürmte durch ihren Salon und schimpfte fürchterlich. Schließlich heiratete die ernüchterte Marie-Christine ihren königlichen Prinzen im Rathaus von Wien.

An ihrem Hochzeitstag sah Marie-Christine strahlend aus mit den Juwelen des Hauses Kent. Sie ging auf das Rathaus zu, wo Mountbatten, Prinzessin Anne, Prinz Charles und andere Mitglieder der Familie sie erwarteten. Anne konnte sich einen Seitenhieb auf die arrogante Marie-Christine nicht verkneifen und fragte lächelnd: „Müssen wir vor der neuen Königin der Tschechoslowakei einen Knicks machen, oder ist das jetzt eine Republik?"

Marie-Christine sollte letztendlich doch gewinnen. Nachdem sie Papst Johannes Paul II. fünf Jahre lang keine Ruhe gelassen hatte, erkannte er 1983 die Heirat an, und Marie-Christine durfte ihren Eheschwur in der Kirche erneuern. Der Vatikan hatte seine

Meinung geändert, weil Prinz Michael seine Zustimmung gegeben hatte, die Kinder dieser Ehe katholisch aufzuziehen.

Als sie endlich in die königliche Familie eingeheiratet hatte, häuften sich unzählige Geschichten über Marie-Christines Arroganz. Einmal standen zwei Dienstmädchen auf einer Leiter, um Vorhänge aufzuhängen. Sie befahl ihnen, nach unten zu kommen und vor ihr einen Knicks zu machen. Sie bestand darauf, daß ihr gesamtes Personal sich vor ihr verbeugte oder knickste, wann immer sie sie trafen. Sie forderte, daß jeder sie mit Ihre Königliche Hoheit ansprach. Königin Elizabeth sagte einmal: „Marie-Christine klingt viel zu großartig für uns."

Marie-Christine drängte auch Michael, "königlicher" zu werden. Vor seiner Heirat war Michael ein stiller und freundlicher Typ gewesen, der sich tagsüber um seine Sachen bei den Schottischen Grauen kümmerte und ziemlich zurückhaltend war. Nun überredete Marie-Christine ihn, seinen Dienst in der Armee zu quittieren, was er auch tat, und sich einen Bart wachsen zu lassen, damit er autoritärer und schneidiger wirkte. Dann organisierte sie Partys, zu denen sie hochkarätige Personen mit den entsprechenden Verbindungen aus dem Londoner Finanzviertel einlud. Es waren Leute, die vielleicht interessiert sein könnten, für eine entsprechende Summe Geldes Michael als einen ihrer Firmendirektoren einzustellen, damit sein Name auf den Briefbögen stand. Dieser Plan funktionierte auch, weil Michael als "sehr anständiger Mann" angesehen wurde.

Marie-Christines Ehrgeiz kannte keine Grenzen. Sie wollte einen Landsitz, wie es einer Prinzessin zustand, und sah sich nach einem Grundstück um. Weil Prinzessin Anne in Gloucestershire lebte, wollte sie auch dort wohnen. Sie sah sich zunächst Highgrove an, den Landsitz in Gloucestershire, den Charles schließlich vor seiner Hochzeit mit Diana kaufte. Der war ihr aber nicht groß und pompös genug. 1979 endlich entschied sie sich für Nether Lypiatt Manor in Gloucestershire.

Charles' bis heute feindliche Einstellung zu Marie-Christine zeigte sich ganz offen, als sie sich entschieden hatte, Nether Lypiatt zu kaufen. Das Grundstück liegt nur fünfundzwanzig Kilometer entfernt von Highgrove. Zuerst versuchte er, den Verkauf von Nether Lypiatt zu verhindern, dann wies er seinen Sekretär an: „Sagen Sie dieser Frau, daß sie niemals nach Highgrove eingeladen wird. Machen Sie ihr klar, daß ich auch niemals von ihr eingeladen werden möchte. Ich will auch nicht mit ihr sprechen."

Bis zum heutigen Tag ist Prinzessin Michael niemals nach Highgrove eingeladen worden, und Charles hat niemals Nether Lypiatt besucht. Prinz Michael konnte den Wunsch seiner Frau nur erfüllen, indem er seine privaten Kapitalanlagen verkaufte. Anfang der achtziger Jahre hatten sie ihren wunderschönen Landsitz, doch kaum noch Geld.

Um etwas Geld zu verdienen, setzte Marie-Christine ihre Talente ein und schrieb Bücher. Sie dachte, königliche Themen würden vielleicht zu Bestsellern taugen. Ihr erstes Buch über europäische Prinzessinnen verkaufte sich ganz gut, obwohl zwei Autoren sie des Plagiats bezichtigten.

Bei weiteren Überlegungen, wie sie Geld auftreiben könnte, kam sie auf die Idee, sich selbst und Prinz Michael für öffentliche Auftritte auszuleihen. Sie war der Meinung, sie und Prinz Michael als direkter Cousin der Königin müßten Mitglieder des Haushalts werden, da sie in der breiten Öffentlichkeit sehr beliebt seien und die "etwas verstaubteren" Mitglieder der königlichen Familie ergänzten. Prinzessin Alexandra, Michaels ältere Schwester, gehöre schließlich auch zum Haushalt, also hätte Prinz Michael auch ein Recht darauf. Es verstößt gegen alle Regeln, wenn sich Mitglieder der königlichen Familie wie Unterhalter anheuern lassen, doch Marie-Christine verfolgte ihren Plan unbeirrt weiter. Sie und Prinz Michael fordern zwischen tausend und zehntausend Dollar pro Auftritt.

Trotzdem blieb ihr Einkommen zu klein, um die Ausgaben zu decken, denn Prinzessin Michael wollte das Leben eines Mitglieds des Königshauses führen. Auf Nether Lypiatt stellte sie fünf Leute für das Haus, vier Gärtner, einen Stallknecht für die drei Pferde und einen Chauffeur für ihren Rolls-Royce ein. Außerdem mußten sie noch ihr Apartment im Londoner Kensington Palast unterhalten.

Als Elizabeth über ihren Privatsekretär vom Lebensstil des Paares und seinen finanziellen Manövern hörte, ließ sie keinen Zweifel daran, daß sie Prinz Michael niemals auffordern werde, königliche Pflichten auszuführen, obwohl oft Anfragen von ihm und Marie-Christine kamen. Es war verletzend, Prinzessin Michaels Bitte auf diese Art zurückzuweisen. Elizabeth machte sich nicht einmal die Mühe, sich selbst an Marie-Christine zu wenden. Diese war wütend, derart ignoriert zu werden.

Marie-Christine brachte es sogar fertig, Elizabeth in kleinen Dingen zu verärgern. Zu einer Beerdigung war sie angewiesen worden, in Schwarz zu erscheinen. Marie-Christine kam in Schwarz und hatte eine schwarze Handtasche mit goldenen Schnallen. Am nächsten Tag schickte Elizabeth einen kurzen Brief: „Wenn ich Schwarz sage, dann meine ich Schwarz. Und nicht eine schwarze Handtasche mit goldenen Schnallen." Marie-Christine stieß einen Schwall von Flüchen aus.

Sie wurde immer widerspenstiger. Während eines Fernsehinterviews äußerte sie, daß Elizabeth's Corgis "erschossen werden sollten".

Als Ehefrau von Prinz Michael war sie 1986 zum traditionellen Weihnachtsessen der königlichen Familie auf Schloß Windsor eingeladen. Sie fühlte sich vom Rest der Familie ignoriert, also nahm sie nicht am Essen teil, was einer ernsthaften Beleidigung der Königin gleichkam, nachdem sie die Einladung akzeptiert hatte. Stunden später erhielt sie eine maschinengeschriebene Notiz vom höheren Personal der Königin. Darauf stand: „Es wird vorausgesetzt, daß Sie sich in Zukunft beim Essen dem Rest der Familie anschließen." Wütend über diese Nachricht, ließ Marie-Christine ihre Koffer packen und fuhr sofort nach London. Marie-Christine war zu weit gegangen. Elizabeth lehnte es einige Jahre lang ab, mit ihr zu sprechen. Wenn sie der Prinzessin eine Information zukommen lassen wollte, schrieb sie.

Um die Königin zu zwingen, versuchte Marie-Christine es anders. Sie würde sich so beliebt machen, daß die Königin es sich wegen der öffentlichen Nachfrage nicht mehr leisten konnte, die Kents bei ihren königlichen Verpflichtungen zu übergehen. Wenn Marie-Christine und ihr Mann königliche Verpflichtungen übernahmen, würden sie automatisch Geld aus dem königlichen Haushalt für die Reisekosten, für den Kleiderzuschuß und für die administrativen Kosten bekommen.

Marie-Christine wollte unbedingt vom königlichen Haushalt profitieren, denn sie betrachtete das als Zeichen, ein wirklichen Mitglieds des Hauses Windsor zu sein. Trotz ihrer Intelligenz hatte sie den Palast und Elizabeth erheblich unterschätzt.

Sie bot weiterhin jedem, der sie als Mitglieder der königlichen Familie akzeptierte, ihre und Michaels Dienste an, ob es nun um Eröffnungen von Gartenfesten, Clubs oder Shows ging. Wenn es nötig war, würden sie überallhin reisen. Zuerst gingen sie diesen Verpflichtungen nach, ohne Geld zu fordern, doch ihr Konto schrumpfte schon bald zusammen, was Prinz Michael zu dem

Kommentar veranlaßte: „Ich würde überall hingehen für ein freies Essen."

Ihr Sekretär war John Barratt, der ehemalige Angestellte und enge Vertraute Mountbattens. Nach dessen Tod hatte er bei Prinz Michael seinen Dienst begonnen. Barratt organisierte ihre Zeitpläne, die Wohltätigkeitsarbeit und die öffentlichen Auftritte.

Er erinnerte sich an einen Vorfall: „Ich kann mich erinnern, daß Prinzessin Michael einmal ein neues Geschäft einer bekannten Elektronikfirma eröffnete. Ein paar Tage später kam ein Lieferwagen mit zehn Fernsehern nach Hause, die sie als Geschenk forderte. Sie waren für die Zimmer der Diener. Sie war wirklich schamlos."

Sie erhielt Pferde, Autos, Ferienreisen, Flugtickets, Schmuck, Parfüm, Bargeld, Schecks oder was immer die Firma oder Person zu bieten hatte. Doch das war ihr nicht genug. Sie setzte alles daran, ausreichend Geld zu bekommen für das Leben, das sie gern führen wollte. Sie verabredete sich mit den reichsten Männern der Welt, verschwand mit ihnen ganze Nächte oder Wochenenden, fuhr mit ihnen auf Reisen und in die Ferien, und sie bekam dafür Kleider, Schmuck und Geld.

Ein guter Freund der königlichen Familie sagte einmal: „Ich fürchte, wir müssen zugeben, daß Prinzessin Michael sich wie eine Dirne benommen hat."

Sie nahm sich zahlreiche Liebhaber, darunter auch einen reichen arabischen Prinzen, der Geschäfte für die saudi-arabische königliche Familie machte, Senator John Warner und Ward Hunt, den Cousin des texanischen Milliardärs Bunker Hunt. Sie hatte Hunt 1983 während eines Essens zugunsten der Freunde der Englischen Nationaloper in den Vereinigten Staaten in Texas kennengelernt. Ein Jahr später wurden sie ein Paar.

Ward Hunt war ein reicher Millionär, vierundvierzig Jahre alt, und wurde 1984 von seiner Frau Laura geschieden. Er lebte in einem luxuriösen Apartment in Dallas, wo Marie-Christine ihn besuchte. Manchmal kam er auch nach London. Einmal war seine Mutter dabei, und die beiden wohnten im Kensington Palast.

Marie-Christine riskierte außergewöhnlich viel, um mit Ward Hunt zusammen zu sein, der sie mit Geschenken und Geld überschüttete. Einmal war sie zusammen mit Prinz Michael in Dallas. Sie wohnten im Turtle Creek Hotel, und Marie-Christine bat ihren Sekretär, alles zu arrangieren, damit Michael schon nach New York vorausflog, da sie Ward Hunt sehen wolle. Die beiden

Männer trafen sich fast in der Lobby. Prinz Michael wurde zum Auto begleitet, während Ward Hunt in der Lobby saß und darauf wartete, daß er ging.

Marie-Christine genoß die Gesellschaft ihres Liebhabers und wahrscheinlich noch mehr seine Geschenke. Sie lud Hunt unbekümmert für eine Woche nach London ein, doch die ihr nahestehenden Personen fanden ihr Benehmen allmählich zu skandalös. Die königlichen Angestellten auf allen Ebenen wissen, daß sie sich nicht um das Leben ihrer Arbeitgeber zu kümmern haben. Doch Marie-Christines Verhalten ging weit über das Maß eines normalen Ehebruchs hinaus. Nicht nur daß sie sich einen Liebhaber genommen hatte, sie prostituierte sich mehr oder weniger auch noch.

Elizabeth war bereits über ihre zahlreichen Affären im Bilde. Alarmiert stellte sie fest, daß es höchste Zeit war, Marie-Christine zu stoppen.

Stuart Kuttner, ein Redaktionsassistent der sonntäglichen Skandalzeitung "News of the World" mit ausgezeichneten Verbindungen zu königlichen Kreisen, griff die Geschichte auf: „Eines Tages wurde ich zum Mittagessen eingeladen, und als wir am Nachmittag an der Themse entlangliefen, wurde ich gefragt, ob uns aufgefallen sei, wie oft Prinzessin Michael von Kent Amerika besucht habe. Mir wurde nahegelegt, meine Zeitung solle ihre Reisen überprüfen. Am Schluß des Gesprächs kannte ich den Namen Ward Hunt. Den Rest überließ man uns."

Binnen einiger Wochen rief der königliche Kontaktmann an, um mitzuteilen, daß Ward Hunt am 24. Juni 1985 in London einträfe und im Carlton Tower wohnen würde, einem Luxushotel am Cadogan Square, nicht weit von Harrods. Bevor Hunt ankam, erhielt Kuttner einen weiteren Anruf, und man informierte ihn, daß Hunt nun doch in einem privaten Luxusapartment wohne, das dem Bruder von Prinzessin Esra von Hyderabad gehörte. Sie war eine enge Freundin von Hunt und Marie-Christine und lebte in Kalifornien.

Kuttner fuhr fort: „Wir wurden informiert, daß Ward Hunt und Prinzessin Michael ein paar Tage in diesem Apartment verbringen und dann in Rosie Northamptons Landhaus nach Gloucestershire fahren wollten. Am verabredeten Tag kam Prinzessin Michael mit Lebensmitteln und einer schlecht sitzenden, roten Perücke ins Apartment. Ward kam später, und die beiden verbrachten die Nacht dort. Sie wurden die ganze Zeit von Reportern von

"News of the World" beobachtet, und immer wenn sie das Apartment verließen, wurden sie heimlich fotografiert."

Nachdem sie London verlassen hatten, um ein paar Tage auf dem Land zu verbringen, erhielt Prinzessin Michael einen mysteriösen Anruf, bei dem ihr mitgeteilt wurde, die "News of the World" habe Fotos und detaillierte Informationen über ihre Affäre mit Ward Hunt. Sie würden am nächsten Morgen erscheinen. Sie reagierte bestürzt, weil man sie ertappt hatte. Prinzessin Michael ließ Ward Hunt mit einem Hubschrauber nach Manchester fliegen. Dort konnte er eine Maschine nach New York nehmen. Als er abgereist war, erklärte Prinzessin Michael, sie litte unter Erschöpfungszuständen, und begab sich direkt ins Krankenhaus. Dort blieb sie, bis sich die Aufregung gelegt hatte.

Ein paar Tage später wurde sie mit ihrem Ehemann Prinz Michael in Wimbledon bei den Tennismeisterschaften fotografiert. sie schmiegte sich an ihn und wirkte wie eine aufmerksame, charmante und lächelnde Ehefrau. Elizabeth ließ sich davon nicht täuschen, auch wenn Prinz Michael alle Entschuldigungen annahm, die seine geldgierige Frau ihm gab.

Als Elizabeth die Fotos von Prinz Michael und seiner Frau in Wimbledon sah, war sie überrascht von Marie-Christines Unverfrorenheit, denn sie hatte erwartet, die skandalösen Schlagzeilen in der Zeitung würden ihrer Ehe ein Ende machen, und Marie-Christine würde ihre Koffer packen, um das Haus Windsor und vielleicht sogar das Land zu verlassen. Durch ein angezapftes Telefon kam heraus, daß Ward Hunt verliebt in sie war und sie heiraten wollte. Er glaubte, sie würde Prinz Michael verlassen, die Scheidung beantragen und mit ihm in Dallas ein neues Leben beginnen.

Elizabeth's Verhalten bei diesem Vorfall zeigt, welche Anstrengungen sie und ihre Ratgeber unternehmen, um die Würde der Krone zu erhalten und jedermann zu entfernen, der Schande über die Monarchie bringen könnte.

Prinzessin Michael gab ihre Ehe nicht auf, und sie kehrte auch nicht mit Ward Hunt nach Dallas zurück. Sie hatte dafür drei Gründe: erstens hatte sie zwei königliche Kinder, zweitens liebte sie ihren Status als Prinzessin, und drittens hatte sie entdeckt, daß Ward Hunt nicht so reich war, wie sie immer gedacht hatte, da seine Scheidung so teuer gewesen war.

Marie-Christines erstes Kind, Lord Frederick Windsor, wurde im April 1979 geboren, genau neun Monate und fünf Tage nach ihrer Hochzeit mit Michael. Das zweite Kind, Lady Gabriella, wurde genau zwei Jahre später im April 1981 geboren. Nach der Geburt ihrer Tochter sagte Prinzessin Michael: „April ist der ideale Monat, um ein Kind zu bekommen. Man kann den Kinderwagen nach draußen stellen, und das Kind ist den ganzen Frühling, Sommer und Herbst an der frischen Luft. Deshalb wurde mein zweites Kind auch im April geboren."

Prinzessin Michael ist bekannt dafür, ihre Kinder mit viel Disziplin zu erziehen. Es steht auch außer Frage, daß sie sich um die beiden Kinder kümmert, doch das war nicht immer so.

Frederick war ein wunderschönes Baby. Gabriella dagegen entsprach nicht den Vorstellungen ihrer Mutter. Sie gab John Barratt gegenüber zu: „Ich fange wirklich an, dieses Kind zu hassen. Sie ist so plump und unattraktiv. Warum ist sie nicht wie Frederick, der ist so schön?"

Prinzessin Michael war klar, daß man ihr niemals erlauben würde, ihre Kinder mit nach Amerika zu nehmen, falls sie Prinz Michael verlassen und mit Ward Hunt zusammenleben würde. Elizabeth kannte die Fakten über die sexuellen Abenteuer von Prinzessin Michael, und sie wollte Prinz Michael überzeugen, sie dem Gericht vorzulegen, wenn es notwendig sei, um das Sorgerecht für die beiden Kinder zu bekommen. Das teilten die Privatsekretäre Prinzessin Michael mit und ließen keinen Zweifel daran, daß sie ihre Kinder verlieren würde, wenn sie sich von Prinz Michael scheiden ließ und das Land verlassen würde.

Elizabeth sorgte dafür, Prinzessin Michael zu keiner Gelegenheit mehr zu sehen oder zu sprechen. Sie verbannte Marie-Christine aus allen öffentlichen Funktionen und schwor, ihr niemals zu erlauben, ein Teil des königlichen Haushalts zu werden. Elizabeth ließ Prinzessin Michael durch Palastbeamte mitteilen, daß sie zutiefst ungehalten sei über Prinzessin Michael von Kent. Prinzessin Michael ließ ihre Wut an ihrem unglücklichen Ehemann aus und warf ihm vor, schwach und hilflos zu sein, da er sich nicht gegen die Königin stelle, um ihren guten Namen zu verteidigen. Marie-Christine hatte schon immer mit ihrem Mann gesprochen, als sei er ihr Diener und nicht ihr Ehemann. Als sie merkte, daß Prinz Michael sie in ihrem Kampf gegen den Buckingham Palast nicht unterstützte, schrie sie ihn an: „Und du willst ein Mann sein? Du bist nicht besser als dein Vater, und der war ein Transvestit und homosexueller Drogenfresser." Sein Vater

George, der Herzog von Kent und Bruder von Elizabeth's Vater König George VI., war 1942 gestorben.

Es war bekannt, daß Prinzessin Michael ihren Mann auch in der Öffentlichkeit herumkommandierte, kritisierte und daß sie sich vor Gästen über ihn lustig machte und ihn ohne die leiseste Andeutung von Respekt oder Zuneigung behandelte. Sie bezeichnete ihn oft als "Arschloch". Marie-Christine hat ein fürchterliches Temperament und wechselt von einer Sekunde zur anderen von einer freundlichen, lächelnden Frau zu einem "richtigen Drachen". Dann führt sie zotige Reden, flucht vor jedem, bis ihre Wut versiegt und sie sich wieder beruhigt. Prinz Michael mußte schon viel einstecken, wenn sie ihr Gift verspritzt.

Trotz ihrer sexuellen Abenteuer, die bis zum heutigen Tag anhalten, schüchtert Marie-Christine ihren Ehemann ein, wenn sie Streit haben. Sie hat ihm wiederholt gesagt, daß er seine Kinder nie wiedersehen wird, falls er sich von ihr trennen oder scheiden lassen will. Dafür gibt es gar keinen Grund, denn Prinz Michael betet sie an und liebt seine Kinder sehr. Er kennt ihre Persönlichkeit und ihr Temperament und ist auf ihre Ausbrüche vorbereitet.

Prinz Michael weiß sehr genau Bescheid über die heimlichen Rendezvous seiner Frau. Am Abend zwischen sechs und sieben Uhr zieht sich Marie-Christine in ihr Schlafzimmer zurück und besteht darauf, nicht gestört zu werden, auch nicht von ihrem Mann. Während dieser "privaten Stunde", wie sie es nennt, telefoniert sie von ihrem Privatapparat aus, der extra in ihrem Zimmer angeschlossen wurde. Dann trifft sie ihre Verabredungen zum Essen, zu Partys und für die Wochenenden.

Seit ihren heißen Tagen und Nächten mit Ward Hunt ist Prinzessin Michael weniger forsch als in den ersten Jahren ihrer Ehe. Doch sie flirtet noch immer mit anderen Männern und schafft es, finanziell ihren Nutzen daraus zu schlagen. Bis heute haben weder die Prinzessin noch der Prinz von Kent Geld aus dem königlichen Haushalt bekommen und fordern große Summen für ihre Auftritte und Ausstellungseröffnungen. Die Bezahlung für ihre öffentlichen Funktionen sind ihr einziges Einkommen, und Prinzessin Michael arbeitet schwer daran, sich so beliebt wie möglich zu machen, um ihre Verbindungen zu erweitern und mehr Menschen, Organisationen und Gesellschaften anzuziehen, die ihre Anwesenheit kaufen wollen.

Nachdem sie ihn acht Jahre übersehen hatte, erlaubt Elizabeth nun Prinz Michael gelegentlich, einige königliche Funktionen auszuüben. Die aufbrausende Marie-Christine dagegen ist meistens von königlichen Zusammenkünften ausgeschlossen. Sehr zu ihrem Verdruß.

16. Kapitel: Diana, Prinzessin von Wales

Die zweite Hexe von Windsor gleicht vielleicht am wenigsten einer klassischen Hexe. Es ist die liebenswürdige und schöne Lady Diana Spencer. Die unschuldige, schüchterne, süße und unbeholfene zwanzigjährige Frau sollte sich innerhalb weniger Jahre so drastisch verändern, daß ihre Bekannten und Mitarbeiter sie kaum wiedererkennen würden.

Diana hatte keine glückliche Kindheit. Sie wurde im Juli 1961 geboren. Ihr Elternhaus stand auf dem benachbarten Grundstück neben dem königlichen Landhaus in Sandringham, Norfolk. Charles war damals dreizehn Jahre alt. Diana war erst sechs, als ihre Mutter die Familie verließ. Dianas Liebes- und Eheleben würde dem ihrer Mutter Frances sehr ähneln.

Frances traf mit sechzehn Jahren ihren späteren Ehemann Johnny, der damals Offizier im Gardecorps, Stallmeister der Königin und ein Herumtreiber war. Sie verliebte sich hoffnungslos in ihn und verfiel dem gutaussehenden, reichen Aristokraten. Sie heiratete ihn zwei Jahre später und genoß einige idyllische Jahre, bevor der Zusammenbruch begann. Sie langweilte sich mit ihrem attraktiven Mann, der sich für das Leben eines Landedelmannes entschieden hatte und sein ruhiges Familienleben im hinterwäldlerischen Norfolk genoß.

Frances bekam fünf Kinder: Sarah, mit der Prinz Charles ein monatelanges Liebesverhältnis einging, wurde 1955 geboren. Jane kam 1957 zur Welt und John 1960. Er lebte aber nur zehn Stunden. Diana wurde als dritte Tochter 1961 geboren und ihr Bruder Charles 1964.

Nach der Geburt von Charles fuhr Frances immer öfter nach London. Dort besuchte sie Freunde, ging auf Partys und ins Theater. 1966 nahm sie sich ein Apartment am schicken Cadogan Square.

Einige Monate zuvor hatte sie sich in Peter Shand Kydd, einen verheirateten Millionär, verliebt. Er hatte die Universität in Edinburgh absolviert und war Offizier in der Königlichen Marine, als er mit der attraktiven Frances eine Affäre begann. Die Zeit davor verbrachte er mit seiner Frau, einer talentierten Künstlerin, und seinen drei kleinen Kindern in Australien. Dort hatte er eine Schafsfarm gekauft. Als er damit scheiterte, kam er mit seiner Familie nach England zurück. Hier traf er Frances.

In einer Erklärung vor der Presse sagte Frances 1967: „Ich lebe jetzt getrennt von meinem Mann. Das ist bedauerlich. Ich weiß nicht, ob es eine Versöhnung geben wird."

Für ihren Mann Johnny kam diese Erklärung unerwartet. Er sagte später: „Wie viele dieser vierzehn Jahre glücklich waren? Ich dachte alle, bis wir getrennt waren. Ich hatte mich geirrt. Wir hatten uns nicht plötzlich getrennt. Wir hatten uns auseinandergelebt."

Zu dieser Zeit war Diana gerade sechs und ihr Bruder drei Jahre alt. Nachdem ihre Eltern geschieden waren, sagte Diana einer ihrer Kinderfrauen: „Wenn ich heirate, dann für immer. Ich werde mich niemals scheiden lassen."

Die Scheidung ihrer Eltern hatte verheerende Auswirkungen auf Diana. Aus dem glücklichen, lächelnden, beliebten kleinen Mädchen voller Selbstvertrauen wurde ein unglückliches und oft trauriges Kind, das sein Selbstvertrauen verloren hatte und schüchtern und eigensinnig wirkte.

Diana führt heute vieles darauf zurück, daß ihre Mutter die Familie verließ, und auf die bittere Scheidungsprozedur, bei der Frances das Sorgerecht für ihre vier Kinder verlor. Diana und ihre Geschwister verbrachten den größten Teil ihrer Kindheit beim Vater in Norfolk. Sie sahen ihre Mutter nur bei gelegentlichen Besuchen in deren Haus, nachdem sie 1969 Peter Shand Kydd geheiratet hatte.

Diana hat als Kind Einsamkeit und Unglück erfahren. Deshalb wird sie niemals das Sorgerecht für Wills und Harry aufgeben. Alle wissen, daß sie zu ihren Söhnen eine enge und starke Bindung hat. Bisher hat sie sich als liebende Mutter erwiesen.

Wie ihre Mutter sehnte sich auch Diana nach Glanz und Glamour. Beide bevorzugen das gesellschaftliche Leben mit seinen Partys, Tanzabenden und dem Klatsch und Tratsch. So wie Frances das abgeschiedene Leben in Norfolk und die Restriktionen, Zugeständnisse und Disziplin ihrer Ehe mit Johnny Spencer nicht ertragen konnte, so wenig kann Diana im Kensington Palast leben und die Restriktionen, Zugeständnisse und Disziplin ihrer Ehe mit Prinz Charles ertragen.

Während der Scheidung warf Frances ihrem Mann unter anderem seelische Grausamkeit vor. Prinzessin Diana hat sich in ähnlicher Weise bei ihren Freunden über die seelische Grausamkeit beklagt, die sie in ihrer Ehe mit Charles erdulden mußte. Diana warf Charles ebenfalls vor, er habe sich von ihr abgewandt und sie verlassen, um mit seiner Geliebten Camilla Parker auf seinem Landsitz in Highgrove zu leben. Wie der Zufall es will, haben Frances und Diana sich im gleichen Alter auf dramatische Weise von ihren Männern getrennt. Beide waren gerade dreißig Jahre alt.

Ihr Verlangen, dem langweiligen und eingeschränkten Leben zu entfliehen, brachte es mit sich, daß Diana Charles nun ganz anders betrachtete. Aus der Liebe zu ihrem "wundervollen Prinzen", der nichts falsch machen konnte, wurde der nüchterne Blick auf einen eher merkwürdigen, alltäglichen Mann, der völlig andere Ansichten, Hobbys und Interessen hat als sie.

Die unterschiedliche Bildung war eines der Hauptprobleme, die Charles und Diana trennten. Prinz Charles hat eine gute Vorbereitungsschule und eine strenge Privatschule in Gordonstoun besucht. Insgesamt hat er dort acht Prüfugen abgelegt. Er war drei Jahre auf der Universität in Cambridge und beendete sein Studium mit einem Diplom der Klasse zwei. Das ist ein vergleichsweise niedriger Abschluß. Trotzdem waren seine Lehrer und Professoren überzeugt, daß er einen weitaus höheren Abschluß, zum Beispiel den der Klasse eins, hätte machen können, wenn seine königlichen Pflichten das Studium nicht so oft unterbrochen hätten.

Dianas Ausbildung dagegen war eine Katastrophe, und ihre Leistungen waren gleich null. Sie hat sechs Prüfungen abgelegt und ist bei allen durchgefallen, wiederholte vier und fiel noch einmal durch. Es ist ihr wirklich gelungen, zwischen sechs und siebzehn gute Schulen zu besuchen und nicht ein einziges Examen zu schaffen. Dieser Umstand ist ihr sehr peinlich. Sie verschwieg nicht nur ihr Versagen, sondern erzählte ihren Freunden, sie hätte ein paar Prüfungen bestanden. Nachdem vor einigen Jahren die Wahrheit bekannt wurde, hat Diana ihre Strategie geändert. Nun macht sie sich selbst über ihren Mangel an Intelligenz lustig. Doch diese Strategie verdeckt nur ihre Verlegenheit.

Früher zog Charles Diana oft wegen ihrer Ausbildung und der nicht bestandenen Examen auf. Er sagte scherzhaft, sie sei nicht gerade intelligent. Diana lachte über seine Bemerkungen, und Charles sagte, das spiele keine Rolle, er liebe sie trotzdem. Als in der Ehe die ersten Probleme auftauchten, nahm Diana die häufigen Sticheleien übel, die nicht nur Charles macht, sondern auch andere Mitglieder der Familie wie Prinz Philip, Andrew und Edward. Sie wurde noch schüchterner und verlegener und brach manchmal in Tränen aus.

Wenn sie Reden in der Öffentlichkeit hielt, wurde sie erbarmungslos aufgezogen. Da sie immer scheu und verlegen wird, wenn sie öffentlich sprechen soll, brauchte sie vier Jahre, bis sie den Mut fand, ihre erste öffentliche Rede zu halten. Ihr Vortrag war armselig und ihre Stimme angespannt. Sie wurde rot, als sie sprach, hatte Schwierigkeiten, die Sätze zu beenden, und verwechselte die Zeilen, obwohl sie den zweiminütigen Vortrag vom Papier ablas. Charles und Andrew konnten gar nicht aufhören, ihre angespannte, eher quieksende Stimme und ihre zögerliche Art nachzuahmen. Diana lachte, war aber innerlich tief verletzt und gekränkt.

Sie sagte damals zu Sarah Ferguson, die ihr nahestand: „Das bringt mich noch so weit, daß ich mich nur noch einigeln und sterben will. Ich hasse Reden, weil ich genau weiß, was sie hinterher sagen. Selbst die Königin sieht mich komisch an, wenn ich eine Rede gehalten habe, und das macht mich nervös."

Diana war ungewöhnlich - nicht nur für die königliche Familie, sondern auch für die Öffentlichkeit. Obwohl sie als Kindergärtnerin gearbeitet hat, wurde sie von der Presse und in der Öffentlichkeit von Anfang an Lady Di genannt, nicht einfach nur Diana. (Nebenbei bemerkt haßt sie die Anrede "Lady Di", und niemand im Buckingham Palast spricht sie so an.)

Als sie 1979 die königliche Bühne betrat, war sie ganz anders als die meisten Mädchen, mit denen Charles gesehen wurde. Sie wirkte wie eine ganz gewöhnliche junge Frau - anspruchslos, scheu und reserviert. Sie hatte nichts von der frechen Weltgewandtheit der typischen Sloane Ranger, wie man die jungen Frauen nennt, die rund um den Sloane Square im Londoner Stadtteil Chelsea leben und zur höchsten Gesellschaftsschicht gehören. Diese haben keine besonderen Ambitionen, streifen ziellos herum, sehen wunderschön aus und warten, bis sie sich einen reichen jungen Mann mit gutem Einkommen angeln. Diana trug kaum Make-up, sprach ohne den typischen Akzent ihrer Schicht und kleidete sich, als gehöre sie zur Generation ihrer Mutter.

Ihre schlechte Ausbildung und der Umstand, daß sie als Haushaltshilfe und sogar sieben Monate als Putzfrau gearbeitet hatte, um sich ein bißchen Geld zu verdienen, brachte sie vielen einfachen Briten näher. Sie lebte glücklich mit anderen jungen Frauen in einer Londoner Wohnung. Sie aß Spaghetti und andere billige Mahlzeiten wie die Mehrheit der jungen Leute. Selbst Barbara Cartland, deren Tochter Rainie Dianas Vater Lord Spencer geheiratet hatte, beschrieb Diana als "typische Romanheldin aus einem Buch von Barbara Cartland". Das war sie auch wirklich, nämlich ein Aschenputtel. Diana war adlig, aber anspruchslos. Sie führte ein ganz gewöhnliches Leben und wartete wie eine Jungfrau auf den Prinzen, der sie erlösen und lieben würde, damit sie glücklich bis ans Ende ihrer Tage leben konnten.

Seit ihrer Verlobung mit Prinz Charles im Februar 1981 machten die Medien sie zum weltbekannten Covergirl. Die Welt wollte jedes Detail über diese jungfräuliche Schönheit wissen. Von Arizona bis Saudi-Arabien, von Kentucky bis Kyoto wurden Millionen von Magazinen mit ihrem Gesicht auf den Titelbildern verkauft.

Auch der strenge Erzbischof von Canterbury begann seine Hochzeitsansprache in der St. Pauls Kathedrale mit den Worten: „Das ist der Stoff, aus dem die Märchen sind." Da es bereits Fernsehsatelliten gab, konnte die ganze Welt diese Trauung und die spektakuläre königliche Zeremonie verfolgen. Auch heute noch gibt es Menschen, die sich an die Tränen erinnern, die ihnen bei der Hochzeit in die Augen traten.

Dadurch wiegte sich die britische Monarchie in trügerischer Sicherheit. Elizabeth las die Berichte, die in den folgenden Wochen aus allen Ecken der Welt in den Buckingham Palast kamen und sie in dem Glauben bestärkten, eine konstitutionelle Monarchie mache eine Nation stark. Dianas Hochzeit half, die republikanischen Ideen in Großbritannien zu zerstreuen. Elf Jahre später stürzte das Ende ihrer Ehe die ganze Nation in eine Diskussion, ob die britische Monarchie am Ende der Herrschaft Elizabeth's nicht verfallen und ganz untergehen würde.

Die Hochzeit machte Diana zum Star, und die Boulevardpresse stürzte sich auf jeden Klatsch und jede Anspielung. Die amerikanischen Boulevardblätter und Magazine folgten der britischen Berichterstattung, aber die europäischen Medien wollten sensationellere Geschichten. Die Italiener beschrieben Diana nach angeblichen Interviews mit namenlosen Dienstmädchen im Buckingham Palast als "sexuellen Vulkan", der sich mit japanischen Liebesanleitungen beschäftigte. Angeblich solle sie "Prinz Charles Tag und Nacht erschöpfen, so daß Principe Don Giovanni" keine Energien mehr für andere Frauen hätte. Die Deutschen zitierten Diana, die gesagt haben soll, ihr Hauptziel im Leben sei es, eine "gute Hausfrau" zu sein, während die Franzosen sich auf "das Vermögen" konzentrierten, das sie für Kleider ausgab.

Die Magazine rund um den Globus versorgten ihre Leser mit Details über Dianas Gewohnheiten: sie schrieben über ihre Kleider, ihre Schuhe, ihr Make-up, ihre Frisur, ihre Diät und ihren Lebensstil, so daß die Leserinnen alles nachahmen konnten. Besonders in Großbritannien kopierten Tausende junger Frauen Dianas Frisur, wann immer sie geändert wurde. Jedes kleine Modeaccessoire, das sie trug, wurde binnen weniger Tage produziert und verkauft. Die Nachfrage war enorm.

Die Welt erwartete von Diana, daß sie ihre Traumrolle spielte. Je weniger sie das tat, desto mehr fesselte sie jedermanns Aufmerksamkeit. In jenen ersten Jahren zeigte sich Diana kaum in der Öffentlichkeit. Sie zog die Privatsphäre im Kensington Palast vor. Sie sah noch immer schüchtern aus, lächelte angestrengt und plauderte mit kleinen Kindern. Während dieser Zeit wandelte sie sich von der rundgesichtigen, übergewichtigen und eher schrecklichen Kindergärtnerin in das weltgewandte, elegante und wunderschöne Model.

Keiner schien sich darum zu kümmern, welchen Effekt die Bewunderung auf die junge und leicht zu beeindruckende Diana haben würde. Nie zuvor hatte man so plötzlich einen Megastar geschaffen, dessen mädchenhaftes Aussehen und scheue Einfachheit, verziert mit der königlichen Etikette, in jeden Winkel der Welt bekannt gemacht wurden. Königin Elizabeth und ihre höheren Ratgeber hätten vielleicht untersuchen lassen müssen, wie diese weltweite Bekanntheit auf ein Mitglied der königlichen Familie wirkt, das wie ein Stern am Himmel aufging und alle anderen überstrahlte.

Doch keiner half Diana, ihr neues Leben richtig einzuschätzen. Auch kein einziger Berater versuchte, ihr zu helfen, als die Bewunderung zuviel für sie wurde. Innerhalb von ein paar Jahren glaubte Diana an ihre eigene Macht. Sie bestellte jeden Tag alle Zeitungen und Magazine, saß stundenlang da und las alles über sich. Sie begutachtete die Fotos und sprach mit den Hofdamen über die Kleider, die sie bestellen wollte. Bevor sie zu königlichen Auftritten ging, stand sie im Kensington Palast kritisch vor dem Spiegel.

Diana brauchte Hilfe, um sich an dieses neue Leben zu gewöhnen. Vor ihrer Verlobung mit Charles war Diana frei gewesen. Sie konnte unerkannt durch London gehen und ihre absolute

Freiheit genießen. Über Nacht hatte sich das alles verändert, und damit wurde sie nicht fertig. Sie fühlte sich wegen der unablässigen Aufmerksamkeit der Massen im Palast gefangen. Hinzu kam, daß die beiden frühen Schwangerschaften das Gefühl verstärkten, gefesselt zu sein. Diana selbst wollte nicht in der Öffentlichkeit gesehen und auch nicht mit dickem Bauch fotografiert werden. Deshalb blieb sie manchmal wochenlang im Palast.

Während sie versuchte, mit sich und ihrem neuen Klosterleben klarzukommen, ließ Diana viel Frustration an Prinz Charles aus. Sie suchte bei ihm die Liebe, die sie als Kind nicht bekommen hatte. Sie wollte und brauchte Rückversicherung und Trost, um ihr Selbstbewußtsein zu entwickeln. Diana hielt Charles für den Menschen, der ihr das alles geben konnte. Sie verehrte ihn. Wenn er Reden hielt, betrachtete sie ihn stolz, liebevoll und mit Bewunderung. Aber kein Mann könnte Diana all das geben, was sie brauchte, und Charles zu allem Unglück am wenigsten.

Kurz nach ihrer Hochzeit begann das Bild, brüchig zu werden, und Diana erkannte, daß ihr Prinz nur ein Sterblicher und nicht viel anders als ihr Vater war, der ihr auch nie Liebe, Sicherheit und Unterstützung hatte geben können.

Die Angestellten im Kensington Palast hörten oft, wie Diana Charles anflehte: „Bitte geh nicht. Bitte, bitte, Liebling, bleib bei mir. Ich brauche dich." Nach dem vergeblichen Flehen fluchte sie oft laut. „Ist dir denn, verdammt nochmal, nicht klar, daß ich dich hier brauche? Nimmst du überhaupt jemals auf mich und meine Bedürfnisse Rücksicht?" Gewöhnlich endeten diese Streitereien damit, daß Charles erschüttert und verzagt ging, während Diana in ihrem Zimmer weinte.

Diana war eifersüchtig auf die Beamten, die den ganzen Tag mit Charles verbrachten. Sie schien nicht verstehen zu können, daß Charles als Prinz von Wales ein abwechslungsreiches und geschäftiges Leben hatte.

Frances hatte Diana gesagt, sie solle ihre eigenen Berater einstellen, wenn sie in den Kensington Palast ziehe, damit sie sich nicht auf Charles' alte Freunde verlassen mußte, von denen er viele schon jahrelang kannte und die allein ihrem Ehemann ergeben waren. Diana glaubte, daß sich alles bessern würde, wenn sie Charles' Sekretäre und Beamten los wäre. Sie machte ihnen absichtlich das Leben schwer, bis sie schließlich keine andere Wahl hatten, als ihren Dienst zu quittieren. Je mehr alte Freunde Charles verließen, desto glücklicher wurde Diana.

Das beste Beispiel für Dianas unberechenbares Verhalten ist vielleicht ihr Benehmen gegenüber Oliver Everett, einem lebenslangen Freund und früheren Gehilfen von Charles, der seine Karriere im Außenministerium aufgegeben hatte, um kurz nach der Hochzeit als Dianas Privatsekretär in den königlichen Dienst zurückzukehren. Everett kannte sich aus. Charles bat ihn, Diana auszubilden, sie zu schulen, sich um sie zu kümmern und sie durch das Labyrinth der königlichen Familie zu führen. Everett ist ein attraktiver, intelligenter und sehr vernünftiger Mann, und sie fand ihn wunderbar.

Nach der Geburt von William wurde Diana gereizt und fordernd. Vielleicht litt sie unter Depressionen nach der Schwangerschaft. Sie warf Everett vor, sie in Charles' Auftrag zu kontrollieren und seinem ehemaligen Boß und Polofreund alles zu erzählen. Everett war geduldig und behandelte sie vielleicht zu sehr wie ein Schulmädchen. Schließlich schrie sie Charles an, wenn Everett in der Nähe war: „Schaff' mir diesen Mann vom Hals." Eines Morgens legte sie ein Blatt Papier auf Charles' Schreibtisch, auf das sie in Großbuchstaben geschrieben hatte: OLIVER MUß WEG.

Everett bat Charles, ihn zu entlassen, weil er spürte, wie sehr seine Anwesenheit Diana schadete und ihre Ehe belastete. Als Everett kündigte, war Diana in ausgelassener Stimmung und tanzte durch den Palast, während sie rief: „Hurra, hurra, er ist weg. Das Scheusal ist weg. Ich bin frei, frei."

Viele Bekannte von Diana, Charles und Everett sind der Überzeugung, daß das vielleicht die katastrophalste Entlassung war, die in den ersten Jahren nach Dianas Hochzeit stattgefunden hatte. Charles konnte seinem Freund den wichtigsten Bibliotheksjob auf Schloß Windsor sichern, und die beiden treffen sich heute noch. Nach Charles' Trennung von Diana gibt es für Everett Hoffnung auf eine Rückkehr - vielleicht als Privatsekretär von Charles. Er würde einen erstklassigen Berater abgeben.

Es gab noch mehr gute Männer, die Diana kündigen oder zur Kündigung überreden konnte. Dazu gehörte auch einer der besten juristischen und verfassungsrechtlichen Männer, die im Palast arbeiteten - Edward Adeane, Privatsekretär und Charles' höchster Berater. Diana war eifersüchtig auf die Zeit, die Charles ihm einräumte. Sie bat ihren Mann wiederholt, ihn rauszuschmeißen, doch er lehnte es immer ab.

Edward Adeane war kein Lakai im Palast. Sein Urgroßvater Lord Stamfordham war bereits in den ersten Jahren dieses Jahrhunderts Privatsekretär der Königin Victoria und später des Prinzen von Wales gewesen. Edwards Vater Lord Michael Adeane war zunächst Stallmeister und dann Erster Privatsekretär von Elizabeth. Edward war ein brillanter Rechtsanwalt. Er war neun Jahre älter als Charles und hatte eine beeindruckende Ausbildung in Eton und Cambridge vorzuweisen. Damit galt er als perfekter Mann bei Hofe und als kompetenter Berater. Als Diana Charles aufforderte, Adeane zu feuern, wandte sich er an seine Mutter. Elizabeth gab ihm keinen Rat. Sie sagte nur: „Die Entscheidung mußt du allein treffen. Das ist dein Problem."

Charles versuchte erfolglos, Diana und Adeane zu beschwichtigen. Schließlich kündigte der verärgerte Adeane. Diana triumphierte. Tage vor seinem Abschied sagte Adeane große Probleme für die Ehe voraus, so verstört war er durch die Tatsache, daß Charles Diana solchen Einfluß und solche Macht einräumte. Als Elizabeth die Nachricht von Adeanes Abschied erhielt, sagte sie nur: „Wie unglücklich."

Trotz der erzwungenen Entlassungen von mehr als vierzig königlichen Angestellten wurde Dianas Angst nach der Geburt ihrer Söhne immer irrationaler und größer. Die meisten begründen das mit ihren Schwangerschaftsdepressionen und ihrer Unfähigkeit, die restriktive Atmosphäre im Palast zu ertragen.

Der königliche Gynäkologe Mr. George Pinker betreute Diana während ihrer Schwangerschaften. Scheinbar hielt er es nicht für nötig, einen Psychiater, einen Psychologen oder einen Diätspezialisten hinzuzuziehen, damit Diana über ihre Depressionen hinwegkam und ihre Eßgewohnheiten unter Kontrolle brachte. Der Mangel an Hilfe hatte die schlimmsten Auswirkungen auf Diana, auf ihre Gesundheit und ihre Beziehung zu Charles.

Ein paar Monate nach der Geburt fragte Elizabeth Diana: „Fühlst du dich wohl? Du siehst ein bißchen spitz aus." Diana lächelte und meinte, sie fühle sich müde. Elizabeth sagte, das käme sicher vom Stillen und beließ es dabei. Es gab keine weiteren Fragen, obwohl Diana viel zu dünn war und ganz offensichtlich medizinische Hilfe und Beratung brauchte.

Elizabeth's offensichtlicher Mangel an Sorge um ihre Schwiegertochter läßt ihren fehlenden Mutterinstinkt erkennen. Sie selbst war nicht streng viktorianisch erzogen worden. Etwas Schuld trifft auch Prinz Philip, dessen preußische Haltung Kindern gegenüber zusammen mit seinen Erfahrungen aus der Königlichen Marine ihn glauben ließ, Kinder dürfe man zwar sehen aber nicht hören.

Der Nation entging das Leben hinter den hohen Mauern des Palastes. Sie sahen nur die schönen Fotos von der königlichen Familie, die in idyllischer Umgebung in die Kameras lächelte. Auf jedem Foto, das in jenen ersten Jahren an die Medien weitergegeben wurde, sah man eine perfekte Familie. Diesen Eindruck wollte Elizabeth der Nation vermitteln.

Nachdem ein Fotograf die königlichen Fotos aufgenommen und entwickelt hatte, wurde jeder Abzug zu Elizabeth in den Palast geschickt. Dann entschied sie, welche Fotos weitergereicht wurden, damit das Volk die korrekte Vorstellung bekam.

Nach der Geburt von Harry 1984 litt Diana wieder unter Schwangerschaftsdepressionen. Sie wandte sich an Charles um Hilfe und Trost, doch als sie immer fordernder wurde, begann das Paar, sich emotional voneinander zu entfernen. Charles sah sich nicht in der Lage, Diana die nötige Unterstützung zu geben.

Diana befürchtete, Charles' Liebe zu verlieren. Je mehr sie von ihrem Mann forderte, desto mehr fühlte Charles sich unter Druck gesetzt. Vier Jahre lang hatte er alles für seine junge Frau getan und ihren Forderungen nachgegeben. Ihre Stimmungen konnten sich grundlos von einer Minute zur anderen ändern. Diana konnte plötzlich in Tränen ausbrechen und war dann nicht in der Lage, den Tränenstrom zu stoppen. Sie forderte Charles' permanente Aufmerksamkeit.

Charles regte an, sie solle sich in ärztliche Behandlung begeben. Doch Diana lehnte es ab und sagte stets: „Mit mir ist alles in Ordnung. Ich bin absolut gesund. Du bist derjenige, der sich verändert hat." Zu dieser Zeit hatte er noch keine Ahnung, daß sie unter Magersucht litt.

Charles wußte sich nicht zu helfen. Er wandte sich achselzuckend ab und ließ Diana unglücklich und weinend zurück, während er seinen königlichen Pflichten nachging. Er benahm sich seiner Frau gegenüber, wie sich sein Vater und seine Mutter ihm gegenüber verhalten hatten. Er zeigte kaum Wärme, sehr wenig Freundlichkeit und keine Anteilnahme an ihren Problemen.

Als Diana unkalkulierbarer und irrationaler reagierte, glaubte Charles, wirklich alles getan zu haben, um seine Frau an das königliche Leben zu gewöhnen. Er ließ sie einfach mit Wills und Harry allein im Kensington Palast zurück.

Dianas Mutter Frances Shand Kydd hätte eingreifen und sich um ihre Tochter kümmern können. Die beiden telefonierten oft. Doch sie sah Diana nicht oft genug, um zu erkennen, daß ihre Tochter ärztliche Hilfe brauchte. Außerdem war ihr Verhältnis noch immer belastet, weil sie ihre Familie verlassen hatte. Frances hielt es für besser, nicht einzugreifen. Durch Dianas Eheprobleme sind sich die beiden schließlich wieder nähergekommen und sehen sich heute öfter.

Dianas Depressionen führten zuerst zu Magersucht und dann zu Eßsucht. Insgesamt drei Jahre litt sie darunter. Nach der Geburt ihrer Söhne hatte sie ihre Eßgewohnheiten nicht mehr unter Kontrolle und kam gegen die Depressionen nicht mehr an. Die Behauptung einiger Autoren, sie hätte neun Jahre lang unter Bulimie gelitten, ist nicht wahr. Wenn man sich die Fotos der athletischen und strahlenden Diana aus dem Jahr 1986 ansieht, kann man erkennen, wie übertrieben die Geschichten über sie waren.

Sechs Monate nach Harrys Geburt nahm Diana ab und zu Abführmittel, um nicht zuzunehmen. Sie trank manchmal Salzwasser und übergab sich, indem sie sich den Finger in den Hals steckte. Trotzdem suchte sie nie einen Arzt auf. Sie wollte vor den königlichen Ärzten nicht zugeben, daß sie ernsthafte Eßstörungen hatte. Sie wußte nicht, an wen sie sich wenden und was sie tun sollte.

Sie sprach mit früheren Freundinnen über ihren Zustand, verriet aber keine Details über den Ernst der Lage. Zu Beginn des Jahres 1986 glaubte sie, ihre Beziehung zu Charles sei zerbrochen. Diana hatte ihre schlechten Stimmungen nicht mehr unter Kontrolle. Sie schrie und tobte, stritt jeden Tag mit ihm und lehnte es ab, königliche Funktionen zu übernehmen oder an Veranstaltungen teilzunehmen, obwohl sie bereits zugesagt hatte. Charles, der aufgewachsen war mit der Pflicht als höchste Priorität - die Pflicht gegenüber der Nation, der Monarchie und vor allem gegenüber seiner Mutter, der Königin, erschien Dianas Haltung als unerträgliche Vernachlässigung ihrer Pflichten. Charles konnte ihr diesen Egoismus nicht verzeihen, und nichts ärgerte ihn mehr als Dianas Weigerung, ihre Aufgaben zu erfüllen.

Aus Verzweiflung wandte sich Diana an andere Menschen um Hilfe. Im Frühjahr 1986 suchte sie Rat bei Penny Thornton, einer in aristokratischen Kreisen sehr bekannten Astrologin. Für Penny Thornton gab es keine unlösbaren emotionalen Probleme, wenn man sein Schicksal in die Hände der Sterne legte. Sie hatte gegenüber Sarah Ferguson, der Herzogin von York, behauptet, viele Ehen gerettet zu haben.

Penny machte Diana Hoffnung für die Zukunft und hob damit ihre Stimmung. „Penny war eine Offenbarung für mich”, sagte Diana. „Sie hat mich dazu gebracht, mein ganzes Leben zu überdenken. Sie hat mir Dinge über mich gesagt, die ich nie wußte. Sie war wirklich ein Geschenk des Himmels.”

Charles floh so oft er konnte aus dem Kensington Palast. Er fuhr nach Schottland, um zu jagen oder auf Rotwildpirsch zu gehen. Er flüchtete nach Highgrove in seinen geliebten Garten und entspannte sich. Er lud die eine Frau, die ihn immer verstanden hatte, nach Highgrove ein. Diese Frau war Camilla Parker Bowles, in die Charles sich als Dreiundzwanzigjähriger verliebt hatte, als sie noch eine unverheiratete Debütantin war.

Charles suchte ihren Rat und sprach mit ihr über Diana und seine Ehe. Aber zwischen ihnen erwachte die Liebe, wie schon zweimal zuvor. Bereits 1973 bei ihrem ersten Treffen verliebten sie sich. Camilla war eine geborene Shand und die Tochter eines der reichsten britischen Grundbesitzer. Damals traf sich Camilla auch mit dem schneidigen Kavallerieoffizier Andrew Parker Bowles, der zehn Jahre älter als Camilla und Charles ist. Tatsächlich betrog Camilla Andrew, denn sie schlief mit Charles in Broadlands, dem Landhaus Mountbattens. Charles mußte für fünf Jahre zur Königlichen Marine und dachte überhaupt nicht an eine Heirat. Sechs Monate nach Charles' Abschied hatte Camilla Andrew geheiratet.

Ihr zweites Liebesverhältnis begann 1979 und folgte dem Attentat der IRA auf Mountbatten, als dieser in Irland zum Angeln war. Charles war wütend, frustriert, deprimiert und traumatisiert durch die Ermordung seines Onkels Dickie, da dieser ihm ein besserer Vater gewesen war als Prinz Philip. Camilla und Charles verbrachten sechs Monate zusammen, in denen sie sich fast täglich sahen. Sie half ihm, wieder der Mann zu werden, der er vor dieser Tragödie gewesen war.

Während dieser Monate waren sie Tag und Nacht zusammen und lebten die leidenschaftlichste Beziehung, die Charles jemals hatte. Zum Glück für beide diente Andrew Parker Bowles sechs Monate in Rhodesien, als die ehemalige britische Kolonie das Mehrheitsrecht der Schwarzen einführte und aus Rhodesien Simbabwe wurde. Elizabeth hatte Parker Bowles Abberufung unter der Bedingung, daß Parker Bowles nichts dagegen hatte, zugestimmt.

Charles, der Diana damals kaum kannte, wußte, daß er Camilla niemals heiraten und Thronfolger bleiben könne. Seine Erziehung brachte ihn dazu, die Pflicht über seine Wünsche zu stellen. Die vernünftige und bodenständige Camilla überredete Charles schließlich, den Rat seines Großonkels Dickie anzunehmen, den er ihm vor ein paar Jahren gegeben hatte: „Ein junger Mann in deiner Position sollte ausgehen, sich herumtreiben und eine Jungfrau finden. Er sollte sie heiraten und sie zur nächsten Königin von England ausbilden." Nur Wochen später traf er die reizende Lady Diana Spencer. Sie war neunzehn Jahre alt, Jungfrau und seit Jahren heimlich in ihn verliebt. Charles war bezaubert von der liebenswürdigen Frau, die ihn so sehr liebte, daß sie nicht länger als einen Tag von ihm getrennt sein wollte.

Diana wußte sicher, daß Charles vor ihr viele Freundinnen hatte. Sie kannte die intimen Details seiner Beziehung mit ihrer eigenen Schwester Sarah, die fast ein Jahr gedauert hatte. Diana brauchte nur die Zeitungen zu lesen, um auf die Mädchen aufmerksam zu werden, die Charles gekannt hatte. Die meisten waren von der unersättlichen Boulevardpresse aufgezählt, überprüft und dargestellt worden. Sie erfuhr ziemlich früh von Camilla Parker Bowles.

Zuerst hatte Diana geglaubt, Charles und Camilla wären "einfach Freunde", die einander bereits als Teenager kannten. Sie dachte, Camilla hätte Charles aus Freundschaft nach dem Tod von Mountbatten getröstet. Sie hatte keine Ahnung von der tiefen Liebe und der starken sexuellen und emotionalen Bindung zwischen den beiden. Sie wußte auch nicht, daß Charles ernsthaft erwogen hatte, den Thron für Camilla aufzugeben.

Auf Camillas Landsitz, nicht weit von Highgrove entfernt, hatte Charles Diana das erste Mal gefragt, ob sie ihn heiraten wolle. Er hatte Diana gesagt, seine alte Freundin Camilla wäre ganz begeistert von seiner Entscheidung, sie zu heiraten. Er deutete an, daß Diana viel von Camilla lernen könne, die er als wunderbare Frau und Mutter pries. Diana wurde mißtrauisch und fragte Charles über seine Beziehung zu Camilla aus. Charles gab aber nie die Tiefe ihres Verhältnisses preis. Er sagte, Camilla sei seine rechte Hand, die alles mögliche für ihn erledige. Sie spürte, daß mehr an der Sache war und wurde eifersüchtig auf Camilla.

Manchmal führte Dianas Instinkt sie allerdings auch zu falschen Schlußfolgerungen über Camilla. Tage vor ihrer Hochzeit fand sie ein kleines Päckchen in ihrem Büro im Buckingham Palast und nahm an, es sei ein weiteres Hochzeitsgeschenk. Sie fand in einer kleinen Ledertasche ein goldenes Armband. Sie wußte sofort, daß das Armband ein Geschenk von Charles an Camilla war. Bestürzt und unter Tränen lief sie aus dem Zimmer. Diesmal hatte Diana unrecht. Das Armband hatte Charles zwar Camilla schenken wollen, aber nur als ein Dankesgeschenk. Solche Geschenke machte er sechs Menschen, die ihm während seiner Junggesellenzeit gute Freunde gewesen waren. Davon waren drei Geschenke für Frauen und drei für Männer. Er hatte nie daran gedacht, Diana von diesen persönlichen Sachen zu erzählen.

Gegen Ende des Jahres 1986, als Charles viel Zeit in Highgrove verbrachte, wußte Diana instinktiv, daß er sich mit Camilla traf. Sie beschuldigte ihn, mit Camilla zu schlafen, was Charles mehrere Monate lang abstritt.

Je mehr Zeit Charles weg von Diana und dem Kensington Palast verbrachte, desto glücklicher wurde er. Er verbrachte Tage damit, in Schottland zu angeln, zu pirschen oder zu jagen. Er spielte jeden Sommer drei Monate lang Polo. Er übernahm seine offiziellen königlichen Pflichten, und er verbrachte Zeit mit Camilla.

1987 war Charles bewußt geworden, wie sehr sich seine Ehe mit Diana verändert hatte. Liebe und Leidenschaft hatten sich verbraucht. Er versuchte gar nicht erst, Diana zurückzugewinnen oder ihr bei ihren Problemen zu helfen. Er akzeptierte einfach den Zusammenbruch seiner Ehe als Teil seines Lebens und beachtete seine Frau nicht.

Ohne Dianas Gesundheitsprobleme zu bemerken, dachte Charles einfach, sie habe seine Liebe und Zuneigung zurückgewiesen. Er sah, wie gut sie sich in Gesellschaft ihrer jungen männlichen Freunde amüsierte. Sie betete ihre beiden Kinder an, sie hatte Freunde und Angestellte, ein dickes Konto und ihre königlichen Privilegien. Außerdem freute sie sich über die Aussicht, gekrönte Königin von England zu werden.

Charles glaubte immer noch, er habe richtig gehandelt, als er sie heiratete. Mit Diana hatte er eine seiner wichtigsten Pflichten erfüllt und dem Hause Windsor einen Thronfolger geschenkt. Er hat Diana nie verstanden. Er konnte auch nicht einschätzen, wie verheerend sein Rückzug von ihr war. Sie war überzeugt, Charles würde seine Zeit und Aufmerksamkeit einer anderen Frau schenken - Camilla.

Im Januar 1987 wollte Diana ihre Vermutungen überprüfen und fuhr unangemeldet nach Highgrove. Später erzählte sie einer Freundin, was passiert war. „Als ich früh am Morgen gegen halb neun mit meinem Detektiv nach Highgrove kam, sah ich einen Wagen durch eine andere Ausfahrt wegfahren. Es war Camilla. Ich ging schnurstracks hinein, wo Charles beim Frühstück saß. Ich fragte ihn, ob Camilla hier gewesen sei. Er wich meinem Blick aus und fragte, warum ich das wissen wolle.

Dann sah ich rot und rannte nach oben ins Schlafzimmer, in mein Schlafzimmer, wo das Bett noch nicht gemacht war. Es war offensichtlich, daß dort zwei Menschen geschlafen hatten. Ich ging wieder nach unten und fragte ihn, ob Camilla da gewesen sei. Er gab keine Antwort. Da wußte ich genau, daß er ein Verhältnis hatte. Ich provozierte ihn, doch er antwortete nicht, und ich verlor die Nerven. Ich versuchte es noch einmal und sagte ihm, wie dreckig es sei, eine Affäre mit einer alten Freundin zu haben und mich mit den Kindern in London zu lassen, während er selbst in Highgrove herumvögelt.

Zum Schluß brach ich in Tränen aus. Ich wußte nicht mehr, was ich tun sollte. Meine schlimmsten Befürchtungen hatten sich bestätigt. Ich wußte, er liebte mich nicht mehr. Er liebt eine andere. Es war furchtbar, einfach furchtbar."

Von diesem Moment an änderten sich Dianas Gefühle und Ansichten über Charles, über ihre Ehe und vor allem über Elizabeth und ihre eigenen Pflichten als Prinzessin von Wales. Fast über Nacht wurde sie zu einer abgewiesenen Frau. Die Prinzessin von Wales und Mutter zweier Kinder, die zukünftige Königin von England, war fünfundzwanzig Jahre alt und hatte ihr ganzes Leben noch vor sich. Ein Leben mit einem Mann, der sie nicht mehr liebte und vor dem sie jeglichen Respekt verloren hatte.

Später sagte sie zu zwei ihrer Freundinnen beim Essen: „Das war der schrecklichste Moment in meinem Leben. Ich hatte das Gefühl, mein Leben wäre vorbei. Das Schlimmste war, daß ich nicht wußte, was ich tun und zu wem ich gehen sollte."

Nachdem sie wochenlang alles überdacht hatte, suchte sie den Rat von Penny Thornton, ihrer Schwester Sarah und einiger alter Schulfreundinnen. Dann wandte sie sich an ihre Mutter. Frances riet ihrer Tochter, ein eigenes Leben zu beginnen und

Charles sein Leben führen zu lassen, während sie selbst ihre Freunde und ihre zwei Söhne hatte.

1987 veränderte sich Diana. Und was für eine Veränderung war mit der schüchternen allseits beliebten Lady Di vor sich gegangen. Die neue Diana tat alles, um an jedem gesellschaftlichen Ereignis teilzunehmen, wann immer und mit wem es ihr paßte. Sie wollte mit ihren alten Freundinnen, der reichen Erbin Kate Menzies und Anne Beckwith-Smith, ausgehen und attraktive, junge Männern treffen wie ihre alte Liebe Major David Waterhouse aus dem Garderegiment und den Bankier Philip Dunne. Später setzte Diana noch Major James Hewitt auf die Liste, weil sie sich körperlich von ihm angezogen fühlte.

Sir John Riddell, ihr damaliger Privatsekretär, kam bei den vielen spontanen Partys, Dinners, Cocktailpartys, den Theater- und Kinobesuchen kaum noch nach. Er bat Prinz Charles, mit Diana in netter Form über ihre spontanen Aktivitäten zu sprechen. Dianas Zeitplan, der wie alle königlichen Tagespläne sechs Monate im voraus aufgestellt werden mußte, wurde sofort geändert, wenn sie spontane Verabredungen annahm. Das machte Sir John das Leben äußerst schwer.

Charles sprach mit Diana, aber erfolglos. Sie sagte: „Das ist mein Leben, und ich werde tun, was ich will - ganz genau wie du." Sir John hatte nicht viele Möglichkeiten. Er nahm seinen Abschied.

Diana amüsierte sich großartig. Sie flirtete intensiv. Sie tanzte und besuchte Feste. Sie hatte Affären mit verschiedenen Männern, darunter auch mit Dunne, Waterhouse und Hewitt. Es war ihr egal, ob Charles davon erfuhr. Diana versuchte jedoch, wegen der Presse diskret zu sein, damit ihre Schwiegermutter nicht erfuhr, was sie tat. Diana hatte Angst vor der Königin und war in ihrer Anwesenheit immer schwach und nachgiebig.

Ein Beispiel verdeutlicht Dianas Verhältnis zu Elizabeth. Wie alle anderen Mitglieder der königlichen Familie hat sich Diana zu einer guten Imitatorin entwickelt. Eines ihrer traditionellen Spiele besteht darin, die anderen ausgiebig nachzuahmen. In "der Firma" kann man damit viele Lacher ernten und für Spaß sorgen. Diana war ganz gut darin. Einmal war sie fast zu gut.

An einem Abend in Balmoral standen alle wie gewöhnlich vor dem Essen herum und warteten auf die Königin. Dabei machte Diana die Königin nach und sprach mit der gleichen hohen, eher schrillen und traurigen Stimme, die die Fernsehshow

"Spitting Image" der Königin verliehen hat. In "der Firma" hatte es immer die goldene Regel gegeben, sich niemals über die Königin lustig zu machen. Selbst in der privaten Atmosphäre der königlichen Küchen im Buckingham Palast würde es kein Diener wagen, die Königin zu imitieren, denn das könnte zu seiner sofortigen Entlassung führen. Trotzdem sprach Diana an diesem Abend mit der Stimme aus "Spitting Image", als die Königin hereinkam.

Diana sah ihre Schwiegermutter nicht, bis sich eine bleierne Stille im Raum ausbreitete. Dann sah Diana Elizabeth, die ihr mit funkelnden Augen einen vernichtenden Blick zuwarf. Diana verstummte mitten im Satz und wurde knallrot. „Ich habe nur einen Spaß gemacht", stammelte sie nervös, während Elizabeth sie unentwegt anstarrte. Elizabeth reagierte nicht und sprach den ganzen Abend kein einziges Wort mit ihr.

Das war typisch für Diana. Sie dachte nicht nach, bevor sie etwas tat, das sie für lustig hielt. Es war auch typisch für Elizabeth, die nie ihre Rolle als Königin vergißt und auf Respekt von jedem ihrer Untertanen beharrt, dem Respekt vor der Krone.

Diana wußte, daß die Macht "der Firma" in den Händen der Königin liegt. Wenn man es sich mit ihr verdarb, konnte man ein sehr unglückliches Leben führen. Ihre Schwiegermutter hielt die Peitsche in der Hand und würde sie benutzen, sobald sie den Ruf der Monarchie gefährdet sah.

Die Medien vermittelten den Eindruck, Diana sei ein verwöhntes Kind, das dem Palast nichts als Probleme brachte, Charles' Angestellte feuerte und Zehntausende von Dollar auf Kosten des Steuerzahlers für ihre Kleider ausgab.

Bis Harry etwa ein Jahr alt war, hatte Diana nur bei wenigen Wohltätigkeits- und anderen Organisationen die Schirmherrschaft übernommen. Sie suchte immer Rat im Palast und bei Charles. Deshalb sah man sie kaum in der Öffentlichkeit. Sie erschien nur bei königlichen Auftritten, bei denen sie Charles begleitete und im bodenlangen Kleid mit einer Tiara auf dem Kopf fotografiert wurde. Sie sah einfach hinreißend aus. Doch das war nicht die echte Diana.

Diana hatte immer viel Herzlichkeit gezeigt, wenn sie mit anderen Leuten zu tun hatte. Wenn sie Krankenhäuser, Altenheime oder Kinderpflegeheime besucht, hat sie eine bemerkenswerte Wirkung. Jeder, den sie trifft, erwähnt ihre Wärme und Aufrichtigkeit. Das ist eine Qualität, die weder Elizabeth, Prinz Philip, Charles noch eines der anderen Kinder von Elizabeth besitzt. Elizabeth und die engeren Familiemitglieder werden oft als "kalte Fische" beschrieben.

Diana wollte sich mehr der Wohltätigkeitsarbeit widmen. Es vergeht keine Woche, in der nicht mindestens zwei oder drei Briefe im Kensington Palast ankommen, in denen sie gebeten wird, die Schirmherrschaft für eine wohltätige Organisation zu übernehmen. Sie begann auszuwählen, welche sie unterstützen wollte. Deshalb hatte sie seit 1986 immer besseren Kontakt zu vielen ganz normalen Briten, besonders zu Kindern. Sie baute sofort eine Beziehung zu ihnen auf. Die Leute kamen, um einen Blick auf sie zu erhaschen, und warteten bei jedem Wetter geduldig, um sie zu sehen, ihr die Hand zu schütteln und wenn möglich mit ihr zu sprechen. Die Presse änderte plötzlich ihre Strategie und unterstützte sie, während sie mehr Verpflichtungen übernahm, um zu zeigen, daß sie über eine ganz normale Seite verfügte. Plötzlich glaubten die Leute Diana, daß sie sich nicht nur um sich selbst, sondern um alle kümmerte, ganz besonders um die Bedürftigen, Kranken und Leidenden.

Diana wurde freiwillig zur Schirmherrin wohltätiger Organisationen, während die andere Mitglieder der königlichen Familie das schüchtern abwehrten. Als Diana im Palast erklärte, sie wolle Schirmherrin einer Organisation für Aids-Kranke werden, gab es beklemmende Diskussionen. Einige Berater sagten Elizabeth, die Monarchie könne belastet werden, wenn Diana sich um schwule Männer kümmere, die sich mit dieser Krankheit angesteckt hatten.

Elizabeth sprach darüber mit Diana und fragte sie, ob sie das wirklich für eine gute Idee halte. Diana spielte ihre Rolle phantastisch und zeigte einen ungewöhnlichen Mut. Ihr war klar, daß Elizabeth's scheinbar unschuldige Frage ihre Mißbilligung ausdrückte. Diana konterte, sie fände es wichtig, daß jemand aus der königlichen Familie Aids-Patienten unterstütze, und sie sei dazu bereit. Ihre Entscheidung hat ihr viel öffentliche Zustimmung und Ehre eingebracht.

Diana wurde fotografiert, wie sie Aussätzige berührte, Aids-Patienten umarmte und mit Drogensüchtigen, unheilbar Kranken und Obdachlosen sprach. Einige Zyniker nannten sie einen "publikumsgeilen Katastrophenjunkie" oder "Mutter Theresa mit Tiara". Doch die Sozialarbeiter wissen es besser. Ende der achtziger Jahre war Diana Schirmherrin von mehr als hundertzehn Organisation. Die Sozialarbeiter sprachen von ihrer "wunderbaren Verbindlichkeit" und bestätigten, daß ihr Engagement nicht nachließ, wenn die Scheinwerfer abgestellt wurden.

Dianas Selbstbewußtsein wurde in den achtziger Jahren stärker, und sie begann, sich ein Leben ohne Charles aufzubauen, der, wie sie glaubte, ohnehin jegliches Interesse an ihr verloren hatte. Sie überwand ihre Schüchternheit und ihre Eßstörungen, sie ging jeden Tag schwimmen, spielte zwei- oder dreimal in der Woche Tennis, trainierte im Fitneßstudio und fühlte sich wie ein neuer Mensch. Ihr neues Selbstvertrauen übertrug sich auch auf ihr persönliches Leben. Sie wurde eine bezaubernde Frau, die ihre Verführungskünste einsetzte. Sie liebte es, im Zentrum der Aufmerksamkeit zu stehen. Andere Frauen hoben die Augenbrauen, wenn sie auf der Tanzfläche unverschämt flirtete. Man sah, wie sie mit Philip Dunne und David Waterhouse zu langsamer Musik so eng umschlungen tanzte, daß es fast aussah, als würden sie miteinander schlafen.

Selbst wenn Charles seine Frau auf Partys begleitete, hinderte es Diana nicht daran, mit anderen Männern zu flirten. Sie schien sich gut zu amüsieren. Einige glaubten, sie wolle ihren Mann für sich interessieren oder ihn eifersüchtig machen. Doch die meisten nehmen an, daß sie Charles in Verlegenheit bringen wollte, um sich dafür zu rächen, daß er mit Camilla Ehebruch begangen und sie allein und unglücklich zurückgelassen hat.

Trotz gelegentlicher Zeitungsberichte hatte die breite Öffentlichkeit keine Ahnung davon, was Diana trieb. Sie wußte nichts von ihrem ausgelassenen Benehmen. Die wenigen Geschichten, die in den Zeitungen standen, wollte keiner glauben, denn alle dachten, Diana könne gar nichts falsch machen.

Im Herbst 1990 rief Charles seine Mutter an und bat sie, zu ihr kommen zu dürfen. Es war höchst ungewöhnlich für Charles, daß er vorbeikommen und "plaudern" wollte. Meistens sprach er mit seiner Mutter am Telefon über offizielle Dinge und vermied jeden Klatsch. Elizabeth befürchtete das Schlimmste. Charles und seine Mutter hatten eine außerordentlich höfliche Beziehung zueinander. Charles war erzogen worden, seiner Mutter höchste Ehrerbietung entgegenzubringen.

Vierundzwanzig Stunden später kam Charles in den schönen Salon, von dem aus man die Gärten des Buckingham Palastes überblicken kann. Es war Zeit für den Nachmittagstee. Elizabeth war nervös gewesen, während sie auf ihren Sohn gewartet hatte.

Sie hatte kaum gegessen und geschlafen, denn sie befürchtete instinktiv, Charles wolle sie wegen Diana sprechen.

Elizabeth hatte gebetet, Charles' Ehe möge nicht so katastrophal verlaufen, daß es nichts mehr zu retten gab. In den letzten Jahren hatte Elizabeth jeden Sonntag in der Kirche gekniet und für seine Ehe gebetet. Auch vor dem Schlafengehen betete sie, alles möge gut verlaufen. Elizabeth hatte der Königinmutter von ihren Ängsten erzählt, die ihrer Tochter geraten hatte, sich zu entspannen und zu beten, daß alles sich irgendwie lösen lassen würde.

Elizabeth wußte bereits seit einigen Jahren, daß Charles und Diana getrennte Leben führten. Diana verbrachte die meiste Zeit mit den Kindern im Kensington Palast, während Charles 170 Kilometer entfernt in Highgrove lebte, wo er auch seit 1989 sein Büro hatte. Sie hoffte dennoch, die beiden würden begreifen, daß man eines Tages um der Kinder willen und vor allem wegen der Monarchie eine Übereinkunft finden müßte. Sie hatten ein Arrangement getroffen, bis Diana die offizielle Trennung forderte.

Die Trennungen und Scheidungen von Elizabeth's Schwester Margaret und ihrer einzigen Tochter Anne konnte man nicht gleichensetzen mit dem Trauma, das die gefährdete Ehe von Charles und Diana für sie darstellte. Elizabeth wußte, wenn die beiden sich trennten oder gar scheiden ließen, konnte das die Monarchie gefährden, wenn nicht zerstören, weil Charles der nächste König werden sollte. Sie war sicher, sich auf Charles verlassen zu können. Das hatte sie immer getan, und er hatte sie nie im Stich gelassen. Charles würde nie eine Trennung in Erwägung ziehen. Er wußte, daß er verheiratet bleiben mußte, auch wenn er seine Frau nicht mehr sehen oder ertragen konnte.

Die Königin hatte sich nie in das Liebesleben von Charles eingemischt, auch wenn viele seiner Freundinnen ziemlich unpassend als künftige Königin von England gewesen wären. Sie hatte ihn nicht bei seiner geplanten Heirat mit Diana beraten. Eigentlich sprachen sie kaum darüber. Elizabeth hielt Diana für ein nettes, junges Mädchen, das scheu, zurückgezogen, jungfräulich und als zukünftige Königin bestens geeignet war. Philip sprach ohnehin kaum mit seinem Sohn, meinte aber zu einem seiner Polofreunde: „Ich bin sehr froh, daß sein Mädchen lange Beine hat, blond ist und gut aussieht. Ich hatte schon befürchtet, er würde sich eine Häßliche aussuchen."

Charles hätte sein Junggesellenleben fortgesetzt, doch nach Mountbattens Ermordung wurde ihm klar, wie schmal die Trennungslinie zwischen Leben und Tod eigentlich war. Er sah es als seine Pflicht an, einen Thronfolger zu zeugen. Sein Vater hatte ihm das wiederholt deutlich gemacht.

Seit seiner Heirat 1981 war Charles jedoch vereinsamt. Seine Ratgeber und Freunde, auf die er sich verlassen konnte, waren zur Kündigung gezwungen worden. Sein Vater war ihm nie ein Freund gewesen, und das Verhältnis zu seiner Mutter war respektvoll, aber nicht freundschaftlich.

Elizabeth fiel es schwer, mit Diana über etwas anderes als Oberflächlichkeiten zu sprechen. Sie sagte einmal: „Es sieht so aus, als könne man mit Diana nur über Kleider und das Wetter sprechen." Bei einer anderen Gelegenheit meinte Elizabeth: „Es ist nicht so, daß sie kein Gehirn in ihrem schönen Kopf hat, sie tut aber so. Ich versuche alles, um mit ihr ins Gespräch zu kommen und sie aus ihrem Panzer zu locken, doch sie kann sich nicht bei mir entspannen und so wie Anne oder Sarah (Ferguson) mit mir plaudern."

Elizabeth brauchte nicht lange, um den Egoismus und die Entschlossenheit hinter Dianas angeblicher Scheu und Nervosität zu erkennen. Sie hatte erlebt, wie Diana sich von einem unsicheren Teenager zu einer jungen Frau entwickelte, die nichts aufhalten konnte, wenn sie sich durchsetzen wollte. Elizabeth war unglücklich über die Art und Weise, wie Diana mit Charles sprach und ihn solange unter Druck setzte, bis er nachgab. Aber sie wollte nicht eingreifen, als sie sah, wie Diana ihren ältesten Sohn manipulierte und unter ihre Kontrolle brachte.

Sie hatte nur einmal mit den beiden gesprochen, kurz nachdem Harry geboren war und sie das Gefühl hatte, daß die Dinge sich sehr schlecht entwickelten. Elizabeth betrachtete Diana als willensstark, ja sogar halsstarrig. Sie wußte, daß Diana die Aufregung und den Streit ausgelöst hatte. Deshalb sah sie die einzige Lösung für die Ehe in einer stärkeren Position von Charles. Zu Charles' Überraschung und Dianas Genugtuung hatte Elizabeth Charles die meiste Zeit scharf kritisiert, weil er seine Ehe nicht unter Kontrolle hatte. Sie hatte ihm leise, aber bestimmt gesagt, seine Ehe sei sein Problem, doch er müsse autoritärer auftreten, wenn alles gut verlaufen solle. Sie erinnerte ihn, daß er eines Tages König sein würde. Dann müßte er alles unter seiner Führung haben, die ganze königliche Familie eingeschlossen.

Elizabeth hatte gehofft, die Geburten von Wills und Harry würden nicht nur Charles und Diana einander wieder näherbringen, sondern auch Dianas Energien auf die Kinder konzentrieren und von der ständigen Konfrontation mit Charles ablenken. Vielleicht würden dadurch auch die Barrieren zwischen ihr und Diana wegfallen, denn sie verschwanden meistens, wenn junge Frauen Mütter wurden.

Elizabeth saß im Salon auf dem Sofa, als Charles wie verabredet hereinkam. Drei ihrer Corgis waren bei ihr. Charles klingelte nach dem Mädchen und bestellte Tee, dann setzte er sich ans andere Ende des Sofas. Er hüstelte, nippte an seinem Tee, aß Biskuits und rückte schließlich mit der Nachricht heraus, die Elizabeth so fürchtete. Diana wollte die Trennung.

„Bist du sicher?" fragte Elizabeth und wiederholte die Frage noch einmal. Charles verschränkte die Hände und spielte mit dem goldenen Siegelring am kleinen Finger der linken Hand. Der Ring hat eine eingravierte Lilie, das Wappen des Prinzen von Wales. „Ja, sie sagt, daß sie es will", antwortete er. „Sie scheint fest entschlossen, wirklich fest entschlossen."

Elizabeth blickte besorgt und wollte die genauen Einzelheiten wissen. Sie fragte auch, was Diana sich unter einer "Trennung" vorstelle. Schließlich lebten sie ja schon getrennt. Hatte Diana eine Scheidung gemeint, wenn sie die Trennung forderte? War es für Diana nur der erste Schritt zu einer gesetzlichen Scheidung? Mit der knappen Stimme, die sie oft bei offiziellen Anlässen einsetzt, fragte Elizabeth brüsk: „Ist Diana klar, daß ihr euch nicht scheiden lassen könnt?"

Charles entgegnete, das wisse sie natürlich, denn das sei ihr alles bei der Verlobung erklärt worden. Er hatte es ihr hundertmal während der Streitereien in den letzten Jahren gesagt. Charles erklärte, Diana fordere eine Trennung, um ihre Freiheit genießen zu können. Elizabeth fragte nach, was sie damit meine, doch das konnte Charles seiner Mutter auch nicht genau sagen. Es war eine Notlüge, denn er wußte genau, was Diana meinte. Er wollte seiner Mutter aber nicht erzählen, daß Diana die gleiche sexuelle Freiheit haben wollte, die er genoß. Diana war oft wütend über sein Verhältnis mit Camilla Parker Bowles gewesen. Er sagte seiner Mutter, Diana habe die Behauptungen der Boulevardpresse über sie und ihre angeblichen Liebhaber satt. Er erklärte ihr, daß Diana die meisten der Anschuldigungen in der Presse als "Märchen" bezeichnete. Dianas genaue Worte waren "absoluter Quatsch" gewesen.

Elizabeth wußte nicht, wie sie reagieren sollte. Charles war klar, daß die Ehe seiner Mutter nicht gerade ein Erfolg gewesen war und daß sie jahrelange Dramen und viel Unglück hinter sich hatte. Elizabeth wußte aus eigener Erfahrung, wie man sich fühlt, wenn man betrogen wird, und begriff, was Diana durchmachen mußte, während sie allein im Kensington Palast saß und ihr Mann in Gloucestershire jede Nacht in den Armen einer anderen Frau lag. Ihr war klar, daß Charles in Camilla die Frau gefunden hatte, mit der er sein Leben teilen wollte. Als Frau und Mutter tat Diana ihr leid.

Elizabeth wußte nicht, was sie tun sollte. Sie beschloß, den Ratschlag zu befolgen, den man ihr als junges Mädchen gegeben hatte, als sie die Thronfolge antrat: sich beraten zu lassen. Am wichtigsten war für sie jedoch an diesem Nachmittag der Gedanke, Diana die Idee auszureden, sie könne sich wie jede andere unglückliche Frau, die aus ihrer Ehe ausbrechen wollte, einfach von Charles trennen. Bevor Charles ging, erklärte ihm seine Mutter, wie "sehr, sehr ernst" die ganze Angelegenheit sei und daß sie darüber nachdenken müsse, bevor man weiter über die Sache sprechen könne.

Elizabeth mußte die Angelegenheit mit ihren Beratern von allen Seiten besprechen, also mit Verfassungsrechtlern, Kirchenführern, dem Premierminister, dem Justizminister und anderen Politikern. Sie mußte ihre eigenen Rechtsanwälte informieren, falls Papiere über die Trennung aufgesetzt werden mußten. Doch zuallererst mußte sie mit Diana sprechen.

Sie bat Diana, zu ihr in den Buckingham Palast zu kommen. Nach dem Treffen mit seiner Mutter rief Charles sie an und teilte es ihr mit. Monatelang hatte Diana Charles angefleht und gefordert, er möge mit seiner Mutter über die Trennung sprechen. Diana war aufgeregt und bereitete sich auf die Konfrontation mit ihrer Schwiegermutter vor.

Diana hatte Charles oft angeschrien: „Wenn du so verdammt wichtig bist und deine Position so bedeutend, warum bumst du dann eine andere Frau? Komm schon, sag' es mir." Charles gab normalerweise keine Antwort, sondern versuchte, seine Frau zu überreden, die Situation zu akzeptieren und ihr Leben so gut wie möglich zu genießen.

Trotz der Witze, die die Familie, die Leute und einige Zeitungen über Dianas Mangel an Intelligenz machten, hatte Charles vor einigen Jahren entdeckt, daß Diana hinter ihrer dümmlichen

Haltung und ihrem impulsiven, irrationalen Benehmen sehr wohl in der Lage war, ihre eigenen Interessen wahrzunehmen. Charles hatte ihre Entschlossenheit nie unterschätzt, wenn es um ihre eigenen Wünsche und um ihre Zukunft ging.

Ein paar Tage nach dem Gespräch mit seiner Mutter kam Diana in den Buckingham Palast, um das für sie wichtigste Gespräch ihres Lebens zu führen. Diana wußte genau, was sie sagen wollte. Sie hatte die Angelegenheit wieder und wieder mit ihrem alten Freund James Gilbey besprochen, einem Junggesellen in den Dreißigern, den sie schon als Teenager gekannt hatte.

Gilbey war 1,90 Meter groß, ein Mitglied der vermögenden Gilbey Gin Familie und ein sehr gebildeter Herumtreiber. Er hatte seine Verbindung zu Diana immer gepflegt. Sie hatten einander in den siebziger Jahren nach dem Schulabschluß kennengelernt und waren immer in Kontakt geblieben. Je mehr sich Diana in den achtziger Jahren Prinz Charles entfremdete, desto mehr Trost und Erbauung fand sie bei James Gilbey. In den frühen achtziger Jahren hatte Gilbey ein ausschweifendes Leben geführt, doch die britische Rezession war an seinem Gebrauchtwagenhandel nicht spurlos vorbeigegangen. 1991 mußte er Konkurs anmelden und hatte mehr als eine Million Dollar Schulden. Hoch verschuldet, begann er als Marketing Direktor bei Lotus.

Während der Zeit nach Harrys Geburt, als Diana sich unglücklich und einsam fühlte, fand sie in Gilbey einen Mann, dem sie vertrauen konnte. Er hatte einen sanften Charakter und wirkte sehr anziehend auf verletzbare Frauen. Sie brauchte jemanden, der ihr zuhörte, Komplimente machte und sie tröstete. Sie wollte einen Mann, der in einer feindlichen Welt auf ihrer Seite stand.

Der Zusammenbruch ihrer Ehe war nicht spurlos an Diana vorübergegangen, und das wußte sie auch. Sie war die meiste Zeit verzweifelt und unglücklich. Diana beklagte sich bei vielen ihrer Freundinnen: „Niemand kümmert sich noch um meine Gefühle. Es interessiert keinen, ob ich unglücklich bin oder nicht. Ich bin jetzt überflüssig. Ich habe mein Lebenswerk vollbracht: zwei männliche Thronfolger."

Gilbey schwelgte in seiner neuen Rolle, denn er hatte Diana schon mehr als zehn Jahre angebetet, doch sie hatte ihn immer abgewiesen. Als ihre Beziehung 1992 wie eine Affäre wirkte, sagte sie einer Freundin: „Oh, nein, niemals. James lud mich ein, als ich noch ein Teenager war, und ich wollte nichts von ihm wissen. Er ist sehr, sehr nett zu mir gewesen, doch es war nie etwas zwischen uns, niemals, obwohl er scharf darauf war."

Dianas Verhältnis zu Gilbey war eng. Sie nannten einander Liebling und benahmen sich wie ein Paar, doch nach allem, was Diana sagte, waren sie ganz sicher kein Paar. Diana gefiel es, daß Gilbey in sie "verliebt" war. Es stärkte ihr Selbstvertrauen und tat ihr gut. Sie hielten Händchen und küßten sich, aber nie leidenschaftlich. Manchmal bedeckte Gilbey ihre Hand mit Küssen und zeigte ihr seine Liebe. Ihre Telefonate waren zärtlich.

Elizabeth erfuhr 1989 von James Gilbeys Existenz, als ein höheres Mitglied der königlichen Schutztruppe sie offiziell durch Sir Robert Fellowes informieren ließ, daß Diana am Abend drei Stunden, von acht bis elf Uhr, in Gilbeys Apartment in Knightsbridge verbracht hatte. Elizabeth ordnete an, das Verhältnis zu überwachen, aber nicht einzuschreiten.

Diana hatte keine Ahnung, daß sie überwacht wurde. Sie glaubte, ihr persönlicher Leibwächter sei nur ihr gegenüber verantwortlich und behandele alles, was sie tat und sagte, absolut vertraulich. In ihrer Naivität verstand sie nicht, wie weit die Macht der führenden Männer im Buckingham Palast reichte.

Dianas Schutz und der Gewinn ihres Vertrauens waren nur ein Teil des Jobs als Leibwächter. Als Prinzessin von Wales könnte sie nicht nur körperlich verletzt oder von einem Verrückten entführt werden, man konnte sich ihr auch auf andere Weise nähern. Bekannte, Schmeichler oder perverse Typen könnten versuchen, sie zu erpressen oder ihre Position für ihre eigenen skrupellosen Ziele auszunutzen. Vor jeder dieser Möglichkeiten mußte sie geschützt werden. Der wichtigste Teil der Verantwortung eines Leibwächters bestand darin, alles über Dianas Freunde und Besuche zu berichten, weil es vielleicht für sie, Charles und die ganze Familie peinlich werden könnte.

Die höheren Mitglieder des Hofes wurden neugierig und mißbilligten es, als aus der Freundschaft zwischen Diana und James Gilbey scheinbar mehr wurde. Gilbey hatte schon immer auf Dianas Liste der privilegierten Personen gestanden, deren Anrufe sofort in ihr Apartment durchgestellt wurden. Alle Mitglieder der königlichen Familie haben eine solche Liste, und die meisten Listen enthalten nur sehr wenige Namen. Die Familienmitglieder telefonieren lieber selbst und wollen nicht von Leuten belästigt werden, mit denen sie nicht sprechen wollen.

Nach Dianas Besuch in Gilbeys Apartment wurden seine Telefonate mit ihr abgehört. Manchmal wurden sie auch auf Band aufgenommen, damit die höheren Berater im Palast die Entwicklung dieses Verhältnisses überwachen konnten. Angeblich tat man es aus "Sicherheitsgründen".

Je größer Dianas Bedürfnis nach emotioneller Sicherheit wurde, desto öfter schüttete sie Gilbey ihr Herz aus. Er kannte alle Geheimnisse ihrer Ehe. Er hörte ihr mit Sorge und Anteilnahme zu, wenn sie ihm von ihren Problemen erzählte. Er nahm die Bitterkeit in ihrer Stimme wahr. Sie erzählte ihm von ihren Eßstörungen. Gilbey gegenüber dramatisierte sie alles unverhältnismäßig. Je mehr sie ihr Herz ausschüttete, desto besorgter wurde er. Sie hatte seine volle Aufmerksamkeit, und Gilbey genoß das Privileg, in die intimsten Geheimnisse der königlichen Ehe eingeweiht zu sein. Diana hatte ihm sogar gesagt, sie habe manchmal an Selbstmord gedacht.

Während ihres Treffens mit Elizabeth, war Diana still und gefaßt. Sie beklagte sich nicht über Charles, nicht über Camilla Parker Bowles und auch nicht über ihre Ehe. Sie sagte ihrer Schwiegermutter einfach nur, daß ihre Ehe kaputt sei und sie die Trennung wolle.

Elizabeth fragte ihre Schwiegertochter, ob sie sich darüber im klaren sei, daß Charles und sie sich nie scheiden lassen konnten, und ob sie das auch vor ihrer Heirat gewußt habe. Diana entgegnete, das habe sie gewußt, da Charles ihr die Situation vor der Verlobung erklärt habe. Die Königin fragte weiter, warum sie eine Trennung wolle. Diana antwortete, die Situation habe sich dermaßen geändert, daß sie in keiner Hinsicht mehr Charles' Frau sei und es besser fände, sie würden sich trennen.

Elizabeth sagte Diana sie werde sehen, ob eine Trennung erlaubt werden könne. Sie erklärte, das sei eine Verfassungsangelegenheit, bei der sie ihre Anwälte konsultieren müsse. Elizabeth drängte Diana, lange und ausführlich über diesen Schritt und über die Folgen für William und Harry nachzudenken. Sie sprach über ihre Pflichten als Ehefrau des Prinzen von Wales und über ihre Pflicht, die Thronfolge, die Zukunft der Monarchie und ihre zukünftige Rolle als Königin von England im Auge zu behalten. Diana nickte zu diesen weisen Worten Elizabeth's.

Bezeichnenderweise fragte Elizabeth nicht, ob es jemand anderen in ihrem Leben gab. Diana wußte, daß sie in der Presse über ihre angeblichen Affären mit dem Bankier Philip Dunne und den Gardeoffizieren Major David Waterhouse und Major James Hewitt gelesen haben mußte. Doch das wurde nicht einmal angesprochen.

Diana glaubte tief in ihrem Herzen, die Königin würde ihr eine Trennung nie gestatten. Sie war wütend, weil sich keiner darum zu kümmern schien, daß Charles mit seiner Geliebten in Sünde lebte, während man von ihr erwartete, in London ein tugendhaftes Leben zu führen und sich um die beiden Thronfolger zu kümmern.

Diana forderte die Trennung aus mehreren Gründen. Sie wollte der Welt zeigen, daß das Leben mit Prinz Charles so unerträglich geworden war, daß sie dieser Ehe entfliehen mußte. Sie wollte ihr eigenes unabhängiges Leben führen, getrennt von ihrem Mann, den sie mittlerweile haßte und verachtete. Sie wollte als freie Frau ohne die Einschränkungen der Ehe leben können. Sie fühlte sich von Charles verstoßen und hielt es für gerechtfertigt, eine Trennung zu fordern und ihn damit in Verlegenheit zu bringen. Sie hoffte, die Trennung würde zu solchen Spannungen in der königlichen Familie führen, daß er gezwungen wäre, seine Affäre mit Camilla zu beenden. Einer ihrer besten Freunde formulierte das so: „Diana hatte ein Stadium erreicht, in dem sie um sich schlug. So wütend war sie."

Wenn Diana allein ausging, ob zum Essen, ins Kino, zu einer Party oder Freunden, fühlte sie sich schuldig, obwohl die Anlässe meistens harmlos waren. Die Boulevardpresse wußte, wann sie allein oder mit einem Mann ausging, und die Paparazzi waren immer da, um jeden Moment abzulichten. Diana fühlte sich verraten.

Trotzdem war sie voller Selbstvertrauen. Seit 1987 war sie zum Liebling der britischen Nation aufgestiegen, den jeder anhimmelte. Sie war sehr populär. Sie wußte, daß kein anderes Mitglied der königlichen Familie, Charles und die Königin eingeschlossen, ein solches Interesse und eine solche Begeisterung genoß wie sie.

1991 nannte eine Umfrage Diana als beliebtestes Mitglied der königlichen Familie. Sie bekam 22 Prozent der Stimmen - fast doppelt soviel wie 1988. Prinz Charles war mit seiner Schwester Anne zusammen auf den zweiten Platz abgerutscht und bekam nur noch 15 Prozent. Die Königinmutter folgte mit 14 Prozent, und Elizabeth erhielt nur 12 Prozent der Stimmen. Der restliche Anteil der abgegebenen Stimmen entfiel auf die übrigen Mitglieder der königlichen Familie.

Elizabeth reagierte verstört darauf, daß Diana als Außenstehende, die durch ihr riskantes Benehmen so viele Probleme verursachte, bei der Nation so beliebt war. Sie wußte, Charles konnte Diana nicht länger ertragen, und jegliche Liebe für sie war verschwunden. Er war zusammen mit Camilla auf dem Land glücklich. Besonders besorgt reagierte die Königin auf die wachsende Zahl von Berichten über Dianas Indiskretionen, die ihr Sexualleben und ihre Liebhaber immer mehr Menschen anvertraute. Es würde nicht lange dauern, bis die Medien Diana mit einem Liebhaber überraschten. Das wäre katastrophal für die Familie und vielleicht auch für die Monarchie. Ihr ganzes Leben lang war Elizabeth dem einfachen Prinzip gefolgt, das die königliche Familie ein Jahrhundert oder länger beherrscht hatte: es ist egal, was die Mitglieder der Familie tun, die einzige Sünde besteht darin, dabei erwischt zu werden.

Eines Tages hatte Diana während eines Gespräches mit Gilbey die Idee, die Erfahrungen in ihrer Ehe in einem Buch veröffentlichen zu lassen, einem wahrheitsgemäßen Buch, das die Details ihrer Ehe, ihre Einsamkeit und die Behandlung, die sie erlitten hatte, offen darlegte. Ihr guter Freund Gilbey war nur zu erfreut, ihr helfen zu können. Diana wollte mit diesem Buch die Nation so schockieren, daß ihre Millionen Anhänger die Forderung nach einer Scheidung begriffen. Alles schien so einfach. Sie verschwendete nicht einen einzigen Gedanken daran, welche Auswirkungen das auf die Monarchie haben könnte.

Diana sah ein, daß sie sich von dem Buch distanzieren mußte, damit es nicht so aussah, als würde sie es zu ihrem eigenen Nutzen schreiben. Das würde ihr keine Unterstützung einbringen. Aber Dianas Freunde konnten zu Wort kommen und bezeugen, daß diese Ehe ihre Gesundheit ernsthaft angegriffen hatte.

Irgendwann 1990 entschloß sich Andrew Morton nach Gesprächen mit seinem Londoner Verleger Michael O'Mara ein Buch über Dianas Ehe zu schreiben. Auch Dianas Vater Earl Spencer, der 1992 starb, war nach vielen Diskussionen mit O'Mara bereit, einige unveröffentlichte Kindheitsfotografien für das geplante Buch bereitzustellen. Als Gegenleistung wollte O'Mara 150.000 Dollar für Dianas wohltätige Arbeit überweisen.

Der treue Gilbey erzählte Diana, er würde dafür sorgen, daß das Buch ihre Ansicht über die Ehe wahrheitsgemäß und vollständig wiedergäbe, damit die Welt erfahren könnte, wie entsetzlich sich ihr Leben verändert hätte. Die Freunde Dianas, mit denen sich Gilbey und Morton in Verbindung gesetzt hatten, wandten sich an Diana. Sie versicherte ihnen, sie könnten mit den beiden sprechen. Sie erzählten von Dianas Unglück und ihren Eßstörungen.

Gilbey hielt sein Wort. Er tat alles, was in seiner Macht stand, damit Dianas Leben mit Charles so dargestellt wurde, daß es dem entsprach, was sie für die Fakten hielt. Schmerz, Unglück, Einsamkeit und Kummer hatten Diana angeblich zu fünf Selbstmordversuchen getrieben. Im Buch spricht nur Gilbey über die Selbstmordversuche. Kein anderer hatte je etwas darüber von ihr gehört.

Zwischen der ersten Idee zu dem Buch und seiner Veröffentlichung im Sommer 1992 lagen zwei Jahre. Diana drängte immer ungeduldiger auf eine Trennung und fragte Charles oft, wann eine Entscheidung getroffen würde und warum es so lange dauern müsse. Manchmal brachte sie dieses Thema zur Sprache, wenn sie am Wochenende mit Wills und Harry nach Highgrove kam, damit die Jungen Zeit mit ihrem Vater verbringen konnten.

Die Wochenenden in Highgrove waren keine glücklichen familiären Treffen. Charles verbrachte die meiste Zeit des Tages in seinem umzäunten Garten, der den Kindern und Diana verboten war. Diana hatte noch nicht einmal einen Schlüssel zu dem Garten und war darüber wütend. Manchmal nahm Charles die Jungen mit in den Garten, um sie herumzuführen und ihnen alles zu erklären, doch sie gingen lieber schwimmen oder reiten oder spielten mit ihrer Mutter. In diesem jungen Alter waren sie nicht gerade versessen aufs Gärtnern.

Diana wußte, daß es an den meisten Wochenenden zum Streit kommen und sie danach wütend, frustriert und angeödet nach London zurückfahren würde. Ein Mitglied des Küchenpersonals sagte: „Diana wurde so wütend auf ihn. Sie schrie und brüllte ihn an und sagte, sie würde die Ehe unter keinen Umständen weiterführen. Sie warnte ihn, wenn nicht bald etwas passiere, würde sie eigene Anstrengungen unternehmen, um eine Scheidung zu bekommen."

Fergie und Andrew hatten sich vor kurzem getrennt. Das gab Diana die Sicherheit, die Königin könne ihr eine Trennung nicht verwehren, wenn sie gerade Andrew, dem vierten in der Thronfolgerlinie die Erlaubnis dazu gegeben habe. Diana war überzeugt, wenn die Nation erst einmal wüßte, wie schrecklich ihr Leben war und wie schändlich Charles sie behandelt hatte, würde eine Welle von Sympathie und Anteilnahme die Königin dazu zwingen, einer unverzüglichen Trennung zuzustimmen.

Im Sommer 1992 hatte Diana bereits seit zwei Jahren versucht, die Zustimmung zu einer Trennung zu erhalten. Elizabeth hatte sich ausführlich beraten lassen. Alle hatten mit Schrecken reagiert und waren sicher, eine Trennung würde der Monarchie schaden. Alle waren besorgt, daß die Autorität und das Prestige der Monarchie geschwächt würde. Elizabeth dachte genauso, obwohl sie es während der Anhörungen nicht zeigte. Jede Person, an die sich Elizabeth gewandt hatte, gab ihr die gleiche Antwort: es mußte alles unternommen werden, damit es weder eine Trennung noch eine Scheidung gab.

Elizabeth hatte die meisten Berater kommen lassen, bevor die Trennung der Yorks erklärt wurde. Sie verstand sehr gut, daß sich nach dem Scheitern von Andrews Ehe eine Trennung von Charles und Diana noch katastrophaler auf das Ansehen der Familie und des Hauses Windsor auswirken würde. Seit Diana die Trennung forderte, wußte sich Elizabeth keinen Rat. Sie fand auch keinen Weg, die Trennung zu verhindern. Mit den übrigen Trennungen und Enttäuschungen in den Ehen der Familienmitglieder war sie fertig geworden, doch dieser Fall betraf unmittelbar die Verfassung.

Im Sommer 1992 sagte Elizabeth zu einer Hofdame: „Ich hatte Alpträume und so viele schlaflose Nächte aus Sorge um Charles und Diana. Die Auflösung ihrer Ehe könnte viel Schaden mit sich bringen. Ich mußte an die Auswirkungen denken, die die Abdankung für die Familie hatte, besonders für meinen Vater. Die Leute können sich nicht vorstellen, unter welchem Druck wir alle gestanden haben. Das können wir nicht noch einmal zulassen." Insgeheim hoffte Elizabeth, Diana würde im Interesse der Familie und der Krone einer Weiterführung der Ehe zustimmen. Elizabeth sah es als Dianas Pflicht an. Doch sie war nicht sicher, ob Diana zustimmen würde, so zu tun, als sei ihre Ehe in Ordnung. Sie mußte eine Lösung finden, die Diana akzeptieren würde.

Die Königin machte sich keine Illusionen über Dianas Entschlossenheit und glaubte, Diana würde ihre eigenen Wege gehen, indem sie Rechtsanwälte beauftragte und beim Familiengericht die Scheidung einreichte. Das wäre katastrophal für Elizabeth's Ansehen, weil es der Welt zeigen würde, daß sie sich einer Trennung widersetzt und Diana veranlaßt hatte, diesen drastischen Schritt selbst in die Wege zu leiten.

Ich hatte mich bereits entschlossen, eine Biographie von Prinzessin Diana zu schreiben, als ich 1988 entdeckte, daß das Paar tatsächlich bereits getrennt lebte. Die britischen Verleger, an die ich mich gewandt hatte, lehnten ein so kontroverses Buch über die Einzelheiten der lieblosen Ehe zwischen Charles und Diana ab und wollten auch keine Enthüllungen über Charles' Liebe zu Camilla veröffentlichen, obwohl der Prinz und die Prinzessin von Wales getrennte Leben führten. "Diana: Eine Prinzessin und ihre problematische Ehe" erschien schließlich im Mai 1992.

Andrew Mortons Buch "Diana: ihr wirkliche Geschichte" war nur Tage vorher erschienen. Diana beklagte, daß sie als naiv und dumm hingestellt und ihr Leben mit Charles unglaublich übertrieben werde. Außerdem wußte sie, daß die Geschichte mit den Selbstmordversuchen nicht wahr war. Sie war als Drahtzieherin des Buches hingestellt worden. Gerade das aber hatte sie vermeiden wollen. Sofort erntete sie den Haß der höheren Berater im Palast, die es niemandem verzeihen konnten, den Ruf des Hauses Windsor zu gefährden.

Die Veröffentlichung dieses Buches beendete mit einem Schlag Dianas Beziehung zu Gilbey. Sie brach jeglichen Kontakt zu ihm ab, denn er hatte viele Informationen beigesteuert. Diana befahl, seinen Namen sofort von der Liste der privilegierten Personen zu streichen.

Elizabeth war wütend. Das Buch von Morton vermittelte den Eindruck, daß Dianas Leben die Hölle gewesen sei und sie wiederholt versucht habe, sich umzubringen. Elizabeth wußte, daß das nicht stimmte. Sie fragte sich, wie viele Geschichten aus dem Buch wohl wahr seien, und fürchtete, daß viele Leser Mortons Version Glauben schenken könnten und sie gezwungen wäre, Diana die Trennung zu gestatten. Einige ihrer Berater waren überzeugt davon, daß Diana mit dem Buchs einverstanden gewesen war und beim Sammeln der Fakten geholfen hatte.

An dem Morgen, als die "Sunday Times" Auszüge aus dem Buch veröffentlichte, fuhr Diana nach Schloß Windsor, um sich bei Elizabeth zu entschuldigen. Sie sagte der Königin, sie hätte ihren Freunden die Mitarbeit an dem Buch gestattet. Es täte ihr leid, und es sei dumm gewesen, ihre Freunde über ihr Leben sprechen zu lassen. Diana verschwieg Elizabeth aber, warum sie ihre

Freunde ermuntert hatte zu reden: sie wollte Charles verletzen und Camilla Parker Bowles als Ehebrecherin hinstellen.

Elizabeth wußte, daß Diana einmal eine Überdosis Tabletten geschluckt und sie hinterher absichtlich wieder erbrochen hatte. Die Königin hatte es für einen Trick gehalten, mit dem Diana Charles' Aufmerksamkeit auf sich lenken wollte. Sie hatte ihm vielleicht zeigen wollen, wozu sie in der Lage war, wenn er sein Verhältnis mit Camilla fortsetzte. Elizabeth ließ die drei königlichen Ärzte zu sich kommen, die alle medizinischen Probleme im Kensington oder Buckingham Palast behandelten. Sie versicherten ihr, es habe keine Selbstmordversuche Dianas gegeben, doch sie hätten bemerkt, daß sie sich gelegentlich aus Wut oder Depression selbst verwundet hätte.

Elizabeth wußte auch, daß Diana unter Eßstörungen gelitten hatte, doch nach ihrem Gespräch mit den Ärzten war sie überzeugt, daß das Buch ein völlig überzeichnetes Bild malte.

Drei Monate nach der Veröffentlichung des Buches wurde Camilla Parker Bowles mit ihrem Mann Andrew Parker von der Firma Dunhill eingeladen, als Zuschauer an den Polospielen der Garde im Park von Windsor teilzunehmen. Wie gewöhnlich schickte die Firma Dunhill, die die Spiele sponserte, die Liste der gewünschten Gäste in den Buckingham Palast, um die Königin zu fragen, wen sie in die abgetrennte königliche Anlage einladen wolle.

Die Privilegierten, die dem Spiel beiwohnen durften, und die Medien waren verblüfft, als sie Camilla Parker Bowles an diesem Tag in der königlichen Anlage sahen - die Frau, von der die gesamte Nation wußte, daß sie die Geliebte von Prinz Charles war, und die von der Presse als Dianas Erzfeindin ausgemacht worden war. Neben ihr saß Brigadekommandeur Andrew, ihr betrogener Ehemann.

Als die Fotografen ihre Bilder schossen, ging Elizabeth sogar noch weiter. Sie winkte Camilla höflich zu. In der Teepause wandte sich Elizabeth plaudernd an Camilla, während alle dabeistanden. Die Königin gab damit absichtlich stillschweigend, aber öffentlich ihre Zustimmung zu Charles Affäre mit Camilla. Doch es lag noch mehr in dieser Geste. Wenn sie Camilla akzeptierte, mußte Diana das als Abfuhr und als Warnung verstehen, falls sie sich nicht an die Regeln hielt.

Seit diesem Tag im August 1992 wurde Camilla Parker Bowles, die nach Meinung vieler verantwortlich für das Scheitern der Ehe zwischen Charles und Diana war, akzeptiert. Sie wurde von der Herrscherin selbst bei Hofe offiziell willkommen geheißen. Durch diese Geste hatte Elizabeth allen gezeigt, daß Camilla nicht etwa verbannt, sondern als enger Freund der königlichen Familie behandelt und ihr entsprechender Respekt erwiesen wurde. Auch Diana hatte das verstanden.

Dann gingen Gerüchte um Bänder mit den Stimmen von Diana und einem mysteriösen Liebhaber bei den Medien um. Im Januar 1990 war Murdochs Boulevardblatt "The Sun" eine Kassette zugespielt worden, die nicht veröffentlicht, sondern in einen Safe in Murdochs Londoner Hauptquartier in Wapping gelegt wurde. Als der "National Enquirer" im August 1992 eine Abschrift der Kassette veröffentlichte, entschied "The Sun", ihr "Dianagate" Band herauszuholen.

Auf dem Band hörte man eine Frauenstimme, die als Dianas Stimme identifiziert wurde. Sie sagt, ihr Leben "sei eine Qual...durch (ihren) lieblosen, egoistischen Ehemann." Es gab viel Liebesgeflüster, das Paar nannte einander "Liebling", und es wurde von "Liebe" gesprochen. Der Mann nannte Diana wiederholt "Squidgy" (Tintenfisch). Die zwölf Millionen Leser der "Sun" konnten eine spezielle Nummer anrufen, um das ganze Gespräch selbst zu hören. Die Aufnahme war sehr intim und entlarvend. Später wurde bestätigt, daß die Männerstimme James Gilbey gehört.

Cyril Reenan war ein hoch angesehener pensionierter Bankmanager, der gern die Gespräche anderer Leute am Autotelefon auf seinem Amateurradio abhörte. Er erzählte, wie er das "königliche" Telefonat am Neujahrsabend des Jahres 1989 aufgenommen und es der "Sun" zugespielt hatte. Das Band war von Experten der Firma Sony untersucht worden. Martin Colloms kam zu der Überzeugung, das Band sei "direkt von einem angezapften Telefon" aufgenommen und "später so bearbeitet worden, daß es erst einmal klang wie aus dem mobilen Funknetz". Die Experten kamen zu der Schlußfolgerung, Dianas Telefon sei angezapft und das Gespräch schließlich irgendwie über Funk übertragen worden, wo es abgehört werden konnte.

Einige britische Zeitungen gaben sich damit nicht zufrieden und fragten: „Wie konnte das Telefon der Prinzessin in Sandringham angezapft werden? Wer hatte die technische Fachkenntnis, um so etwas zu tun? Warum hat man Zeit damit verschwendet, das Band über Funk abzuspielen? Woher nahm man die Gewißheit, jemand würde es aufnehmen und an eine Zeitung verkaufen?"

Daraufhin unterstützten einige der verantwortungsvollsten und vornehmsten Mitglieder der Gesellschaft wie Lord Rees-Mogg, der Präsident des Rundfunkrates und früherer Redakteur der Zeitung "Times", die These, der Dianagate-Skandal sei eine Verschwörung des Sicherheitsdienstes, und das Band sei absichtlich über Funk verbreitet worden. Wieder stellten sich die Fragen: „Warum und von wem?"

Später wurden weitere Auszüge des Bandes bekannt, auf dem Diana über ihre Angst spricht, schwanger zu werden. Sie bezieht sich dabei auf die bekannte Fernsehserie "Eastenders" (eine ihrer Lieblingssendungen), in der eine Frau ein Baby bekommt, das nicht von ihrem Mann ist. Viele Leute sind der Meinung, dieses Band beweise, daß Diana ein Liebesverhältnis mit Gilbey hatte. Doch das stimmt nicht. Diana hatte nie eine Affäre mit ihm. Mit dieser Anspielung auf eine Schwangerschaft wollte Diana Gilbey taktvoll zurückweisen.

Die Bänder brachten Elizabeth in große Verlegenheit. Sie befahl einem ihrer Mitarbeiter, der Diana gut kannte, bei der "Sun" anzurufen, sich das Band anzuhören und ihr dann zu sagen, ob es wirklich Dianas Stimme sei. Dreißig Minuten später kam ihr Vertrauter zurück und meinte, er sei wirklich sicher. Es war Diana.

Die Enthüllung entschärften die Vorwürfe gegen Charles. Die Öffentlichkeit wurde überzeugt, daß man nicht Charles allein die ganze Schuld geben könne, sondern daß auch Diana nicht die völlig schuldlose Ehefrau war.

Im Herbst 1992 begann Elizabeth die Gespräche mit allen nötigen Personen, um die Ehe des Thronfolgers zu diskutieren und zu besprechen, wie vorzugehen sei, da Diana auf einer rechtlichen Trennung bestand. Während ihrer wöchentlichen Treffen mit Premierminister John Major sprach Elizabeth oft darüber, daß Diana darauf beharre. Sie sprach mit dem Erzbischof von Canterbury darüber, ob ein geschiedener Mann Oberhaupt der Kirche von England werden könne.

Elizabeth sagte Diana und auch Charles, daß die Monarchie und das Haus Windsor an erster Stelle stehe. Falls die gewünschte Trennung ein größeres Problem für die ungeschriebene Verfassung sei, konnte Charles weder den Thron besteigen noch Oberhaupt der Kirche von England werden. In diesem Fall müßten beide akzeptieren, daß man ihnen eine Trennung nicht gestatten würde. Die Verfassung existiert zwar nicht schriftlich, doch sie war während der letzten dreihundert Jahre immer weiter verfeinert und von Verfassungsrechtlern und Akademikern diskutiert worden.

Elizabeth erinnerte die beiden an ihre Versprechen, daß sie zusammenleben würden, "bis daß der Tod sie scheide". Charles stimmte seiner Mutter bereitwillig zu, während Diana abwarten wollte, was die Verfassungsrechtler sagten.

Elizabeth sprach mit Bobo, ihrer Mutter, ihren Hofdamen, mit ihren Rechtsanwälten, ihren Beratern im Palast und ein paar engen Freunden, denen sie vertraute. Alle wurden zur Geheimhaltung verpflichtet und hielten sich daran. Sie zog auch Charles ins Vertrauen, damit er zu jeder Zeit über die verfassungsrechtliche Position informiert war.

Elizabeth unternahm einen letzten Versuch, um eine Trennung zu vermeiden. Charles sagte seiner Mutter, er sei sehr wohl in der Lage, die Ehe dem Hause Windsor zuliebe so weiterzuführen wie in den letzten vier Jahren. Als Diana zu Elizabeth kam, schüttelte sie nur den Kopf und meinte, sie könne diese Ehe auf gar keinen Fall weiterführen und wolle eine Trennung. Die Würfel waren gefallen. Elizabeth hatte Diana nicht überzeugen können. Die Königin bereitete sich auf einen der dunkelsten Tage ihrer vierzigjährigen Herrschaft vor.

Am 9. Dezember 1992 verlas der Premierminister John Major vor dem Unterhaus die Erklärung, daß sich der Prinz und die Prinzessin von Wales nach elf Ehejahren trennten. Die einzige Überraschung, die ungläubige Reaktionen im dicht besetzten Unterhaus hervorrief, bestand darin, daß Major weiter verlas, es gäbe keine verfassungsrechtlichen Folgen und Diana könne immer noch zur Königin gekrönt werden. Diese Erklärung ließ keinen Zweifel daran, daß das Paar sich freundschaftlich auf eine Trennung geeinigt hatte und auch weiterhin seine königlichen Verpflichtungen ausführen würde. Beide würden sich die Erziehung der Kinder teilen.

Der Buckingham Palast erklärte, die Königin und der Herzog von Edinburgh seien zwar betrübt, doch sie verstünden die Entscheidung und hofften, die Übergriffe auf das Privatleben des Paares würden aufhören. Elizabeth verfolgte die Ankündigung im Unterhaus allein in ihrem Zimmer vor dem Bildschirm. Dann klingelte sie dem Mädchen und bestellte Tee.

Elizabeth und der Palast waren sich einig, daß Diana an dieser Krise die Hauptverantwortung trug. Die Königin war der festen Überzeugung, Diana hätte sich nicht nur an ihren Hochzeitsschwur halten sollen, sondern auch an ihre privaten Versprechungen vor ihrer Verlobung, ganz egal was auch passiert war. Sie würde ihrer Schwiegertochter die grobe Verletzung der Pflicht nie und nimmer vergeben.

Elizabeth glaubte, es könne unmöglich noch mehr schiefgehen. Aber innerhalb weniger Wochen sahen sich Elizabeth und Charles vor ein neues peinliches Problem gestellt. In Australien hatte das Murdoch-Magazin "New Idea" die intimen Einzelheiten eines angeblichen Gespräches zwischen Charles und Camilla Parker Bowles veröffentlicht, das bemerkenswert offen und eindeutig sexueller Natur war. Das Magazin behauptete, dieses Gespräch, das von einem angezapften Telefon stammte, sei am 18. Dezember 1989 mitgeschnitten worden, also etwa zur gleichen Zeit wie das Gespräch zwischen Diana und James Gilbey. Es gibt keinen Zweifel, daß die Stimmen auf dem Band die von Charles und Camilla sind.

Das Magazin "New Idea" kommentierte: „Zum ersten Mal haben die überraschend intimen Details eines Gespräches zwischen Prinz Charles und Camilla Parker Bowles gezeigt, warum Prinzessin Diana dieser vorgespiegelten Ehe ein Ende gesetzt hat.

In dem Gespräch zeigt sich die Liebe und das Verlangen des Paares füreinander mit schockierender Offenheit. Es bestätigt endlich Camillas langanhaltende und leidenschaftlich enge Beziehung zu dem Mann, der König werden möchte. Das Gespräch wird diejenigen schockieren, die Charles immer für einen 'kalten Fisch' gehalten haben, weil er mit Diana jahrelang keine körperliche Beziehung mehr hatte. Es beweist, daß er mit der Frau, die er liebt, heißblütig und schamlos sein kann."

Das Gespräch verliert viel von seiner Wirkung, wenn man es gedruckt liest. Ich habe mir das Band selbst angehört. Die warme Intimität des Paares, das einander jahrelang kennt, ist unüberhörbar. Wenn man es hört, spürt man das tiefe Verlangen nacheinander und die sexuelle Leidenschaft.

In dem Gespräch sagt Charles zu Camilla: „Dein größtes Werk ist deine Liebe zu mir. Ich bete dich an - ich bin so stolz auf dich."

Ein Teil des Gesprächs ist sehr intim.

Charles: „Ich will dich überall spüren, von allen Seiten, rauf und runter, rein und raus."

Camilla (hält den Atem an): „Oh, oh."

Charles: „Besonders rein und raus."

Camilla: „Oh, genau das brauche ich im Moment... Ich kann keinen Sonntag mehr ohne dich sein."

Charles: „Und ich? Ich brauche dich ein paarmal in der Woche. Das ist das Problem."

Camilla: „Hm. ich auch. Ich brauche dich die ganze Woche. Immer."

Charles: „Oh, Gott. Wenn ich doch nur in deinen Hosen leben könnte. Dann wäre es einfacher."

Camilla (lachend): „Was willst du denn werden? Eine Unterhose? (beide lachen) Oh, du wirst also als Unterhose zurückkommen."

Charles: „Gott bewahre, als Tampon. So geht's mir immer." (Er lacht)

Am Ende des Telefonats sagt Charles schläfrig: „Ich liebe dich", und Camilla entgegnet mit sanfter Stimme: „Gute Nacht, mein Liebling. Ich liebe dich."

Über die Herkunft dieses "Camillagate"-Bandes gab es in Großbritannien kontroverse Diskussionen, so wie zuvor das Band mit Dianas Gespräch Diskussionen über die Herkunft auslöste. Daß beide Anrufe zufällig von Funkamateuren aufgeschnappt wurden, ist höchst unwahrscheinlich.

Es wurde noch mehr Öl ins Feuer gegossen, als ein drittes Band auftauchte, diesmal mit einem Telefongespräch zwischen Andrew und Fergie. Auch dieses war 1989 aufgenommen worden, und wieder sprachen die Anrufer über ein mobiles Telefon. Wie die beiden anderen war auch dieses ein sehr intimes Gespräch.

Die Qualität des Camillagate-Bandes war ausgezeichnet. Deshalb kamen die meisten Kommentatoren in den Medien zu dem Schluß, es müsse sich um einen professionellen Anzapfer gehandelt haben. In allen drei Fällen hatte einer der Gesprächspartner ein mobiles Telefon und der andere ein normales Telefon benutzt. Die Verfechter der Zufälligkeitstheorie behaupteten, man könne Anrufe von mobilen Telefonen aus leicht mit billigen Scannern auffangen. Experten erklärten jedoch, es sei extrem schwierig, beide Seiten beim Abhören aufzunehmen, denn das erfordere eine spezielle Ausrüstung. Außerdem müßte man Hunderte von Frequenzen mit dem Scanner absuchen, um den anderen Gesprächspartner zu finden. Das sei eigentlich unmöglich. Aber nur dann könnte man die gute Klangqualität erhalten.

Die Art der drei Gespräche, ihr Inhalt und die Einzelheiten deuten darauf hin, daß jeweils das immobile Telefon angezapft worden ist. Man installiert ein spezielles Teil, das die Signale an einen Rekorder weitergibt. Während der Streit tobte, kamen fast alle Experten zu der gleichen Schlußfolgerung: Die Telefongespräche mußten von Profis abgehört worden sein.

Es gab Spekulationen darüber, wer Mittel und Motive habe, diese Bänder herzustellen. Beamte des M15 wiesen Vorwürfe zurück, ihre Agenten seien für die Bänder verantwortlich. Andere Sicherheitsdienste fanden die Anschuldigungen zu geringfügig, um überhaupt darauf zu reagieren. In den Vereinigten Staaten würden unter den gleichen Umständen Kongreßmitglieder oder recherchierende Journalisten auf einer Untersuchung durch die Sicherheitsbehörden bestehen.

Doch im Großbritannien der neunziger Jahre wird noch immer akzeptiert, daß Organisationen wie das M15 es ablehnen, solche Fragen zu beantworten, so als würden sie keiner höheren politischen Autorität unterstehen. Die Öffentlichkeit nimmt es widerspruchslos hin, daß diese Fragen unbeantwortet bleiben.

Regierungsmitglieder und viele politische Journalisten sind der Überzeugung, der M15 lüge einfach, wenn er behaupte, daß er schweige, weil "nationale Interessen" betroffen seien. Bei diesen "nationalen Interessen" handelt es sich oft um den Ruf von Regierungsmitgliedern, Kabinettsministern und hohen Beamten. Angelegenheiten wie diese zeigen die extreme Geheimhaltung in vielen öffentlichen Belangen, und sie zeigen, wie wenig die Regierung dafür tut, die entsprechenden Leute zur Verantwortung zu ziehen.

Als Herrscherin hat Elizabeth die Macht und das Recht, über solche Dinge informiert zu werden, doch selbst ihr sagt man nicht immer die Wahrheit. In den siebziger Jahren hat der britische Geheimdienst das Telefon seines eigenen Bosses, Premierminister Harold Wilson, der theoretisch über alle Belange der nationalen Sicherheit informiert werden müßte, angezapft. Die Chefs der Geheimdienste gaben vor, über Informationen zu verfügen, daß es pro-kommunistische Kontakte gäbe, die den Premierminister beeinflussen könnten. Doch in Wirklichkeit taten die Geheimdienste einfach nur, was sie für richtig hielten, ohne irgendeine politische Kontrolle und ohne Ermächtigung.

Einige glaubten, der M15 habe alle drei Gespräche mitgeschnitten, um zu ermitteln, ob das Verhalten der jüngeren Mitglieder des Königshauses ein Sicherheitsrisiko darstelle. Andere wiederum vermuteten, die Bänder seien von einem Verräter oder geldgierigen Agenten auf den Markt gebracht worden oder von jemandem, der die republikanische Politik in Großbritannien vorantreiben wolle. Auch die Mitglieder der königlichen Familie glaubten wie die meisten keine Sekunde daran, daß die Gespräche zufällig "aufgefangen" wurden.

Elizabeth forderte von Premierminister John Major, dem höchsten Boß der Sicherheitsdienste, alle Information, die er über die Herkunft der Bänder habe. Es ist nicht bekannt, ob der Premierminister von der Chefin des M15, Mrs. Stella Rimington, Informationen über eine unkontrollierte und eigenmächtige Beteiligung von Agenten in dieser Sache erhielt. Es ist auch nicht bekannt, was Major Elizabeth erzählte.

Die Königin sah die Monarchie an vielen Fronten attackiert. Dafür waren in hohem Maße die jüngeren Mitglieder ihrer Familie, diese Bürgerlichen, verantwortlich. Sie hoffte, die Schrecken des Jahres 1992 - des schlimmsten Jahres ihrer Herrschaft - würden sich verflüchtigen. Doch 1993 vergrößerten sich ihre Ängste, die der Monarchie feindlich gesinnten Kräfte könnten an Boden gewinnen und ihre eigenen Mittel zur Verteidigung immer schwächer werden.

17. Kapitel: Sarah, Herzogin von York

Diana und Prinzessin Michael hatten sich in Elizabeth's Augen kläglich verhalten. Die dritte Hexe sollte ein wirklich unmoralisches Leben führen und sich noch nicht einmal darum kümmern, ob alle das wußten.

Sarah Ferguson war eine überraschende Wahl von Prinz Andrew. Sie war mit ihren roten Haaren und der kräftigen Figur nicht gerade typisch für die Mädchen, mit denen Andrew ins Bett ging. Andrew wurde als arrogant, stolz, anmaßend und als protzendes Großmaul eingeschätzt. Er scheint das von seinem Vater geerbt zu haben.

Andrew hatte überhaupt keine Ahnung von Sex, bevor er im Karibischen Meer als Unteroffizier diente. Bei einem mehrtägigen Landgang traf er Vickie Houdge. Die beiden verbrachten fast eine Woche zusammen, und während dieser Zeit belehrte Vickie Prinz Andrew in Sachen Sex.

Zwischen Andrew und Fergie knisterte es sexuell gewaltig. In den ersten Monaten ihres Zusammenseins konnten Andrew und Fergie nicht voneinander lassen und verbrachten die meiste Zeit im Bett. Sex und Spaß hielten sie zusammen. Sie genossen die Gesellschaft des jeweils anderen. Weder Andrew noch Fergie ist besonders intelligent, doch beide sind aktive Sportler und mögen die gleichen Fernsehshows, Filme und die gleiche Musik. Beide machen gern Witze und genießen das Rampenlicht.

Elizabeth und Philip haben Fergies Ankunft begrüßt. Sie hielten sie für ein wesentlich besseres Mitglied des Hauses Windsor als Andrews frühere Freundin, die attraktive amerikanische Schauspielerin Koo Stark. Koo Stark war der Typ Frau, von denen Prinz Philip sich sein Leben lang angezogen fühlte und denen er nicht widerstehen konnte. Andrew setzte diese Tradition fort. Viele Angehörige des Königshauses hatten durch die Jahrhunderte Affären mit Schauspielerinnen. Edward II. hatte zur Jahrhundertwende eine langanhaltende Affäre mit der reizenden Lily Langtry, britisches Sexsymbol und eine der führenden Schauspielerinnen dieser Zeit.

Elizabeth und Philip nannten Fergie immer bei ihrem Vornamen Sarah. Sie hatte einen tadellosen englischen Upper-Class-Hintergrund, der Charles II. als Vorfahren einschloß. Ihr Vater war einst Kommandeur des Kavallerieregiments der königlichen Hofhaltung gewesen. Er hatte nicht nur mit Prinz Philip in der Nachkriegszeit Polo gespielt, sondern war zu Prinz Charles' Polomanager ernannt worden. Elizabeth und Philip kannten Fergie schon als Kind.

Fergie war mit den Regeln des Protokolls und der königlichen Etikette vertraut. Sie wußte, wie die königliche Familie funktionierte. Elizabeth mochte Fergies Frische und Vitalität. Sie und Philip wollten, daß sich ihr ungestümer zweiter Sohn zur Ruhe setzte, heiratete und eine Familie gründete, damit er Verantwortung entwickelte.

Elizabeth und Fergie kamen prächtig miteinander aus. Die Königin genoß die Gesellschaft der jungen Frau, ganz besonders auf Wochenendpartys. Sie hatten vieles gemeinsam. Elizabeth mochte es auch, daß Fergie sich eher praktisch als modisch kleidet.

Elizabeth willigte ein, ihnen ein brandneues Landhaus in der Nähe von Windsor als Hochzeitsgeschenk zu geben. Elizabeth bezahlte alles, die Teppiche, Möbel und den fertigen Garten. Trotz der Kosten von 750.000 Dollar fanden manche Architekten das Haus geschmacklos. Sie beschrieben es als "billig und häßlich", einem "Burger Restaurant" oder einem "Supermarkt" ähnlicher als einem Haus.

Elizabeth hatte keine Ahnung, welch kleiner Teufel Fergie in Wirklichkeit ist und wie wenig sie sich um Moral schert. Ihr Charakter sollte sich noch zeigen. Als unsicherer Teenager hatte Fergie eine Anzahl Liebhaber gehabt, von denen keiner lange blieb. Sie brauchte scheinbar für ihr Selbstbewußtsein immer einen Freund, und sie stellte fest, daß ihre sexuellen Bedürfnisse ausufernd waren.

Zu Beginn der achtziger Jahre war Fergie in Paddy McNally verliebt gewesen. Dieser Mann war zweiundzwanzig Jahre älter als sie und ein reicher Manager, der mit seinen zwei Söhnen in der Schweiz lebte. Drei Jahre lang lebten Fergie und Paddy während der Wintermonate zusammen. Fergie läuft gut Ski und war ihm eine gute Begleiterin, doch in ihrer Beziehung war sie immer die Unterlegene, die um McNallys Aufmerksamkeit und Zuneigung kämpfte.

Paddy tat nichts für Fergies Selbstbewußtsein. Er lud oft andere gutaussehende Frauen zu sich nach Hause ein. McNally hatte ein offenes Haus, in dem jedermann, ganz besonders junge attraktive Frauen, ein Bett für die Nacht fanden. Im Oktober 1985, sechs Monate nach Fergies ersten Verabredung mit Prinz Andrew, sagte McNally ihr schließlich, er wolle sie nicht heiraten, denn er denke generell nicht daran, sich wieder zu verheiraten. Das Ende dieser Beziehung traf Fergie hart. Es war nicht das erste Mal, daß ein Mann, den sie liebte, sie zurückwies.

Ein anderer ihrer Liebhaber war Kim Smith-Bingham, ein attraktiver britischer Taugenichts. Den Briten ist er als "Chelsea auf Skiern" bekannt. Ihre Affäre ging gut, bis Fergie zu ihrer Mutter Susie Barrantes nach Argentinien fuhr. Bei ihrer Rückkehr in Smith-Binghams Apartment in Verbier fand sie ein anderes Mädchen vor, das ihren Platz eingenommen hatte.

Seit ihre Mutter die Familie verlassen hatte, um mit dem reichen argentinischen Polospieler Hector Barrantes zu leben, hatte es Sarah an Selbstvertrauen gemangelt. Sie war damals dreizehn Jahre alt, also in einem sehr verletzbaren Alter. Ihr Vater Major Ronald Ferguson hatte Sarah eher wie einen Sohn denn wie eine Tochter behandelt. So wurde Fergie eine erstklassige Reiterin und Skiläuferin, doch sie war unsicher im Umgang mit jungen Männern und verliebte sich sofort, wenn ein Mann sich für sie interessierte. Trotz der guten Ratschläge ihrer Freundinnen stolperte sie von einer katastrophalen Beziehung in die nächste.

Paddy McNally war ihr letzter Strohhalm. Sie hatte sich ihm ganz ergeben, duldete seine sexuellen Abenteuer mit anderen Frauen, während sie ihm das Haus in Ordnung hielt und sein Bett teilte. Eine von Fergies Freundinnen, die den Sommer mit Fergie auf der Mittelmeerinsel Ibiza verbrachte, erinnerte sich: „In diesen Wochen schüttete Fergie mir ihr Herz aus. Ihr Leben war ein Scherbenhaufen, und ihr Verhältnis mit McNally hatte ihr jegliches Selbstvertrauen genommen. Fergie sah ihre Affäre mit Prinz Andrew eben als Affäre, mehr war es nicht gewesen. Sie war nicht gerade glücklich."

Fergie war der Überzeugung, niemals mehr jemanden zu finden, der sie liebte, als sie Prinz Andrew auf einer Dinnerparty in London traf. Sie kannten einander seit ihrer Kindheit. Jetzt war Fergie ganz überwältigt. Einer der Hauptgründe für ihr Verhältnis mit Andrew lag darin, daß er sie wirklich wollte und sie verwöhnte, ganz im Gegensatz zu Paddy McNally.

Andrews Verhalten gab ihr das Selbstvertrauen, das sie brauchte. Sie genossen ihr Zusammensein sehr, sowohl im Bett als auch außerhalb. Für Fergie und Andrew war ein gutes Sexleben das allerwichtigste in einer Beziehung. Nach sechs Monaten machte Andrew ihr einen Heiratsantrag, und die überglückliche Fergie stimmte zu. Im Juli 1986 folgte die zauberhafte königliche Hochzeit in der Westminster Kathedrale.

Obwohl Fergie in der Nähe der königlichen Familie aufgewachsen war, hatte sie scheinbar nicht die geringste Ahnung, wie sie sich verhalten mußte, als sie Andrew heiratete und zur Herzogin von York wurde. Es sah so aus, als wäre ihr die Aufnahme in die königliche Familie zu Kopf gestiegen. Sie benahm sich, als könne sie von nun an alles tun und bräuchte keine Verantwortung zu übernehmen. Sie verbrauchte Andrews Anteil aus dem königlichen Haushalt in Höhe von 140.000 Dollar, als sei es ihr Geld, mit dem sie tun könne, was ihr beliebt. Sie nahm alles an, was man ihr kostenlos bot - jeden Flug, jeden Urlaub und jeden Wochenendausflug.

Sie lehnte es ab, die Ratschläge zu befolgen, die ihr im Palast von ihren Hofdamen gegeben wurden, und sie hörte nicht auf ihre jahrelangen Freundinnen. Die Angriffe der Zeitungen auf ihren Lebensstil verletzten sie. Doch sie tat nichts, um etwas daran zu ändern. Andrew hätte diese Exzesse einschränken können, doch er war fast immer auf See und hatte ohnehin nicht die Charakterstärke, um seine widerspenstige Frau zu zähmen.

Während dieser ersten Jahre wurde Fergie von der Boulevardpresse stark kritisiert. Die republikanisch gesinnte britische Presse hat viele Seiten verschwendet, um Fergie anzugreifen, weil sie zu gewöhnlich und nicht richtig königlich sei. Bei jeder Gelegenheit wurden ihre Figur, ihr Make-up, ihre Frisur, ihre Kleider, ihre Reisen, ihr Sinn für Humor und ihr Mangel an Verbindlichkeit kritisiert.

Fergie unternahm nicht viel, um die Situation zu verbessern. 1990 hatte sie nur 108 königliche Auftritte, gerade mal zehn mehr als die Königinmutter. Sie spielte ihren Kritikern in die Hände, indem sie unendlich viele Essen, Partys, gesellschaftliche Veranstaltungen und Bälle besuchte. Sie schien fast jeden Monat Ferien in Übersee an einem schicken Strand oder in einem Skiort zu machen. Man nannte sie "Freebie Fergie" (Freibier-Fergie) und später "Doolittle Duchess" (Herzogin Doolittle), und zwar aus zwei Gründen: Sie tat nicht gerade viel für den jährlichen Scheck über 400.000 Dollar, den die Yorks aus dem königlichen Haushalt erhielten, und sie benahm sich wie die ungebildete Londonerin Eliza Doolittle.

Vieles an dieser Kritik war ungerecht, doch Fergie war der Meinung, man vergleiche sie zuviel mit der perfekten Prinzessin Diana. Die Briten glaubten in den achtziger Jahren, man müsse als "richtige Prinzessin" wie Diana sein: superschlank, supercool und supersophisticated. Fergie hatte davon gar nichts.

Der unaufhörliche Ansturm der Fleet Street bewirkte schließlich, daß Fergie alles an sich änderte: ihr Image, ihr Aussehen, ihre Garderobe. Zuerst mußte Fergie abnehmen. Seit ihren Teenagerjahren war sie ein bißchen zu schwer, hatte aber gut damit leben können und die Witze darüber toleriert. Jetzt ging sie auf eine Superdiät und nahm fast fünfzehn Kilo ab. Sie kaufte neue Kleider, änderte ihre Frisur und ließ Spezialisten ihr Make-up aufpolieren. Trotzdem gingen die Angriffe der Presse weiter.

Fergie wandte sich an Astrologen und Handleser, um eine "neue Frau" zu werden. Die bekannteste war sicher Madame Vasso, eine griechische mystische Heilerin, die New Age Philosophien wie das Heilen unter Pyramiden praktizierte. Fergie kam in Madame Vassos einfaches Kellerapartment in einem nicht gerade schicken Teil Londons und saß dort auf einem Stuhl unter einer blauen Glaspyramide, während die Astrologin versuchte, ihre Spannungen abzuführen. Die Technik erwies sich als nicht sehr effektvoll.

Wie Diana suchte auch Fergie Hilfe bei der Astrologin Penny Thornton. Sie war entschlossen, alles auszuprobieren, um Hilfe zu bekommen. Sie experimentierte mit Gesichtsmassagen, Hypnotherapie, Aromatherapie und Akupunktur, um eine schlankere und schönere Frau zu werden. Gerade als es so aussah, als würde sie den Kampf gegen ihre Pfunde gewinnen, kam 1988 Beatrice und zwei Jahre später Eugenie.

Elizabeth sah die Fehler, die das Paar machte, und versuchte Fergie zu beraten. Sie wußte, wie verletzend Journalisten sein können. Elizabeth wollte ihr helfen, weil sie glaubte, daß Fergie eine gute Frau für Andrew sei und damit dem Hause Windsor von Nutzen.

Kurz nach ihrer Heirat entdeckte Fergie, daß die Männer ihr als Mitglied der königlichen Familie viel mehr Interesse entgegenbrachten, auf sie zukamen und flirteten. Nie zuvor war ihr eine solche Aufmerksamkeit zuteil geworden, und sie schwelgte darin. Selbst wenn sie schwanger war, suchte sie die Aufmerksamkeit junger Männer.

Im November 1989 reiste Fergie, im fünften Monat mit Eugenie schwanger, zu einem offiziellen königlichen Besuch nach Houston in Texas, um die Königin beim Britischen Festival in der Houston Grand Opera zu repräsentieren. Dort traf sie Steve Wyatt und verliebte sich.Fergie war seinem guten Aussehen erlegen. Der fünfunddreißigjährige Wyatt war ein ernster, athletischer Mann mit sonnengebräunter Haut. Fergie war zu Gast bei Wyatts Mutter Lynn Sakowitz Wyatt, der Erbin des Warenhauses in Houston und Frau des Ölmilliardärs Oscar Wyatt. Dieser hatte Steve und seinen Bruder Douglas adoptiert, als er ihre Mutter heiratete. Lynn stellte ihrem Sohn die Herzogin vor. Er rauchte nicht, trank nicht und nahm keine Drogen. Fergie war hingerissen von seinem Gerede über Karma, Astrologie, Göttlichkeit und andere Themen aus dem New Age. Das waren Interessen, die ihr nahegingen und meilenweit entfernt von den Dingen waren, über die sie mit Andrew sprach. Sie tanzte an diesem Abend viel mit Steve. Es war eine verhängnisvolle Affäre.

Fergie lud ihn nach London ein, arrangierte Einladungen zum Essen im Palast und auf Schloß Windsor, und sie stellte ihren "neuen Freund" Prinz Andrew vor. Scheinbar haben sich alle gut verstanden, aßen und grillten zusammen. 1990 nahm Fergie Bea und Eugenie mit in Urlaub nach Marokko, wo sich Wyatt zu ihnen gesellte. Andrew wußte nicht, daß Fergie sich in Wyatt verliebt hatte. In London mietete sich Wyatt ein Apartment in der Nähe des Palastes. Die beiden verbrachten dort die Nachmittage und Abende im Bett. Fergie konnte nicht nein sagen und riskierte ihre Ehe, ihre Zukunft und die ihrer beiden Töchter.

Andrew, der betrogene Ehemann, war blind für diese Vorgänge, doch der königlichen Schutztruppe entging nichts. Jede Verabredung, jedes heimliche Treffen wurde den ranghöheren Offizieren weitergeleitet, die diese Informationen pflichtbewußt an den Palast weitergaben. Schließlich landeten die Berichte auf dem Schreibtisch von Sir Robert Fellowes. Es ist nicht bekannt, ob er damals schon die Königin informierte, doch ab einem gewissen Punkt wußte sie alles über diese Affäre.

Als Wyatt 1991 Fergie zu einer privaten Londoner Dinnerparty begleitete, zu der er gar nicht eingeladen war, setzte er sich neben sie und sagte in seinem breiten texanischen Akzent: „Meine Frau und ich sitzen nebeneinander." Diese Worte machten die nächsten vierundzwanzig Stunden die Runde im Palast und im

Gebäude des M15. Die Gastgeber und Gäste waren sprachlos, als sie sahen, daß die Herzogin von York genau das tat, was er sagte.

Den ganzen Sommer und Herbst 1991 trieb sich Fergie herum. Sir Robert Fellowes bat sie um ein Gespräch. Auf ihren Treffen versuchte er, ihr begreiflich zu machen, daß es Gerüchte über sie und Wyatt gab, die Anlaß zu falschen Schlußfolgerungen geben könnten. Wenn die Presse Wyatts Existenz entdeckte, gäbe es einen Riesenrummel.

Die Polizei setzte ihre Überwachung fort, und Fergie wurde wieder zu Sir Robert Fellowes gerufen. Diesmal machte er ihr sehr deutlich, daß der Palast über alles genau informiert war. Er sagte ihr, die Königin wisse Bescheid, und man rate ihr dringend, diesen Unfug zu lassen.

Fergie sah Wyatt weiterhin. Fellowes mußte die Affäre zu einem Ende bringen, denn Fergie setzte nicht nur ihre Ehe aufs Spiel, sondern riskierte einen Skandal für das Haus Windsor und die Monarchie, den man sich wirklich nicht leisten konnte. Er war wütend, weil Fergie seine Warnungen in den Wind geschlagen hatte und ihr ein möglicher Skandal scheinbar gleichgültig war.

Während ihrer Ehe war Fergie oft wegen Vorfällen, die in der Presse erschienen waren, zu Sir Robert gerufen worden. Zuerst hatte er sich um Freundlichkeit bemüht und versucht ihr beizubringen, wie man sich richtig verhält, was man anzieht und wie man mit den vielen Eigenarten des königlichen Lebens fertig wird. Er forderte sie auf, ihre Affären zu beenden und sich zu benehmen. Sie sollte keine Honorare von Zeitungen und Magazinen für Artikel über sie fordern, nicht jede kostenlose Reise annehmen oder Einladungen, die nicht über den Palast liefen.

Fergie hatte das Gefühl, als wolle der Palast jeden Bereich ihres Lebens kontrollieren. Sie rebellierte dagegen. In einem Wortgefecht mit Sir Robert sagte sie: „Wenn ich nicht mein eigenes Leben führen kann, ohne daß Sie mir dauernd sagen, was ich zu tun habe, dann mache ich eben, was ich will. Ich habe es satt, mir von Ihnen sagen zu lassen, was ich darf und was nicht."

Fergie bat Andrew, er solle fordern, daß Sir Robert sie in Ruhe ließe, weil sie am Ende ihrer Geduld sei. Sie meinte: „Ich kann seine Predigten und Anbrüllereien nicht mehr ertragen. Du mußt dafür sorgen, daß das aufhört." Andrew entgegnete, er könne sich da nicht einmischen, und es sei eine Sache zwischen ihr und Sir Robert.

Fergie verlor auf den Treffen mit Fellowes immer öfter die Nerven. Da er sie nicht zur Vernunft bringen konnte, schrie er sie an. Die Zusammenkünfte wurden aufgeladener. Fergie verübelte ihm seinen Tonfall, seine Kritik und seine Haltung. Manchmal rannte sie unter Tränen aus seinem Zimmer, manchmal stürzte sie wütend hinaus. Sie nannte ihn immer "Bellowes" (Gebrüll) statt "Fellowes".

Im Herbst 1991 kündigte Wyatt plötzlich ohne erkennbaren Grund an, er müsse nach Amerika zurückkehren und seinem Vater bei dem Familienunternehmen helfen. Fergie wußte tief im Innern, daß das Establishment seine Hand im Spiel hatte. Jemand hatte mit Wyatt gesprochen. Auf die diskreteste Art hatte man ihm empfohlen, London zu verlassen. Wyatt willigte ein, da er keine Schwierigkeiten haben wollte. Fergie blieb wütend zurück und fühlte sich wieder einmal abgewiesen von einem Mann, den sie liebte.

Fergie wurde immer nervöser. Sie fühlte sich überall verfolgt und glaubte, auf Anweisung des Palastes werde ihr Telefon angezapft und ihre Post überprüft. Im Herbst 1991 erlitt sie einen Zusammenbruch.

In einem bemerkenswert offenen Interview im Sommer 1991 hatte Fergie beschrieben, daß sie sich durch die königliche Familie "kontrolliert und in Beschlag genommen" fühle. Sie hatte eingewilligt, dem Magazin "Tatler" im Büro der Yorks im Buckingham Palast ein Interview zu geben. Dort sah es chaotisch aus. Es war gleichzeitig Kinderzimmer, Sporthalle und Büro. Fergie trug kein Make-up und hatte von ihren letzten Runden auf dem Fitneßrad noch feuchte Haare. Die kleine Prinzessin Beatrice war damals drei Jahre alt und rannte während des ganzen Interviews halbnackt herum. Später marschierte Prinz Andrew herein, entschuldigte sich und lief auf Zehenspitzen wieder hinaus. Sein Gesicht hatte er in gespieltem Entsetzen verzogen. Es war kein normales Interview, bei dem man sich vorher über den Inhalt einigt, bei dem ein Presseoffizier des Palastes anwesend ist und bei dem die Mitglieder der königlichen Familie perfekt geschminkt zur Verfügung stehen.

Fergie lehnte es ab, vierundzwanzig Stunden am Tag im Rampenlicht zu stehen und dem sengenden Licht der Scheinwerfer nicht entfliehen zu können. Sie sagte: „Hier im Palast hat man kein richtiges Leben. Ich fühle mich noch nicht einmal in meinem Haus in Sunninghill wohl, das die Boulevardpresse 'Fergies Dallas

Palast' nennt. Ich will weg von allem und ein Privatleben haben. Auch in Sunninghill habe ich das nicht. Manchmal abends schicke ich das ganze Personal weg, damit wir allein sein können wie eine ganz normale Familie."

Sie fuhr fort: „Ich will nur weg vom 'System' hier, von den Leuten, die mir dauernd sagen: 'Nein, das können Sie nicht. Das geht nicht.' So sieht es nämlich aus. Ich kann mich nicht an all die Richtlinien und Regeln halten, weil sie nichts mit der Wirklichkeit zu tun haben. Man hat hier kein richtiges Leben im Palast. Ich fühle mich sehr eingeschränkt."

Fergie erklärte, daß sie sich gern erhole, indem sie in die Berge zum Skifahren flüchte. Sie sagte: „Wenn ich in Europa leben würde, wüßte niemand, wann ich in die Berge fahre. Ich könnte am Wochenende Skifahren, und keiner würde auch nur mit der Wimper zucken. Doch hier hält jeder Skifahren für einen Elitesport. Die Berge geben mir Sicherheit. Ich liebe sie. Die Berge geben mir Stärke. Aber ich darf nicht weg, weil man mich sehen oder jemand etwas sagen oder schreiben könnte. Deshalb fahre ich nicht weg und fühle mich eingeengt. Es ist das System, das mich gefangen hält."

Sie gab zu, daß die permanente Kritik sie verletze und daß vieles daran nicht richtig sei. Nach der Geburt von Eugenie seien ihr zum Beispiel die Haare ausgefallen. Auf den Rat ihres Friseurs hin habe sie die Haare abschneiden lassen. Eine Zeitung behauptete daraufhin, sie hätte das nur getan, um Andrew zu ärgern, der sie mit langen Haaren lieber hatte. Sie sprach weiter über ihren Versuch, so unabhängig wie möglich zu bleiben: „Zum Schluß war doch alles umsonst. Solange du nett bist, am Morgen aufstehst, dich gern im Spiegel anschaust, du ehrlich bist und Gott dankst für alles, was du tust, weil er weiß, sie können doch schreiben, was sie wollen..." Sie brachte den Satz nicht zu Ende, weil ihr Tränen in den Augen standen.

Andrew hatte die Nase voll von den Pressegeschichten über Fergies Liebesaffäre mit Steve Wyatt, den er selbst eingeladen und dem er vertraut hatte. Er ging seiner Frau aus dem Weg und verbrachte seine Zeit auf dem Golfplatz. Da Wyatt abgereist war, hatte sie niemanden mehr, an den sie sich wenden konnte. Sie versuchte, mit ihrem Vater zu sprechen, doch der drängte sie, die Sache mit Andrew auszumachen.

Fergie fand Trost und Gesellschaft bei Johnny Bryan, einem alten Freund von Wyatt aus ihren Tagen an der St. John High

School in Houston. Bryan war ebenfalls Amerikaner, groß, gut gebaut, mit einem Ansatz zur Glatze und ein Junggeselle Ende dreißig, der sich Finanzberater nannte. Er hörte sich Fergies Probleme an und versprach ihr Hilfe Da sich zwischen Andrew und Fergie die Probleme häuften, bat sie Bryan, als Friedensstifter aufzutreten. Bryan kam nach Sunninghill und sprach mit den beiden. Je mehr Zeit Fergie mit Bryan verbrachte, desto mehr fühlte sie sich von ihm angezogen. Andrew wollte nichts mehr davon hören, seine Ehe zu retten, und Fergie fühlte sich aus der Familie gedrängt.

Als Finanzberater konnte Bryan Fergie professionelle Hilfe anbieten. Während ihrer ersten Ehejahre hatte sie finanziell vorgesorgt. Sie hatte gesehen, wie ihr Vater die meiste Zeit seines Lebens kämpfen mußte, da er kaum Geld hatte und oft von der Hand in den Mund lebte oder sich von Freunden Geld borgen mußte. Sie wollte sich absichern, damit ihr das niemals passieren würde. Sie hatte Magazinen bezahlte Interviews gegeben, eines dem "Daily Express" für 150.000 Dollar und eines dem "Hello Magazine", das 300.000 Dollar für Fotografien gezahlt hatte, auf denen Andrew, sie selbst und die Kinder in Sunninghill zu sehen sind. Sie hatte sehr erfolgreiche Kinderbücher geschrieben über Budgie, den Hubschrauber, die ihr zusätzliche 500.000 Dollar einbrachten.

Binnen kürzester Zeit trat Johnny Bryan an die Stelle von Wyatt. Er wurde Fergies Geliebter. Im Palast war man sich bewußt, daß Fergie wieder vom Weg abgewichen war. Sir Robert Fellowes gab einen Bericht über Sarah in Auftrag. Dieser beinhaltete neben Fergies früheren sexuellen Eskapaden auch ihre außerehelichen Affären in der Zeit.

Fergie und der Palast mußten zudem mit dem skandalösen Benehmen ihres Vater fertig werden. Als Fergie 1988 ihr erstes Baby erwartete, nahm Ronald Ferguson seine alten Gewohnheiten wieder auf und besuchte Bordelle. Er wurde Mitglied des Wigmore Club, eines erstklassigen Bordells mit attraktiven jungen Prostituierten, die sich auf Massage spezialisiert hatten. Ferguson schrieb sich nicht nur unter seinem Namen dort ein, sondern gab vor den dort arbeitenden Mädchen auch noch damit an, daß er der Vater der Herzogin von York und ein enger Freund von Charles und Diana sei.

Im Mai 1988 brachte "The People" eine Geschichte über ihn auf der ersten Seite. Die Schlagzeile lautete: FERGIES VATER UND DIE LASTERHAFTEN MÄDCHEN. Die Zeitung berichtete: „Für die Außenwelt ist Major Ron ein Freund der Königin, Polomanager von Prinz Charles, Vertrauter von Prinzessin Diana und einer der schillerndsten Charaktere in königlichen Kreisen.

Doch die attraktiven jungen Prostituierten, die in Londons erstklassigem Bordell, dem Wigmore Club, arbeiten, kennen einen ganz anderen Major Ferguson. Der Major bezahlt Blondinen, Rothaarige und Brünette für ihre sexuellen Dienste und schenkt seinen Lieblingsmädchen sogar Parfüm."

Elizabeth und die Berater im Palast waren außer sich, und Fergie schämte sich. Erst sechs Monate vorher war Major Ferguson von einem hohen Palastbeamten strengstens verwarnt worden, da sein Verhalten die Königin in große Peinlichkeiten stürzen könne. Ferguson aber schlug die Warnung in den Wind.

Tage nach Sarahs Verlobung 1985 hatte Major Ron aus diesem Anlaß eine Dinnerparty gegeben, zu der er in ein teures Restaurant eingeladen hatte. Ein Gast sagte: „Ich erinnere mich gut daran, weil Ron sonst nie Dinnerpartys gab. Das war eine Ausnahme."

Jemand am Nebentisch hörte, wie Major Ron sich brüstete: „Bis jetzt bin ich immer ein Niemand gewesen, doch jetzt bin ich eine Persönlichkeit, die jeder kennt. Das gefällt mir." Er irrte sich in der Annahme, er könne tun und lassen, was er wolle, weil seine Tochter nun zur königlichen Familie gehörte. Der Palast beabsichtigte nicht, ihn sein skandalöses Leben weiterführen zu lassen. Noch etwas anderes machte dem Palast zu schaffen. Fergies Vater benutzte die Position und den Titel seiner Tochter, um heimlich eigenes Geld zu verdienen.

Er gab Dinners, Cocktailpartys und Polofeste, an denen auch Andrew und Fergie teilnahmen. Die Gäste hätten es sich früher nie träumen lassen, das Privileg zu genießen, mit Mitgliedern des Königshauses zu plaudern oder zu essen. Dafür zahlten sie Ron Ferguson eine angemessene Summe in bar, natürlich ohne Fergies Wissen, und ihre Ehefrauen waren überglücklich. Der Major hatte eine Kopie des Kalenders seiner Tochter und plante seine "privaten" Veranstaltungen, so daß sie sich nicht mit anderen überschnitten. Die meisten Leute zahlten zwischen zwei- und zehntausend Dollar, um die Herzogin zu treffen. Fergie dachte, sie würde ihrem Vater helfen, Sponsoren für das Polospiel zu finden, und stimmte bereitwillig zu, an diesen merkwürdigen Veranstaltungen teilzunehmen.

Diana und Fergie waren einige Zeit in den achtziger Jahren enge Freundinnen. Beide wußten, daß keine von ihnen glücklich war. Fergie hatte Diana damals geholfen, mit ihrer Rolle als Prinzessin fertig zu werden. Sie hatte sie ermuntert, eine positivere Haltung zu entwickeln, ein aktiveres, unabhängigeres Leben zu führen, selbst die Fühler auszustrecken und sich in der Wohltätigkeitsarbeit zu engagieren Als Fergie 1991 wußte, daß Diana sich von Charles trennen wollte, hatte sie ihr anvertraut, sie könne ihre Ehe mit Andrew auch nicht mehr weiterführen. Diana wußte genau, wie Fergie sich fühlen mußte. Sie selbst war oft in Tränen ausgebrochen, wenn sie Fergie über ihr eigenes Leben und ihre Ehe erzählt hatte. Beiden war klar, daß Dianas Problem, den Thronfolger Charles "loszuwerden", größer war als Fergies, wenn sie Andrew verließ, der nach der Geburt von William und Harry an vierter Stelle in der Thronfolgerlinie stand.

Fünf Jahre nach ihrer Hochzeit 1986 erkannte Fergie, daß Andrew und sie einander nie richtig gekannt hatten, bevor sie geheiratet hatten. Sie sah jetzt, daß ihre Beziehung praktisch nur auf Sex basierte und daß sie aus Enttäuschung geheiratet hatte.

Daß Diana das Thema einer Trennung vor Elizabeth angeschnitten hatte, gab Fergie den Mut, das gleiche zu tun. Fergie hatte genug von den Restriktionen des königlichen Lebens. Sie hatte es satt, Andrew nie zu sehen, weil er immer auf See war. Das Prickeln war aus ihrer Ehe verschwunden, und ihr Sexleben stand nicht mehr an erster Stelle. Fergie konnte den Druck der ständigen Kritik aus dem Palast und von der Boulevardpresse nicht mehr ertragen und entschied sich auszubrechen. Im Februar 1992 ging sie zu ihrer Schwiegermutter Elizabeth, von der sie sich Hilfe versprach. Fergie gestand ihr: „Ich muß dir etwas Schreckliches sagen. Ich kann das alles nicht mehr aushalten. Jeder im Palast ist gegen mich, und das hat meine Ehe kaputtgemacht."

Elizabeth versicherte Sarah, sie irrte sich, wenn sie dächte, die Leute im Palast wollten sie aus der königlichen Familie drängen. Jeder hier bekäme Anweisungen von ihr, und sie wünsche keine kaputte Ehe in der Familie. Sie versuchte Fergie umzustimmen, ließ Andrew zu sich kommen und sprach mit ihm über seine Ehe. Im Jahr zuvor hatte Andrew nur dreiundvierzig Tage zu Hause verbracht. Elizabeth dachte, wenn Andrew zu Hause wohnen könne, würde der Riß zwischen ihnen gekittet. Sie veranlaßte die Admiralität, einen Managementkurs auf dem College in der

Nähe ihres Hauses in Windsor zu organisieren, so daß Andrew bei seiner jungen Familie leben konnte.

Andrew hatte seiner Mutter erzählt, Fergie habe die Kinder und das Haus total unter Kontrolle, benehme sich so, wie es ihr passe, sei unabhängig und egoistisch, ganz egal, was er auch sage. Er berichtete, während der letzten Monate habe sie nur gestritten, wenn er zu Hause war, und sie glaube, die Berater im Palast wollten sie loswerden. Fergie hatte recht. Viele wollten sie loswerden, da ihr Benehmen die Familie in Mißkredit bringen konnte. Prinz Andrew überzeugte seine Mutter, daß seine Ehe nicht funktionieren konnte. Er wußte von Fergies Ehebruch mit Steve Wyatt, und er hatte Fergies Schwäche für Johnny Bryan gesehen, mit dem sie vor seinen Augen geflirtet hatte. Fergie hatte kein Interesse mehr an ihm. Andrew sagte seiner Mutter, diese Ehe sei verloren.

Schließlich willigte Elizabeth ein, eine legale Trennung diskret in die Wege zu leiten, allerdings zu Bedingungen, die dem Hause Windsor keinen Schaden zufügten. Elizabeth wußte besser als jeder andere, wie aussichtslos Charles' Ehe bereits war. Sie hatte alles unternommen, damit Charles und Diana verheiratet blieben. Jetzt wurde sie mit der nächsten gescheiterten Ehe konfrontiert.

Später sagte Elizabeth zu einer ihrer Hofdamen: „Ich hatte einfach genug davon. Ich ging ins Bett, lag da und weinte. Ich weiß noch nicht einmal, um wen ich weinte. Um mich selbst, um meine Kinder oder um die schreckliche, beängstigende Situation. Diese Monate waren die schlimmsten in meinem Leben. Manchmal dachte ich daran, wie furchtbar sich alles für meine Kinder entwickelt hatte. Dann stiegen mir die Tränen in die Augen, und ich mußte mich zurückziehen. Es war so schrecklich."

Trotzdem überredete man Elizabeth, Fergie rauszuschmeißen, weil ihr Vater der königlichen Familie nichts als Schaden brachte. Nur Tage später wurden im Februar 1992 Fotos in Wyatts altem Londoner Apartment gefunden, die ihn in Marokko mit Fergie, Bea und Eugenie zeigen. Die Fotos, die nie zuvor jemand gesehen hatte, wurden durch die Boulevardpresse verbreitet. In den zurückliegenden Monaten hatte Andrew Fergie oft mit ihrer Beziehung zu Wyatt konfrontiert. Doch Andrew konnte nicht gegen Fergies Temperament an. Sie fragte wütend, wie er es wagen könne, sie auch nur eine Minute lang für untreu zu halten.

Die Fotos zogen Konsequenzen nach sich. Prinz Andrew sah, daß seine Frau ganz offensichtlich eine Affäre mit Wyatt hatte. Ein Foto, auf dem Wyatt und Bea wie Vater und Tochter wirkten, machte ihn besonders wütend. Die Fotos überzeugten die Nation, daß Fergie wirklich untragbar war, weil sie vor aller Augen Ehebruch beging. Niemand konnte Prinz Andrew verurteilen, wenn die Yorks sich trennten oder sogar scheiden ließen. Fergie konnte nach der Veröffentlichung dieser Fotos nicht länger Mitglied der königlichen Familie bleiben.

Die Fotos waren angeblich zufällig auf einem Kleiderschrank gefunden worden. Viele vermuteten die britischen Geheimdienste hinter diesem Zufall. Theorien über Konspirationen waren seit den siebziger Jahren in Großbritannien wie Pilze aus dem Boden geschossen. Damals hatte Peter Wright, ein früherer Agent des M15, sich verärgert nach Australien zurückgezogen. Er war wütend über die Freiheiten, die sich die meisten höheren Offiziere des M15 herausnahmen, um in die Angelegenheiten der Nation einzugreifen, und er hatte ein Buch darüber geschrieben. "Spycatcher" gibt detailliert Aufschluß über die Aktivitäten seiner früheren Bosse. Wrigth hatte aufgedeckt, daß Offiziere des M15 in den siebziger Jahren auf die unverschämteste Weise und unter größter Verletzung der Gesetze eingebrochen und gestohlen hatten. Die britische Regierung hatte versucht, die Veröffentlichung des Buches zu verhindern, doch nach vielen Gerichtsentscheidungen in den achtziger Jahren erschien das Buch schließlich und verursachte beträchtlichen politischen Schaden und große Peinlichkeiten für das M15.

John Barratt wußte immer, was sich hinter den Kulissen abspielte. Er sagte: „Es gab keinen Zweifel, daß die Herzogin von York rausgeschmissen wurde. Sie ging nicht einfach so. Das Establishment hatte eingesehen, daß die Herzogin eine Gefahr für die Familie sein könnte. Deshalb wurde die Königin überzeugt, daß es notwendig sei, sie rauszuschmeißen, damit sie die Familie nicht noch mehr in Mißkredit brachte. Also mußte sie gehen."

Fergie sieht inzwischen ein, wie dumm ihr Glaube war, ein Neuling in der königlichen Familie könne tun und lassen, was er wolle, ohne dafür gemaßregelt zu werden. Sie hatte nicht eingesehen, daß sie sich den Respekt der Nation, der Medien, der Mitglieder der königlichen Hofhaltung und der königlichen Familie verdienen mußte, bevor sie sich benehmen konnte, wie es ihr paßte. Sie hatte niemanden aus diesen wichtigen Kreisen auf ihre Seite gebracht.

Wenn Fergie von Diana gelernt hätte, wäre alles besser verlaufen. Diana hatte dafür gesorgt, daß sie einen festen Platz in den Herzen der Briten und bei der Presse hatte, bevor sie sich lösen und ihre eigene Freiheit anstreben konnte.

Es wäre unfair, allein Fergie die Schuld zu geben. Prinz Andrew wurde immer für ein Macho mit dem strahlenden Lächeln und dem Image eines Draufgängers gehalten, den die Mädchen wie einen Hollywoodstar verehrten. Sie wußten nicht, wie der eigentliche Andrew ist. Seine Arroganz ist überwältigend. Selbst auf der Schule in Gordonstoun, nannte man Andrew wegen seiner hohen Meinung von sich selbst "Der Große, der ich bin". Jungen Frauen gegenüber verhielt er sich respektlos und flegelhaft. Andrew glaubte, als Prinz des Königreiches würden ihm alle jungen Mädchen glücklich in die Arme fallen, egal wie er sie behandelte.

Andrew legte unter dem Eßtisch eine Hand auf die Schenkel der Mädchen, zwickte sie in den Po, wenn sie vor ihm liefen, und grabschte nach ihren Busen. Dabei unterstellte er, die Mädchen würden es als Spaß verstehen. Ein Mädchen erklärte: „Andrew benahm sich wirklich peinlich, wenn andere Leute dabei waren. Er dachte, ihm gehöre jedes Mädchen in der Gruppe, und er könne sie befummeln, mit ihnen flirten und knutschen. Wenn er sah, daß er Chancen hatte, wollte er mit jedem Mädchen ins Bett gehen. Zuerst wußten wir nicht, wie wir reagieren sollten, doch nach einer Weile lernten wir, wie wir ihn abweisen konnten, ohne sein königliches Ego zu sehr zu verletzen. Er war ziemlich schrecklich." Andrew hat sich den Spitznamen "Randy Andy" (Aufreißer Andy) nicht umsonst eingehandelt. Andere spotteten: „Wie der Vater, so der Sohn."

Die meisten Mädchen, die Andrew traf, waren zu schüchtern, um mit dem aufgeblasenen Prinzen so umzugehen, wie er es verdient hätte. Fergie aber nicht. Auf einer Dinnerparty drängte Andrew sie, drei Schokoladenwindbeutel zu essen, obwohl er wußte, daß sie eine Diät machte. Fergie drehte sich um und schlug ihm vor allen anderen ins Gesicht. Erst herrschte Sprachlosigkeit, dann lachten alle. Andrew wurde rot, weil ihm klar wurde, was seine Freunde über ihn dachten. Einige glauben, er hätte sich in diesem Moment in Fergie verliebt.

Vom Beginn ihrer fünfjährigen Ehe an übernahm Fergie das Kommando. Der Macho Andrew konnte mit Fergies ungestümer

Persönlichkeit nicht mithalten. Über Nacht mußte der arrogante Prinz der Führung seiner Frau folgen. Fergie hatte alles unter Kontrolle. Sie suchte ihr Traumhaus aus, sie genehmigte die architektonische Ausführung, sie wählte die Farben für die Möbel, Vorhänge, Teppiche, das Geschirr und das Besteck. Sie entschied über ihre Autos, ihre Ferien, ihre Gäste, über das Essen, das Personal und sogar über die Fernsehsendungen, die sie sahen.

Fergies Mutter Susan Barrantes erkannte die Gefahr einer so einseitigen Ehe. Nach der Trennung sagte sie: „Prinz Andrews Schwäche war der Grund, warum die Ehe fehlgeschlagen ist. Ich fürchte, er besitzt weder Rückgrat noch Charakter. Andrew ist ein gutaussehender Junge, der ein Herz aus Gold hat und sein letztes Hemd gäbe, um anderen zu helfen. Doch er hat leider keine Charakterstärke, überhaupt keine. Wenn er welche hätte, wäre seine Ehe vielleicht nicht zerbrochen." Susan Barrantes wollte ihre willensstarke Tochter nicht entschuldigen, sondern nur beschreiben, wie sie das Verhältnis sah: die energische Fergie dominiert den eher schwachen Andrew.

Königin Elizabeth und Susan Barrantes sprachen am Telefon über die gescheiterte Ehe. Seit der Trauung 1986 in London hatten sie nicht mehr miteinander gesprochen. „Können wir denn wirklich gar nichts mehr tun?" fragte Elizabeth. „Überhaupt nichts?" Susan antwortete: „Ich glaube, es ist zu spät. Beide sind sich einig, daß die Ehe vorbei ist, und beide wollen da raus. Was sollten wir also tun?" „Ja, ich weiß", entgegnete Elizabeth. Nach einer Minute des Schweigens fuhr Susan fort: „Wie wird das mit den Kindern geregelt... das macht mir Sorgen... das Leben könnte unter diesen Umständen ziemlich schwierig für sie werden." Elizabeth sagte: „Machen Sie sich bitte keine Sorgen. Für sie wird mit Sarahs Zustimmung und ihrer Mitarbeit alles getan werden." Sie fügte noch hinzu: „Ich hatte viel Hoffnung für Andrew und Sarah... Ich dachte immer, sie würden so gut zueinander passen... Sarah schien so gut für ihn zu sein... Ich dachte, sie macht einen Mann aus ihm... es ist so traurig für jeden, natürlich auch für die Kinder... wir müssen alles für sie tun."

Der Buckingham Palast erklärte am 20. März 1992 offiziell die Trennung des Herzogs und der Herzogin von York. Aus dem Wortlaut der Erklärung ging hervor, daß die Herzogin diesen Schritt angestrengt hatte, und nicht Prinz Andrew. Damit wurde die Schuld für die Trennung Fergie angelastet, und die Öffentlichkeit sah Andrew als unschuldigen Teil an.

Charles Anson griff Fergie mit persönlichen Beleidigungen an. Anson kritisierte besonders Fergies Verhalten auf einem geschäftlichen Flug von den Vereinigten Staaten nach London, an dem auch ihr Vater teilnahm. Auf diesem Flug stülpte sie sich eine Papiertüte auf den Kopf, steckte ihre Zunge durch ein Loch in der Tüte und bombardierte ihren Vater mit Brötchen und Zuckerwürfeln. All das spielte sich vor den Augen von britischen Journalisten ab, die ein solch krasses Verhalten bei der königlichen Familie noch nie gesehen hatten. Anson entschuldigte sich am nächsten Tag öffentlich für die wohl größte Beleidigung, die je von einem hohen Beamten des Buckingham Palastes ausgesprochen worden war.

Teile der Presse ließen sich über die Gründe für das Scheitern der Ehe aus. Auch Elizabeth wurde nicht nicht verschont. WIE HABEN SIE SIE DENN AUFGEZOGEN, MADAM? fragte "The Sun" in großen Schlagzeilen. „Die Kinder hungerten nach Zuneigung", meinte das Boulevardblatt unter der Titelzeile ENDE DER KÖNIGLICHEN EHE und kommentierte: „Die Königin trägt einen Teil der Schuld für das Scheitern der königlichen Ehen... Ihr distanziertes Verhältnis zu ihren Kindern hat sie nach Zuneigung hungern lassen und unfähig gemacht, liebevolle Partnerschaften einzugehen..."

Lesley Abdela erinnerte sich an die Probleme, die Fergie hatte, als sie im Oktober 1991 im Londoner Savoy Hotel anläßlich einer Feier sprechen sollte. Ihr ist das außergewöhnliche Verhalten der Palastbeamten nicht entgangen. Fergie hatte eine vorbereitete Rede, die so schlecht war, daß sie davon Abstand nahm und frei sprach. Ms. Abdela schrieb dem Palast und kritisierte die Beamten, die die Herzogin nicht genügend vorbereitet hatten. Sie erinnert sich: „Danach bekam ich einen Anruf von einem Typen aus dem Palast, der mir sagte, sie würden solche Sachen extrem ernst nehmen. Er fragte mich, was nun eigentlich schiefgelaufen sei. Er sagte, er hätte der Herzogin den Brief gezeigt. Ich war völlig fertig. Das tat mir so leid, ich hatte sie nicht verletzen wollen. Ich wollte mit den Profis im Hintergrund reden, damit die ihren Job besser machten. Dann sprach er darüber, daß man nicht viel machen könne, wenn das Produkt nicht besonders gut sei. Ich war überrascht. Das war eine offene Geringschätzung ihrer Person, und es war klar, daß nicht nur er allein so dachte. Er sagte immer 'wir', also mußten es mehrere sein. Ich hatte den Eindruck, da war eine altmodische Herrenriege im Palast, die Fergie einfach nicht mochte."

Eine Woche später bekam Ms. Abdela noch einen Anruf aus dem Palast. Es war Fergie: „Ich war tief gekränkt von ihrem Brief. Sie wissen gar nicht, wie sehr mich das verletzt hat. Ich kläre solche Sachen immer gern, deshalb rufe ich sie an. Es gibt Leute im Palast, die freuen sich, wenn mir so etwas passiert... einige sind glücklich, wenn ich etwas falsch mache... Ich glaube sogar, ein paar versuchen absichtlich, mich in eine Falle laufen zu lassen, und sind glücklich, wenn es passiert."

Ms. Abdela erzählte weiter: „Fergie deutete an, daß sie keine Chance habe. Die im Palast waren gegen sie, nicht für sie. Sie war ruhig, sachlich und traurig, kein bißchen hysterisch oder neurotisch, doch sie schien genug davon zu haben und wirkte ungeduldig."

Fergie sagte später: „Ich fühle mich oft wie gefangen in einem Alptraum der Gebrüder Grimm, ganz allein in einem einsamen Schloß. Die Korridore sind lang und hallen wider, und am anderen Ende brennt ein Licht. Um dieses Licht sitzt eine Gruppe von Zyklopen, die meinen Untergang planen."

Elizabeth wollte das Scheitern von Fergies Ehe als Abschreckung für Diana benutzen. Falls sie eine Trennung von Charles wollte, dann würde dieses Schicksal auch ihr bevorstehen. Es sah so aus, als wollte Elizabeth ein Bauernopfer bringen, um eine Königin zu retten.

Der persönliche Rechtsanwalt der Königin Sir Matthew Farrer regelte die finanzielle Seite der Trennung. Für Bea und Eugenie wurde ein Treuhandvermögen angelegt, das alle ihre Bedürfnisse abdeckte, Kleidung, eine Privatausbildung und eine umfangreiche Mitgift eingeschlossen. Für Sarah und die Kinder kaufte man in der Nähe von Windsor ein Haus. Fergie bekam eine großzügige jährliche Zuwendung, von der sie ihr Personal bezahlen, die Kinder aufziehen und selbst leben kann. Während ihrer kurzen Ehe war Fergie sparsam mit ihrem eigenen Geld umgegangen. Sie hatte keinen Cent ausgegeben, sondern 150.000 Dollar auf Andrews Konto angespart.

Nachdem Elizabeth Mr. Farrer kurz instruiert hatte, erklärte er Fergie persönlich die Vertragsbedingungen der Trennung. Sie durfte ihren Titel, Herzogin von York, behalten, mußte aber sofort das Haus der Familie verlassen. Die Königin hatte verfügt, daß

Fergie in Zukunft bei keiner Zusammenkunft der Familie anwesend sein dürfe und die Familie auf keiner Veranstaltung und in keiner Funktion mehr vertreten könne. Die Königin hatte sich noch nicht entschieden, welchen Wohltätigkeitsorganisationen sie weiterhin als Schirmherrin vorstehen dürfe.

Wochen später sah die Nation die Folgen der Trennung während der Ascot Week. Die Königin und die anderen Mitglieder der königlichen Familie sowie Angehörige der Aristokratie verbringen dann vier Tage in Royal Ascot. 1991 fuhr Fergie bei der gefeierten königlichen Parade im offenen Wagen über die Rennbahn. 1992 sahen die Zuschauer Fergie und ihre zwei Töchter aus der Entfernung zusehen wie drei verlorene Figuren, die halb versteckt zwischen Bäumen standen, während die Königin und ihr Gefolge vorbeifuhren. In einer der Wagen saß Diana, die Fergie und ihren Kindern zulächelte und winkte. Dieser Anblick muß Diana zur Vernunft gebracht haben. Jetzt konnte sie sehen, was sie erwartete, wenn sie dem königlichen Nest entfloh.

Schon ein paar Monate nach der Trennung stand Sarah Ferguson im Zentrum eines weiteren Sexskandals. Es gab Fotografien, die Fergie vor einer Villa in St. Tropez oben ohne neben dem Swimmingpool zeigen, wie sie John Bryan küßt und umarmt. Diesen Mann hatte sie der Nation als ihren Freund und Finanzberater vorgestellt.

Die Fotos waren von dem Paparazzo Daniel Angeli, der nach Schätzung von Fotojournalisten dafür mehr als eineinhalb Millionen Dollar bekommen hatte. Offensichtlich waren die Fotos direkt vom Grundstück aus aufgenommen worden. Man sah die Leibwächter in Badehosen beim Sonnenbaden während ihres Dienstes. Die Zeitungen meinten, wenn schon ein Fotograf seine Schnappschüsse aus einer Entfernung von zwei-, dreihundert Metern machen konnte, wäre es für einen bewaffneten Gangster auch kein Problem, dort einzudringen. Die Offiziere der königlichen Schutztruppe behaupteten, es läge "jenseits des Möglichen", daß ein Fotograf in eine Privatvilla eindringen, sich dort aufhalten und unentdeckt wieder verschwinden könne.

Angeli sagte, man hätte ihn informiert, wo und wann Fergie, Bryan und die Kinder in einer privaten Villa waren, die man von keiner öffentlichen Straße und von keinem Weg aus sehen konnte. Seinen Informanten gab er nicht preis. Wieder einmal wurde spekuliert: Wer hatte Fergies Aufenthaltsort verraten? Und weshalb?

Wieder glaubten viele, der M15 stecke dahinter, um die Herzogin von York bloßzustellen und zu zeigen, daß sie unwürdig sei, weiterhin ein Mitglied der königlichen Familie zu bleiben. Andere behaupteten hartnäckig, die endgültige Erlaubnis für die Fotos sei aus dem Palast selbst gekommen. Es wäre nicht das erste Mal, daß höhere Mitglieder des Hofes dafür gesorgt hätten, daß ein Journalist genau dann zur Stelle war, wenn man ein Mitglied der königlichen Familie bloßstellen konnte.

Weder Elizabeth noch die Palastbeamten billigten die Affäre mit Johnny Bryan. Nach der Bekanntgabe ihrer Trennung hatte Bryan sich selbst zum Pressesprecher für Fergie erklärt, um ihre Version zu unterstützen. Er sprach inoffiziell mit Journalisten und schob die Schuld an Fergies Problemen "diesen Bastarden im Palast" zu. Die königliche Hofhaltung beschrieb er als "kranken Haufen". Einmal schrie Bryan einen Redakteur eines Hochglanzmagazins an, Fergie sei kein "stinkgewöhnliches, nichtsnutziges, verdammtes kleines Model". Niemand verstand, warum Fergie solch einem ungehobelten Schreihals ohne Wissen des Palastes oder des Establishment erlaubte, das bißchen, was von ihrem guten Ruf noch übrig war, auch noch zu zerstören. Fergie brauchte sicher finanzielle Beratung, doch Johnny Bryan begleitete sie um die Welt und besuchte mit ihr Phuket in Thailand, Buenos Aires, New York und Paris. In London verbrachte Fergie die Abende im schicken Nachtclub Annabel's in Mayfair, wo sie flaschenweise Champagner trank - immer in Begleitung ihres Finanzberaters.

Die Presse begann, Fragen über das wirkliche Verhältnis zwischen Fergie und Bryan zu stellen. Er stritt wiederholt ab, daß es eine Affäre zwischen ihnen gäbe. „Mein Job besteht darin, eine faire und gerechte Übereinkunft für die Herzogin von York auszuhandeln", entgegnete er mit einem sicheren Lächeln. Im August 1992 kamen dann die Fotos aus St. Tropez. Die französischen Zeitungen schrieben mit gallischer Schadenfreude: „Fergies Brüste erschüttern den königlichen Palast."

In Balmoral, wo Elizabeth gerade ihre Sommerferien begonnen hatte, gab es an dem Tag wenig zu lachen. Elizabeth betrachtete Fergies Entscheidung, Johnny Bryan zu ihrem Geliebten oder zu ihrem Finanzberater zu machen, als eine von ihren abwegigen Ideen. Anthony John Adrian Bryan wurde im Juni 1955 in Wilmington, Delaware, geboren. Er war der Sohn des Engländers Tony Bryan, der im Zweiten Weltkrieg für seine Tapferkeit ausgezeichnet wurde. Seine Mutter, Lida Redmond, kam aus St. Louis, Missouri. Bryans Vater besuchte die Handelsschule in Harvard und wurde zu einem gerissenen Geschäftsmann, der schließlich in den Vorstand von Chrysler und Federal Express berufen wurde. 1964 ließ er sich scheiden und heiratete die reiche Houstoner Erbin Josephine Abercrombie. Diese Ehe endete mit einem Skandal, als er ein Verhältnis mit der Frau des Houstoner Kaufhausmagnaten Robert Sakowitz begann. Nach vielen öffentlichen Scheidungsprozessen heiratete er schließlich 1978 Pamela Sakowitz.

Johnny Bryan beschloß, seinem Vater zu folgen. Er studierte bis zum Magistertitel an der Universität von Pittsburgh. Er wurde als Sportler bekannt, spielte Tennis, Golf, Eishockey und Squash. Er mochte sein Image als amerikanischer Macho mit gestählten Bauchmuskeln und schönem Körper.

Über seine frühe Karriere ist nicht viel bekannt, doch 1985 brachte er ein Konsortium von Investoren zusammen, die eine Million Dollar auftrieben, um Encom Telecommunications and Technology in Atlanta, Georgia, zu übernehmen. Bryan wurde Vizepräsident und handelte Mietverträge für Satellitenkanäle aus. In vier Jahren brach die Gesellschaft zusammen, und die Investoren verloren ihr ganzes Geld. Unter diesen Investoren war auch Taki Theodoracopulos, ein griechischer Millionär und Kolumnist, der 50.000 Dollar investiert hatte. Er sagte: „Ich war ganz schön enttäuscht, als die Sache schiefging, aber nicht böse. Bryan ist kein schlechter Kerl. Er ist ein netter Typ, wirklich, ein typischer, lauter, beschissener Amerikaner, aber im Grunde anständig."

Vater und Sohn kamen 1987 nach London und übernahmen Oceanics, eine verlustträchtige Elektronikgesellschaft der Marine. Binnen zweier Jahre hatten sie ihre Investitionen eingefahren und machten Gewinn. Doch dann begannen die Schwierigkeiten, und die Verluste häuften sich. Die Bryans taten das richtige und zogen sich zurück, doch Johnny Bryan behielt seinen Anteil an der deutschen Tochtergesellschaft, Oceanics Deutschland, die ihr Büro in Frankfurt hat. 1993 wurde die deutsche Gesellschaft auf etwa fünfundzwanzig Millionen Dollar geschätzt.

Johnny Bryan gefiel das gesellschaftliche Leben in London, und er entwickelte sich zu einem Don Juan. Da er schon frühzeitig eine Glatze bekam, nannte man ihn "Osram". Trotzdem machte er den schönsten Mädchen den Hof, die meisten waren Erbinnen mit steinreichen Vätern. Doch sein Stern sank schnell.

Pam Francis, eine Fotografin aus Houston, die Bryan an der Universität gut gekannt hatte, bezeichnete ihn als "kleine Ratte". Eine andere frühere Freundin beschrieb ihn "als größten Dreckskerl der neunziger Jahre". Catherine Loewe, ein englisches Mädchen aus einer reichen Familie, ließ sich von Bryans Charisma verführen und sagte später über ihn, er sei "hinterhältig, verschlagen und eine Ratte". Doch Catherine sagte auch: „Johnny war wirklich ungeheuer fit. Im Bett war er ein sehr aggressiver und aktiver Liebhaber, der lange durchhalten konnte. Das ist vielleicht einer der Gründe, warum Sarah sich so von ihm angezogen fühlt."

Pamela, eine der Ex-Frauen seines Vaters meinte: „Es ist bestimmt kein Zufall, daß sein Vater sich immer reiche, einflußreiche und manchmal auch verheiratete Frauen aussucht, mich eingeschlossen. Ich glaube, John hat die gleiche Haltung."

Als Bryans wirkliche Rolle bekannt wurde, beschloß er, die Herzogin von York für den Markt freizugeben. Er bot sie Zeitungen und Magazinen für Fotos und Interviews an. Natürlich zu einem entsprechenden Preis. Er tat das über die Firma ASB Publishing, die er 1990 gegründet hatte. Als Bryan seine eigene Geschichte "Fergie und ich" in der Fleet Street anbot, bot ihm ein Boulevardblatt 400.000 Dollar, doch der Handel kam nicht zustande.

Bryan bot "The People" eine Geschichte an, die den Namen eines Mädchens veröffentlichen sollte, mit dem Prinz Andrew angeblich eine Affäre hatte. Er wollte 35.000 Dollar und sagte zu dem Zeitungsangestellten: „Ich will eine verdammte Veröffentlichung. Und ich will sofort bezahlt werden." Als "The People" entdeckte, daß die Geschichte getürkt war, behauptete Bryan, das sei nur ein Witz gewesen.

Lesley Player, die wunderschöne, geschiedene, sehr erfolgreiche Geschäftsfrau, die sich in den Polosport verliebt hat, kann auch eine Geschichte erzählen. Sie stand im Zentrum eines Skandals, als man ihre Affären mit Major Ron Ferguson und Fergies Liebhaber Steve Wyatt aufdeckte. Dieser Skandal brachte sowohl Elizabeth als auch Fergie in arge Bedrängnis.

Als Lesley Player Bryan zum ersten Mal traf, behauptete er, im Filmgeschäft zu sein, außerdem Mitbesitzer eines New Yorker Nachtclubs und in Deutschland ein Krankenhaus zu bauen. Zu später Stunde, nachdem sie ihn Kokain mit einer Zehn-Dollar-Note hatte schnüffeln sehen, lud er sie und ein anderes Mädchen zu einem flotten Dreier ein.

Später schrieb Miss Player das Buch "Meine Geschichte: Die Herzogin von York, ihr Vater und ich", in dem sie ihr Verhältnis mit Major Ronald Ferguson detailliert beschreibt. Sie schmeichelt ihm nicht gerade: „Ich mußte feststellen, wie dünn seine Beine waren. Ich hatte eisenharte Schenkel vermutet bei jemandem, der so oft und so gut ritt wie er."

Sie behauptete, Fergie habe die Affäre geduldet und ihnen sogar in Sunninghill ein eigenes Schlafzimmer gegeben. Zu dieser Zeit waren auch Fergies Töchter Bea und Eugenie im Haus. Zu Fergies großer Verlegenheit erzählte sie, wie die Herzogin ihr und Ron Ferguson ermöglicht hatte, ihre Affäre in aller Öffentlichkeit fortzusetzen, indem sie Miss Player Hofdame "spielen" ließ. Wenn Fergie im Ausland war, fuhren alle kostenlos mit. Die Ausgaben wurden von den Gastgebern bestritten.

Über ihre Affäre mit Steve Wyatt, den sie im Frühjahr 1991 kennenlernte, schrieb Lesley: „Wegen seiner ständigen Bräune und dem Charme erinnerte er mich an den Schauspieler George Segal. Er strahlte den gleichen jungenhaften Charme aus. Innerhalb von drei Tagen hatte mich der attraktive Texaner ins Bett gelockt."

Lesley behauptete, sie hätte zu dieser Zeit keine Ahnung von Steve Wyatts Affäre mit Fergie gehabt und wäre überrascht gewesen, als Major Ron ihr gesagt habe, daß Wyatt ein Verhältnis mit ihr und mit Fergie habe. Sie enthüllte noch weitere peinliche Dinge. Lesley behauptet, Major Ron habe ihr gesagt, seine Tochter sei so verliebt in Wyatt, daß sie nicht länger mit Prinz Andrew verheiratet sein wolle. Sie beschrieb ein Essen, das Steve Wyatt mit Major Ron im Claridge einnahm und bei dem er um Fergies Hand anhielt, obwohl sie noch immer mit Andrew verheiratet war. Lesley Player behauptete auch, sie hätte Fergie ihr Londoner Apartment zur Verfügung gestellt, damit sie sich dort in aller Ruhe heimlich mit Wyatt treffen könne. Doch Fergie hatte abgelehnt, weil sie es für zu gefährlich hielt. Lesley Players Bekanntschaft mit Fergie und ihrem Vater fand ein abruptes Ende, als Wyatt Fergie gestand, daß er ebenfalls eine Affäre mit Lesley gehabt hatte. Sie schrieb: „Wir waren alle zusammen in Florida, als sie einen Anruf von Wyatt bekam. Sekundenschnell änderte sich ihre Haltung. Sie drehte mir den Rücken zu, beantwortete meine Briefe nicht und nahm meine Anrufe nicht mehr entgegen. Sie begann, mich fallenzulassen, so wie die königliche Familie sie ein paar Monate später fallenlassen sollte."

Elizabeth's Berater halten Bryan für einen schäbigen Opportunisten, seinen Einfluß auf die Herzogin von York für zutiefst hinterhältig, denn er hat ihr und dem Hause Windsor nur weitere Peinlichkeiten beschert und alle in noch größeren Mißkredit gebracht. Bryans Aktivitäten machten Elizabeth die Risiken deutlich, die bei der Verbannung eines Mitglieds aus der Familie entstehen können. Keiner hatte an den möglichen Schaden für die Monarchie gedacht, der entstehen könnte, falls Fergie sich mit einer oder mehreren Personen einläßt, die skrupellos genug sind, Profit und Nutzen aus ihr und ihren zwei Töchtern zu schlagen.

Nach dieser Erfahrung mit Bryan warnten Philip und auch andere Elizabeth, den gleichen Fehler zu wiederholen, falls Diana an ihrer Drohung festhalte, sich von Charles zu trennen. Diana ist als Prinzessin von Wales rein konstitutionell viel wichtiger als Fergie. Deshalb ist das Risiko einer möglichen Manipulation durch Abenteurer und Opportunisten bei Diana auch viel größer. Diana hatte ihre Naivität bereits demonstriert, indem sie James Gilbey erlaubte, ihre "wirkliche Geschichte" in einem Buch zu erzählen. Elizabeth sah ein, daß sie bei dieser Trennung mit viel Diplomatie vorgehen mußte und Diana nicht erlauben durfte, die Familie zu verlassen.

Bryans Affäre mit Fergie hielt auch 1992 und 1993 an, und er wurde Beas und Eugenies Lieblingsonkel. Er bekam größere Kontrolle über Fergies Geschäftsangelegenheiten. Catherine Loewe, eine frühere Geliebte von Bryan, warnte: „Johnny Bryan ist hinter allem her, was Männer wie er im Leben haben wollen: Macht, Geld und Status. Er benimmt sich wie ein Amerikaner, der sich hochschläft. Er erzählte mir die ganze Zeit, er wolle es bis in die engsten königlichen Kreise schaffen. Es war mehr als offensichtlich, daß er und auch Steve Wyatt genau das vorhatten." Sie fügte noch hinzu: „Ich kann nicht glauben, daß Johnny Bryan wirklich verliebt ist in Sarah."

Danach tauchten die entsetzlichen Fotos aus St. Tropez auf. Elizabeth schüttelte ungläubig den Kopf und wies unverzüglich ihr Pressebüro an, in ihrem und Prinz Andrews Namen eine Erklärung abzugeben: „Wir verurteilen die Veröffentlichung von Fotos, die unter solchen Umständen entstanden sind." Wieder einmal versuchten sie, der Presse die Schuld zu geben.

Elizabeth wußte sehr genau, daß Fergies und Dianas Problem darin lag, daß sie Bürgerliche waren. Durch ihre Heirat hatten beide akzeptiert, daß es nie eine Trennung oder Scheidung geben würde. Doch jetzt wollten sie sich nicht mehr an das halten, was sie zuvor akzeptiert hatten. Die beiden jungen Frauen hatten alle Privilegien, den Glamour, das Geld und die Titel ausgekostet. Sie wollten weder Opfer bringen, noch die Verantwortung übernehmen, die sie durch ihre Heirat auf sich genommen hatten. Elizabeth wußte, daß weder Pflicht noch Selbstaufopferung leicht waren für Bürgerliche, die der königlichen Familie beitreten, und sie hatte Verständnis für die spannungsgeladene Ehe zwischen einem Prinzen und einer Bürgerlichen. Doch sie hatte ihr ganzes Leben lang der Pflicht die höchste Priorität eingeräumt und war sehr verärgert, weil sich ihre beiden Schwiegertöchter verhielten, als könnten sie ihre Verpflichtungen einfach ablegen, ohne sich darüber Gedanken zu machen, welche Konsequenzen eine solche Entscheidung haben könnte.

Diesen Sommer verbrachte Elizabeth zu einem großen Teil damit, über die Konsequenzen der gescheiterten Ehen, den gesellschaftlichen Zusammenbruch und deren Auswirkungen auf die Nation nachzudenken. Als Monarchin fühlte sie sich seit ihrer Thronbesteigung jetzt am verwundbarsten. Immer mehr Menschen bei den Medien, im Establishment und in beiden Parlamentshäusern, dem Oberhaus und dem Unterhaus, fürchteten, die Monarchie selbst könnte durch noch mehr Enthüllungen dieser Art untergraben werden.

Teil VIII:

Wo Ruhe und Frieden nie gedeihen können

18. Kapitel: Annus Horribilis

An einem grauen, bewölkten Dienstag im November 1992 fuhr Elizabeth in Begleitung von Philip in einem ihrer langen Rolls-Royce vom Buckingham Palast zur Guildhall zum Essen. Die Menschen in den Straßen bemerkten sie nicht.

Dieses Mittagessen gab die Stadt London anläßlich des Jubiläums der Königin. Unter den Gästen waren Würdenträger der Stadt, führende Politiker, Mitglieder des Establishments, Lords und Ladies der Gesellschaft, Juristen und die Stützen des Bankenviertels. Es waren Ratsherren und Stadträte in ihren exotischen Roben anwesend und mit dem Putz, den ihre Vorgänger zwei- oder dreihundert Jahre vor ihnen getragen hatten. Das Mittagessen war seit mehr als zwei Jahren geplant worden, um den vierzigsten Jahrestag der Thronbesteigung der Königin zu feiern.

Elizabeth hielt eine der bemerkenswertesten und persönlichsten Reden ihres Lebens. Der Vortrag entwickelte sich zu einem außergewöhnlichen öffentlichen Bekenntnis. Nie zuvor hatte die Nation die Königin so niedergeschlagen, so offen und verletzbar gesehen. Ihre Rede wurde über Hörfunk und Fernsehen übertragen, um der Nation zu zeigen, wie ihre Königin das traumatischste Jahr ihrer Herrschaft überlebt hatte. An diesem Novembertag litt sie unter einer Erkältung, die ihre Stimme heiser machte. Sie flüsterte nur, was ihre Bitterkeit noch unterstrich.

Es hatte Leute im Buckingham Palast gegeben, die Elizabeth von einer so offenen Rede abgeraten hatten. Sie jedoch hatte darum gebeten, zwei Reden für das Jubiläumsessen vorzubereiten: eine gut gestimmte, herausfordernde, die in die Zukunft wies und die Plackereien, Peinlichkeiten und Traumata des fast vergangenen Jahres 1992, das ihr und ihrer Familie soviel Enttäuschung gebracht hatte, ignorierte, und eine zweite, die sie letztlich auch hielt. Sie wollte den Menschen ihr Herz ausschütten und ihre moralische Unterstützung gewinnen.

Als sie sich unter höflichem Beifall erhob, um die fünfhundert anwesenden Personen zu begrüßen, wirkte Elizabeth wie eine schmale, unscheinbare Person in ihrem dunkelgrünen, kurzärmeligen Kleid mit passendem Hut.

Die Thronbesteigung der Königin veranlaßte damals zu der Hoffnung, ihre Herrschaft würde für Großbritannien so glorreich verlaufen wie die ihrer Namensvetterin, Königin Elizabeth I., die im sechzehnten Jahrhundert vierzig Jahre lang regiert hatte. Am Krönungstag hatte Winston Churchill gesagt: „Sie ist eine leuchtende Figur, die uns die Vorsehung gebracht hat, und zwar in Zeiten, in denen die Gegenwart hart und die Zukunft unsicher ist."

Vierzig Jahre später brach Elizabeth's Rede mit der Tradition und zerstörte das Mysterium der göttlichen Rechte des Königs, an das Elizabeth geglaubt hatte. Sie wandte sich an die Versammelten mit den Worten: „Es steht natürlich außer Zweifel, daß Kritik gut ist für die Menschen und Institutionen, die Teil des öffentlichen Lebens sind. Keine Institution, sei es nun die Monarchie, die Stadt oder welche auch immer, sollte von den prüfenden Blicken derer, die ihnen Loyalität und Unterstützung entgegenbringen, ausgenommen werden. Von den anderen wollen wir hier nicht sprechen. Doch wir sind alle Teil des gesellschaftlichen Gefüges dieser Nation, und dieser prüfende Blick kann so wirksam sein, wenn er mit einem Hauch von Güte, Humor und Verständnis einhergeht."

Elizabeth hatte gehofft, nicht nur die massiven Angriffe auf sie und ihre Familie zu beschwichtigen, sondern auch moralisch an Boden zu gewinnen, indem sie sich über die Kritiker und die Presse hinweg direkt an die Menschen wandte. Sie glaubte die Masse der Nation hinter sich und ihrer Familie zu haben, und sie war entschlossen, das Risiko einer direkten Ansprache an sie zu tragen.

Sie ging sogar noch weiter: „Manchmal frage ich mich, wie zukünftige Generationen die Vorkommnisse dieses stürmischen Jahres einschätzen werden. Ich wage zu behaupten, daß die Geschichte einen etwas moderateren Blick haben wird als einige zeitgenössische Kommentatoren. Es ist bekannt, daß die Distanz selbst den weniger attraktiven Sachen ein bißchen Zauber verleiht. Immerhin hat die Geschichte den unschätzbaren Vorteil der Retrospektive. Sie kann der Bewertung eine zusätzliche Dimension verleihen, ihr die Essenz der Anteilnahme und Mäßigung - selbst der Weisheit - hinzufügen, die manchmal in den Reaktionen derer fehlen, deren Aufgabe im Leben darin besteht, sofort eine Meinung in allen kleinen und großen Dingen anbieten zu müssen."

Sie fuhr fort: „Kein Teil der Allgemeinheit hat alle Vorzüge, und keiner hat nur Nachteile. Ich bin ziemlich sicher, die meisten Leute versuchen, ihre Arbeit so gut wie möglich zu machen, auch wenn das Ergebnis nicht immer ganz zufriedenstellend ist."

Sie hatte ihre Rede reuevoll begonnen und erklärte: „Es ist kein Jahr, auf das ich mit ungetrübter Freude zurückblicken werde. Nach den Worten eines dem Könighaus wohlgesonnenen Korrespondenten hat es sich als 'Annus Horribilis' herausgestellt.[2]

Ich nehme an, ich bin nicht die einzige, die so denkt. Ich glaube sogar, daß viele Menschen und Institutionen nicht unberührt geblieben sind von dem weltweiten Aufruhr und der Unsicherheit in den letzten Monaten." Damit bezog sich Elizabeth auf die drei Jahre ernster Rezession, die Großbritannien drei Millionen Arbeitslose, zahlreiche private Konkurse und Tausende von bankrotten Firmen und Gesellschaften gebracht hatte. Elizabeth wußte, sie würde Unterstützung bekommen, wenn sie ihr eigenes Unglück mit dem ihrer Untertanen verband.

Sie schloß ihre Rede mit dem Hinweis an ihre Kritiker, daß sie noch immer viel Unterstützung genoß. „Ihre Gastfreundschaft heute ist ein sichtbares Symbol für etwas, das ich über alles stelle - nämlich die Loyalität so vieler Menschen in diesem Land und im Commonwealth mir und meiner Familie gegenüber."

Elizabeth's Rede hatte die goldene Regel der Monarchie, die vom bekanntesten britischen Verfassungsratgeber Walter Bagehot formuliert worden war, verletzt. Er hatte geschrieben, daß "der Zauber nicht dem Tageslicht preisgegeben werden dürfe", damit die Krone ihre Würde, ihre Ehre und ihren Ruhm behalte. Bei dieser Gelegenheit hatte Elizabeth viel von sich selbst, von ihren Ängsten und ihrer Reue preisgegeben.

Die Öffentlichkeit und die Presse wußten bei ihrer historischen Rede in der Guildhall noch nichts davon, daß Premiermini-

---

2 Die Bezeichnung "Annus Horribilis" (Jahr des Schreckens) bezieht sich auf John Drydens Gedicht "Annus Mirabilis" (Jahr der Wunder), das die Vorgänge des Jahres 1666, als in London ein großer Brand und die Pest wüteten, beschreibt. Dryden (1631-1700) war der wohl größte Dichter und Dramatiker der Restauration. Londons Theater waren unter der Herrschaft Oliver Cromwells und während des Brandes und der Pest geschlossen. Dryden schrieb das Gedicht 1666, nachdem Londons Theater wieder geöffnet waren. Es zollt König Charles II. Tribut, der die Nation im Krieg gegen die Holländer und gegen die Katastrophen in London geführt hat.

ster Major nur achtundvierzig Stunden später dem verblüfften Unterhaus ankündigen sollte, daß die Königin meinte, es sei Zeit, Steuern auf ihr privates Einkommen zu zahlen. Außerdem hatte sie zugestimmt, die Arbeitskosten der meisten Mitglieder der königlichen Familie selbst zu tragen. John Major erklärte im Unterhaus: „Die Königin hat sich im Juli 1992 an mich gewandt, um über eine Änderung der gegenwärtigen Regelung nachzudenken. Sie bat mich, eine Grundlage zu finden, auf der sie freiwillig Steuern zahlen könne, und schlug vor, sie könne gewisse Zahlungen aus dem derzeitigen königlichen Haushalt übernehmen."

Die Entscheidung der Königin, Steuern zu zahlen und die Arbeitsausgaben ihrer großen Familie zu übernehmen, hat mit einem Schlag zwei der wichtigsten Kritikpunkte aus dem Weg geräumt, die eine wachsende Anzahl ihrer Untertanen im letzten Jahrzehnt formuliert hatten. Wenn ein jüngeres oder entfernt verwandtes Mitglied der königlichen Familie etwas Unerhörtes, Lächerliches oder Skandalöses getan oder seine privilegierte Situation ausgenutzt hatte, stellte die Boulevardpresse immer wieder die gleiche Frage: „Warum sollte die Nation den Menschen, die ein privilegiertes Leben führen, große Summen Geldes zahlen, wenn sie sich so schlecht benehmen und die angemessene Ehrfurcht vermissen lassen?"

Das Pressebüro im Buckingham Palast und die engen Berater der Königin hatten diese Frage immer schlechter beantworten können, nachdem die Enthüllungen über die Privatleben von Prinzessin Diana, Sarah Ferguson und dem Thronfolger Prinz Charles an die Öffentlichkeit gerieten.

Zwanzig Jahre früher hatte Mountbatten Elizabeth dringend geraten, die königlichen Finanzen für das britische Volk offenzulegen. Schon damals war er besorgt über die explodierenden Kosten der Monarchie, weil das Volk die Königin aufgrund unkorrekter Presseberichte für enorm reich hielt. In Wahrheit besteht ihr Vermögen zu 85 Prozent aus Gemälden, Schmuck, Möbeln und den staatseigenen Palästen, die kein Einkommen bringen und nicht verkauft werden dürfen. Mountbatten, der immer der öffentlichen Meinung nahestand, hatte Elizabeth geschrieben: „Das Ansehen der Monarchie wird schwer geschädigt, wenn die Nation nicht die Wahrheit über das Vermögen erfährt."

Mountbatten beendete den Brief mit: „Würdest Du bitte dafür sorgen, daß es öffentlich gemacht wird, vielleicht durch einen autorisierten Artikel in der "Times". Glaube Deinem Dich liebenden alten Onkel und nicht Deinen Verfassungsrechtlern. Bitte veranlaße das." Elizabeth hat fast zwanzig Jahre und eine nicht endende Flut von Skandalen gebraucht, um den Ratschlag von Mountbatten zu befolgen.

Immer mehr Untertanen spürten, wie sich das königliche Image verschlechterte, und dachten, niedere Mitglieder der königlichen Familie hätten ein viel zu einfaches Leben. Sie wurden darin von der Presse bestätigt, die während der späten achtziger und frühen neunziger Jahre der königlichen Familie gegenüber gemein und verantwortungslos gewesen ist. Nun wuchs die öffentliche Begeisterung über die Steuerzahlungen der Königin.

Elizabeth's Entscheidung, Steuern zu zahlen, war 1992 das Thema einer hitzigen Debatte im Palast gewesen. Es gibt kein Gesetz, nach dem die Königin Einkommensteuer entrichten muß. Alle ihre Einkünfte sind rechtlich von der Steuerzahlung ausgenommen. Einige Palastberater sind der Meinung, wenn die Königin die Forderungen erfülle, würde sie ihren Kritikern nachgeben, besonders dem republikanischen Flügel der Presse. Das gleiche Argument hatten Berater vor zwanzig Jahren auch schon gegen Mountbattens Vorschlag ins Feld geführt. In der jetzigen Diskussion im Palast vertraten die hartnäckigen Monarchisten die Meinung, wenn man sich dem normalen Bürger anpasse, würde die Monarchie vielleicht ihrer Auflösung entgegengehen.

Doch Elizabeth war besorgt. Die königliche Familie hatte 1992 soviel Schaden erfahren, daß sie als Staatsoberhaupt etwas tun mußte, um die Kritiker zu beschwichtigen. Einige Monate lang hatte Elizabeth Schlafstörungen gehabt, weil sie sich quälte und darüber nachdachte, wie sie die zunehmende Verstimmung der Bevölkerung über die königliche Familie aufhalten könne.

Äußerlich zeigte Elizabeth bei allen offiziellen Funktionen, die sie wahrgenommen hatte, nicht das geringste Zeichen von Ängstlichkeit. Im Buckingham Palast bat sie jedoch ihr Personal, sie über jeden Wandel in Stimmung und Haltung der Nation gegenüber dem Thron auf dem laufenden zu halten. Sie wandte sich an viele Freunde und Berater, an Politiker wie den Premierminister John Major und an ihren Haushofmeister Lord Airlie und suchte ihren Rat. Sie hatte das ganze Jahr mit großer Aufmerksamkeit die Meinungsumfragen über die königliche Familie verfolgt, die oft veröffentlicht wurden, und analysierte sie, um zu erfahren, ob die öffentliche Meinung über sie, ihre Familie und die Arbeit, die sie leisteten, umschlug.

Noch im November 1992 war Elizabeth nicht sicher, ob sie Steuern zahlen solle. Finanzminister Norman Lamont hatte ungeachtet der zukünftigen Änderungen noch in diesem Monat im Unterhaus verkündet: „Die Königin beabsichtigt nicht, Einkommensteuer zu bezahlen." Der Labourflügel war verärgert, und einige Mitglieder des Parlaments forderten eine Überprüfung der königlichen Finanzen. Elizabeth sah sich mit zunehmender Kritik konfrontiert.

Dianas Drängen nach einer formellen Trennung von Charles trug den Rest dazu bei. Die Königin war furchtbar in Verlegenheit geraten, als die intimen Tonbandaufnahmen von Diana und ihrem Vertrauten James Gilbey sowie von Charles und seiner Geliebten Camilla Parker Bowles veröffentlicht worden waren. Es sah so aus, als könne das Ansehen der königlichen Familie nicht noch tiefer sinken. Dann kamen die Forderungen Dianas. Elizabeth tat alles in ihrer Macht Stehende, um sie von einer formalen Trennung abzubringen. Doch Diana blieb hartnäckig.

Elizabeth erkannte, daß etwas geschehen mußte, um die Nation zu beschwichtigen. Wenn der königliche Liebling der Nation Prinzessin Diana die königliche Familie verlassen wollte, dann würden die Dämme brechen. Es schien keine Woche zu vergehen ohne weitere Peinlichkeiten, mit denen sie einfach nicht mehr fertig wurde. Jetzt hatten die Probleme ihren Sohn erreicht, den Thronfolger, der den Ruf des Hauses Windsor und die Familienwerte verteidigen sollte und der einmal die wichtigste Person Großbritanniens werden würde. Nun sah man ihn wegen Dianas Unnachgiebigkeit als verantwortungslosen Ehebrecher, der mit einer verheirateten Frau zusammenlebt.

Philip war für Elizabeth eher eine Behinderung als eine Hilfe, denn er schrie ärgerlich immer wieder, der Aufruhr in seiner Familie sei symptomatisch für den Mangel an Disziplin in ganz Großbritannien und für den Verlust von Werten bei den jungen Leuten, die weder Pflicht noch Verantwortung kannten.

Ihre Berater drängten sie, etwas zu unternehmen, um die Aufmerksamkeit von Charles und Diana abzulenken. Die Steuerfrage war ein mögliches Ablenkungsmanöver. Elizabeth war völlig klar, daß die Entrichtung von Steuern einen großen Rückzug für die Monarchie bedeutete. Vor allem aber fürchtete sie, sie könne auch als Resultat der Pressekritiken gedeutet werden. Elizabeth wollte sich nicht dem Druck der Presse beugen. Steuern zu entrichten wäre ein einzelner, aber wichtiger Schritt, mit dem

Elizabeth zeigen könnte, daß sie dem Leben und den Sorgen des gewöhnlichen Bürgers nahesteht. Es wäre zudem eine Geste der Buße, weil viele Mitglieder der großen königlichen Familie ihren Unterhalt eigentlich nicht verdient hatten.

Eines Tages im November rief Elizabeth Charles zu sich und besprach ihre Entscheidung beim Tee mit ihm. Charles hatte schon immer geglaubt, die königliche Familie solle dem Steuerzahler nicht zur Last fallen, und seine Mutter dazu ermuntert, freiwillig Steuern zu zahlen. Elizabeth dagegen hatte immer befürchtet, die Nation und besonders einige Zeitungen würden diese Geste als erzwungen interpretieren. Premierminister John Major kam ihr zu Hilfe und erklärte dem Unterhaus, daß die Königin die Möglichkeit des Herrschers, Steuern zu zahlen, schon ein Jahr vor der Entscheidung mit ihm diskutiert hatte.

Charles sagte seiner Mutter, er würde ihrem Beispiel gerne folgen und auf sein gesamtes persönliches Einkommen Steuern zahlen. Er ging sogar noch weiter, denn er informierte einen engen Berater, nachdem die Änderung erklärt worden war. Er hatte seiner Mutter gesagt: „Ich habe mich schon gefragt, wann du diesen Schritt tun würdest. Ich stimme damit absolut überein, denn ich glaube, das bringt uns dem Volk näher. Es gibt so viele Probleme im Moment - die in unserer Familie, die Millionen Arbeitslosen und Verschuldeten, die aus ihren Häusern geworfen werden. Ich halte es für die richtige Entscheidung."

Elizabeth's und Charles' Entscheidung, Steuern auf ihr privates Einkommen zu zahlen, hat nichts mit dem königlichen Haushalt - der Civil List - dem Geld, das dem Monarchen zur Ausführung seiner königlichen Pflichten vom Parlament zugestanden wird, zu tun. Die Haushaltsregelung hat ihren Ursprung im Jahr 1760, als George III. einwilligte, einige geerbte Einkünfte gegen eine festgelegte Summe einzutauschen, die vom Parlament bewilligt wurde. Zur damaligen Zeit betrug die Summe für den königlichen Haushalt etwa 800.000 Pfund, also viereinhalb Millionen Dollar, was 1760 sehr viel Geld war.

In den letzten zwei Jahrhunderten hat sich dieses Prinzip nie geändert, obwohl es oft Streit zwischen den Herrschern und dem Parlament gab. Die Einkommensteuer ist eine andere Sache. Erst in diesem Jahrhundert wurde der Herrscher von der Einkommensteuer befreit. Königin Victoria, die 1901 starb, und ihr Sohn Edward VII., der 1910 starb, hatten beide noch Einkommensteuer gezahlt. 1910, als George V. auf den Thron kam, willigte das

Parlament ein, die Steuer für den Herrscher abzuschaffen, nachdem der walisische Politiker und spätere Premierminister David Lloyd George das Parlament überzeugt hatte, daß es sinnlos sei, dem Monarchen einerseits Geld zu geben und es ihm andererseits wieder zu nehmen. George V. zahlte noch eine Art Einkommensteuer, doch Elizabeth's Vater George VI. zahlte schon keine Steuern mehr.

Der Umfang der jetzigen Civil List wurde 1952 festgelegt, als die Herrscherin zustimmte, Besitztümer der Krone - 100.000 Hektar besten Agrarlandes und umfangreiche Grundstücke in London - der Regierung gegen ein festes Einkommen zu überlassen. 1972 wurden jährliche Erhöhungen der Civil List eingeführt, als man festgestellt hatte, daß das private Einkommen der Königin für offizielle Ausgaben angerührt wurde. Etwa 70 Prozent der Civil List werden für die Gehälter des Personals und 30 Prozent werden für offizielle Reisen, Unterhalt und administrative Kosten ausgegeben.

1990 verkündete Premierministerin Margaret Thatcher eine Festlegung der Civil List auf zehn Jahre, um dem ewigen Gerangel um die Finanzen und den immerwährenden Schlagzeilen in den Boulevardblättern ein Ende zu setzen. Diese Vereinbarung erlaubte es der königlichen Hofhaltung vorauszuplanen. Man legte fest, daß sich die elf Mitglieder der königlichen Familie von 1991 bis 2000 jährlich etwa fünfzehn Millionen Dollar teilen.

Weder Prinz Charles noch Diana haben etwas von diesem Geld bekommen. Charles hat als Prinz von Wales das Herzogtum Cornwall, das über viel Agrarland verfügt, und einige Besitztümer in London geerbt. In Absprache mit dem Parlament erhält Charles 75 Prozent seines Einkommens steuerfrei, die restlichen 25 Prozent bekommt der Finanzminister. Dieses Einkommen ist seit ihrer Hochzeit 1981 Lebensgrundlage für Charles und Diana. 1991 brachte das Herzogtum etwa viereinhalb Millionen Dollar ein, das Nettoeinkommen von Charles lag unter drei Millionen Dollar. Nun hat Charles wie seine Mutter bereitwillig zugestimmt, Einkommensteuer in Höhe von 40 Prozent zu zahlen. Auf der anderen Seite will er wie jeder andere Bürger auch seine notwendigen Ausgaben für Personal und administrative Kosten von der Steuer absetzen. Deshalb könnte er sogar von dem neuen System profitieren. Dieses Arrangement wird jedoch als gerecht angesehen. Charles' Einkommen und Steuerzahlungen sind wie für jeden anderen Bürger eine Privatangelegenheit zwischen ihm und dem Finanzamt.

Während ihrer Ehe mit Prinz Charles hatte Diana kein eigenes Einkommen. Ihre Ausgaben wurden alle von ihrem Mann bestritten. Ihre Kunden- und Kreditkarten liefen über Charles. Sie hatte aber immer ihr eigenes Konto, auf das Charles' Bank jeden Monat etwa 7.500 Dollar Taschengeld überweist. Trotz ihrer Trennung hat es keine Änderung dieses Arrangements gegeben. Charles zahlt immer noch die Rechnungen und setzt seine monatlichen Überweisungen fort.

Niemand weiß genau, wie hoch das exakte jährliche Einkommen der Königin ist oder wieviel Steuern sie zahlt. Wie jeder Steuerzahler in Großbritannien darf sie das geheimhalten. Im April 1994 zahlte die Königin zum ersten Mal Steuern auf ihr privates Einkommen. Aus palastnahen Quellen war zu erfahren, daß die Königin etwa zwei Millionen Dollar an Steuern für das zurückliegende Jahr gezahlt hat, nachdem alle Ausgaben und Freibeträge abgezogen worden waren. Die exakte Summe wird natürlich nie bekanntgegeben werden. Bevor sie die Entscheidung traf, die meisten Ausgaben der Civil List selbst zu tragen, wurden zur Verlegenheit einiger entfernter Familienmitglieder alle Ausgaben veröffentlicht.

Seit April 1993 bekommt die Königin noch immer Geld vom Parlament über die Civil List, ungefähr zwölf Millionen Dollar pro Jahr. Die beiden anderen Mitglieder der Familie, die Geld von der Civil List erhalten, sind Prinz Philip mit 540.000 Dollar pro Jahr und die Königinmutter, die eine Million Dollar jährlich bekommt.

Elizabeth hat nun die Ausgaben der Familienmitglieder übernommen, die früher von der Civil List lebten. Sie zahlt Prinz Andrew 375.000 Dollar, Prinz Edward 150.000 Dollar, Prinzessin Anne 350.000 Dollar und Prinzessin Margaret 330.000 Dollar im Jahr. Zwei Jahre lang hat die Königin auch den Herzogen von Gloucester und Kent sowie Prinzessin Alexandra für ihre übernommenen Pflichten eine Million Dollar gezahlt. Insgesamt bezahlt sie nun mehr als zwei Millionen Dollar, die früher von der Civil List abgedeckt waren.

Trotzdem wird der Staat auch weiterhin vierundsiebzig Millionen Dollar im Jahr für den Unterhalt der königlichen Paläste wie den Buckingham Palast, Schloß Windsor und den Kensington Palast ausgeben. Ein großer Teil dieses Geldes ist für Personal,

Unterhalt und Reparaturen bestimmt. Einiges verschlingt der Unterhalt der königlichen Jacht "Britannia", die drei kleinen Flugzeuge der Königin und der königliche Zug. Die neue Übereinkunft beinhaltete, daß das Prinzip der staatlichen Finanzierung öffentlicher Pflichten erhalten bleibt.

Elizabeth und ihre Ratgeber beharren darauf, daß ihre Entscheidung, Einkommensteuer zu zahlen, freiwillig gefaßt wurde und keinen Präzedenzfall darstellt, dem Prinz Charles oder andere Monarchen, die nach ihr den Thron besteigen sollten, Folge leisten müßten. In Wirklichkeit hat sich Elizabeth durch die öffentliche Meinung zu dieser Entscheidung drängen lassen. In einer Diskussion im Sommer 1992 sagte Elizabeth zu einem ihrer Berater: „Ich glaube, wenn der Monarch einwilligt, Steuern zu zahlen, dann gibt es keinen Unterschied mehr zwischen ihm und dem Volk. Das kann nicht gut sein für die Krone. Es muß einen Unterschied geben, und das Volk sollte diesen Unterschied sehen." Elizabeth war davon überzeugt, daß ihre Entscheidung ihr den Verlust von Respekt und Wertschätzung einbrächte, den die Mehrheit ihrer Untertanen ihr vierzig Jahre lang entgegengebracht hat. Doch dieser Verlust wäre weniger schlimm als die Konsequenzen, die unterlassene Schritte hätten nach sich ziehen können. Sie war so verärgert über diesen erzwungenen Schritt, daß sie die Schuld an ihrer Zwangslage Charles' Schwäche und dem Egoismus seiner eigensinnigen, starrköpfigen Frau Diana anlastete.

Die Kluft zwischen Elizabeth und Diana vertiefte sich. Die beiden hatten einander nie sehr nahegestanden. Engen Freunden gegenüber erklärte Diana: „Immer wenn wir zusammen sind, ist alles so formell. Ich kann mich keine Minute entspannen, und ich bin die ganze Zeit verlegen, weil ich nicht weiß, worüber ich mit ihr sprechen soll. Die meisten jungen Frauen kommen nicht so besonders gut mit ihren Schwiegermüttern aus. Stellt euch mal vor, eure Schwiegermutter ist die Königin."

Elizabeth war sehr wohl bewußt, daß ihre Schwiegertochter Probleme hatte, mit ihr zu reden. Deshalb versuchte sie, einen Weg zu Diana zu finden, damit sie entspannt miteinander plaudern konnten. Doch Diana setzte dagegen: „Das einzige, was wir gemeinsam haben, sind die Kinder. Sie fragt mich über Wills und Harry. Aber ich habe immer das Gefühl, sie tut das nur aus Pflichtgefühl und will es eigentlich gar nicht wissen."

Diana wußte, wie ihre Schwiegermutter über sie dachte. Das hatte sie oft genug in der Presse gelesen. „Das Leben ist nun schwieriger, da wir dieses ermüdende Mädchen haben", soll Elizabeth angeblich über Diana gesagt haben. Elizabeth las diesen Bericht auch und bat Diana, diesen Zeitungsberichten nicht zu glauben, da die Zitate erfunden seien. Diana war sich da nicht so sicher. Diana sah auch eine andere Seite von Elizabeth: „Charles hat mir immer erzählt, daß seine Mutter Respekt von ihren Kindern erwartet", meinte sie, „und sie zeigen alle enormen Respekt. Doch ich habe nie gesehen, wie sie ihren Kindern Mutterliebe entgegenbringt. Jetzt scheint sie den gleichen Respekt von ihren Enkeln zu erwarten. Wenn sie Wills und Harry sieht, was selten genug vorkommt, versucht sie, nett zu ihnen zu sein, doch alles wirkt so gezwungen."

Die endgültige Tragödie war der Brand, der am 20. November in Schloß Windsor ausbrach. Eine starke Halogenlampe setzte in der privaten Kapelle im Chester Tower eine Flüssigkeit in Brand, die zur Restaurierung von Gemälden benutzt wird. Das Feuer griff auf Vorhänge und Wandteppiche über, die mit der Schutzlotion getränkt waren, und binnen Sekunden brannten die holzgetäfelten Wände. Minuten später hatte sich das Feuer über die Decke zur St. George's Hall ausgebreitet. Das ist der Raum für die Staatsbankette, bei denen viele amerikanische Präsidenten in den letzten Jahrzehnten auf wirklich königliche Weise empfangen worden sind. Man schlug sofort Alarm, und die Arbeiter und Restaurateure begannen rasend schnell, die Gemälde und Bilder abzuhängen und so viele Kunstobjekte und Möbel wie möglich zu retten. Prinz Andrew war im Schloß, als Feueralarm gegeben wurde. Er übernahm das Kommando und befahl dem Personal, sich an der dramatischen Rettungsaktion zu beteiligen, während sich die Flammen mit enormer Geschwindigkeit durch das Schloß fraßen. Vieles konnte gerettet werden, besonders die unbezahlbaren Gemälde, die in der St. George's Hall hängen.

Brennbare Flüssigkeiten sind unerläßlich für jeden Restaurateur, um zum Beispiel alte Lacke und Anstriche zu entfernen. Halogenlampen produzieren extreme Hitze, deshalb dürfen sie nie zu nahe bei einem Gemälde stehen. Auf der anderen Seite braucht der Restaurateur extreme Helligkeit, um die Gemälde reinigen und ausbessern zu können.

An diesem Abend sahen die Fernsehzuschauer in Großbritannien und auf der ganzen Welt die Flammen, die in den Himmel schlugen, während die Feuerwehr versuchte, das Feuer unter Kontrolle zu bringen, um eines von Europas schönsten Schlössern zu retten. Doch der Schock für die Nation kam später, nachdem das Feuer erstickt war und die Fernsehkameras das volle Ausmaß der Zerstörung zeigten.

Viele waren bewegt, als sie Elizabeth sahen - eine kleine Person neben den athletischen, uniformierten Feuerwehrleuten, die durch die ausgebrannten Prunkzimmer liefen. Sie wirkte so traurig in ihrem langen, wasserfesten Mantel mit der Kapuze. Auf manche wirkte sie fast bemitleidenswert, auf wieder andere verärgert, als sie in ihren grünen Gummistiefeln durch den Matsch aus Trümmern, Wasser und Asche watete. Von all ihren Residenzen hatte sie Schloß Windsor immer als ihr Zuhause betrachtet. Den Buckingham Palast sieht sie als ihr Büro, Sandringham und Balmoral als Ferienhäuser. Dieses Feuer war für sie verheerend. Der schreckliche Brandgeruch hing über dem Schloß und der Stadt Windsor; eine zerrissene und verblichene britische Fahne wehte traurig über den Trümmern. Darüber hinweg flogen Flugzeuge mit Kurs auf Heathrow und boten den Passagieren einen Ausblick auf die ausgebrannte, dachlose Ruine. Der Regen hörte nicht mehr auf.

Jahrhundertelang galt das Schloß als unbezwingbar. Plötzlich mußten die Menschen feststellen, daß es so gefährdet war wie jedes andere Haus auch. Das Feuer erschien wie ein Zeichen des Himmels und zeigte Elizabeth und der ganzen Nation, daß sie ein verletzbares Individuum war wie jeder andere auch.

Nachdem sie sich eine Stunde lang das Ausmaß der Katastrophe angesehen hatte, lief Elizabeth durch den strömenden Regen zu ihrem jüngsten Sohn Edward. Sie legte ihm aus Verzweiflung und Resignation den Kopf an die Brust, und er legte seiner Mutter tröstend den Arm um die Schultern.

St. George's Hall verlor sein berühmtes, jahrhundertealtes Dach. Seine üppigen Schnitzereien sind komplett zerstört. In dem großen Raum sah ein Besucher nur noch schwarzen Schutt. Der angrenzende Waterloo Saal, der als schönster Saal der Welt galt, war nur noch ein leeres, stinkendes Loch.

Der Historiker Sir Roy Strong, der frühere Direktor des Victoria und Albert Museum, hatte oft tagelang Gemälde und andere Kunstwerke auf Schloß Windsor begutachtet. „Schloß Windsor beherbergt die Privatsammlung der Königin. Es ist vielleicht die größte und wichtigste der Welt", sagte er. „Diese Schätze sind unbezahlbar. Windsor ist ein Stück England, ein großes Stück unseres Erbes und unserer Geschichte. Das Schloß ist wie ein Alphabet der Geschichte Großbritanniens, angefangen von den Gemälden aller unserer Könige und Königinnen bis zu den Karten und Büchern."

Dort stehen die feinsten Möbel aus der Herrschaftszeit der französischen Könige, darunter Louis XIV. , XV. und XVI, die Statuen von Königen, Königinnen und Edelmännern. Es gibt wunderbare Schnitzereien und jahrhundertealte Mamorstücke. Im ganzen Schloß liegen unbezahlbare Teppiche, Wandbehänge und Vorhänge sowie Zeichnungen und Skizzen von Leonardo da Vinci und Holbein. Die wunderschöne königliche Bibliothek beherbergt jahrhundertealte Bücher und Karten.

Die Nation hatte Glück, daß das Personal und die Arbeiter so viele Kunstobjekte retten und die Feuerwehrleute den Brand unter Kontrolle bekommen konnten. Doch die Haltung der Nation zur königlichen Familie war, angefacht durch die Sensationspresse, so voller Groll, daß der Dank für die Rettung einer Schatzkammer voll historischer Kunstschätze von Gemeinheit und Gehässigkeit überschattet wurde.

Der Verwalter Peter Brooke glaubte, mit der Unterstützung und Anteilnahme der britischen Öffentlichkeit rechnen zu können, als er vor den Ruinen stand und mit seiner hochgestochenen, aristokratischen Stimme meinte, die Regierung - also der Steuerzahler - würde die gesamten Kosten der Reparaturen in Höhe von 75 Millionen Dollar tragen, da Windsor nicht versichert sei. (In Großbritannien sind öffentliche Gebäude und Regierungsgebäude nie versichert.) Das war seit Jahrzehnten gängige Praxis gewesen: der britische Steuerzahler war verantwortlich für den Unterhalt und die Aufrechterhaltung von Luxus und Prunk des Monarchen. Peter Brooke hatte die Stimmung in der Nation falsch eingeschätzt.

Stunden später forderte das ITV-Programm "This Morning" die Leute auf, die Frage „Wer soll die Reparaturen von Schloß Windsor bezahlen?" telefonisch zu beantworten. Erstaunliche 95 Prozent aller 30.282 Anrufer meinten, der Steuerzahler solle keineswegs die gesamte Rechnung zahlen, und drängte die Königin, etwas beizutragen.

Die Boulevardpresse nahm diese Stimmung auf. „Geben und Nehmen", schrie das Murdoch-Blatt "Today". „Wir geben, und die königliche Familie nimmt." Die rechte "Daily Mail" stellte die Frage: „Warum sollte die Bevölkerung, von der die meisten während der schlimmsten Rezession große Opfer bringen mußten, die ganze Rechnung für Schloß Windsor zahlen, wenn die Königin nichts dazu beiträgt, obwohl sie keine Steuern zahlt?"

Der eher linke "Daily Mirror" beschuldigte das Haus Windsor „die Saat der eigenen Zerstörung auszustreuen - Gemeinheit, Habgier und Scheuklappen gegenüber den Gefühlen der Leute sind die Zeichen einer sterbenden, nicht einer überlebenden Dynastie."

Murdochs Boulevardblatt "The Sun" organisierte ebenfalls eine Telefonaktion. 48.876 Leser hatten sich dafür ausgesprochen, die Königin sollte die Kosten für die Reparatur des Schlosses tragen, nur 2.877 meinten, der Steuerzahler solle dafür aufkommen.

Eine andere Murdoch-Zeitung, "The Times", kommentierte, die Ankündigung, der Steuerzahler solle die Reparaturen übernehmen, „sei ein Mißgriff gewesen. Das Feuer hat eine grundlegende Frage aufgeworfen, der man nicht länger aus dem Weg gehen kann... Der kritische Moment kommt mit der Entscheidung, wer dafür zahlen soll."

Der intellektuelle unabhängige "Guardian" machte den höchst lakonischen Vorwurf: „All' die herzlichen Worte des Mitgefühls für die Königin im Unterhaus können die Welle von Zynismus nicht beschönigen. Das ist noch kein Republikanertum, doch nörgelnde Unzufriedenheit." Es gab Aufrufe von Parlamentsmitgliedern der Labour Partei, daß der Steuerzahler nicht die Gesamtkosten der Reparaturen tragen solle. Doch die Kritik der Parlamentsmitglieder war gemäßigter als die der Presse.

Der Brand in Windsor zeigte klar, daß sich die Haltung der Briten zur Monarchie und zur königlichen Familie völlig geändert hatte. Während das Feuer noch schwelte, waren Elizabeth, das Establishment und das Parlament gezwungen, die unangenehme Tatsache zu erkennen, daß der Mythos von der absoluten Ergebenheit der britischen Nation gegenüber der Monarchie und der königlichen Familie fast über Nacht zerstört war.

Während der folgenden Tage las Elizabeth niedergeschlagen und mit wachsender Traurigkeit alle Zeitungen, die seriösen und die Boulevardblätter, doch sie konnte kaum Trost finden. Es war schwierig die Kälte abzuschütteln, die ihr entgegengebracht wurde. Eine enge Freundin berichtete: „Ihre Majestät hat natürlich bemerkt, daß die Stimmung in der Nation weniger anteilnehmend ist, doch sie hatte nicht gewußt, daß Respekt und Loyalität so nachgelassen hatten. Diese Erkenntnis hat sie umgeworfen. Es ist schließlich eine verheerende Erkenntnis, wenn jemand, der den

Menschen sein ganzes Leben lang nach besten Kräften loyal und ehrenhaft gedient hat, mit sechsundsechzig Jahren entdecken muß, daß die Nation enttäuscht ist."

Der distinguierte königliche Autor Robert Lacey schrieb im November 1992: „Das war das Jahr, in dem das Märchen zu Ende ging. Da die späten siebziger und die achtziger Jahre für das Haus Windsor 'Anni Mirabiles' gewesen waren, ist es nicht sehr überraschend, wenn die derzeitige schmerzhafte Auflösung all der Versprechen von Glück ein 'Annus Horribilis' hervorbringen, angefangen mit der ersten Steuerforderung an die Königin als Folge der Unfähigkeit ihrer Kinder, eine Ehe zu führen. Sie haben Mist gebaut, und sie muß dafür bezahlen."

Als Elizabeth so offen kritisiert wurde, gab es auch einige loyale Monarchisten. Das waren keine Parlamentsmitglieder oder Vertreter des Oberhauses, sondern gewöhnliche Bürger, die in Leserbriefen versuchten, die Diskussion in eine gemäßigtere Form zu bringen. Der rechte "Sunday Telegraph" schrieb: „Bevor die Königin wieder Prügel bezieht und scheinheiligen Zorn zu spüren bekommt, sollten wir uns vielleicht alle vergegenwärtigen, daß diese einzigartige noble Frau ihr persönliches Versprechen, das sie feierlich als junge Frau gab, erfüllt hat... nämlich ihr Leben ihrem Land und seinen Menschen zu widmen."

Ein Leser meinte: „Die Königin muß besonders bestürzt über die dumme, boshafte und kleinkarierte Haltung derer sein, in deren Dienst sie sich gestellt hat - die widerwärtige und wankelmütige britische Öffentlichkeit: widerwärtig, weil sie scheinbar jede Andeutung eines königlichen Versagens glaubt, wie absurd sie auch sei, und wankelmütig, weil sie sich wie unersättliche Geier auf die wollüstigen, durchgekauten Geschichten der ekelhaften Boulevardpresse stürzt. In dieser Hinsicht ist es wirklich schade, daß wir keinen Henker mehr beschäftigen. Der Gedanke, die Köpfe einer Reihe von Boulevardredakteuren am Traitor's Gate (Tor der Verräter) aufgereiht zu sehen, ist verlockend und hat vieles für sich."

Die Stimmung im Land schien sich trotz einiger Verteidiger unerbittlich gegen die königliche Familie zu richten. Die Telefonzentralen in den Nachrichtenstationen liefen heiß, weil so viele Leute ihrer Enttäuschung über die königliche Familie Luft machen wollten. Der Grundtenor lautete meistens: „Noch vor Jahren war ich ein überzeugter Royalist, doch in der letzten Zeit hat sich meine Meinung geändert, und jetzt denke ich, die königliche Familie ist ein Luxus, der abgeschafft werden muß."

Die einflußreiche "Sunday Times", eine Murdoch-Zeitung, widmete der Monarchie drei Extraseiten unter der Balkenüberschrift DIE REVOLTE DER BÜRGER. Sie beschrieb detailliert die "Sieben Tage, die die Krone erschütterten", und Godfrey Smith betitelte seinen Artikel: ZEIT DIE KRONE ABZULEGEN. Ironisch schrieb er eine Rede für die Königin und schlug vor, so könne die nächste Weihnachtsansprache an ihr Volk aussehen:

„Ich werde am 1. Januar zurücktreten. Vierzig Jahre sind eine lange Zeit, und ich habe bereits das Alter überschritten, in dem die meisten meiner Untertanen in Rente gehen. Ich sage nicht, daß ich abdanke, denn das würde bedeuten, den Thron jemand anderem zu überlassen."

Godfrey Smith beschrieb, was dann geschehen könnte. Prinz Charles würde Prinz von Wales bleiben, weil Großbritannien als Mitglied der Europäischen Gemeinschaft eher ein Fürstentum als ein Königreich sei. Er schlug vor, Charles solle die Stellung halten, bis er sechzig wäre, und die Position dann an seinen Sohn William übergeben. Die Rede legte der Königin auch nahe, ihre Funktion als Oberhaupt der Kirche von England aufzugeben und ihre königlichen Paläste und Residenzen dem Volk zu vermachen.

Am letzten Wochenende im November 1992 wandte sich Elizabeth an einen ihrer höheren Berater. Er berichtete später: „Ihre Majestät sprach leise und langsam, und sie wählte ihre Worte mit großer Sorgfalt. 'Ich frage mich manchmal, ob ich die Nation oder die Monarchie oder die Familie vernachlässigt habe. Es scheint, daß uns von allen Seiten nur noch Katastrophen umgeben. Das alles ist höchst unglücklich und höchst beunruhigend', sagte sie."

Elizabeth war besorgter als je zuvor. Sie wußte aus dem, was sie las, daß ihre Untertanen ihr und allem, was sie verkörperte, den Rücken zukehrten. Ihr Leben lang hatte sie sich bemüht, die Traditionen und die Autorität der Krone aufrechtzuerhalten. Sie hatte dem Beispiel Königin Victorias und ihres Vaters nachgeeifert und offensichtlich versagt.

Bei allen möglichen Gelegenheiten hatte die Königin die Forderung erhoben, die königliche Familie möge ihre Einheit zeigen. Bei öffentlichen oder privaten Feiern befahl sie der Familie, auf dem Balkon des Buckingham Palastes zu erscheinen. Ihre Familie ging jeden Sonntag gemeinsam zur Kirche.

Elizabeth hatte hilflos mitansehen müssen, wie die Nation sich nach dem Zweiten Weltkrieg von der Kirche abgewandt hatte. Sie hatte vergeblich gehofft, durch ihr Beispiel als Oberhaupt der wichtigsten Familie im Land andere zu überzeugen, ihrer Führung zu folgen und an der Messe teilzunehmen. Als junges Mädchen und als Teenager hatte Elizabeth jeden Sonntag gesehen, wie Familien in die Kirchen drängten und zusammen beteten. In den frühen neunziger Jahren ging nur noch 2 Prozent der Bevölkerung regelmäßig in die Kirche. Sie fand das entmutigend und traurig.

„Wenn ich doch nur schneller gehandelt hätte", urteilte Elizabeth im Gespräch mit einem ihrer Berater streng über sich selbst. „Wenn ich doch nur früher gesagt hätte, daß ich darüber nachdenke, Steuern zu zahlen, hätte dieser schreckliche Brand sicher die Kluft zwischen mir und der Nation verringert. Wenn wir doch nur schneller gehandelt hätten." Dann brach sie ab und ging, tief in Gedanken versunken, davon.

Im Februar 1993 gab Premierminister John Major dem Unterhaus die Details über die königliche Steuerzahlung bekannt. Er sprach auch über die Steuern, die Elizabeth und Charles nicht zu zahlen brauchten. Später rief der Haushofmeister Lord Airlie die Medien in den St. James Palast und sprach zum allerersten Mal über die Finanzen der Königin. Offiziell ist der Haushofmeister unter anderem verantwortlich für die Staatsbesuche, das königliche Banner, die Schwäne der Königin und sogar für ihre Flußboote. Bis 1968 mußte er außerdem jedes Theaterstück zensieren, bevor es aufgeführt werden konnte.[3] Die Tage, in denen die Regierung die Literatur kontrollieren konnte, schienen seit Jahrhunderten vorbei.

In seiner bemerkenswert offenen Erklärung sagte Lord Airlie den versammelten Journalisten: „Die Steuerzahlungen und die Bezahlung der Ausgaben anderer königlicher Familienmitglieder legen der Königin eine beträchtliche Finanzlast auf. Ihre Majestät hat diesen Entschluß gefaßt, damit sich die Monarchie zeitgemäß entwickelt, vor allem während einer Rezession. Aufgrund ihres Reichtums unterstellt man, daß die Königin nicht genug zum na-

---

3 Von 1570 bis 1670 existierte eine Theaterzensur, um die Monarchie vor Beleidigungen auf der Bühne zu bewahren. Englands erster Premierminister Robert Walpole ließ Theaterstücke politisch zensieren. Unter Königin Victoria wurde die Zensur noch erweitert, um die Moral der Nation zu "schützen".

tionalen Leben beiträgt. Das allein, nicht etwa die peinlichen Veröffentlichungen über ihre Kinder, hat den Wandel herbeigeführt."

Lord Airlie sagte: „Schätzungen des Privatvermögens der Königin reichen von 150 Millionen Dollar bis hin zu vielen Milliarden von Dollar. Doch Ihre Majestät hat mich autorisiert, Ihnen zu sagen, daß auch die niedrigsten dieser Schätzungen noch weit übertrieben sind. Die hohen Schätzungen beinhalten oft die Kronjuwelen, den Buckingham Palast und Schloß Windsor sowie die königlichen Kunstschätze, die nicht zum Privateigentum der Königin gehören." Er erklärte, diese Werte seien bei der Berechnung der Steuer ausgenommen, da sie Teil des Nationalerbes sind.

Steuerexperten glauben, daß die steuerliche Hauptlast auf der Dividende ihres Aktienkapitals von etwa 100 Millionen Dollar liegt, das sie angeblich haben soll. Sie wird Kapitalertragssteuern bei allen Aktienverkäufen entrichten müssen.

Die Königin besitzt Gestüte in Sandringham, West Illsley und Sunninghill Park, die wahrscheinlich jedes Jahr Verlust machen und keine Gewinne erzielen. Das wird sie wie jeder andere Bürger absetzen können.

Elizabeth stimmte zu, Steuern auf ihr privates Einkommen, Privatschatulle genannt, zu zahlen. Im wesentlichen handelt es sich dabei um ihr Einkommen aus dem Herzogtum Lancaster, das zum größten Teil landwirtschaftlich genutzt wird. Die Pachtgüter umfassen 4.775 Hektar in Staffordshire, Cheshire und Shropshire; 4.330 Hektar in Fylde und den Forest of Bowland in Lancashire; 3.200 Hektar in Yorkshire und 1.200 Hektar in Northamptonshire und Lincolnshire. 1992 erzielten die Besitztümer einen Überschuß von fünf Millionen Dollar. Die meisten Einnahmen werden jedoch mit offiziellen Ausgaben verrechnet, die von der Civil List nicht abgedeckt werden.

Prinz Charles, der ebenfalls erklärt hat, er wolle Einkommensteuer zahlen, muß keine Erbschaftssteuer entrichten. John Major verkündete, die Königin könne ihrem Nachfolger ihr ganzes Vermögen steuerfrei vererben. Hinterlassenschaften und Schenkungen außerhalb der unmittelbaren Familie unterliegen jedoch der Erbschaftssteuer.

Mr. Major erklärte im Unterhaus, warum diese Entscheidung gefällt worden war: „Für die Erbschaftssteuer wurden spezielle Vereinbarungen getroffen, weil die Unabhängigkeit der Monarchie geschützt werden muß. Alle anderen Vereinbarungen hätten die Gefahr beinhaltet, das Vermögen der Monarchie durch

Steuererhebungen über Generationen Stück für Stück aufzubrauchen."

Weder John Major noch Lord Airlie erwähnten die außergewöhnlichen Streitereien hinter den Kulissen, die stattgefunden hatten, bevor man zu dieser Entscheidung kam.

Elizabeth hatte überhaupt keine Einkommensteuer zahlen wollen. Doch bei der gegenwärtigen Haltung der Nation blieb ihr keine Wahl. Sie lehnte es aber ab, Erbschaftssteuer zu zahlen. Sie wollte von einem solchen Vorschlag nichts hören. Einmal sagte sie einem ihrer Sekretäre ärgerlich: „Glauben Sie wirklich auch nur eine Minute, ich würde dem Tod der Monarchie zustimmen? Ich bin da, um die Monarchie weiterzuführen. Sehen die Leute denn nicht, daß meine Lebenspflicht in der Aufrechterhaltung der Monarchie besteht? Ich habe nicht die Absicht, diese Pflicht aufzugeben."

Die königlichen Vermögensverwalter, die die Finanzen des Monarchen kontrollieren, verfaßten einen Bericht, in dem sie erklärten, daß "die Monarchie als Institution genügend private Mittel benötigt, um ihre traditionelle Rolle im nationalen Leben weiterführen zu können, und einen Grad an finanzieller Unabhängigkeit von der jeweiligen Regierung brauche." Sie argumentierten, es gäbe keine deutliche Trennung zwischen Elizabeth's privatem und ihrem offiziellen Leben.

Zwei Bereiche erwiesen sich als besonders schwierig: die persönliche Kunstsammlung der Königin und die Kronjuwelen. Die Kunstsammlung besteht aus 7.000 Ölgemälden, 30.000 Skizzen und Aquarellen sowie 1.000 Miniaturen. Zahlreiche alte Meister zählen zu dieser Sammlung, deren Grundstein Charles I. 1625 legte, als er die Bilder des Fürsten Gonzaga aus Mantua kaufte. König George III. (1760-1820) kaufte 1762 die außergewöhnliche Kollektion des Konsuls Joseph Smith aus Venedig. König George IV. (1820-1830) und Königin Victoria (1837-1901) kauften wundervolle holländische und italienische Sammlungen. Obwohl niemals offizielle Angaben gemacht wurden, wird ihr Wert auf Milliarden von Dollar geschätzt.

Die Vermögensverwalter hatten die Idee, die Juwelen und alle Kunstobjekte in einem speziellen Treuhandvermögen zusammenzufassen, um die Stücke zu erhalten. Treuhandvermögen muß nicht versteuert werden. Es beinhaltet Bücher, Möbel und Skulpturen. Elizabeth stimmte dem Plan und dem Namen für dieses Treuhandvermögen - die Königliche Sammlung - bereitwillig zu.

Ein Teil der Kunstsammlung wird ständig in der Galerie der Königin gezeigt. Nach den Bedingungen der neuen Treuhandverwaltung können jetzt mehr Bilder ausgestellt oder rund um die Welt ausgeliehen werden. Die Einnahmen aus den Eintrittsgebühren, die 1992 vier Millionen Dollar betrugen, werden für die Treuhandverwaltung und die Erweiterung der Sammlung genutzt.

Die meisten Parlamentsmitglieder schienen erleichtert und zufrieden über Elizabeth's Einwilligung, endlich Einkommensteuer zu zahlen, doch einige Mitglieder der Labour Partei meinten, sie hätte auch Erbschaftssteuer zahlen sollen.

Die Boulevardpresse roch Blut. Am folgenden Tag brachte die Labour-Zeitung auf der Titelseite die Schlagzeile IHRE MAJESTÄT, DIE STEUERSCHWINDLERIN mit einer Karikatur, die Elizabeth grinsend beim Ausfüllen ihrer Steuererklärung mit einem Taschenrechner zeigt. Unter dem Titel "Spare wie du herrschst" schrieb die Zeitung, Elizabeth's Angebot sei nicht mehr als ein Steuerschwindel und deshalb eine Beleidigung für den Bürger.

Generell hielt man Elizabeth's Entscheidung für richtig. Der konservative "Daily Telegraph" schrieb: „Unter denen, die der Königin für ihre Einwilligung, Steuern zu zahlen, applaudieren, gibt es zwei Fraktionen. Die erste und bei weitem größere möchte, daß die königliche Familie mit einem Teil ihres privaten Einkommens zum Gemeinwohl beiträgt, wie das die Untertanen auch tun. Eine viel kleinere Fraktion sieht dies als den ersten Schritt zur Demontage des königlichen Reichtums und als Reduktion der königlichen Familie auf den ökonomischen Status des Normalbürgers. Die Anhänger dieser Meinung sollten ihre republikanischen Ambitionen eingestehen. Die meisten von uns würden gern erreichen, daß die Königin sich nicht von den Lebensumständen ihrer Untertanen distanziert, denn diese Distanz gefährdet die Sympathie ihrer Untertanen. Sie braucht aber gerade jetzt diese Sympathie wie nie zuvor. Ein Bürger zu sein heißt, Steuerzahler zu sein. Eine der Aufgaben eines zeitgenössischen Monarchen ist es, Oberhaupt der Bürger zu sein..."

Das Murdoch-Blatt "Sunday Times" schrieb: „Die Königin hat sich den Herrschern angeschlossen, die Einkommensteuer zahlen, und damit die Möglichkeit eröffnet, die Spinnweben zu entfernen, die seit Jahrhunderten auf den königlichen Finanzen liegen. Damit hat sie einen historischen Schritt getan, um die Monarchie zu modernisieren. Das muß man begrüßen."

Daß Elizabeth ihre Entscheidung nur widerwillig getroffen hat, bestätigte eine ihrer Hofdamen zwei Wochen nach der Erklärung des Premierministers. Während eines Besuches in East London wurde die Hofdame gefragt: „Ist es schlimm für die Königin, daß sie nun Steuern zahlen muß?" Die Antwort kam sofort: „Sie ist überhaupt nicht glücklich darüber."

Doch eine große Frage blieb offen. Hatte sie genug getan, um die wachsende Kritik an ihrer Familie und der Monarchie zu beschwichtigen? Die Tage der schmeichlerischen Ehrerbietung waren endgültig vorüber. Viele fragten sich, ob die Monarchie noch den Respekt verdiente oder ob die Vorfälle des 'Annus Horribilis' 1992 diesen Respekt so vermindert hatten, daß die königliche Familie im besten Fall als Scharade oder im schlechtesten Fall als Affront, den die Leute nicht länger tolerieren wollten, angesehen wurde.

Außerdem hatte die Nation gezeigt, daß sie nicht bereit war, die Reparatur der ausgebrannten Teile von Schloß Windsor zu zahlen. Es mußte ein anderer Weg gefunden werden. Einer von Elizabeth's Beratern machte den Vorschlag, den Buckingham Palast für zahlende Besucher zu öffnen. Zuerst mißfiel Elizabeth diese Idee, obwohl sie nicht im Buckingham Palast lebte, sondern ihn als Büro benutzen wollte. Winston Churchill hatte sie damals überredet, als Herrscherin die Wochenenden im Palast, das Symbol der Monarchie, zu verbringen. Sie haßte den Gedanken, daß Millionen Fremde durch "ihr" Zuhause trampelten, alles anglotzten und die Nase in ihre Privatresidenz steckten, um die königlichen Möbel, die königlichen Teppiche, Schmuckstücke und Familienporträts zu begutachten. Sie sagte: „Mir läuft ein Schauer über den Rücken, wenn ich nur daran denke." Wenn Elizabeth aber die Kosten nicht selbst bezahlen wollte, gab es keinen anderen Ausweg. Nach vielen Diskussionen kam man überein, den Leuten nur einen Teil des Palastes zu zeigen. Elizabeth würde nur die Teile zugänglich machen, die sie auch persönlichen Besuchern und Staatsoberhäuptern zeigte, die in den Buckingham Palast kamen.

Elizabeth traf schließlich die Entscheidung, welche Räume den öffentlichen Blicken preisgegeben werden sollten. Nun haben die Briten und Touristen aus der ganzen Welt bis 1998 die Möglichkeit, zwei Monate im Jahr die Pracht zu genießen und einen der bemerkenswertesten königlichen Paläste der Welt zu sehen. Wie viele Staatsresidenzen oder Paläste ein Tourist auch bereits gesehen hat, mit der Herrlichkeit des Buckingham Palastes, der Arbeitsresidenz einer amtierenden Monarchin, ist nichts zu vergleichen. Der Palast wird in den nächsten Jahren eine der touristischen Hauptattraktionen der Welt sein. Jährlich werden 400.000 Besucher erwartet. Der Eintritt kostet zwölf Dollar, für Kinder und Rentner gibt es Ermäßigung.

Im ersten Jahr 1993 kamen 377.000 Besucher. Wenn man die administrativen Kosten abzieht, betrug der Gewinn aus den Eintrittsgeldern etwa 2 Millionen Dollar und noch einmal mehr als eine Millionen Dollar aus den Souvenirverkäufen. Ein Sprecher des Buckingham Palastes sagte dazu: „Wir hatten mit 400.000 Besuchern gerechnet, aber die Souvenirverkäufe haben unsere kühnsten Erwartungen übertroffen."

Da Elizabeth darauf besteht, wird der Palast nur acht Wochen im August und September geöffnet, wenn sie in Balmoral ist. Die Königin hat keinen Zweifel daran gelassen, daß sie unter keinen Umständen anwesend sein wird, wenn Touristen durch den Palast strömen.

Sie hat ebenfalls Anweisungen gegeben, am Ende der Saison alle Bereiche wieder in ihren ursprünglichen Zustand zu bringen, so daß es nicht das kleinste Anzeichen dafür gibt, daß jemand durch ihre Residenz geführt wurde.

Nachwort

In den Jahren 1993 und 1994 sah das britische Volk, wie seine königliche Familie mehr und mehr verblaßte und in den Hintergrund trat, da Elizabeth angeordnet hatte, die Treffen des Clans auf königliche Auftritte zu beschränken. Elizabeth hoffte, daß sie den Respekt und die Zuneigung der Nation allmählich wieder zurückgewinnen könnte, wenn sie die Familienmitglieder, die dem Haus Windsor so viel Probleme bereitet hatten, aus dem Rampenlicht zog.

Gewöhnlich standen bei königlichen Festumzügen alle Mitglieder ihrer großen Familie auf dem Balkon des Buckingham Palastes und winkten den jubelnden Massen zu. Jedes Mitglied zeigte sich, die Männer in Militäruniform und die Frauen in ihren besten Kleidern und immer mit Hut. Die Balkonszenen wurden oft genutzt, um den königlichen Kindern einen ersten öffentlichen Auftritt zu verschaffen und sie mit dem königlichen Leben vertraut zu machen. Gleichzeitig konnte das Volk sehen, wie sich die kleinen Mitglieder der königlichen Familie entwickelten.

Bei der Parade 1993 waren nur die älteren Mitglieder anwesend. Keines von Elizabeth's Enkelkindern war an ihrer Seite, und viele aus der jungen Generation fehlten. Prinz Andrew, Prinz Edward, Prinzessin Diana, Prinzessin Anne und ihr Mann Kommandeur Timothy Lawrence nahmen nicht teil. Neben Elizabeth standen nur Prinz Philip, Charles, die Königinmutter, Prinzessin Margaret und der Herzog und die Herzogin von Kent.

Elizabeth's offizielle Geburtstagsfeier am 12. Juni 1993, eine Woche nach dem vierzigsten Jahrestag ihrer Krönung, sollte eigentlich eines der prachtvollsten Ereignisse ihrer Herrschaft werden. Das Fernsehen, die Zeitungen und Magazine hatten an den Krönungstag 1953 erinnert und seitenweise alte Fotos mit Jubelszenen abgedruckt.

Für viele war der offizielle Geburtstag 1993 der Wendepunkt für die königliche Familie. Die Promenade wimmelte dieses Mal nicht gerade von begeisterten, jubelnden Menschen. Es waren viel weniger Leute als sonst gekommen. Über dem Palast hingen Regenwolken, doch das hätte die Massen in den guten Jahren nicht abgehalten.

Nur einen Monat früher hatte Elizabeth die letzte Meinungsumfrage über ihre Familie studiert. Diese Umfrage von ICM (Independent Communications & Marketing) war anläßlich des Jahrestages von Elizabeth's Krönung durchgeführt worden und bot eine düstere Lektüre. Die Nation wollte eine dramatische Veränderung der distanzierten und altmodischen Monarchie, die sie während ihrer Herrschaft verkörpert hatte. Die Leute wollten eine Monarchie skandinavischen Typs mit weniger Mitgliedern. Die weniger hochstehenden Mitglieder sollte anständigen und lohnenden Jobs nachgehen, anstatt nur ein neues Krankenhaus zu eröffnen, einer Wohltätigkeitsveranstaltung vorzustehen oder die Königin bei offiziellen Anlässen zu vertreten.

Elizabeth hatte von diesem Wandel in der Haltung der Nation zu den weniger wichtigen Mitgliedern gewußt, doch sie war schockiert, als sie las, daß die Mehrheit die traditionelle britische Monarchie abschaffen und sie durch eine Monarchie skandinavischen Typs ersetzen wollte. Sie rief ihre Berater zu einem Treffen zusammen und bat sie um Vorschläge für eine Wende oder wenigstens einen Halt in der wachsenden Unzufriedenheit mit ihrem Herrschaftsstil.

Die Umfrage hatte gezeigt, daß die Hälfte der Briten Einsparungen bei den Kosten für den Hof und seinen Unterhalt wollten. 14 Prozent fanden, "die königliche Familie solle gar kein öffentliches Geld mehr erhalten". Die Gruppe der Achtzehn- bis Vierunddreißigjährigen bevorzugte eine abgespeckte Monarchie, und 66 Prozent von ihnen wollten Einsparungen oder gar die Abschaffung der 74 Millionen Dollar, die der Steuerzahler jedes Jahr der Monarchie zur Verfügung stellte.

Die Öffentlichkeit kannte das Ausmaß der Privilegien, die Elizabeth und ihrer großen Familie zugestanden wurden, außergewöhnlich gut. Trotzdem hatte sie keine Ahnung, welche Vorteile die königliche Familie über die Jahre erhalten hatte.

Im Januar 1994 veröffentlichte das Ressort für Erbgüter vor dem Komitee für öffentliche Ausgaben im Unterhaus, das die Ausgaben der Regierung prüft, Details über die königlichen Privilegien. Es stellte sich heraus, daß 268 Mitglieder der königlichen Familie, deren Verwandte und Personal auf Kosten des Steuerzahlers lebten. Das waren wesentlich mehr, als die Parlamentsmitglieder oder die Allgemeinheit angenommen hatte.

Tanten, Onkel und Cousins von jedem Mitglied aus Elizabeth's "königlicher" Familie lebten mietfrei in Gnaden- oder Vorzugswohnungen und beschäftigten verschwenderisch Personal, auch wenn sie nicht auf der Civil List standen.

Im Kensington Palast, dem Zuhause von Diana und ihren beiden Söhnen, leben noch Prinz und Prinzessin Michael von Kent, die allein vier Schlafzimmer und sechs Empfangsräume haben, der Herzog und die Herzogin von Gloucester, die ebenfalls vier Schlafzimmer und sieben Empfangszimmer haben, und Prinzessin Margaret mit drei Schlafzimmern und vier Empfangsräumen.

Im St. James Palast, etwa 150 Meter vom Buckingham Palast entfernt, haben Prinzessin Alexandra und ihr Mann Angus Ogilvy fünf Schlafzimmer und vier Empfangszimmer, und der Herzog und die Herzogin von Kent haben vier Schlafzimmer und sechs Empfangsräume. Sie haben außerdem noch ein anderes Haus auf dem Grundstück in Sandringham. Alle außer Diana und Margaret wohnen kaum in ihren Räumen im Palast, sondern auf ihren großen, mit allem Personal ausgestatteten Landsitzen in verschiedenen Teilen des Landes.

Für die Bediensteten der königlichen Familie werden Wohnungen für 13 Chauffeure, 55 Privatsekretäre, 47 Hausangestellte, 41 Stallknechte und Farmarbeiter, 6 Gärtner sowie für 42 zusätzliche Handwerker, Portiers und anderes Personal bereitgestellt. Auf Schloß Windsor leben unentgeldlich 13 pensionierte Ritter des Militär und 27 andere Pensionäre, die früher im Dienst eines Familienmitglieds gestanden hatten.

Der Labourabgeordnete Alan Williams vom Komitee für öffentliche Ausgaben meinte dazu: „Es ist empörend. In keiner anderen westlichen Demokratie werden die untergeordneten Personen der entfernteren königlichen Familie vom Steuerzahler ausgehalten. Ich bin dagegen, das weiterhin so zu handhaben."

Für Elizabeth war die Umfrage nicht gerade ermutigend, denn die Stimmung war ihr gegenüber nicht mehr so günstig. Die große Mehrheit von 81 Prozent fand, sie hätte als Königin "ihren Job gut gemacht". Doch es gab ein Gefühl von Anteilnahme und Mitleid mit ihr. Elizabeth wollte den Respekt und die Bewunderung der Nation, aber nicht ihr Mitleid. 65 Prozent glaubten, "sie wäre ihren Kindern eine gute Mutter gewesen, hat sie aber fallengelassen". Nur 61 Prozent der Frauen hielten sie für eine gute Mutter.

Trotz ihres ständigen Bemühens, mehr zu lächeln und in der Öffentlichkeit glücklicher zu wirken, meinten 64 Prozent der befragten Briten, sie wirke noch immer düster, und drängten sie zu mehr Heiterkeit im öffentlichen Leben. Sie und ihre guten Bekannten wissen, daß sie im Grunde einfach kein fröhlicher, glücklicher und lächelnder Mensch ist.

Für Charles und Diana, Andrew und Fergie sowie für Anne und die jüngeren Mitglieder der Familie war die Umfrage eine positive Lektüre. Die meisten Leute wollten keine strengeren moralischen Standards. 57 Prozent sprachen sich dafür aus, sie sollten das gleiche Recht auf eine Scheidung haben wie alle anderen auch. Trotzdem meinten 57 Prozent, die jüngeren Mitglieder sollten ein Beispiel geben und keine außerehelichen Affären haben. Die Öffentlichkeit mißbilligte strengstens die Veröffentlichung der "Dianagate" und "Camillagate" Bänder. 63 Prozent waren der Meinung, die Medien dürften keine Gespräche von privaten Telefonen veröffentlichen.

Ein wichtiger Aspekt der Umfrage erleichterte Elizabeth und Charles. 76 Prozent stimmten seiner Thronbesteigung auch nach einer Scheidung zu. Nach der Trennung von Charles und Diana hatten Verfassungsrechtler monatelang über die Probleme der Monarchie gestritten. Schließlich kamen die Anwälte zu der Meinung, es gäbe keine Verfassungsprobleme, die Charles die Thronbesteigung wegen der Trennung oder einer Scheidung unmöglich machen würden. Die zweihundert Jahre alten Regeln für die königlichen Eheschließungen verbieten lediglich, daß der Monarch eine römisch-katholische Frau heiratete. Diese Parlamentsgesetze sagten weder etwas über eine Trennung noch über eine Scheidung.

In der ungeschriebenen britischen Verfassung sind Präzedenzfälle das Wichtigste. Man fand einen. Als George I. 1714 den Thron bestieg, hatte er sich nicht nur von seiner Frau Sophia Dorothea scheiden lassen, sondern hielt sie auch noch in einem düsteren, feuchten Schloß gefangen. Die Abdankung Edwards VIII. war eine moralische Krise, aber keine Verfassungskrise.

Es war unwahrscheinlich, daß Großbritannien zum Beispiel im Jahr 2010 keinen geschiedenen König akzeptieren würde. Dann wäre Elizabeth vierundachtzig Jahre alt. Dianas Position als geschiedene Frau war da viel komplizierter. Im Moment verdankt Diana ihre Position und ihren Titel ausschließlich der Heirat mit dem Prinz von Wales.

Wenn Charles und Diana weiterhin getrennt leben, würde dieser Status nicht angetastet werden. Mit der Einwilligung von

Prinz Charles würde man sie zur Königin krönen. Wenn Charles sich aber gegen einen solchen Schritt stellt, hätte er die Macht und auch das Recht, die Krönung zu blockieren. Elizabeth und ihre Verfassungsrechtler haben Diana das alles detailliert erklärt, damit sie über ihre Zukunft nicht im Zweifel gelassen wird.

Trotz Dianas Versuche, der Zwangsjacke des königlichen Lebens zu entfliehen, muß sie verärgert die Macht erkennen, die Elizabeth und Charles noch immer über sie haben. Diana ist entschlossen, eines Tages als Gemahlin des Herrschers auf dem Thron zu sitzen, auch wenn es Charles ist, den sie verachtet. Sie hat "diese Hure" noch nicht vergessen. Was auch geschehen wird, Diana ist fest entschlossen zu verhindern, daß Camilla Parker Bowles neben Charles auf dem Thron sitzen und damit ihre Position als Mutter der beiden Thronfolger Wills und Harry an sich reißen wird.

Sollten sich Charles und Diana scheiden lassen, würde Diana, falls sie nicht wieder heiratet, ihren Rang behalten, doch sie könnte nicht Königin werden. Bei einer Scheidung bliebe sie zwar die Prinzessin von Wales, doch man könnte ihr den Titel Königliche Hoheit abnehmen. Diese Entscheidung würde Elizabeth treffen müssen.

Wenn man Diana diesen Titel abnähme, wäre ihre Position abgewertet. Alle Familienmitglieder, die den Titel Königliche Hoheit tragen, stünden dann über ihr. Außerdem würde man das als persönliche und direkte Beleidigung Dianas auffassen, denn sie bleibt ja die Mutter von Prinz William, dem Thronfolger.

Dianas Position würde noch schwieriger werden, falls Charles wieder heiratet. Dann gäbe es zwei Prinzessinnen von Wales. Dianas Stellung würde in dem Scheidungsurteil festgelegt werden. Sie wird sicher dafür sorgen, daß das Urteil ihr die Position in der Familie garantiert. Sie hält drei Trümpfe in der Hand: sie ist die Mutter des Thronfolgers, sie ist das beliebteste königliche Familienmitglied, und sie könnte ernsthafte Peinlichkeiten verursachen und der königlichen Familie viel Schaden zufügen, falls sie sich jemals entschließen sollte zu plaudern. Wenn Diana wieder heiratet, würde sich ihr Status ändern. Sie müßte den Status ihres neuen Mannes übernehmen. Wenn sie einen ganz gewöhnlichen Mr. Smith heiratet, behält sie ihren angeborenen Titel und wäre Lady Diana Smith.

Trotz der Dramen in den frühen neunziger Jahren und dem Scheitern der königlichen Ehen gibt es keinen Grund zu der Annahme, daß die Mehrheit des britischen Volkes das Haus Windsor oder die Monarchie loswerden will. Die Mitglieder der königlichen Familie sind weiterhin beliebt, und ihre Anstrengungen im Wohltätigkeitsbereich werden anerkannt. 1992 kam die Familie 2.946 Verpflichtungen nach. Die Aktivitäten der Windsors haben sich seit der Hochzeit von Charles und Diana 1981 sogar noch verdoppelt. Den Buckingham Palast erreichen noch immer säckeweise Einladungen von Organisationen, die einen Auftritt eines der Familienmitglieder wünschen.

In Australien dagegen hat die wachsende Enttäuschung über die Monarchie zu einer ernsthaften politischen Diskussion geführt. Premierminister Paul Keating will die Monarchie durch eine Republik ersetzen und Elizabeth die Rolle des Staatsoberhauptes nehmen.

Am Ende des Ersten Weltkrieges wurde der Begriff British Empire durch Commonwealth of Nations ersetzt, nach dem Zweiten Weltkrieg wurde daraus der Name Commonwealth. Es ist jetzt ein freier Zusammenschluß souveräner, unabhängiger Staaten und einigen noch immer abhängigen Gebieten. Nachdem Elizabeth 1952 den Thron bestiegen hatte und die Vereinigung souveräner Staaten den Entschluß faßte, alle zwei Jahre Konferenzen abzuhalten, bot man ihr an, Oberhaupt des Commonwealth zu werden. Sie nahm diese Position bereitwillig an.

Australien ist heute eine parlamentarische Monarchie mit Königin Elizabeth als Staatsoberhaupt. Ein Generalgouverneur vertritt sie dort. Wenn Australien Republik wird, wird es wohl Mitglied des Commonwealth bleiben. Auch Indien ist im Commonwealth geblieben, nachdem es 1950 Republik geworden war.

Bis vor kurzem war Australien eines der loyalsten Länder des Commonwealth. Umfragen zeigten, daß die Haltung der Australier gegenüber der britischen Krone leidenschaftlicher ist als die der Briten selbst. Das Motto der australischen Hauptstadt Canberra lautet: „Für die Königin, das Recht und das Volk." Die herzliche Haltung zu Großbritannien und der Krone hat sich jedoch schnell und dramatisch geändert.

Monarchisten in Großbritannien befürchten, daß auch dort der Tag, an dem sich das Volk von der Monarchie abwendet, nicht mehr weit sein könne. Die letzte Umfrage von MORI (Marketing and Opinion Research International) zeigt, daß 85 Prozent der Bevölkerung zwar davon überzeugt sind, daß die britische Monarchie im Jahre 2002 noch existieren wird, doch weniger als die

Hälfte der Nation glaubt, daß sie in fünfzig Jahren abgeschafft sein wird.

Australien hat bereits den ersten entscheidenden Schritt getan, um im Jahr 2000, wenn die Olympischen Spiele in Sydney stattfinden, eine Republik zu werden. Premierminister Keating hat im September 1993 Balmoral besucht und es Elizabeth in einem stundenlangen Gespräch erklärt. Nach dem Gespräch sagte er: „Ich habe Ihrer Majestät erklärt, daß, ungeachtet des tiefen Respekts und der warmen Zuneigung zu ihr, das Gefühl wächst, Australien solle die notwendigen Verfassungsänderungen durchführen, um die Einsetzung eines australischen Staatsoberhauptes möglich zu machen."

Er hatte ihr erklärt, es sei widersprüchlich für Australien, einen englischen Monarchen als Staatsoberhaupt zu haben, weil Australien ein multikultureller Staat geworden sei. Er halte die Zeit für gekommen, Australiens Identität als unabhängige Nation zu verankern. Diesen Prozeß konnte Elizabeth weder aufhalten noch verschieben, so traurig es sie auch stimmte. Sie ist gesetzlich dazu verpflichtet, dem Rat der australischen Regierung zu folgen.

Paul Keatings Besuch bei Elizabeth ließ die Royalisten erschauern, denn sie fürchteten, auch die britische Monarchie könnte bald als unwichtig angesehen werden. Die Berater der Königin rechnen damit, daß eine britische Regierung eines Tages fordern würde, den gleichen Weg wie Australien zu gehen. Der Monarch kann in diesem Fall zwar die öffentliche Meinung mobilisieren, doch er muß sich dem Rat der dann amtierenden Regierung beugen.

Australiens Wunsch, eine Republik zu werden, machte Elizabeth klar, daß auch andere Länder des Commonwealth diesen Wunsch haben könnten. Einen Monat nach dem Gespräch mit Paul Keating begrüßte Elizabeth die Führer der sechzehn Nationen des Commonwealth auf ihrer zweijährlichen Konferenz.

Sie sagte: „Ich habe genügend Erfahrung, die mich abhalten, darauf zu wetten, wie viele Länder in vierzig Jahren noch im Commonwealth vereinigt sein werden und welche das sein könnten. Ich werde auch nicht darauf wetten, wie viele von Ihnen das Oberhaupt des Commonwealth noch als Staatsoberhaupt haben werden." Elizabeth war darauf vorbereitet, daß die Nationen zukünftig Republiken werden wollen. Sie entschloß sich, dieses Thema offen, bereitwillig und freundlich anzuschneiden, und erhielt Beifall für ihre Rede.

Elizabeth fürchtet, daß der Mangel an Bedeutung stärker noch als die offene Opposition zur Krone das Ende der britischen Monarchie einläuten könnte. Einige Politiker argumentierten nach dem Scheitern der Ehe zwischen Charles und Diana, es sei absurd, daß am Ende des zwanzigsten Jahrhunderts Prinzessin Dianas mögliche Krönung als Sache von nationaler Bedeutung behandelt und vom Premierminister im Parlament verkündet werde.

Und doch unterstützen die meisten Umfragen kaum eine konstitutionelle Monarchie. Diskussionen über die Ersetzung des Herrschers nach Erbrecht durch einen gewählten Präsidenten gibt es kaum. Es gibt immer noch soviel echte Bewunderung und Zuneigung zu Elizabeth, daß nicht viele am Thron rütteln würden, während sie noch lebt.

Der Konsens scheint darin zu liegen, daß die britische Monarchie sich verändern muß. Elizabeth's Entscheidung, Steuern zu zahlen und die Ausgaben für die entfernteren Familienmitglieder zu übernehmen, ist ein Anfang gewesen. Politiker fragen sich, ob ein Monarch, der sein ganzes Leben in einem Elfenbeinturm gelebt hat, verläßliche und gute Entscheidungen treffen kann. Viele Politiker glauben, daß ihre normalen Berater nicht auf dem Stand der Dinge sind, weil sie nicht in Berührung mit dem "richtigen" Leben außerhalb der engen Palastgrenzen stehen.

Jahrhundertelang wurde Großbritannien von denen regiert, die in drei Londoner Palästen gelebt, gearbeitet und Macht ausgeübt haben. Gemeint sind der Lambeth Palast, seit fünfhundert Jahren das Zentrum der in England etablierten Kirche, der Westminster Palast, die Wiege des Parlaments vor dreihundert Jahren, und der Buckingham Palast, in dem die Monarchen der Nation seit fünfhundert Jahren ein privilegiertes Leben führen. Während sich das nächste Jahrtausend nähert, befinden sich alle drei Institutionen in einer Krise. Wieder und wieder hat es Zweifel gegeben, ob die britischen Monarchie überleben könne, nicht nur in Westminster oder Lambeth, sondern in ganz Europa. Doch nie hat die königliche Familie eine solche Krise durchgemacht wie heute.

Viele höhere Politiker halten nichts davon, in die Institutionen der derzeitigen Monarchie einzugreifen, da sie glauben, Großbritannien würde allmählich ins Chaos stürzen. Premierminister John Major hält die Monarchie für einen wesentlichen Teil der politischen Landschaft, den man besser in Ruhe lassen solle. Das festverwurzelte Establishment, hinter dem sich die britische Aristokratie verbirgt, braucht keinen Wandel. Paddy Ashdown, der Führer von Großbritanniens Liberaldemokraten und Geheimer Staatsrat, fordert eine "fundamentale Modernisierung". Die große Mehrheit der britischen Mittelklasse, zu der 70 Prozent der Nation zählen, wünscht eine Veränderung nach dem Modell der nordeuropäischen Länder, das nüchterner, offener und transparenter ist. Sie wollen die privilegierte Existenz, die die Mitglieder der königlichen Familie jetzt haben, beschneiden, wenn nicht gar für die entfernteren Mitglieder ganz abschaffen.

Eine Umfrage unter den hundert Mitgliedern des Parlaments nach den gescheiterten Ehen von Charles und Andrew, machte einen fortschreitenden Republikanismus deutlich. Vierundzwanzig Parlamentsmitglieder, also ein hoher Prozentsatz, sprachen sich dafür aus, Großbritannien solle eine Republik werden. Zweiunddreißig sprachen sich für eine Reform nach schwedischem und holländischem Modell aus, sie wollten den Pomp und leeren Prunk nicht mehr. Nur vierzehn wünschten keine Veränderung.

Bei einer Umfrage unter mehr als dreitausend Mitgliedern der Konservativen wurde 1994 starke Kritik am Verhalten der königlichen Familie geäußert. Diese Umfrage unter der ultraloyalen britischen Gruppe durch das Zentralbüro der Tories verdeutlichte, daß die Tory-Mitglieder Elizabeth zwar sehr zugeneigt sind, daß aber das Verhalten anderer Familienmitglieder und die kaputten königlichen Ehen ihr Image beschädigt hatten.

Nachdem die Medien, besonders die Boulevardpresse, für ihre Berichterstattung über das Königshaus, kritisiert wurden, hofften viele Gruppen, daß die königliche Familie ihren hohen Standard aufrechterhält, um öffentliche Unterstützung zu erhalten.

Die landesweite Umfrage zeigte auch, wie gespalten die Tories die Zukunft der Monarchie sehen. Während alle 380 lokalen Gruppen die Monarchie erhalten wollen, ist man doch geteilter Meinung darüber, ob die königliche Familie ihr Mysterium bewahren oder sich nach skandinavischem Modell bürgernaher entwickeln solle. Einige meinten, die königliche Familie müsse ihr Image aufbessern, wenn sie in der derzeitigen Form überleben wolle.

Die gleiche Umfrage machte den Wunsch nach Beibehaltung des Oberhauses deutlich, obwohl manche Gruppen meinten, man solle die Pairswürde nicht mehr erblich übertragen können. Viele sagten, die Pairs sollten nur zugelassen werden, wenn sie eine minimale Anwesenheit pro Jahr im Oberhaus vorweisen können. Während Elizabeth's Herrschaft gab es einige kleinere Verfassungsänderungen. Die lebenslange Pairswürde wurde 1958 eingeführt, und das Oberhaus wurde dadurch repräsentativer. Seit 1963 kann man die ererbte Pairswürde ablehnen, wenn man möchte.

Doch es gab keine Veränderung, die die fundamentalen Privilegien berührt hätte. In den neunziger Jahren besaßen 5 Prozent aller Menschen 90 Prozent des Reichtums. Diejenigen, die nach einer Veränderung rufen, sehen Elizabeth als Symbol für diesen Zustand, den einige "obszön" nennen.

Jetzt werden Rufe nach einer Veränderung der Verfassung nicht nur von links, von den Republikanern oder weniger Privilegierten laut, sondern auch von der Königsfamilie selbst. Eine Veränderung, die Elizabeth mit Charles besprochen hat, ist die Absetzung der Herrscherin als Oberhaupt der Kirche von England. Sie glauben, daß eine Trennung von Kirche und Monarchie im Interesse beider Institutionen liegt.

Paddy Ashdown kommentierte das so: „Ich denke nicht, daß es der Kirche guttut, wenn der Monarch ihr Oberhaupt ist. Ich glaube auch, daß es weder der Nation guttut noch dem Regierungssystem, wenn es eine Verbindung zwischen dem Ethisch-Religiösen und der Macht des Staates gibt."

Ein Vorschlag wäre, daß der Premierminister eine Kommission aus Geheimen Staatsräten beider Institutionen beruft, die darüber diskutiert. Elizabeth, der "höchste Chef" der Kirche, ist dafür, die Doktrin zu reformieren und alle Verbindungen zum Staat zu lösen.

Gleichzeitig glaubt Charles, daß eine Aufhebung des Königlichen Ehegesetzes aus dem Jahr 1772 dringend notwendig ist. Nach diesem Gesetz kann das Parlament bei königlichen Hochzeiten die Braut oder den Bräutigam ablehnen.

Die größte Bedrohung für die Zukunft der Monarchie kommt nicht von ihren Feinden, sondern von den zunehmend Gleichgültigen, die die Monarchie einfach nicht mehr für wichtig halten. Das Unbehagen ist groß. Große Teile der jungen Generation haben keinen Respekt und keine Ehrfurcht mehr vor der königlichen Familie. Sie kümmert das einfach nicht mehr. Die Aufmerksamkeit der älteren Generation ist jedoch immer noch groß. Viele wollen bei einem Besuch ihrer Heimatstadt einen Blick auf die königliche Familie erhaschen. Prinzessin Diana zieht noch immer die Massen an.

Die Relevanz der britischen Monarchie im einundzwanzigsten Jahrhundert wurde im Mai 1993 in London diskutiert, als

Rupert Murdochs Londoner Zeitung "Times" und die Menschenrechtsgruppe Charter 88 ein sehr umfassendes Forum zu diesem Thema organisierten. Wenn eine solche Debatte vor fünfundzwanzig Jahren stattgefunden hätte, wäre das als Hochverrat betrachtet worden, doch die heutige Diskussion zeigt, wie stark sich die öffentliche Meinung in dieser Zeit entwickelt hat.

Die neunzig Redner und fünfhundert Gäste konnten keinen Konsens finden, doch die Konferenz drückte die nationale Besorgnis über die konstitutionellen Vereinbarungen aus, die die Lebensart der Briten bestimmen. Es wurden mehr Zweifel geweckt als Entscheidungen getroffen. Einige Monarchisten wurden davon überzeugt, daß die Krone durch einen prüfenden Blick nur gewinnen könne. Einige Republikaner wurden daran erinnert, wie unvorhersehbar die Konsequenzen sein könnten, die ein Erfolg ihrerseits bringen könnte. Elizabeth verfolgte die Konferenz sehr aufmerksam und las jeden Tag die Berichte darüber in allen Zeitungen.

Sie bemerkte, daß die Konferenz die Europäische Union als wichtiges Argument für eine mögliche Veränderung sah, nicht nur für die Monarchie, sondern auch für die Kirche, das Parlament und die Gerichte. Viele drückten ihre Sorge darüber aus, daß eine ungeschriebene Verfassung und eine Erbmonarchie wie die britische keinen Platz im neuen Europa haben könnten.

Großbritanniens ungeschriebene Verfassung mit dem Herrscher als Oberhaupt einer parlamentarischen Monarchie könnte Probleme verursachen, falls Europa politisch zusammenwächst und eine Währungsunion bildet. Alle anderen europäischen Länder haben festgeschriebene Verfassungen. Die britische Verfassung ist einzigartig, weil sie nicht schriftlich festgelegt ist, sondern sich auf Gewohnheitsrechte und Präzedenzfälle, die sich im Laufe der nationalen Entwicklung ergeben haben, stützt. Es gibt ein paar Gesetze, die bis zur Magna Carta von 1215 zurückreichen.

Die Konferenz beschäftigte sich mit Elizabeth's Rolle als Oberhaupt der Kirche von England und damit als Verfechter des Glaubens. Nur wenige Briten sehen Elizabeth in dieser Rolle, obwohl sich die Buchstaben FD für Fiedei Defensor (Verteidiger des Glaubens) auf jeder einzelnen britischen Münze befinden.

Die höheren Geistlichen in der Kirche von England drängen nun auf eine Trennung vom Staat. Dieser Gedanke hätte noch vor einer Generation Schrecken ausgelöst. Elizabeth weiß, daß die

Kirche in einer tiefen Krise steckt. Seit 1945 hat der Besuch der anglikanischen Kirchen so abgenommen, daß nur noch 2,4 Prozent der Bevölkerung regelmäßig wöchentlich zur Kirche gehen. Dadurch hat sich die Autorität der Kirche und ihrer Lehren entsprechend vermindert.

Die derzeitige Unruhe in der Kirche ist in erster Linie durch den Entschluß entstanden, weibliche Priester zuzulassen. Von 10.000 anglikanischen Priestern sind etwa 3.500 gegen weibliche Priester. Mehr als 1.000 traditionalistische Vikare haben angedroht, daß sie die Kirche verlassen würden, falls die erste Frau zur Priesterin geweiht wird. Viele wollen der Kirche von Rom beitreten, die bereits jetzt mehr Kirchgänger hat als die etablierte Kirche des Landes.[4]

Elizabeth's zweifache Rolle als Staats- und Kirchenoberhaupt war zweifelhaft geworden durch die Scheidungen in ihrer Familie, besonders durch die Trennung von Charles und Diana. Die anglikanische Kirche ist hartnäckig gegen die Scheidung. Trotzdem ist anzunehmen, daß Charles und Diana sich eines Tages scheiden

---

4 Im Januar 1994 brach der erste Angehörige des Königshauses mit der Kirche von England. Die Herzogin von Kent erklärte, sie würde den Anglikanismus aufgeben und der Römisch-Katholischen Kirche beitreten. Obwohl nach dem Heiratsgesetz von 1700 kein Mitglied der königlichen Familie einen Katholiken heiraten darf, ist der achtzehnte Platz des Herzogs von Kent in der Thronfolgerlinie nicht gefährdet, weil die Herzogin nicht katholisch war, als sie 1961 geheiratet haben. Bevor sie diesen dramatischen Schritt unternahm, hatte die Herzogin die Erlaubnis von ihrer Cousine Elizabeth einholen wollen. Elizabeth konsultierte höhere Bischöfe der Kirche von England. Sie würde der Forderung ihrer Cousine nachgeben müssen, doch gleichzeitig würde ihre eigene Position als Oberhaupt der Kirche immer unhaltbarer, wenn ein Familienmitglied die Kirche verließ. Die Konvertierung der Herzogin hätte zu keiner unpassenderen Zeit kommen können, nämlich Monate vor der Weihung der ersten weiblichen Priester. Die anglikanischen Bischöfe wußten, daß sich die Herzogin gegen die Priesterweihe für Frauen ausgesprochen hatte. Ihre Entscheidung gab den Anglikanern moralisch Auftrieb, die Kirche zu verlassen, und der Lambeth Palast fürchtete, andere Anglo-Katholiken könnten ihrem Beispiel folgen. Die Herzogin war immer tief religiös gewesen. Sie ist der Meinung, ihr strenger Glaube habe sie 1977 gerettet, als sie mit vierundvierzig Jahren bei ihrem vierten Kind eine Fehlgeburt erlitt. Sie hatte Depressionen, zog sich aus dem öffentlichen Leben und von ihren Pflichten zurück und verbrachte einige Monate im Krankenhaus.
Ihr Sohn George, der Earl von St. Andrews, heiratete im Januar 1988 eine Katholikin und nahm von seinem Platz in der Thronfolgerlinie Abstand. Ihre Hochzeit fand in einem Standesamt in Schottland statt und unterschied sich stark von der wunderbaren Hochzeit seiner Mutter im Münster von York.

lassen werden. Dann hätte die Kirche einen geschiedenen Monarchen als Oberhaupt.

Im Dezember 1993 wurden Elizabeth und Charles wegen der Scheidungsfrage und dem Ehebruch herausgefordert. Ein hohes Mitglied der Kirche, der Erzdiakon von York, der Ehrwürdige George Austin, sagte, wenn die Berichte über eine Affäre zwischen Charles und Camilla Parker Bowles stimmten, dann sei es sehr fraglich, ob Charles das Recht habe, der nächste König zu werden. Eine so schwere Attacke von seiten eines hohen Geistlichen brachte die Erinnerungen an die Abdankung von König Edward VIII. zurück, denn die Forderung, Edward müsse abdanken, wurde erst nach der Bemerkung eines hohen Kirchenmannes laut.

Elizabeth und Charles waren wütend darüber, daß dieser Angriff nur wenige Tage, nachdem Diana ihre Entscheidung, sich aus dem öffentlichen Leben zurückzuziehen, bekanntgegeben hatte, kam. Er mußte als weiterer destabilisierender Einfluß auf den britischen Thron gesehen werden, und der Streit um Charles' Eignung als künftiger König mußte beendet werden.

Elizabeth hat immer geglaubt, daß Charles ihr folgen wird. Charles glaubte immer, es sei sein Recht und seine Pflicht, die Nachfolge seiner Mutter anzutreten. Charles hat nicht einen Moment lang daran gedacht, seinem Sohn William den Thron weiterzureichen, obwohl es Gerüchte und Gerede gab, er wolle nicht der nächste König werden. Ein ehemaliger Sekretär von Charles sagte: „Charles ist vielleicht nicht gerade verrückt danach, König zu werden. Doch er ist fest entschlossen, seiner Mutter nach ihrem Tod zu folgen. Das ist sein Schicksal und seine Pflicht."

Nicholas Soames ist einer von Charles' Stallmeistern und ein enger Freund. Er sprach mit Charles und erhielt die Erlaubnis, zum ersten Mal nach dem Scheitern von Charles' Ehe zurückzuschlagen. Soames ist Ernährungsminister in der Regierung von John Major. Er ging so weit, die Politikredakteure einiger Zeitungen anzurufen und den Angriff des Erzdiakons als "schändlich, verletzend, ignorant und kränkend" zu beschreiben. Soames ließ die Redakteure nicht darüber im Zweifel, daß er mit der vollen Zustimmung des Palastes und Prinz Charles' sprach. Soames sagte: „Charles hat keinen Ehrgeiz, der Thronfolger zu sein. Es ist eine Pflicht, die Charles in einem traurigen Moment seines Lebens bevorstehen wird. Er wird den Thron erben, und damit hat sich die Sache."

Zur gleichen Zeit brach eine stürmische Diskussion über Charles' Eignung als künftiger König aus. Eine Umfrage von MORI vom Dezember 1993 zeigte, daß 65 Prozent der Befragten meinten, Charles solle nicht König werden, wenn er sein Verhältnis mit Camilla fortsetze, selbst wenn er sich von Diana scheiden lasse.

In vielerlei Hinsicht war die Umfrage von MORI für Charles und Elizabeth besorgniserregender als der Angriff des Geistlichen, denn sie zeigte, daß die Briten Charles wegen Camilla immer feindlicher gegenüberstanden. Nie zuvor hatten Umfragen ein solches Ergebnis gehabt. Die Haltung der Nation schien merkwürdig, denn 1993 hatten andere Umfragen ergeben, daß 70 Prozent der verheirateten Männer und 60 Prozent der verheirateten Frauen in Großbritannien einen Ehebruch zugegeben hatten.

Die Krise zwischen dem Buckingham Palast und dem Lambeth Palast wurde noch mit Westminster verbunden. Dort gab es ebenfalls radikale Änderungen und eine Autoritätskrise. Eine Trennung von Kirche und Staat könnte es nicht ohne Änderungen im Oberhaus geben, der oberen Kammer des Parlaments. Bei einem solchen Umbruch würden die Bischöfe wahrscheinlich ihre ständigen Sitze im Oberhaus aufgeben müssen. Ein solcher Schritt würde dem Oberhaus, das viele für einen gemütlichen Club halten, eine umfassende Reform bescheren. Man spricht wirklich oft vom Oberhaus als dem "besten Club von London".

Während des letzten Jahrzehnts nahmen 60 Prozent der Pairs an den Sitzungen gar nicht erst teil, und 85 Prozent der Pairs ergriffen nicht einmal das Wort. Viele sehen das Oberhaus, das nicht gewählt wird, sondern durch Pairs mit Erbfolge besetzt ist, als schamlosen Anachronismus, weil diese Leute das Recht auf ihren Sitz und ihre Stimme einzig und allein durch den Zufall der Geburt erhalten.

1993 sprach der Labour Führer John Smith vor den Mitgliedern, die einen Wechsel befürworten. Er sagte: „Das Erbrecht im Oberhaus muß aufgegeben werden. Ich habe nie verstanden, wie man so etwas überhaupt verteidigen kann." So denken die meisten britischen Wähler. Das Oberhaus hat eine äußerst wichtige Funktion, denn es dient als korrigierendes und beratendes Organ, das dem Unterhaus untersteht und oft schlecht abgefaßte Gesetze ausbügelt.

Im Vertrag von Rom, der gesetzlichen Grundlage der Europäischen Union, wurden die Direktwahlen zum Europäischen

Parlament eingeführt. Jetzt sitzen 410 Mitglieder aus ganz Europa im Europäischen Parlament. Wenn sich Europa noch enger zusammenschließt, wird das Europäische Parlament mehr Macht erhalten und die Macht der einzelnen Parlamente in den europäischen Ländern untergraben.

Das hätte auch Auswirkungen auf die britische Monarchie, die dann wirklich in ihrer heutigen Form überholt wäre. Der Monarch könnte auf dem Thron bleiben, eine Krone tragen, im Buckingham Palast leben und manchmal in einer gläsernen Kutsche die Promenade entlangfahren. Doch der Herrscher würde im konstitutionellen Leben der Nation keine Rolle mehr spielen. Die größte Befürchtung der britischen Monarchisten ist, daß die Monarchie nur noch Dekoration sein wird.

Was Elizabeth vielleicht noch mehr Sorgen bereitet, zeigte eine Umfrage von MORI im Jahr 1992. 75 Prozent der Nation hielten die königliche Familie für zu reich, während die Hälfte sie als "teuren Luxus, den das Land sich nicht leisten kann" sahen.

Aus diesen Gründen glaube ich, daß das Überleben der Monarchie im nächsten Jahrhundert von weiteren radikalen Änderungen abhängig sein wird. Die von Elizabeth initiierten Veränderungen sind ein Anfang. Doch sie müssen weitergeführt werden, bis es eine neue Monarchie gibt, die den Aberglauben und das göttliche Recht der Könige abschafft. Alles, wofür die Krone steht - ererbter Reichtum, angeborene Vorzüge, Ungleichheit - sind Aspekte, die das Volk einfach nicht länger toleriert und die Unbeliebtheit der Monarchie langsam aber sicher noch verstärken. Elizabeth's Reichtum wird immer öfter als unangemessen betrachtet, denn Großbritannien ist in Europa eine zweitrangige Macht. Die Armut nimmt zu, und die öffentlichen Leistungen verschlechtern sich zunehmend. Das Image der Königin mit drei Palästen und anderen königlichen Residenzen wird in einem Land mit akutem Wohnungsmangel immer schlechter. Diese Verstimmung hat weniger mit Neid zu tun als mit Sinn für Gerechtigkeit.

Da sich Großbritannien langsam zu einer gleichberechtigten Gesellschaft entwickelt, glaubt man, daß die alte Klassentrennung, die durch die Monarchie aufrechterhalten wird, so viel Ungerechtigkeit und Disharmonie gebracht hat, daß sie abgeschafft werden muß. Die Institution der Monarchie in ihrer jetzigen Form fordert Ehrerbietung, glorifiziert die Vergangenheit, festigt die Klassenunterschiede und begründet das trennende Gefühl von „wir da unten und die da oben".

Doch auch andere Trennungen in der Gesellschaft müssen aufgehoben werden, wenn die Krone überleben oder gar gedeihen will, sei es nun in traditioneller Form oder nach skandinavischem Muster. Keine Trennung innerhalb der britischen Gesellschaft ist schändlicher als die Rassentrennung. In Großbritannien gehen Rasse und Religion oft Hand in Hand.

Faktisch ist Elizabeth die Herrscherin der Katholiken, Nonkonformisten, Juden, Hindus, Moslems, Sikhs und Buddhisten. Viele finden es höchst ungerecht, daß die Monarchin das Oberhaupt einer etablierten Kirche ist, während es noch sechs oder sieben andere Glaubensrichtungen zu verteidigen gibt.

Das Verhalten der jüngeren Mitglieder der königlichen Familie hat die Aufmerksamkeit der Welt auf sich gezogen. Die Menschen stellen die Notwendigkeit einer konstitutionellen Monarchie in Frage. Es sind unleugbar die jüngeren Mitglieder, die dafür verantwortlich sind. Die meisten Meinungsumfragen zeigen, daß drei Viertel der Nation die gescheiterten königlichen Ehen verantwortlich für den Stimmungswechsel gegenüber der Krone machen. Es gibt immer noch Schmeicheleien für die reizende Prinzessin Diana und Respekt vor Elizabeth, doch Verachtung und Spott für eine Reihe entfernterer Mitglieder.

Eine neue professionelle Monarchie, die Großbritannien meiner Meinung nach braucht, sollte sich auszeichnen durch den bewußten Versuch, die Ähnlichkeiten zwischen dem Herrscher und seinen Untertanen zu betonen, anstatt die Unterschiede aufrecht zu halten. Der Herrscher sollte klar definierte Pflichten haben, die sorgfältig festgelegt werden. Ich meine, daß der Rest der Familie, außer dem Gemahl des Herrschers und dem Thronfolger, seinen Sonderstatus verlieren sollte. Dann kann der Respekt vielleicht wieder zurückgewonnen werden. Doch das wird ein schwerer Kampf. Wenn Elizabeth weiter daran glaubt, daß sie von der Vorsehung zur Herrscherin bestimmt wurde, dann wird sie einfach zusehen, wie die britische Monarchie die Wertschätzung, den Respekt und die Bewunderung der Nation verlieren wird. Ich kann nicht glauben, daß Elizabeth das möchte. Wenn die Krone und ihre Familie gedeihen sollen, muß sie schwierige Entscheidungen treffen und darf nicht auf den Ratschlag derer hören, die noch anderen Zeiten nachhängen.

Elizabeth ist nun achtundsechzig Jahre alt, und sie hat niemanden, der ihr nahesteht und an den sie sich um Rat wenden kann. Schon vor langer Zeit hat sie Philips Ratschläge als suspekt und oft als subjektiv zurückgewiesen. Sie hat den Glauben und das Vertrauen in ihn verloren, weil er sein Leben unabhängig von der Monarchie und von ihr leben wollte. Elizabeth schätzt die Unterstützung, die Philip ihr in fast fünfzig Jahren gegeben hat, als ziemlich oberflächlich ein.

Elizabeth muß sich entscheiden, wie sich ihr Hof und ihre Familie verändern sollen, wie sie leben, ihre Kinder aufziehen, ihren Reichtum teilen sollen. Nachdem sie sich den Respekt der Menschen verdient hat, kann sie diese Veränderungen vorantreiben. Sie steht jetzt vor den grundlegendsten Entscheidungen ihrer ganzen Herrschaft, die die Herrscherin, ihre Thronfolger, ihre Untertanen und die Nation betreffen. Nur die Zeit wird sagen können, ob sie die Voraussicht und den Mut hat, weise zu entscheiden.

Anhang

Im Buckingham Palast: Der königliche Rundgang

Nachdem man vor dem Botschaftereingang aus dem neunzehnten Jahrhundert Schlange gestanden hat, beginnt der Rundgang im viereckigen Hof. Hier bekommt man einen ersten Eindruck von der eigentlichen Aufteilung des Gebäudes. Dieser Platz wird vom Großen Säulengang dominiert, den John Nash entworfen hat, der Architekt, der das Buckingham House in den zwanziger Jahren des neunzehnten Jahrhunderts zum Buckingham Palast umgestaltet hat.

Man betritt den Palast durch den Großen Eingang. Er ist der älteste Teil und gehörte schon zum Originalgebäude, das 1705 erbaut wurde. In einem Spiel aus Licht und Farben führt die Große Treppe nach oben. Sie teilt sich in drei Richtungen. Der gesamte Bereich wird von einer Glaskuppel bedeckt. Wenn Sie ein Kunstwerk berühren wollen, fahren Sie mit der Hand über die geschwungenen Balken der geschnitzten, vergoldeten Balustrade, die 1820 etwa sechstausend Dollar gekostet hat. (Das wären heute etwa 600.000 Dollar).

Nun betritt man den Garderaum, der von oben beleuchtet wird und viele wunderschöne Gobelins aus dem achtzehnten Jahrhundert enthält. Er war ursprünglich für die Palastgarde vorgesehen, wurde aber nie dafür genutzt.

Als nächstes kommt man in den glanzvollen Grünen Salon, einem Traum aus grünen, weißen und goldenen, seidig schimmernden Behängen, der viele Kunstobjekte enthält. Man ist umgeben von Porträts aus der Dynastie und den schönsten, exquisitesten und wertvollsten französischen Möbeln, die es gibt. Dort stehen wunderbare Schränke, einer von Adam Weisweiler aus dem Jahr 1785, der andere von Martin Carlin aus dem Jahr 1772. Auf dem Carlin-Schrank steht eine Vase in Form eines Schiffes. Sie gehörte einst zum Besitz der berühmten Madame de Pompadour und ist das erste der zahllosen Stücke aus Sevres-Porzellan, die man sehen wird.

Man verläßt den Grünen Salon und betritt den Thronsaal. Dort ist allerdings kein Thron zu sehen. Die Königin sitzt nie dort, sondern steht vor einer schmalen Treppe. Der Platz für den Thron wird seit der Krönung der Königin 1953 durch zwei Stühle markiert. Die Deckenmalereien zeigen Waffen, die England, Schottland, Irland und Hannover symbolisieren. Achten Sie auf die französische Uhr, "Oath of the Horatii", aus dem frühen neunzehnten Jahrhundert. Sie ist nur eine der vielen Uhren, die ausgestellt sind.

Nun erreicht man die Gemäldegalerie. In diesem massiven, 470 Meter langen Raum hängt nur eine kleine Auswahl der Königlichen Sammlung, die über dreimal soviel Gemälde verfügt wie Londons Nationalgalerie. Hier hängen unter vielen anderen Van Dycks, Rembrandts und Claudes. Lassen Sie sich hier die Möbel und das schwarze Sèvres-Porzellan nicht entgehen.

Dann folgt der Raum mit den seidenen Gobelins, der exquisite französische Möbel aus dem achtzehnten Jahrhundert enthält. Man passiert die Ostgalerie, die Kreuzgalerie und die Westgalerie, die noch mehr Stücke aus der Antiquitätensammlung der Königin enthalten, und kommt zum prunkvollen Eßzimmer. Es ist ein Rausch aus Rot und Gold. Die Gäste blicken auf die Porträts der Könige von Hannover, die Vorfahren des Hauses Windsor.

Danach betritt man den Blauen Salon, der von nicht weniger als dreißig schönen Korinthischen Säulen aus imitiertem Onyx begrenzt wird. Dort kann man das großartigste Möbelstück sehen: den Tisch der großen Befehlshaber, der 1806 für Napoleon aus Sèvres-Porzellan hergestellt worden war. Die Fertigung dauerte sechs Jahre. 1815, zwei Jahre nach der Schlacht von Waterloo, wurde er an König George IV. übergeben. Der Tisch zeigt Alexander den Großen und zwölf andere Befehlshaber, alles ist mit imitiertem Kamee überzogen.

Der Musikraum wird von Bogenfenstern und großen blauen Säulen beherrscht. Hier finden traditionell die königlichen Taufen statt. Die Decke ist eine brillante Konstruktion aus Kuppeln und Halbkuppeln, die golden glänzen.

Der letzte grandiose Raum auf dieser Etage, der Weiße Salon, hat hohe Decken und schöne französische Möbel. Die meisten wurden, wie viele andere Kunstobjekte, von George IV. nach der französischen Revolution angeschafft, als teure Stücke aus Frankreich herausgeschmuggelt wurden. Dieser Salon birgt eine Überraschung, die oft für Humor gesorgt hat, wenn sich Würdenträger bei offiziellen Besuchen im Palast versammelt hatten. Bei feierlichen Anlässen kommen die Gäste hier zusammen, warten geduldig auf die Königin oder manchmal auch auf andere Mitglieder der königlichen Familie, um in die Prunkzimmer oder ins

Eßzimmer geführt zu werden. Plötzlich erscheint wie durch ein Wunder die Königin. Einer der beiden riesigen 3,80 Meter hohen Spiegel hat Türangeln. Er schwingt zurück, um die Königin, verborgen im Königlichen Geheimzimmer, zu zeigen.

Wenn man wieder in die Marmorhalle kommt, ist die Führung fast zu Ende. Man geht durch das Bogenzimmer auf die Terrasse und kann einen Blick auf die herrlichen Gärten des Buckingham Palastes werfen.

Erwarten Sie nicht, eines von Elizabeth's privaten Apartments oder die der anderen Mitglieder der Familie zu sehen. Elizabeth hat darauf bestanden, daß nichts Privates oder Persönliches besichtigt werden darf. Kein Besucher wird einen Blick auf die Arbeitsbereiche des Palastes erhaschen. Die Büros, die Küchen und die anderen Räume, in denen die dreihundert Menschen, die in dem großen Gebäude arbeiten, gerade ihrer täglichen Pflicht nachgehen, sind nicht zur Besichtigung freigegeben.

Bibliographie

Alle Titel sind in London erschienen, falls nicht anders vermerkt.

Alexandra of Yugoslavia: Prince Philip: A Family Portrait, 1949

Bagehot, Walter: The English Constitution, 1898

Barratt, John: With the Greatest Respect, 1991

Barry, Stephen: Royal Secrets, 1985

Birkenhead, Lord: Walter Monckton, 1969

Boothroyd, Basil: Philip: An Informal Biography, 1971

Cathcart, Helen: Her Majesty, 1962

Colville, John: Footprints in Time, 1976

Davies, Nicholas: Diana: A Princess and Her Troubled Marriage. New York 1992

Dempster, Nigel: HRH The Princess Maragret: A Life Unfulfilled,1981

Grigg, John: Title TK National and English Review, 1957

Hall, Unity: The Private Lives of Britain's Royal Women. Chicago, 1991

Hall, Unity: Philip: The Man Behind the Monarchy, 1987

Heald, Tim: The Duke: A Portrait of Prince Philip, 1991

Higham, Charles and Roy Moseley: Elizabeth and Philip: The Untold Story, 1991

Hoey, Brian: HRH The Princess Anne, 1984

Hoey, Brian: All the Queen's Men, 1992

Holden, Anthony: Charles, Prince of Wales, 1979

Junor, Penny: Diana, Princess of Wales, 1982

Lacey, Robert: Majesty: Elizabeth II. and the House of Windsor, 1977

Longford, Elizabeth: Elizabeth R, 1983

Morrow, Ann: The Queen, 1983

Morton, Andrew: Diana: Her True Story, 1992

Nicolson, Harold: Monarchy, 1962

Oaksey, John: "The Queen's Horses", The Queen, 1977

Pearson, John: The Ultimate Family, 1986

Philip, HRH Prince: Selected Speeches, 1957

Player, Lesley: My Story: The Duchess of York, Her Father and Me, 1993

Sampson, Anthony: The Changing Anatomy of Britain, 1982

Thatcher, Margaret: The Downing Street Years, 1993

Townsend, Peter: Time and Chance: An Autobiography, 1978

Wapshott, Nicholas and George Brock: Thatcher, 1983

Wheeler-Bennett, Sir John: King George VI.: His Life and Reign, 1968

Windsor, HRH The Duke of: A King's Story: The Memoirs of HRH The Duke of Windsor, 1951

Young, Hugo: One of Us, 1989

Zeigler, Philip: Mountbatten, 1985